Wilhelm Gronau's Buchdruckerei in Berlin.

Rechtsgrundsä

der

neuesten Entscheidunger

des

Königlichen Ober-

Geordnet

nach dem Systeme der

und herausgegeben

von

Theodor Strie

Kammergerichts-

Vierter

B

Verlag von

Vorwort.

Der vorliegende vierte Band der Rechtsgrundsätze enthält die Rechtsgrundsätze derjenigen Ober-Tribunals-Entscheidungen, welche in den zwölf Bänden des fünften und sechsten Jahrgangs der Neuen Folge und dem ersten Jahrgange der Zweiten Folge (Band 41–52.) des Archivs für Rechtsfälle veröffentlicht worden sind.

Berlin, im November 1864.

Theodor Striethorst.

Inhalts-Anzeige.

Allgemeines Landrecht.

Publikations-Patent vom 5. Februar 1794.

---

§ 3. Siehe Rechtsgrundsatz 570. (A. L. R. II. 8. § 1635.)

§ 7. Gewohnheitsrecht und Observanzen. — Vergl. A. L. R. Einl. §§ 3. 4.

A. Bildung eines Gewohnheitsrechts oder einer Observanz als Partikulargesetz überhaupt.

Rechtsgr. 1. — I. Senat. 5. April 1861. (XLI. 134.)

Gewohnheitsrecht oder Observanz macht, als ungeschriebenes Partikulargesetz, die Existenz von Rechtssätzen erkennbar, welche mit stillschweigender Genehmigung der gesetzgebenden Gewalt deshalb Gültigkeit erlangt haben, weil sie auf der von den Mitgliedern einer gewissen Gemeinheit, einer Klasse oder eines Inbegriffs von Personen, ausgesprochenen Ueberzeugung von deren Nothwendigkeit beruhen.

B. Bildung einer Observanz in einer Gemeinde.

Rechtsgr. 2. — III. Senat. 15. Dezember 1862. (XLVII. 229.)

Zur Bildung einer Observanz innerhalb einer Gemeinde kann nicht verlangt werden, daß die zu ihrer Erkenntniß erforderlichen Handlungen dem Interesse der einzelnen Mitglieder zuwider seien.

C. Lokal-Observanz in einem Pfarr-Bezirke, insbesondere hinsichtlich der Kirchenbaulast. — Vergl. A. L. R. II. 11. § 710.

Rechtsgr. 3. — I. Senat. 5. April 1861. (XLI. 134.)

a) Auch die in einem bestimmten Kirchspiele wohnenden Personen und die mit Grundstücken in diesem Bezirke angesessenen, auswärts wohnenden Personen — die Forensen dieses Bezirks — sind als neue durch einen gemeinschaftlichen Zustand zusammengehaltene Klasse oder Inbegriff von Personen aufzufassen, welche hinsichtlich der auf diese Gemeinschaft bezüglichen Angelegenheiten unter einander durch Observanz verpflichtet werden können.

b) Daher sind für die im Pfarrbezirke wohnenden Personen und die Forensen dieses Bezirkes auch hinsichtlich der Kirchenbaulast Observanzen als gültige Rechtsquelle zu betrachten.

Diese Regel findet auch in der Provinz Schlesien Anwendung.

D. Rechtsgültigkeit von nicht in die Provinzialgesetzbücher aufgenommenen Observanzen.

Rechtsgr. 4. — I. Senat. 5. April 1861. (XLI. 135.)

Ununterbrochene Gewohnheiten finden in den Fällen, wo das Allg. Landrecht ausdrücklich darauf verweist, mit voller verpflichtender Kraft auch dann Anwendung, wenn sie nicht in die Provinzialgesetzbücher aufgenommen sind, oder sich erst nach dem Erscheinen des Allgem. Landrechts gebildet haben.

E. Nachweis einer Observanz, insbesondere in Betreff der kirchlichen Baulast. — Vergl. A. L. R. II. 11. §§ 710. ff.

Rechtsgr. 5. — I. Senat. 20. September 1861. (XLIII. 85.)

a) Der Nachweis einer ununterbrochenen Gewohnheit (Observanz) wird nicht zu dem Zwecke verlangt, um den Anfangspunkt derselben, also ihre Entstehung, und demnächst ihre Vollendung festzustellen; sondern um darzuthun, daß sie besteht.

b) Auch bei der ersten erweislichen Handlung in der Reihe der die Observanz darthuenden greift die Voraussetzung Platz, daß sie in der Ueberzeugung von einer vorhandenen rechtlichen Verpflichtung unternommen worden sei.

Siehe auch Rechtsgrundsätze 140-142. 463. 553. 960. (A. L. R. I. 8. § 168., II. 1. § 75., 7. § 37.; Berliner Bau-Ordnung vom 30. November 1641.)

§ 9. Siehe Rechtsgrundsätze 478. 933. (A. L. R. II. 1. § 350.; Dig. 8. 5. Lex 10. pr.)

§ 17. Anwendung der inländischen Gesetze über die erlöschende Verjährung auf einen im Inlande geltend gemachten, im Auslande entstandenen Anspruch. — Vergl. A. L. R. Einl. § 23, I. 9. § 568.

Rechtsgr. 6. — IV. Senat. 22. September 1863. (L. 258.)

In Bezug auf einen im Auslande entstandenen Anspruch, welcher bei einem diesseitigen Gerichte klagend verfolgt wird, ist die Frage über den Eintritt der erlöschenden Verjährung lediglich nach den hiesigen Gesetzen zu entscheiden.

Siehe auch Rechtsgrundsatz 1075. (Gesetz vom 31. März 1838 § 1.)

Einleitung.

§§ 1. ff. Bedeutung der Marginalien zu den Gesetzen.

Rechtsgr. 7. — II. Senat. 16. Januar 1862. (XLIII. 333.)

Die Marginalien sind, als bloße Inhaltsanzeigen, kein Theil des Gesetzes und haben keine Gesetzeskraft; auf sie kann daher bei Auslegung der Gesetze, wenn überhaupt irgend eine Rücksicht, jedenfalls nur eine sehr untergeordnete genommen werden.

§§ 3. 4. Siehe Rechtsgrundsätze 1-5. 140-142. 960. (A. L. R. Publikations-Patent vom 5. Februar 1794 § 7., I. 8. § 168.; Berliner Bau-Ordnung vom 30. November 1641.)

§ 5. Siehe Rechtsgrundsatz 507. (A. L. R. II. 1. § 951.)

§ 14. Anwendung der Gesetze:

A. Anwendung des neueren Gesetzes auf das unter der Herrschaft des älteren Gesetzes erworbene Recht und die Modalitäten für die Geltendmachung der in diesem Rechte enthaltenen Befugnisse. — Vergl. Publikations-Patent vom 9. November 1816 § 3.

Rechtsgr. 8. — I. Senat. 19. Dezember 1862. (XLVII. 261.)

Nur das unter der Herrschaft des älteren Rechts erworbene Recht selbst in seiner wesentlichen Beschaffenheit ist als ein wohlerworbenes, auch durch das neue Gesetz geschütztes (wofern das neue Gesetz nicht ausdrücklich etwas anderes ausgesprochen hat) anzusehen; was darüber hinaus liegt, und namentlich die Modalitäten für die Geltendmachung der in dem Rechte selbst enthaltenen Befugnisse, unterliegt der Abänderung durch die fortschreitende Gesetzgebung.

B. Ungültigkeit des gegen ein, die Privatwillkür ausschließendes Verbotsgesetz verstoßenden Vertrages, auch bei späterer Aufhebung dieses Verbotsgesetzes. — Vergl. A. L. R. I. 4. §§ 6. ff., 5. § 39.

Rechtsgr. 9. — IV. Senat. 24. Januar 1863. (XLIX. 41.)

Vertragsmäßige Verpflichtungen, welche zur Zeit ihrer Uebernahme auf Grund eines Prohibitivgesetzes ohne rechtliche Wirkung waren, gelangen durch Aufhebung dieses Gesetzes nicht zur rechtlichen Existenz.

Siehe auch Rechtsgrundsatz 411. (A. L. R. I. 21. § 22.)

§§ 23. ff. Gebiet für die Geltung des Rechtes des Staates:

A. Beurtheilung des inländischen Klagerechts eines Ausländers mit Rücksicht auf seine Handlungsunfähigkeit im Auslande, insbesondere im Falle des im Auslande über sein Vermögen eröffneten Konkurses. — Vergl. Konkurs-Ordnung vom 8. Mai 1855 §§ 293-296.

Rechtsgr. 10. — IV. Senat. 17. Dezember 1861. (XLIII. 285.)

Hat der im Auslande wohnende Kläger dort das Recht verloren, seine Vermögensrechte vor Gericht zu verfolgen, so steht dieser Mangel auch seinem diesseitigen Klagerecht entgegen.

Die Konkurs-Ordnung vom 8. Mai 1855 hat hierin Nichts geändert.

B. Beurtheilung der formellen und materiellen Gültigkeit der von einem Preußischen Unterthanen im Auslande erfolgten Eheschließung. — Vergl. A. L. R. I. 5. § 111., II. 1. §§ 136. 137. 170.

Rechtsgr. 11. — I. Senat. 17. März 1862. (XLIV. 244.)

Hinsichtlich der Gültigkeit der Form der von einem Preußischen Unterthanen im Auslande erfolgten Eheschließung entscheiden zwar die Gesetze des Ortes derselben; die Zulässigkeit einer gültigen Ehe, die Ehehindernisse und die Folgen davon sind aber nach den inländischen Gesetzen, welchen der Mann durch seinen Wohnsitz unterworfen war, zu beurtheilen.

C. Beurtheilung der Ansprüche einer im Inlande bevormundeten, im Auslande während ihres dortigen Dienstverhältnisses außerehelich geschwängerten Preußin. — Vergl. A. L. R. II. 2. § 60; A. G. O. I. 2. §§ 13. 18. 21.; Kabinetsorders No. 1365. vom 4. Juli 1832 No. 2. 3. und vom 5. Dezember 1835; Gesetz vom 24. April 1854 §§ 9. 13.

Rechtsgr. 12. — I. Senat. 29. Juni 1863. (XLIX. 305.)

Hinsichtlich der Beurtheilung der Ansprüche einer im Inlande bevormundeten, im Auslande dienenden Preußin aus ihrer Schwängerung im Auslande kommt es wesentlich darauf an: ob durch dies Dienstverhältniß ein, auch für dergleichen Angelegenheiten den ordentlichen Gerichtsstand des eigentlichen Wohnsitzes oder der Herkunft ersetzender **besonderer Gerichtsstand** begründet worden ist. Ist dies der Fall, so ist das ausländische Recht am Orte des Dienstverhältnisses, im anderen Falle ist das Heimathsrecht der Geschwängerten maaßgebend.

Siehe auch Rechtsgrundsätze 6. 1075: (Publikations-Patent vom 5. Februar 1794 § 17; Gesetz vom 31. März 1838 § 1.)

§ 32. Siehe Rechtsgrundsatz 974. (Schlesisches Vorfluth-Edikt vom 20. Dezember 1746.)

§ 34. Siehe Rechtsgrundsatz 747. (A. G. O. I. 2. § 160.)

§ 46. Siehe Rechtsgrundsätze 846. 851. (Konkurs-Ordnung vom 8. Mai 1855 §§ 23. 56.)

§ 49. Siehe Rechtsgrundsatz 625. (A. L. R. II. 15. § 246.)

§ 70. Passivlegitimation hinsichtlich des Anspruchs auf Entschädigung bei der Expropriation behufs Anlegung öffentlicher Straßen und

Chausseen. — Vergl. A. L. R. I. 11. §§ 4. 5., II. 14. §§ 2. 21. ff., 15. §§ 6. 52. 90. ff.

Rechtsgr. 13. — I. Senat. 6. Mai 1863. (XLVIII. 333.)

Wenn der Staat zur Anlegung öffentlicher Straßen und Chausseen durch Privatpersonen, Gemeinden und Korporationen denselben das staatliche Recht verliehen hat, die Expropriation der zu den Anlagen erforderlichen Grundflächen fordern zu dürfen, so geht auch die sonst dem Staat obliegende Pflicht, Entschädigung zu gewähren, wenn er zu solchen, zum Wohl des gemeinen Wesens erforderlich geachteten neuen Anlagen die Aufopferung eines Privateigenthums, oder nach § 70. der Einleitung zum Allgem. Landrecht die Aufopferung eines Privilegii in Anspruch nimmt, auf Denjenigen über, welchem der Staat sein diesfälliges Recht zur Ausübung überläßt.

§§ 71. ff. Siehe Rechtsgrundsätze 1178. 1179. (Gesetz No. 3256. vom 11. März 1850 § 15.)

§§ 73-75. Verhältniß des Staates gegen seine Bürger; Entschädigung wegen Aufopferung der besonderen Rechte und Vortheile zum Wohle des gemeinen Wesens. — Vergl. A. L. R. I. 8. §§ 29-32. 34. 65. ff. 98., 11. §§ 4-11., 22. §§ 1. 2., II. 15. §§ 57 ff.; Bericht des Staatsministeriums vom 16. November 1831 und Kabinetsorder vom 4. Dezember 1831; Verfassungs-Urkunde vom 31. Januar 1850 Art. 9.

A. Anspruch an den Staat auf Entschädigung wegen Benachtheiligung des Privateigenthums einzelner Mitglieder des Staates durch einen Akt der Gesetzgebung.

Rechtsgr. 14. — I. Senat. 19. Juni 1863. (L. 139.)

Der aus den §§ 73-75. der Einleitung zum Allgem. Landrecht sich ergebende Rechtsgrundsatz:

daß, wenn das Interesse der Gesammtheit der Einwohner des Staats eine Einrichtung in der Verwaltung erfordere, die das Privat-Eigenthum des Einzelnen gefährde, die Entschädigung des Einzelnen aus dem Gesammtvermögen zu leisten sei!

findet in dem Falle keine Anwendung, wenn das Privat-Eigenthum des Einzelnen durch einen Akt der Gesetzgebung benachtheiligt wird oder verloren geht, und in dem betreffenden Gesetze die Verpflichtung zum Schadensersatze aus dem Staatsvermögen nicht besonders festgesetzt ist.

B. Entschädigungs-Anspruch des Grundeigenthümers an den Fiskus wegen des Verbots der Errichtung von Gebäuden.

Rechtsgr. 15. — II. Senat. 23. April 1863. (LI. 33.)

Der Eigenthümer eines unbebauten Grundstücks, welchem die Errichtung von Gebäuden auf demselben wegen einer von der Staatsbehörde im Interesse des Allgemeinen für die Zukunft beabsichtigten Einrichtung verboten wird, ist von dem Fiskus Entschädigung zu beanspruchen berechtigt.

C. Entschädigungs-Anspruch des Eigenthümers eines unbebauten städtischen Grundstücks an den Fiskus wegen der untersagten Bebauung dieses Grundstücks wegen beabsichtigter künftiger Anlegung einer neuen Straße.

Rechtsgr. 16. — II. Senat. 23. April 1863. (LI. 33.)

Der Eigenthümer eines unbebauten städtischen Grundstücks, welchem wegen der von der Staatsbehörde im Interesse des Allgemeinen beabsichtigten künftigen Anlegung einer neuen Straße über dies Grundstück die Bebauung desselben untersagt wird, kann von dem Fiskus Entschädigung beanspruchen.

D. Entschädigungs-Anspruch des Grundeigenthümers an die Stadtgemeinde wegen des zu einer Straßenverlängerung hergegebenen Theiles seines Grundstücks.

Rechtsgr. 17. — III. Senat. 12. Oktober 1863. (LII. 20.)

Hinsichtlich der Verpflichtung der Stadtgemeinden zur Entschädigung des Eigenthümers wegen des zu einer Straßenverlängerung hergegebenen Grundstücks macht es keinen

Unterschied, ob diese Straßenverlängerung auf höhere Anordnung, und ob zu ihrer Ausführung die Expropriation auf den Antrag des Magistrats, oder seines Widerspruches ungeachtet, erfolgt, oder ob das Grundstück dem Eigenthümer desselben ohne vorheriges Expropriationsverfahren durch Verwendung zu dem Straßenterrain entzogen worden ist.

Siehe auch Rechtsgrundsätze 588-1178. 1179. (A. L. R. II. 11. § 184; Gesetz No. 3256. vom 11. März 1850 §§ 15. 17.)

§ 87. Siehe Rechtsgrundsätze 23. 1007. (A. L. R. I. 3. § 35.; Gesinde-Ordnung vom 8. November 1810 § 118.)

§ 88. Siehe Rechtsgrundsätze 127. 308. 988. 1067. (A. L. R. I. 8. § 125., 16. § 86; Schlesische Mühlen-Ordnung vom 28. August 1777 § 5; Verordnung vom 14. Dezember 1833 § 10.)

§ 89. Siehe Rechtsgrundsätze 135. 407. 851. 961. (A. L. R. I. 8. § 141., 20. § 532.; Konkurs-Ordnung vom 8. Mai 1855 § 56.; Berliner Bau-Ordnung vom 30. November 1641 § 24.)

§ 90. Siehe Rechtsgrundsätze 308. 988. (A. L. R. I. 16. § 86.; Schlesische Mühlen-Ordnung vom 28. August 1777 § 5.)

§ 91. Siehe Rechtsgrundsätze 449. 610. (A. L. R. I. 22. § 14., II. 12. § 34.)

§ 92. Siehe Rechtsgrundsätze 961. (Berliner Bau-Ordnung § 24.)

§ 94. Siehe Rechtsgrundsätze 127. 889. 989. 1067. (A. L. R. I. 8. § 125.; Konkurs-Ordnung vom 8. Mai 1855 § 392.; Schlesische Mühlen-Ordnung vom 28. August 1777 § 5.; Verordnung vom 14. Dezember 1833 § 10.)

§§ 95-97. Siehe Rechtsgrundsatz 961. (Berliner Bau-Ordnung vom 30. November 1641 § 24.)

§ 101. Siehe Rechtsgrundsatz 381. (A. L. R. I. 19. § 19.)

§ 103. Siehe Rechtsgrundsätze 153. 530. (A. L. R. I. 9. § 360., II. 2. § 391.)

§ 108. Siehe Rechtsgrundsatz 386. (A. L. R. I. 20. § 55.)

Theil I.

Titel 1. Von Personen und deren Rechten überhaupt.

§§ 27. 28. Siehe Rechtsgrundsätze 497. (A. L. R. II. 1. § 670.)

Titel 2. Von Sachen und deren Rechten überhaupt.

§ 4. Siehe Rechtsgrundsatz 677. (Allg. Deutsche Wechsel-Ordnung Art. 36.)

§§ 7—9. Siehe Rechtsgrundsätze 248. 334. 336. 677. (A. L. R. I. 11. § 1065, 16. §§ 405. 408.; Allgem. Deutsche Wechsel-Ordnung Art. 136.)

§ 16. Siehe Rechtsgrundsatz 677. (Allg. Deutsche Wechsel-Ordnung Art. 36.)

§ 34. Siehe Rechtsgrundsatz 416. (A. L. R. I. 21. § 71.)

§ 40. Siehe Rechtsgrundsatz 153. (A. L. R. I. 9. § 360.)

§ 41. Geldforderungen als theilbare Sachen.

Rechtsgr. 18. — IV. Senat. 21. Juni 1862. (XLIV. 328.)

Forderungen, welche die Zahlung einer Geldsumme zum Gegenstande haben, sind als theilbare Sachen anzusehen.

Siehe auch Rechtsgrundsatz 752. (A. G. O. I. 5. § 4. No. 8.)

§§ 42. ff. Begründung der Eigenschaft der Anlage einer Wasserleitung als Pertinenz einer Fabrik. — Vergl. A. L. R. I. 2. § 108., 5. §§ 135. 146., 10. §§ 16. 17.

Rechtsgr. 19. — III. Senat. 23. Januar 1863. (XLVII. 312.)

a) Dadurch, daß der Begründer einer Fabrik auf einem Grundstücke Anlagen zum Zwecke des Betriebes der Fabrik mittelst Wasserkraft gemacht und mit dieser Fabrik in fortdauernde Verbindung gesetzt hat, erlangen die Anlagen die Eigenschaft eines Zubehörs zu der Fabrik.

b) Der Umstand, daß der Begründer der Fabrik das Grundstück nur mittelst mündlichen Vertrages erworben hat, schließt die Entstehung der Pertinenz-Eigenschaft nicht aus.

Siehe auch Rechtsgrundsätze 458. 940. (A. L. R. I. 22. § 208.; Dig. 30. de legatis I. Lex 30.)

§ 46. Siehe Rechtsgrundsatz 20. (§ 107. dieses Titels.)

§§ 48. ff. Siehe Rechtsgrundsätze 203. 439. (A. L. R. I. 11. § 342., 21. § 400.)

§§ 52. 68. 70. 90. ff. Siehe Rechtsgrundsatz 1152. (Gesetz No. 3391. vom 12. Mai 1851. § 18. No. 7.)

§§ 75. ff. 105. Siehe Rechtsgrundsatz 610. (A. L. R. II. 12. § 34.)

§ 107. Zubehör einer Hypothekenforderung. — Vergl. A. L. R. I. 2.

§ 46., 11. § 395., 18. Anh. § 52. zu § 484.; Allg. Hypotheken-Ordnung II. §§ 199. 249. 250.; Deklaration vom 3. April 1824.

Rechtsgr. 20. — III. Senat. 7. November 1862. (XLVII. 149.)

Im Verhältniß zu dem Eigenthum an der von dem Eigenthümer des verpfändeten Grundstücks cedirten Hypothekenforderung bildet nicht nur das Recht auf den Besitz des bezüglichlichen Schulddokuments, sondern auch das Recht des Cedenten auf gerichtliche oder notarielle Anerkennung der ihm von dem bezahlten Gläubiger ertheilten Privatquittung ein Zubehör; beiderlei Rechte sind daher mit der Cession des Eigenthums der Forderung als mit abgetreten anzusehen.

§ 108. Siehe Rechtsgrundsatz 19. (§ 42. dieses Titels.)
§§ 109. 110. Siehe Rechtsgrundsatz 905. (v. Scholz, Kurmärkisches Provinzialrecht Theil 1. § 640.)
§ 124. Siehe Rechtsgrundsatz 201. (A. L. R. I. 11. § 264.)
§§ 131-134. Eigenthumserwerb durch Besitz. — Vergl. A. L. R. I. 9. §§ 1-6., 10. § 1.

Rechtsgr. 21. — II. Senat. 1. Oktober 1861 und 13. März 1862. (XLV. 118.)

Durch bloßen Besitz kann, ohne einen zum Eigenthumserwerb geschickten Titel, Eigenthum nicht erworben werden.

§ 135. Siehe Rechtsgrundsatz 131. (A. L. R. I. 8. § 138.)
§ 140. Siehe Rechtsgrundsatz 386. (A. L. R. I. 20. § 55.)

Titel 3. Von Handlungen und den daraus entstehenden Rechten.

§ 3. Siehe Rechtsgrundsatz 497. (A. L. R. II. 1. § 670.)
§ 4-6. Siehe Rechtsgrundsätze 78. 576. (A. L. R. I. 6. § 111., II. 8. § 1911.)
§ 7. Siehe Rechtsgrundsatz 497. (A. L. R. II. 1. § 670.)
§§ 8. ff. Siehe Rechtsgrundsätze 106. 127. (A. L. R. I. 7. § 150., 8. § 125.)
§§ 10-13. Siehe Rechtsgrundsätze 78. 576. (A. L. R. I. 6. § 111., II. 8. 1911.)
§ 26. Siehe Rechtsgrundsatz 1007. (Gesinde-Ordnung vom 8. November 1810. § 118.)

§§ 33. 34. Wirkung rechtlicher Handlungen, insbesondere Entschädigungs-Anspruch wegen einer Unterlassung außerhalb eines Vertragsverhältnisses. — Vergl. Inst. 4. 5. § 3.; Dig. 7. 1. Lex 13. § 2., 9. 2. Lex 8. pr., Lex 27. § 9., Lex 30. § 3.

Rechtsgr. 22. — IV. Senat. 11. Juni 1861. (XLI. 334.)

Außerhalb eines bestehenden Vertragsverhältnisses kann auf bloße Unterlassungen kein Entschädigungs-Anspruch gestützt werden, es sei denn, daß in Folge eines Verbotsgesetzes oder sonst eine besondere Pflicht zu der Unterlassung existirt.

§ 35. Begriff einer unerlaubten Handlung. — Vergl. A. L. R. Einl. § 87.

Rechtsgr. 23. — IV. Senat. 23. Januar 1862. (XLIV. 165.)

Unerlaubte Handlungen im Sinne des § 35. I. 3. des Allgem. Landrechts sind unsittliche oder durch positives Gesetz schlechthin verbotene; auch ist dabei vorausgesetzt, daß sie in die Rechtssphäre dessen, von welchem aus solchen Handlungen Ansprüche hergeleitet werden, widerrechtlich eingreifen.

Siehe auch Rechtsgrundsätze 237. 239. (A. L. R. I. 11. §§ 869. 873.)

§§ 36. ff. Siehe Rechtsgrundsatz 127. (A. L. R. I. 8. § 125.)

§ 45. Siehe Rechtsgrundsatz 691. (Allg. Deutsche Wechsel-Ordnung Art. 78.)

Titel 4. Von den Willenserklärungen.

§ 4. Siehe Rechtsgrundsatz 770. (A. G. O. I. 10. §. 88b.)

§ 5. Siehe Rechtsgrundsatz 1003. (Gewerbesteuer-Edikt vom 2. November 1810 § 16.)

§ 6. Gegenstand der Willenserklärung:

A. Verträge gegen die Gewerbefreiheit. — Vergl. A. L. R. I. 5. § 68.; Kabinetsorder vom 19. April 1813; G. O. vom 17. Januar 1845. §§ 1-11.

Rechtsgr. 24. — IV. Senat. 31. März 1863. (XLVIII. 282.)

Die Klausel eines Kaufvertrages, nach welcher der Verkäufer sich verpflichtet, während der Besitzzeit des Käufers am Orte kein offenes Kolonialwaaren-Geschäft zu errichten, — verstößt gegen die Gewerbefreiheit und ist deshalb unerlaubt.

B. Verträge eines Inländers im Auslande gegen ein inländisches Verbotsgesetz. — Vergl. A. L. R. I. 5. § 39.; A. G. O. I. 2. § 2. No. 7., § 148.

Rechtsgr. 25. — IV. Senat. 24. Januar 1863. (XLIX. 40.)

Die Regel, daß die rechtliche Wirksamkeit der Verträge in der Regel nach den Gesetzen desjenigen Ortes, wo er erfüllt werden soll, zu beurtheilen ist, erleidet eine Ausnahme, wenn der eine Kontrahent sich zu einer Handlung oder Unterlassung verpflichtet hat, welcher in dem Staate, dem er angehört, ein streng positives, die Privatwillkür ausschließendes Gesetz entgegensteht. In solchem Falle ist der betreffende Kontrahent an den Vertrag auch dann nicht gebunden, wenn auch die Gesetze des von den Kontrahenten gewollten Sitzes der Obligation seiner Gültigkeit nicht entgegenstehen sollten.

Siehe auch Rechtsgrundsätze 9. 293. 1002. 1103. (A. L. R. Einl. § 14., I. 11. § 873.; Gewerbesteuer-Edikt vom 2. November 1810 § 16.; Verordnung vom 13. Mai 1840.)

§ 19. Kenntniß der in das Hypothekenbuch eingetragenen Verfügungen:

A. Feststellung des Umfangs der Eintragung in das Hypothekenbuch aus den Grundakten. — Vergl. Allg. Hypotheken-Ordnung II. § 301.; Hypotheken-Gesetz vom 24. Mai 1853 § 2.

Rechtsgr. 26. — II. Senat. 1. November 1859. (L. 1.)

a) Für die Beurtheilung dessen, welche Verfügung, welches Nutzungsrecht und in welchem Umfange dieselben in das Hypothekenbuch für eingetragen zu erachten, kann nur dieses, der darin enthaltene Vermerk und das, was in diesem in Bezug genommen ist, zum Anhalt dienen.

b) Die Grundakten bilden nicht einen dergestalt integrirenden Theil des Hypothekenbuchs, daß es zulässig wäre, aus ihrem Inhalte den Umfang dessen, was in dem Hypothekenbuche eingetragen ist, gegen die wahre Sachlage festzustellen.

B. Mangelnde Befugniß des Besitznachfolgers zur Anfechtung der, auf den Grund eines gegen den Vorbesitzer ergangenen Judikats, an die Stelle der eingetragenen Arrestprotestation eingetragenen Hypothek. — Vergl. A. G. O. I. 24. § 9., 29. § 83.; Exekutions-Verordnung vom 4. März 1834 § 22.

Rechtsgr. 27. — III. Senat. 13. Juli 1863. (L. 192.)

Der Besitzer eines Grundstücks, welcher dasselbe nach Insinuation der von einem Dritten gegen den Vorbesitzer angestellten Schuld- und Arrestklage und nach erfolgter Eintragung der Arrestprotestation in das Hypothekenbuch erworben hat, ist nicht berechtigt, die hiernächst auf Grund des von dem Dritten gegen den Vorbesitzer erstrittenen Judikats eingetragene wirkliche Hypothek und das demselben zu Grunde liegende Sachverhältniß anzufechten.

§§ 20-22. Siehe Rechtsgrundsätze 35. 515. (A. L. R. I. 5. § 11., II. 2. § 125.)

§§ 24-27. Siehe Rechtsgrundsatz 497. (A. L. R. II. 1. § 670.)

§ 28. Willensfähigkeit; Nichtigkeit eines in der Trunkenheit geschlossenen Vertrages. — Vergl. A. L. R. I. 5. § 1.

Rechtsgr. 28. — III. Senat. 19. September 1862. (XLVII. 45.)

Der in dem § 28. I. 4. des Allg. Landrechts gedachte, die Nichtigkeit der Willenserklärung bewirkende Zustand der Trunkenheit braucht kein *sinnloser* gewesen zu sein.

§§ 45. 49. Freiheit des Willens; erzwungene Willenserklärung.

Rechtsgr. 29. — III. Senat. 23. September 1861. (XLII. 334.)

Das durch Zwang bewirkte Verlassen eines Grundstücks ist als eine in den §§ 45. u. 49. I. 4. des Allg. Landrechts unterliegende Willenserklärung nicht zu erachten.

§§ 52. 55. Siehe Rechtsgrundsatz 770. (A. G. O. I. 10. § 88b.)

§§ 58. 59. Siehe Rechtsgrundsätze 58. 179. 185. 459. (A. L. R. I. 5. § 275., 11. §§ 1. 46., 22., § 208.)

§ 60. Siehe Rechtsgrundsatz 459. (A. L. R. I. 22. § 208.)

§ 65. Siehe Rechtsgrundsätze 866. 1005. (Konkurs-Ordnung vom

8. Mai 1855 § 105; Verordnung vom 14. Dezember 1833 § 4. No. 1.)

§§ 70. 71. Siehe Rechtsgrundsatz 1055. (Verordnung vom 14. Dezember 1833 § 4. Nr. 1.)

§§ 75 ff. Siehe Rechtsgrundsätze 67–69. 338. 462. 1213. (A. L. R. I. 5. § 358., 16. § 417., II. 1. § 40.; Gesetz vom 24. April 1854 § 13. No. 2.)

§§ 77. 81. Siehe Rechtsgrundsatz 1184. (Gesetz vom 11. Mai 1851 § 14.)

§ 83. Siehe Rechtsgrundsatz 1213. (Gesetz vom 24. April 1854 § 13. No. 2.)

§§ 84. 85. 87. Siehe Rechtsgrundsätze 67–69. (A. L. R. I. 5. § 358.)

§ 100. Bedingte Willenserklärungen; vergl. A. L. R. I. 9. §§ 500. 512. 566.

A. Unterschied zwischen Fristbestimmung im Allgemeinen und Verjährung.

Rechtsgr. 30. — II. Senat. 23. April 1863. (XLVIII. 321.)

Das Charakteristische bei den Fristbestimmungen im Allgemeinen besteht darin, daß eine Begebenheit oder Handlung, wenn sie gewisse rechtliche Wirkungen haben soll, innerhalb der festgesetzten Frist erfolgen muß; bei der Verjährung aber liegt das Charakteristische darin, daß ein faktischer Zustand um deswillen, weil er eine gewisse Zeit hindurch bestanden hat, als auch zu Recht beständig anerkannt wird, indem entweder ein Recht in Folge längerer thatsächlicher Ausübung erworben, oder ein solches in Folge längerer Nichtausübung verloren wird.

B. Regeln über Präklusivfristen und Verjährung.

Rechtsgr. 31. — Senat für Strafsachen, Abth. I. 30. September 1863. (L. 295.)

Präklusivfristen unterliegen nicht den Regeln über den Anfang und die Unterbrechung der Verjährung.

Siehe auch Rechtsgrundsätze 34. 1106. (A. L. R. I. 5. § 1.; Instruktion vom 1. Mai 1841 § 7.)

§§ 102. ff. Siehe Rechtsgrundsätze 34. 238. (A. L. R. I. 5. § 1., 11. § 869.)

§ **105**. **Vorsätzliches Hindern des Eintritts einer Bedingung.**

Rechtsgr. 32. — I. Senat. 11. September 1863. (LI. 72.)

Unter dem in dem § 105. I. 4. des Allgemeinen Landrechts gedachten „vorsätzlichen Hindern, daß die Bedingung zur Wirklichkeit gelange", ist nur ein solches Vornehmen zu verstehen, welches an sich den hindernden Erfolg hat, ohne daß nothwendig eine auf die Hinderung des Eintretens der Bedingung gerichtete Absicht dabei vorzuwalten braucht; vielmehr ist darunter auch jede ohne diese Absicht vorgenommene unbefugte vorsätzliche Handlung zu verstehen, wodurch diese Hinderung an und für sich bewirkt wird.

§§ **114**. ff. Siehe Rechtsgrundsätze **430**. **1172**. (A. L. R. I. **21**. § 298.; Ablöse-Gesetz vom 2. März 1850 § 2.)

§§ **121**. **122**. Kautionsbestellung bei Einräumung eines Rechts unter einer auflösenden Bedingung.

Rechtsgr. 33. — III. Senat. 18. Mai 1863. (XLIX. 210.)

Die Bedeutung des § 121. I. 4. des Allg. Landrechts ist die, daß, wenn Derjenige, welcher einem Andern ein Recht unter einer auflösenden Bedingung einräumt, von demselben Kautionsbestellung verlangen will, er dieses bei Einräumung des Rechtes thun muß, und daß ein späteres derartiges Verlangen nur auf die im § 122. bestimmte Art begründet werden kann.

Siehe auch Rechtsgrundsatz 638. (A. L. R. II. **16**. § 153.)

Titel 5. Von Verträgen.

§ **1**. Merkmal eines Rechtsgeschäfts unter Lebenden und einer letztwilligen Disposition. — Vergl. A. L. R. I. **4**. §§ **100**. **102**., **5**. § 7, **12**. §§ **3**. ff., **16**. § 394.

Rechtsgr. 34. — I. Senat. 26. Januar 1863. (XLVIII. 159.)

Das entscheidende Merkmal dafür: ob die Vereinbarung des Schuldners eines Kapitals mit dem Gläubiger, nach welcher Ersterer den Letzteren bis an dessen Lebensende verpflegen und dafür nach dessen Tode das Kapital behalten solle, ein Rechtsgeschäft unter Lebenden oder eine letztwillige Disposition enthält, — hängt nicht von dem Zeitpunkte, in welchem das Kapital erworben sein soll, sondern davon ab, ob sich der Gläubiger schon bei Lebzeiten dem Schuldner gegenüber zur Ueberlassung des Kapitals verpflichtet, oder ob er nur einseitig über das Kapital nach seinem Tode verfügt hat.

Siehe auch Rechtsgrundsätze 22. 45. 260. 361. (A. L. R. I. 4. § 28., 5. § 127., 13. § 5., 17. § 169.)

§§ 2. 4. Siehe Rechtsgrundsatz 361. (A. L. R. I. 17. § 169.)

§ 7. Siehe Rechtsgrundsatz 34. (§ 1. dieses Titels.)

§ 10. Siehe Rechtsgrundsatz 652. (A. L. R. II. 18. § 233.)

§§ 11-13. Wiederaufhebung lästiger Verträge bevormundeter Personen. — Vergl. A. L. R. I. 4. § 22.

Rechtsgr. 35. — III. Senat. 15. Dezember 1862. (XLVIII. 129.)

Der mit einer unter Vormundschaft stehenden Person geschlossene lästige Vertrag kann, so lange dem Vormunde noch kein Antrag zur Genehmigung gemacht worden, von denselben Kontrahenten, und zwar Seitens des Unfähigen unter dessen alleiniger Zustimmung, wieder aufgehoben werden.

Siehe auch Rechtsgrundsätze 515. 652. (A. L. R. II. 2. § 125., 18. § 233.)

§§ 32. 33. 35. Schadloshaltung aus dem Vermögen eines Minderjährigen wegen Verleitung Seitens desselben zur Schließung eines Vertrages.

Rechtsgr. 36. — IV. Senat. 1. Mai 1862. (XLV. 208.)

Das bloße Befragen eines Darlehn und Kredit suchenden 22jährigen Menschen, ob er selbstständig sei, kann als eine „gehörig angestellte Erkundigung" nach seiner Dispositionsfähigkeit im Sinne des § 32. I. 5. des Allgem. Landrechts nicht angesehen werden.

§ 39. Siehe Rechtsgrundsätze 9. 25. 239. 1103. (A. L. R. Einl. § 14., I. 4. § 6., 11. § 873.; Verordnung vom 13. Mai 1840.)

§§ 40. 45. Konventionalstrafe für den Fall der Nichtbeschaffung der Vertrags-Unterschrift eines Dritten.

Rechtsgr. 37. — IV. Senat. 12. November 1861. (XLIV. 64.)

Die Vereinbarung einer Konventionalstrafe für den Fall der Nichtbeschaffung der Vertrags-Unterschrift eines Dritten enthält keine Bürgschaft, sondern nur die Verpflichtung des Versprechenden zur Aufwendung von Mühe, um den Dritten zu der Handlung der Unterschrift zu bestimmen.

§ 68. Siehe Rechtsgrundsätze 24. 1002. (A. L. R. I. 4. § 6.; Gewerbesteuer-Edikt vom 2. November 1810 § 16.)

§§ 74. ff. Verträge über den Vortheil eines Dritten:

A. Anwendbarkeit des § 75. dieses Titels auf Vermögensübertragungs-Verträge.

Rechtsgr. 38. — IV. Senat. 18. Februar 1864. (LII. 259.)

Der § 75. I. 5. des A. L. R., — nach welchem bei Verträgen zum Vortheile eines Dritten dieser Dritte selbst aus einem solchen Vertrage nur dann, wenn er demselben mit Bewilligung der Hauptparteien beigetreten ist, ein Recht erlangt, — findet auch auf Vermögens-Uebertragungs-Verträge Anwendung.

B. Klagerecht der Geschwister des Uebernehmers des väterlichen Guts gegen den Letzteren auf Zahlung ihrer mündlich vereinbarten Abfindungen. — Vergl. A. L. R. I. 11. §§ 72 ff., 16. §§ 253. 274. ff.

Rechtsgr. 39. — III. Senat. 20. November 1863. (LI. 242.)

Hat der Vater sein Gut mittelst schriftlichen Uebertragungsvertrages gegen ein ihm zu gewährendes Ausgedinge an Eins seiner Kinder übertragen und übergeben, zugleich aber mit dem Gutsübernehmer unter Beitritt der übrigen Kinder mündlich vereinbart, daß derselbe außerdem als Kaufpreis und behufs Abfindung seiner übrigen Kinder eine gewisse Geldsumme zahlen solle, so ist zur Legitimation dieser anderen Kinder zur Klage gegen den Gutsübernehmer auf Zahlung dieser Kaufgeldersumme eine schriftliche Ueberweisung derselben oder eine schriftliche Cession der Rechte des Vaters aus jenen mündlichen Verabredungen bei Abschließung des Kaufvertrages erforderlich.

C. Rechte dritter Personen aus einem lediglich zwischen dem Staate und einer Privatperson über einen das öffentliche Interesse betreffenden Gegenstand, insbesondere über die Verpflichtung zur Unterhaltung einer Landstraße, geschlossenen Vertrages. — Vergl. A. L. R. II. 15. §§ 2-4. 7. 11.

Rechtsgr. 40. — II. Senat. 24. März 1863. (XLIX. 127.)

Ein zwischen dem Staate und einer Privatperson über einen das öffentliche Interesse betreffenden Gegenstand, insbesondere über die Verpflichtung zur Unterhaltung einer Landstraße, geschlossener Vertrag gewährt dritten Personen keine klagbare Rechte.

Siehe auch Rechtsgrundsätze 84. 361. 702. (A. L. R. I. 7. § 43., 17. § 169.; Allg. Deutsche Wechsel-Ordnung Art. 82.)

§§ 82. 84. Siehe Rechtsgrundsätze 779. 789. (A. G. O. I. 10. § 304., 13. § 44.)

§ 86. Telegraphischer Abschluß von Verträgen. — Vergl. §§ 116-118. 142. dieses Titels; Telegraphen-Reglement vom 10. December 1858 §§ 35. 36.; Dienst-Anweisung für die telegraphische Beförderung, Abschnitt 8. Abtheilung 5.; Vereins-Telegraphen-Reglement §§ 6. (17.) und 27.

Rechtsgr. 41. — IV. Senat. 2. Mai 1861. (XLII. 50.)

a) Das Telegramm ist an und für sich als eine schriftliche Willenserklärung des Aufgebers nicht anzusehen.

b) Sind die Aufgabe-Depeschen schriftlich vollzogen, so ist der durch telegraphischen Abschluß zu Stande gekommene Vertrag für einen schriftlichen zu erachten.

§ 109. Siehe Rechtsgrundsatz 363. (A. L. R. I. 17. § 169.)

§ 111. Siehe Rechtsgrundsatz 11. (A. L. R. Einl. § 23.)

§§ 113. 114. Siehe Rechtsgrundsatz 1103. (Verordnung vom 13. Mai 1840.)

§ **115**. Oertliches Recht über den Inhalt und die Wirkung der Verträge, insbesondere eines Pachtvertrages. — Vergl. §§ **256**. **257**. dieses Titels.

Rechtsgr. **42**. — V. Senat. **26**. März **1861**. (XLI. 123.)

Ueber den Inhalt und die Wirkungen eines Vertrages, insbesondere auch eines Pachtvertrages, entscheiden im zweifelhaften Falle die Gesetze des Erfüllungsortes.

§§ **116-118**. Schriftliche Verträge:

A. Begriff eines schriftlichen Vertrages; Wirkung einer Namens-Unterschrift in Blanko. — Vergl. § **120**. dieses Titels; A. G. O. II. **2**. § **45**.; Notariats-Ordnung vom **11**. Juli **1845** § **13**.

Rechtsgr. **43**. — III. Senat. 18. Dezember 1863. (LI. 317.)

a) Ein gültiger schriftlicher Vertrag liegt nicht vor, wenn die Verabredungen der Kontrahenten später als die Unterschrift derselben niedergeschrieben sind.

b) Eine Unterschrift in Blanko kann weder einen Beweis des Inhalts einer später darüber geschriebenen Willenserklärung liefern; noch auch kann der Beweis und die verbindliche Kraft einer solchen schriftlichen Erklärung auf andere Weise hergestellt werden.

B. Frachtbrief-Formular mit beigedruckter Firma-Unterschrift. — Vergl. A. L. R. I. **5**. § **131**., II. **8**. §§ **1620** ff. **2452**.

Rechtsgr. **44**. — IV. Senat. 18. September 1862. (XLV. 335.)

Der Mangel der Unterschrift des Versenders unter dem Frachtbrief wird durch seine aufgedruckte Firma nicht ersetzt.

Siehe auch Rechtsgrundsätze **41**. **260**. **363**. (A. L. R. I. **5**. § **86**., **13**. § 5., **17**. § 168.)

§ **120**. Siehe Rechtsgrundsatz **43**. (§ **116** dieses Titels.)

§§ **127-129**. Anfechtung eines Vertrages wegen Abweichung der schriftlichen Abfassung desselben von der wirklichen Verabredung. — Vergl. A. L. R. I. **5**. § **1**.; A. G. O. I. **10**. § 126.; Notariats-Ordnung vom **11**. Juli **1845** § **40**.)

Rechtsgr. 45. — III. Senat. 6. September 1861. (XLIII. 11.)

Zur Substanziirung des Einwandes des anders verabredeten als niedergeschriebenen Vertrages gehört nicht der Nachweis, aus welcher Ursache der Vertrag anders niedergeschrieben sei.

Siehe auch Rechtsgrundsätze 46. 183. (A. L. R. I. 5. § 155., 11. § 12.)

§ 130. Siehe Rechtsgrundsatz 53. (§ 185. dieses Titels.)
§ 131. Siehe Rechtsgrundsätze 44. 332. 334. 335. (A. L. R. I. 5. § 116., 16. §§ 387. 405.)
§ 133. Siehe Rechtsgrundsätze 87. 272. 459. (A. L. R. I. 7. § 66., 13. § 142., 22. § 208.)
§ 134. Siehe Rechtsgrundsätze 248. 269. 332. 334. 459. (A. L. R. I. 11. § 1065., 13. § 103., 16. §§ 387. 405., 22. § 208.)
§ 135. Siehe Rechtsgrundsatz 19. (A. L. R. I. 2. § 42.)
§ 142. Siehe Rechtsgrundsatz 41. (§ 86 dieses Titels.)
§ 146. Siehe Rechtsgrundsätze 19. 334. 336. (A. L. R. I. 2. § 42., 16. §§ 405. 408.)
§§ 149. ff. Siehe Rechtsgrundsatz 179. (A. L. R. I. 11. § 1.)
§ 152. Siehe Rechtsgrundsatz 164. (A. L. R. I. 9. § 564.)
§ 155. Nichtigkeit eines simulirten Rechtsgeschäfts. — Vergl. A. L. R. I. 5. §§ 127. ff., II. §§ 70. 71. 74.

Rechtsgr. 46. — III. Senat. 9. Januar 1863. (XLVII. 296.)

Die Gültigkeit oder Ungültigkeit des unter der Simulation verborgenen Geschäfts berührt den vernichtenden Einfluß der Simulation nicht.

Siehe auch Rechtsgrundsätze 561. 568. (A. L. R. II. 8. §§ 617. 1450.)

§§ 156. ff. Rechtliche Folgen der unterbliebenen, gesetzlich vorgeschriebenen schriftlichen Abfassung eines Vertrages bei erfolgter theilweiser Erfüllung:

A. Abschluß eines vollständigen mündlichen Vertrages. — Vergl. §§ 319. 325. 328. dieses Titels.

Rechtsgr. 47. — IV. Senat. 22. Dezember 1863. (LI. 324.)

a) Der § 156 I. 5. des Allgem. Landrechts setzt zu seiner Anwendung voraus, daß der nur mündlich geschlossene

Vertrag an sich zum definitiven Abschluß und zur Perfektion gelangt ist.

b) Wählt der Verklagte die Erfüllung des nur mündlich geschlossenen Vertrages, so kann er trotz seines Wahlrechts begehren, daß auch die mündliche Verabredung bezüglich der zu gewährenden Eigenschaften der Sache für beide Kontrahenten ihre Wirksamkeit behalte.

B. Alternative Verbindlichkeit des Empfängers einer durch mündlichen Vertrag veräußerten beweglichen Sache im Werthe von mehr als 50 Rthlrn., insbesondere beim Pferdehandel. — Vergl. A. L. R. I. 5. § 248., 11. §§ 363 ff., 16. § 27.

Rechtsgr. 48. — IV. Senat. 19. November 1863. (LII. 99.)

a) Bei mündlichen Verträgen über die Veräußerung einer beweglichen Sache im Werthe von mehr als 50 Rthlrn. dauert bis zur reellen Ausübung des, nach erfolgter Uebergabe der Sache dem Empfänger gesetzlich zustehenden Wahlrechts: entweder von dem Vertrage zurückzutreten und die Sache im nämlichen Zustande zurückzugeben, oder aber den Vertrag auch seinerseits zu erfüllen, — der stattgefundene Eigenthums-Uebergang unverändert fort.

b) Geht daher die Sache vor deren Rückgabe unter, so ist nunmehr der Empfänger unbedingt verpflichtet, den Vertrag auch seinerseits zu erfüllen.

c) Die Rückgabe der empfangenen Sache hat der Empfänger dem Mitkontrahenten an dessen Wohnorte zur Zeit des Vertrags-Abschlusses zu leisten.

d) Die vorstehenden Grundsätze finden auch auf den Pferdehandel Anwendung.

Siehe auch Rechtsgrundsatz 215. (A. L. R. I. 11. § 393.)

§ 163. Rückgabe der Sache wegen Rücktritt des Gebers von dem nur mündlich geschlossenen Vertrage.

A. Ausschließung der Anwendbarkeit des § 163. dieses Titels auf, wegen mangelnder Dispositionsfähigkeit des einen Kontrahenten ungültige Verträge.

Rechtsgr. 49. — III. Senat. 22. September 1862. (XLVII. 55.)

Der § 163. I. 5. des Allgem. Landrechts bezieht sich nur auf mündliche Verträge, welche schriftlich hätten errichtet werden müssen, nicht auf solche, welche wegen mangelnder Dispositionsfähigkeit ungültig sind.

B. Ausschließung der Anwendbarkeit des § 163. dieses Titels auf nichtige Verträge, insbesondere auf außergerichtliche Parzellirungsverträge. — Vgl. A. L. R. I. 7. § 14., 15. § 17.; Parzellirungsgesetz vom 24. Mai 1853 §§ 2. 3.

Rechtsgr. 50. — III. Senat. 10. April 1863. (LI. 23.)

Der § 163. I. 5. des Allgem. Landrechts findet auf nichtige Verträge keine Anwendung; vielmehr hat Derjenige, welcher auf Grund eines nichtigen Vertrages, z. B. eines außergerichtlichen Parzellirungsvertrages, besitzt, die Pflichten eines unrechtfertigen Besitzers.

§ 165. Ergänzung der mangelnden rechtsgültigen Form eines Vertrages über ein Grundstück durch einseitige Erfüllung desselben in Schließung der Ehe. Freigebiger Vertrag. — Vergl. A. L. R. I. 11. §§. 875. 1048.; Konkurs-Ordnung vom 8. Mai 1855 § 102. No. 2.

Rechtsgr. 51. — IV. Senat. 14. Juli 1863. (XLIX. 333.)

a) Der Mangel der rechtsgültigen Form eines Vertrages, wodurch Jemand für den Fall, daß er eine bestimmte Person heirathe, von einem Dritten ein Grundstück abgetreten erhalten hat, wird durch die auch nur einseitige Erfüllung in Schließung der Ehe ergänzt, dergestalt, daß jener Dritte den Vertrag wegen Mangels der Form nicht mehr anfechten kann.

b) Das auf Grund eines solchen, durch die Vollziehung der Ehe erzwingbar gewordenen Abkommens von dem nachherigen Kridar Gegebene kann nicht als eine Freigebigkeit im Sinne des § 102. der Konkurs-Ordnung und im Gegensatze zu dem unter einem lästigen Titel Gegebenen angesehen werden.

Siehe auch Rechtsgrundsätze 568. 662. 1106. (A. L. R. II. 8. § 1450.; Allgem. Deutsche Wechsel-Ordnung Art. 4. No. 3.; Instruktion vom 1. Mai 1841 § 7.)

§ 171. Siehe Rechtsgrundsatz 698. (Allgem. Deutsche Wechsel-Ordnung Art. 82.)

§ 173. Siehe Rechtsgrundsatz 580. (A. L. R. II. 10. § 82.)

§§ 185. ff. Verstärkung der Verträge durch Anerkenntniß:

A. Bei bedingten Verträgen.

Rechtsgr. 52. — I. Senat. 17. Juni 1863. (L. 114.)

Der § 185. I. 5. des Allg. Landrechts, — betreffend das schriftliche oder protokollarische Anerkenntniß eines mündlich geschlossenen Vertrages, — verlangt nicht, daß der Vertrag ein von beiden Seiten unbedingter sein müsse.

B. Erforderniß dieses schriftlichen oder protokollarischen Anerkenntnisses. — Vergl. § 130. dieses Titels.

Rechtsgr. 53. — IV. Senat. 25. November 1862. (XLVII. 191.)

a) Die in dem § 185. I. 5. des Allgem. Landrechts, betreffend die Verstärkung eines mündlich geschlossenen Vertrages durch stillschweigendes Anerkenntniß, gebrauchten Worte:

„so weit als die Verabredungen aus dem Anerkenntnisse erhellen",

besagen nicht, daß ein solches Anerkenntniß präziser und spezieller gefaßt sein müsse, als ein von vornherein schriftlich errichteter Vertrag; sie schließen mithin die Anwendbarkeit des § 130. a. a. O., betreffend die anderweite Ausmittelung des in dem schriftlichen Vertrage undeutlich ausgedrückten Willens, nicht aus.

C. Einseitiges Anerkenntniß eines ungültigen Vertrages zu den Grundakten.

Rechts. 54. — III. Senat. 30. Oktober 1863. (LII. 55.)

Eine zum öffentlichen Gebrauche bei den Grundakten von dem Besitzer eines Grundstücks über seinen Besitztitel —

z. B. einen von dem angeblich Nichtverfügungsberechtigten abgeschlossenen Tauschvertrag — von dem nunmehrigen Verfügungsberechtigten abgegebene Erklärung: daß er den Vertrag genehmige, — steht demselben auch zu Gunsten des dabei nicht gegenwärtig gewesenen anderen Kontrahenten entgegen.

Siehe auch Rechtsgrundsätze 361. 561. 769. (A. L. R. I. **17.** § **169.**, II. **8.** § 617.; A. G. O. I. **10.** § 88b.)

§ **191.** Siehe Rechtsgrundsatz 202. (A. L. R. I. **11.** § 335.)

§§ **205-208. 218.** Verlust der Draufgabe und des Angeldes.

Rechtsgr. **55.** — IV. Senat. 31. Oktober 1861. (XLIII. 172.)

Die Vorschrift des § 218. I. 5. des Allgem. Landrechts, — nach welcher der Geber die Draufgabe verliert, wenn der Vertrag durch seine Schuld zurückgeht, — findet auch auf das Angeld Anwendung.

§ **221.** Siehe Rechtsgrundsatz **1104.** (Verordnung vom 13. Mai 1840 § 1.)

§ **226.** Siehe Rechtsgrundsatz 188. (A. L. R. I. **11.** § 109.)

§§ **236-238.** Zeit der Erfüllung nach Möglichkeit.

Rechtsgr. **56.** — IV. Senat. 21. April 1863. (XLVIII. 315.)

Die erst nach Abschluß des Vertrages bewirkte Verwendung des Erkauften beseitigt nicht die Anwendung des § 237. I. 5. des Allgem. Landrechts.

§ **248.** Siehe Rechtsgrundsatz 48. (§ 156 dieses Titels.)

§ **252.** Siehe Rechtsgrundsatz 1055. (Verordnung vom 14. Dezember 1833 § 4. Nr. 1.)

§§ **256-257.** Siehe Rechtsgrundsätze 42. 1003. (A. L. R. I. **5.** § 115.; Verordnung vom 13. Mai 1840.)

§ **268.** Siehe Rechtsgrundsatz 58. (§ 275. dieses Titels.)

§ **270.** Siehe Rechtsgrundsätze 58. 189. 191. 201. 207. 238. 239. 381. 436. 442. 774. 1055. 1142. (A. L. R. I. **5.** § 275., **11.** §§ 109. 124. 264. 376. 869. 873., **19.** § 19., **21.** §§ 358. 418.; A. G. O. I. **10.**, § 288; Verordnung vom 14. Dezember 1833 § 4 No. 1.; Gewerbe-Ordnung vom 17. Januar 1845 § 139.)

§ **271.** Begründung der Klage auf Erfüllung eines zweiseitigen Vertrages.

Rechtsgr. 57. — II. Senat. 9. Juni 1863. (L. 94.)

Zur Begründung der Klage auf Erfüllung eines zweiseitigen Vertrages bedarf es des Beweisantrittes darüber, daß auch der Kläger seinerseits gehörig zu erfüllen im Stande sei, nicht; vielmehr liegt dem Verklagten, welcher das Gegentheil behauptet, der Beweis dieser Einrede ob.

Siehe auch Rechtsgrundsätze 189. 191. 207. 238. 681. 701. (A. L. R. I. **11.** §§ 109. 124. 376. 869.; Allgem. Deutsche Wechsel-Ordnung Art. 39. 82.)

§§ **272.** ff. Siehe Rechtsgrundsätze 197. 207. (A. L. R. I. **11.** §§ 192. 376. 869.)

§ **275.** Art und Güte der zu liefernden Sachen bei einer Reallast. — Vergl. A. L. R. I. **4.** §§ 58. 59., **5.** §§ 268. 270., **16.** § 143.

Rechtsgr. 58. — I. Senat. 24. April 1863. (XLIX. 176.)

a) Die Regel des § 275. I. 5. des Allg. Landrechts, — nach welcher, wenn eine blos nach ihrer allgemeinen Gattung bezeichnete Sache (genus) versprochen worden, eine Sache von mittlerer Art und Güte gegeben werden muß, — findet auf Reallasten, hinsichtlich deren ein Versprechen, oder deren rechtlicher Entstehungsgrund nicht konstirt, keine Anwendung.

b) Der vorstehende Grundsatz gilt insbesondere auch hinsichtlich der Reallast der Lieferung von zwei Schweinen jährlich an die Pastorate der betreffenden Gemeinde. Walten daher in jenem Falle Zweifel über Alter oder Gewicht der Schweine ob, so entscheidet die Art der bisher wirklich erfolgten Leistung.

§ **277.** Siehe Rechtsgrundsatz 207. (A. L. R. I. **11.** § 376.)

§§ **285.** ff. Vergütung des Interesse wegen der bei Abschließung oder Erfüllung der Verträge aus Vorsatz oder grobem Versehen verletzten Pflichten:

A. Begründung dieser Klage durch den Nachweis der Verschuldung des Verklagten.

Rechtsgr. 59. — II. Senat. 16. und 21. Januar 1862. (XLIV. 156.)

Zur Anwendung der §§ 285. ff. I. 5. des Allgem. Landrechts genügt nicht die bloße Nichterfüllung der übernommenen Verpflichtungen, — eine Verschuldung muß vielmehr der Grund dieser Nichterfüllung sein.

B. Geldklage wegen Nichterfüllung der Verbindlichkeit, insbesondere an Stelle der Vindikation. — Vergl. A. L. R. I. 15. §§ 12. 15.

Rechtsgr. 60. — IV. Senat. 14. Februar 1861 und 15. Mai 1862. (XLV. 232.)

Jede Klage auf Erfüllung einer Verbindlichkeit oder Gewährung einer an und für sich durch Vindikation zu beanspruchenden Sache löst sich, falls diese nicht mehr möglich ist, in eine Geldklage auf.

Siehe auch Rechtsgrundsätze 198. 207. 381. 569. (A. L. R. I. 11. §§ 207. 376., 19. § 19., II. 8. § 1620.)

§ 292. Unterschied zwischen der Konventionalstrafe und der Wandelpön; Klage auf deren Zahlung. — Vergl. §§ 310. 311. 314. dieses Titels.

Rechtsgr. 61. III. Senat. 1. November 1861. (XLII. 364.)

a) Die Konventionalstrafe im engeren Sinne bildet das für den Fall der nicht gehörigen Erfüllung des Vertrages zu vergütende und im Voraus festgestellte Interesse; sie fällt daher hinweg, wenn auf Erfüllung des Hauptvertrages nicht geklagt werden kann.

b) Die Wandelpön gestaltet die Verpflichtung des Kontrahenten zu einer rein alternativen: entweder zu erfüllen, oder die Wandelpön zu zahlen.

Daher kann die Wandelpön erst dann gefordert werden, wenn der andere Kontrahent sich, und zwar in rechtsverbindlicher Weise, für Verweigerung der Hauptverbindlichkeit entschieden hat, — vorausgesetzt, daß der die Wandelpön beanspruchende Kontrahent selbst bis zu dem Zeitpunkt der getroffenen Wahl zur Erfüllung des Vertrages bereit gewesen ist.

Siehe auch Rechtsgrundsätze 199. 430. (A. L. R. I. 11. § 207., 21. § 298.)

§ 295. Konventionalstrafe wegen verspäteter neben dem Anspruche wegen vertragswidriger Leistung. — Vergl. § 311. dieses Titels.

Rechtsgr. 62. — IV. Senat. 27. November 1862. (XLVI. 330.)

Ist durch Zögerung das Recht auf die Konventionalstrafe erworben, so besteht dieses Recht neben den Ansprüchen, welche daraus entstehen, daß die verspätete Leistung außerdem vertragswidrig ist und vertragsmäßig nicht hergestellt werden kann.

§ 301. Siehe Rechtsgrundsätze 430. 947. (A. L. R. I. 21. § 298.; Cod. 7. 47. Lex un.)

§§ 302. 310. Siehe Rechtsgrundsätze 61. 430. (A. L. R. I. 5. § 292., 21. § 298.)

§ 311. Siehe Rechtsgrundsätze 61. 62. (§§ 292. 295. dieses Titels.)

§ 314. Siehe Rechtsgrundsatz 61. (§ 292 dieses Titels.)

§ 317. Siehe Rechtsgrundsätze 197. 204. 207. (A. L. R. I. 11. §§ 192. 344. 376.)

§ 318. Gewährleistung; Vertretung der Keimfähigkeit bei verkauftem Saatroggen. — Vergl. §§ 319. 325. 327. 328. dieses Titels.

Rechtsgr. 63. — IV. Senat. 12. Juni 1862. (XLV. 286.)

Bei verkauftem Saatroggen muß der Verkäufer für die Keimfähigkeit einstehen, wenngleich er ihren Mangel nicht gekannt hat, auch ihn zu entdecken nicht befähigt war. Der Käufer ist zur Rückforderung des für den nicht keimfähigen Roggen gezahlten Kaufpreises unbedingt berechtigt, ohne zur Rückgabe des ausgesäeten und nicht aufgegangenen Roggens verpflichtet zu sein.

Siehe auch Rechtsgrundsätze 201. 204. 1055. (A. L. R. I. 11. §§ 264. 344.; Verordnung vom 14. Dezember 1833 § 4. No. 1.)

§§ 319. ff. Siehe Rechtsgrundsätze 47. 63. 197. 1184. (A. L. R. I. 5. § 156., 11. § 192.; Gesetz vom 11. Mai 1851 § 14.)

§ 323. Siehe Rechtsgrundsatz 201. (A. L. R. I. 11. § 264.)

§§ 325. ff. Siehe Rechtsgrundsätze 47. 63. 65. 1069. (§§ 156. 318. 337. 343. dieses Titels; Exekutionsverordnung vom 4. März 1834 § 9.)

§ 334. Siehe Rechtsgrundsatz 1069. (Exekutions-Verordnung v. 4. März 1834 § 9.)

§ 337. Erstattung der Fütterungskosten eines verkauften fehlerhaften Pferdes. — Vergl. A. L. R. I. 5. § 325., 7. §§ 212. 216., 13. §§ 268. 270.

Rechtsgr. 64. — IV. Senat. 3. Februar 1863. (XLVIII. 169.)

Aus dem Verzuge des Verkäufers hinsichtlich der Rücknahme des verkauften fehlerhaften Pferdes ist ein Recht des Käufers auf Erstattung der Fütterungskosten nicht abzuleiten.

§ 343. Kurze Verjährung des § 343. I. 5. des A. L. R.; Zeitfrist hinsichtlich der Verjährung des Entschädigungsanspruchs nach vorheriger Geltendmachung des Redhibitionsrechtes. — Vergl. §§ 325. ff. dieses Titels.

Rechtsgr. 65. — IV. Senat. 17. November 1863. (LII. 96.)

a) Die kürzere Verjährung des § 343. I. 5. des Allg. Landrechts ist nur in Betreff der Rechte eingeführt worden, welche dem Uebernehmer in den vorhergehenden §§ 325–342. eingeräumt worden; also rücksichtlich der vorbedungenen Eigenschaften die **redhibitoria** und **quanti minoris**.

b) Wenn innerhalb der Frist des § 343. I. 5. des Allg. Landrechts der Redhibitions-Anspruch geltend gemacht wird, so unterliegt der auf dem Redhibitionsrecht beruhende Entschädigungs-Anspruch nicht mehr den Nachtheilen dieses Gesetzes, sondern den Bestimmungen hinsichtlich der gewöhnlichen Verjährung.

c) Ist daher der Entschädigungs-Anspruch wegen verkaufter fehlerhafter Thiere angebrachtermaaßen abgewiesen worden, so ist dessen anderweite Geltendmachung an die sechsmonatliche Frist des § 343. a. a. O. nicht gebunden.

§ 344. Begriff der „äußeren Eigenschaften" einer Sache hinsichtlich der Pflicht zur Gewährleistung bei Verträgen.

Rechtsgr. 66. — IV. Senat. 23. November 1861. (XLIII. 205.)

Aeußere Eigenschaften einer Sache im Sinne des § 344. I. 5. des Allgem. Landrechts sind solche, welche das Verhältniß der Sache oder ihrer Theile zu anderen Sachen oder Personen betrifft, wobei die Sache in ihrer Stellung zur Außenwelt in Betracht kommt. Es handelt sich in diesem Falle mithin um eigentliche Eviktionsmängel, nämlich solche, die auf hervorgetretene Ansprüche dritter Personen oder Sachen auf den fraglichen Gegenstand, oder den Mangel einer zugesicherten Befugniß der Sache gegen Dritte gestützt werden.

§§ 349-351. Siehe Rechtsgrundsatz 198. (A. L. R. I. 11. § 207.)

§ 358. Aufhebung der Verträge wegen Betruges. — Vergl. A. L. R. I. 4. §§ 75. ff. 84. ff.

A. Betrügliche Kaufverträge behufs Gründung einer Aktiengesellschaft.

Rechtsgr. 67. — III. Senat. 18. Februar 1861. (XLII. 5.)

Hat der Verkäufer den Gründern einer Aktiengesellschaft die Sache zu einem niedrigeren, als dem in dem Prospekte bezeichneten und von den Aktionären zu zahlenden Preise verkauft, und mit den Gründern verabredet, daß, unter Geheimhaltung des vereinbarten niedrigeren Kaufpreises, die Preisdifferenz unter denselben vertheilt werden solle; so ist dieser Kaufvertrag der Aktiengesellschaft gegenüber, als durch Betrug veranlaßt, unverbindlich.

B. Betrügliche Verleitung zur Gründung einer Aktiengesellschaft.

Rechtsgr. 68. — IV. Senat. 24. April 1862. (XLVI. 64.)

Haben die Käufer verschiedener Zechen und Muthungen einem Dritten, unter Angabe eines weit höheren, als des wirklichen Erwerbspreises derselben, das Anerbieten gemacht, bei dem Ankaufe sich mit einer bestimmten Summe zu betheiligen und mit ihnen und anderen Interessenten über diese Grundstücke in der Art zu disponiren, daß solche einer zu gründenden Aktiengesellschaft für einen höheren Preis für gemeinschaftliche Rechnung übertragen werden sollten; so kann der Dritte, wenn er dies Anerbieten angenommen und demgemäß mit einem bestimmten Kapitale bei dieser Erwerbsgesellschaft sich betheiligt hat, diesen Vertrag wegen betrüglicher Verleitung zu einem wesentlichen Irrthume widerrufen.

C. Ungültigkeit des von dem Käufer einer Sache mit einem Dritten geschlossenen Vertrages über den Eintritt desselben als Mitkäufer dieser Sache. — Vergl. A. L. R. I. **11.** §§ **13. 46.** ff.

Rechtsgr. **69.** — IV. Senat. 15. Oktober 1861. (**XLIII. 141.**)

Hat der Käufer einer Sache einen Dritten aufgefordert, durch Zeichnung einer bestimmten Summe als Gesellschafter und mit den Rechten eines ersten Kontrahenten in das von dem Ersteren für sich und für andere Theilnehmer vollzogene Kaufgeschäft einzutreten, hierbei, sowie in dem hiernächst mit dem Dritten geschlossenen Kaufvertrage, einen höheren, als den von ihm wirklich gezahlten, Kaufpreis angegeben, und von dem Verhältniß des angegebenen Kaufpreises zu der von dem Dritten versprochenen Beitrittssumme dessen Antheilsrecht an dem Kaufgegenstande abhängig gemacht, — so ist dieser Beitrittsvertrag für den Dritten, als durch Betrug veranlaßt, unverbindlich.

§§ **360. 361.** Anspruch auf das Interesse bei der durch den anderen Kontrahenten bewirkten Unmöglichkeit der Erfüllung.

Rechtsgr. **70.** — IV. Senat. 20. März 1862. (**XLV. 139.**)

Die nach dem § 361. I. 5. des Allgem. Landrechts dem Versprechenden, welchem die Erfüllung durch die Schuld des anderen Kontrahenten unmöglich gemacht ist, gebührende Entschädigung begreift auch den entgangenen Gewinn in sich.

§§ **393. 394.** Siehe Rechtsgrundsätze **71. 213.** (A. L. R. I. **5.** § 397., **11.** § 393.)

§ **396.** Siehe Rechtsgrundsatz **577.** (A. L. R. II. **8.** § 2300.)

§ **397.** Rücktritt von einem Vertrage wegen Nichterfüllung Seitens des anderen Kontrahenten. — Vergl. §§ 393. 394. dieses Titels.

Rechtsgr. 71. — III. Senat. 9. Oktober 1863. (L. 325.)

a) Das „nunmehr" in dem § 397. I. 5. des Allgem. Landrechts steht dem „noch nicht" im § 393. gegenüber, hat also nicht die Bedeutung: daß nur in dem Zeitpunkte, wo der Weigerungsgrund rechtskräftig verworfen ist, die Macht zum Rücktritte ausgeübt werden kann, sondern daß sie in diesem Zeitpunkte existent wird. Sie kann von nun an ausgeübt werden, so lange der Grund: Mangel der Erfüllung von der andern Seite, und zwar rechtskräftig reprobirter Mangel, fortdauert.

b) Auch nach rechtskräftiger Verwerfung des Weigerungsgrundes kann daher der Andere, welcher die Erfüllung verlangt hat, auf Erfüllung durch Nachsuchung der Exekution bestehen und, wenn er dadurch keine Erfüllung erlangt, wegen Mangels der Erfüllung den Vertrag auflösen.

§ **405.** Siehe Rechtsgrundsatz 337. (A. L. R. I. **16.** § 415.)
§ **406.** Siehe Rechtsgrundsatz 577. (A. L. R. II. **8.** § 2300.)
§ **408.** Rücktritt von einem Vertrage über Handlungen.

Rechtsgr. 72. — IV. Senat. 3. Dezember 1861. (XLIV. 109.)

Die allgemeine Bestimmung des § 408. I. 5. des Allg. Landrechts, — betreffend den einseitigen Rücktritt von einem Vertrage über Handlungen, — kann auf die Fälle nicht angewendet werden, welche durch besondere und spätere Gesetze geregelt sind.

Siehe auch Rechtsgrundsätze 213. 236. 240. 544. 1142. (A. L. R. I. **11.** §§ 393. 869. 877., II. **5.** § 177.; Gewerbe-Ordnung vom 17. Januar 1845 § 139.)

§ **409.** Siehe Rechtsgrundsatz 544. (A. L. R. II. **5.** §§ 177.)
§ **424.** Siehe Rechtsgrundsätze 173. 399. 850. (A. L. R. I. **5.** § 435., **20.** § 468.; Konkurs-Ordnung vom 8. Mai 1855 § 56.)
§ **435.** Kontumazialfolgen gegen einen der verklagten Korrealverpflichteten. — Vergl. A. L. R. I. **5.** § 424., **13.** § 85., **17.** § 53.;

Verordnungen vom 1. Juni 1833 § 12. und vom 21. Juli 1846 § 4.

Rechtsgr. 73. — IV. Senat. 26. März 1863. (LI. 12.)

Sind mehrere Korrealverpflichtete in Einem Prozesse als Verklagte in Anspruch genommen, so wird der Mitverklagte, welcher sich auf den Prozeß nicht eingelassen hat, von den Kontumazialfolgen seines Ungehorsams lediglich dadurch nicht befreit, daß die übrigen Mitverklagten ihre Vertheidigung geführt haben.

§§ 443. 445. Siehe Rechtsgrundsätze 399. 695. 850. (A. L. R. I. 20. § 468.; Allg. Deutsche Wechsel-Ordnung Art. 81.; Konkurs-Ordnung vom 8. Mai 1855 § 56.)

§ 450. Siehe Rechtsgrundsätze 324. 359. (A. L. R. I. 16. § 303., 17. § 151.)

Titel 6. Von den Pflichten und Rechten, die aus unerlaubten Handlungen entstehen.

§§ 1-3. Siehe Rechtsgrundsätze 74. 78. 206. 804. (A. L. R. I. 6. §§ 12. 111., 11. § 355.; A. G. O. I. 16. § 24.)

§ 4. Siehe Rechtsgrundsatz 78. (A. L. R. I. 6. § 111.)

§§ 5. 6. Siehe Rechtsgrundsatz 198. (A. L. R. I. 11. § 207.)

§ 10. Siehe Rechtsgrundsätze 569. 576. 804. (A. L. R. II. 8. §§ 1620. 1191.; A. G. O. I. 16. § 24.)

§§ 12. 13. Ersatz des „wirklichen" Schadens wegen mäßigen Versehens. — Vergl. §§ 1—3. dieses Titels.

Rechtsgr. 74. — I. Senat. 11. Juli 1862. (XLVII. 3.)

Unter dem wegen eines mäßigen Versehens zu vergütenden „wirklichen" Schaden des § 12. I. 6. des Allg. Landrechts ist ein jeder Schaden im Gegensatze zum entgangenen Gewinne, mithin sowohl der mittelbare als auch der unmittelbare Schaden, zu verstehen.

Siehe auch Rechtsgrundsätze 206. (A. L. R. I. 11. § 355.)

§ 16. Siehe Rechtsgrundsatz 78. (§ 111. dieses Titels.)

§ 19. Siehe Rechtsgrundsatz 569 (A. L. R. II. 8. § 1620.)

§ 27. Siehe Rechtsgrundsatz 488. (A. L. R. II. 1. § 389.)

§§ 36. 37. Siehe Rechtsgrundsätze 889. 1067. (Konkurs-Ordnung vom 8. Mai 1855 § 392.; Verordnung vom 14. Dezember 1833 § 10.)

§§ 50. ff. Verhaftung der privilegirten Korporationen für die durch ihre Beauftragten bei Ausführung des Auftrags einem Dritten zugefügte Beschädigung. — Vergl. A. L. R. II. 6. § 82.

Rechtsgr. 75. — III. Senat. 9. Oktober 1863. (LII. 17.)

Privilegirte Korporationen haften für die, durch ihre Beauftragten in Ausführung ihres Auftrags einem Dritten zugefügten Beschädigungen nur insofern, als ihnen bei Auswahl ihrer Beamten ein grobes oder mäßiges Versehen zur Last fällt, oder der Auftrag selbst ein unerlaubter war.

§ 53. Präjudizirung eines zum Inkasso übersandten Wechsels durch dessen verspätete Abholung von der Post. — Vergl. A. L. R. II. 8. §§ 515. 553.; Postgesetz vom 4. Juni 1852 § 48.

Rechtsgr. 76. — IV. Senat. 7. November 1861. (XLIV. 62.)

Ist der ohne vorher abgeschlossenen Vollmachtsvertrag dem Adressaten mittelst rekommandirten Schreibens auf der Post zum Inkasso übersandte Wechsel von dem mit der Abholung der Korrespondenz des Adressaten von demselben beauftragten Diener oder Handlungsgehülfen zu spät abgeholt, und dadurch die Präjudizirung des Wechsels verursacht worden, so ist der Adressat für den dem Absender entstandenen Schaden nur subsidiarisch und auch nur dann verantwortlich, wenn jener Beauftragte eine unfähige Person war, und der Adressat bei dessen Auswahl ein grobes oder mäßiges Versehen begangen hat.

§ 54. Dreijährige Verjährung der Schadensklage des durch den Bergbau beschädigten Grundeigenthümers. — Vergl. A. L. R. I. 9. § 558.

Rechtsgr. 77. — III. Senat. 22. Juni 1863. (XLIX. 298.)

Durch die rechtskräftige Verurtheilung des Bergbauenden zum Ersatze des durch den Bergbau dem Grundeigenthümer an seinen Gebäuden verursachten Schadens ist dieser Anspruch der dreijährigen Verjährung des § 54. I. 6. des Allg.

Landrechts entzogen. — Diese Verjährung steht der erst nach Ablauf von drei Jahren seit der Behändigung jenes Erkenntnisses erhobenen Klage auf Feststellung der Höhe der Entschädigung nicht entgegen.

Siehe auch Rechtsgrundsatz 80. (§ 113. dieses Titels.)

§ 63. Siehe Rechtsgrundsatz 1007. (Gesinde-Ordnung vom 8. November 1810 § 118.)

§§ 79. 80. Siehe Rechtsgrundsätze 630. 804. (A. L. R. II. 16. § 112.; A. G. O. I. 16. §. 24.)

§ 111. Verpflichtung des Beschädigers zur Erstattung der nothwendigen und nicht nothwendigen Kurkosten des Beschädigten. — Vergl. A. L. R. I. 3. §§ 4-6. 10. 13., 6. §§ 2-4. 16.; Strafgesetzbuch §§ 187. ff.

Rechtsgr. 78. — I. Senat. 1. Dezember 1862. (XLVII. 197.)

Bei der mit Verletzung eines Verbotsgesetzes zugefügten körperlichen Verletzung eines Menschen muß der Beschädiger nicht blos als unmittelbaren Schaden Kurkosten überhaupt, sondern auch als mittelbaren und zufälligen Schaden die durch die Schuld des Arztes entstandenen Mehrkosten der Kur erstatten, insoweit diese Mehrkosten nicht durch das Verhalten des Beschädigten selbst erwachsen sind.

§§ 112. 113. Schmerzensgelder:

A. Festsetzung des Betrages der Schmerzensgelder des Beschädigten nach Maaßgabe der Kurkosten.

Rechtsgr. 79. — I. Senat. 17. Juni 1863. (XLIX. 287.)

a) Unter den für den Betrag der Schmerzensgelder maaßgebenden Kurkosten sind nur die zur Heilung unter allen Umständen unbedingt erforderlich gewesenen zu verstehen.

b) Zu diesen Kurkosten sind daher die Kosten der Reise des Beschädigten zu dem Arzte oder des Arztes zu dem Beschädigten nicht zu rechnen.

B. Verjährung des Anspruchs auf Schmerzensgelder. — Vergl. § 54. dieses Titels.

Rechtsgr. 80. — I. Senat. 10. Mai 1861. (XLI. 239.)

Die Verjährung des Anspruchs auf Schmerzensgelder

wird durch den § 54. I. 6. des Allgem. Landrechts geregelt, und steht der § 113. daselbst, — betreffend die Höhe der Schmerzensgelder mit Rücksicht auf den Betrag der Kurkosten, — mit jener Frist in keiner Verbindung.

Titel 7. Vom Gewahrsam und Besitz.

§§ 1-3. Siehe Rechtsgrundsätze 106. 117. (§§ 150. 180. dieses Titels.)

§§ 4. 5. Siehe Rechtsgrundsätze 90. 105. 117. (§§ 78. 150. 180. dieses Titels.)

§ 10. Siehe Rechtsgrundsatz 101. (§ 150. dieses Titels.)

§ 14. Siehe Rechtsgrundsätze 50. 302. (A. L. R. I. 5. § 163., 15. § 11.)

§ 15. Verpflichtung des Cessionars einer Hypothekenforderung zur Prüfung der Legitimation des Cedenten, insbesondere bei Erwerb einer von dem eingetragenen Besitzer bezahlten Hypothekenforderung. — Vergl. A. L. R. I. 16. Anh. § 52. zu § 484.; Deklaration vom 3. April 1824.

Rechtsgr. 81. — III. Senat. 10. Februar 1862. (XLV. 70.)

Auch der Cessionar einer Hypothekenforderung muß sich um die Legitimation seines Cedenten bekümmern.

Daher muß auch in dem Falle, wenn der eingetragene Besitzer eine von ihm bezahlte Hypothekenforderung weiter cedirt, der Cessionar sich durch Einsicht der dem Ersteren von dem befriedigten Gläubiger ertheilten Quittung über dessen Legitimation zur Cession Gewißheit verschaffen.

Siehe auch Rechtsgrundsätze 101. 106. 302. (A. L. R. I. 7. § 150., 15. § 11.)

§ 18. Siehe Rechtsgrundsatz 820. (A. G. O. I. 29. § 83.)

§§ 21. 22. Beurtheilung der Redlichkeit oder Unredlichkeit des Besitzes willensunfähiger Personen.

Rechtsgr. 82. — II. Senat. 8. Januar 1863. (XLIX. 19.)

Die Vorschriften der §§ 21. und 22. I. 7. des Allgem. Landrechts finden auf Willensunfähige, deren juristische Persönlichkeit ganz und gar durch ihren gesetzlichen Vertreter repräsentirt wird, keine Anwendung.

§§ **37**. ff. Siehe **Rechtsgrundsatz 615**. (**A. L. R. II. 14.** § 78.)

§ **42**. Vertretung der Unredlichkeit des Besitzes des Erblassers seitens des Erben hinsichtlich der von dem Ersteren gezogenen Nutzungen eines von dem Erben ersessenen Grundstücks. — **Vergl. A. L. R. I. 9.** §§ **614. 665.**

Rechtsgr. **83**. — II. Senat. 8. Januar 1863. (**XLIX.** 19.)

Die Wirkung der von dem Erben angefangenen und vollendeten Ersitzung eines in dem Nachlasse vorgefundenen Grundstücks erstreckt sich zwar auf die von dem Erben selbst, nicht aber auf die von dem Erblasser gezogenen Nutzungen; hinsichtlich der letzteren muß der Erbe vielmehr die Folgen des unredlichen Besitzes seines Erblassers vertreten.

§§ **43. 45.** Anfang der Ersitzung einer Grundgerechtigkeit durch den Pächter; Zeitpunkt des Anfanges des Besitzes des Geschäftsherrn bei der Besitz-Ergreifung durch den Geschäftsführer ohne Auftrag. — Vergl. A. L. R. I. **5**. §§ 74 ff., **7**. §§ 109. 110. **124**., **13**. §§ 2 ff. 239., **21**. §§ 12. 22. 25. 47. 68. 98. 270. 433. 434. 437. 438.

Rechtsgr. **84**. — II. Senat. 18. Juli 1863. (**XLIX.** 359.)

a) Der Pächter eines Grundstücks kann lediglich auf Grund seiner Eigenschaft als Pächter die Verjährung durch Besitz in Ansehung einer Grundgerechtigkeit für den Eigenthümer nicht anfangen.

b) Die von dem Pächter in der Absicht, dem Eigenthümer des verpachteten Grundstücks den Besitz einer Grundgerechtigkeit zu erwerben, unternommene Besitzhandlung hat nur im Falle des vorherigen Auftrages oder der nachträglichen Genehmigung des Verpächters die rechtliche Wirkung einer Besitz-Ergreifung durch einen Stellvertreter.

c) Mit dem Zeitpunkte der Besitz-Ergreifung der Sache oder des Rechts von Seiten des Geschäftsführers ohne Auftrag ist, im Falle der nachträglichen Genehmigung dieser Besitz-Ergreifung durch den Herrn des Geschäfts, der Besitz des Letzteren mit voller Wirkung für eingetreten zu erachten. — Dieser Grundsatz findet auch hinsichtlich der ohne

Auftrag von dem Pächter geschehenen Ergreifung des Besitzes einer Grundgerechtigkeit Anwendung.

§§ **45. 47.** Siehe Rechtsgrundsatz **156.** (A. L. R. I. **9.** § **503.**)

§ **46.** Uebergabe eines ideellen Theiles des Eigenthums an einem Grundstücke. — Vergl. A. L. R. I. **7.** §§ **62** ff. **70.** ff., **11.** § **474.**, **17.** § **60.**

Rechtsgr. **85.** — **III.** Senat. **12.** Februar **1864.** (**LII. 248.**)

a) Ein ideeller Theil des Eigenthums an einem Grundstücke kann nicht durch körperliche Besitz-Ergreifung, sondern nur durch Symbole oder durch Willenserklärung der Kontrahenten übergeben werden.

b) Daher ist bei dem zwischen einem Miterben und einem Dritten geschlossenen Erbschaftskaufe der Besitz des ideellen Antheils des Ersteren an dem Nachlaßgrundstücke an den Erbschaftskäufer für übertragen zu erachten, wenn der Miterbe zu diesem Zwecke dem Käufer die Nachlaßpapiere übergeben hat.

§ **52.** Erwerbung des Besitzes der Pertinenzstücke durch die Erwerbung des Besitzes der Hauptsache.

Rechtsgr. **86.** — **II.** Senat. **2.** Oktober **1862.** (**XLVIII. 16.**)

Der § 52. I. 7. des Allg. Landrechts, — nach welchem Derjenige, welcher den Besitz der Hauptsache ergreift, zugleich alle Pertinenzstücke derselben in Besitz genommen hat, — ist nur auf die Besitznahme körperlicher Sachen zu beziehen.

§§ **58** ff. Siehe Rechtsgrundsätze **87. 186. 565.** (A. L. R. I. **7.** § **66.**, **11.** § **76.**, II. **8.** § **813.**)

§§ **62-65.** Siehe Rechtsgrundsätze **85. 88.** (§§ **46. 74.** dieses Titels.)

§ **66.** Symbolische Uebergabe der in der Gewahrsam eines Dritten befindlichen Sache. — Vergl. A. L. R. I. **5.** § **133. 7.** §§ **58-64.**

Rechtsgr. **87.** — **III.** Senat. **26.** Mai **1862.** (**XLIV. 326.**)

Einer schriftlichen Anweisung an den Inhaber der Sache bedarf es zur Bewirkung der Uebergabe dieser Sache an einen Dritten nicht, wenn die Besitzübertragung symbolisch in Gegenwart des Inhabers und in unmittelbarer Nähe der Sache erfolgt.

Siehe auch Rechtsgrundsatz 88. (§ 74. dieses Titels.)

§§ 67. ff. Siehe Rechtsgrundsatz 88. (§ 74. dieses Titels.)

§§ 70. ff. Siehe Rechtsgrundsätze 85. 88. 364. (A. L. R. I. 7. §§ 46. 74., 17. § 198.)

§ 74. Vorzugsrecht des Eigenthumsprätendenten bei erlangtem Besitze durch körperliche Uebergabe vor dem Eigenthumsprätendenten bei Besitzübertragung durch symbolische Uebergabe und durch bloße Willenserklärung, insbesondere durch constitutum possessorium. — Vergl. §§ 62-73. dieses Titels.

Rechtsgr. 88. — III. Senat. 13. Oktober 1862. (XLVIII. 21.)

Unter der in dem § 74. I. 7. des Allgem. Landrechts enthaltenen Bezeichnung derjenigen Besitzübertragungen, welche in Kollisionsfällen hinter die durch körperliche Uebergabe bewirkte Besitzübertragung zurücktreten sollen, sind sämmtliche in den §§ 62–73. daselbst erwähnten Besitzübertragungs-Arten, mithin auf das constitutum possessorium, zusammengefaßt.

Siehe auch Rechtsgrundsatz 565. (A. L. R. II. 8. § 813.)

§§ 78. 79. Erwerbung des Besitzes von Rechten:

A. Besitz eines Rechtes überhaupt. — Vergl. A. G. O. I. 31. § 1.

Rechtsgr. 89. — III. Senat. 10. Oktober 1862. (XLVII. 79.)

Der Besitz findet auch bei solchen Rechten statt, welche auf Begründung eines dauernden Verhältnisses gerichtet sind.

B. Erwerbung des Besitzes einer Brennholzgerechtigkeit in einem Komplexe von Waldungen. — Vergl. § 5. dieses Titels; Dig. 41. 2. Lex 3. § 1.

Rechtsgr. 90. — II. Senat. 2. Oktober 1862. (XLVIII. 17.)

Ist Jemanden durch Vertrag das Brennholzrecht in einem Waldungskomplex eingeräumt worden, so erlangt derselbe durch die demgemäß erfolgende Ausübung dieses Rechts in einem Theile des Waldungskomplexes den Besitz dieses Rechtes in seinem ganzen Umfange, insofern einer derartigen Ausübung kein Hinderniß entgegenstand.

C. Erwerbung des Besitzes der aus dem Begriffe des Rechts von selbst folgenden Theile, z. B. des Reparaturrechts seitens des Servitutberechtigten. — Vergl. A. L. R. I. 22. § 32.

Rechtsgr. 91. — III. Senat. 27. Februar 1863. (XLIX. 102.)

Durch den Besitz eines Rechts erlangt der Besitzer auch den Besitz der Theile, welche aus dem Begriffe des Rechts von selbst folgen.

Daher bedarf es der besonderen Feststellung des dem Servitutberechtigten zustehenden Reparaturrechtes nicht.

§ 80. Erwerb des Besitzes eines negativen Rechts, insbesondere der Leistung des Schärfkorns. — Vergl. § 107. dieses Titels.

Rechtsgr. 92. — II. Senat. 16. April 1861. (XLII. 41.)

Auf die Leistung des Schärfkorns ist der § 107. I. 7. des Allg. Landrechts der Regel nach nicht anwendbar, und somit die Anwendung des § 80. daselbst in seinem ganzen Umfange gerechtfertigt.

Siehe auch Rechtsgrundsätze 105. 450. (A. L. R. I. 7. § 150., 22. § 28.)

§§ 81. 82. Beweislast bei der Possessorienklage wegen Störung in dem Besitze eines negativen Rechts. — Vergl. §§ 85. 87. 108. dieses Titels; A. G. O. I. 31. § 1.

Rechtsgr. 93. — III. Senat. 1. Dezember 1862. (XLVII. 194.)

Bei der Klage auf Schutz im Besitze eines negativen Rechts muß der Kläger beim Bestreiten des Verklagten nachweisen, daß dieser von den Besitzhandlungen des Klägers Kenntniß erlangt habe.

Siehe auch Rechtsgrundsätze 95. 105. 156. 449. 450. 1102. (A. L. R. I. 7. §§ 106. 150., 9. § 503., 22. §§ 14. 29.; Kabinetsorder vom 14. April 1840.)

§§ 83-86. Siehe Rechtsgrundsätze 93. 105. 450. (A. L. R. I. 7. §§ 81. 150., 22. § 28.)

§ 87. Siehe Rechtsgrundsätze 93. 132. (A. L. R. I. 7. § 81., 8. § 138.)

§§ 96. 101. Ausschließung einer unerlaubten Privatgewalt bei Besitz-ergreifung seitens des Käufers der Sache.

Rechtsgr. 94. — III. Senat. 25. September 1863. (LI. 127.)

Darin allein, daß der Käufer das ihm verkaufte Grundstück ohne Weiteres in Besitz genommen hat, ohne eine ihm von dem Verkäufer geleistete Uebergabe darthun zu können, kann eine Handlung unerlaubter Privatgewalt nicht gefunden werden.

§§ 106-108. Beweis des Prekariums. — Vergl. §§ 81. 82. dieses Titels.

Rechtsgr. 95. — II. Senat. 28. Januar 1864. (LII. 221.)

a) Von Demjenigen, welcher zu einer gewissen Zeit die Erlaubniß zur Ausübung einer Handlung nachsucht, und diese als eine ihm vergünstigungsweise gestattete ausübte, kann nicht angenommen werden, daß er dieselbe Handlung vorher als ein Recht ausgeübt und von dem Andern auf Grund einer diesem obliegende Verpflichtung gestattet erlangt hat.

b) Die Annahme des Prekariums wird dadurch allein nicht ausgeschlossen, daß dasselbe erst für eine Zeit nachgewiesen worden, wo die Handlung schon während einer zur Ersitzung genügenden Frist ausgeübt war.

Siehe auch Rechtsgrundsätze 92. 93. 1102. (§§ 80. 81. dieses Titels; Kabinetsorder vom 14. April 1840.)

§§ 109. 110. 124. Siehe Rechtsgrundsatz 84. (§ 43. dieses Titels.)

§§ 119. 122. Verlust des Besitzes an Grundstücken.

Rechtsgr. 96. — III. Senat. 25. September 1863. (LI. 127.)

a) Der gemeinrechtliche Grundsatz: daß zu dem Verluste des Besitzes an Grundstücken durch Besitz-Ergreifung eines Fremden das Bewußtsein des bisherigen Besitzers von dieser Apprehension erforderlich sei, — ist in dem Preußischen Rechte nicht wiederzufinden.

b) Die Gewahrsam an einem frei zugänglichen Grundstücke geht verloren, sobald der Besitzer von demselben entfernt ist. — Daher wird durch die auf fehlerfreie Art erfolgte Ergreifung des Besitzes eines solchen Grundstückes der bisherige Besitz eines Anderen aufgehoben und ein neuer Besitz erworben.

§§ **126.** ff. Natur des Verhältnisses und Verjährung des Zehntschnitts. — Vergl. A. L. R. I. 9. §§ 500. 501. 509. 568.

Rechtsgr. 97. — II. Senat. 2. Oktober 1862. (XLVI. 245.)

a) Das zwischen dem Dienstherrn und dem Dienstverpflichteten bestehende Verhältniß des Zehntschnitts berechtigt und verpflichtet gegenseitig; daher kann sich der Dienstherr durch Nichtforderung der Dienste seiner Verpflichtung zu deren Vergütung nicht entziehen.

b) Das zwischen dem Dienstherrn und dem Dienstpflichtigen bestehende gegenseitige Verhältniß des Zehntschnitts erlischt, wenn davon während rechtsverjährter Zeit von beiden Seiten kein Gebrauch gemacht wird.

§§ **131. 132.** Entsetzung des Pächters aus der Pacht durch den Verpächter bei Ablauf der Pachtzeit.

Rechtsgr. 98. — III. Senat. 9. November 1863. (LII. 90.)

Der Verpächter ist berechtigt, den Pächter bei Ablauf der Pachtzeit nach Inhalt des Vertrages seiner Gewahrsam zu entsetzen.

§§ **134-136. 161. 162. 184.** Klagerecht aus dem Rechte des Besitzes außer dem Falle des Possessorii Summariissimi. — Vergl. A. L. R. I. 9. §§ 57-59.

Rechtsgr. 99. — II. Senat. 11. Juni 1861. (XLII. 115.)

a) Das auf einem fehlerfreien Besitze beruhende Recht des Besitzes ist, auch abgesehen von dem Titel, worauf der Besitz sich gründet, also abgesehen von dem Recht zum Besitze, ein selbstständiges Recht, welches auch außer dem

Falle des **Possessorii Summariissimi** in den dazu geeigneten Fällen den Schutz der Gesetze erhalten muß.

b) Wenn daher der gegenwärtige Besitzer die Sache oder das Recht entweder durch Gewalt, oder heimlich, mit List oder blos bittweise in Besitz bekommen hat, so kann der vorige Besitzer als solcher auf Wiederherstellung des ihm entzogenen Besitzes klagen, ohne daß er den Nachweis eines ihm zustehenden besseren Rechts zum Besitze zu führen braucht.

§§ **144. 145.** Einrede des Zurückbehaltungsrechts des Inhabers der Sache, insbesondere des Verwalters, gegen die Besitzstörungsklage. — Vergl. A. L. R. I. **14.** §§ 109. 165., **20.** §§ 536. ff.

Rechtsgr. 100. — III. Senat. 1. Juli 1861. (XLII. 222.)

a) Die Regel des § 144. I. 7. des Allg. Landrechts, — betreffend die Befugniß des Besitzers der Sache, deren bloßen Inhaber seiner Gewahrsam aus eigener Macht zu allen Zeiten zu entsetzen, — findet nur dann Anwendung, wenn und so lange der Inhaber seine Detention auf die Bewilligung seitens des Besitzers stützt und daraus herleitet; sie greift dagegen nicht Platz, sobald die beiderseitigen Befugnisse koordinirt sind und der Inhaber durch Ausübung des ihm gesetzlich an sich zustehenden Zurückbehaltungsrechtes der Sache eine ihm selbstständig gebührende, mit dem Besitzrechte des Sachbesitzers in Kollision tretende Befugniß zu wahren bestrebt ist.

b) Daher findet gegen die Besitzstörungsklage der Einwand des Zurückbehaltungsrechts statt.

Dies gilt insbesondere auch hinsichtlich des im Possessorienprozesse verklagten Verwalters fremder Güter, welcher an den ihm anvertrauten Büchern das Retentionsrecht ausübt.

§§ **146.** ff. Siehe Rechtsgrundsätze **101-113. 149. 821-823.** (A. L. R. I. **7.** § 150., **9.** § 327.; A. G. O. I. **31.** § 4.)

§ **150.** Besitzstörung. — Vergl. §§ **146.** ff. dieses Titels; A. G. O. I. **31.** §§ 1. ff.

— Beschaffenheit des Besitzes:

A. Richterlichen Schutzes würdiger Besitz und fehlerhafter Besitz. — Vergl. §§ 10. 15. 154. dieses Titels.

Rechtsgr. 101. — III. Senat. 25. September 1863. (LI. 127.)

a) Der Besitz bedarf, um des richterlichen Schutzes würdig zu sein, keines Titels.

b) Die Besitz-Ergreifung einer Sache wird lediglich wegen des besseren Rechts eines Anderen zu dem Besitze dieser Sache nicht fehlerhaft.

— Aktivlegitimation:

B. Besitzstörungsklage des im Besitz gestörten Erben. — Vergl. A. L. R. I. 9. § 368., 15. §§ 1. 34.

Rechtsgr. 102. — III. Senat. 16. Januar 1863. (XLVII. 306.)

Handelt es sich um die Anstellung einer Besitzstörungsklage des Erben, so gehört zu deren Begründung der Nachweis, daß der Erbe den Besitz der Nachlaßsache, in deren Besitz er gestört zu sein behauptet, wirklich ergriffen habe.

C. Vererbung der Possessorienklage. — Vergl. A. L. R. I. 9. §§ 350. 361. ff. 368.; A. G. O. I. 7. §§ 48-51.

Rechtsgr. 103. — III. Senat. 10. Mai 1861. (XLI. 241.)

Die bereits angestrengte Possessorienklage vererbt sich ohne Weiteres auf die Erben des Klägers.

— Besitzstörende Handlung:

D. Ort der Entstehung der besitzstörenden Handlung.

Rechtsgr. 104. — III. Senat. 30. Oktober 1863. (LII. 53.)

Bei der Besitzstörung kommt es, auch in Ermangelung eines Untersagungsrechtes, auf den Ort, von dem die turbirende Handlung ausgehet, ganz und gar nicht an, vielmehr ist lediglich auf die Existenz und die Urheberschaft derselben zu sehen.

E. Besitzstörungsklage in Betreff negativer, nicht auch affirmativer Rechte, insbesondere wegen Pfändung eines von Zahlung des Brückengeldes befreiten Gutsbesitzers. — Vergl. A. L. R. I.

7. §§ 4. 5. 78. 80-86. 151. ff., 9. §§ 656. 657., II. 14. §§ 5. 80.

Rechtsgr. 105. — III. Senat. 10. Oktober 1862. (XLVII. 79.)

a) Eine Störung in dem Rechtsbesitze kann nur bei negativen, d. h. bei solchen Rechten, bei welchen die Ausübung von dem Willen des Berechtigten, nicht aber bei affirmativen, d. h. bei solchen Rechten vorkommen, bei welchen die Ausübung von dem Willen des Verpflichteten abhängt.

b) Daher enthält die von dem Brückengeldberechtigten vorgenommene Pfändung eines Gutsbesitzers bei Ausübung seines Rechts auf Befreiung von Zahlung des Brückengeldes, als eines subjektiv-dinglichen negativen Rechts, eine Besitzstörung, welche zur Possessorienklage berechtigt.

F. Besitzstörungsklage mit Rücksicht auf die künftigen Folgen der Handlung. — Vergl. A. L. R. I. 3. §§ 8 ff., 7. §§ 1. 3.

Rechtsgr. 106. — II. Senat. 2. Juni 1862. (XLVI. 126.)

a) Eine Handlung, deren künftige Folgen von der Einwirkung außer ihr liegender Umstände abhängig und deshalb noch ungewiß sind, ist als Besitzstörung nicht zu erachten.

b) Die §§ 150. ff. I. 7. des Allg. Landrechts schützen den Besitzer gegen Jeden, welcher ihn in dem Besitze stört, mag die Störung als unmittelbare oder mittelbare Folge eintreten.

G. Besitzstörungsklage wegen Abschreitung eines Grundstücks.

Rechtsgr. 107. — III. Senat. 30. Januar 1863. (XLVII. 320.)

Die Abschreitung eines Theiles eines fremden Grundstücks mit der Aeußerung: „daß dort des Abschreitenden Grenze gehe“, enthält eine Besitzstörung.

H. Besitzstörungsklage wegen Anlegung eines Grabens auf dem benachbarten Grundstücke.

Rechtsgr. 108. — III. Senat. 30. Oktober 1863. (LII. 53.)

Die Anlegung eines Grabens, durch welchen dem Bassin eines benachbarten Grundstücks Unreinigkeiten zugeführt werden, welche dessen seitherige ungestörte Benutzung beeinträchtigen, enthält eine Besitzstörung.

J. Besitzstörungsklage des Miethers gegen den Vermiether wegen Exmission des Aftermiethers. — Vergl. A. L. R. I. 21. §§ 310-315.

Rechtsgr. 109. — III. Senat. 12. Januar 1863. (XLVIII. 144.)

Die seitens des Vermiethers gegen den Aftermiether angestellte Exmissionsklage und die auf Grund des obsieglichen Urtheils veranlaßte gerichtliche Exmission des Aftermiethers enthält keine Störung des Besitzes des Miethers.

K. Besitzstörung des Fahrwegsberechtigten seitens des Grundeigenthümers durch Anlegung eines verschlossen gehaltenen Thorweges. — Vergl. A. L. R. I. 22. § 66.

Rechtsgr. 110. — III. Senat. 25. September 1863. (LI. 131.)

Die von dem Grundeigenthümer geschehene Anlegung eines verschließbaren Thorweges auf dem mit einer Fahrgerechtigkeit belasteten Wege und die Verschließung dieses Thorweges enthalten für sich allein noch keine Besitzstörung des Fahrwegsberechtigten. Vielmehr bedarf es dazu der bei Ausübung dieser Fahrgerechtigkeit stattfindenden Weigerung des Verpflichteten zur Oeffnung des Thorweges oder zur Uebergabe der Schlüssel.

L. Rechtsweg in Betreff der Klage wegen Besitzstörung bei Bewässerungen durch Flußwasser. — Vergl. A. G. O. I. Einl. § 1.; Vorfluth-Edikt vom 15. November 1811 §§ 5. 6. 10.; Kabinetsorder vom 25. August 1832.

Rechtsgr. 111. — III. Senat. 27. September 1861. (XLIII. 124.)

Sowohl für den Fall einer definitiven Feststellung streitiger Rechte bei Ausführung von Bewässerungen durch Flußwasser, als auch über die interimistische Regulirung derartiger Verhältnisse bei Besitzstörungen ist der Rechtsweg zulässig.

M. Besitzstörungsklage des Grundeigenthümers gegen den Bergbauenden wegen Ueberschreitung des Betriebsplans. — Vergl. A. L. R. I. 11. §§ 4. ff., II. 16. §§ 109. ff.; Deklaration vom 27. Oktober 1804 §§ 1. ff.

Rechtsgr. 112. — III. Senat. 6. März 1861. (XLII. 26.)

Der Grundsatz: daß gegen den Bergbautreibenden, welcher, bevor im Wege des Expropriationsverfahrens die Nothwendigkeit der Abtretung eines zu bergbaulichen Anlagen erforderlichen Grundstücks des Grundeigenthümers und die dafür zu gewährende Entschädigung von der kompetenten Behörde festgestellt ist, sich eigenmächtig in den Besitz jener Grundstücke setzt, — die Besitzstörungsklage stattfindet, findet auch dann Anwendung, wenn die eigenmächtige Besitznahme bei Ueberschreitung des festgestellten Betriebsplans geschehen, und diese Ueberschreitung nachträglich von der Bergbehörde genehmigt ist.

N. Besitzstörungsklage des Grundeigenthümers gegen den Bergbauenden wegen eigenmächtiger Besitznahme des zu expropriirenden Grundstücks. — Vergl. A. L. R. I. 11. §§ 4. ff., II. 16. §§ 109. ff.; Deklaration vom 27. October 1804 §§ 1 ff.

Rechtsgr. 113. — III. Senat. 7. März 1862. (XLVI. 28.)

a) Gegen den Bergbauenden, welcher zu bergbaulichen Zwecken wider Willen des Grundeigenthümers, und ohne daß vorher von der kompetenten Behörde die Nothwendigkeit der zwangsweisen Abtrennung des Grundstücks ausgesprochen ist, eigenmächtig sich in den Besitz des letzteren setzt, steht dem Grundeigenthümer die Possessorienklage auf Schutz im Besitze zu.

b) Die Possessorienklage ist jedoch ausgeschlossen, wenn

die vorgedachten Besitzhandlungen ohne Widerspruch und mit Beistimmung des Grundeigenthümers erfolgt sind.

Siehe auch Rechtsgrundsätze 132. 149. 821-823. (A. L. R. I. 8. § 138., 9. § 327.; A. G. O. I. 31. § 4.)

§§ 151. ff. Siehe Rechtsgrundsatz 105. (§ 150. dieses Titels.)

§ 154. Unmittelbar vorhergehender ruhiger Besitz:

A. Besitzstörung durch Anlegung eines Stauwerks. — Vergl. Gesetz vom 28. Februar 1843 § 13. No. 1.

Rechtsgr. 114. — III. Senat. 14. September 1863. (LI. 89.)

Die Anlegung eines Stauwerkes in einem Flusse, durch welches die oberhalb belegenen Grundstücke der Gefahr der Ueberschwemmung ausgesetzt werden, enthält eine Besitzstörung.

B. Begriff des „ruhigen“ Besitzes bei der Possessorienklage.

Rechtsgr. 115. — I. Senat. 13. September 1861. (XLIII. 65.)

Unter dem „ruhigen“ Besitz des § 154. I. 7. des Allg. Landrechts ist ein solcher zu verstehen, welcher nicht schon vor der, die Possessorienklage veranlaßt habenden Handlung zwischen dem Kläger und dem Verklagten streitig war.

Siehe auch Rechtsgrundsatz 101. (§ 150. dieses Titels.)

§§ 161. 162. Siehe Rechtsgrundsatz 99. (§ 134. dieses Titels.)

§ 175. Siehe Rechtsgrundsatz 298. (A. L. R. I. 15. § 1.)

§ 176. Interventionsklage des Eigenthümers. — Vergl. A. L. R. I. 7. § 179., 15. § 1.

Rechtsgr. 116. — III. Senat. 19. September 1862. (XLVI. 217.)

Zur Begründung der Interventionsklage bei erfolgter Beschlagnahme der Sache bei dem dritten Inhaber bedarf es des strengen Nachweises des Eigenthums nicht; es genügt vielmehr der Nachweis des vollständigen, redlich erlangten Besitzes. Daher braucht der Interventionskläger, welcher sein Recht auf einen Kaufvertrag gründet, den Nachweis des Eigenthumserwerbs seines Verkäufers nicht zu führen.

Siehe auch Rechtsgrundsatz 298. (A. L. R. I. 15. § 1.)

§§ 179. 180. Provokationsklage gegen den Besitzer, insbesondere auch hinsichtlich des Rechtsbesitzes, z. B. der Freiheit von Staatssteuern. — Vergl. A. L. R. I. 7. §§ 1-5., 9. §§ 656. ff., II. 14. § 80.

Rechtsgr. 117. — I. Senat. 13. Februar 1863. (XLVII. 349.)

a) Der Besitzer kann weder nach dem Preußischen, noch nach dem Gemeinen Rechte im Wege des Diffamationsprozesses zur Klage provozirt werden.

b) Der vorstehende Grundsatz ist nach Preußischem Rechte nicht auf den eigentlichen Sachbesitz beschränkt, er findet vielmehr auch auf den Besitz von Rechten, namentlich auf den Besitz der Freiheit von Staatssteuern, Anwendung.

Siehe auch Rechtsgrundsätze 116. 298. 299. 820. (A. L. R. I. 7. § 176., 15. § 1.; A. G. O. I. 29. § 83.)

§§ 181. 182. Siehe Rechtsgrundsätze 301. 589. (A. L. R. I. 15. § 3., II. 11. § 189.)

§ 184. Siehe Rechtsgrundsatz 99. (§ 134. dieses Titels.)

§§ 212. 216. Siehe Rechtsgrundsatz 64. (A. L. R. I. 5. § 337.)

§§ 222. ff. 229. Verpflichtung des zur Herausgabe einer Sache mit den Früchten verurtheilten Verklagten, über die seit Insinuation der Klage erhobenen Früchte Rechnung zu legen. — Vergl. A. L. R. I. 7. §§ 233. ff., 11. §§ 108. ff., 13. §§ 256. ff., 14. §§ 125. ff. 139. 166.; A. G. O. I. 7. § 48., 23. § 64., 46. § 7.

Rechtsgr. 118. — Plenarbeschluß vom 4. Mai 1863. (L. 46.)

Ein Verklagter, welcher zur Herausgabe einer Sache mit den Früchten rechtskräftig verurtheilt worden, ist schuldig, für die Zeit seit Insinuation der Klage über die erhobenen Früchte Rechnung zu legen.

§§ 233. ff. Rechnungslegung des unrechtfertigen und des unredlichen Besitzers. — Vergl. A. L. R. I. 14. §§ 155. ff.

Rechtsgr. 119. — III. Senat. 2. Mai 1862. (XLIV. 307.)

Der unrechtfertige und der unredliche Besitzer haben nicht die unbedingte Verbindlichkeit, über die gezogenen Nutzungen eine Rechnung im Sinne der §§ 135. ff. I. 14. des Allg. Landrechts vorzulegen.

Siehe auch Rechtsgrundsatz 118. (§ 222. dieses Titels.)

§§ 240. 244. Verschlimmerung der Sache während des unredlichen Besitzes.

Rechtsgr. 120. — III. Senat. 3. Juni 1861. (XLII. 99.)

Die Belastung eines Grundstücks mit Hypotheken stellt sich als eine Verschlimmerung im Sinne des § 240. I. 7. des Allgem. Landrechts dar.

Titel 8. Vom Eigenthume.

§§ 1. 2. Ausschließliches Verfügungs-Recht des Grundeigenthümers.

Rechtsgr. 121. — II. Senat. 13. März 1862. (XLIV. 237.)

Das im Eigenthume liegende Recht der Ausschließung erstreckt sich auch auf den Luftraum.

Siehe auch Rechtsgrundsätze 150. 301. (A. L. R. I. 9. § 332., 15. § 3.)

§ 8. Siehe Rechtsgrundsatz 997. (Kabinetsorder vom 28. März 1809.)

§ 9. Siehe Rechtsgrundsätze 150. 201. (A. L. R. I. 9. § 332., 11. § 264.)

§ 13. Siehe Rechtsgrundsatz 625. (A. L. R. II. 15. § 246.)

§ 14. Siehe Rechtsgrundsatz 150. (A. L. R. I. 9. § 332.)

§ 19. Siehe Rechtsgrundsatz 997. (Kabinetsorder vom 28. März 1809.)

§§ 23. 25. Siehe Rechtsgrundsatz 150. (A. L. R. I. 9. § 332.)

§§ 26-28. Siehe Rechtsgrundsätze 127. 143. 301. 625. (A. L. R. I. 8. §§ 125. 185., 15. § 3., II. 15. § 246.)

§§ 29-32. Siehe Rechtsgrundsätze 14. 122. 486. 634. 1178. (A. L. R. Einl. § 73., I. 8. § 66., II. 1. § 378., 16. § 116b.; Gesetz No. 3256 vom 11. März 1850 §. 15.)

§ 33. Siehe Rechtsgrundsatz 623. (A. L. R. II. 15. § 57.)

§§ 34. ff. 65. Siehe Rechtsgrundsatz 14. (A. L. R. Einl. § 73.)

§§. 66. ff. 71. 72. Entschädigungsanspruch des Grundeigenthümers an den Fiskus wegen des Verbotes der Errichtung von Gebäuden. — Vergl. A. L. R. Einl. §§ 73—75., I. 8. §§ 29-31.; Bericht des Staatsministeriums vom 16. November und Kabinetsorder vom 4. Dezember 1831; Verfassungs-Urkunde vom 31. Januar 1850 Art. 9.

Rechtsgr. 122. — II. Senat. 23. April 1863. (LI. 33.)

Die Vorschrift des § 66. I. 8. des Allg. Landrechts betrifft lediglich den Fall, wo der beabsichtigte Bau unter der

Voraussetzung, daß der Grund und Boden dem Baulustigen gehört und verbleibt, also unter den schon bestehenden Verhältnissen eine Verunstaltung herbeiführt; dagegen kann der § 66. auf einen Fall, wo die Verweigerung der Erlaubniß zum Bau auf die Beförderung der beabsichtigten Anlage eines neuen Stadttheils gegründet wird, nicht bezogen werden.

§ 97. Siehe Rechtsgrundsatz 124. (§ 99 dieses Titels.)

§ 98. Siehe Rechtsgrundsatz 14. (A. L. R. Einl. § 73.)

§ 99. Hemmung des Ablaufes eines Privatflusses:

A. Begriff eines Privatflusses in Beziehung auf das Verbot der Hemmung des Ablaufs desselben; Berechtigung zum Widerspruch gegen eine solche Anlage. — Vergl. § 100. dieses Titels; Gesetz vom 28. Februar 1843 § 1.

Rechtsgr. 123. — II. Senat. 27. Januar 1863. (XLIX. 56.)

a) Unter dem Ausdrucke: „Privatfluß" in dem § 99. I. 8. des Allg. Landrechts ist jeder Privatwasserlauf, z. B. ein Abzugsgraben, zu verstehen, welcher sich zwischen bestimmten Ufern in einem Bette fortbewegt.

b) Der Adjazent ist einer, den Ablauf des Wassers in dem Privatflusse hemmenden Anlage nur dann zu widersprechen berechtigt, wenn dem Grundstücke desselben erweislich ein „Nachtheil" erwächst.

B. Hemmung des Ablaufes durch Anlegung eines neuen Wehrs. — Vergl. A. L. R. I. 8. § 97., II. 15. § 62.

Rechtsgr. 124. — II. Senat. 24. Februar 1863. (XLVIII. 211.)

Wird in einem Privatflusse oder in einem öffentlichen Flusse ein neues Wehr in der Art angelegt, daß die Wasserstauung auf die angrenzenden Grundstücke stärker einwirkt, als bei dem früheren Wehr, so ist diese Veränderung für eine erlaubte nicht zu erachten.

Siehe auch Rechtsgrundsätze 625.-628. (A. L. R. I. 8. § 100., II. 15. § 246.)

§ 100. Verpflichtung des Grundeigenthümers zur Räumung der Gräben und Kanäle, insbesondere auch in der Provinz Schlesien. — Vergl. § 99. dieses Titels; Schlesisches Vorfluth-Edikt vom 20. Dezember 1746 §§ 3-5.; Vorfluth-Edikt vom 15. November 1811 § 10.

Rechtsgr. 125. — III. Senat. 20. Dezember 1861. (XLIV. 137.)

a) Die in dem § 100. I. 8. des Allgem. Landrechts ausgesprochene Verpflichtung, — daß der Regel nach ein Jeder die über sein Eigenthum gehenden Gräben und Kanäle, wodurch das Wasser seinen ordentlichen und gewöhnlichen Ablauf hat, zu unterhalten verbunden ist, — ist nicht blos in dem eignen Interesse dieses Grundeigenthümers selbst, sondern auch in dem Interesse der Besitzer anderer Grundstücke und nutzbarer Anlagen angeordnet.

b) Der § 100. a. a. O. hat nicht lediglich solche Gräben und Kanäle zum Gegenstande, welche das Wasser aus Privatflüssen abführen, oder wodurch Privatflüsse oder Bäche geleitet werden.

c) Die Vorschrift des § 100. a. a. O. findet auch in der Provinz Schlesien Anwendung.

Siehe auch Rechtsgrundsätze 123. (§. 99. dieses Titels.)

§§ 102-104. Gestattung der Vorfluth bei erfolgter Anlegung eines Ableitungsgrabens.

Rechtsgr. 126. — II. Senat. 21. November 1863. (LII. 109.)

Der zur Gestattung der Vorfluth an sich verpflichtete Grundbesitzer kann blos deshalb, weil der Eigenthümer des höher liegenden Grundstücks auf seinem Grund und Boden mit der Zähmung des Wassers durch Ziehen eines Grabens bereits den Anfang gemacht hat, von seiner Verpflichtung zur Aufnahme des Wassers nicht befreit werden.

Siehe auch Rechtsgrundsatz 143. (§ 185. dieses Titels.)

§ 125. Verletzung der Rechte des Nachbars durch Unterhaltung einer Miststätte. — Vgl. A. L. R. Einl. §§ 88. 94., I. 8. §§. 8. 36. ff., 8. §§ 26-28.

Rechtsgr. 127. — II. Senat. 5. November 1861. (XLIV. 57.)

Der Eigenthümer eines Grundstücks ist nicht berechtigt, auf demselben eine Miststätte zu unterhalten, welche dergestalt mit Jauche angefüllt ist, daß dieselbe die angrenzende Mauer auf dem Grundstücke des Nachbarn durchdringt und dies Grundstück überfluthet.

§ 130. Siehe Rechtsgrundsatz 625. (A. L. R. II. 15. § 246.)

§§ 137. 138. Vom Licht und von der Aussicht bei Gebäuden:

A. Beeinträchtigung des Fensterrechts durch Lichtverkümmerung mittelst anderer Gegenstände, als durch Gebäude. — Vergl. §§ 142. bis 144. dieses Titels.

Rechtsgr. 128. — II. Senat. 15. Oktober 1861. (XLII. 353.)

Die singulären Maaßbestimmungen in den §§ 137. ff. 142–144. I. 8. des Allgem. Landrechts beziehen sich nur auf die Errichtung von Gebäuden; sie sind nicht maaßgebend, wenn die Lichtverkümmerung durch solche Gegenstände vermittelt wird, deren Einfluß auf die Verdunkelung benachbarter Gebäude nicht nothwendig demjenigen gleichsteht, welcher von Gebäuden ausgeübt wird.

B. Oeffnungen und Fenster in dem, an die Stelle des früheren Gebäudes errichteten neuen Gebäude.

Rechtsgr. 129. — II. Senat. 6. Juni 1861. (XLI. 298.)

Ob der Nachbar sich die Anlage der Oeffnungen in dem an die Stelle des früheren Gebäudes errichteten neuen Gebäude gefallen lassen muß, hängt davon ab, wie die Veränderung beschaffen, ob sie mehr oder weniger erheblich, und ob durch die neue Anlage das Recht des Nachbars mehr, als früher, beschränkt und belästigt wird.

§ 138. Oeffnungen in einer unmittelbar an des Nachbars Hof oder Garten stoßenden Wand oder Mauer:

A. Begriff eines Hofes.

Rechtsgr. 130. — II. Senat. 23. Januar 1862. (XLIV. 168.)

Ob ein gewisser Platz als Hof im Sinne des § 138.

I. 8. des Allg. Landrechts zu erachten sei, hängt zunächst von der Würdigung thatsächlicher Momente ab.

B. Oeffnungen und Fenster in dem einen der beiden Häuser desselben Eigenthümers. — Vergl. A. L. R. I. 2. § 135., 8. § 191.

Rechtsgr. 131. — II. Senat. 13. März 1862. (XLIV. 237.)

a) Sind die Oeffnungen in dem einen Hause zu einer Zeit angelegt, zu welcher beide Häuser Einem Eigenthümer gehörig waren, so kann der Besitznachfolger des einen Hauses dem Besitzer des andern Hauses gegenüber das Recht des § 138. I. 8. des Allg. Landrechts nicht ausüben.

C. Störung des Nachbars in dem Besitze des Untersagungsrechts hinsichtlich der Anlegung neuer Fenster. — Vergl. A. L. R. I. 7. §§ 87. 150. ff.

Rechtsgr. 132. — III. Senat. 22. April 1861. (XLI. 188.)

Der Nachbar, welcher auf Grund des § 138. I. 8. des Allg. Landrechts rechtskräftig verurtheilt ist, die in der Wand seines Hauses angelegten Fenster mit den in dem § 138. vorgeschriebenen Maaßgaben zuzumauern, hiernächst aber in derselben Wand, wenngleich an einer anderen Stelle, wiederum solche Fensteröffnungen anbringt, stört hierdurch den Besitz des Untersagungsrechts des andern Nachbars.

Siehe auch Rechtsgrundsätze 128. 129. (§. 137. dieses Titels.)

§§ 139. 140. Abstand neuerrichteter Gebäude von älteren schon vorhandenen Gebäuden des Nachbars:

A. Begriff eines Gebäudes und Nichtanwendbarkeit dieses Begriffes auf Mistgruben.

Rechtsgr. 133. — II. Senat. 12. März 1863. (XLVIII. 240.)

a) Nach dem gewöhnlichen Sprachgebrauch wird unter Gebäuden verstanden: ein durch Umfassungsmauern oder Wände umschlossener und gewöhnlich bedachter Raum über der Erde, der ein Behältniß darstellt zum Aufenthalt von Menschen oder Vieh, oder zur Aufbewahrung beweglicher

Gegenstände, als welche dann gewöhnlich Häuser oder Scheunen und dergleichen Bauwerke erscheinen.

b) Eine ausgemauerte Mistgrube ist zu den Gebäuden im Sinne des § 139. I. 8. des Allgem. Landrechts nicht zu rechnen.

B. Zulässigkeit anderer baupolizeilicher Vorschriften. — Vergl. Gesetz No. 3256. vom 11. März 1850 § 5.

Rechtsgr. 134. — II. Senat. 14. Oktober 1862. (XLVII. 93.)

Die §§ 139. und 140. I. 8. des Allg. Landrechts, — betreffend den Abstand neu errichteter Gebäude von älteren Gebäuden oder dem unbebauten Platz des Nachbars, — gestatten den Erlaß anderer polizeilicher Vorschriften.

Siehe auch Rechtsgrundsatz 1129. (Königsberger Baupolizei-Ordnung vom 1. Februar 1857.)

§§ 141-144. Fensterrecht:

A. Erwerbung desselben durch Verjährung; Protestation gegen die Eröffnung neuer Fenster in der Wand des Nachbars; Eintragung dieser Protestation in das Hypothekenbuch. — Vergl. A. L. R. Einl. § 89., I. 9. §§ 500. 601. 603.

Rechtsgr. 135. — II. Senat. 2. Juli 1861. (XLII. 234.)

a) Die §§ 141. 142. I. 8. des Allg. Landrechts, — nach welchen, wenn der eine Nachbar in seiner Wand Fenster eröffnet, und der Grenznachbar auf seinem Grundstücke binnen zehn Jahren nicht gebaut hat, der Letztere in seiner natürlichen Freiheit, näher oder höher zu bauen, eingeschränkt wird, — enthalten eine Verjährungs-Vorschrift.

b) Zur Erwerbung dieses Verjährungsbesitzes genügt die bloße Eröffnung der Fenster auf das Nachbargrundstück, ohne daß es dazu der Erwerbung des Besitzes eines Untersagungsrechts bedarf.

c) Der Verpflichtete kann sich gegen die Verjährung dem Berechtigten gegenüber durch eine Protestation, und dritten Besitzern des Nachbargrundstücks gegenüber durch Eintragung einer Protestation in das Hypothekenbuch des berechtigten Grundstücks schützen.

B. Erlöschung des Fensterrechts durch stillschweigende Einwilligung. — Vergl. A. L. R. I. 8. § 191., 22. §§. 43. 44.

Rechtsgr. 136. — II. Senat. 9. Oktober 1862. (XLVI. 264.)

Die gesetzlichen Einschränkungen des Eigenthums in Betreff eines neuen Baues vor den Fenstern des Nachbars erlöschen auch durch stillschweigende Einwilligung bei einer solchen Anlage und Einrichtung in der verpflichteten Sache, welche die Ausübung des im § 142. I. 8. des Allg. Landrechts gedachten Rechtes geradezu unmöglich macht.

Siehe auch Rechtsgrundsätze 128. 129. 144. 960. 961. (§§ 137. 191. dieses Titels; Berliner Bau-Ordnung vom 30. November 1641 § 24.)

§ 148. Thürrecht eines Gebäudes bei einer Veränderung des Baues.

Rechtsgr. 137. — II. Senat. 23. Januar 1862. (XLIV. 168.)

Das einem Grundstücke zustehende Thürrecht wird nicht dadurch verwirkt, daß statt des Schuppens, in welchem die Thür früher befindlich war, ein Wohnhaus errichtet worden ist.

§§ 149. ff. Siehe Rechtsgrundsätze 140-142. (§ 168. dieses Titels.)

§§ 159-161. Mauerblenden als Merkmal für das Eigenthum der Scheidemauer.

Rechtsgr. 138. — II. Senat. 23. Februar 1864. (LII. 262.)

Der § 159. I. 8. des Allgem. Landrechts legt nicht allen Vertiefungen in einer Scheidewand, sondern nur den s. g. Blenden die Eigenschaft eines Merkmals für das Eigenthum bei. Blenden sind nur die bei Errichtung einer Mauer ganz unausgefüllt gebliebenen Stellen.

§§ 162-166. Unterhaltung der Zäune, Planken und Stackete.

Rechtsgr. 139. — II. Senat. 14. Oktober 1862. (XLVII. 97.)

Die §§ 162–166. I. 8. des Allgem. Landrechts, — betreffend das Bauen und die Unterhaltung der Zäune zwischen benachbarten Grundstücken, — sind auch auf Planken und Stackete anzuwenden.

§§ **168. 169.** Unterhaltung der Scheidungen zwischen benachbarten Grundstücken. — Vergl. A. L. R. Publ.-Patent vom 5. Februar 1794 § 7., Einl. § 4., I. 8. §§ 149 ff.

A. Bildung einer Lokal-Observanz in Betreff der Verpflichtung zur Unterhaltung der Scheidezäune ländlicher Grundstücke überhaupt.

Rechtsgr. **140.** — II. Senat. 17. Dezember 1861. (XLIV. 132.)

Eine Lokal-Observanz in Betreff der Verpflichtung zur Unterhaltung der Scheidezäune ländlicher Grundstücke kann rechtsgültig neben den Vorschriften des Allgem. Landrechts sich bilden.

B. Bildung einer Lokal-Observanz zwischen Kossäthen und Hüfnern hinsichtlich der Unterhaltung von Verzäunungen der außerhalb der freien Feldflur belegenen Grundstücke bei bestandener Hütungsgemeinschaft.

Rechtsgr. **141.** — III. Senat. 15. Dezember 1862. (XLVII. 228.)

Die zwischen Kossäthen und Hüfnern bestandene Hütungsgemeinschaft steht der Bildung einer Observanz hinsichtlich der Verpflichtung zur Haltung von Verzäunungen der außerhalb der freien Feldflur belegenen Grundstücke nicht entgegen.

C. Verpflichtung zur Unterhaltung der Scheidungen der außerhalb der freien Feldflur und der an einer öffentlichen Straße belegenen Grundstücke.

Rechtsgr. **142.** — III. Senat. 15. Dezember 1862. (XLVII. 228.)

Die Verpflichtung der Eigenthümer von außerhalb der freien Feldflur belegenen städtischen oder ländlichen Grundstücken, die vorhandenen Scheidungen derselben zu erhalten, besteht lediglich zum Besten der angrenzenden Grundbesitzer (Nachbaren).

Siehe auch Rechtsgrundsatz 457. (A. L. R. I. 22. § 72.)

§§ **185.** ff. Gesetzliche Einschränkung des Rechts zur Erhöhung eines Grundstücks, insbesondere mit Rücksicht auf die Veränderung des Wasserlaufs. — Vergl. §§ **26-28. 102.** dieses Titels; Dig. **39.** 3. Lex. **1. pr.** §§. **1. 15.**

Rechtsgr. **143.** — II. Senat. 10. März 1864. (**LII.** 313.)

Das Recht des Eigenthümers, sein Grundstück beliebig zu erhöhen, unterliegt gesetzlich nur den Beschränkungen der §§ 26—28. und 185. ff. I. 8. des Allgem. Landrechts, — und zwar auch dann, wenn durch die Erhöhung ein wilder Wasserabfluß nach dem Grundstücke des Nachbars entsteht.

§ **191.** Erlöschung der gesetzlichen Einschränkungen des Eigenthums zum Besten gewisser Personen durch stillschweigende Einwilligung, insbesondere hinsichtlich eines neuen Baues vor den Fenstern des Nachbars. — Vergl. A. L. R. I. **8.** § **142.**, **22.** §§ **43. 44.**

Rechtsgr. **144.** — II. Senat. 9. Oktober 1862. (**XLVI.** 263.)

Die gesetzlichen Einschränkungen des Eigenthums zum Besten gewisser Personen sind hinsichtlich ihres Aufhörens den Grundgerechtigkeiten ganz gleichgestellt. Daher erlöschen dieselben zufolge der §§ 43. 44. I. 22. des Allgem. Landrechts auch durch stillschweigende Einwilligung bei solchen Anlagen und Einrichtungen in der verpflichteten Sache, welche die Ausübung des Rechts geradezu unmöglich machen.

Siehe auch Rechtsgrundsätze **131. 136.** (§§ **138. 141.** dieses Titels.)

Titel 9. Von Erwerbung des Eigenthums überhaupt, und den unmittelbaren Arten derselben insonderheit.

§§ **1-6.** Siehe Rechtsgrundsatz **21.** (A. L. R. I. **2.** § **131.**)

Abschnitt 2. Von der Besitznehmung verlassener und verlorener Sachen.

§§ **57-59.** Siehe Rechtsgrundsatz **99.** (A. L. R. I. **7.** § **134.**)

Abschnitt 3. Von gefundenen Schätzen.

§§ **74. 104.** Erfüllungseid des Eigenthumsprätendenten einer aufgefundenen verborgen gewesenen Sache; Schatz und Fund. — Vergl. A. G. O. I. 13. § 25., 22. § 3.

Rechtsgr. 145. — I. Senat. 15. Dezember 1862. (XLVII. 238.)

Der Eigenthumsprätendent, welcher sein Eigenthum an aufgefundenen verborgen gewesenen Sachen geltend macht, kann zur Ergänzung des Beweises zum Erfüllungseide verstattet werden.

Abschnitt 6. Von der Erwerbung der An- und Zuwüchse.

§§ **225. 227.** Erwerbung des Eigenthums durch Alluvion überhaupt.

Rechtsgr. 146. — III. Senat. 21. Dezember 1863. (LII. 188.)

Zur Erwerbung des Eigenthums durch Alluvion bedarf es der Besitzergreifung der angespülten fremden Erdtheile nicht.

Siehe auch Rechtsgrundsatz 147. (§ 235. dieses Titels.)

§ **235.** Erwerbung des Eigenthums durch Alluvion mittelst dreijähriger Nutzung. — Vergl. §§ 225. 227. 233. 597. 629. 631. dieses Titels.

Rechtsgr. 147. — III. Senat. 4. Januar 1864. (LI. 334.)

Bei dem Erwerb der Alluvion durch dreijährige Nutzung ist weder erforderlich, daß der Erwerber die Alluvion für sein Eigenthum erachtet, noch ist der Erwerb von einer mit der Entstehung der Alluvion allmählig fortschreitenden Besitznahme abhängig; es wird vielmehr eine Benutzung der Alluvion erfordert.

§ **272.** Vorübergehende Ueberströmungen von Grundstücken. — Vergl. Dig. 43. 12. Lex 1. § 5.

Rechtsgr. 148. — II. Senat. 22. Oktober 1863. (LI. 158.)

Der § 272. I. 9. des Allgem. Landrechts bezieht sich nicht auf den, bei Hochwasser regelmäßig oder gewöhnlich stattfindenden Austritt des Wassers auf benachbarte Grundstücke, sondern auf solche Ueberströmungen, welche durch besondere Ereignisse, durch ungewöhnliche Gewalt des Wassers, herbeigeführt werden.

§§ **327. 332.** Petitorische Einrede des Rechts zum Besitze bei einem Bau auf fremden Boden. — Vergl. A. L. R. I. **7.** §§ **146. 150.**; A. G. O. I. **31.** §§ **1-4.**

Rechtsgr. **149.** — III. Senat. 9. Dezember 1861. (XLIV. 120.)

Aus den §§ 327. und 332. I. 9. des Allg. Landrechts kann nur eine im Bauprozesse Platz greifende petitorische Einrede, nur das Recht zum Besitze abstrahirt werden; sie finden daher im Possessorienprozesse keine Berücksichtigung.

Siehe auch Rechtsgrundsatz 151. (§ 340. dieses Titels.)

§ **332.** Bau auf fremden Grund und Boden mit Vorwissen des Eigenthümers desselben, insbesondere auf dem Grundstücke einer Stadtgemeinde. — Vergl. A. L. R. I. **8.** §§ **1. 9. 14. 23. 25.**; Städte-Ordnung vom 30. Mai 1853 §§ 36. 39. 50. 56. No. 5.

Rechtsgr. **150.** — II. Senat. 18. Dezember 1862. (XLVII. 255.)

a) Nur bei vollem und unbeschränkten Eigenthume an dem Grunde und Boden erlangt durch die stillschweigende Einwilligung des Eigenthümers desselben der bauende Dritte das Eigenthum der bebauten Grundfläche.

b) Ist daher das Gebäude auf dem Grundstücke einer Stadtgemeinde unter der Herrschaft der Städte-Ordnung vom 30. Mai 1853 errichtet worden, so ist zur Anwendung des Grundsatzes von der Inädifikation im § 332. I. 9. des Allg. Landrechts die stillschweigende Einwilligung der Stadtgemeinde, vertreten durch den Magistrat und die Stadtverordneten, und des Staates, vertreten durch die betreffende Königliche Regierung, erforderlich.

Siehe auch Rechtsgrundsätze 149. 151. 401. (A. L. R. I. **9.** §§ 327. 340., **20.** § 467.)

§§ **340-342.** Bau an der Grenze:

A. Ueberschreitung der Eigenthumsgrenze. — Vergl. §§ 327. 332. dieses Titels.

Rechtsgr. **151.** — III. Senat. 6. November 1863. (LII. 83.)

Der Begriff des Bauens auf fremdem Grund und Boden nach § 332. I. 9. des Allgem. Landrechts setzt die Neuerrichtung eines selbstständigen Gebäudes auf fremdem

Grund und Boden mit Vorwissen des Eigenthümers, der Begriff des Bauens an der Grenze nach den §§ 340. ff. a. a. O. dagegen setzt nur das Ueberschreiten der Grenze durch das **Vorrücken** des auf **eigenem** Boden errichteten Gebäudes in das Grundstück des Nachbars voraus.

B. Ueberschreitung der Baugrenze bei aneinanderstoßenden Gebäuden.

Rechtsgr. **152**. — II. Senat. 1. Oktober 1861 und 13. März 1862. (XLV. 118.)

Hat bei aneinanderstoßenden Gebäuden der eine Nachbar den anderen Nachbar veranlaßt, einen alten Giebel abzureißen und statt dessen einen neuen Giebel zu errichten, so kann Ersterer, falls der Letztere die Grenze nicht genau eingehalten hat, seine Klage nicht auf die §§ 340—342. I. 9. des Allgem. Landrechts begründen.

Siehe auch Rechtsgrundsatz 902. (Lübisches Recht Buch 3. Tit. 12. Art. 3.)

§ **350**. Siehe Rechtsgrundsatz 103. (A. L. R. I. 7. § 150.)

§ **360**. Nichterlöschen des Kompromisses durch Konkurs oder Tod. Vergl. A. L. R. Einl. § 103., I. **2**. § 40., **13**. §§ 5. 6. 186. 196. ff.; A. G. O. I. **2**. §§ 167. 199.; Konkurs-Ordnung vom 8. Mai 1855 § 17.; Dig. **4**. 8. Lex 17. pr., Lex 27. §§ 1-4., Lex 32. § 3., Lex 49. § 2.; Extra Decr. Grat. **1**. **43**. cap. 10., cap. ult.

Rechtsgr. **153**. — IV. Senat. 30. April 1861. (XLI. 207.)

Weder nach Gemeinem, noch nach Preußischem Rechte zerfällt das Kompromiß durch den Konkurs oder durch den Tod des Einen der Kompromittenten.

§§ **361**. ff. Siehe Rechtsgrundsatz 103. (A. L. R. I. **7**. § 150.)

§ **368**. Siehe Rechtsgrundsätze 102. 103. 299. (A. L. R. I. **7**. § 150., **15**. § 1.)

§ **398**. Siehe Rechtsgrundsatz 359. (A. L. R. I. **17**. § 151.)

§ **401**. Siehe Rechtsgrundsatz 979. (Märkisches Erbschafts-Edikt vom 30. April 1765 Abth. 2. § 3.)

§ **412**. Beweislast in Betreff der verspäteten Entsagung der Erbschaft.

Rechtsgr. **154**. — IV. Senat. 27. Juni 1863. (L. 160.)

Die Vorschrift des § 412. I. 9. des Allg. Landrechts, —

daß der Erbe, welcher die Erbschaft einmal angenommen, oder sich innerhalb der gesetzmäßigen Frist gar nicht erklärt hat, derselben zum Nachtheil eines Dritten nicht mehr entsagen könne, — muthet diesem Dritten nicht den Beweis eines ihn durch die verspätete Erbesentsagung treffenden materiellen Schadens zu; vielmehr darf der Erbe einem Dritten gegenüber sich auf eine solche Entsagung überhaupt nicht berufen.

§§ **418.** ff. **427.** Siehe Rechtsgrundsätze 978-980. (Märkisches Erbschafts-Edikt vom 30. April 1765 Abth. 2. §§ 1. 3. 7.)

§§ **434. 435. 439.** Siehe Rechtsgrundsatz 830. (A. G. O. II. 5. § 53.)

§ **440.** Siehe Rechtsgrundsatz 653. (A. L. R. II. **18.** § 394.)

§§ **443. 444.** Siehe Rechtsgrundsatz 155. (§ 452. dieses Titels.)

§ **446.** Siehe Rechtsgrundsatz 866. (Konkurs-Ordnung vom 8. Mai 1855 § 105.)

§§ **452-455.** Verpflichtung des Benefizial-Erben dem Erbschaftsgläubiger gegenüber zum Nachweise der Verwendung der Masse zur Befriedigung besser berechtigter Gläubiger. — Vergl. §§ **443. 444.** dieses Titels.

Rechtsgr. **155.** — IV. Senat. 18. Februar 1862. (XLIV. 206.)

Der Benefizialerbe, welcher dem Erbschaftsgläubiger gegenüber behauptet, daß die ganze vorhanden gewesene Aktivmasse zur Befriedigung besser berechtigter Gläubiger verwendet worden sei, hat die Pflicht, jenem Gläubiger dies nachzuweisen.

§ **463.** Siehe Rechtsgrundsatz 808. (A. G. O. I. **22.** § 29. No. 3.)

Abschnitt 9. Von der Verjährung.

§§ **500.** ff. Siehe Rechtsgrundsätze 30. 31. 97. 135. 532. 1200. (A. L. R. I. **4.** § 100., **7.** § 126., **8.** § 141., II. **2.** § 440.; Städte-Ordnung vom 30. Mai 1853 § 4. Abs. 10.)

§ **502.** Siehe Rechtsgrundsatz 165. 532. (A. L. R. I. **8.** § 568., II. **2.** § 440.)

§ **503.** Ersitzung des Rechts des Militärfiskus zur Abhaltung militärischer Uebungen und Paraden auf öffentlichen Plätzen einer Stadt. — Vergl. A. L. R. I. 7. §§ 45. 47. 81. 82., 13. §§ 1. 4. 230. ff., 19. § 1., 21. § 1.

Rechtsgr. 156. — II. Senat. 8. und 13. Oktober 1863. (LII. 27.)

a) Das Recht des Militär-Fiskus zur Abhaltung militärischer Uebungen und Paraden auf öffentlichen Plätzen einer Stadt ist ein vermögensrechtliches Privatrecht, welches auch durch Verjährung mittelst Besitz erworben werden kann.

b) Der zu dieser Verjährung erforderliche Akt der Besitz-Ergreifung des, das Eigenthum der Stadtgemeinde beschränkenden Rechts kann in dem Falle, wenn Truppen von ihren Befehlshabern kommandirt werden, militärische Uebungen und Paraden auf öffentlichen Plätzen der Stadt abzuhalten, nicht ohne Weiteres angenommen werden; vielmehr ist dazu ein Auftrag, oder, im Falle der Geschäftsübernehmung ohne Auftrag, die nachträgliche Genehmigung der Stellvertreter der juristischen Persönlichkeit des Militär-Fiskus — der betreffenden Königlichen Intendantur oder des Königlichen Kriegs-Ministeriums — erforderlich.

§§ **507.** ff. Siehe Rechtsgrundsatz 450. (A. L. R. I. 22. § 29.)

§ **509.** Siehe Rechtsgrundsatz 97. (A. L. R. I. 7. § 126.)

§ **512.** Siehe Rechtsgrundsätze 30. 31. 543. 1200. (A. L. R. I. 4. § 100., II. 4. § 32.; Städte-Ordnung vom 30. Mai 1853 § 4. Abs. 10.)

§ **513.** Siehe Rechtsgrundsatz 157. (§ 518. dieses Titels.)

§ **516.** Siehe Rechtsgrundsätze 157. 159. 692. 718. (§§ 518. 545. dieses Titels; Allgem. Deutsche Wechsel-Ordnung Art. 78.; Strafgesetzbuch § 50.)

§ **517.** Siehe Rechtsgrundsätze 159. 692. (§ 545. dieses Titels; Allg. Deutsche Wechsel-Ordnung Art. 78.)

§§ **518.** ff. Beseitigung des Hindernisses des Anfangs der Verjährung gegen den Eigenthümer eines Grundstücks wegen Abwesenheit im Staatsdienste. — Vergl. §§ 513. 516. dieses Titels.

Rechtsgr. 157. — I. Senat. 17. Juni 1861. (XLII. 136.)

a) Zur Beseitigung des Hindernisses des Anfangs der Verjährung gegen den Eigenthümer des Grundstücks wegen

Abwesenheit im Staatsdienste genügt eine jede Rückkehr, wie kurz auch der Aufenthalt gewesen sein möge, ohne daß es hierbei des Beweises bedarf, daß derselbe während dieser Zeit Kenntniß von seinem Rechte zu gewinnen vermocht habe.

b) Dem wegen Abwesenheit Verhinderten ist jedoch der Gegenbeweis gestattet, daß es ihm während seines vorübergehenden Aufenthaltes in der Provinz nicht möglich gewesen sei, Nachricht von seinem Rechte zu erhalten.

Siehe auch Rechtsgrundsatz 543. (A. L. R. II. 4. § 29.)

§§ **526. 529.** Ersitzung der Kirchen- und Pfarrgüter durch den Kirchenpatron. — Vergl. A. L. R. II. **11.** §§ 228. 568. 584. 621. 623. 689. 774. 779. 780. 800.

Rechtsgr. 158. — Plenarbeschluß vom 17. Juni 1861. (XLII. 367.)

Der § 526. I. 9. des Allgem. Landrechts gestattet keine analoge Anwendung auf den Kirchenpatron.

§ **543.** Siehe Rechtsgrundsatz 159. (§ **545.** dieses Titels.)

§ **545.** Kurze Verjährung bei Ausstellung eines Schuldscheins mit dem Versprechen der Verzinsung und der Zahlung nach vorheriger Kündigung. — Vergl. A. L. R. I. **9.** §§ 516. 517. 543. 568., **11.** § 867., **16.** § 452.; Gesetz vom 31. März 1838 §§ 1. ff.

Rechtsgr. 159. — IV. Senat. 4. Januar 1862. (XLIII. 303.)

Wird über eine der kurzen Verjährung unterworfene Forderung ein Schuldschein ausgestellt und in diesem eine bestimmte Kündigungsfrist stipulirt, so beginnt die Verjährung auch ohne Kündigung mit Ablauf der vom Tage der Ausstellung des Schuldscheines zu berechnenden Kündigungsfrist.

§ **546.** Siehe Rechtsgrundsatz 1086. (Gesetz vom 31. März 1838 § 10.)

§§ **551.** ff. Unterbrechung der erlöschenden Verjährung durch Klageanmeldung bei dem gehörigen Richter. — Vergl. A. G. O. I. **4.** § 2. No. 5., §§ 14. 16.

A. Erfordernisse dieser Klageanmeldung.

Rechtsgr. 160. — III. Senat. 24. April und 11. Mai 1863. (L. 67.)

a) Zur Unterbrechung der Verjährung durch Richtgebrauch mittelst Klageanmeldung genügt es, daß die letztere den Grund und den Gegenstand der Klage nur im Allgemeinen enthalte, so daß der Richter vorläufig beurtheilen könne, ob die Sache zu seiner Gerichtsbarkeit gehöre.

Daher wird durch die in einem früheren Prozesse zwischen denselben Parteien enthaltene Klage-Anmeldung, Klage oder sonstige Schrift, welche dasselbe Recht im Allgemeinen auf Grund desselben Herganges geltend macht, welcher auch in der späteren Klage zum Ausgangspunkte gemacht worden ist, auch in Betreff dieser letzteren Klage für das geltend gemachte Recht der Extinktivverjährung unterbrochen, wenn auch das an diesen Hergang geknüpfte spezielle rechtliche Klagefundament verschieden ist.

B. Unterbrechung der Verjährung durch in ihren Zwecken der Klage-Anmeldung gleich zu achtende Anträge vor Gericht, insbesondere durch prozessualische Geltendmachung der Einrede der Kompensation. — Vergl. § 561. dieses Titels.

Rechtsgr. 161. — IV. Senat. 21. April 1863. (LI. 27.)

Hinsichtlich der Wirkung der Klageanmeldung in Betreff der Unterbrechung der Verjährung sind der Klageanmeldung auch andere vor Gericht angebrachte Anträge, welche mindestens die Bestandtheile der Klageanmeldung enthalten und denselben Zweck verfolgen, gleich zu stellen.

Daher wird der Lauf der Verjährung durch Nichtgebrauch auch durch die prozessualische Geltendmachung der Einrede der Kompensation unterbrochen.

C. Wirkung der Provokation des Zehntherrn auf Ablösung des Zehntrechts in Betreff der Verjährung der Zehntrückstände.

Rechtsgr. 162. — II. Senat. 4. Juni 1863. (XLIX. 237.)

Durch die bloße Provokation des Zehntherrn auf Ablösung des Zehntrechts wird die Verjährung der Zehntrückstände nicht unterbrochen; es bedarf dazu vielmehr der ausdrücklichen Anmeldung dieser Rückstände.

Siehe auch Rechtsgrundsatz 163. (§ 557. dieses Titels.)

§§ 554 ff. Siehe Rechtsgrundsätze 708. 1085. 1086. (Strafgesetzbuch § 50; Gesetz vom 31. März 1838 § 10.)

§ 557. Unterbrechung der Verjährung durch die rechtskräftig abgewiesene Klage im Vorprozesse, insbesondere bei der Abweisung „angebrachtermaaßen" und „zur Zeit." — Vergl. §§ 551. ff. dieses Titels; A. G. O. I. 5. § 23., 10. § 5a.

Rechtsgr. 163. — I. Senat. 24. September 1862. (XLVI. 229.)

a) Ob durch die in einem Vorprozesse aus demselben Fundamente angestellte, hiernächst rechtskräftig abgewiesene Klage die Verjährung der Forderung für unterbrochen zu erachten, hängt von den besonderen Umständen jedes einzelnen Falles ab.

b) Der § 557. I. 9. des Allgem. Landrechts, — nach welchem es bei der erfolgten rechtskräftigen Abweisung des Klägers durch ein wirkliches Erkenntniß „lediglich sein Bewenden behält", — setzt eine definitive Abweisung oder mindestens eine Abweisung in der angebrachten Art voraus, und findet daher auf den Fall der Abweisung „zur Zeit" keine Anwendung.

§ 558. Siehe Rechtsgrundsätze 77. 1086. (A. L. R. I. 6. § 54.; Gesetz vom 31. März 1838 § 10.)

§ 561. Siehe Rechtsgrundsatz 161. (§ 551. dieses Titels.)

§ 564. Anerkenntniß einer verjährten Schuld; Unterschrift der Rechnung seitens des Schuldners. — Vergl. A. L. R. I. 5. § 152., 9. §§ 568. 569.

Rechtsgr. 164. — IV. Senat. 15. April 1862. (XLV. 199.)

a) Das Anerkenntniß einer verjährten Schuld erfordert bei einem Gegenstande über 50 Rthlr. zu seiner Rechtsgültigkeit der schriftlichen Form.

b) Die Unterschrift der Rechnung des Gläubigers seitens des Schuldners enthält weder einen, die Wirkung der bereits vollendeten Verjährung aufhebenden, neuen Rechtsgrund, noch auch den Beweis, daß der Schuldner sich unredlicher Weise und gegen besseres Wissen von seiner noch fortwährenden Verbindlichkeit der Erfüllung derselben habe entziehen wollen.

§ **566.** Siehe Rechtsgrundsätze 30. 31. 1200. (A. L. R. I. **4.** § 100.; Städte-Ordnung vom 30. Mai 1853 § 4. Abs. 10.)

§§ **568. 569.** Wirkung der vollendeten Verjährung durch Nichtgebrauch:

A. Eventueller Einwand der Verjährung gegen eine zunächst ihrem Rechtsgrunde nach überhaupt bestrittene Forderung. — Vergl. § **502.** dieses Titels.

Rechtsgr. **165.** — IV. Senat. 21. April 1863. (LI. 27.)

Der eventuelle Einwand der Verjährung wird dadurch nicht ausgeschlossen, daß der Verpflichtete zunächst die Entstehung der Forderung überhaupt bestritten und in Folge dessen deren Tilgung nicht behauptet hat.

B. Wirkung der kurzen Verjährungen durch Nichtgebrauch nach dem Gesetze vom 31. März 1838; Gegenbeweis gegen diese Verjährung. — Vergl. Gesetz vom 31. März 1838 §§ **1.** ff.

Rechtsgr. **166.** — I. Senat. 21. November 1862. (XLVII. 187.)

Die §§ 568. und 569. I. 9. des Allgem. Landrechts, betreffend die Wirkung der vollendeten Verjährung durch Nichtgebrauch und die Widerlegung der durch diese Verjährung begründeten rechtlichen Vermuthung, sind auch gegenüber der durch das Gesetz vom 31. März 1838 eingeführten kurzen Verjährung anwendbar.

Siehe auch Rechtsgrundsätze 6. 97. 159. 164. 1086. (A. L. R. Publ. Pat. vom 5. Februar 1794 §. 17., I. 7. §. 126., **9.** §§. 545. 564.; Gesetz vom 31. März 1838 §§. 1-10.

§§ **570.** ff. Siehe Rechtsgrundsatz 450. (A. L. R. I. **22.** § 29.)

§ **579.** Gewöhnliche Verjährung durch Besitz:

A. Unerheblichkeit des Beweises der erfolgten Uebergabe. — Vergl. A. L. R. I. **9.** §§ 625. 627. 665., **10.** § 1., **15.** §§ **1.** ff.

Rechtsgr. **167.** — II. Senat. 15. Mai 1862. (XLIV. 311.)

Zur Erwerbung des Eigenthums durch Verjährung ist der Beweis der bewirkten Uebergabe nicht erforderlich.

B. Verjährung durch Besitz auf Grund eines blos vermeintlichen Titels (Titulus putativus). — Vergl. §§ 620. 625. 628. dieses Titels.

Rechtsgr. 168. — III. Senat. 25. Januar 1864. (LII. 216.)

Ein blos vermeintlicher Titel — Titulus putativus — genügt zur gewöhnlichen Verjährung durch Besitz nicht.

Siehe auch Rechtsgrundsätze 484. 933. (A. L. R. II. 1. § 378.; Dig. 8. 5. Lex 10. pr.)

§ 581. Siehe Rechtsgrundsatz 1102. (Kabinetsorder vom 14. April 1840.)

§ 584. Verjährung der von dem Vorbesitzer durch Gewalt oder Diebstahl an sich gebrachten Sachen. — Vergl. Inst. 2. 6. §§ 2. ff. 7.; Dig. 41. 3. Lex 4. §§ 22. ff.

Rechtsgr. 169. — III. Senat. 23. September 1861. (XLII. 334.)

a) Der § 584. I. 9. des Allgem. Landrechts ist auch auf Grundstücke anwendbar, jedoch mit Ausnahme der in der Subhastation angesteigerten Grundstücke.

b) Die Unstatthaftigkeit der Verjährung nach § 584. a. a. O. findet nur so lange statt, als die Sache sich in der Hand desjenigen befindet, welcher von dem Gewaltthäter selbst erworben hat.

§§ 589. 590. Siehe Rechtsgrundsatz 450. (A. L. R. I. 22. § 29.)

§ 597. Siehe Rechtsgrundsatz 147. (§ 235. dieses Titels.)

§ 600. Siehe Rechtsgrundsätze 173. 991. (§ 629. dieses Titels; Schlesisches Forstregulativ vom 26. März 1788 § 14.)

§ 601. Siehe Rechtsgrundsätze 135. 450. (A. L. R. I. 8. § 141., 22. § 29.)

§§ 603. ff. Unterbrechung der erwerbenden Verjährung durch Anmeldung der Klage. — Vergl. A. G. O. I. 7. § 50.

Rechtsgr. 170. — III. Senat. 24. April und 11. Mai 1863. (L. 68.)

Die Unterbrechung der Verjährung durch Besitz in Folge der in einem früheren Prozesse angestellten, jedoch angebrachtermaaßen abgewiesenen Klage ist auch hinsichtlich der in einem späteren Prozesse von demselben Kläger gegen denselben Verklagten angestellten, auf einem aus demselben Hergange entnommenen und anderweiten speziellen Klagefundamente gestützten Klage wirksam.

Siehe auch Rechtsgrundsatz 135. (A. L. R. I. 8. § 141.)

§ 613. Fortsetzung des Besitzes des Vorbesitzers bei der Verjährung.

Rechtsgr. 171. — II. Senat. 12. September 1861. (XLIII. 41.)

Fortsetzung des Besitzes des Vorbesitzers tritt bei der Verjährung nur dann ein, wenn der Besitzer darthut, daß der Besitz des früheren Besitzers rechtlich auf ihn übergegangen ist.

§ 614. Siehe Rechtsgrundsatz 83. (A. L. R. I. 7. § 42.)

§§ 620. ff. Siehe Rechtsgrundsätze 168. 933. (§ 579. dieses Titels; Dig. 8. 5. Lex 10. pr.)

§ 625. Siehe Rechtsgrundsätze 167. 168. 933. 952. (§ 579. dieses Titels; Dig. 8. 5. Lex 10. pr.; Hennebergische Landesordnung vom 1. Januar 1539 Buch 2. Tit. 5. Kap. 15.

§ 627. Ersitzung einer Holzlese-Berechtigung.

Rechtsgr. 172. — II. Senat. 8. April 1862. (XLV. 181.)

Hat die Holzlese gegen ein jährliches Entgelt stattgehabt, so genügt zum Nachweise der dreißigjährigen Ersitzung der Holzgerechtigkeit der Beweis nicht, daß diese Gerechtigkeit während eines Zeitraums von 30 Jahren stets frei, öffentlich und ungestört ausgeübt worden; vielmehr ist auch der Nachweis erforderlich, daß der Verjährende die Gerechtigkeit als sein eigen, und nicht blos miethsweise in Besitz genommen und besessen habe.

Siehe auch Rechtsgrundsatz 167. (§ 579. dieses Titels.)

§ 628. Siehe Rechtsgrundsatz 168. (§ 579. dieses Titels.)

§ 629. Ungewöhnliche Verjährung von 44 Jahren gegen den Fiskus; Frist zur Vollendung der vor Publikation des Code Napoléon begonnenen Verjährungen, insbesondere Verjährung einer diskontuirlichen Servitut, im ehemaligen Königreiche Westphalen. — Vergl. § 600. dieses Titels; Code Napoléon Art. 691. 2281.; Publikations-Patent vom 5. April 1803 § 9.; Gemeinheitstheilungs-Ordnung vom 7. Juni 1821 § 164.; Gesetz vom 31. März 1841 § 1.

Rechtsgr. 173. — II. Senat. 24. September 1861. (XLIII. 103.)

Die dreißigjährige Verjährungsfrist des Art. 2281. des Code Napoléon ist nur auf solche Fälle anzuwenden, für welche dies Gesetzbuch die Verjährung überhaupt zuläßt, mithin nicht bei Servituten der im Art. 691. bezeichneten Art. Auf früher angefangene Verjährungen, zu deren Vollendung nach altem Rechte ein größerer Zeitraum erforderlich, bei Publikation des Code aber noch nicht abgelaufen war, ist der Art. 2281. nicht anzuwenden, vielmehr ist die erforderliche 44jährige Verjährung wider den Fiskus zum Grunde zu legen.

Siehe auch Rechtsgrundsätze 147. 158. (§§ 235. 526. dieses Titels.)

§§ 641. ff. Anwendung des landrechtlichen Normaljahrs 1740 und des Westpreußischen Normaljahrs 1797 hinsichtlich diskontinuirlicher Servituten. — Westpreußisches Provinzialrecht § 5.; Edikt vom 18. Dezember 1798.

Rechtsgr. 174. — II. Senat. 26. November 1863. (LII. 113.)

a) Zur Anwendung des § 641. I. 9. des Allgem. Landrechts genügt rücksichtlich einer diskontinuirlichen Servitut nicht, daß der Prätendent vor dem Normaljahre in den Besitz desselben gelangt und dieses Besitzes nicht wieder verlustig gegangen sei; es muß vielmehr in dem Normaljahre selbst ein Besitz-Akt stattgehabt haben.

b) Die in dem Allgem. Landrecht in Betreff des Normaljahrs 1740 ausgesprochenen Grundsätze greifen auch rücksichtlich des Westpreußischen Normaljahrs 1797 Platz.

§ 648. Ungewöhnliche Verjährung von 40 Jahren hinsichtlich der durch Gewalt von dem dieselben Ueberlassenden an sich gebrachten Sachen.

Rechtsgr. 175. — III. Senat. 23. September 1861. (XLII. 334.)

Der § 648. I. 9. des Allgem. Landrechts ist auch auf Grundstücke anwendbar.

§ 649. Begründung der Verpflichtung zur Herstellung und Unterhaltung eines Rückenzaunes durch Verjährung.

Rechtsgr. 176. — II. Senat. 14. Juli 1863. (XLIX. 341.)

Zur Ersitzung des Rechts, von dem Grundnachbar die Herstellung und Unterhaltung eines Rückenzaunes zu verlangen, ist ein Zeitraum von 40 Jahren erforderlich.

§§ **656.** ff. Siehe Rechtsgrundsätze 105. 117. (A. L. R. I. 7. §§ 150. 179.)

§ **660.** Ungewöhnliche Verjährung von 50 Jahren hinsichtlich der Befugniß zur Ueberschreitung der klar bestimmten Grenzen einer Sache oder eines Rechts.

Rechtsgr. 177. — II. Senat. 9. Juli 1863. (L. 175.)

Der § 660. I. 9. des Allgem. Landrechts bezieht sich nur auf Ueberschreitungen, welche von dem Berechtigten vorgenommen werden.

Siehe auch Rechtsgrundsatz 1134. (Gesetz vom 28. Februar 1843 § 16.)

§ **664.** Siehe Rechtsgrundsätze 959. 991. (Stettiner Bau-Ordnung von 1624 Tit. 1. § 2.; Schlesisches Forstregulativ vom 26. März 1788 § 14.)

§ **665.** Siehe Rechtsgrundsätze 83. 167. 952. (A. L. R. I. 7. § 42., 9. § 579.; Hennebergische Landesordnung vom 1. Januar 1539 Buch 2. Tit. 5. Kap. 15.)

Titel 10. Von der mittelbaren Erwerbung des Eigenthums.

§ **1.** Siehe Rechtsgrundsätze 21. 167. 364. 381. (A. L. R. I. 2. § 131., 9. § 579., 17. § 198., 19. § 19.)

§§ **7-11.** Untergang des Hypothekenrechts durch Subhastation des verpfändeten Grundstücks. — Vergl. A. L. R. I. 20. §§ 410. 411. 490.

Rechtsgr. 178. — III. Senat. 17. Juni 1863. (L. 118.)

Durch die nothwendige Subhastation erhält das Hypothekenrecht der Gläubiger seine vollständige und letzte Verwirklichung dahin, daß dasselbe auch ohne Löschung in dem Hypothekenbuch für erloschen zu erachten ist und an die

Stelle dieses Hypothekenrechts das Recht des Gläubigers tritt, seine Befriedigung aus der Kaufgelderschuld zu suchen.

Siehe auch Rechtsgrundsätze 298. 757. 808. (A. L. R. I. 15. § 1.; A. G. O. I. 7. § 48b., 29. § 81.)

§§ 16. 17. Siehe Rechtsgrundsatz 19. (A. L. R. I. 2. § 42.)
§ 18. Siehe Rechtsgrundsatz 470. (A. L. R. II. 1. § 216.)
§ 19. Siehe Rechtsgrundsatz 482. (A. L. R. II. 1. § 378.)
§§ 21-24. Siehe Rechtsgrundsatz 565. (A. L. R. II. 8. § 813.)
§ 25. Siehe Rechtsgrundsätze 201. 565. (A. L. R. I. 11. § 264., II. 8. § 813.)

Titel 11. Von den Titeln zur Erwerbung des Eigenthums, welche sich in Verträgen unter Lebendigen gründen.

Erster Abschnitt. Von Kaufs- und Verkaufsgeschäften.

§ 1. Erforderniß eines Kaufvertrages:

A. Rechtliche Wirkung der Annahme der, mit einer nicht auf den Verkäufer selbst, sondern auf einen Dritten als Verkäufer lautenden Faktura übersendeten Waare. — Vergl. A. L. R. I. 4. §§ 58. 59., 5. §§ 149-152., II. 8. §§ 562. 569.

Rechtsgr. 179. — IV. Senat. 17. September 1863. (LI. 92.)

Der Umstand allein, daß der Käufer die ihm mit einer Faktura übersendete Waare ohne Vorbehalt angenommen hat, obwohl in der Faktura nicht Derjenige, mit welchem er kontrahirt hat, sondern ein Dritter als Verkäufer bezeichnet ist, begründet nicht die Verpflichtung des Käufers, diesen Dritten als seinen Verkäufer anzusehen.

B. Unterschied zwischen Kauf- und Lieferungsvertrag. — Vergl. § 981. dieses Titels.

Rechtsgr. 180. — IV. Senat 4. März 1862. (XLIV. 231.)

Für die Frage, ob ein Kauf- oder ein Lieferungsvertrag

vorliegt, ist es erheblich, ob die Preise mit Rücksicht auf die von dem Lieferanten vorzunehmende Handlung des Verschaffens höher gegriffen sind.

Siehe auch Rechtsgrundsätze 184. 201. 768. (§§ 46. 264. dieses Titels; A. G. O. I. 10. § 82.)

§ 3. Siehe Rechtsgrundsatz 193. (§ 183. dieses Titels.)

§§ 4. ff. Freiwillige Abtretung des Gegenstandes bei der Expropriation; Expropriation von Kies. — Vergl. § 221. dieses Titels; Eisenbahngesetz vom 3. November 1838 §§ 8. 9. 11. 13.

Rechtsgr. 181. — III. Senat. 15. Februar 1864. (LII. 255.)

a) Es gehört nicht zum Wesen der Expropriation, daß der Expropriat nicht freiwillig das expropriirte Objekt abtreten will und dadurch der Expropriationsbescheid nöthig wird.

b) Auch die zwangsweise Abtretung des Rechts zur Entnahme von Kies aus einem Grundstücke unterliegt den Grundsätzen von der Expropriation.

Siehe auch Rechtsgrundsätze 13. 14. 112. 113. 193. 486. (A. L. R. Einl. §§ 70. 73., I. 7. § 150., 11. § 183. 1184., II. 1. § 378.; Gesetz vom 11. Mai 1851 § 14.)

§§ 8-11. Festsetzung des Kaufpreises bei der Expropriation, insbesondere Entschädigung des Eigenthümers eines Kohlenbergwerks wegen des durch Anlegung einer Eisenbahn dem Bergbau entzogenen Terrains.

Rechtsgr. 182. — III. Senat. 2. Mai 1862. (XLVI. 79.)

Der Eigenthümer eines Kohlenbergwerks ist nicht berechtigt, als Entschädigung für das, in Folge der Anlegung einer Eisenbahn dem Bergbau entzogene Terrain des Kohlenfeldes den Werth der Kohlen nach Abzug der Gewinnungskosten zu beanspruchen; es ist vielmehr die Quantität der vorhandenen Kohle des ganzen Grubenfeldes, die Dauer der zur Ausbeutung dieses ganzen Vorraths erforderlichen Zeit, und das Verhältniß des Werthes der durch die Eisenbahn dem Bergbau entzogenen Terrains zu dem Werthe des ganzen Bergwerks zu berücksichtigen.

Siehe auch Rechtsgrundsätze 14-17. 181. 193. 1184. (A. L. R. Einl. § 73., I. 11. §§ 4. 183.; Gesetz vom 11. Mai 1851 § 14.)

§ 12. Wesentliche Bestandtheile eines Kaufvertrages; insbesondere hinsichtlich eines Grundstücks. — Vergl. A. L. R. I. 5. §§ 127-129., 11. §§ 257. ff.; A. G. O. I. 10. § 126.; Notariats-Ordnung vom 11. Juli 1845 § 40.

Rechtsgr. 188. — III. Senat. 6. September 1861. (XLIII. 10.)

a) Zu den wesentlichen Bestandtheilen eines Kaufvertrages gehören hinsichtlich des Kaufpreises, außer der von dem Käufer zu zahlenden bestimmten Geldsumme, auch alle anderen Gegenverpflichtungen desselben, welche mit dem Kaufgelde zusammen das Aequivalent für den Verkauf der Sache ausmachen.

b) Zur Gültigkeit eines schriftlichen Kaufvertrages über ein Grundstück ist daher erforderlich, daß auch alle jene anderen Gegenverpflichtungen des Käufers darin richtig, vollständig und hinreichend bestimmt und der wirklichen Vereinbarung entsprechend ausgedrückt worden sind.

Insbesondere kann ein notarieller Kaufvertrag über ein Grundstück, in welchem der Käufer sich verpflichtet hat, das Grundstück dem Verkäufer wieder in Pacht zu geben, von dem Verkäufer als ungültig angefochten werden, wenn darin die Dauer der Pachtzeit und der Betrag des Pachtzinses nicht angegeben sind. — Dasselbe gilt in dem Falle, wenn das mündlich vereinbarte Wiederkaufsrecht des Verkäufers in dem Vertrage nicht aufgenommen worden ist.

Siehe auch Rechtsgrundsätze 69. 768. (A. L. R. I. 5. § 358.; A. G. O. I. 10. § 82.)

§§ 13. 14. Siehe Rechtsgrundsatz 251. (A. L. R. I. 12. § 49.)

§ 30. Siehe Rechtsgrundsätze 187. 202. (§§ 83. 335. dieses Titels.)

§ 43. Siehe Rechtsgrundsatz 201. (§ 264. dieses Titels.)

§§ 46. ff. Erforderniß eines gültigen Kaufvertrages in Ansehung des Kaufpreises:

A. Ein in Geld bestehender Kaufpreis; Einräumung einer Holzlese-berechtigung. — Vergl. § 1. dieses Titels; Dig. 18. 1. Lex 1. princ. und § 1., Lex 2. 79., 19. 1. Lex 6. §§ 1. 2.

Rechtsgr. 184. — II. Senat. 8. April 1862. (XLV. 181.)

Ein in Geld bestehender bestimmter Kaufpreis ist sowohl nach Preußischem, als nach Gemeinem Rechte ein wesentliches Erforderniß des Kaufvertrages.

Daher hat ein Rechtsgeschäft, durch welches die Holzlese dem Berechtigten gegen eine jährliche Körner-Abgabe und eine jährliche Geldzahlung eingeräumt worden, weder nach Preußischem noch nach Gemeinem Rechte die Natur des Kaufs.

B. Stillschweigende Vereinbarung der gewöhnlichen Preise bei Bestellung oder Abnahme von zu bestimmten Preisen verkäuflichen Sachen. — Vergl. A. L. R. I. 4. § 58., 11. § 52.

Rechtsgr. 185. — IV. Senat. 11. Juli 1863. (XLIX. 323.)

Wenn Sachen zu gewissen bestimmten Preisen verkauft werden, so kommt schon durch die bloße, von dem Verkäufer angenommene Bestellung oder durch die Abnahme solcher Sachen ein Kaufvertrag zu Stande, indem sich der Besteller oder Abnehmer den bestimmten Preisen stillschweigend unterworfen hat. Derjenige, welcher von einem Kaufmann Waaren ausnimmt, muß daher ohne weitere Verabredung die gewöhnlichen Preise der Waaren zahlen.

Siehe auch Rechtsgrundsatz 69. (A. L. R. I. 5. § 358.)

§ 52. Siehe Rechtsgrundsatz 185. (§ 46. dieses Titels.)
§§ 58. ff. Siehe Rechtsgrundsatz 427. (A. L. R. I. 21. § 263.)
§§ 70. ff. Siehe Rechtsgrundsatz 46. (A. L. R. I. 5. § 155.)
§§ 72. ff. Siehe Rechtsgrundsatz 39. (A. L. R. I. 5. § 74.)

§§ 76. 77. Erfüllung eines mündlich geschlossenen Tauschvertrages durch Uebergabe. — Vergl. A. L. R. I. 7. §§ 58. ff., 11. §§ 363. 364.

Rechtsgr. 186. — IV. Senat. 16. Juli 1863. (L. 206.)

Die in der Lehre vom Besitz aufgestellten, sich von der

Uebergabe und deren Besitzergreifung verhaltenden Vorschriften des Allgem. Landrechts finden im Allgemeinen auch auf die Erfüllung eines Tauschvertrages durch Uebergabe Anwendung, gleichviel, ob der Vertrag nur mündlich abgeschlossen worden ist, der allgemeinen Regel zufolge aber schriftlich hätte geschlossen werden müssen.

Siehe auch Rechtsgrundsatz 768. (A. G. O. I. **10.** § 82.)

§§ **83. 84.** Form des Verkaufs eines Landguts in Pausch und Bogen. — Vergl. § **30.** dieses Titels.

Rechtsgr. 187. — III. Senat. 13. Januar 1862. (XLIV. 150.)

a) Wenn ein Landgut in Pausch und Bogen — wie es steht und liegt — verkauft werden soll, die Parteien mithin beabsichtigen, daß als Zubehör alles Das mitverkauft sein solle, was zur Zeit des geschlossenen Kaufvertrages in oder bei dem Landgute vorhanden und zum Nutzen oder zur Bequemlichkeit im Betriebe der Wirthschaft erforderlich oder dazu schon bisher im Gebrauche gewesen ist; so muß dies ausdrücklich, sei es direkt oder indirekt, verabredet werden.

b) Daher ist der Verkauf eines Landguts „nebst dem vorhandenen todten und lebenden Inventar" nicht für einen Verkauf in Pausch und Bogen, sondern für einen gewöhnlichen Verkauf zu erachten.

Siehe auch Rechtsgrundsatz **204.** (§ **344.** dieses Titels.)

§ **108.** Siehe Rechtsgrundsatz 118. (A. L. R. I. 7. § **222.**)

§ **109.** Gleichzeitige Nutzung der Sache und des Kaufgeldes:

A. Mündliche Nebenbestimmungen bei einem Kaufvertrage hinsichtlich der Stundung und Verzinsung der Kaufgelder. — Vergl. A. L. R. I. **5.** § **226.**, **11.** §§ **291. 729.**

Rechtsgr. 188. — III. Senat. 19. September 1862. (XLVII. 50.)

a) Zu den wesentlichen Erfordernissen eines Kaufvertrages gehört in Betreff des Kaufpreises zwar die Bestimmung der Höhe desselben, nicht aber die der Verzinsung der gestundeten Kaufgelder.

b) Daher ist die mündliche Abrede neben dem schriftlichen Kaufvertrage über die Stundung und Unverzinslichkeit der Kaufgelder als mündliche Nebenbestimmung unverbindlich.

B. Sequestration des verkauften Grundstücks wegen der darauf haftenden vom Käufer nicht übernommenen Pfandbriefs- und Hypothekenschulden. — Vergl. A. L. R. I. 5. §§ 270. 271., 11. §§ 124. 125. 135. 136. 184. 221. 222.

Rechtsgr. 189. — III. Senat. 24. März 1862. (XLV. 143.)

Der Verkäufer eines Grundstücks, welcher dasselbe zwar dem Käufer übergeben, jedoch noch nicht von den darauf haftenden, von dem Käufer nicht übernommenen Pfandbriefs- und Hypothekenschulden befreit hat, ist, nachdem auf Antrag dieser Hypothekengläubiger die Sequestration des Grundstücks eingeleitet worden, nicht berechtigt, die Zahlung der Zinsen der rückständigen Kaufgelder zu verlangen.

Siehe auch Rechtsgrundsatz 118. (A. L. R. I. 7. § 222.)

§§ 124-126. Verbindlichkeit des Verkäufers in Betreff der Uebergabe:
A. Bei Bedenken des Hypothekenrichters in Betreff der Eintragung des Besitztitels.

Rechtsgr. 190. — III. Senat. 25. Januar 1864. (LII. 218.)

Die Verbindlichkeit des Verkäufers in Betreff der Uebergabe kann nicht auf den Fall ausgedehnt werden, wenn die Bedenken des Hypotheken-Richters gegen die Eintragung des Besitztitels offenbar unbegründet sind und von Seiten des Verkäufers Nichts mehr erforderlich ist, um den Rechten nach die Eintragung des Besitztitels für den Käufer zu veranlassen.

B. Bei dem Verkauf eines Lehngutes. — Vergl. A. L. R. I. 5. §§ 270. 271., 11. §§ 135. 222.

Rechtsgr. 191. — III. Senat. 24. März 1862. (XLV. 142.)

Bei dem Verkaufe eines Lehnguts gehört die Hinwegräumung der Rechte vorhandener Lehns-Interessenten nicht zur Eviktionsleistung des Verkäufers, sondern zur Vollständigkeit der diesem obliegenden Uebergabe.

Daher kann der Verkäufer, der geleisteten Natural-Uebergabe ungeachtet, vor Beseitigung der Rechte der Lehns-Interessenten weder die Zahlung noch die Deposition des rückständigen Kaufpreises fordern.

Siehe auch Rechtsgrundsätze 189. 201. (§§ 109. 264. dieses Titels.)

§ 135. Siehe Rechtsgrundsätze 189. 191. (§§ 109. 124. dieses Titels.)
§ 136. Siehe Rechtsgrundsatz 189. (§ 109. dieses Titels.)
§ 156. Siehe Rechtsgrundsatz 810. (A. G. O. I. 23. § 17.)
§§ 159. ff. Siehe Rechtsgrundsätze 201. 302. (A. L. R. I. 11. § 264., 15. § 11.)
§§ 170. 171. Siehe Rechtsgrundsätze 196. 198. 200. (§§ 189. 207. 211. dieses Titels.)
§§ 175. ff. Nichtbestehende Eigenschaft eines auf dem verkauften Grundstücke haftenden vertragsmäßigen Nießbrauches und Leibgedinges als gemeine Lasten.

Rechtsgr. 192. — I. Senat. 23. Oktober 1863. (LI. 165.)

Ein auf dem verkauften Grundstücke haftender vertragsmäßiger Nießbrauch und vertragsmäßiges Leibgedinge stellen keine gemeine Lasten im Sinne des § 176. I. 11. des Allg. Landrechts dar.

Siehe auch Rechtsgrundsätze 196. 201. 433. 494. (A. L. R. I. 11. §§ 189. 264., 21. § 350., II. 1. § 571.)

§§ 183. 184. Gewährleistung für die auf dem verkauften Grundstücke haftenden Privatdienstbarkeiten, Lasten und Abgaben und die Privatschuldenverbindlichkeiten:

A. Gewährleistungspflicht des Verkäufers rücksichtlich der Lasten und Schulden und Verbindlichkeit des Käufers rücksichtlich der Verwendung des Kaufpreises zur Tilgung der Realschulden bei der Expropriation. — Vergl. §§ 3-11. dieses Titels.

Rechtsgr. 193. — III. Senat. 7. November 1862. (XLVIII. 61.)

a) Die Vorschriften der §§ 183. 184. I. 11. des Allg. Landrechts, — betreffend die Vertretungsverbindlichkeit des Verkäufers wegen der auf dem verkauften Grundstücke haftenden Lasten und Schulden, — sind nicht ohne Weiteres und im vollen Umfange auf Expropriationen anwendbar.

b) Der Expropriat darf durch den Verkauf nicht zum Schaden des Käufers und der Hypothekengläubiger gewinnen. Es kann daher verlangt werden, daß er den Kaufpreis, soweit er zureicht, zur Tilgung der auf dem expropriirten Grundstücke haftenden, von dem Käufer nicht mit übernommenen Realschulden verwende.

B. Gewährleistungspflicht des Verkäufers für die auf dem verkauften Grundstücke haftende Geldrente, auch nach dem Gemeinen Rechte und der Nassau-Katzenellnbogener Landes-Ordnung. — Vergl. Dig. 19. 1. Lex 1. § 1., Lex 21. § 1., Lex 39. 41.; Katzenellnbogener Landes-Ordnung vom 1. Mai 1616 Theil 1. Kap. 3. §§ 5. 7.

Rechtsgr. 194. — V. Senat. 27. Oktober 1863. (LI. 172.)

Auch nach dem Gemeinen Rechte und der Nassau-Katzenellnbogener Landes-Ordnung ist ein Anspruch des Käufers auf Gewährleistung wegen der auf dem Grundstücke haftenden Geldrente nicht begründet, wenn er die Existenz dieser Rente zur Zeit des Kaufvertrages gekannt hat.

C. Uebergang der Realansprüche bei der nothwendigen Subhastation. — Vergl. § 342. dieses Titels; Konkurs-Ordnung vom 8. Mai 1855 §§ 47-49. 51. 52. 400.

Rechtsgr. 195. — III. Senat. 23. Juni 1862. (XLIV. 333.)

Die Frage, welche Realansprüche auf den Ersteher eines nothwendig subhastirten Grundstücks ohne Weiteres übergehen, ist nicht nach den Vorschriften der Konkurs-Ordnung in den §§ 47–49. 51. 52. 400., sondern nach den §§ 183. und 342. I. 11. des Allgem. Landrechts zu beurtheilen.

Siehe auch Rechtsgrundsätze 189. 433. (A. L. R. I. 11. § 109., 21. § 350.)

§§ 185. 186. Siehe Rechtsgrundsatz 433. (A. L. R. I. 21. § 350.)

§§ 189. 190. Gewährleistung für eine von dem Käufer nicht übernommene Reallast. — Vergl. §§ 170. 171. 176. 177. dieses Titels.

Rechtsgr. 196. — III. Senat. 20. April 1863. (L. 31.)

Im Falle der Gewährleistung des Verkäufers für eine in Gelde oder Naturalien bestehende, von dem Käufer nicht übernommene Reallast nach § 189. I. 11. des Allg. Landrechts giebt, falls nicht nach einem Anschlage verkauft worden, lediglich das nach landüblichem Zinsfuße berechnete Kapital derselben die dem Käufer zu leistende Vergütung, nicht aber giebt das Kapital, der Kaufpreis und der Werth des Grundstücks die Verhältnißzahlen ab, nach welchen die Vergütung des Käufers zu bestimmen ist.

§§ 192 ff. Beweislast hinsichtlich der Probemäßigkeit bei einem Verkaufe nach Probe. — Vergl. A. L. R. I. 5. §§ 271. 317. 319., 16. § 22.

Rechtsgr. 197. — IV. Senat. 2. Juli 1861. (XLII. 225)

a) Bei dem Kauf nach Probe stehen die in der Probe vereinigten, als ausdrücklich vorbedungen geltenden, Eigenschaften unter den allgemeinen Grundsätzen von der Gewährleistung.

b) Rügt daher der auf Zahlung des Kaufpreises belangte Käufer, welcher die nach Probe gekaufte Waare angenommen und darüber verfügt hat, die Probewidrigkeit derselben, so liegt nicht dem Verkäufer der Beweis der Probemäßigkeit, sondern dem Käufer der Beweis jenes Einwandes des nicht gehörig erfüllten Vertrages — der Probewidrigkeit — ob.

§ 198. Siehe Rechtsgrundsatz 1184. (Gesetz vom 11. Mai 1851 § 14.)

§§ 207 ff. Gewährleistungspflicht des Verkäufers wegen fehlender Quantität:

A. in Betreff der fehlenden Morgenzahl der gewährleisteten Größe eines Bauerguts überhaupt. — Vergl. A. L. R. I. 5. §§ 285. bis 287. 349—351., 6. §§ 5—6., 11. §§ 170. 171.

Rechtsgr. 198. — III. Senat. 18. März 1864. (LII. 341.)

a) Ist bei dem Verkaufe eines Bauerguts von dem Verkäufer eine bestimmte Morgenzahl zugesichert, dieselbe aber nicht gewährt, so kommt es in Betreff der dem Käufer zu gewährenden Entschädigung, wenn nicht nach einem Anschlage verkauft ist, auf das Ergebniß der gerichtlichen Abschätzung durch Sachverständige an, wobei von der Beschaffenheit der bei dem Gute wirklich vorhandenen Bodenfläche auszugehen und ihr Durchschnittswerth als der Werth des fehlenden Areals anzunehmen ist.

b) Daraus, daß die Vergütigung für die fehlende Fläche nur nach Verhältniß der Taxe des Ganzen gegen den verabredeten niederen Kaufpreis gefordert werden kann, folgt nicht, daß sie auch im Verhältniß der Taxe des Ganzen gegen den verabredeten höheren Kaufpreis gefordert werden dürfe.

c) Hat der Verkäufer bei Eingehung des Vertrages in Betreff der Versicherung hinsichtlich des Größenmaaßes des verkauften Guts seine Pflichten vorsätzlich verletzt, so ist der Käufer sein ganzes Interesse — den verursachten wirklichen Schaden und den entgangenen Gewinn — zu fordern berechtigt.

B. insbesondere in Betreff der fehlenden Morgenzahl der gewährleisteten Größe des Ackerlandes eines verkauften Bauerguts. — Vergl. A. L. R. I. 5. § 292.

Rechtsgr. 199. — III. Senat. 11. Dezember 1863. (LII. 168.)

a) Die Einrede, daß bei dem verkauften Bauergute die kontraktlich zugesicherte Morgenzahl Ackerland nicht vorhanden sei, enthält die Rüge eines Gewährsmangels.

b) Hieran wird dadurch Nichts geändert, daß der Verkäufer sich verpflichtet hat, für jeden an der gewährleisteten Fläche Ackerland etwa fehlenden Morgen eine bestimmte Geldsumme zu zahlen.

§ 211. Festsetzung der Entschädigungssumme wegen des dem Käufer nicht gewährten Theiles der verkauften Sache. — Vergl. §§ 170. 171. dieses Titels.

Rechtsgr. 200. — III. Senat. 23. Juni 1862. XLIX. 6.)

Der Regel nach ist der Werth des dem Käufer nicht gewährten Theils der ohne einen Anschlag ihm verkauften Sache durch Sachverständige zu bestimmen. Es ist daher Sache des Verkäufers, die Ausnahme des § 171. I. 11. des Allgem. Landrechts zu beweisen.

§ 213. Siehe Rechtsgrundsatz 204. (§ 344. dieses Titels.)

§§ 221. 222. Siehe Rechtsgrundsätze 181. 189. 191. (§§ 4. 109. 124. dieses Titels.)

§ 228. Siehe Rechtsgrundsatz 1029. (Gesetz vom 4. Juli 1822 § 2.)

§§ 257. ff. Siehe Rechtsgrundsatz 183. (§ 12. dieses Titels.)

§§ 264. 265. Beschränkung des Eigenthumserwerbs des Käufers durch eine Resolutiv-Bedingung. — Vergl. A. L. R. I. 2. § 124., 5. §§ 270. 318. 323., 8. § 9., 10. § 25., 11. §§ 1. 43. 124. 159. 175. ff.

Rechtsgr. 201. — III. Senat. 23. Mai 1862. (XLVI. 100.)

a) Die in der zweiten Rubrik des Hypothekenbuches eines Grundstückes eingetragene Verpflichtung: „dem Besitzer eines andern Grundstücks auf Verlangen ein Stück Landes zur Anlegung eines Weges unentgeltlich abzutreten", ist weder für eine Reallast im Sinne des § 183. I. 11. des Allgem. Landrechts, noch überhaupt für eine Last zu erachten, für welche der Verkäufer nach den §§ 175. ff. a. a. O. Gewähr zu leisten hat; sie beschränkt vielmehr nur den Erwerb des Eigenthums- und Besitzrechts des Käufers durch eine Resolutivbedingung.

b) Der Käufer ist daher, falls er von der vorgedachten beschränkenden Verpflichtung nicht vor Abschluß des Kaufvertrages in Kenntniß gesetzt ist, berechtigt, Befreiung von derselben, resp. deren Löschung im Hypothekenbuche zu verlangen.

§ 291. Siehe Rechtsgrundsatz 188. (§ 109. dieses Titels.)

§ 313. Siehe Rechtsgrundsatz 325. (A. L. R. I. 16. § 313.)

§ 335. Kaufvertrag bei Bestellung von Waaren zur Probe und Auswahl. — Vergl. A. L. R. I. 5. § 191., 11. § 30.

Rechtsgr. 202. — IV. Senat. 28. Juni 1862. (XLV. 295.)

Die Bestellung von Waaren aus einer Handlung „zur Probe und Auswahl“, sowie die Bestellung eines der Auswahl des Reisenden überlassenen Assortiments von Waaren im Betrage von circa 150 bis 180 Rthlrn., enthält keinen gültigen Kaufvertrag.

§ 342. Wirkung eines nach Abgabe des Meistgebots von dem Exequendus errichteten schriftlichen Vertrages oder des schriftlichen Bekenntnisses desselben zu einem früheren Vertrage über den Verkauf von Guts-Inventarienstücken. — Vergl. A. L. R. I. 2. §§ 48. ff.; A. G. O. I. 24. § 97., 50. § 269., II. 6. § 14.

Rechtsgr. 203. — III. Senat. 29. September 1862. (XLVIII. 11.)

Ein nach Abgabe des Meistgebots des nachherigen Adjudikatars von dem Exequendus errichteter schriftlicher Vertrag oder abgegebenes schriftliches Bekenntniß zu einem früheren Vertrage über den Verkauf von Gutsinventarienstücken ist für den Adjudikatar ohne Nachtheil.

Siehe auch Rechtsgrundsätze 195. 435. (A. L. R. I. 11. § 183., 21. § 350.)

§ 344. Gewährleistung hinsichtlich der Pertinenzstücke bei der nothwendigen Subhastation. — Vergl. A. L. R. I. 5. §§ 317. 318., 11. §§ 83. 84. 213.

Rechtsgr. 204. — III. Senat. 9. Mai 1859. (XLII. 1.)

In Beziehung auf die Frage: was als Pertinenzstück eines nothwendig subhastirten Grundstücks anzusehen ist, gelten im Allgemeinen die Grundsätze der Gewährleistung bei einem Verkaufe in Pausch und Bogen.

Siehe auch Rechtsgrundsatz 433. (A. L. R. I. 21. § 350.)

§ 348. No. 2. Erscheinen eines zum Bietungstermine nicht vorgeladenen Subhastations-Interessenten in diesem Termine. — Vergl. Subhastations-Verordnung vom 4. März 1834 §. 9.

Rechtsgr. 205. — III. Senat. 6. November 1863. (LII. 79.)

Der Mangel der unterbliebenen Vorladung eines aus

dem Hypothekenbuche ersichtlichen Subhastations-Interessenten, insbesondere des Konkursverwalters, zum Bietungs-Termine wird durch dessen Erscheinen in diesem Termine nicht geheilt, wenn er bei der Verhandlung wegen jenes Mangels dem Zuschlage widersprochen hat.

§§ 355. ff. Verhaftung des Richters für das bei Leitung einer nothwendigen Subhastation begangene mäßige Versehen. — Vergl. A. L. R. I. 6. §§ 1—3. 12. 13., II. 10. §§ 88. 89.

Rechtsgr. 206. — I. Senat. 11. Juli 1862. (XLVII. 3.)

a) Der Richter, welcher bei Leitung einer nothwendigen Subhastation ein mäßiges Versehen begangen hat, ist auch in dem Falle, wenn dieses vor dem Zuschlage bemerkt und gehoben worden ist, außer zum Ersatze der deshalb entstandenen Kosten, den Interessenten auch zum Ersatze des wirklichen Schadens verpflichtet.

b) Ein Hypothekengläubiger, welcher die nothwendige Subhastation weder ausgebracht hat, noch auch ihr beigetreten ist, kann den durch das vorgedachte Versehen des Richters ihm entstandenen Schaden von demselben nicht erstattet verlangen.

Zweiter Abschnitt. Vom Kaufvertrage.

§§ 363. ff. Siehe Rechtsgrundsätze 48. 186. (A. L. R. I. 5. § 156., 11. §. 76.)

Dritter Abschnitt. Von Abtretung der Rechte.

§§ 376. ff. Verbindlichkeit des Cedanten aus dem Cessionsvertrage: A. Verbindlichkeit desselben zur Herausgabe des nach geleisteter Cession auf die cedirte Forderung gezahlt Erhaltenen. — Vergl. A. L. R. I. 5. §§ 270. ff. 277. 285. ff. 317.

Rechtsgr. 207. — IV. Senat. 25. Juni 1863. (XLVIII. 361.)

Auch aus dem, der Cession zu Grunde liegenden Cessionsvertrag ergiebt sich die Verpflichtung des Cedenten, dasjenige, was er nach geleisteter Cession auf die cedirte Forderung selbst noch erhoben hat, dem Cessionar herauszugeben oder zu erstatten.

B. Verbindlichkeit des seine Rechte aus dem Kaufvertrage cedirenden Käufers dem Cessionar gegenüber. — Vergl. §§ 381. 382. 402. 420. 440. 441. dieses Titels.

Rechtsgr. 208. — IV. Senat. 30. Mai 1861. (XLII. 83.)

Durch die Cession seiner Rechte aus dem Kaufvertrage übernimmt der cedirende Käufer seinem Cessionar gegenüber nicht die Verpflichtung, die Obliegenheiten des Verkäufers selbstständig zu erfüllen.

Siehe auch Rechtsgrundsätze 211. 213. 214. 565. (A. L. R. I. 11. §§ 382. 393., II. 8. § 813.)

§ 381. Siehe Rechtsgrundsätze 208. 213. (§§ 376. 393. dieses Titels.)

§§ 382 ff. Gegenstand der Cession:

A. Berechtigung jedes Einzelnen der mehreren Cessionarien zur Einklagung des ihm cedirten Betrages einer auf verschiedenen Rechtsgründen beruhenden Gesammtforderung des Cedenten. — Vergl. Verordnung vom 8. Februar 1811.

Rechtsgr. 209. — IV. Senat. 7. Juli 1863. (L. 171.)

Jeder Einzelne der mehreren Cessionarien je eines bestimmten Betrages der auf verschiedenen Rechtsgründen beruhenden Gesammtforderung des Cedenten ist für sich allein zur Einklagung des ihm abgetretenen Betrages berechtigt.

B. Cession der Rechte aus zweiseitigen Verträgen. — Vergl. § 402. dieses Titels.

Rechtsgr. 210. — III. Senat. 4. Dezember 1863. (LII. 153.)

Bei der Cession der Rechte aus einem zweiseitigen Vertrage wird nicht die Obligation selbst, sondern das Recht des Cedenten abgetreten: Die vertragsmäßige persönliche Verpflichtung zur Gegenleistung bleibt bei dem ursprünglichen Kontrahenten, und nur gegen diesen, selbst wenn er das Recht cum onere abtritt, übernimmt der Cessionar seinerseits die persönliche Verpflichtung, den Vertrag statt seiner zu erfüllen.

C. Cession von Depositalgeldern seitens eines Miterben aus einer noch ungetheilten Erbschaft. — Vergl. §§. 376. 377. dieses Titels.

Rechtsgr. 211. — IV. Senat. 14. November 1861. (XLII. 371.)

Das Recht, von der Depositalbehörde die Auszahlung einer, wenn auch künftig erst festzustellenden Erbtheilssumme bis zu einem bestimmten Betrage zu fordern, ist ein Forderungsrecht, welches im Wege der Cession auf einen Anderen übertragen werden kann.

D. Unverbindlichkeit der Cession der Pension eines Civilbeamten. — Vergl. A. G. O. I. 24. Anh. §§ 160—163. zu § 108.; Cirkular-Verordnung vom 19. Dezember 1799 No. VIII. § 4.; Publikandum vom 18. November 1802; Verordnungen vom 3. Mai 1804 Abschnitt 2. § 9. und vom 28. Februar 1806 § 7.

Rechtsgr. 212. — IV. Senat. 20. Juni 1861. (XLII. 179.)

Die im Voraus erfolgte Cession der Pension eines Civilbeamten ist sowohl hinsichtlich des nicht abzugsfähigen als des abzugsfähigen Theils der Pension rechtsunverbindlich.

Siehe auch Rechtsgrundsätze 208. 565. 639. 812. 828. 839. 945. 1027. (A. L. R. I. 11. § 376., II. 8. § 813., 16. §. 154.; A. G. O. I. 24. §. 9., 50. § 153.; Konkurs-Ordnung vom 8. Mai 1855 § 9.; Cod. 4. 39. Lex 9.; Gesetz vom 4. Juli 1822 § 1.)

§§ 393. ff. Form der Cession:

A. Akt der Cession als Uebergabe des Rechts. — Vergl. A. L. R. I. 5. §§ 393. 394. 408 ff., 11. §§ 376. 381.; Dig. 18. 4. Lex 2. § 8., Lex 4—6. 17. 23.; Cod. 4. 39. Lex 3. 7—9.

Rechtsgr. 213. — IV. Senat. 28. Juni 1862. (XLV. 291.)

Der Akt der Cession ist, als bloßer Akt der Uebergabe, nicht Gegenstand, sondern nur Folge des Vertrages. Daher finden auf Verträge über zu leistende Cessionen — pacta de cedendo — die Vorschriften der §§ 408. ff. I. 5.

des Allg. Landrechts über Verträge, deren Hauptgegenstand Handlungen sind, keine Anwendung.

B. Abänderung der gesetzlichen Formen und Normen für Rechtsübertragungen durch Privatwillkür. Uebertragung der Waaren-Kreditscheine der Berliner Waaren-Kreditgesellschaft durch Blankogiro. — Vergl. §§ 376. 377. dieses Titels.

Rechtsgr. 214. — IV. Senat. 26. März 1863. (XLVII. 365.)

a) Die gesetzlichen Formen und Normen für Rechtsübertragungen können durch bloße Privatwillkür — ohne Dazwischenkunft der Autorität des Staates — nicht geändert oder beseitigt werden.

b) Daher können die der Waaren-Kreditgesellschaft in Berlin ausgestellten, ihrem Inhalte nach ein Forderungsrecht dieser, darin als Gläubiger bezeichneten, Gesellschaft begründenden und auf deren Order lautenden Scheine nicht durch bloßes Blankogiro des Dirigenten der genannten Gesellschaft, sondern nur durch schriftliche Cessionen, beziehungsweise einen, den wesentlichen Erfordernissen derselben entsprechenden, Vermerk an einen Dritten übertragen werden, — und ändert es hieran Nichts, wenngleich der Aussteller der Scheine sich nach den auf deren Rückseite enthaltenen Bedingungen der Uebertragung durch Blankogiro unterworfen hat.

C. Notarielle Cession an einen Blinden. — Vergl. A. L. R. I. 5. § 156.

Rechtsgr. 215. — IV. Senat. 29. September 1863. (L. 292.)

Ist die Cession einer verbrieften Forderung schriftlich geleistet und von dem Cessionar angenommen, so kann dieser die Zahlung der mündlich versprochenen Cessions-Valuta nicht durch die Berufung auf den § 156. I. 5. des Allgem. Landrechts abwenden und vorschützen, daß die Cession, weil er, der Cessionar, blind sei, nicht vor Notar, sondern nur vor Gericht habe bewirkt werden können.

Siehe auch Rechtsgrundsätze 217. 565. 667. 847. 895. (A. L. R.

I. **11.** § 413., II. **8.** § 813.; Allgem. Deutsche Wechsel-Ordnung Art. 9.; Konkurs-Ordnung vom 8. Mai 1855 § 32.; Allg. Hypotheken-Ordnung II. § 231.)

§ **395.** Siehe Rechtsgrundsätze 20. 565. 820. 1041. (A. L. R. I. **2.** § 107., II. **8.** § 813.; A. G. O. I. **29.** § 83.; Prozeß-Verordnung vom 1. Juni 1833 § 1. No. 2.)

§ **402.** Siehe Rechtsgrundsätze 208. 210. 565. 672. 828. (A. L. R. I. **11.** §§ 376. 382. 402., II. **8.** § 813.; A. G. O. I. **50.** § 153.)

§§ **407. 408.** Siehe Rechtsgrundsätze 472. 565. 672. 828. 855. 1029. (A. L. R. II. **1.** § 252., **8.** § 813.; Allgem. Deutsche Wechsel-Ordnung Art. 16.; A. G. O. I. 50. § 153.; Konkurs-Ordnung vom 8. Mai 1855 § 95.; Gesetz vom 4. Juli 1822 § 2.)

§ **412.** Verlust der Einreden und Gegenforderungen des Schuldners durch rechtsgültige Anerkennung des Cessionars als Gläubiger.

Rechtsgr. **216.** — IV. Senat. 22. Dezember 1863. (LII. 190.)

Der § 412. I. 11. des Allgem. Landrechts knüpft den Verlust der Einreden und Gegenforderungen des cedirten Schuldners gegen den Cedenten nicht an die wiederholte Anerkennung der Forderung in ihrer Objektivität, sondern lediglich an die Anerkennung des Cessionars als eignen Gläubigers.

Siehe auch Rechtsgrundsatz 226. (§ 738. dieses Titels.)

§§ **413.** ff. Verhandlungen des Schuldners mit dem Cedenten nach gehöriger Bekanntmachung der Cession. — Vergl. A. L. R. I. **11.** §§ 393. ff., **16.** §§ 300. 313.,

Rechtsgr. **217.** — IV. Senat. 5. November 1863. (LII. 70.)

Nur eine dem Schuldner geschehene Bekanntmachung der Cession in der gesetzlich — §§ 414. 415. I. 11. des Allgem. Landrechts — bezeichneten Art ist als eine gehörige und rechtsverbindliche, die Ungültigkeit fernerer Verhandlungen mit dem Cedenten begründende anzusehen.

Siehe auch Rechtsgrundsätze 1029. 1030. (Gesetz vom 4. Juli 1822 §§ 2. 5.)

§§ **415. 416.** Siehe Rechtsgrundsatz 325. (A. L. R. I. **16.** § 313.)

§ 420. Siehe Rechtsgrundsätze 208. 565. (A. L. R. I. 11. § 376., II. 8. § 813.)

§§ 440. 441. Siehe Rechtsgrundsatz 208. (§ 376. dieses Titels).

Vierter Abschnitt. Vom Erbschaftskaufe.

§§ 474. ff. Siehe Rechtsgrundsatz 85. (A. L. R. I. 7. § 46.)

Sechster Abschnitt. Von gewagten Geschäften und ungewissen Erwartungen.

§§ 539. 540. Betrug bei Eingehung gewagter Geschäfte, insbesondere bei Gründung einer Aktiengesellschaft.

Rechtsgr. 218. — IV. Senat. 13. Februar 1862. (XLVI. 8.)

Ein von den Gründern einer Aktiengesellschaft zur Ausbeutung von Kohlengruben-Feldern gegen dieselbe verübter Betrug in Betreff des Kaufpreises dieser ihr übereigneten Felder berechtigt Denjenigen, welcher durch Unterzeichnung eines Betheiligungs-Scheines Mitglied der Aktiengesellschaft geworden ist, nicht, sich seiner statutenmäßigen Verpflichtungen als Gesellschaftsmitglied zu entziehen. Es ändert hieran Nichts, wenngleich in dem Prospekt unrichtige Kaufpreise der Grubenfelder angegeben sind.

§§ 557. 558. Siehe Rechtsgrundsatz 233. (§ 843. dieses Titels.)

§§ 577. 578. Siehe Rechtsgrundsatz 704. (A. D. W. O. Art. 82.)

§ 579. Klagbarkeit einer Wette.

Rechtsgr. 219. — IV. Senat. 14. November 1861. (XLIV. 69.)

Die gerichtliche Klage wegen einer Wette ist nur dann zulässig, wenn der vereinbarte Wettpreis von beiden Theilen vollständig gerichtlich oder in die Verwahrung eines Dritten niedergelegt ist.

§ 581. Siehe Rechtsgrundsatz 704. (A. D. W. O. Art. 82.)

§§ 595 ff. Siehe Rechtsgrundsatz 221. (§ 606. dieses Titels.)

§ 602. Auszugs-, Losgabe- und Vermächtnißverträge des deutschen Rechts.

Rechtsgr. 220. — V. Senat. 11. März 1862. (XLIII. 357.)

Der Auszugs- und Losgabe-, sowie der Vermächtnißvertrag sind nach Deutschem Rechte gültig.

Siehe auch Rechtsgrundsatz 382. (A. L. R. I. 19. § 22.)

§§ 606 ff. 626 ff. Begriff eines Leibrentenvertrages; Zulässigkeit und Rechtsgültigkeit ähnlicher Verträge. — Vergl. §§ 595. ff. dieses Titels.

Rechtsgr. 221. — III. Senat. 17. November 1862. (XLVII. 183.)

a) Der Leibrentenvertrag ist ein Vertrag, vermöge dessen sich Jemand gegen Empfang einer Summe Geldes oder eines in solcher bestimmten Summe veranschlagten Grundstücks oder anderer Sachen zur Entrichtung einer bestimmten Abgabe auf die Lebenszeit eines Menschen verpflichtet.

b) Auch ein solcher Vertrag ist für gesetzlich und gültig zu erachten, in welchem zwar die Rente für die Lebenszeit des Empfängers in bestimmten Geldsummen präzisirt ist, aber die Werthsveranschlagung der dafür hingegebenen Sache fehlt, nur daß auch hierin ein Leibrentenvertrag im Sinne der §§ 606–608. I. 11. des Allgem. Landrechts nicht gefunden werden kann.

§ 646., Anh. § 19. zu § 646. Rechte der Gläubiger des Alimenten-Käufers bei Uebertragung eines ganzen Vermögens-Inbegriffs. — Vergl. Reskript vom 11. Januar 1796.

Rechtsgr. 222. — IV. Senat. 18. Februar 1864. (LII. 260.)

Die Ausnahme-Bestimmung des § 19. des Anhangs und der § 646. I. 11. des Allg. Landrechts findet nicht bei jeder Uebertragung eines gesammten Vermögens, sondern nur bei einer durch einen Vitalizien- und Alimentenvertrag bewirkten, Anwendung.

Siebenter Abschnitt. Von dem Darlehnsvertrage.

§§ 653. 654. 661. Uebereignung von Wechsel- und Geldforderungen an Zahlungsstatt zur Berichtigung einer Darlehnsvaluta. — Vergl. A. L. R. I. 11. § 727., 16. §§ 235. 242.

Rechtsgr. 223. — IV. Senat. 16. Januar 1862. (XLIV. 153.)

Die Bestimmungen der §§ 653. 654. 661. 727. I. 11. des Allgem. Landrechts, — nach welchen der Darlehnsgeber die Valuta baar oder in geldwerthen Papieren zu gewähren hat, — schließen nicht aus, daß hinterher die Valuta anderweit vereinbart, beziehungsweise nach gegenseitiger Uebereinkunft zwischen dem Darlehnsgeber und Empfänger dahin geändert werde: daß Valuta des Darlehns durch Uebereignung bestimmter Geldforderungen resp. Wechselforderungen des Gläubigers oder eines für ihn eintretenden Dritten, unter Aushändigung der diesfälligen Schuld-Urkunden, gewährt und in dieser Weise für berichtigt angenommen werde.

§§ 715. ff. Darlehne in Wechsel- und Geldforderungen.

Rechtsgr. 224. — IV. Senat. 16. Januar 1862. (XLIV. 153.)

Wechsel- und Geldforderungen sind nicht für Waaren im Sinne der Prohibitivbestimmungen der §§ 715. ff. I. 11. des Allgem. Landrechts anzusehen.

Siehe auch Rechtsgrundsatz 1010. (Deklaration vom 4. April 1811.)

§ 727. Siehe Rechtsgrundsatz 223. (§ 653. dieses Titels.)
§ 729. Siehe Rechtsgrundsatz 188. (§ 109. dieses Titels.)
§ 730. Beweislast in Betreff der wahren causa debendi bei einer Schuldverschreibung.

Rechtsgr. 225. — III. Senat. 18. Dezember 1863. (LII. 181.)

Der Umstand allein, daß das in einer Schuldverschreibung enthaltene Bekenntniß des Ausstellers, aus von ihm ausgestellten und ihm zurückgegebenen Wechseln eine gewisse Summe zu verschulden, erweislich nicht richtig ist, macht die Schuld-Urkunde nicht völlig unwirksam. Daher bedarf es zur Begründung der Klage des Schuldners: das Schuldbekenntniß und die Hypothek für unwirksam zu erklären und den Verklagten zur Einwilligung in die Löschung der Hypothek zu verurtheilen, — der Aufklärung des wahren Sachverhältnisses.

§ 732. Siehe Rechtsgrundsatz 228. (§ 738. dieses Titels.)
§§ 733. 734. Siehe Rechtsgrundsatz 549. (A. L. R. II. 6. § 94.)
§§ 738. 739. Vermuthung für die geschehene Zahlung der Valuta bei eingetragenen Hypotheken-Instrumenten:

A. Verlust des Einwandes der nicht erhaltenen Darlehnsvaluta, dem Cessionar gegenüber, insbesondere bei Hypothekenforderungen. — Vergl. A. L. R. I. 11. § 412., 20. §§ 425. ff.; A. G. O. II. 3. § 13.; Allgemeine Depositál-Ordnung II. § 339.; Allgemeine Hypotheken-Ordnung II. §§ 171 ff.

Rechtsgr. 226. — III. Senat. 22. September 1862. (XLVI. 224.)

a) Zu den dem Schuldner gegen den Cedenten zustehenden Einreden, welche der Schuldner, nachdem er den Cessionar für seinen Gläubiger wegen einer der Qualität und Quantität nach bestimmten Forderung auf rechtsgültige Weise einmal anerkannt hat, demselben nicht mehr entgegensetzen kann, ist auch der Einwand der nicht erhaltenen Darlehnsvaluta zu zählen.

Dieser Grundsatz gilt nicht minder bei Hypothekenforderungen, wie bei bloßen persönlichen Darlehnsforderungen, sofern die gesetzliche Frist zur Eintragung einer Protestation nicht innegehalten ist.

b) Ist aber die Eintragung der Protestation wegen nicht erhaltener Darlehnsvaluta rechtzeitig erfolgt, so geht der Schuldner dadurch, daß er während des Laufes der Frist den Cessionar als seinen Gläubiger auf an sich rechtsgültige Weise anerkannt und hierbei auf das Recht der Eintragung der Protestation verzichtet hat, des Einwandes der nicht erhaltenen Darlehnsvaluta auch gegen den Cessionar nicht verlustig.

B. Verlust der Einrede der nicht erhaltenen Darlehnsvaluta bei Cession der Hypothekenforderung. — Vergl. A. L. R. I. 20. Anh. § 53. zu § 511.

Rechtsgr. 227. — III. Senat. 31. Januar 1862. (XLIV. 179.)

a) Die §§ 738. 739. I. 11. des Allg. Landrechts, — betreffend den Verlust der Einrede der nicht erhaltenen Darlehnsvaluta bei Cession der in das Hypothekenbuch eingetragenen Schuldverschreibungen und bei nicht eingetragener Protestation, — setzen voraus, daß der Erwerb des Cessionars ein redlicher ist.

b) Auf die Wissenschaft des weiteren Cessionars von der Nichtzahlung der Darlehnsvaluta kommt es bei redlichem Erwerbe der Hypothekenforderung seitens seines Cedenten nicht an.

C. Wirkung einer wegen Ablaufes der Frist gelöschten Protestation wegen nicht erhaltener Valuta. — Vergl. § 732. dieses Titels; Allgemeine Hypotheken-Ordnung II. § 180.; Hypothekengesetz vom 24. Mai 1853 § 49.

Rechtsgr. 228. — III. Senat. 9. September 1861. (XLII. 302.)

Wird die wegen nicht erhaltener Valuta eingetragen Protestation wegen Ablaufs der gesetzlichen Frist gelöscht, so ist der späteren Klage des Cessionars der eingetragenen Forderung, auch wenn zur Zeit der Cession die Protestation noch nicht gelöscht war, um deswillen der § 738. I. 11. des Allgem. Landrechts noch nicht entgegenzusetzen, vielmehr ist die Beweiskraft des Hypotheken-Instruments in Beziehung auf das darin enthaltene Bekenntniß der empfangenen Valuta für wiederhergestellt zu erachten. Der Schuldner wird jedoch durch die bloße Löschung der Protestation des Einwandes der nicht vollständig gezahlten Valuta nicht verlustig.

§ 740. Betrügliche Erwerbung einer Hypothekenforderung durch Cession.

Rechtsgr. 229. — III. Senat. 31. Januar 1862. (XLIV. 179.)

Der Cessionar, welcher, wohlwissend, daß ihm eine noch nicht existirende Forderung übertragen worden, diese weiter cedirt, ist Theilnahmer am Betruge.

§§ 778. 779. Münzfuß bei Berechnung des Gehaltes des Reichsthalers bei einem in Reichsthalern gegebenen Darlehn. — Vergl. Reichsschluß von 1738.

Rechtsgr. 230. — IV. Senat. 6. Januar 1863. (XLIX. 16.)

Ist in einem Deutschen Reichslande keine Spur einer landesherrlich angeordneten oder ins Werk gesetzten Abweichung von dem durch den Reichsschluß von 1738 zum Rechnungsfuß erhobenen Leipziger Münzfuß zu 18 Gulden als einer feinen Mark Silber vorhanden, so ist bis zum Beweise des Gegentheils anzunehmen, daß dieser gesetzliche Münzfuß bei Kontrakten, welche während seiner Geltung geschlossen worden sind, zum Grunde gelegt worden ist.

§ 793. Rückzahlung eines in Aktien, Pfandbriefen oder anderen an jeden Inhaber zahlbaren Papieren gegebenen Darlehns. — Vergl. § 835. dieses Titels; Gesetz vom 15. Februar 1809; Verordnung vom 14. Juni 1810; Deklaration vom 4. April 1811.

Rechtsgr. 231. — IV. Senat. 11. April 1861. (XLI. 159.)

Der § 793. I. 11. des Allg. Landrechts, — betreffend die Rückzahlung eines in Aktien, Pfandbriefen oder anderen an jeden Inhaber zahlbaren Papieren gegebenen Darlehns in Papieren von eben dieser Art, — ist noch jetzt gültig.

Siehe auch Rechtsgrundsatz 232. (§ 833. dieses Titels.)

§§ 827. 831. 832. 840. Siehe Rechtsgrundsatz 1084. (Gesetz vom 31. März 1838 § 2. No. 5.)

§§ 833. 834. Schadensersatz neben Zögerungszinsen bei Darlehnen. — Vergl. §§ 793. 853. 858. dieses Titels.

Rechtsgr. 232. — IV. Senat. 11. April 1861. (XLI. 159.)

Die §§ 833. und 834. I. 11. des Allg. Landrechts, — betreffend einen Schadensanspruch neben den Zögerungszinsen bei Darlehnen, — sind bei denjenigen Darlehnsverträgen nicht ausgeschlossen, bei denen die Valuta in den Objekten des § 793. gegeben ist.

§ 835. Siehe Rechtsgrundsatz 231. (§ 793. dieses Titels.)

§ 843. Anspruch auf Verzugszinsen bei Ausstellung einer Quittung über das Kapital mit Vorbehalt der Verzugszinsen. — Vergl. A. L. R. I. 11. §§ 557. 558., 16. § 219.; Dig. 19. I. Lex 49. § 1.

Rechtsgr. 233. — I. Senat. 14. März 1862. (XLV. 131.)

Der Vorbehalt der Verzugszinsen in der Quittung über das Kapital ist für gültig zu erachten.

§ 846. Siehe Rechtsgrundsatz 235. (§ 848. dieses Titels.)

§ 848. Miteingeklagte, im Urtheilstenor übergangene Verzugszinsen: A. Nichterwähnung und Uebergehung dieser Zinsen. — Vergl. Verordnung vom 14. Dezember 1833 § 5. No. 10 a.

Rechtsgr. 234. — I. Senat. 30. November 1863. (LI. 251.)

Der § 848. I. 11. des Allgem. Landrechts unterscheidet nicht zwischen Nichterwähnung und Uebergehung der Zinsen, und macht auch keinen Unterschied, welcher Instanzrichter die Zinsen übergangen hat.

B. Uebergehung im Tenor und Zuerkennung nach den Gründen des Urtheils. — Vergl. § 846. dieses Titels; Verordnung vom 14. Dezember 1833 § 5. No. 10 d.

Rechtsgr. 235. — I. Senat. 16. Mai 1862. (XLV. 246.)

a) Die miteingeklagten, im Urtheilstenor aber übergangenen, Verzugszinsen sind auch dann für aberkannt zu erachten, wenn sie nach den Entscheidungsgründen haben zuerkannt werden sollen.

b) Daher findet wegen der hiernach aberkannten Verzugszinsen keine Deklaration des Urtheils, sondern nur das Rechtsmittel des Rekurses, beziehungsweise der Appellation statt.

§§ 849. 850. Siehe Rechtsgrundsatz 1086. (Gesetz vom 31. März 1838 § 10.)

§§ 853. 858. Siehe Rechtsgrundsatz 232. (§ 833. dieses Titels.)

§ 867. Siehe Rechtsgrundsatz 159. (A. L. R. I. 9. § 545.)

Achter Abschnitt. Von Verträgen, wodurch Sachen gegen Handlungen oder Handlungen gegen Handlungen versprochen werden.

§§ 869. ff. Rechtliche Natur eines lästigen Vertrages über Handlungen:

A. Annahme einer Aufgabe-Depesche seitens des Telegraphen-Amtes. — Vergl. A. L. R. I. 5. § 408., 13. § 5.

Rechtsgr. 236. — IV. Senat. 2. Mai 1861. (XLII. 50.)

In der Annahme einer Aufgabe-Depesche seitens des Telegraphen-Amtes ist nicht der Abschluß eines Vollmachts-Auftrages, sondern eines Vertrages über Handlungen — Abschreibung des Briefes und Beförderung einer Abschrift an den Adressaten — enthalten.

B. Vermittelung von Kaufverträgen. — Vergl. A. L. R. I. 3. § 35., 13. §§ 5. 22.

Rechtsgr. 237. — IV. Senat. 4. Februar 1864. (LII. 226.)

a) Geht die Vereinbarung der Kontrahenten nur dahin, daß der Eine sich nach einem Käufer zu dem Grundstücke des Andern umsehen, denselben ermitteln und dem Letzteren zuführen, nicht aber auch dahin, daß Jener auch die Vermittelung und das Zustandekommen des Kaufvertrages bewirken solle; so liegt kein Vollmachtsvertrag, sondern ein Vertrag über Handlungen vor.

b) Auf einen solchen Vertrag findet der § 22. I. 13. des Allgem. Landrechts keine Anwendung.

C. Einfluß eines Vergleiches wegen der Erfüllung zwischen dem Kommittenten und dem anderen Kontrahenten auf den Provisions-Anspruch des Kommissionärs. — Vergl. A. L. R. I. 4. §§ 102. ff., 5. §§ 270 ff.

Rechtsgr. 238. — IV. Senat. 8. Januar 1863. (XLVIII. 140.)

Der Kommissionär verliert dadurch die ihm für die Vermittlung des Geschäfts versprochene Provision nicht, daß sein

Auftraggeber ohne seine Zuziehung sich mit dem Gegenkontrahenten wegen der Erfüllung vergleicht.

Siehe auch Rechtsgrundsätze 239. 259. 545. 1106. (A. L. R. I. 11 § 873., 13. § 1., II. 5. § 177.; Instruktion vom 1. Mai 1841 § 7.)

§ 873. Anspruch nichtkonzessionirter Agenten auf Zahlung des Mäklerlohns. — Vergl. A. L. R. I. 3. § 35., 4. §§ 5—8., 5. §§ 39. 270., 11. § 869.

Rechtsgr. 239. — IV. Senat. 23. Januar 1862. (XLIV. 165.)

Dem Anspruche des Beauftragten auf Zahlung des für die Vermittelung eines Geschäfts bedungenen Lohns steht die Strafbarkeit des unkonzessionirten gewerbmäßigen Betriebs von Geschäftsvermittelungen nicht entgegen.

§ 875. Siehe Rechtsgrundsatz 51. (A. L. R. I. 5. § 165.)

§ 877. Schriftliche Verträge mit Tagelöhnern. — Vergl. A. L. R. I. 5. §§ 408. 409., 11. §§ 907. 910. 918. 919.

Rechtsgr. 240. — IV. Senat. 7. Januar 1862. (XLIII. 317.)

Der auf eine bestimmte Zeit zu Tagelöhner-Arbeiten auf einer Landwirthschaft schriftlich angenommene Arbeiter kann dem Dingenden gegenüber Erfüllung des Vertrages durch Arbeitgebung verlangen; der § 408. I. 5. des Allgem. Landrechts steht diesem Verlangen nicht entgegen.

Siehe auch Rechtsgrundsatz 1106. (Instruktion vom 1. Mai 1841 § 7.)

§ 885. Siehe Rechtsgrundsatz 246. (§ 966. dieses Titels.)

§§ 894. ff. Siehe Rechtsgrundsatz 268. (A. L. R. I. 13. § 80.)

§§ 907. 910. 918. 919. Siehe Rechtsgrundsatz 240. (§ 877. dieses Titels.)

§§ 925. ff. Siehe Rechtsgrundsätze 243. 244. 1026. (§ 945. dieses Titels; Allgemeine Vorschriften zum Stempeltarif vom 7. März 1822 No. 1.)

§ 934. Anfang und Fortsetzung der Arbeit seitens des Werkmeisters.

Rechtsgr. 241. — IV. Senat. 21. März 1861. (XLI. 83.)

Das „sofort" und „gehörig" des § 934. I. 11. des

Allgem. Landrechts, — betreffend den Anfang und die Fortsetzung der Arbeit seitens des Werkmeisters, — ist nach den jedesmal obwaltenden Umständen zu beurtheilen.

§§ 936-939. Siehe Rechtsgrundsatz 246. (§ 966. dieses Titels.)
§§ 943. ff. Abnahme des bestellten Werkes unter Zuziehung von Sachverständigen.

Rechtsgr. 242. — IV. Senat. 15. Juli 1863. (LI. 55.)

Zu einer förmlichen Abnahme des bestellten Werkes unter Zuziehung von Sachverständigen sind beide Theile berechtigt, nicht aber verpflichtet; ein Zwang dazu findet also nicht statt.

Siehe auch Rechtsgrundsätze 244. (§ 946. dieses Titels.)

§§ 945. 946. Zahlung des bedungenen Preises des abgelieferten, von den Sachverständigen tüchtig befundenen Werkes. — Vergl. §§ 925 ff. dieses Titels.

A. Voraussetzung der gänzlichen Vollendung des Werkes.

Rechtsgr. 243. — IV. Senat. 27. November 1863. (XLIX. 14.)

Die §§ 945. und 946. I. 11. des Allg. Landrechts, — betreffend die Verbindlichkeit des Bestellers eines hiernächst von den Sachverständigen tüchtig und kontraktmäßig angefertigt befundenen Werkes zur Zahlung des Preises vorbehaltlich der Ausführung seiner Einwendungen im Wege Rechtens, — setzen zu ihrer Anwendung ein der Abrede nach fertig hergestelltes Werk voraus; sie finden daher keine Anwendung, wenn das verdungene Werk — obgleich ohne Verschulden des Werkmeisters — nicht ganz vollendet worden ist.

B. Wahlrecht des Bestellers eines hiernächst an ihn abgelieferten Werkes, wegen dessen Untüchtigkeit vom Vertrage abzugehen, oder Schadloshaltung zu fordern. — Vergl. §§ 9. 43. 947. 948. 951. dieses Titels.

Rechtsgr. 244. — IV. Senat. 4. Juni 1861. (XLII. 101.)

Ist das bestellte Werk nach erfolgter Ablieferung untüchtig

befunden, so hat der Besteller, auch wenn bei der Ablieferung Sachverständige dasselbe besichtigt und für tüchtig erklärt haben, und in Folge dessen Zahlung des Preises von ihm geleistet ist, die Wahl, ob er von dem Vertrage abgehen und das Werk zurückgeben, oder ob er bei dem Vertrage stehen bleiben und Schadloshaltung wegen der bemerkten Fehler fordern wolle.

§ 947. Rechte des Bestellers des verdungenen Werkes wegen Fehler desselben. — Vergl. §§ 951. ff. dieses Titels.

Rechtsgr. 245. — IV. Senat. 15. Juli 1863. (LI. 55.)

Bei Verträgen über ein verdungenes Werk findet neben der Alternative der Nichtannahme wegen wesentlicher Fehler nur die Alternative der Preisminderung oder Schadloshaltung wegen Fehler des Werkes statt; auf Abhülfe der etwaigen Mängel kann nicht erkannt werden.

Siehe auch Rechtsgrundsatz 244. (§ 945. dieses Titels.)

§ 948. Siehe Rechtsgrundsatz 244. (§ 945. dieses Titels.)

§§ 951. ff. Siehe Rechtsgrundsätze 244. 245. (§§ 945. 947. dieses Titels.)

§§ 960. 965. Siehe Rechtsgrundsatz 246. (§ 966. dieses Titels.)

§§ 966. 967. Einsturz oder Beschädigung eines übernommenen Baues vor der Uebergabe. — Vergl. §§ 885. 936-939. 960. 965. 968. dieses Titels.

Rechtsgr. 246. — IV. Senat. 20. November 1862. (XLVIII. 78.)

Die §§ 966. und 967. I. 11. des Allg. Landrechts, — betreffend die Tragung des an einem übernommenen Bau vor der Uebergabe durch Einsturz oder sonst entstandenen Schadens, — handeln von einem zur Uebergabe bereits fertigen Bau, mithin nicht von nur vollendeten einzelnen Bautheilen.

§ 968. Siehe Rechtsgrundsatz 246. (§ 966. dieses Titels.)

§ 981. Siehe Rechtsgrundsatz 180. (§ 1. dieses Titels.)

Neunter Abschnitt. Von Schenkungen.

§ 1037. Siehe Rechtsgrundsatz 247. (§ 1042. dieses Titels.)

§ 1042. Schenkung bei Zuwendungen des Vaters an seine Kinder. — Vergl. A. L. R. I. 11. §§ 1037. 1053. 1063., II. 2. §§ 303. 327.

Rechtsgr. 247. — IV. Senat. 9. Juni 1863. (XLIX. 245.)

Die Erklärung des Vaters, Einem seiner Kinder eine bestimmte Summe zahlen zu wollen, welche dasselbe auf seinen väterlichen Erbtheil anzurechnen verpflichtet sein solle, stellt ein reines Schenkungsversprechen dar.

Siehe auch Rechtsgrundsatz 275. (A. L. R. I. 13. § 231.)

§ 1048. Siehe Rechtsgrundsatz 51. (A. L. R. I. 5. § 165.)

§§ 1053. 1063. Siehe Rechtsgrundsatz 247. (§ 1042. dieses Titels.)

§ 1065. Außergerichtliche Schenkung einer Hypothekenforderung an einen Dritten und unentgeltlicher Erlaß derselben. — Vergl. A. L. R. I. 2. § 7., 5. § 134., 16. §§. 380. 381. 387. 393.

Rechtsgr. 248. — III. Senat. 16. Dezember 1861. (XLIII. 268.)

a) Zur Perfektion der außergerichtlichen Schenkung einer Hypothekenforderung an einen Dritten reicht die bloße Ausstellung einer Cessions-Urkunde nicht hin, vielmehr muß auch die gleichzeitige Uebergabe der Schuld-Urkunde hinzukommen.

b) Der unentgeltliche Erlaß einer Hypothekenforderung ist zwar rücksichtlich seiner rechtlichen Wirkung, nicht aber rücksichtlich seiner Form einer Schenkung gleich zu achten.

Daher bedarf es zur Gültigkeit dieses Erlasses weder der gerichtlichen Form, noch auch, im Fall der außergerichtlichen Form, zugleich der Uebergabe der Schuld-Urkunde.

§§ 1169. ff. Belohnende Schenkungen:
A. Erfordernisse zur Gültigkeit einer blos versprochenen und einer schon vollzogenen belohnenden Schenkung.

Rechtsgr. 249. — IV. Senat. 17. September 1863. (LI. 103.)

Zur Gültigkeit des Vertrages über eine blos versprochene belohnende Schenkung bedarf es der bestimmten Angabe der zu belohnenden Handlung oder Dienstes in dem schriftlichen

Schenkungsvertrage; zur Gültigkeit einer durch Uebergabe bereits vollzogenen belohnenden Schenkung ist dagegen die spezielle Angabe des Dienstes in dem Schenkungsvertrage nicht erforderlich.

B. Widerruf einer belohnenden Schenkung.

Rechtsgr. 250. — IV. Senat. 17. September 1863. (LI. 103.)

a) Der motivirte Widerruf einer belohnenden Schenkung ist nur wegen Uebermaaßes unbedingt zulässig.

b) Bei dem Widerrufe einer belohnenden Schenkung aus andern gesetzlichen Gründen, als wegen Uebermaaßes, kommt es zunächst auf den Beweis der gesetzlichen Ursache des Widerrufs an, und liegt sodann im Falle einer unförmlichen, vollzogenen Schenkung dem Beschenkten Angabe und Nachweis der belohnten Handlung ob, während im Falle eines förmlichen Schenkungsvertrages dem Geschenkgeber der Gegenbeweis gestattet ist.

Titel 12. Von den Titeln zur Erwerbung des Eigenthums, welche aus Verordnungen von Todeswegen entstehen.

Erster Abschnitt. Von Testamenten und Kodizillen.

§§ 3. ff. Siehe Rechtsgrundsatz 34. (A. L. R. I. 5. § 1.)
§ 6. Siehe Rechtsgrundsatz 416. (A. L. R. I. 21. § 71.)
§ 22. Siehe Rechtsgrundsatz 497. (A. L. R. II. 1. § 670.)
§ 49. Ernennung des Erben durch einen Dritten. — Vergl. A. L. R. I. 11. §§ 13. 14.

Rechtsgr. 251. — I. Senat. 16. Juli 1862. (XLVII. 14.)

Die Bestimmung des § 49. I. 12. des Allgem. Landrechts, — daß der Willkür eines Dritten die Ernennung eines Erben oder Legatars nicht überlassen werden kann, — beruht auf dem Erforderniß der Gewißheit des Willens auf Seiten des Testators.

Es ist daher zulässig, wenn in einem Erbvertrage zwischen Eheleuten der eine Ehegatte den Erben des anderen Ehegatten ein Legat vermacht und dem Letzteren zugleich die Befugniß einräumt, den- oder diejenigen seiner Erben zu bestimmen, welchen das Legat ganz oder theilweise zufallen solle.

§§ 53. Siehe Rechtsgrundsätze 533. 651. (A. L. R. II. 2. § 521., II. 18. § 35.)

§ 66. ff. Siehe Rechtsgrundsatz 253. (A. L. R. I. 12. § 593. ff.)

§ 73. Gültigkeit des von einer Gerichts-Kommission außerhalb ihres Gerichtssprengels aufgenommenen Testaments. — Vergl. A. L. R. II. 17. § 60.; A. G. O. II. 2. §§ 7. 10.; Verordnung vom 2. Januar 1849 § 21.; Gesetz vom 26. April 1851 Art. 7.

Rechtsgr. 252. — I. Senat. 11. Oktober 1861. (XLIV. 17.)

Die Rechtsbeständigkeit eines Testaments wird dadurch nicht beeinträchtigt, daß es von dem im Jurisdiktionsgebiet eines Kreisgerichts für dessen Gerichts-Kommission angestellten Einzelrichter, als solchen, auf die bei ihm geschehene Anmeldung außerhalb des ihm zugetheilten Sprengels an- oder aufgenommen worden ist.

§§ 93. ff. Form eines dorfgerichtlichen Testaments. — Vergl. A. L. R. I. 12. §§ 66. ff.; A. G. O. II. 5. §§. 6. 22.; Kriminal-Ordnung §§ 40. 54.; Verordnung vom 3. Januar 1848 § 37.

Rechtsgr. 253. — I. Senat. 30. November 1863. (LII. 133.)

Ein dorfgerichtliches Testament ist nicht schon um deswillen nichtig, weil der Gerichtsschreiber dasselbe nicht selbst geschrieben, sondern nur diktirt hat.

Siehe auch Rechtsgrundsatz 580. (A. L. R. II. 10. § 82.)

§ 163., Anh. § 35. zu § 163. Vorbehalt von Nachzetteln in letztwilligen Verfügungen. — Vergl. Gutachten der Gesetz-Kommission vom 23. Oktober und 3. November 1800.

Rechtsgr. 254. — I. Senat. 6. Dezember 1861. (XLIII. 241.)

a) Plenarbeschluß vom 4. März 1861: Zur Rechtsbeständigkeit des nach § 35. des Anhangs zum Allgem. Landrecht gestatteten Vorbehalts von Nachzetteln ist es nicht erforderlich, daß die letztwillige Verfügung, in welcher dieser Vorbehalt erklärt wird, zugleich eine Erbeseinsetzung enthalte.

b) Die Worte des § 35. „im Nachlasse" bedeuten nicht, es müsse der Kodizillant die Schrift zur Zeit seines Todes in seinem eigenen Verschluß gehabt haben; es genügt vielmehr, wenn nur die Schrift wirklich von ihm herrührt.

§ **263**. Siehe Rechtsgrundsatz 416. (A. L. R. I. **21**. § 71.)
§ **289**. Siehe Rechtsgrundsatz 256. (A. L. R. I. **12**. § 557.)
§ **292**. Siehe Rechtsgrundsatz 356. (A. L. R. I. **17**. § 131.)
§§ **332**. **333**. Siehe Rechtsgrundsatz 416. (A. L. R. I. **21**. § 71.)
§§ **466**. ff. Siehe Rechtsgrundsatz 651. (A. L. R. II. **18**. § 35.)
§§ **526**. **527**. Gemeine Substitution der „Kinder" bei der Erbeseinsetzung. — Vergl. A. L. R. II. **2**. 656.

Rechtsgr. 255. — I. Senat. 30. Mai 1862. (XLVI. 117.)

In der gemeinen Substitution der Kinder bei der Erbeseinsetzung einer Person weiblichen Geschlechts auf den Fall ihres Todes sind auch deren uneheliche Kinder für mitbegriffen zu erachten.

§§ **557**. **558**. Befugnisse eines Testaments-Exekutors:
A. Ueberhaupt; Stellung des Testaments-Exekutors den Legatarien gegenüber. — Vergl. A. L. R. I. **12**. § 289.; Inst. **3**. **27**. (28.) § 5.

Rechtsgr. 256. — I. Senat. 15. Februar 1861. (XLI. 14.)

a) Die Rechte des Testaments-Exekutors sind nur formeller Natur; er tritt nicht an die Stelle des Erben selbst, sondern er vertritt nur den Erben und übt daher nicht selbstständig eigene, sondern immer nur fremde Rechte aus.

b) Daher können die Legatarien wegen ihrer Legate sich nur an die Erben halten.

B. Stellung des Testaments-Exekutors als Verwalter des Nachlasses im Interesse und Namens der Erben; Befugniß zur Anstellung von Klagen und Beantwortung derselben. — Vergl. A. L. R.

I. 13. §§ 85-98. 118., 14. §§ 110. ff., II. 18. Anhang § 157. zu § 421.

Rechtsgr. 257. — I. Senat. 27. November 1863. (LII. 122.)

a) Der Testaments-Exekutor ist zwar ein von dem Erblasser bestellter Bevollmächtigter; er vertritt aber auch die Erben insofern, als er den ihnen eigenthümlich gehörenden Nachlaß in ihrem Interesse oder in ihrem Namen, statt ihrer und in diesem Sinne für sie, verwaltet.

b) Die Rechte und Pflichten eines Testaments-Exekutors als Verwalter des Nachlasses sind dieselben, wie die eines anderen Verwalters fremden Eigenthums. Er ist daher, wenn der Inhalt der letztwilligen Verordnung nichts anderes bestimmt, zu gerichtlichen Klagen und deren Beantwortung in der Regel nicht befugt.

§ 586. Aufhebung des Legats in der früheren letztwilligen Disposition durch ein jüngeres Kodizill.

Rechtsgr. 258. — I. Senat. 12. Oktober 1863. (LII. 24.)

Ist aus der Fassung des jüngeren Kodizills selbst die Absicht des Erblassers nicht zu entnehmen, daß der darin bedachte Legatar auch das ihm in dem älteren Kodizill ausgesetzte Legat zu fordern berechtigt sein solle, so ist das Letztere für aufgehoben zu erachten, ohne daß es auf einen anderweitigen Nachweis jener Absicht aus mündlichen oder stillschweigenden Willenserklärungen des Erblassers vor oder nach Errichtung des jüngeren Kodizills weiter ankommen kann.

Titel 13. Von der Erwerbung des Eigenthums der Sachen und Rechte durch einen Dritten.

§§ 2. ff. Siehe Rechtsgrundsatz 84. (A. L. R. I. 7. § 43.)

§ 4. Siehe Rechtsgrundsätze 156. 281. (A. L. R. I. 9. § 503., 14. § 109.)

Siehe auch Rechtsgrundsatz 156. (A. L. R. I. 9. § 503.)

Erster Abschnitt. Von Vollmachtsaufträgen.

§§ 5. ff. Begriff und Wirkung eines Vollmachtsvertrages:
A. Auftrag zur Vornahme eines rechtlichen Aktes. — Vergl. A. L. R. I. 11. §§ 869. ff.

Rechtsgr. 259. — IV. Senat. 5. Januar 1864. (LI. 338.)

Ein Vollmachtsvertrag liegt nur dann vor, wenn Jemand einen Andern beauftragt, statt seiner einen rechtlichen Akt vorzunehmen.

B. Bevollmächtigung zur Abänderung des Statuten-Entwurfes einer Aktiengesellschaft. — Vergl. A. L. R. I. 5. §§ 1. ff. 116., 13. §§ 17. 169. 170.

Rechtsgr. 260. — IV. Senat. 2. Juli 1861. (XLII. 244.)

Ist in dem von den Genossen der Aktiengesellschaft schriftlich genehmigten Statut bestimmt, daß gewisse Personen ermächtigt sein sollen, zum Zwecke der Nachsuchung der landesherrlichen Bestätigung nützlich und nothwendig befundene Abänderungen und Zusätze festzustellen und hiernach ein neues Statut mit verbindlicher Kraft für die Gesellschaft zu redigiren; so bedarf es einer besonderen Unterzeichnung des demgemäß redigirten neuen Statuts und eines besondern Beitritts zu demselben seitens der Mitglieder nicht.

Siehe auch Rechtsgrundsätze 153. 236. 237. 268. (A. L. R. I. 9. § 360., 11. § 869., 13. § 80.)

§§ 7. 8. 10. Siehe Rechtsgrundsätze 281. 568. (A. L. R. 14. § 109., II. 8. 1450.)

§ 10. Rechte des Machtgebers gegen den Dritten, bei Abschluß des Geschäftes mit demselben seitens des Mandatars im eigenen Namen. — Vergl. §§ 62. 154. dieses Titels.

Rechtsgr. 261. — IV. Senat. 17. September 1863. (LI. 92.)

Der Machtgeber kann gegen den Dritten, mit welchem der Mandatar im eigenen Namen kontrahirt hat, auf Erfüllung des Vertrages nicht klagen, wenn das Mandat dem Dritten unbekannt gewesen ist.

§ 17. Siehe Rechtsgrundsatz 260. (A. L. R. I. 13. § 5.)

§ 21. Kollision der Interessen zwischen Machtgeber und Bevollmächtigten.

Rechtsgr. 262. — III. Senat. 20. September 1861. (XLIII. 94.)

Die von der Ehefrau dem Manne ertheilte Vollmacht zum Mitbieten auf das subhastirte Grundstück des Letzteren ist nur insofern ungültig, als durch diese Vollmacht nach den thatsächlichen Verhältnissen des Falles eine Kollision der beiderseitigen Interessen eintritt.

§ 22. Siehe Rechtsgrundsatz 237. (A. L. R. I. 11. § 869.)

§§ 37. 38. Haftbarkeit des Spediteurs. — Vergl. A. L. R. I. 13. § 46.

Rechtsgr. 263. — V. Senat. 25. März 1862. (XLV. 147.)

Die Verpflichtungen des Spediteurs sind im Allgemeinen die des Mandatars.

§ 46. Berechtigung des Spediteurs, sich eines Zwischenspediteurs oder der Eisenbahn zu bedienen; Verantwortlichkeit für dieselben. — Vergl. A. L. R. II. 8. § 2459.; Allgem. Deutsches Handelsgesetzbuch Art. 380.; Code de commerce Art. 99.

Rechtsgr. 264. — V. Senat. 25. März 1862. (XLV. 147.)

Es bedarf keiner besonderen Einwilligung dafür, daß der Spediteur sich eines Zwischenspediteurs oder der Eisenbahn bediene, und ergiebt sich aus der Natur des Speditionsvertrages die unbedingte Verantwortlichkeit des Spediteurs für die Zwischenspediteure nicht.

Siehe auch Rechtsgrundsätze 263. 658. (A. L. R. I. 13. § 37.; Handelsgesetzbuch Art. 380.)

§§ 49. 50. 52. 54. ff. Ersatzklage gegen den Inkassomandatar. — Vergl. Allgem. Deutsche Wechsel-Ordnung Art. 43. 83.; Instruktion vom 7. April 1839 No. 9.

Rechtsgr. 265. — IV. Senat. 23. September 1862. (XLV. 342.)

Die Ersatzklage gegen den Inkasso-Mandatar, welcher den ihm übersandten Wechsel zu spät hat protestiren lassen, hat nur den Verlust der Wechselforderung und das Verschulden des Inkasso-Mandatars darzuthun.

Siehe auch Rechtsgrundsätze 282. (A. L. R. I. 14. § 109.)

§§ 54-57. Siehe Rechtsgrundsatz 574. (A. L. R. II. 8. § 1734.)

§§ 55. 61. 63. Verbindlichkeit des Mandatars zur Zahlung von Verzugszinsen in Betreff erhobener und nicht sofort abgelieferter Gelder des Mandatars. — Vergl. A. L. R. I. 14. 87. 109. 140.; Dig. 22. 1. Lex 13. § 1.

Rechtsgr. 266. — IV. Senat. 23. April 1863. (XLIX. 172.)

a) Durch das bloße Zurückhalten von Geldern des Mandanten seitens des Mandatars wird, so lange der Mandant weder Rechenschaft noch Zahlung fordert, ein Verzug und mithin eine Verpflichtung des Mandatars zur Zahlung von Verzugszinsen nicht begründet.

b) Der Mandatar braucht dem Mandanten Rechenschaft nur auf Erfordern abzulegen. Er kommt daher mit dieser Ablegung erst nach deren Einforderung in Verzug.

c) Die Vorschrift des § 140. I. 14. des Allgem. Landrechts, — nach welcher der Verwalter, wenn er seine Jahresrechnung nicht zur gehörigen Zeit eingereicht hat, die jedesmaligen Kassenbestände von sechs Wochen an nach dem Jahresschlusse landüblich verzinsen muß, — findet auf den bloßen Bevollmächtigten keine analoge Anwendung.

§§ 61. ff. Pflichten des Machtgebers zur Schadloshaltung des Bevollmächtigten und Befreiung von übernommenen Verbindlichkeiten.

Rechtsgr. 267. — V. Senat. 17. Dezember 1861. (XLIII. 284.)

Der Kommissionär ist zur Versicherung der bei ihm lagernden Kommissionsgüter auch ohne Auftrag des Kommittenten berechtigt.

Siehe auch Rechtsgrundsätze 261. 281. 284. 662. 846. (A. L. R. I. 13. § 10., 14. §§ 109. 133.; Allgem. Deutsche Wechsel-Ordnung Art. 4. No. 3.; Konkurs-Ordnung vom 8. Mai 1855 § 23.)

§ **72**. Siehe Rechtsgrundsatz **290**. (**A. L. R. I. 14. §§ 215.** ff.)

§§ **80**. **81**. Rechtsverhältnisse der Handarbeiter, insbesondere mit Rücksicht auf erlittenen zufälligen Schaden. — Vergl. A. L. R. I. **11**. §§ 894. ff., **13**. § 5., **14**. § **109**.; Gesinde-Ordnung vom 8. November 1810 § 94.

Rechtsgr. **268**. — I. Senat. 29. Juni 1863. (XLIX. 313.)

Die §§ 80. 81. I. 13. des Allgem. Landrechts, — betreffend die Verpflichtung des Machtgebers zur Vergütung des zufälligen Schadens des Bevollmächtigten und der Befreiung desselben von den gegen Andere übernommenen Verbindlichkeiten, — finden auf das Rechtsverhältniß der Handarbeiter keine Anwendung.

Siehe auch Rechtsgrundsatz 1005. (Gesinde-Ordnung vom 8. November 1810 § 86.)

§ **82**. Siehe Rechtsgrundsatz 662. (Allgem. Deutsche Wechsel-Ordnung Art. 4. No. 3.)

§ **83**. Siehe Rechtsgrundsatz 848. (Konkurs-Ordnung vom 8. Mai 1855. § 33. No. 8.)

§§ **85**. ff. Siehe Rechtsgrundsätze 73. 257. 662. (A. L. R. I. **5**. § 435., **12**. § 557.; Allgem. Deutsche Wechsel-Ordnung Art. 4. No. 3.)

§ **103**. Spezial-Vollmacht zu Verzichtleistungen. — Vergl. A. L. R. I. **5**. § **134**., **13**. § 109., **14**. §§ 230. 231., **16**. §§ 378. 379.

Rechtsgr. **269**. — II. Senat. 6. November 1862. (XLVI. 311.)

a) Der in der Lehre von der Spezial-Vollmacht in dem § 103. I. 13. des Allgem. Landrechts vorkommende Ausdruck: „Verzichtleistung“ ist in der weiteren Bedeutung dieses Wortes gebraucht und daher sowohl auf den Erlaß bereits erworbener, als auch auf die Verzichtleistung noch zu erwerbender Rechte zu beziehen.

b) Eine auf Entsagungen lautende Spezial-Vollmacht ist auch dann für genügend zu erachten, wenn für die Entsagung eine Gegenleistung nicht bedungen wird.

§ **104**. Entsagung von Rechtsmitteln seitens des zum Prozesse bevollmächtigten Rechtsanwalts.

Rechtsgr. 270. — IV. Senat. 12. März 1863. (XLVIII. 251.)

a) Der § 104. I. 13. des Allgem. Landrechts setzt keine ausdrückliche Ermächtigung zur Entsagung von Rechtsmitteln voraus.

b) Daher ist der Rechtsanwalt, welchem in der ihm ertheilten Vollmacht freigestellt ist, Rechtsmittel einzulegen oder nicht, auch berechtigt, auf einzulegende Rechtsmittel zu verzichten.

§ **105**. Siehe Rechtsgrundsätze 274. 706. (A. L. R. I. **13**., § **192**.; Allgem. Deutsche Wechsel-Ordnung Art. 88.)

§ **109**. Spezialvollmacht zu Schenkungen aller Art.

Rechtsgr. 271. — II. Senat. 6. November 1862. (XLVI. 312.)

Unter den Schenkungen aller Art in § 109. I. 13. des Allgem. Landrechts sind Entsagungen ohne Entgelt nicht zu verstehen.

Siehe auch Rechtsgrundsatz 269. (A. L. R. I. **13**. § 103.)

§ **118**. Siehe Rechtsgrundsatz 257. (A. L. R. I. **12**. § 557.)

§§ **119**. **120**. Siehe Rechtsgrundsatz 351. (A. L. R. I. **17**. § 53.)

§§ **142**. ff. Verpflichtung des Machtgebers durch hinzukommende Genehmigung:

A. Erklärung der Genehmigung dem Bevollmächtigten gegenüber. Wirkung einer solchen Erklärung bei der Geschäftsführung ohne Auftrag. — Vergl. A. L. R. I. **5**. § 133., **13**. §§ 239. ff.

Rechtsgr. 272. — IV. Senat. 26. März 1863. (LI. 13.)

Die verbindliche Kraft der mündlichen Genehmigung eines gegen die Vorschrift des Machtgebers von dem Bevollmächtigten vollzogenen Geschäfts tritt nicht blos in dem Falle, wenn sie dem Dritten gegenüber, sondern auch dann ein, wenn sie dem Bevollmächtigten gegenüber erklärt ist.

Dieser Grundsatz findet auch bei Vollziehung eines Geschäftes ohne Vollmacht des Geschäftsherrn Anwendung.

B. Gleiche Wirkung der erklärten Genehmigung bei Führung der Geschäfte ohne Auftrag und gegen Auftrag des Geschäftsherrn und zwar sowohl bei begonnenem als bei vollendetem Geschäfte.

Rechtsgr. 273. — IV. Senat. 10. September 1861. (XLIII. 35.)

a) Derjenige, welcher ohne Auftrag die Geschäfte eines Andern geführt, und Derjenige, welcher gegen die Vorschrift des Machtgebers gehandelt hat, stehen sich hinsichtlich der Genehmigung des Geschäftsherrn wesentlich einander gleich.

b) Daher verpflichtet die, wenngleich nur mündlich oder stillschweigend erfolgte Genehmigung einer schon vollendeten Geschäftsführung ohne Auftrag auch über einen Gegenstand von mehr als 50 Rthlrn. an Werth den Geschäftsherrn zur Entschädigung und Entlastung des Geschäftsführers.

Die Genehmigung einer noch nicht vollendeten, vielmehr noch laufenden Geschäftsführung erfordert dagegen, um den Geschäftsherrn als Mandanten zu verpflichten, eine ausdrückliche, beziehungsweise schriftliche Erklärung.

Siehe auch Rechtsgrundsatz 764. (A. G. O. I. 10. § 5a.)

§ **154**. Siehe Rechtsgrundsätze 261. 283. 568. (A. L. R. I. **13**. § 10., I. **14**. § 129., II. **8**. § 1450.)

§§ **169**. **170**. Siehe Rechtsgrundsatz 260. (A. L. R. I. **13**. § 5.)

§ **186**. Siehe Rechtsgrundsätze 153. 274. (A. L. R. I. **9**. § 360., **13**. § 192.)

§ **192**. Nicht erfolgende Aufhebung der Prozeßvollmacht durch den Tod des Machtgebers. — Vergl. A. L. R. I. **13**. §§ 105. 186.; A. G. O. I. **3**. §§ 30. 31. 56. 59., **13**. §§ 46. 48. 49. 58.; Verordnungen vom 1. Juni 1833 § 37. und vom 5. Mai 1838 § 4b.

Rechtsgr. 274. — IV. Senat. 11. Februar 1862. (XLV. 74.)

Die in einer Prozeßvollmacht enthaltene Ermächtigung des Bevollmächtigten zur Bestellung eines Substituten und zur Empfangnahme der Urtheils-Ausfertigungen wird durch den Tod des Machtgebers nicht aufgehoben.

§§ **196** ff. Siehe Rechtsgrundsatz 153. (A. L. R. I. **9**. § 360.)

Zweiter Abschnitt. Von der Uebernehmung fremder Geschäfte ohne vorhergegangenen Auftrag.

§§ **230**. **231**. Vermuthung der Schenkung bei Zahlung der Schuld eines nahen Verwandten. — Vergl. A. L. R. I. **11**. § 1042., **13**. § 280., **16**. §§ 45. 46.

Rechtsgr. **275**. — I. Senat. 15. November 1861. (XLIV. 84.)

Die vorbehaltlose Zahlung einer fremden Schuld aus den eignen Mitteln des Zahlenden begründet auch im Falle eines bestehenden Verwandtschaftsverhältnisses nach § 1042. I. 11. des Allgem. Landrechts nicht die Vermuthung der Schenkung; vielmehr ist das dadurch begründete Rechtsverhältniß im Mangel eines ertheilten Auftrags nach den Regeln der Geschäftsführung ohne Auftrag zu beurtheilen, und demgemäß kann der Zahlende von dem Schuldner Ersatz des gezahlten Betrages fordern.

Siehe auch Rechtsgrundsätze 156. 317. 662. (A. L. R. I. **9**. § 503., **16**. § 178.; Allg. Deutsche Wechsel-Ordnung Art. 4. No. 3.)

§§ **239-241**. Siehe Rechtsgrundsätze 84. 272. 764. (A. L. R. I. 7. § 43., **13**. § 142.; A. G. O. I. **10**. § 5a.)

§§ **256**. ff. Siehe Rechtsgrundsatz 118. (A. L. R. I. **7**. § 222.)

Dritter Abschnitt. Von nützlichen Verwendungen.

§§ **262**. ff. Nützliche Verwendung.

Rechtsgr. **276**. — II. Senat. 10. Dezember 1863. (LII. 164.)

Die Vorschriften der §§ 262. ff. I. 13. des Allgem. Landrechts über die nützliche Verwendung setzen voraus, daß Demjenigen, welcher eine Erstattung auf Grund der nützlichen Verwendung beansprucht, ein Schade erwachsen ist.

Siehe auch Rechtsgrundsätze 317. 695. 828. (A. L. R. I. **16**. § 178.; Allgem. Deutsche Wechsel-Ordnung Art. 81.; A. G. O. I. **50**. § 153.)

§ **267**. Verpflichtung des großjährig gewordenen aus der in seiner Minderjährigkeit erlangten nützlichen Verwendung. — Vergl. A. L. R. I. **13**. §§ 273. 274., **15**. § 31.

Rechtsgr. **277**. — IV. Senat. 28. Mai 1863. (L. 83.)

Ist Derjenige, in dessen Vermögen während seiner Minderjährigkeit Etwas verwendet worden, noch zur Zeit der erlangten Großjährigkeit durch diese frühere Verwendung bereichert, so ist er insoweit dem Verwender verpflichtet. Es ändert hieran Nichts, wenngleich in der Folge dieser Vortheil durch Verzehrung, Verbrauch oder durch andere Maaßnahmen des großjährig Gewordenen wieder verloren geht.

§§ **268-270**. Nützliche Verwendung durch Erfüllung vertragsmäßiger Verpflichtungen eines Andern. — Vergl. A. L. R. I. **13**. § 274.

Rechtsgr. **278**. — IV. Senat. **24**. September **1863**. (L. **284**.)

Zu den Ausgaben der §§ 268. 269. I. 13. des Allgem. Landrechts gehört auch die durch den Verwendenden bewirkte Erfüllung vertragsmäßiger Verpflichtungen. Hierbei kömmt es auf die Minderjährigkeit Desjenigen, in dessen Interesse erfüllt worden, nicht an.

Siehe auch Rechtsgrundsätze **64**. **304**. **694**. **828**. (A. L. R. I. **5**. § 337., **16**. § **46**.; Allgem. Deutsche Wechsel-Ordnung Art. **81**.; A. G. O. I. **50**. § 153.)

§§ **273**. **274**. Siehe Rechtsgrundsätze 277. 278. (A. L. R. I. **13**. §§ 267. 268.)

§ **280**. Siehe Rechtsgrundsatz 275. (A. L. R. I. **13**. § 231.)

Titel 14. Von der Erhaltung des Eigenthums und der Rechte.

Erster Abschnitt. Vom Verwahrungsvertrage.

§§. **11**. **12**. **17**. **20**. Versicherung der deponirten Sachen gegen Feuersgefahr seitens des Depositars.

Rechtsgr. **279**. — IV. Senat. **21**. März **1861**. (**XLI**. **83**.)

Der Verwahrer ist, wenngleich er seine eigenen Sachen gegen Feuersgefahr versichert, dennoch die bei ihm deponirten Sachen zu versichern nicht verpflichtet.

§§ **77**. **78**. Siehe Rechtsgrundsatz **848**. (Konkurs-Ordnung vom 8. Mai **1855** § **33**. No. 8.)

§ **87**. Siehe Rechtsgrundsatz **266**. (A. L. R. I. **13**. § 55.)
§ **105**. Siehe Rechtsgrundsatz **280**. (A. L. R. I. **14**. § 109.)

Zweiter Abschnitt. Von Verwaltung fremder Sachen und Güter.

§ **109**. Rechtsverhältniß des Verwalters fremder Güter:

A. Rechtsverhältniß zwischen dem Sequester eines Grundstücks und dem Schuldner. Beschränkung der Rechte des von dem Sequester eines Gutes angenommenen Wirthschafts-Inspektors dem Schuldner gegenüber auf die Dauer der Sequestration. — Vergl. A. L. R. I. **14**. §§ 105. 109. 122. 129. 130.; A. G. O. I. **24**. §§ **124**. 137.

Rechtsgr. **280**. — I. Senat. 23. September 1863. (L. 271.)

a) Der Sequester übt zwar die Gewahrsam und Verwaltung des Grundstücks für den Schuldner aus; er ist aber nicht als Bevollmächtigter des Letzteren anzusehen.

b) Daher ist der Eigenthümer eines sequestrirten Gutes nicht verpflichtet, nach Aufhebung der Sequestration einen von dem Sequester zur Bewirthschaftung des Gutes angenommenen Oekonomie-Inspektor ferner im Dienst zu behalten.

B. Direkte Klage des Machtgebers gegen den Substituten seines Verwalters. — Vergl. A. L. R. I. **13**. §§ 4. 7. 8. 10. 62. 63., **14**. §§ 129. 130.

Rechtsgr. **281**. — IV. Senat. 12. März 1861. (XLI. 39.)

Hat der Verwalter mit einem Dritten im Namen des Machtgebers und für denselben einen Vollmachtsvertrag geschlossen, so steht dem Machtgeber gegen diesen Substituten seines Verwalters eine direkte Klage auf Herausgabe der aus dem aufgetragenen Geschäft entstandenen Vortheile zu.

C. Pflichten des Verwalters und Rechners einer Gemeinde. — Vergl. A. L. R. I. **13**. §§ 49. 50.; Großh. Hess. Kommunal-Rechnungs-Instruktion vom 29. Februar 1812.

Rechtsgr. **282**. — III. Senat. 29. November 1861. (XLIII. 216.)

Ist der Rechner der Gemeinde auf eine besondere Instruktion, z. B. auf die von der Großherzoglich Hessischen Regierung zu Arnsberg vom 29. Februar 1812 erlassene Kommunal-Rechnungs-Instruktion, verpflichtet, so sind deren Bestimmungen für ihn maaßgebend.

Siehe auch Rechtsgrundsätze 100. 266. 268. 545. (A. L. R. I. 7. § 144., 13. §§ 55. 80., II. 5. § 177.)

§§ 110. ff. Siehe Rechtsgrundsatz 257. (A. L. R. I. 12. § 557.)

§ 125. Siehe Rechtsgrundsatz 280. (A. L. R. I. 14. § 109.)

§ 125. Siehe Rechtsgrundsätze 118. 280. (A. L. R. I. 7. § 222., 14. § 109.)

§§ 129. 130. Persönliche und solidarische Verhaftung der ursprünglichen Kontrahenten einer Bergwerksgesellschaft aus gemeinschaftlichen oder durch ihren Bevollmächtigten abgeschlossenen Verträgen. — Vgl. A. L. R. I. 13. § 154., 17. § 210. 231. 232. 234. 239.; Gesetz No. 3391. vom 12. Mai 1851 § 18. No. 7.

Rechtsgr. 283. — IV. Senat. 5. November 1863. (LII. 75.)

Die einzelnen Gewerken werden aus den von ihrem Repräsentanten mit dritten Personen abgeschlossenen Verträgen auch dann persönlich verpflichtet, wenn derselbe bei dem Vertrags-Abschluß zwar nicht ausdrücklich erklärte, daß er als Repräsentant abschließe, aus den Umständen jedoch sein Handeln als Repräsentant erhellte.

Siehe auch Rechtsgrundsätze 280. 281. (A. L. R. I. 14. § 109.)

§§ 133-135. Verfolgung einzelner Defekte gegen den Gutsverwalter ohne vorherige Klage auf Rechnungslegung. — Vergl. A. L. R. I. 13. §§ 61. 65.

Rechtsgr. 284. — III. Senat. 24. Juni 1861. (XLII. 194.)

Der Prinzipal, als Geschäftsherr, ist berechtigt, seinen Verwalter, auch ohne vorher Rechnungslegung von ihm verlangt zu haben, sofort wegen vermeintlicher Defekte an einzelnen, demselben anvertrauten Gegenständen in Anspruch zu nehmen. Dem Verwalter bleibt es dagegen überlassen, sich gegen den Vorwurf mittelst der von ihm offen zu legenden Rechnung sammt Belägen zu schützen.

§ 139. Siehe Rechtsgrundsatz 118. (A. L. R. I. 7. § 222.)
§ 140. Siehe Rechtsgrundsatz 266. (A. L. R. I. 13. § 55.
§§ 150. 151. Anfechtung einer abgelegten und quittirten Verwaltungsrechnung nach Ablauf von zehn Jahren.

Rechtsgr. 285. — I. Senat. 9. Februar 1863. (XLIX. 73.)

Eine einmal abgelegte und quittirte Verwaltungsrechnung kann nach Ablauf von zehn Jahren unter dem Vorwande allein, daß eine erweisliche Einnahmepost in der Rechnung nicht in Einnahme gestellt worden sei, nicht mehr angefochten werden.

§§ 155. ff. Siehe Rechtsgrundsatz 119. (A. L. R. I. 7. § 233.)
§ 158. Stillschweigender Erlaß der Pflicht zur Rechnungslegung:
A. Ausschließung der analogen Anwendung der gesetzlichen Vermuthung des Erlasses der Rechnungslegung.

Rechtsgr. 286. — III. Senat. 2. Mai 1862. (XLIV. 307.)

Der § 158. I. 14. des Allgem. Landrechts, — nach welchem es einer ausdrücklichen Erlassung der Rechnungslegung gleich zu achten ist, wenn der Prinzipal dem Verwalter eine Rechnung abzufordern durch fünf Jahre vernachlässigt hat, — ist über die Grenzen des eigentlichen Verwaltungsvertrages nicht auszudehnen; eine analoge Anwendung der Vermuthung des Erlasses findet daher auf anderweite Rechtsverhältnisse, die ein Recht auf Rechnungslegung bedingen, nicht statt.

B. Nichtanwendbarkeit der gesetzlichen Vermuthung des Erlasses der Rechnungslegung in Bezug auf Auseinandersetzung der Gesellschafter.

Rechtsgr. 287. — IV. Senat. 29. November 1862. (XLVIII. 108.)

Die Vorschrift des § 158. I. 14. des Allgem. Landrechts, — nach welchem es einer ausdrücklichen Erlassung der Rechnungslegung gleich zu achten ist, wenn der Prinzipal dem Verwalter eine Rechnung abzufordern durch fünf Jahre vernachlässigt hat, — findet auf solche Rechtsverhältnisse keine

Anwendung, wo die Rechnungslegung die nothwendige Grundlage für die Auseinandersetzung der Gesellschafter bildet.

§§ **162. 163.** Kreditgeben seitens des Verwalters.

Rechtsgr. 288. — III. Senat. 29. November 1861. (XLIII. 217.)

Der Ausdruck „Kreditgeben" in den §§ 162. 163. I. 14. des Allgem. Landrechts ist nicht lediglich auf solche Forderungen zu beziehen, welche aus einem vom Verwalter selbst abgeschlossenen Rechtsgeschäfte herrühren.

§ **165.** Siehe Rechtsgrundsatz 100. (A. L. R. I. **7.** § 144.)
§ **166.** Siehe Rechtsgrundsatz 118. (A. L. R. I. **7.** § 222.)

Dritter Abschnitt. Von Kautionen und Bürgschaften.

§ **178.** Kautionsleistung durch Pfandbriefe; Umfang der Kaution. — Vergl. A. L. R. I. **14.** §§ 186. 199. 259. 283. ff., **20.** §§ 1. 49. 50. 164. 482.

Rechtsgr. 289. — IV. Senat. 5. Dezember 1861. (XLIV. 113.)

Der Besteller einer zur Sicherung des Darlehns eines Dritten mit Pfandbriefen geleisteten Kaution hat nicht die Rechtswohlthat der Vorausklage des Darlehnsschuldners, und haftet das Pfand auch für die Zinsen der Darlehnsforderung.

Siehe auch Rechtsgrundsatz 408. (A. L. R. I. **20.** § 536.)

§§ **179. 180.** Siehe Rechtsgrundsätze 408. 638. 676. (A. L. R. I. **20.** § 536., II. **16.** 153.; Allgem. Deutsche Wechsel-Ordnung Art. 29.)
§§ **186. 199.** Siehe Rechtsgrundsätze 289. 676. (A. L. R. I. **14.** § 178.; Allgem. Deutsche Wechsel-Ordnung Art. 29.)
§§ **215-217.** Mandatum qualificatum. — Vergl. A. L. R. I. **13.** § 72.

Rechtsgr. 290. — II. Senat. 3. Juli 1862. (XLIV. 345.)

Der § 72. I. 13. des Allgem. Landrechts, — betreffend den Anspruch des Mandatars auf landübliche Verzinsung seiner für den Machtgeber geleisteten Kapitalzahlungen, — ist auch auf das mandatum qualificatum anwendbar.

Siehe auch Rechtsgrundsatz 291. (A. L. R. I. **14.** § 221.)

§§ **221. 228. 229.** Form des mandatum qualificatum, insbesondere einer Ehefrau. — Vergl. A. L. R. I. **14.** §§ 215-217.

Rechtsgr. **291.** — IV. Senat. 3. Juli **1862.** (XLIV. 345.)

Das mandatum qualificatum einer Ehefrau bedarf weder der gerichtlichen Abfassung, noch der Certioration der Auftraggeberin.

Siehe auch Rechtsgrundsätze 269. 321. (A. L. R. I. **13.** § 103., **16.** § 259.)

§§ **259. 283.** ff. Siehe Rechtsgrundsatz 289. (A. L. R. I. **14.** § 178.)

§§ **283.** ff. Siehe Rechtsgrundsatz 292. (A. L. R. I. **14.** § 297.)

§§ **297-306.** Befugniß des Gläubigers, sich im Falle des Konkurses über das Vermögen des Hauptschuldners sofort an den Bürgen zu halten. — Vergl. A. L. R. I. **14.** § 283.; Konkurs-Ordnung vom 8. Mai 1855 § 210.

Rechtsgr. **292.** — IV. Senat. 3. September **1863.** (L. 213.)

Die Befugniß des Gläubigers, sich im Falle der Eröffnung des Konkurses über das Vermögen des Hauptschuldners mit Uebergehung des Letzteren sofort an den Bürgen zu halten, wird dem Gläubiger durch die hiernächst erfolgende Wiederaufhebung des Konkurses nicht wieder entzogen.

Siehe auch Rechtsgrundsätze 295. 321. (A. L. R. I. **14.** § 317., **16.** § 259.)

§ **298.** Wohnsitz des Hauptschuldners zur Zeit der Eingehung der Verbindlichkeit.

Rechtsgr. **293.** — IV. Senat. 28. Oktober **1862.** (XLVII. 117.)

Der § 298. a. a. O. setzt voraus, daß der Hauptschuldner zu der Zeit, zu welcher er seine Verbindlichkeit eingegangen ist, in den Preußischen Staaten gewohnt und sich erst später der diesseitigen Gerichtsbarkeit entzogen hat.

§ **304.** Rechte des Bürgen auf Liberation im Falle der Beendigung des Konkurses des Hauptschuldners durch Distribution und durch Akkord. — Vergl. Konkurs-Ordnung vom 8. Mai 1855. § 197.

Rechtsgr. **294.** — IV. Senat. 28. Mai **1861.** (XLI. 274.)

Die Vorschrift des § 304. I. 14. des Allgem. Landrechts, — nach welchem der Gläubiger seines Rechts gegen den Bürgen verlustig wird, wenn er seine Forderung bei dem Konkurse über das Vermögen des Hauptschuldners nicht angezeigt hat und deshalb damit präkludirt worden ist, — findet auf den Fall des nach der Konkurs-Ordnung vom 8. Mai 1855 behandelten Konkurses keine Anwendung.

b) Der Bürge ist während der Dauer des Konkurses weder Befreiung von der geleisteten Bürgschaft, noch auch Sicherheitsstellung zu verlangen berechtigt.

Siehe auch Rechtsgrundsatz 295. (§ 317. dieses Titels.)

§ **310**. Siehe Rechtsgrundsatz 340. (A. L. R. I. **16**. § 448.)

§ **317**. Selbstschuldnerische Bürgschaft. — Vergl. A. L. R. I. **14**. §§ 297. 304. 331.

Rechtsgr. **295**. — IV. Senat. 12. Februar 1863. (XLVIII. 186.)

Der § 317. I. 14. des Allgem. Landrechts wirkt auf die Pflichten des Gläubigers — §§ 297. 304. 331. 332. daselbst — zurück.

§ **319**. Legitimation des früheren Besitzers des mit einer Kaution belasteten Grundstücks zur Klage gegen den befriedigten Gläubiger auf Ausstellung einer löschungsfähigen Quittung. — Vergl. A. L. R. I. **14**. § 356.

Rechtsgr. **296**. — III. Senat. 19. Januar 1863. (XLVIII. 148.)

Der frühere Besitzer eines Grundstücks, welcher bei dessen Verkaufe seinem Käufer gegenüber die Befreiung dieses Grundstücks von der für einen Dritten eingetragenen Kaution übernommen hat, ist nach Befriedigung des Gläubigers durch den Hauptschuldner gegen den Gläubiger zur Klage auf Ausstellung einer löschungsfähigen Quittung legitimirt, ohne daß es des Nachweises, die Zahlung sei durch ihn geleistet worden, und ohne daß es erst der Einschlagung des in den §§ 319. und 356. I. 14. des Allgem. Landrechts vorgeschriebenen Weges bedarf.

§§ **320. 322.** ff. Wegfall der Verpflichtung aus der Bürgschaft auf eine gewisse Zeit.

Rechtsgr. **297.** — IV. Senat. 28. Oktober 1862. (XLVII. 116.)

Die §§ 323. ff. I. 14. des Allgem. Landrechts beziehen sich nicht auf den im § 320., sondern nur auf den im § 322 vorgesehenen Fall.

§ **331.** Siehe Rechtsgrundsatz 295. (A. L. R. I. **14.** § 317.)
§§ **338. 339. 355.** Siehe Rechtsgrundsatz 340. (A. L. R. I. **16** § 448.)
§§ **356-358. 361.** Siehe Rechtsgrundsätze 296. 852. (§ 319. dieses Titels; Konkurs-Ordnung vom 8. Mai 1855. § 86.)
§ **385.** Siehe Rechtsgrundsatz 408. (A. L. R. I. **20.** § 536.)
§§ **399. 400.** Siehe Rechtsgrundsätze 321. 476. 1148. (A. L. R. I. **16.** § 259., II. **1.** § 329.; Gesetz vom 9. November 1843 § 13.)
§ **407.** Siehe Rechtsgrundsatz 321. (A. L. R. I. **16.** § 259.)

Titel 15. Von Verfolgung des Eigenthums.

§§ **1.** ff. Eigenthumsklage:

A. Begründung der Vindikationsklage des eingetragenen Besitzers gegen den späteren Besitzer. — Vergl. A. L. R. I. 7. §§ 175-179., **10.** §§ 7-10.; Allgem. Hypotheken-Ordnung II. §§ **92-94.**

Rechtsgr. **298.** — III. Senat. 5. Juli 1861. (XLII. 249.)

Zur Begründung der Vindikationsklage des eingetragenen Besitzers gegen den späteren Besitzer ist auch der Nachweis des Besitzes des Vindikanten zur Zeit der erfolgten Eintragung seines Besitztitels erforderlich.

B. Begründung der Eigenthums- und Besitzstörungsklage des Erben. — Vergl. A. L. R. I. 7. §§ 179. 180., **9.** § 368.

Rechtsgr. **299.** — III. Senat. 16. Januar 1863. (XLVII. 306.)

Der Erbe erlangt das Eigenthum der Erbschaft und der dazu gehörigen Sachen ohne Weiteres in dem Augenblicke des Anfalls derselben, ohne daß es einer Besitzergreifung der Erbschaft seinerseits bedarf. Daher genügt zur Begründung der Vindikationsklage des Erben gegen den dritten

Besitzer einer Nachlaßsache der Nachweis des Eigenthums des Erblassers.

Siehe auch Rechtsgrundsätze **102**. 116. 167. 826. (A. L. R. I. **7**. §§ 150. 176., **9**. § 579.; A. G. O. I. **42**. § 1.)

§ **3**. Negatorienklage:
A. Natur der Negatorienklage.

Rechtsgr. **300**. — II. Senat. 23. Februar 1864. (LII. 262.)

Der Charakter der Negatorienklage wird dadurch nicht geändert, daß Derjenige, welcher in das vom Kläger behauptete Eigenthum einen Eingriff macht, sich zu dessen Rechtfertigung nicht auf eine Servitut, sondern auf das Eigenthum oder Miteigenthum, welches er an dem betreffenden Gegenstande zu haben behauptet, beruft.

B. Negatorienklage des Nichteigenthümers. — Vergl. A. L. R. I. **7**. § 181., **8**. §§ 1. 26., **19**. § 10.

Rechtsgr. **301**. — II. Senat. 12. November 1861. (XLIII. 186.)

Auch der Nichteigenthümer, dem eine ausschließliche Gerechtigkeit zusteht, ist zur Negatorienklage gegen Denjenigen berechtigt, welcher ihn in seinen Rechten beeinträchtigt.

§§ **5**. **6**. Siehe Rechtsgrundsatz 486. (A. L. R. II. **1**. § 378.)
§§ **11-20**. Verpflichtung des Käufers gestohlener Sachen zur Entschädigung des Eigenthümers. — Vergl. A. L. R. I. **7**. §§ **14**. **15**., **11**. §§ **159-162**.

Rechtsgr. **302**. — I. Senat. 19. Dezember 1862. (XLVII. 278.)

Derjenige, welcher von einer verdächtigen Person Sachen ankauft, ist bei Weiterveräußerung dem Eigenthümer zur Schadloshaltung verpflichtet.

§§ **12**. **15**. Siehe Rechtsgrundsatz 60. (A. L. R. I. **5**. § 285.)
§ **17**. Siehe Rechtsgrundsatz 50. (A. L. R. I. **5**. § 163.)
§§ **18**. ff. Siehe Rechtsgrundsatz 486. (A. L. R. II. **1**. § 378.)
§§ **26**. **27**. Siehe Rechtsgrundsatz 387. (A. L. R. I. **20**. § 80.)

Zweiter Abschnitt. Von der Zahlung.

§ 31. Siehe Rechtsgrundsatz 247. (A. L. R. I. 13. § 267.)
§ 34. Siehe Rechtsgrundsatz 102. (A. L. R. I. 7. § 150.)
§§ 38. 52. 53. Siehe Rechtsgrundsatz 820. (A. G. O. I. 29. § 83.)
§§ 60. ff. Siehe Rechtsgrundsatz 486. (A. L. R. II. 1. § 378.)

Titel 16. Von den Arten, wie Rechte und Verbindlichkeiten aufhören.

§ 10. Siehe Rechtsgrundsatz 1031. (Deklaration vom 3. April 1824.)

Erster Abschnitt. Von Erfüllung der Verbindlichkeiten überhaupt.

§ 11. Siehe Rechtsgrundsätze 841. 842. (Konkurs-Ordnung v. 8. Mai 1855 §§ 15. 16.)
§ 17. Siehe Rechtsgrundsatz 573. (A. L. R. II. 8. § 1723.)
§§ 19-21. Siehe Rechtsgrundsätze 306. 501. (A. L. R. I. 16. § 71., II. 1. § 766.)
§ 22. Siehe Rechtsgrundsatz 197. (A. L. R. I. 11. § 192.)
§ 27. Siehe Rechtsgrundsatz 48. (A. L. R. I. 5. § 156.)
§ 28. Zahlung mit ausländischen Banknoten. — Vergl. A. L. R. I. 16. §§ 76. 78. 235-238.

Rechtsgr. 303. — IV. Senat. 10. Oktober 1861. (XLIV. 8.)

Zur Gültigkeit der Zahlung in ausländischen Banknoten bedarf es deren ausdrücklichen Annahme an Zahlungsstatt nicht. Eine Zahlung in derartigen Papieren ist auch ohne ausdrückliche Vereinbarung über einen bestimmten Preis als rechtsgültig und unwiderruflich erfolgt anzusehen, wenn sie auch nur ohne Widerspruch und Vorbehalt in Zahlung angenommen sind.

Siehe auch Rechtsgrundsätze 841. 842. 1031. (Deklaration vom 3. April 1824.; Konkurs-Ordnung vom 8. Mai 1855 §§ 15. 16.)

§§ 45-48. Zahlung eines Wechsels durch einen unbetheiligten Dritten. — Vergl. A. L. R. I. 13. §§ 268. 269.; Allgem. Deutsche Wechsel-Ordnung Art. 9. 10. 56. ff. 63. 64.

Rechtsgr. 304. — IV. Senat. 2. Oktober 1862. (XLVI. 248.)

a) Die einfache, von einem unbetheiligten Dritten nicht ausdrücklich zu Ehren eines bestimmten Wechselverpflichteten dem letzten Inhaber des Wechsels vor dessen Rücklauf geleistete Zahlung gewährt dem Zahlenden auch bei Aushändigung des quittirten Wechsels die Rechte des Wechsel-Inhabers gegen den Acceptanten nur dann, wenn eine schriftliche Uebereignung (Giro oder Cession) damit verbunden ist.

b) Ist diese Zahlung von dem unbetheiligten Dritten an den Wechsel-Inhaber ohne schriftliche Uebereignung des Wechsels erfolgt, so bewirkt sie schlechthin die Tilgung der Wechselverbindlichkeit, und sie gestattet keine Anwendung des § 46. I. 16. des Allgem Landrechts.

Siehe auch Rechtsgrundsätze 275. 399. 689. 695. 850. (A. L. R. I. 13. § 231., 20. § 468.; Allgem. Deutsche Wechsel-Ordnung Art. 63. 81.; Konkurs-Ordnung vom 8. Mai 1855 Art. 56.)

§ 57. Siehe Rechtsgrundsatz 314. (A. L. R. I. 16. § 150.)

§§ 64. ff. Siehe Rechtsgrundsätze 306. 501. 526. 573. 1084. (A. L. R. I. 16. § 71., II. 1. § 766., 2. § 231., 8. § 1723.; Gesetz vom 31. März 1838 § 2. No. 5.)

§ 66. Anwendbarkeit dieser Gesetzesstelle.

Rechtsgr. 305. — I. Senat. 13. April 1863. (XLVIII. 293.)

Der § 66. I. 16. des Allgem. Landrechts betrifft nur solche Entschädigungs-Ansprüche, deren Geldbetrag streitig und erst durch Erkenntniß festzustellen ist.

§ 71. Begründung des Verzuges des Schuldners durch Aufforderung zur Zahlung. — Vergl. A. L. R. I. 16. §§ 19-21. 64. ff.

Rechtsgr. 306. — I. Senat. 5. Oktober 1863. (L. 309.)

Der Verzug des Schuldners eines Kapitals in Betreff der Zahlung desselben wird durch die an ihn mittelst Behändigung der Klage des Gläubigers im Vorprozesse ergangene Zahlungs-Aufforderung auch dann begründet, wenn das Fundament dieser Klage hiernächst für verfehlt erachtet ist, und erst die anderweit begründete Klage des neuen Prozesses die Verurtheilung zur Zahlung herbeigeführt hat.

§§ 76. 78. Siehe Rechtsgrundsatz 303. (A. L. R. I. 16. § 28.)

§§ 86. 87. Erforderniß und Beweis einer Quittung:

A. Erfordernisse hinsichtlich des Inhalts einer Quittung.

Rechtsgr. 307. — I. Senat. 30. Januar 1863. (XLVIII. 167.)

Der § 87. I. 16. des Allgem. Landrechts verlangt nicht, daß in der Quittung besonders ausgedrückt sein müsse, die Zahlung sei eine baare gewesen.

B. Quittung über Theilzahlungen mit Vorbehalt des Vorzugsrechts wegen der Restforderung. — Vergl. A. L. R. Einl. §§ 88. 90., Anh. § 52. zu § 484. I. 16.; Gesetz vom 4. Juli 1822 § 7.; Deklaration vom 3. April 1824.

Rechtsgr. 308. — III. Senat. 7. November 1860. (XLIV. 1.)

Der theilweise befriedigte Hypothekengläubiger ist berechtigt, über den Empfang der Theilzahlung mit dem Vorbehalte des Vorzugsrechtes wegen seiner Restforderung zu quittiren.

Siehe auch Rechtsgrundsatz 313. (A. L. R. I. 16. § 150.)

§ 90. Siehe Rechtsgrundsatz 313. (A. L. R. I. 16. § 150.)

§ 95. Siehe Rechtsgrundsatz 886. (Konkurs-Ordnung vom 8. Mai 1855 § 368.)

§ 97. Widerlegung der aus dem Besitz der Schuldurkunde entspringenden Vermuthung der Zahlung.

Rechtsgr. 309. — IV. Senat. 12. Februar 1863. (XLVIII. 186.)

Auch bei gezogenen Wechseln kann die aus dem Besitz desselben seitens des Schuldners sich ergebende Vermuthung der Tilgung durch Gegenbeweis entkräftet werden.

Siehe auch Rechtsgrundsatz 678. (Allgem. Deutsche Wechsel-Ordnung Art. 36.)

§§ 102. 103. Restauration eines zerrissenen Wechsels. — Vergl. A. G. O. I. 10. § 119.; Allgem. Deutsche Wechsel-Ordnung Art. 73.

Rechtsgr. 310. — IV. Senat. 4. Mai 1861. (XLII. 57.)

Bei dem Stillschweigen der Allgem. Deutschen Wechsel-Ordnung über die Zulässigkeit der Restauration und die Wirksamkeit eines restaurirten Wechsels ist auf die §§ 102. und 103. I. 16. des Allgem. Landrechts und den § 119. I. 10. der Allgem. Gerichts-Ordnung zurückzugehen.

§ **104**. Unwesentliche Prozeßvorschrift hinsichtlich der Beweiskraft einer Quittung. — Vergl. Verordnung vom **14**. Dezember **1833** § **4**. No. 2.

Rechtsgr. 311. — III. Senat. 23. Oktober 1863. (L. 349.)

Der § 104. I. 16. des Allg. Landrechts, — betreffend die Beweiskraft einer gesetzmäßig eingerichteten Quittung, — enthält eine, und zwar nur unwesentliche, Prozeßvorschrift.

§ **105**. Gegenbeweis gegen eine gerichtliche Quittung. — Vergl. A. G. O. I. **10**. § **126**.

Rechtsgr. 312. — III. Senat. 12. April 1861. (XLI. 164.)

Der § 105. I. 16. des Allgem. Landrechts wird nicht durch den § 126. I. 10. der Allgem. Gerichts-Ordnung in der Art eingeschränkt, daß bei den in gerichtlicher Form ausgestellten Quittungen zu deren Entkräftung, außer dem Nachweise der wirklich nicht empfangenen Zahlung, noch der Nachweis erforderlich wird, daß entweder bei ihrer Aufnahme oder in dem abgegebenen Anerkenntniß ein Irrthum vorgefallen sei; vielmehr genügt auch zur Entkräftung einer gerichtlichen Quittung der Nachweis der Unrichtigkeit des Zahlungs-Anerkenntnisses.

§§ **125**. **126**. Siehe Rechtsgrundsatz **565**. (A. L. R. **II**. **8**. §§ **813**. **814**.)
§ **143**. Siehe Rechtsgrundsatz 58. (A. L. R. I. **5**. § **275**.)
§§ **150**. ff. Wirkung der Zahlung:
A. Beweis der Tilgung der Schuld durch eine geleistete Zahlung; Beweiskraft einer unvollständigen Quittung. — Vergl. **A. L. R. I. 16**. §§ **87**. **90**.

Rechtsgr. 313. — III. Senat. 5. September 1862. (XLV. 321.)

a) Ist der Zahlende dem Empfänger nur aus Einer Forderung verhaftet gewesen, so ist die unstreitig zur Tilgung einer Schuldverbindlichkeit geleistete Zahlung auf diese Forderung zu beziehen.

b) Daher beweist eine Quittung, in welcher die getilgte Schuldverbindlichkeit nicht bezeichnet ist, dennoch die Zahlung der einen unstreitigen Schuld, falls nicht festgestellt wird, daß der Zahlende dem Empfänger noch aus einer anderen Forderung verhaftet gewesen ist.

B. Verrechnung der geleisteten Zahlung auf Kapital und Zinsen. — Vergl. A. L. R. I. 16. §§ 57. 86., 20. § 483.

Rechtsgr. 314. — III. Senat. 25. September 1863. (LI. 121.)

a) Hat der Gläubiger ein Kapital nebst Zinsen zu fordern, so sind bei dem Mangel eines auch nur stillschweigenden Abkommens die geleisteten Zahlungen zuvörderst auf die verfallenen Zinsen zu verrechnen.

b) Hat aber der Gläubiger die von dem Schuldner ausdrücklich auf das Kapital geleistete Zahlung, ohne rechtzeitig zu widersprechen, angenommen, so darf er sie in der Folge nicht auf die verfallenen Zinsen verrechnen.

c) Unter den Zinsen des § 153. I. 16. des Allg. Landrechts sind sowohl vertragsmäßige, als auch Verzugszinsen zu verstehen. Der Gläubiger ist daher nicht verpflichtet, das fällige, in dem Hypothekenbuche eingetragene Kapital anzunehmen und darüber löschungsfähige Quittung zu ertheilen, während er noch Verzugszinsen zu fordern hat.

§§ 152. 153. 158. Anrechnung einer geleisteten Zahlung bei Existenz mehrerer Forderungen des Empfängers.

Rechtsgr. 315. — IV. Senat. 29. Oktober 1863. (LII. 50.)

Die Vorschriften über die Anrechnung einer geleisteten Zahlung in den §§ 152. und 158. I. 16. des Allg. Landrechts setzen voraus, daß die Forderungen an sich unstreitig sind, und der § 153. setzt außerdem noch voraus, daß die ausdrückliche Erklärung des Gläubigers bezüglich der Anrechnung bei der Zahlung erfolgte, oder daß aus seiner Quittung die gewisse Post zu entnehmen war, auf welche er die gezahlte Summe anrechnete.

§§ 166. ff. Kondiktionen:

A. Zurückforderung des bei der Kaufgeldervertheilung einem Hypothekengläubiger Zurückgezahlten.

Rechtsgr. 316. — III. Senat. 5. April 1861. (XLI. 146.)

Ein Gläubiger, welchem bei der Kaufgeldervertheilung im Subhastationsprozesse durch ein Versehen zwar nicht mehr, als er rechtmäßig zu fordern hatte, jedoch mehr, als ihm nach den gesetzlich vorgeschriebenen Vertheilungsgrundsätzen zukam, gezahlt worden ist, kann zur Erstattung des Zuvielempfangenen mit der condictio indebiti angehalten werden.

B. Rechtliche Natur und Begründung der condictio sine causa. — Vergl. A. L. R. I. 13. §§ 230. 263. 264.; A. G. O. I. 5. § 20.

Rechtsgr. 317. — IV. Senat. 27. Juni 1863. (XLIX. 300.)

a) Die condictio sine causa ist nicht auf die Rückforderung von Zahlungen und fungiblen Sachen beschränkt; sie ist vielmehr überhaupt auf Restitution des Empfangenen gegen Denjenigen gerichtet, welcher ohne Rechtsgrund empfing und, ohne diese Restitution, sich mit dem Schaden des Andern bereichern würde. Sie folgt im Allgemeinen den Grundsätzen der condictio indebiti.

b) Die Natur der Klage als condictio sine causa wird durch die alternative Fassung des Klageantrages auf Rückgabe des Empfangenen oder Zahlung des Werthes nicht beeinträchtigt.

C. Condictio sine causa bei Zahlungen aus Verträgen.

Rechtsgr. 318. — IV. Senat. 25. Juni 1863. (XLVIII. 361.)

a) Der, der gemeinrechtlichen condictio sine causa zum

Grunde liegende Grundsatz: daß Niemand ein Vermögensstück, welches er von einem Andern an sich genommen hat, ohne allen Rechtsgrund behalten darf, daß er vielmehr das Empfangene, soweit er bereichert ist, herausgeben muß, — gilt nach dem Allgem. Landrecht auch bei Zahlungen auf Grund eines Vertrages.

b) Hat daher Jemand die einem Dritten cedirte Forderung dem Cessionar gegenüber zu Unrecht von dem Schuldner eingezogen, so ist er verpflichtet, das Empfangene und ohne Rechtsgrund von ihm Besessene dem Cessionar herauszugeben.

§ **199**. Siehe Rechtsgrundsatz **1104**. (Verordnung vom 13. Mai **1840** §§ **1**. ff.)

Dritter Abschnitt. Von der Deposition.

§§ **213**. ff. Wirkung der Zahlung der auf Anstehen der Gläubiger des Exequendus im Wege der Exekution bei einem Dritten mit Arrest belegten Forderung zum gerichtlichen Depositorium. — Vergl. A. G. O. I. **24**. § **101**.; Konkurs-Ordnung vom 8. Mai **1855** §§ **1**. **4**. **366**. **371**.

Rechtsgr. **319**. — IV. Senat. 4. Januar 1862. (**XLIII**. **309**.)

Dadurch, daß der Schuldner des Exequendus die auf Anstehen der Gläubiger desselben im Wege der Exekution mit Beschlag belegte Forderung zum gerichtlichen Depositorium zahlt, verliert der Exequendus noch nicht das Eigenthum an der deponirten Summe.

Siehe auch Rechtsgrundsatz 815. (A. G. O. I. **24**. § 101.)

§ **219**. Siehe Rechtsgrundsatz 233. (A. L. R. I. **11**. § 843.)
§ **228**. Siehe Rechtsgrundsatz 815. (Konkurs-Ordnung § **101**.)

Vierter Abschnitt. Von der Angabe an Zahlungsstatt.

§§ **235**-**238**. **242**. Siehe Rechtsgrundsätze **223**. 303. (A. L. R. I. **11**. § 653., **16**. § 28.)

Fünfter Abschnitt. Von Anweisungen.

§§ 251. ff. Girirung eines Wechsels an eigene Order nach eingetretener Verjährung. — Vergl. A. L. R. I. 16. § 259.

Rechtsgr. 320. — IV. Senat. 22. Oktober 1863. (L. 344.)

Ein an eigne Order des Ausstellers gezogener und von dem Bezogenen acceptirter Wechsel ist, wenn erst nach eingetretener Verjährung der Assignatar durch Giro bezeichnet worden, als gültige Anweisung nicht zu erachten.

Siehe auch Rechtsgrundsätze 39. 887. 1029. (A. L. R. I. 5. § 74.; Konkurs-Ordnung § 388. Abs. 2.; Gesetz vom 4. Juli 1822 § 3.)

§ 256. Siehe Rechtsgrundsatz 1029. (Gesetz vom 4. Juli 1822 § 3.)

§ 259. Wirkung der Annahme der Assignation:

A. Annahme einer Assignation durch eine Frauensperson. — Vergl. A. L. R. I. 14. §§ 221. 222. 226. 228. 229. 297. 399. 407.

Rechtsgr. 321. — IV. Senat. 18. Juli 1861. (XLII. 272.)

Die Annahme einer Assignation durch eine Frauensperson hat auch in dem Falle, wenn letztere dem Assignanten nichts verschuldet, nicht den Charakter der Intercession; sie bedarf daher, außer der Schriftlichkeit, nicht noch der gerichtlichen Form und der Certioration.

B. Gültigkeit einer von dem Kridar vor eröffnetem Konkurse ausgestellten Anweisung. — Vergl. Konkurs-Ordn. v. 8. Mai 1855 § 122.

Rechtsgr. 322. — II. Senat. 21. März 1861. (XLI. 74.)

Die von dem Kridar vor eröffnetem Konkurse einem Dritten auf einen Assignaten, welcher nicht des Kridars Schuldner war, gegebene Anweisung ist für gültig zu erachten.

Hat der Assignat diese Anweisung acceptirt, so kann er dem Assignaten gegenüber nicht geltend machen, daß die Anweisung zu einer Zeit ausgestellt worden, auf welche die Zahlungseinstellung antedatirt worden ist.

Siehe auch Rechtsgrundsatz 320. (A. L. R. I. 16. § 251.)

§ 266. Siehe Rechtsgrundsatz 1029. (Gesetz vom 4. Juli 1822 § 3.)

§§ 274 ff. Siehe Rechtsgrundsatz 39. (A. L. R. I. 5. § 74.)
§§ 287. 288. Siehe Rechtsgrundsatz 1029. (Gesetz vom 4. Juli 1822 § 3.)

Sechster Abschnitt. Von der Kompensation.

§§ 300 ff. Begriff der Kompensation.

Rechtsgr. 323. — IV. Senat. 8. Juli 1862. (XLV. 304.)

Die Rechtsmaterie von der Kompensation setzt ihrem Wesen nach zwei Forderungen voraus, deren Erörterung und Feststellung thatsächlich verschiedene Rechtsgrundlagen zum Gegenstande haben; auf Anspruch und Gegenanspruch aus demselben Fundamente findet die Lehre von der Kompensation keine Anwendung.

Siehe auch Rechtsgrundsätze 217. 327. 886. (A. L. R. I. 11. § 413., 16. § 359.; Konkurs-Ordnung vom 8. Mai 1855 § 368.)

§ 303. Kompensation der mit einem Dritten gemeinschaftlichen Forderung. — Vergl. A. L. R. I. 5. § 450., 17. § 151.

Rechtsgr. 324. — IV. Senat. 30. Oktober 1862. (XLVII. 127.)

Eine dem Verklagten und einem Dritten zustehende Forderung ist zur Kompensation nicht geeignet.

§ 313. Kompensation des Schuldners der cedirten Forderung mit einer Gegenforderung an den Cedenten bei lediglich durch den Cessionar ihm bekannt gemachter Cession. — Vergl. A. L. R. I. 11. §§ 313. 415. 416.

Rechtsgr. 325. — IV. Senat. 4. Juni 1863. (L. 86.)

Der Schuldner der cedirten Forderung, welchem die Cession lediglich durch den Cessionar ohne Bescheinigung deren Richtigkeit mittelst Vorzeigung der cedirten Schuld-Urkunde binnen drei Tagen bekannt gemacht ist, kann dem Cessionar gegenüber die Kompensation einer später an den ursprünglichen Gläubiger erworbenen Forderung nur unter der Voraussetzung zur Geltung bringen, daß der ursprüngliche Gläubiger die Richtigkeit der vorgeblichen Cession leugnet.

Der Nachweis dieses Leugnens liegt dem Schuldner der cedirten Forderung ob.

Siehe auch Rechtsgrundsatz 217. (A. L. R. I. 11. § 413.)

§§ 359. ff. Liquidität der zu kompensirenden Forderung:

A. Erforderniß der Kompensation. — Vergl. Konkurs-Ordnung vom 8. Mai 1855 § 95.

Rechtsgr. 326. — IV. Senat. 8. Januar 1861. (XLI. 7.)

Auch im Konkurse ist die Liquidität ein Erforderniß der Kompensation.

B. Kompensationsrecht des Kautionsbestellers. — Vergl. A. L. R. I. 16. §§ 301. 302.

Rechtsgr. 327. — IV. Senat. 8. Juli 1862. (XLV. 305.)

Verlangt der Kautionsbesteller, daß mit seiner Kaution gegen die Forderung des Kautions-Inhabers kompensirt werde, so macht dieser durch die Aufstellung der auf der Kaution anderweit noch ruhenden Ansprüche keine nach den Regeln der Kompensation liquide zu stellende Kompensations-Replik geltend.

C. Illiquider Gegenanspruch aus demselben Geschäfte. — Vergl. A. G. O. I. 19. §§ 1-8.

Rechtsgr. 328. — III. Senat. 11. Dezember 1863. (LII. 168.)

Liegt in der Einrede des Verklagten zugleich die Behauptung, daß er aus dem, dem Anspruche des Klägers zum Grunde liegenden Geschäfte nach seinem Gesammtresultate Nichts verschulde, so kann in der Regel auch die Zahlung der liquiden Post nicht eher verlangt werden, bis zugleich über den illiquiden Gegenanspruch erkannt werden kann.

D. Ausschließung der Grundsätze von der Kompensation bei Forderung und Gegenforderung aus demselben Geschäfte. — Vergl. A. L. R. I. 21. § 298.; A. G. O. I. 19. §§ 1-8., 44. §§ 15-23.

Rechtsgr. 329. — III. Senat. 10. Januar 1862. (XLV. 13.)

a) Der Grundsatz der §§ 359. und 360. I. 16. des

Allgem. Landrechts, — nach welchem gegen eine zu leistende Zahlung der Einwand der Kompensation nur mit liquiden Gegenforderungen zulässig ist, — findet keine Anwendung, wenn Forderung und Gegenforderung aus einem und demselben Geschäfte entstanden sind.

In dem letzteren Falle kann auch die Zahlung der liquiden Posten in der Regel nicht eher verlangt werden, als bis auch über die illiquiden Gegenansprüche entschieden worden ist.

b) Daher ist gegen die Klage auf Exmission des Pächters wegen Säumigkeit in der Zahlung der Pachtgelder die Behauptung des Verklagten, daß die Pachtgelderforderung durch eine ihm zustehende ebenso hohe oder noch höhere Gegenforderung für nicht gewährte Gutserzeugnisse aufgehoben gewesen sei, auch dann erheblich, wenn diese Gegenforderungen zur Zeit noch illiquide sind.

E. Deposition wegen illiquider Gegenforderungen im Konkurse. — Vgl. A. G. O. I. 50. § 288.; Konkurs-Ordnung vom 8. Mai 1855 § 95.

Rechtsgr. 330. — IV. Senat. 8. Januar 1861. (XLI. 7.)

Der Anspruch auf Deposition wegen illiquider Gegenforderungen im Konkurse ist von einer vorherigen Bescheinigung der Gegenforderung bei dem Konkursgerichte soweit, als es zur Arrestanlage oder Retention erforderlich ist, nicht abhängig.

Siehe auch Rechtsgrundsatz 856. (Konkurs-Ordnung vom 8. Mai 1855 § 96. No. 3.)

§ 368. Siehe Rechtsgrundsatz 886. (Konkurs-Ordnung vom 8. Mai 1855 § 368.)

Siebenter Abschnitt. Entsagung der Rechte.

§§ 378-381. Verlust des dem gewesenen Pflegebefohlenen gegen den Vormund zustehenden Rechtes auf Rechnungslegung durch unbedingte Decharge. — Vergl. A. L. R. II. 18. §§ 885. 895.

Rechtsgr. 331. — I. Senat. 27. Juni 1862. (XLIV. 338.)

Eine unbedingt ertheilte Decharge über die geführte Vormundschaft beseitigt unter allen Umständen das dem Mündel gegen den zur Rechnungslegung an das Vormundschaftsgericht befreiten Vormund zustehende Recht auf Rechnungslegung.

Siehe auch Rechtsgrundsätze 248. 269. 332. 359. 635. 878. 886. (A. L. R. I. **11.** § 1065., **13.** § 103., **16.** § 387., **17.** § 151., II. **16.** § 125.; Konkurs-Ordnung vom 8. Mai 1855 §§ 197. 368.)

§§ **383. 384.** Siehe Rechtsgrundsätze 738. 882. (A. G. O. I. Einl. § 65.; Konkurs-Ordnung vom 8. Mai 1855 § 280.)

§ **387.** Form des Erlasses. — Vergl. A. L. R. I. **5.** §§ 131. 134., **16.** § 381.

Rechtsgr. 332. — III. Senat. 10. März 1862. (XLV. 116.)

Zur Gültigkeit des Erlasses einer Schuld unter 50 Rthlrn. ist zwar eine ausdrückliche, nicht aber eine schriftliche Erklärung erforderlich.

Siehe auch Rechtsgrundsätze 248. 334. (A L. R. I. **11.** § 1065., **16.** § 405.)

§ **392.** Siehe Rechtsgrundsatz 795. (A. G. O. I. **14.** § 26.)

§§ **393. 394.** Siehe Rechtsgrundsätze 34. 248. (A. L. R. I. **5.** § 1., **11.** § 1065.)

§ **399.** Siehe Rechtsgrundsatz 337. (A. L. R. I. **16.** § 415.)

§ **404.** Generalverzicht.

Rechtsgr. 333. — I. Senat. 27. Juni 1862. (XLIV. 338.)

Der Generalverzicht hat den Verlust des Rechts auf Rechnungslegung zur Folge, ohne daß es dazu einer besonderen Entsagung bedarf.

Siehe auch Rechtsgrundsatz 654. (A L. R. II. **18.** § 897.)

Achter Abschnitt. Von Vergleichen.

§ **405.** Natur und Wirkung eines Vergleichs:

A. Vergleich über eine zwar unstreitige, aber unsichere Forderung. — Vergl. A. L. R. I. **2.** § 7., **5.** §§ 131. 134. 146., **16.** § 387.

Rechtsgr. 334. — IV. Senat. 11. Juli 1863. (XLIX. 326.)

a) Die im Wege des Vertrages erfolgte Feststellung, inwieweit die an sich unstreitige Forderung des Gläubigers mit Rücksicht auf die schlechten Vermögensverhältnisse des Schuldners zu realisiren sei, enthält keine einfache Entsagung, sondern einen Vergleich.

b) Daher ist ein solcher auch über einen Gegenstand von mehr als 50 Rthlrn., wenngleich nur mündlich abgeschlossener, jedoch von beiden Theilen sofort erfüllter Vergleich für rechtsgültig zu erachten.

B. Wirkung eines mündlich geschlossenen Vergleichs auf die Zuständigkeit der Injurienklage. — Vergl. A. L. R. I. 5. § 131., II. 1. § 720.; Strafgesetzbuch § 160.

Rechtsgr. 335. — Senat für Strafsachen, Abth. I. 31. Mai 1861. (XLI. 287.)

Ein nur mündlich geschlossener Vergleich ist der Injurienklage mit Erfolg nicht entgegenzusetzen.

Siehe auch Rechtsgrundsätze 774. 779. (A. G. O. I. 10. §§ 288. 304.)

§ 408. Begriff einer streitigen Forderung bei Vergleichen. Gültigkeit eines von beiden Seiten erfüllten mündlichen Vergleichs über eine streitige Forderung von mehr als 50 Rthlrn. — Vergl. A. L. R. I. 2. § 7., 5. § 146.

Rechtsgr. 336. — IV. Senat. 10. März 1863. (XLIX. 114.)

a) Eine Forderung ist im Sinne des § 408. I. 16. des Allgem. Landrechts auch dann als eine streitige zu erachten, wenn gegen dieselbe von dem Schuldner noch Einwendungen erhoben werden können.

b) Ein mündlicher Vergleich über eine streitige Forderung, nach welchem der Schuldner einen Wechsel über einen geringeren Betrag dem Gläubiger an Zahlungsstatt übergiebt und dieser hiernächst seiner Mehrforderung entsagt, bedarf zu seiner Gültigkeit der Schriftform der Entsagung auch bei einem an sich schriftliche Abfassung erfordernden Gegenstande nicht.

§§ **415. 416.** Entsagung und Vergleich in Betreff des Rechts der Rüge eines Beleidigten oder Gemißhandelten. — Vergl. A. L. R. I. 5. § 405., **16.** § 399.; A. G. O. I. Einl. §§ 22. 30., **11.** §§ 1. 2., **12.** §§ 1. 5. No. 1-4. § 9., **24.** § 42.; Einführungsgesetz vom 14. April 1851. Art. 16. 18.; Strafgesetzbuch vom 14. April 1851 §§ 50. 160. 180. 343.

Rechtsgr. 337. — Senat für Strafsachen, Abth. II. 18. Dez. 1862. (XLVIII. 137.)

Das Recht der Rüge eines Beleidigten oder Gemißhandelten da, wo von seinem Antrage oder seiner Klageanstellung die Bestrafung des Beleidigers oder Mißhandelnden abhängig gemacht ist, kann Gegenstand sowohl einer Entsagung, als auch eines Vergleichs werden.

§§ **417. 418.** Anfechtung eines Schichtungsvertrages:
A. Wegen nachträglicher materieller Ausstellungen gegen die Taxe. — Vergl. A. L. R. I. **4.** §§ 75. ff., **17.** § 111.

Rechtsgr. 338. — I. Senat. 18. März 1861. (XLI. 54.)

Der Schichtungsvertrag hat die Natur eines Vergleiches. Hat daher der Schichtung eine formell gültige gerichtliche Taxe zur Grundlage gedient, so kann der Schichtungsvertrag wegen nachträglicher materieller Ausstellungen gegen die Taxe nicht mehr angefochten werden.

B. Wegen Irrthums. — Vergl. A. L. R. I. **4.** § 75.

Rechtsgr. 339. — I. Senat. 17. Oktober 1862. (XLVIII. 32.)

Darin allein, daß die Auseinandersetzung des überlebenden Ehegatten mit den Kindern nach den Grundsätzen der ehelichen Gütergemeinschaft statt nach dem Dotalsystem stattgefunden hat, kann nicht unter allen Umständen ein, die Schichtung entkräftender Irrthum gefunden werden.

§ **448.** Wirkung des außergerichtlichen Akkordes im Konkurse, insbesondere hinsichtlich der Verbindlichkeit des Subsidiarverpflichteten des Kridars. — Vergl. A. L. R. I. **14.** §§ 310. 338. 339.; Konkurs-Ordnung vom 8. Mai 1855 §§ 197. 198.

Rechtsgr. 340. — IV. Senat. 1. Juli 1862. (XLVI. 181.)

a) Der von den Gläubigern mit dem Kridar außergerichtlich geschlossene Akkord, welcher die Aufhebung des Konkurses zur Folge hat, hat nicht die Natur und die Wirkung des gerichtlich bestätigten Akkordes nach den §§ 197. und 198. der Konkurs-Ordnung; er ist vielmehr nach allgemeinen gesetzlichen Regeln zu beurtheilen.

b) Haben daher die Gläubiger in dem, ohne Zuziehung des Subsidiarverpflichteten, mit dem Kridar außergerichtlich geschlossenen Abkommen dem Mehrbetrage ihrer Forderungen entsagt, so wird auch der Subsidiarverpflichtete von seiner desfallsigen Verbindlichkeit frei, und er ist, nach Zahlung der Akkordsumme seitens des Kridars, sein Kautions-Dokument zurückzufordern berechtigt.

Neunter Abschnitt. Von Aufhebung der Rechte und Verbindlichkeiten durch deren Umschaffung.

§§ 451. ff. Erfordernisse der Novation;
A. Annahme, Kreditirung und Weiterbegebung des über eine Waarenschuld ausgestellten Wechsels; Angabe an Zahlungsstatt und Novation. — Vergl. Allg. Deutsche Wechsel-Ordnung Art. 10. 23. 82.

Rechtsgr. 341. — IV. Senat. 30. April 1861. (XLI. 214.)

a) Die Kreditirung des Wechsels seitens des Nehmers auf dem, dem Schuldner in den Büchern eröffneten Konto erfolgt kaufmännisch nur in der Voraussetzung des Einganges und des definitiven Behaltens des Wechselbetrages. Daher ist in dieser Kreditirung des über eine Waarenschuld ausgestellten Wechsels für sich allein noch keine Novation der letzteren enthalten.

b) Die weitere Girirung des Wechsels durch den Nehmer steht nur unter der Voraussetzung der Zahlung gleich, daß der Nehmer die Giro-Valuta definitiv behält, mithin sie nicht etwa im Wege des Wechselregresses zurückzahlen muß.

B. Wirkung einer Abschlagszahlung des Schuldners auf die Klage des Gläubigers aus einem Darlehn in Werthpapieren.

Rechtsgr. 342. — IV. Senat. 3. Juli 1862. (XLIV. 349.)

Dadurch, daß auf ein als Darlehn gegebenes börsengängiges Werthpapier eine Abschlagszahlung in baarem Gelde geleistet worden, tritt eine Novation des ursprünglichen Vertrages nicht ein.

Siehe auch Rechtsgrundsätze 159. 344. (A. L. R. I. 9. § 545., 16. § 476.)

Zehnter Abschnitt. Von Aufhebung der Rechte und Verbindlichkeiten durch deren Vereinigung.

§§ 476. ff. Erforderniß hinsichtlich der Einheit der Person in Betreff des Zusammentreffens der Rechte und der Verbindlichkeiten des Schuldners:

A. Berechnung des Pflichttheils mit Rücksicht auf die an einen pflichttheilsberechtigten Miterben aus dem Nachlasse zu entrichtende jährliche Rente. — Vergl. A. L. R. I. 16. §§ 486. 487., 17. §§ 127. 128.

Rechtsgr. 343. — I. Senat. 10. November 1862. (XLVIII. 65.)

Haftet für einen pflichttheilsberechtigten Miterben auf dem Nachlasse zugleich eine an ihn zu entrichtende jährliche Rente, so ist behufs Berechnung seines Pflichttheils nicht der Kapitalswerth der Rente von der Nachlaßmasse vorweg in Abzug zu bringen und erst von dem sich demnächst herausstellenden Restbetrage des Nachlasses der Pflichttheil zu berechnen; vielmehr tritt nach Verhältniß seiner Erbquote die Erlöschung des Rechts auf die Rente durch Vereinigung ein, wogegen seine Miterben die Verbindlichkeit zur Entrichtung des übrigen Theiles der Rente auf ihre Erbtheile zu übernehmen haben.

Auch der Benefizialerbe ist berechtigt, diese Vereinigung vermöge seines Erbgangsrechts eintreten zu lassen.

B. Erlöschung eines Pachtvertrages durch Konfusion bei dem Verkaufe des Grundstücks an den Pächter. — Vergl. A. L. R. I. 16. §§ 454. 455.

Rechtsgr. 344. — III. Senat. 23. Dezember 1861. (XLIV. 141.)

Dadurch, daß der Verpächter das verpachtete Gut an den Pächter während der Dauer des Pachtvertrages wiederkäuflich verkauft, tritt eine Erlöschung des Pachtrechts durch Konfusion nicht ein. Vielmehr ruht das Pachtverhältniß nur, tritt aber bei Ausübung des Wiederkaufsrechts während der Pachtjahre wieder in Kraft.

Anhang § 52. zu § 484. Hypothek des Eigenthümers:
A. Nichterlöschen der Hypothekenrechte durch Konfusion und durch Konsolidation. — Vergl. Gutachten der Gesetz-Kommission vom 10. Juli 1802.; Deklaration vom 3. April 1824.

Rechtsgr. 345. — III. Senat. 24. März 1862. (XLIV. 257.)

Der § 52. des Anhangs zum Allgem. Landrecht findet nicht blos auf den Fall, wenn der Grundbesitzer das Hypothekenrecht, sondern auch in dem Falle Anwendung, wenn der Hypothekengläubiger das belastete Grundstück erwirbt, mag immerhin der Erwerb dem Erlaß jenes Gesetzes vorangegangen sein.

B. Beschlagnahme und Ueberweisung einer von dem Besitzer des verpfändeten Grundstücks zwar getilgten, jedoch nicht gelöschten Hypotheken-Forderung. — Vergl. Konkurs-Ordnung vom 8. Mai 1855 § 363.; Gesetz vom 4. Juli 1822 §§ 3. 4.; Deklaration vom 3. April 1824; Exekutions-Verordnung vom 4. März 1834 § 15.

Rechtsgr. 346. — III. Senat. 19. April 1861. (XLI. 183.)

Durch die im Wege der Exekution erfolgte Beschlagnahme und mit den Wirkungen einer Anweisung erfolgte Ueberweisung einer durch den Besitzer des verpfändeten Grundstücks getilgten, aber in dem Hypothekenbuche nicht gelöschten Hypothekenforderung wird die thatsächlich bis dahin bestandene Verbindung zwischen dem Berechtigten und Verpflichteten in Einer Person aufgehoben und dem Forderungsrechte die volle Wirkung wieder eingeräumt.

Siehe auch Rechtsgrundsätze 20. 81. 308. 1031. (A. L. R. I. 2. § 107., 7. § 15.; 16. § 86.; Deklaration vom 3. April 1824.)

§§ **486. 487.** Siehe Rechtsgrundsatz **343.** (A. L. R. I. **16.** § **476.**)
§§ **493. 494.** Siehe Rechtsgrundsatz **696.** (Allgem. Deutsche Wechsel-Ordnung Art. 81.)

Titel 17. Vom gemeinschaftlichen Eigenthume.

Erster Abschnitt. Vom gemeinschaftlichen Eigenthum überhaupt.

§ **2.** Siehe Rechtsgrundsatz **365.** (A. L. R. I. **17.** § **198.**)

§§ **4. 10.** Rechte eines jeden Theilnehmers der gemeinschaftlichen Sache:

A. Passivlegitimation bei Klagen gegen einen einzelnen Miteigenthümer.

Rechtsgr. **347.** — II. Senat. 13. März 1862. (XLVI. 30.)

Der Miteigenthümer, welcher behauptet, daß Einer der übrigen Miteigenthümer durch Ueberschreitung der Grenzen des Theilnehmungsrechts ihn in seinem Rechte auf das gemeinschaftliche Eigenthum beeinträchtigt habe, ist zur Klage gegen diesen Miteigenthümer allein berechtigt.

B. Klage der einzelnen Mitglieder einer Gemeinde gegen den Dritten auf Rechnungslegung. — Vergl. A. L. R. I. **17.** § 50., II. **6.** §§ 50. **72.**, **11.** § **691.**

Rechtsgr. **348.** — I. Senat. 28. September 1863. (LI. 138.)

Der Grundsatz: daß in dem Falle, wenn Mehreren das gemeinschaftliche Recht zusteht, von einem Dritten Rechnungslegung zu fordern, auch jeder einzelne Mitberechtigte befugt ist, von dem Verpflichteten die Rechnungslegung an die Gesammtheit zu verlangen, — bezieht sich lediglich auf das Rechtsverhältniß mehrerer Korrealberechtigten, deren Befugnisse nach den Vorschriften des 17. Titels Theil I. des Allgem. Landrechts vom gemeinschaftlichen Eigenthume zu beurtheilen sind; er findet daher auf das Rechtsverhältniß, in welchem die einzelnen Mitglieder einer Gemeinde zu einander und einem der Korporation selbst zur Rechnungslegung verpflichteten Dritten gegenüber stehen, gar keine, und analoge Anwendung nur in dem Falle, wenn es sich um Rechte der einzelnen Gemeindeglieder handelt, welche überhaupt nach den Vorschriften vom gemeinschaftlichen Eigenthume zu beurtheilen sind.

C. Eigenmächtige Verfügung des Miteigenthümers über den ihm zur ausschließlichen Nutzung eingeräumten Theil der gemeinschaftlichen Sache. — Vergl. A. L. R. 21. §§ 11. 12.

Rechtsgr. 349. — II. Senat. 10. Oktober 1861. (XLIV. 12.)

a) Die Vorschrift des § 10. I. 17. des Allgem. Landrechts, — daß kein Theilnehmer ohne Beistimmung der übrigen über die gemeinschaftliche Sache, deren Besitz oder Benutzung gültige Verfügung treffen kann, — ist nur auf die Fälle anzuwenden, in denen das gemeinschaftliche Eigenthum den Miteigenthümern unbeschränkt zusteht.

b) Wenn daher an einem Theil der gemeinschaftlichen Sache dem einen Miteigenthümer ein ausschließliches Nutzungsrecht eingeräumt worden ist, so kann derselbe die ihm zur ausschließlichen Nutzung eingeräumte Sache auf seine Kosten eigenmächtig in ihrem bisherigen Zustand erhalten und eventuell diesen Zustand wieder herstellen.

Siehe auch Rechtsgrundsätze 353. 354. 359. 596. (A. L. R. I. 17. §§ 69. 115. 151., II. 11. § 691.)

§§ 12-16. Siehe Rechtsgrundsatz 350. (A. L. R. I. 17. § 23.)
§ 19. Siehe Rechtsgrundsatz 353. (A. L. R. I. 17. § 69.)
§§ 23. 24. Streit unter den Miteigenthümern über die Art der Benutzung der gemeinschaftlichen Sache. — Vergl. A. L. R. I. 17. §§ 12-16.

Rechtsgr. 350. — III. Senat. 25. März 1861. (XLI. 106.)

Wenn zwischen zwei gleich berechtigten Miteigenthümern einer Sache über die Art deren Benutzung Streit entsteht, so muß auf Antrag des einen Theils die bisherige Benutzungsart so lange beibehalten werden, bis durch Kompromiß oder durch richterliche Entscheidung eine andere Benutzungsart festgesetzt ist.

§ **50**. Siehe Rechtsgrundsatz 348. 596. (A. L. R. I. **17**. § **4**., II. **11**. § 691.)

§ **53**. ff. Vermuthete Vollmacht der Miteigenthümer. — Vergl. A. L. R. I. **13**. §§ 119. 120.

Rechtsgr. **351**. — II. Senat. 11. Juni 1863. (L. 108.)

Den Miteigenthümern, welche bestreiten, daß sie im Namen und im Interesse der anderen Miteigenthümer gehandelt haben, steht eine gesetzliche Vermuthung für das Gegentheil nicht entgegen.

Siehe auch Rechtsgrundsatz 73. (A. L. R. I. **5**. § **435**.)

§§ **55**. **56**. Entstehung des gemeinschaftlichen Eigenthums durch den Erwerb seitens des Einen, von dem andern beauftragten Theilnehmers. — Vergl. A. L. R. I. **17**. §§ 170. 171. 233.

Rechtsgr. **352**. — IV. Senat. 17. März 1864. (LII. 334.)

Durch die §§ 55. 56. und 233. I. 17. des Allg. Landrechts ist nicht ausgeschlossen, daß unter den Theilnehmern selbst der Erwerb ein gemeinschaftlicher ist.

§ **60**. Siehe Rechtsgrundsätze 85. 1027. (A. L. R. I. **1**. § **46**.; Gesetz vom 4. Juli 1822 § 1.)

§§ **69**. **74**. Hypothek an dem ideellen Erb-Antheil eines Miterben. — Vergl. A. L. R. I. **10**. § 7., **17**. §§ 10. 19. 115., **20**. §§ 399. 410.

Rechtsgr. **353**. — III. Senat. 12. Januar 1863. (XLVII. 303.)

a) Die Verfügung des Miterben über den ihn bei der Erbtheilung einst zufallenden Antheil bleibt zu Gunsten des Gläubigers in Kraft, und steht daher der Eintragung einer solchergestalt eingeräumten Hypothek kein rechtliches Hinderniß im Wege.

b) Die Wirksamkeit einer solchergestalt eingetragenen Hypothek bleibt nur so lange suspendirt, bis die Miterben sich erklärt haben, welcher Antheil dem die Hypothek bestellenden Miterben gebührt.

§§ **74. 75.** Siehe Rechtsgrundsatz **1027.** (Gesetz vom **4.** Juli **1822** § **1.**)

§§ **87-90.** Siehe Rechtsgrundsatz 505. (A. L. R. II. **1.** § 811.)

§§ **97. 103.** Siehe Rechtsgrundsatz **1025.** (Stempel-Steuer-Gesetz vom 7. März **1822** § 10.)

§ **111.** Siehe Rechtsgrundsatz 338. (A. L. R. I. **16.** § 417.)

Zweiter Abschnitt. Vom gemeinschaftlichen Eigenthume der Miterben.

§§ **115.** ff. Anfechtung eines von dem Erblasser geschlossenen Tauschvertrages seitens eines einzelnen Miterben vor getheilter Erbschaft. — Vergl. A. L. R. I. **17.** § **10.**

Rechtsgr. **354.** — III. Senat. 19. Juni 1861. (XLII. 176.)

Vor getheilter Erbschaft ist ein einzelner Miterbe ohne Beitritt der Miterben zur Anfechtung eines von dem Erblasser geschlossenen Tauschvertrages nicht befugt.

Siehe auch Rechtsgrundsatz 359. (A. L. R. I. **17.** § 151.)

§§ **127. 128.** Passivlegitimation bei Einklagung von Nachlaßschulden eines verstorbenen Ehegatten bei bestandener ehelicher Gütergemeinschaft. — Vergl. A. L. R. II. **1.** §§ **360. 433. 661.**; Pommersche Bauern-Ordnung vom **30.** Dezember **1764.** Tit. **4.** § **2.**

Rechtsgr. **355.** — IV. Senat. 3. April 1862. (XLVI. 55.)

Der § 127. I. 17. des Allgem. Landrechts, — nach welchem zu den die Erbschaft betreffenden Schulden und Lasten die Erben gegen die Erbschaftsgläubiger gemeinschaftlich verpflichtet sind, — ist auch auf das Verhältniß des Erben und des gütergemeinschaftlich berechtigten überlebenden Ehegatten zu dem Gläubiger anwendbar. Dieselben haften daher vor der Auseinandersetzung ebenfalls nur gemeinschaftlich.

Die Pommersche Bauer-Ordnung vom 30. Dezember **1764** enthält keine von diesem Grundsatze abweichende Vorschrift.

Siehe auch Rechtsgrundsätze 343. 356. (A. L. R. I. **16.** § 476., **17.** § 131.)

§ 131. Rechtsverhältnisse des Miterben nach erfolgter Theilung der Erbschaft:

A. Verhaftung der Erben für die Legate und Nachlaßschulden nach erfolgter Theilung der Erbschaft. — Vergl. A. L. R. I. 12. § 292., 17. § 127.

Rechtsgr. 356. — I. Senat. 16. Juli 1862. (XLVII. 13.)

Die Wirkungen der Theilung der Erbschaft nach den §§ 131. ff. I. 17. und § 292. I. 12. des Allgem. Landrechts treten auch dann ein, wenn zwar die Theilung der Erbschaft als solcher geschehen ist, einzelne Nachlaßgegenstände aber im gemeinschaftlichen Eigenthume der Miterben geblieben und der späteren Theilung nach den im Erbrezesse vereinbarten Grundsätzen, beziehungsweise nach den Regeln von Theilung des Miteigenthums, vorbehalten sind.

B. Theilung der Erbschaft; gütergemeinschaftliche Schulden. — Vergl. A. L. R. II. 1. §§ 324. 389. 661.

Rechtsgr. 357. — IV. Senat. 22. Januar 1863. (XLVIII. 151.)

In den Fällen des § 131. I. 17. und des § 661. II. 1. des Allgem. Landrechts ist der Kläger nicht verpflichtet, zuvor allen Interessenten gegenüber im Prozesse darzuthun, daß es sich um eine gütergemeinschaftliche Schuld im Sinne der §§ 324. und 389. II. 1. des Allgem. Landrechts handle.

§§ 147. 149. Absonderung des Vermögens unter geschiedenen Eheleuten bei bestandener Gütergemeinschaft. — Vergl. A. L. R. II. 1. § 661.

Rechtsgr. 358. — I. Senat. 11. Januar 1864. (LII. 195.)

Bei der Auseinandersetzung der geschiedenen Eheleute wegen ihres Vermögens kann auch eine Festsetzung wegen der Schulden gefordert werden.

Haben die geschiedenen Eheleute, welche in der Gütergemeinschaft gelebt haben, bei der Vermögens-Auseinandersetzung eine Vereinbarung in Betreff der Schulden nicht getroffen, so ist Keiner von ihnen berechtigt, wegen der von dem Andern zu übernehmenden Schulden Sicherheitsbestellung zu beanspruchen.

§ 151. Aktivlegitimation eines einzelnen Miterben zur Defektatorienklage gegen den Testaments-Exekutor. — Vergl. A. L. R. I. 5. § 450., 9. § 398., 16. § 381., 17. §§ 10. 115. 117.

Rechtsgr. 359. — I. Senat. 18. Dezember 1863. (LII. 178.)

a) Der einzelne Miterbe ist zu Allem berechtigt, wodurch kein Recht der Theilhaber verletzt, und auch der Verpflichtete nicht in eine schlimmere Lage versetzt wird.

b) Einer der Miterben ist daher auch zur Defektatorienklage gegen den Testaments-Exekutor in dem Falle allein legitimirt, wenn der andere Miterbe sich aus der Erbschaftsmasse bereits für völlig befriedigt erklärt hat.

Siehe auch Rechtsgrundsatz 324. (A. L. R. I. 16. § 303.)

Dritter Abschnitt. Von Gemeinschaften, welche durch Vertrag entstehen.

§§ 169. ff. Grundsätze hinsichtlich des Gesellschaftsvertrages:

A. Wirkung eines schriftlichen Vertrages über die Errichtung einer Aktien-Gesellschaft in Beziehung auf das Rechtsverhältniß der Mitglieder unter einander. — Vergl. Gesetz vom 9. November 1843 §§ 1. 2.

Rechtsgr. 360. — IV. Senat. 2. Juli 1861. (XLII. 243.)

a) Die vor der landesherrlichen Genehmigung des Statuts einer Aktiengesellschaft schriftlich getroffenen Vereinbarungen der Genossen unter sich stellen formell und materiell einen dieselben in ihrem gegenseitigen Verhältnisse bindenden Vertrag dar, aus welchem die Gesellschaft gegen jeden einzelnen Genossen auf Erfüllung der übernommenen Verbindlichkeiten klagen kann.

b) Durch die Vollziehung eines zur Bildung einer Aktiengesellschaft schriftlich geschlossenen Vertrages überkommen die Theilnehmer die Verbindlichkeit zur Vollziehung des später notariell oder gerichtlich errichteten, der landesherrlichen

Genehmigung unterbreiteten oder noch zu unterbreitenden Statuts.

B. Beitritt zu einer Aktien-Gesellschaft durch Unterzeichnung und Zustellung eines Betheiligungsscheins. — Vergl. A. L. R. I. 5. §§ 2. 4. 74. ff. 185.

Rechtsgr. 361. — IV. Senat. 24. Mai 1862. (XLVI. 104.)

a) Die Versendung des Prospekts und des Statuts über die Gründung einer Aktiengesellschaft unter Beifügung eines Betheiligungsscheins enthält ein Anerbieten, der Gesellschaft beizutreten, — es mag die Zusendung durch einen der bisherigen Theilnehmer der Gesellschaft selbst, oder durch eine beauftragte oder nicht beauftragte Mittelsperson geschehen sein.

b) Die Ausfüllung, Vollziehung und Zurückstellung eines auf diese Art erhaltenen Betheiligungsscheins enthält eine schriftliche Annahme des Anerbietens und hat die Wirkung, daß der Unterzeichner gebunden ist, auch bevor der Vermittler den Schein den Proponenten ausgehändigt hat.

C. Entstehung gemeinschaftlichen Eigenthums auch an Grundstücken durch mündlichen Sozietätsvertrag und Verwendung des Geldbeitrags.

Rechtsgr. 362. — IV. Senat. 8. Mai 1862. (XLV. 222.)

Haben die Miteigenthümer eines Grundstücks, z. B. eines Kohlenlagers, behufs Gründung einer Aktiengesellschaft und Abtretung dieses Grundstücks an dieselbe mit einem Dritten mündlich vereinbart, daß derselbe in die zwischen ihnen bestehende Gemeinschaft mit gleicher Theilnahme an dem gehofften Gewinne durch Zahlung einer bestimmten Geldsumme zur Berichtigung des Kaufgeldes dieses Grundstücks eintreten solle; so ist nach erfolgter Einzahlung des Geldes und dessen vereinbarten Verwendung die Gemeinschaft entstanden, und demgemäß auch das Kohlenlager Eigenthum der Gesellschaft geworden.

D. Gemeinschaftlicher Erwerb auf Grund eines nur mündlich geschlossenen, der Verabredung gemäß schriftlich abzufassen gewesenen Gesellschaftsvertrages. — Vergl. A. L. R. I. 5. §§ 109. 116. 117.

Rechtsgr. 363. — IV. Senat. 4. November 1862. (XLVI. 296.)

Die Vorschrift des § 170. I. 17. des Allgem. Landrechts, — daß, wenn der Gesellschaftsvertrag nicht schriftlich geschlossen, gleichwohl aber durch gemeinschaftliche Verwendungen der Gesellschafter bereits Etwas erworben ist, ein solcher Erwerb als gemeinschaftliches Eigenthum, welches aus einer zufälligen Begebenheit entstanden ist, nach den Regeln des ersten Abschnitts I. 17. des Allgem. Landrechts beurtheilt werden soll, — wird dadurch nicht ausgeschlossen, daß die Errichtung eines schriftlichen Gesellschaftsvertrages ausdrücklich verabredet gewesen ist.

Siehe auch Rechtsgrundsätze 352. 365. 561. (A. L. R. I. 17. §§ 85. 198., II. 8. § 617.)

§ 185. Siehe Rechtsgrundsatz 561. (A. L. R. II. 8. § 617.)

§§ 198-200. Gemeinschaftliches Eigenthum der Gesellschafter an den zusammengetragenen Fonds:

A. Begriff des Sozietätsfonds; Entstehung des Miteigenthums aller Gesellschafter an denselben. — Vergl. A. L. R. I. 7. § 71., 10. § 1.

Rechts. 364. — III. Senat. 23. Oktober 1863. (LI. 161.)

a) Unter dem im § 198. I. 17. des Allgem. Landrechts gebrauchten Ausdrucke „Fonds“ ist alles Dasjenige zu subsumiren, was die Gesellschafter zur Erreichung des Gesellschaftszweckes zusammenbringen.

b) Schon das Zusammentragen eines Fonds zum Betriebe eines gemeinschaftlichen Zwecks macht die Gesellschafter auf Grund des constituti possessorii zu Miteigenthümern, wenn auch eine spezielle Uebergabe an jeden einzelnen Gesellschafter nicht stattfindet.

B. Gemeinschaftliches Eigenthum der Gesellschafter an dem Betriebsfonds, insbesondere an der einem Dritten bestellten Kaution. — Vergl. A. L. R. I. 17. §§ 2. 172. 173.

Rechtsgr. 365. — IV. Senat. 10. September 1861. (XLIII. 28.)

Die Anwendbarkeit des § 198. I. 17. des Allg. Landrechts, — nach welchem der zum Betriebe des gemeinschaftlichen Geschäfts zusammengetragene Fonds von der Zeit des geschlossenen Vertrages an als gemeinschaftliches Eigenthum anzusehen ist, — wird dadurch allein nicht ausgeschlossen, daß eine von Gesellschaftern einem Dritten bestellte Kaution für ein unbenutzt liegendes Kapital zu erachten ist. Es genügt vielmehr zur Anwendbarkeit des § 198. a. a. O., daß die Bestellung dieser Kaution Bedingung und Voraussetzung des gemeinschaftlichen Geschäfts ist, und es ändert hieran Nichts, wenngleich der Sozietätsvertrag nur mündlich errichtet, und die Einzahlung der Kaution nur von dem Einen der Gesellschafter geschehen ist.

Siehe auch Rechtsgrundsätze 1025. (A. L. R. I. 7. § 71.; Stempel-Steuer-Gesetz vom 7. März 1822 § 10.)

§ 210. Siehe Rechtsgrundsatz 283. (A. L. R. I. 14. § 129.)

§ 219. Vertragsgemeinschaft zwischen Käufer und Verkäufer in Betreff des bei dem Weiterverkaufe der Sache zu erzielenden Mehrbetrags des Kaufpreises; Verpflichtung des weiterveräußernden Käufers zur Rechnungslegung.

Rechtsgr. 366. — IV. Senat. 7. Juli 1863. (XLIX. 316.)

a) Zwischen dem bisherigen Miteigenthümer eines von beiden Miteigenthümern gemeinschaftlich bebauten Grundstücks, welcher seinen Antheil mittelst Kaufvertrages dem andern Miteigenthümer übertragen und sich hierbei eine bestimmte Quote des bei dem Wiederverkaufe des ganzen Grundstücks zu erzielenden Gewinnes vorbehalten hat, und diesem nunmehrigen Alleineigenthümer des Grundstücks bleibt nach Abschluß jenes Kaufvertrages eine Vertragsgemeinschaft bestehen, vermöge welcher der von dem nunmehrigen Alleineigenthümer hiernächst vorgenommene Verkauf des Grundstücks an einen Dritten sich als ein das Interesse beider Theile berührendes Rechtsgeschäft darstellt.

b) Daher ist der weiter veräußernde Alleineigenthümer dem früheren Miteigenthümer behufs Darlegung dessen Gewinn-Antheils Rechnung zu legen verpflichtet.

§§ **230**. **232**. Siehe Rechtsgrundsatz **283**. (A. L. R. I. **14**. § **129**.)
§ **233**. Siehe Rechtsgrundsatz **352**. (A. L. R. I. **17**. § **55**.)
§ **234**. Siehe Rechtsgrundsatz 283. (A. L. R. I. **14**. § 129.)
§ **239**. Persönliche und solidarische Verhaftung der ursprünglichen Kontrahenten einer Bergwerksgesellschaft aus gemeinschaftlich oder durch ihren Bevollmächtigten abgeschlossenen Verträgen, insbesondere für Grubenschulden. — Vergl. A. L. R. II. **16**. §§ **292-294**. 335. 338. 343.

Rechtsgr. **367**. — IV. Senat. 5. November 1863. (LII. 75.)

Die ursprünglichen Kontrahenten der Bergwerks-Gesellschaft sind aus Verträgen, welche die Gesellschafter selbst gemeinschaftlich, oder durch ihren Bevollmächtigten geschlossen haben, persönlich und solidarisch verhaftet. — Diese Regel findet auch auf Grubenschulden Anwendung.

Siehe auch Rechtsgrundsatz 283. (A. L. R. I. **13**. § 129.)

§§ **273-275**. Ausschließung eines Gesellschaftsmitgliedes.

Rechtsgr. **368**. — IV. Senat. 16. Juni 1863. (L. 110.)

Ausgestoßene Mitglieder einer Gesellschaft sind so lange als Mitglieder nicht zu behandeln, mithin zu den Vorstandswahlen nicht zu laden, bis sie den Ausschließungsbeschluß beseitigt haben. Nur sie, nicht andere Mitglieder der Gesellschaft, sind zu einer solchen Klage legitimirt.

§ **298**. Siehe Rechtsgrundsatz 329. (A. L. R. I. **16**. § 359.)
§ **300**. Wirkung der öffentlichen Bekanntmachung des Austrittes eines Gesellschafters aus der Sozietätshandlung. — Vergl. A. L. R. I. **17**. §§ 307. 308.; II. **8**. 658. 659. 672. 682.

Rechtsgr. **369**. — IV. Senat. 21. Januar 1862. (XLIV. 159.)

a) Die allgemeine öffentliche Bekanntmachung des Austritts eines Gesellschafters aus der Sozietätshandlung hat nur den Zweck, die Haftbarkeit des ausgetretenen Gesellschafters auch für die später abgeschlossenen Geschäfte auszuschließen; sie hebt dagegen rücksichtlich der früheren Geschäfte die bestehende Haftbarkeit nach Jahresfrist nicht auf, vielmehr ist hierzu die besondere Bekanntmachung an die Sozietätsgläubiger erforderlich.

§§ **306.** ff. Siehe Rechtsgrundsätze **369. 564. 1025.** (A. L. R. I. **17.** § 300., II. 8. § 658.; Stempel-Steuer-Gesetz vom **7.** März **1822** § 10.)

Vierter Abschnitt. Von Gemeinheitstheilungen.

§ **338.** Siehe Rechtsgrundsatz **372.** (A. L. R. I. **17.** § **362.** ff.)

Fünfter Abschnitt. Von Grenzscheidungen.

§§ **362-381.** Statthaftigkeit, Beweis und Wirkung der Grenzregulirungsklage:

A. Grenzregulirungsklage bei überhaupt nicht erkennbarem und anerkannten Grenzzuge.

Rechtsgr. **370.** — II. Senat. 26. März 1863. (XLIX. 133.)

Die Grenzregulirungsklage ist auch in dem Falle zulässig, wenn zwischen Grundstücken überhaupt kein erkennbarer und anerkannter Grenzzug vorhanden ist.

B. Berücksichtigung der Grenzsteine auch in anderen Prozessen, als dem Grenzregulirungsverfahren, insbesondere bei Streitigkeiten über das Eigenthum eines Grundstücks. — Vergl. A. G. O. I. **42.** §§ **1.** ff.

Rechtsgr. **371.** — III. Senat. 10. April 1861. (XLIX. 146.)

Auch bei Streitigkeiten, die nicht gerade die Grenzregulirung zum Grunde haben, namentlich auch bei Streitigkeiten zweier Grundnachbarn über das Eigenthum eines Grundstücks, kann von dem Grundsatze, daß der Grenzzug durch eine grade Linie von einem Grenzsteine zum andern zu bestimmen ist, Gebrauch gemacht werden.

C. Wirkung der Entscheidung im Grenzscheidungsprozesse auf die Feststellung des Eigenthums am Grund und Boden. — Vergl. A. L. R. I. 17. §§ 338.; A. G. O. I. Einleitung §§ 65. 66., 16. § 1.; Gemeinheitstheilungs-Ordnung vom 7. Juni 1821 §§ 56. 60.; Dig. 10. 1. Lex 1. § 2.

Rechtsgr. 372. — III. Senat. 27. September 1861. (XLIII. 119.)

Die im Grenzscheidungs-Prozesse durch Erkenntniß rechtskräftig festgestellte Grenzlinie entscheidet definitiv über das Eigenthum der Parteien am Grund und Boden, auch rücksichtlich der hinterher erhobenen Eigenthumsklage.

Siehe auch Rechtsgrundsatz 826. (A. G. O. I. 42. § 1.)

Titel 18. Vom getheilten Eigenthume.

§ 15. Weiterer und engerer Begriff eines Agnaten. — Vergl. Allodifikations- und Assekurations-Urkunde für die Ritterschaft im Herzogthum Pommern vom 11. Oktober 1810.; Verordnung wegen Abfindung der Agnaten, Gesammthänder und Anwärter bei allodifizirten Lehngütern vom 11. Oktober 1810.; Publikations-Patent vom 18. Februar 1811.

Rechtsgr. 373. — I. Senat. 30. November 1863. (LI. 257.)

Im lehnrechtlichen Gebrauche haben die beiden Bedeutungen des Ausdrucks: „Agnaten", nämlich blos Seitenverwandte, oder Seitenverwandte und Descendenten des Besitzers, nicht gleiche Geltung; vielmehr erscheint dessen Anwendung im weitern Sinne — Seitenverwandte und Descendenten — als eine im gemeinen, wie im besonderen und namentlich Pommerschen Lehnrecht, ferner in den Rechtsquellen wie in der Doktrin dergestalt schwache, untergeordnete, ungewöhnliche, daß gegen diesen Sinn, wo das Wort, namentlich in einem Pommerschen Lehnsgesetz, vorkommt, durchaus die Präsumtion streitet.

Siehe auch Rechtsgrundsatz 1000. (Schwedische Allodifikations-Urkunde vom 11. Oktober 1810.)

§ 360. Lehnssuccessionsfähigkeit der Descendenten in Altvorpommersche Lehne. — Vergl. Pommersches Provinzialrecht § 207.; Entwurf einer Pommerschen Lehnskonstitution von 1751 Tit. 26. § 3.

Rechtsgr. 374. — I. Senat. 21. Februar 1862. (XLIV. 214.)

Das Altvorpommersche Provinzialrecht erfordert, übereinstimmend mit dem Allgem. Landrecht, als Bedingung der Lehnssuccessionsfähigkeit für Descendenten nur die Abstammung aus einer gültigen Ehe zur rechten Hand; jedoch sind die durch nachfolgende Ehe legitimirten Kinder von der Lehnsfolge ausgeschlossen.

§§ 564. ff. Siehe Rechtsgrundsatz 606. (A. L. R. II. 11. § 804.)

Titel 19. Von dinglichen und persönlichen Rechten auf fremdes Eigenthum überhaupt.

§§ 1. ff. Reallasten:

A. Vertragsmäßige Konstituirung einer Reallast.

Rechtsgr. 375. — V. Senat. 5. April 1864. (LII. 349.)

Nach der Natur der Reallast ist bei ihrer vertragsmäßigen Konstituirung die Angabe des belasteten Grundstücks durchaus erforderlich.

B. Uebergang der Reallast auf den Besitznachfolger.

Rechtsgr. 376. — III. Senat. 4. Dezember 1863. (LII. 154.)

Die Reallast trägt ein wesentlich obligatorisches Element in sich. Daher vermittelt sich der Uebergang einer Reallast auf den neuen Besitzer der Sache nicht von selbst, sondern nur dadurch, daß derselbe sich der Verpflichtung als einer an den Besitz der Sache gebundenen Obligation von Neuem unterwirft.

C. Rechtliche Natur der an die Stelle der Reallast eingetragenen Ablösungsrente, insbesondere der Geldrente für einen Wasserlaufzins. — Vergl. Gesetz vom 4. Juli 1840 §§ 18. 62.; Ablösegesetz vom 2. März 1850 §§ 6. 8. 50. 64.; Rentenbankgesetz vom 2. März 1850 §§ 2. 18.

Rechtsgr. 377. — V. Senat. 27. Oktober 1863. (LI. 172.)

a) Auch die im Ablösungsverfahren an die Stelle einer

Reallast getretene, an die Rentenbank zu entrichtende Ablösungsrente hat die Eigenschaft einer Reallast; sie kann daher als eine blos persönliche Schuld des Besitzers des Grundstücks, für welche das letztere als Hypothek haftet, nicht betrachtet werden.

b) Daher hat die an die Stelle des Wasserlaufzinses getretene Geldrente die Natur einer Reallast beibehalten.

D. Rechtliche Natur der Amortisationsrente, insbesondere mit Rücksicht auf den zu verwendenden Kaufstempel. — Vergl. Stempelgesetz vom 7. März 1822 §§ 4. 5. Littr. a. c. g., und Tarif unter dem Worte „Kaufverträge"; Gesetz vom 14. April 1822 § 1.; Ablösegesetz vom 2. März 1850 § 6.; Rentenbankgesetz vom 2. März 1850 § 18.; Circular-Reskript vom 5. Mai 1855.

Rechtsgr. 378. — I. Senat. 13. Februar 1863. (XLIX. 77.)

Auch die an die Stelle eines Erbpachtskanons getretene Amortisationsrente hat die Natur einer Reallast; sie ist daher bei dem Verkaufe des belasteten Grundstücks behufs Bestimmung des Kaufstempels nicht mit in Anschlag zu bringen.

E. Begriff einer ablösbaren Reallast; Berechtigung zum Walken auf einer fremden Mühlenwalke. — Vergl. Ablösegesetz vom 2. März 1850 §§ 6. ff.

Rechtsgr. 379. — II. Senat. 2. Juli 1861. (XLII. 240.)

Die Berechtigung, fremdes Eigenthum für sich zu gewerblichen Zwecken zu gebrauchen, z. B. das Recht, auf der Mühlenwalke eines Andern Felle gegen eine bestimmte und unabänderliche Vergütung zu walken, ist keine ablösbare Reallast.

F. Natur des Rechts zum Mergelgraben in dem Grundstück eines Andern. Dinglichkeit dieses Rechts.

Rechtsgr. 380. — III. Senat. 11. März 1864. (LII. 326.)

a) Die Befugniß, den auf einem bestimmten, einem dritten Eigenthümer gehörigen Terrain Mergel zu graben und für sich zu entnehmen, ist zu denjenigen Rechten zu zählen, auf welche der Titel 19. Theil I. des Allgem. Landrechts „von dinglichen und persönlichen Rechten auf fremdes Eigenthum" anzuwenden ist.

b) Daher muß der Singular-Successor, welcher vor dem Erwerb des belasteten Grundstücks Kenntniß von den Ansprüchen des Berechtigten gehabt hat, dieselben gegen sich gelten lassen.

Siehe auch Rechtsgrundsatz 156. (A. L. R. I. 9. § 503.)

§§ 3. ff. Siehe Rechtsgrundsatz 434. (A. L. R. I. 21. §§ 350. ff.)

§ 10. Siehe Rechtsgrundsatz 301. (A. L. R. I. 15. § 3.)

§§ 14-21. Siehe Rechtsgrundsatz 589. (A. L. R. II. 11. § 189.)

§§ 15-19. Siehe Rechtsgrundsätze 451. 1102. (A. L. R. I. 22. § 31.; Kabinets-Order vom 14. April 1840.)

§ 19. Entschädigung wegen Verletzung übernommener Vertragspflichten. — Vergl. A. L. R. Einl. § 101., I. 5. §§ 270. 285. ff., 10. § 1.

Rechtsgr. 381. — IV. Senat. 30. Januar 1862. (XLIX. 4.)

Der Eigenthümer eines Grundstückes, welcher, nachdem er Jemanden ein Nutzungsrecht an demselben, z. B. das Recht auf Erzförderung, eingeräumt hat, hiernächst während der vertragsmäßigen Dauer dieses Nutzungsrechts eben dasselbe einem Dritten einräumt und dessen Ausübung gestattet, verletzt seine Pflichten gegen den ersten Erwerber und wird demselben daher zur Entschädigung verpflichtet, auch wenn der zweite Vertrag als rechtsbeständig nicht zu erachten ist.

§ 20. Siehe Rechtsgrundsatz 450. (A. L. R. I. 22. § 29.)

§§ 22-27. Nichtübertragbarkeit der Reallast:

A. Uebertragung der zur Nothdurft einer bestimmten Person bewilligten Rechte, insbesondere des Wohnungsrechtes eines Leibgedingers, auf einen Anderen. — Vergl. A. L. R. I. 11. § 602.

Rechtsgr. 382. — III. Senat. 19. September 1862. (XLVI. 220.)

a) Der § 22. I. 19. des Allgem. Landrechts, — nach welchem Rechte, welche nur zur Nothdurft einer bestimmten Person oder Sache bewilligt worden, auf andere Personen oder Sachen einseitig nicht übertragen werden können, — findet auch auf das Wohnungsrecht eines Leibgedingers insoweit, als es sich um eine gänzliche Uebertragung dieses Rechts auf einen Dritten mit Ausscheiden des Leibgedingers, nicht aber in dem Falle Anwendung, wenn es sich um die bloße Theilnahme eines Anderen an diesem Wohnungsrechte handelt.

b) Der Altsitzer oder die Altsitzerin ist, im Falle der Eingehung einer anderweitigen Ehe, berechtigt, den zweiten Ehegatten und demnächst die mit demselben erzeugten Kinder in den Altensitz aufzunehmen, insofern ihm oder ihr eine abgesonderte Wohnung eingeräumt, und zu seinem oder ihrem Unterhalte besondere Prästationen oder Ländereien überwiesen worden sind.

B. Untheilbarkeit der Servitut der Holzgerechtigkeit. — Vergl. Deklaration vom 29. Mai 1816 Art. 96.

Rechtsgr. 383. — IV. Senat. 11. April 1861. (XLI. 156.)

Eine Theilung der Holzgerechtsame einer bäuerlichen Stelle folgt gesetzlich selbst dann nicht aus der Theilung des berechtigten Grundstücks, wenn diese zugleich die Gebäude und insbesondere das Wohnhaus trifft. Es verbleibt vielmehr die Holzgerechtsame in der gutsherrlichen Forst dem alten Hofe, beziehungsweise dem nicht abverkauften Theile der Gebäude, beziehungsweise des Wohnhauses, als der ursprünglichen Feuerstätte. — Dieser Grundsatz erleidet durch die Ablösbarkeit der Servitut keine Aenderung.

Siehe auch Rechtsgrundsatz 458. (A. L. R. I. 22. § 208.)

§ 30. Siehe Rechtsgrundsatz 616. (A. L. R. II. 15. §§ 1-4.)

Titel 20. Von den Rechten auf die Substanz einer fremden Sache.

Erster Abschnitt. Vom Rechte des Unterpfandes.

§ **1**. Siehe Rechtsgrundsätze **289**. **433**. **847**. (A. L. R. I. **14**. § 178., **21**. § 350.; Konkurs-Ordnung vom 8. Mai 1855 § 32.)

§§ **6**. ff. Siehe Rechtsgrundsatz **392**. (A. L. R. I. **20**. § 411.)

§ **8**. Siehe Rechtsgrundsatz 818. (A. G. O. I. **29**. § 81.)

§ **12**. Siehe Rechtsgrundsatz **1031**. (Deklaration vom 3. April 1824.)

§ **33**. Pactum commissorium beim Pfandvertrage; guter Glaube des Hypothekenbuches bei Einräumung der Priorität.

Rechtsgr. **384**. — III. Senat. 17. Januar 1862. (XLV. 31.)

Der Vertrag, nach welchem der Hauptschuldner dem Bürgen zu dessen Sicherheit eine Forderung verpfändet und ihm dieselbe zugleich für den Fall cedirt, daß der Bürge die verbürgte Schuld wegen unterbliebener Befriedigung des Gläubigers durch den Hauptschuldner zahlen werde, — enthält kein pactum commissorium und fällt daher nicht unter das Verbot des § 33. I. 20. des Allg. Landrechts.

§ **42**. Siehe Rechtsgrundsatz 997. (Kabinetsorder vom 28. März 1809.)

§ **43**. Siehe Rechtsgrundsatz 887. (Subhastations-Verordnung vom 4. März 1834 § 19.)

§§ **44**. **45**. Siehe Rechtsgrundsatz 733. (A. G. O. Einl. § 65.)

§§ **49**. **50**. Siehe Rechtsgrundsatz **289**. (A. L. R. I. **14**. § 178.)

§ **54**. Wirkung der Uebernahme einer Altentheilsrente in Abrechnung auf das Kaufgeld nach weiterer Veräußerung des belasteten Grundstücks. — Vergl. Deklaration vom **21**. März **1835**.

Rechtsgr. **385**. — III. Senat. 10. Juli 1863. (XLIX. 318.)

Der Grundsatz: daß durch die bloße Uebernahme hypothekarischer Schulden auf Abrechnung des Kaufgeldes von Seiten des Käufers derselbe gegen den Verkäufer persönlich verpflichtet wird, Zahlung der übernommenen Post zu leisten, oder die Befreiung des Verkäufers von seiner Verbindlichkeit gegen die Hypothekengläubiger zu bewirken, — gilt auch im Fall der Uebernahme einer Altentheilsrente, und bedarf es daher einer besonderen Erklärung des Käufers nicht, daß er die Last statt des Konstituenten oder in solidum mit demselben übernehme.

§ 55. Form der Schenkung und Erlasses von Hypothekenforderungen. — Vergl. A. L. R. Einl. § 108., I. 2. § 140., 20. § 520.

Rechtsgr. 386. — III. Senat. 16. Dezember 1861. (XLIII. 268.)

Das Hypothekenrecht, als ein blos accessorisches Recht, erlischt dem Hypothekengläubiger gegenüber, sobald die Hauptobligation, zu deren Verstärkung es dient, irgendwie aufgehoben wird; der Löschung bedarf es gegen ihn nicht.

§ 80. Verpfändung einer bereits für einen Dritten mit Arrest belegten Forderung des Schuldners. — Vergl. A. L. R. I. 15. §§ 26. 27., 20. § 119.; A. G. O. I. 29. § 83.

Rechtsgr. 387. — IV. Senat. 6. Mai 1862. (XLV. 217.)

Derjenige, welcher von seinem Schuldner eine demselben gehörige, bereits für einen Dritten mit Arrest belegte Sache in gutem Glauben als Pfand angenommen hat, ist das Pfand nur gegen Erstattung dessen, was er auf dasselbe gegeben hat, herauszugeben verpflichtet.

§ 94. Siehe Rechtsgrundsatz 847. (Konkurs-Ordnung vom 8 Mai 1855 § 32.)

§§ 97. 98. Anwendbarkeit dieser Gesetzesstellen nur auf bewegliche Sachen.

Rechtsgr. 388. — IV. Senat. 2. Dezember 1862. (XLVI. 343.)

Die §§ 97. und 98. I. 20. des Allg. Landrechts beziehen sich nur auf bewegliche Sachen.

Siehe auch Rechtsgrundsatz 391. (§ 235. dieses Titels.)

§ 105. Siehe Rechtsgrundsatz 820. (A. G. O. I. 29. § 83.)

§§ 114. 115. Umfang der Verhaftung bei antichretischer Verpfändung von Pfandbriefen. — Vergl. A. L. R. I. 20. §§ 139. ff. 286.

Rechtsgr. 389. — IV. Senat. 5. Dezember 1861. (XLIV. 113.)

Sind bei der Uebergabe der zur Kaution bestellten Pfandbriefe zugleich die Koupons mit übergeben worden, so sind dieselben für mitverpfändet zu erachten.

Siehe auch Rechtsgrundsatz 390. (A. L. R. I. **20**. § 139.)

§ **119**. Siehe Rechtsgrundsatz 387. (A. L. R. I. **20**. § 80.)

§§ **139-145**. Anwendbarkeit dieser Gesetzesstellen auf Verpfändung ausstehender Forderungen, namentlich Pfandbriefe nebst Koupons. — Vergl. §§ **114**. **115**. dieses Titels.

Rechtsgr. **390**. — **IV**. Senat. 5. Dezember 1861. (**XLIV**. 114.)

Die §§ 139. ff. I. 20. des Allgem. Landrechts sind nicht blos auf das eigentliche Pfandrecht — das Faustpfand, sondern auch auf die Verpfändung ausstehender Forderungen zu beziehen.

Daher ist die Verpfändung von Pfandbriefen nebst Koupons der Verpfändung einer fruchttragenden Sache gleich zu achten.

Siehe auch Rechtsgrundsätze 388. 389. 391. (A. L. R. I. **20**. §§ **97**. **114**. 235.)

§ **164**. Siehe Rechtsgrundsatz 289. (A. L. R. I. **14**. § 178.)

§ **171**. Siehe Rechtsgrundsatz 848. (Konkurs-Ordnung vom 8. Mai 1855 § 33. No. 8.)

§§ **172**. **173**. Siehe Rechtsgrundsatz 408. (A. L. R. I. **20**. § 536.)

§§ **235**. **236**. Antichrese auf Grund eines mündlichen Vertrages. — Vergl. A. L. R. I. **20**. §§ 97-103. **144**.

Rechtsgr. **391**. — **IV**. Senat. 2. Dezember 1862. (**XLVI**. 343.)

Die Pflichten des Besitzers der Antichrese werden dadurch nicht beseitigt, daß nur auf Grund eines mündlichen Vertrages die Uebergabe bewirkt worden.

§§ **271**. **273**. **281**. ff. Siehe Rechtsgrundsatz **406**. (A. L. R. I. **20**. § 515.)

§ **286**. Siehe Rechtsgrundsatz 398. (A. L. R. I. **20**. § 114.)

§ **399**. Siehe Rechtsgrundsatz 353. (A. L. R. I. **17**. § 69.)

§ **410**. Siehe Rechtsgrundsätze 178. 353. 818. (A. L. R. I. **10**. § **7**., **17**. § **69**.; A. G. O. I. **29**. § 81.)

§ **411**. Zeitpunkt des Beginnes der Wirksamkeit eines vor dem Konkurse des Schuldners zur Eintragung angemeldeten Hypothekenrechts. — Vergl. A. L. R. I. 20. §§ 6 ff. 436.; Hypotheken-Ordnung II. §§ 30. 168.; Konkurs-Ordnung vom 8. Mai 1855 §§ 10-16.

Rechtsgr. 392. — III. Senat. 27. November 1863. (LII. 129.)

Eine vor der Konkurseröffnung zur Eintragung gehörig angemeldete Hypothek äußert, wenngleich die wirkliche Eintragung erst nach der Konkurseröffnung erfolgt, mit dem Zeitpunkte der Anmeldung ihre Wirksamkeit und ist daher wie eine vor der Konkurseröffnung erlangte Hypothek zu behandeln. — Der §. 10. der Konkurs-Ordnung steht diesem Grundsatze nicht entgegen.

Siehe auch Rechtsgrundsätze 178. 353. 818. 1031. (A. L. R. I. 10. § 7., 17. § 69.; A. G. O. I. 29. § 81.; Deklaration vom 3. April 1824.)

§§ 412. 415. Siehe Rechtsgrundsatz 1031. (Deklaration v. 3. April 1824.)

§§ 417. 418. 353. 818. Siehe Rechtsgrundsätze 353. 818. (A. L. R. I. 17. § 69.; A. G. O. I. 29. § 81.)

§ 421. Wirkung einer protestatio pro conservando jure. — Vergl. Allgem. Hypotheken-Ordnung II. § 289.

Rechtsgr. 393. — III. Senat. 24. Februar 1862. (XLV. 96.)

Die vorläufige Eintragung einer protestatio pro conservando jure auf den Grund eines rechtsgültigen Titels zur Hypothek steht in ihren Folgen der definitiven Eintragung gleich.

Siehe auch Rechtsgrundsätze 353. 818. (A. L. R. I. 17. § 69.; A. G. O. I. 29. § 81.)

§§ 422. 423. Siehe Rechtsgrundsatz 1041. (Prozeß-Verordnung vom 1. Juni 1833 § 1. No. 2.)

§§ 423. ff. Unschädlichkeits-Attest bei Parzellirungen; Haft der abverkauften Parzellen. — Vergl. Gesetz vom 3. März 1850 §§ 1. ff.; Gesetz vom 24. Mai 1853 § 15.

Rechtsgr. 394. — III. Senat. 9. Mai 1842. (XLVI. 87.)

Die §§ 423–426. I. 20. des Allgem. Landrechts stehen mit dem durch die Eintragung begründeten Hypothekenrechte in nothwendiger Beziehung, so daß hierbei lediglich das Verhältniß des dritten Erwerbers zu der eingetragenen Forderung ins Auge gefaßt, nicht aber die Aufstellung von Grundsätzen des persönlichen Nexus des abgetretenen Schuldners zu dem Cessionar beabsichtigt ist.

§§ **425.** ff. Siehe Rechtsgrundsätze **226.** **394.** (A. L. R. I. **11.** § 738., **20.** § 423.)

§ **436.** Siehe Rechtsgrundsätze **392.** **405.** **433.** (A. L. R. I. **20.** §§ 411. 490., **21.** § 350.)

§§ **441.** **442.** Natur der Arrestklage des Hypothekengläubigers wegen nachtheiliger Dispositionen des Besitzers; Rechtsmittel in diesen Prozessen. — Vergl. A. G. O. I. **29.** §§ 12. 63-69.; Verordnung vom 14. Dezember 1833 §§ 2. 4.; Prozeß-Verordnung vom 21. Juli 1846 § 27.

Rechtsgr. 395. — III. Senat. 4. September 1863. (L. 248.)

a) Die nach § 442. I. 20. des Allgem. Landrechts von dem Hypothekengläubiger gegen den Besitzer des verpfändeten Grundstücks angestellte Klage mit dem Antrage, dem Letzteren in seinen nachtheiligen Dispositionen über die Substanz des Grundstücks durch richterliche Verfügung Schranken zu setzen, betrifft nicht lediglich einen ohne die Hauptsache zur Erörterung zu ziehenden Arrest; vielmehr fallen bei derselben Arrest und Hauptsache, nämlich das Hypothekenrecht, wesentlich zusammen.

b) Daher finden in diesen Prozessen in Betreff der Rechtsmittel die Bestimmungen für schleunige Rechtsmittel nach § 27. der Prozeßverordnung vom 21. Juli 1846 keine Anwendung.

c) Auch ist, soweit der Streit nicht einen bloßen Arrest, sondern die Hauptsache — das Hypothekenrecht — zum Gegenstande hat, bei Verschiedenheit der Instanz-Erkenntnisse und einem Klagegegenstande von mehr als 500 Rthlrn. die Revision, nicht die Nichtigkeitsbeschwerde, das geeignete Rechtsmittel.

§ **445**. Wirkung der Einleitung der Subhastation eines verpfändeten Grundstücks. — Vergl. A. G. O. I. 7. § 48c.; Subhastations-Verordnung vom 4. März 1834 § 3.

Rechtsgr. 396. — III. Senat. 29. September 1862. (XLVIII. 11.)

Der Exequendus ist nach Einleitung der Subhastation und Eintragung des Subhastationsvermerks, selbst wenn eine Sequestration nicht erfolgt ist, nicht befugt, zur Kränkung der Rechte seiner Gläubiger Pertinenz- und namentlich Inventarienstücke zu veräußern.

§ **454**. Unbewegliche Pertinenzstücke. — Vergl. A. L. R. I. **20**. §§ 467-472.

Rechtsgr. 397. — III. Senat. 2. Mai 1862. (XLV. 215.)

Der § 454. I. 20. des Allgem. Landrechts spricht nur von anderen G r u n d s t ü c k e n, welche dem verpfändeten Grundstück später als Pertinenzien zugeschlagen worden sind, und von solchen unbeweglichen Pertinenzstücken ist auch in dem § 470. daselbst die Rede.

Siehe auch Rechtsgrundsatz **401**. (A. L. R. I. **20**. § 467.)

§§ **458**. **459**. Anspruch des Grundeigenthümers auf den Expropriationswerth des Pertinenzstücks an Stelle des expropriirten Pertinenzstücks selbst. — Vergl. A. G. O. I. **24**. § 77., **50**. §§ **220**. **221**. **309**. **354**.; Gemeinheitstheilungs-Ordnung vom 7. Juni **1821** §§ 38. 147. ff.; Verordnungen vom 8. August **1832** und vom **25**. April **1836**.

Rechtsgr. 398. — III. Senat. 6. Mai 1861. (XLII. 63.)

Bei der Entschädigungsklage des Grundeigenthümers wegen des vor der Zeit seines Eigenthumserwerbes expropriirten Pertinenzstücks, für welches eine Vergütung weder gewährt noch festgestellt ist, tritt der zu ermittelnde Expropriations-Werth an die Stelle des expropriirten Grundstücks.

§§ **467-472**. Umfang des Hypothekenrechts:

A. Gemeinschaftliche Verhaftung sämmtlicher Parzellen für die auf dem ganzen Gute vor der Parzellirung eingetragene Hypothek. — Vergl. A. L. R. I. **5**. §§ **424**. **443**. **445**., **16**. § 48.; A. G. O.

I. 50. §§ 521-523.; Konkurs-Ordnung §§ 56. 395.; Hypotheken-Ordnung II. § 159.; Verordnung vom 28. Dezember 1840 § 9.

Rechtsgr. 399. — III. Senat. 17. Juni 1863. (L. 118.)

Die auf mehrere Grundstücke konjunktim eingetragene Hypothek bewirkt ein passives Korréalverhältniß dieser Grundstücke und die Verbindlichkeit, den auf sie kommenden verhältnißmäßigen Antheil den nachstehenden Gläubigern des anderen Grundstücks zur Deckung ihrer Ausfälle zu gewähren.

B. Wirkung des Verzichtes des Hypothekengläubigers auf Befriedigung aus den Kaufgeldern eines mitverpfändeten subhastirten Grundstückes.

Rechtsgr. 400. — III. Senat. 17. Juni 1863. (L. 119.)

Wenn ein Hypothekengläubiger, welchem mehrere Grundstücke konjunktim verpfändet sind, auf Befriedigung aus der Kaufgeldermasse des einen mitverpfändeten und subhastirten Grundstücks verzichtet, demnächst aber seine ganze Forderung gegen den Besitzer eines anderen mitverpfändeten Grundstücks geltend macht: so kann der Letztere dem Anspruche nicht den Einwand entgegensetzen, daß er nur nach Verhältniß des Werthes seines Grundstücks zu dem Werthe des subhastirten Grundstücks zur Zahlung verpflichtet sei.

Dieser Grundsatz findet auch in dem Falle Anwendung, wenn der klagende Gläubiger das erstgedachte, mitverpfändet gewesene Grundstück in der Subhastation erworben und die Kaufgelder auf postlozirte, auf dem subhastirten Grundstücke ausschließlich für ihn haftende Posten verrechnet hat.

C. Mitverhaftung der auf dem verpfändeten Grundstücke neu errichteten Gebäude für die eingetragenen Hypotheken. — Vergl. A. L. R. I. 9. § 332., 20. § 454.

Rechtsgr. 401. — III. Senat. 2. Mai 1862. (XLV. 214.)

a) Die in dem § 472. I. 20. des Allgem. Landrechts von der Regel des § 471. daselbst, — daß die auf ein

Grundstück bestellte Hypothek in der Regel auch alle darauf befindlichen, selbst die nach der Eintragung neu errichteten Gebäude mit unter sich begreift, — gemachte Ausnahme tritt nur dann ein, wenn der Eigenthümer ausdrücklich nur Grund und Boden zur Hypothek verschrieben hat und noch hinzukommt, daß ein Dritter außer dem Eigenthümer, sei es früher oder später, Gebäude darauf errichtet hat.

b) In Betreff des Eigenthümers des Grundstücks selbst, welcher auf verpfändetem Grund und Boden Gebäude errichtet, greift der § 472. a. a. O. nicht Platz, vielmehr beläßt der § 472. es gegen ihn bei der Regel der §§ 469. und 471. a. a. O.

Siehe auch Rechtsgrundsätze 397. 850. (A. L. R. I. 20. § 454.; Konkurs-Ordnung vom 8. Mai 1855 § 56.)

§ 474. Erbauung einer Bockwindmühle auf einem verpfändeten Grundstücke.

Rechtsgr. 402. — III. Senat. 19. Dezember 1862. (XLVII. 276.)

Die auf einem verpfändeten Grundstücke erbaute Bockwindmühle wird mit ihrer Erbauung als ein Theil dieses Grundstücks sofort dem Rechte der Hypothekengläubiger desselben mit unterworfen.

§§ 475. ff. Klage des Hypothekengläubigers gegen den Nießbraucher des verpfändeten Grundstücks. — Vergl. A. L. R. I. 21. §§ 80-82. 87.

Rechtsgr. 403. — II. Senat. 8. Oktober 1863. (L. 323.)

Der Hypothekengläubiger kann seine Befugniß, sich auch an die Früchte und Nutzungen der verpfändeten Sache zu halten, auch gegen den Nießbraucher, dessen Recht auf die Sache später erwachsen ist, geltend machen.

Siehe auch Rechtsgrundsätze 433. 434. (A. L. R. I. 21. § 350.)

§ 480. Anspruch des Pächters auf Gewährleistung wegen der auf Antrag der Hypothekengläubiger eingeleiteten Sequestration bei von ihm im Voraus an die Verpächter geleisteten Zahlung der Pacht. — Vergl. A. L. R. I. 21. §§ 418. 419.

Rechtsgr. 404. — III. Senat. 11. und 22. März 1861. (XLI. 91.)

a) Der § 480. I. 20. des Allgem. Landrechts, nach welchem der Pächter die auf mehr als ein Quartal an den Gutsbesitzer voraus geleistete Zahlung der Pacht den damals schon eingetragenen Gläubigern nicht entgegensetzen kann, — bestimmt nur das Verhältniß zwischen den Hypothekengläubigern und dem Pächter.

b) Daher verletzt der Pächter, welcher die nochmalige Zahlung der im Voraus an den Verpächter berichtigten Pacht an die Hypothekengläubiger unterläßt, seine Vertragspflichten gegen den Verpächter nicht; derselbe ist vielmehr berechtigt, im Falle der auf Antrag der Hypothekengläubiger eingeleiteten Sequestration von dem Verpächter Gewährleistung wegen der Schmälerung seines Nutzungsrechts und der Beschränkung seiner Disposition über das Pachtrecht zu verlangen.

Siehe auch Rechtsgrundsatz 434. (A. L. R. I. 21. § 350.)

§ 482. Siehe Rechtsgrundsatz 289. (A. L. R. I. 14. § 178.)
§ 483. Siehe Rechtsgrundsatz 314. (A. L. R. I. 16. § 150.)
§§ 490. 492. Subhastation des in dem wirklichen Besitze eines Dritten sich befindenden verpfändeten Grundstücks auf den Grund eines Judikats gegen den Vorbesitzer. — Vergl. A. L. R. I. 20. § 436.; A. G. O. I. 24. § 5.; Kabinets-Order vom 8. April 1834.

Rechtsgr. 405. — III. Senat. 6. Februar 1863. (XLVIII. 179.)

a) War schon vor Insinuation der Hypothekenklage an den eingetragenen Besitzer das Grundstück einem Dritten überlassen und übergeben, so kann der Hypothekengläubiger auf Grund des gegen den eingetragenen Besitzer ergangenen Judikats nicht sofort die Exekution in das Grundstück vollstrecken lassen, er muß vielmehr die Klage vorher gegen den dritten Besitzer anstellen.

b) Der Hypothekengläubiger, welcher auf den Grund eines gegen den als Besitzer noch eingetragenen Vorbesitzer erstrittenen Judikats auf Zahlung der Hypothekenforderung die Einleitung der Subhastation im Wege der Exekution erwirkt hat, kann auch in dem auf die Interventionsklage des wirklichen Besitzers wegen Aufhebung der Subhastation eingeleiteten Prozesse gegen diesen sein dingliches Recht, sich im Wege der Subhastation an das Grundstück zu halten, geltend machen.

Siehe auch Rechtsgrundsätze 178. 433. (A. L. R. I. **10.** § 7., **21.** § 350.)

§ **511.** Siehe Rechtsgrundsatz **406.** (A. L. R. I. **20.** § 515.)

Anhang § **52.** zu § **511.** Siehe Rechtsgrundsatz 227. (A. L. R. I. **11.** § 738.)

§§ **513. 514.** Siehe Rechtsgrundsatz 895. (Allgem. Hypotheken-Ordnung II. § 231.)

§ **515.** Schriftlicher Pfandtitel zur Begründung des Pfandrechts an einer Hypothekenforderung. — Vergl. A. L. R. I. **20.** §§ 271. 273. 281. ff. 511.; Verordnung vom 9. Dezember 1809 § 2.

Rechtsgr. **406.** — III. Senat. 7. November 1862. (XLVII. 142.)

Zur Gültigkeit des Pfandrechts an einer Hypothekenforderung bedarf es eines schriftlichen Pfandtitels.

§ **520.** Siehe Rechtsgrundsatz 386. (A. L. R. I. **20.** § 55.)

§ **522.** Siehe Rechtsgrundsatz 895. (Allgem. Hypotheken-Ordnung II. § 231.)

§ **532.** und Anhang § **54.** Verbindlichkeit des Geschenkgebers zur Bewilligung der Löschung der Hypothek. — Vergl. Einl. A. L. R. § 89.

Rechtsgr. **407.** — III. Senat. 16. Dezember 1861. (XLIII. 269.)

Der unentgeltliche Erlaß einer Hypothekenforderung begründet die Verbindlichkeit zur Bewilligung der Löschung der Hypothek, wiewohl auf Kosten des Schuldners.

Zweiter Abschnitt. Vom Zurückbehaltungsrechte.

§§ **536.** ff. **541. 542.** Natur des Zurückbehaltungsrechts der Kaution. — Vergl. A. L. R. I. **14.** §§ 178. 179. 385., **20.** §§ 172. 173.

Rechtsgr. **408.** — IV. Senat. 8. Juli 1862. (XLV. 305.)

Die gesetzlichen Vorschriften über das Retentionsrecht kommen nur da zur rechtlichen Geltung, wo ein spezieller desfallsiger Vertrag nicht vorhanden ist.

Daher sind auf die Zurückbehaltung der Kaution die Regeln von dem Retentionsrechte nicht anwendbar.

Siehe auch Rechtsgrundsatz 100. (A. L. R. I. 7. § 144.)

§§ 539. 543. 544. Siehe Rechtsgrundsatz 848. (Konkurs-Ordnung vom 8. Mai 1855 § 33. No. 8.)

§§ 545. 555. 557. Zurückhaltung einer untheilbaren Sache für eine an sich klare Gegenforderung von geringerem Betrage.

Rechtsgr. 409. — III. Senat. 9. Januar 1863. (XLIX. 25.)

Der § 557. I. 20. des Allgem. Landrechts schreibt nicht vor, daß die Gegenforderung, gegen deren Befriedigung der Zurückbehaltende zur Herausgabe der auch untheilbaren Sache angehalten werden kann, schon vor Abfassung des Erkenntnisses rechtskräftig feststehen müsse; er findet vielmehr auch dann Anwendung, wenn der über das Retentionsrecht erkennende Richter sie gleichzeitig feststellt.

Dritter Abschnitt. Vom Vorkaufs-, Näher- und Wiederkaufsrechte.

§§ 615. 616. Versäumte Ladung eines Vorkaufsberechtigten zum Bietungstermine im Subhastationsverfahren. — Vergl. Subhastations-Verordnung vom 4. März 1834 §§ 9. 12.

Rechtsgr. 410. — III. Senat. 12. Oktober 1863. (L. 335.)

Wenn bei der nothwendigen Subhastation ein Vorkaufsberechtigter zum Bietungstermine nicht geladen worden ist, so kann dieser Mangel dadurch nicht gedeckt werden, daß dem Vorkaufsberechtigten in Folge seiner schriftlichen Erklärung der Zuschlag für das Meistgebot ertheilt wird.

Titel 21. Von dem Rechte zum Gebrauche oder Nutzung fremden Eigenthums.

§ 1. Siehe Rechtsgrundsätze 156. 471. (A. L. R. I. 9. § 503., II. 1. § 231.)

§§ 2. 3. Siehe Rechtsgrundsatz 436. (A. L. R. I. 21. § 358.)

§§ 11. 12. Siehe Rechtsgrundsätze 84. 349. (A. L. R. I. 7. § 43., 17. § 10.)

§ 20. Siehe Rechtsgrundsatz 638. (A. L. R. II. 16. § 153.)

Erster Abschnitt. Vom Nießbrauche.

§§ 22. ff. Modalitäten für die Geltendmachung der unter der Herrschaft des älteren Rechts entstandenen Nießbrauchsbefugnisse. — Vergl. A. L. R. Einl. § 14.; Publikations-Patent vom 9. November 1816 § 3.

Rechtsgr. 411. — I. Senat. 19. Dezember 1862. (XLVII. 261.)

In Betreff eines unter der Herrschaft des ältern Gesetzes bestellten Nießbrauchsrechtes bleibt zwar dessen Bestellung und Erwerbung auch nach Einführung des neuen Gesetzes gesichert; für den Nießbraucher aber ist damit nicht zugleich der Anspruch erworben, daß die unter der Herrschaft des neuen Gesetzes aus dem fortdauernden Nießbrauche sich entwickelnden Rechte und Verbindlichkeiten lediglich nach dem älteren Gesetze beurtheilt werden müßten.

Insbesondere findet in diesem Falle bei Beendigung des Nießbrauchsrechts unter der Herrschaft des Allgem. Landrechts die gesetzliche Vermuthung des § 48. I. 21. desselben auch dann Anwendung, wenn das ältere Gesetz eine solche Vermuthung nicht aufgestellt hat.

Siehe auch Rechtsgrundsätze 84. 412. 415. (A. L. R. I. 7. § 43., 21. §§ 39. 70.)

§§ 30. ff. Siehe Rechtsgrundsätze 412. 481. (A. L. R. I. 21. § 39., II. 1. § 377.)

§ 39. Rechte des Nießbrauchers zur Ausbeutung unterirdischer, nicht zu den Regalien gehöriger Produkte, insbesondere der Ziegelerde. — Vergl. A. L. R. I. 21. §§ 22. 23. 25-28. 30.

Rechtsgr. 412. — III. Senat. 26. Januar 1863. (XLIX. 45.)

a) Um die Ausnahmen von der Regel des § 39. I. 21. des Allgem. Landrechts, — nach welcher unterirdische Produkte, welche zu den Regalien nicht gehören, dem Rechte des

Nießbrauchers in der Regel unterworfen sind, — zu finden, ist auf die §§ 25. und 30. a. a. O. zurückzugehen.

b) Daher darf der Nießbraucher zwar schon vorhandene Gruben oder erschlossene Erdlager zur Gewinnung von Ziegelerde wirthschaftlich ausbeuten; er ist aber zur Ausbeutung der Ziegelerde in einer zur Substanz des Gutes gehörigen, und lediglich als solche bisher benutzten Wiese nicht berechtigt.

§ 42. Siehe Rechtsgrundsatz 471. (A. L. R. II. 1. § 231.)

§§ 47. 48. Siehe Rechtsgrundsätze 84. 912. (A. L. R. I. 7. § 43.; Code Napoléon Art. 600.)

§ 56. Freie Dispositionsbefugniß unter Lebenden seitens des überlebenden Ehegatten, insbesondere mit Rücksicht auf das Nießbrauchsrecht desselben. — Vergl. A. L. R. II. 18. Anh. § 168. zu § 689.; Reskript vom 18. Januar 1796.

Rechtsgr. 413. — I. Senat. 22. September 1862. (XLVIII. 3.)

a) Der Grundsatz des in dem Vormundschaftsrechte, zu § 689. II. 18. des Allgem. Landrechts, aufgenommenen § 168. des Anhangs zum Allgem. Landrecht, — daß die dem überlebenden Ehegatten eingeräumte freie Disposition über das Vermögen das Recht, die Substanz zu vermindern oder zu verzehren, nicht in sich begreift, — ist ein allgemeiner und daher auch in anderen Beziehungen zur Anwendung zu bringen.

b) Der überlebende Ehegatte, welchem außer dem Nießbrauche des Nachlasses auch die freie Disposition über denselben vermacht worden, ist von den ihm als Nießbraucher obliegenden Verpflichtungen nicht befreit. Er kann daher den Ersatz der Kosten, welche er auf die, ohne Einwilligung des Eigenthümers besorgte, Wiederherstellung von Gebäuden verwendet hat, nach geendigtem Nießbrauche nicht beanspruchen.

§ 68. Verpflichtung des Nutznießers, insbesondere des Pfarrers, zur Leistung der gewöhnlichen und geringfügigen laufenden Aufwendungen. — Vergl. A. L. R. I. 21. § 138., II. 11. §§ 778. 798. 823.

Rechtsgr. 414. — I. Senat. 15. Juli 1863. (XLIX. 344.)

Der Nutznießer, insbesondere auch der Pfarrer, hat die gewöhnlichen und geringfügigen, zur Ausübung des Nutzungsrechts nach der Natur der Sache erforderlichen, laufenden Aufwendungen selbst zu leisten.

Siehe auch Rechtsgrundsatz 84. (A. L. R. I. 7. § 43.)

§ **70**. Verpflichtung des Nießbrauchers hinsichtlich der Zahlung der Kapitalszinsen des ersten Nießbrauchsjahres. — Vergl. A. L. R. I. **21**. § **29**.

Rechtsgr. 415. — I. Senat. 15. November 1861. (XLIV. 85.)

Der Nießbraucher ist nicht verpflichtet, die Zinsen, welche in demjenigen Wirthschaftsjahre zahlbar werden, in dessen Laufe sein Recht begonnen hat, vollständig, also auch die schon vor Anfang desselben angewachsenen, zu tragen.

§§ **71**. ff. Passivlegitimation des Nießbrauchers bei Klagen auf Zahlung einer Nachlaßschuld. — Vergl. A. L. R. I. **2**. § **34**., **12**. §§ **6**. **263**. **332**. **333**., **21**. §§ **82** ff.; A. G. O. I. **1**. § **32a**.

Rechtsgr. 416. — I. Senat. 3. Januar 1862. (XLV. 1.)

Hat Jemand den Nießbrauch eines ganzen Nachlasses, so ist die Klage auf Zahlung einer Nachlaßschuld nicht blos gegen die Substanzerben, sondern auch gegen den Nießbraucher zu richten.

§§ **75-78**. Siehe Rechtsgrundsatz **954**. (Münsterische Polizei-Ordnung vom **18**. Januar **1592** Kap. **7**. § **14**.)

§§ **80**. **81**. Siehe Rechtsgrundsatz **403**. (A. L. R. I. **20**. § **475**.)

§§ **82**. **83**. Legitimation des Nießbrauchers, insbesondere des Pfarrers, zur Prozeßführung. — Vergl. A. G. O. I. **1**. § **32a**. b. §§ **82** ff. **225**. **226**.

Rechtsgr. 417. — III. Senat. 29. Juni 1863. (XLIX. 311.)

Der Nießbraucher, insbesondere der Pfarrer, ist bei einem Streite über die Substanz des zum Nießbrauche gegebenen Vermögens zwar *passiv* für sich allein nicht legitimirt; er kann jedoch sein dingliches Recht als Nießbraucher gegen jeden Dritten, der es beeinträchtigt, selbstständig geltend machen, ohne daß dadurch dem Rechte des Eigenthümers präjudizirt wird.

Siehe auch Rechtsgrundsätze **403. 416. 954.** (A. L. R. I. **20.** § 475., **21.** § 71.; Münsterische Polizei-Ordnung vom 18. Januar 1592 Kap. 7. § 14.)

§ **87**. Siehe Rechtsgrundsatz 403. (A. L. R. I. **20.** § 475.)

§§ **90-98**. Erwerb des Nießbrauchers zum Besten des Grundstückes:

A. Erwerb einer Dienstbarkeit durch Vertrag seitens des Nießbrauchers.

Rechtsgr. 418. — II. Senat. 16. Januar 1862. (XLIII. 333.)

Der Nießbraucher kann für das im Nießbrauche befindliche Grundstück Gerechtigkeiten durch Vertrag auch ohne Zuziehung des Eigenthümers erwerben.

B. Besitzerwerb durch den Nießbraucher zum Besten des Eigenthümers und seiner Sache.

Rechtsgr. 419. — III. Senat. 24. Februar 1862. (XLV. 105.)

Der Nießbraucher kann zum Besten des Eigenthümers und seiner Sache einen neuen Besitz erwerben.

Siehe auch Rechtsgrundsatz 84. (A. L. R. I. 7. § 43.)

§§ **101**. ff. Einziehung eines Nießbrauchskapitals durch den von Kaution und Rechnungslegung befreiten Nießbraucher.

Rechtsgr. 420. — IV. Senat. 5. November 1861. (XLIV. 59.)

Die Befreiung des Nießbrauchers von der Kautionsbestellung und Rechnungslegung verleiht demselben nicht gleichzeitig ohne Weiteres das Recht, ausstehende Nießbrauchskapitalien allein, ohne Zuziehung des Eigenthümers, zu erheben und darüber zu verfügen.

§§ **111**. ff. Siehe Rechtsgrundsatz **606**. (A. L. R. II. **11**. § 804.)

§§ **132-135**. Wiederherstellung der Gebäude bezüglich der dem Nießbraucher zur Last fallenden Verschlechterung.

Rechtsgr. 421. — I. Senat. 19. Dezember 1862. (XLVII. 262.)

Der Eigenthümer kann nach beendigtem Nießbrauche für

die vorhandenen, in Betreff der Wiederherstellung dem Nießbraucher zur Last fallenden Baumängel Ersatz der Kosten fordern, welche zur Wiederherstellung der Gebäude nach dem Befunde der Sachverständigen erforderlich sind; er ist nicht verpflichtet, vorweg diese Instandsetzung selbst zu besorgen und die dazu erforderlichen Kosten dem Nießbraucher oder dessen Erben vorzuschießen.

Siehe auch Rechtsgrundsätze 445. 595. (A. L.-R. I. 21. § 601., II. 11. § 584.)

§ 137. Siehe Rechtsgrundsatz 606. (A. L. R. II. 11. § 804.)

§ 138. Siehe Rechtsgrundsatz 414. (A. L. R. I. 21. § 68.)

§§ 143. 150. ff. 166. 170. 171. Auseinandersetzung des Eigenthümers und Nießbrauchers wegen der Nutzungen und Lasten, bei Beendigung des Nießbrauches.

Rechtsgr. 422. — I. Senat. 3. Februar 1862. (XLV. 51.)

a) In Betreff der Auseinandersetzung wegen der Nutzungen zwischen dem Eigenthümer und dem Nießbraucher findet die Theilung der Nutzungen des letzten Jahres nicht blos bei solchen Grundstücken, mit welchen Landwirthschaft verbunden ist, sondern auch bei anderen nutzbaren Grundstücken, imgleichen bei Gerechtigkeiten und ausstehenden Kapitalien statt; nur der Maaßstab der Theilung ist bei ersteren und letzteren verschieden.

b) Bei Landgütern wird der nach Abzug der Ausgaben übrig bleibende Ertrag nach Verhältniß der vor und nach Endigung des Nießbrauchs verflossenen Zeit zwischen dem Eigenthümer und Nießbraucher getheilt.

c) Bei anderen Grundstücken, mit welchen keine Landwirthschaft verbunden ist, sowie bei Gerechtigkeiten und ausstehenden Kapitalien werden alle Nutzungen und Lasten des vom 1. Juni an zu rechnenden Jahres getheilt, und gehören dieselben bis zum Ablaufe des Vierteljahres, in welchem der Nießbrauch aufgehört hat, zum Vermögen des Nießbrauchers, ohne daß dabei der Zeitpunkt der Fälligkeit der Nutzungen und Lasten im letzten Jahre maaßgebend ist.

Siehe auch Rechtsgrundsätze 439. (A. L. R. I. 21. § 400.)

§ 179. Siehe Rechtsgrundsatz 423. (A. L. R. I. 21. § 187.)

Zweiter Abschnitt. Von der Erbpacht.

§§ 187. ff. Verleihung des erblichen Besitzrechts, insbesondere Verleihung eines Grundstücks zu Erbpachtsrechten an eine Gemeinde. — Vergl. A. L. R. I. 21. § 179., II. 6. § 81.; Münsterische Erbpachts-Ordnung vom 21. September 1783 Thl. 3. Tit. 1. §§ 40. 142.; Gesetz No. 940. vom 21. April 1825 § 21.; Ablösegesetz vom 2. März 1850 § 2. No. 2.

Rechtsgr. 423. — II. Senat. 16. April 1862. (XLIX. 158.)

Dem erblichen Besitzrechte, insoweit es auf eine Zeit bestimmt ist, widerstreitet die Eigenschaft des Beliehenen als einer Gemeinschaft nicht. — Daher steht die Eigenschaft einer Gemeinde als juristischer Person der Verleihung eines Grundstücks an dieselbe zu Erbpachtsrechten nicht entgegen, insofern diese Verleihung für immerwährende oder für bestimmte Zeit erfolgt ist.

§ 189. Erbpacht auf drei Leiber in den ehemals Französisch-Hanseatischen Landestheilen, nach dem Gemeinen Recht. — Vergl. Code Napoléon Art. 2. 1792; Münsterische Erbpachts-Ordnung vom 21. Septbr. 1783 Thl. III. Tit. 1. §§ 40. 41. 142., Tit. 9. § 139.; Französische Dekrete vom 4. August 1789 und 18. Dezember 1790.; Bergische Dekrete vom 12. Dezbr. 1808 und 13. Septbr. 1811 Tit. 2. Art. 12-14.; Französisch-Hanseatisches Dekret vom 9. Dezember 1811 Art. 99.; Gesetze No. 939. 940. vom 21. April 1825 §§ 15. 21.; Ablösegesetz vom 2. März 1850 § 2. No. 2.

Rechtsgr. 424. — II. Senat. 20. Februar 1862. (XLV. 88.)

Die in den ehemals Französisch-Hanseatischen Landestheilen unter der Herrschaft des Gemeinen Rechts auf höchstens drei Leiber geschlossenen Erbpachten sind weder durch das Gesetz vom 21. April 1825, noch auch durch das Ablösegesetz vom 2. März 1850 in Eigenthum der Pächter verwandelt worden.

§§ 212-215. Dinglichkeit des Erbpachtszinses und der anderen Gegenleistungen des Erbpächters. — Vergl Allgem. Hypotheken-Ordnung I. § 49.

Rechtsgr. 425. — II. Senat. 17. Dezember 1861. (XLIII. 292.)

Das Recht des Erbverpächters auf den Erbpachtzins und auf alle anderen Gegenleistungen des Erbpächters ist auch ohne deren Eintragung dinglich, sobald nur die Erbpachtsqualität aus dem Hypothekenbuch erhellt.

Dritter Abschnitt. Von dem eingeschränkten Gebrauchs- und Nutzungsrechte fremder Sachen.

§ 258. Zeitmiethe bei Verzicht auf Kündigung seitens des Vermiethers, insbesondere bei Vermiethung eines Hauses an den Fiskus. — Vergl. Edikt vom 9. Oktober 1807 §§ 1. ff.; Ablösegesetz vom 2. März 1850 § 91.

Rechtsgr 426. — III. Senat. 11. Mai 1863. (XLIX. 203.)

a) Der Begriff der Zeitmiethe wird dadurch, daß der eine Theil, der Vermiether, seinerseits auf das Recht, die Miethe zu kündigen, verzichtet hat, nicht geändert.

b) Daher wird das dem Fiskus an einigen Räumlichkeiten des Hauses eingeräumte Miethsrecht dadurch, daß der Vermiether seinerseits auf das Kündigungsrecht verzichtet, von dem § 91. des Ablösegesetzes vom 2. März 1850 nicht betroffen.

§ 263. Mieths- und Pachtzins:
A. Einrede der Verletzung über die Hälfte, insbesondere seitens des Pächters und Miethers. — Vergl. A. L. R. I. 11. § 58. ff.

Rechtsgr. 427. — III. Senat. 29. September 1862. (XLV. 354.)

a) Der Einwand der Verletzung über die Hälfte findet bei Rechtsgeschäften, welche ein längere Zeit hindurch fortdauerndes Nutzungsverhältniß zum Gegenstande haben, nicht statt.

b) Daher steht dieser Einwand auch dem Pächter und Miether nicht zu.

B. Form des Zeitpachtsvertrages über ein Grundstück, welches kein Landgut ist. — Vergl. A. L. R. I. 21. §§ 401. 407.

Rechtsgr. 428. — III. Senat. 1. Dezember 1862. (XLVIII. 111.)

Der auf Lebenszeit eines der Kontrahenten geschlossene Zeitpachtsvertrag über ein Grundstück, welches kein Landgut ist, ist, wenn der jährliche Pachtzins unter 50 Rthlr. beträgt, auch im Falle des blos mündlichen Abschlusses dieses Vertrages gültig.

§ 269. Siehe Rechtsgrundsatz 432. (A. L. R. I. 21. § 324.)
§ 270. Siehe Rechtsgrundsatz 84. (A. L. R. I. 7. § 43.)
§ 298. Rechtliche Folgen der Säumniß in Abführung des Pachtzinses:

A. Kündigung der Pacht wegen eines Zinsrückstandes von zwei Terminen.

Rechtsgr. 429. — III. Senat. 4. April 1862. (XLIV. 287.)

Das Kündigungsrecht des § 298. I. 21. des Allgem. Landrechts setzt einen Zinsrückstand voraus, welcher zwei volle Termine umfaßt.

B. Exmission des Pächters wegen Säumigkeit in Zahlung des Pachtzinses. — Vergl. A. L. R. I. 4. §§ 114. ff., 5. §§ 292. 301. 302.

Rechtsgr. 430. — III. Senat. 10. Januar 1862. (XLV. 14.)

Die kontraktliche Bestimmung: daß der Verpächter in dem Falle, wenn der Pächter mit Zahlung der Pacht für ein Quartal länger als 14 Tage säumig bleibe, berechtigt sei, die Pacht sofort aufzuheben und den Pächter zu exmittiren, — ist nicht als eine Konventionalstrafe, sondern als eine in die Willkür des Verpächters gestellte Resolutivbedingung aufzufassen.

Daher unterliegt diese Bestimmung nicht der Ermäßigung auf den doppelten Betrag des aus der verzögerten Zahlung des Pachtgeldes dem Verpächter erwachsenen Interesses.

Auch wird der Verpächter durch die vorbehaltlose Annahme des verspätet gezahlten Pachtzinses seines aus dieser Säumniß erwachsenen kontraktlichen Rechts auf Auflösung des Vertrages und Exmission des Pächters nicht verlustig.

Siehe auch Rechtsgrundsätze 329. 434. (A. L. R. I. 16. § 359., 21. § 350.)

§ 309. Siehe Rechtsgrundsatz 835. (Konkurs-Ordnung vom 8. Mai 1855 § 4.)

§§ 310. ff. 313. ff. 315. Siehe Rechtsgrundsätze 109. 437. (A. L. R. I. 7. § 150., 21. § 387.)

§ 322. Unmittelbares Rechtsverhältniß zwischen Vermiether und Aftermiether.

Rechtsgr. 431. — III. Senat. 6. Februar 1863. (LII. 1.)

Ist der Vermiether dem zwischen Miether und Aftermiether errichteten Vertrage ausdrücklich beigetreten, so ist er als Kontrahent dem Aftermiether gegenüber an den Vertrag gebunden, und es tritt — wenn der Hauptmiethsvertrag, sei es aus welchem Grunde, sich erledigt — ein unmittelbares Rechtsverhältniß zwischen ihm und dem Aftermiether ein, in Folge dessen beide wechselseitig zur Erfüllung des Aftermiethskontraktes verbunden sind.

§§ 324. 325. Stillschweigende Verlängerung eines Pachtvertrages. — Vergl. § 269. dieses Titels.

Rechtsgr. 432. — III. Senat. 27. Februar 1863. (XLVIII. 229.)

Ist der nicht in der gesetzlich erforderlich gewesenen Schriftform, sondern nur mündlich auf mehrere Jahre geschlossene und durch Uebergabe vollzogene Pachtvertrag nach Ablauf des ersten Pachtjahres von dem Pächter ein ganzes Jahr hindurch ohne Widerspruch des Verpächters fortgesetzt, so ist der Pachtvertrag auch für das zweite Jahr für stillschweigend verlängert zu erachten.

§§ 350. ff. Aufkündigung des Pacht- und Miethsverhältnisses innerhalb der kontraktmäßigen Zeit:

A. Kündigung der Pacht durch einen einzelnen Hypothekengläubiger im Falle der eingeleiteten nothwendigen Subhastation. — Vergl. A. L. R. I. 11. §§ 175-183. 185. 186. 344., 20. §§ 1. 436. 475 ff. 490., 21. § 357.; Konkurs-Ordnung vom 8. Mai 1855 §§ 47. ff.; Hypotheken-Ordnung I. §§ 48. 49. II. §§ 266. ff.; Dig. 42. 5. Lex 8. § 1.; Ablöse-Gesetz vom 2. März 1850 § 6.

Rechtsgr. 483. — III. Senat. 10. Juni 1861. (XLI. 321.)

Im Fall der eingeleiteten nothwendigen Subhastation kann bei der Konkurrenz mehrerer Hypothekengläubiger jeder Einzelne von ihnen das Kündigungsrecht der §§ 350. ff. I. 21. des Allg. Landrechts selbstständig und unabhängig von den Uebrigen ausüben. Auf einen exekutorischen Titel des Hypothekengläubigers kommt es hierbei nicht an.

B. Eintritt des Adjudikatars in die Rechte und Pflichten des Subhastaten aus den von demselben mit den Miethern und Pächtern in Betreff des nothwendig subhastirten Grundstücks abgeschlossenen Verträgen, bei nicht erfolgter Kündigung seitens des Adjudikatars. — Vergl. A. L. R. I. 11. § 342., 19. §§ 3 ff., 20. §§ 477. 479. 480., 21. § 298.

Rechtsgr. 484. — III. Senat. 22. April und 15. Mai 1861. (XLI. 253.)

a) Kündigt der Adjudikatar des nothwendig subhastirten Grundstücks die Mieths- und Pachtverträge nicht, so muß er dieselben in demselben Sinne und Umfang fortsetzen, wie der Käufer bei freiwilligen Verkäufen, er tritt auch ohne Cession ganz nur in die Rechte und Verpflichtungen des Subhastaten.

b) Hat daher der Miether den Zins für mehr als ein Quartal an den früheren Vermiether vorausbezahlt, so muß der Adjudikatar dies ebenso gut gegen sich gelten lassen, als wenn der frühere Eigenthümer des Grundstücks diese Zinsen an einen Dritten cedirt hätte, oder als wenn der Miether vertragsmäßig berechtigt wäre, den Miethszins nicht baar zu zahlen, sondern auf eine Gegenforderung an den ursprünglichen Vermiether zu kompensiren. Nur zum Nachtheil der

Hypothekengläubiger sind dergleichen Verträge über künftige Früchte und Nutzungen des Grundstücks unwirksam.

C. Rechtsverhältniß zwischen dem Adjudikatar und dem Pächter in Folge der Kündigung und Räumung des subhastirten Gutes. — Vergl. A. L. R. I. 11. § 342.

Rechtsgr. 435. — III. Senat. 26. September 1862. (XLV. 345.)

a) Im Falle der nothwendigen Subhastation tritt der Adjudikatar, wenn in Folge der Kündigung im Laufe der Subhastation das Pachtverhältniß ein Ende erreicht hat, nicht in den Pachtvertrag ein; er kann deshalb die persönlichen Ansprüche des Verpächters nicht geltend machen und ist ebensowenig verpflichtet, für die persönlichen Verpflichtungen desselben einzustehen.

b) Macht der Adjudikatar Rechte aus dem Pachtvertrage geltend, so muß er sich auch den Pflichten unterziehen, welche jene als Korrelat bedingen.

§ 357. Siehe Rechtsgrundsatz 433. (A. L. R. I. 21. § 350.)

§ 358. Fortdauer der persönlichen Verpflichtungen des Vermiethers und Verpächters aus dem Miethe- und Pachtvertrage nach geschehener Veräußerung des Grundstücks. — Vergl. A. L. R. I. 5. § 270., 21. §§ 2. 3.

Rechtsgr. 436. — IV. Senat. 29. Oktober 1863. (LI. 183.)

Der Käufer eines vermietheten oder verpachteten Grundstücks tritt zwar bei freiwilligen Verkäufen auch ohne ausdrückliche Vereinbarung in alle Rechte und Pflichten des früheren Eigenthümers gegen den Miether oder Pächter des erkauften Grundstücks dergestalt ein: daß mit diesem Eintritte alle Rechte und Pflichten des früheren Eigenthümers in Bezug auf das dingliche Recht dieser Personen aufhören; dagegen werden die persönlichen Verpflichtungen des früheren Eigenthümers aus dem Miethe- oder Pachtkontrakt, namentlich in Betreff Rückzahlung der Kaution, vermöge des Gesetzes nicht ohne Weiteres aufgehoben.

Siehe auch Rechtsgrundsatz 442. (A. L. R. I. 21. § 418.)

§ 387. Mißbrauch der gemietheten oder gepachteten Sache:
A. Mißbrauch der gepachteten Sache durch deren kontraktlich verbotene Verafterpachtung. — Vergl. A. L. R. I. 21. §§ 313. ff. 477.

Rechtsgr. 437. — III. Senat. 9. Februar 1863. (XLVII. 328.)

Ist dem Pächter kontraktlich verboten, das Pachtgut ganz oder zum Theil zu verafterpachten, so liegt in der Zuwiderhandlung gegen diese kontraktliche Bestimmung kein Mißbrauch im Sinne des § 387. I. 21. des Allgem. Landrechts, falls die verpachtete Sache hierdurch eine kontraktwidrige Verwendung und Benutzung objektiv nicht erfahren hat.

B. Entsetzung aus der Pacht eines Landgutes wegen Mißbrauchs.

Rechtsgr. 438. — III. Senat. 5. Juni 1863. (L. 89.)

a) Der § 387. Alin. 2. I. 21. des Allg. Landrechts, — wonach der Pächter oder Miether bei begründeter Besorgniß einer erheblichen Beschädigung der Substanz der Sache wegen Mißbrauchs während der kontraktmäßigen Zeit des Besitzes entsetzt werden kann, — wird, insofern es sich um die Pacht eines Landgutes handelt, durch den § 477. a. a. O., betreffend den Verlust des Pachtrechts wegen Besorgniß eines aus der unwirthschaftlichen Verwaltung zu besorgenden erheblichen Schadens für die Substanz des Gutes, modifizirt.

b) Die Beurtheilung der Erheblichkeit der in dem § 477. a. a. O. gedachten, für die Substanz des Guts zu besorgenden Nachtheils ist schließlich in das Ermessen des Richters gestellt.

§ 400. Begriff eines Landgutes und des Betriebes der Viehzucht bei Pachtverträgen. — Vergl. A. L. R. I. 2. 48., 21. §§ 150 ff. 169.

Rechtsgr. 439. — III. Senat. 28. Februar 1863. (LI. 7.)

a) Unter Landgütern sind, wie bei dem Nießbrauche, so auch bei der Pacht alle Grundstücke verstanden, mit welchen der Betrieb des Ackerbaues und der Viehzucht verbunden ist, gleichviel, ob die Grundstücke auf städtischem Territorium liegen, oder ob sie zum platten Lande gehören.

b) Der Begriff des Betriebs der Viehzucht ist nicht auf ein Züchten von Vieh zum Verkaufe, d. h. zum gewerbsmäßigen Handel, beschränkt; es genügt diesem Begriff vielmehr auch, wenn die Viehzucht lediglich in dem Interesse der Landwirthschaft gepflegt wird.

§§ **401-403**. Form des Pachtvertrages über Landgüter; Berechnung des jährlichen Pachtgeldes.

Rechtsgr. **440**. — III. Senat. 28. Februar 1863. (LI. 7.)

Für die Anwendbarkeit des § 403. I. 21. des Allgem. Landrechts, — betreffend die gerichtliche oder notarielle Form der Pachtverträge bei Verabredung eines jährlichen Pachtgeldes von 200 Rthlrn. oder mehr, — dient nicht lediglich der baar zu erlegende Pachtzins zum Maaßstabe; vielmehr sind auch die sonstigen Leistungen an den Verpächter mit zur Berechnung zu ziehen.

Siehe auch Rechtsgrundsatz **428**. (A. L. R. I. **21**. § **267**.)

§ **407**. Form der Pachtverträge über Pertinenzstücke eines Landgutes und über andere Grundstücke.

Rechtsgr. **441**. — III. Senat. 1. Dezember 1862. (XLVIII. 111.)

Der § 407. I. 21. des Allg. Landrechts, — betreffend das Erforderniß der Schriftform bei Pachtverträgen über einzelne Aecker oder andere Pertinenzstücke eines Landguts, — setzt einen jährlichen Pachtzins von mindestens 200 Rthlrn. voraus.

Siehe auch Rechtsgrundsatz 428. (A. L. R. I. **21**. § 267.)

§ **415**. Siehe Rechtsgrundsätze **443**. **445**. (A. L. R. I. **21**, §§ 597. **601**.)

§§ **418**. **419**. Gewährleistungspflicht des Vermiethers und Verpächters nach geschehenem Verkauf der Sache. — Vergl. A. L. R. I. **5**. § 270., **21**. § 358.

Rechtsgr. **442**. — III. Senat. 25. November 1861. (XLIV. 93.)

Der Miether und Pächter kann zwar sein durch die erfolgte Uebergabe der vermietheten oder verpachteten Sache erlangtes dingliches Recht nach freiwilligem Verkaufe der Sache auch gegen den Käufer verfolgen; dadurch wird aber der Vermiether oder Verpächter von seiner vertragsmäßigen Verbindlichkeit, dem Miether oder Pächter während der Pachtzeit die ungehinderte Benutzung der Sache zu gewähren, nicht befreit.

Siehe auch Rechtsgrundsatz **404**. (A. L. R. I. **20**. § 480.)

§§ **433**. **434**. **437**. **438**. Siehe Rechtsgrundsatz **84**. (A. L. R. I. **7**. § 43.)

§§ **466**. ff. **474-476**. Siehe Rechtsgrundsatz **443**. (A. L. R. I. **21**. § 597.)

§ **477**. Siehe Rechtsgrundsatz 437. (A. L. R. I. **21**. § 387.)

§ **597**. Rückgewähr des Inventars seitens des Pächters. — Vergl. §§ 415. 466. ff. 474-476. 601. 606. dieses Titels.

Rechtsgr. **443**. — III. Senat. 16. Mai 1862. (XLIV. 315.)

Die Klausel eines Pachtvertrages, daß der Pächter das ihm taxirt übergebene Inventar nicht in denselben Stücken, sondern nur in gleicher Qualität und Quantität zurückzugewähren verpflichtet sein solle, überträgt auf den Pächter weder das Eigenthum an den einzelnen Stücken, noch die freie Disposition über dieselben. Erstreckt sich daher die Veräußerung seitens des Pächters weiter, als zur Bewirthschaftung nöthig und nützlich ist, so bleiben die veräußerten Pachtinventarienstücke, selbst wenn sie nur in gleicher Qualität und Quantität zurückgewährt werden sollen, dennoch Eigenthum des Verpächters und können von ihm vindizirt werden.

Siehe auch Rechtsgrundsatz **445**. (A. L. R. I. **21**. § 601.)

§§ **598**. **599**. Entschädigungsansprüche des Verpächters bei Entsetzung des Pächters aus der Pacht.

Rechtsgr. **444**. — III. Senat. 22. April 1861. (XLII. 47.)

Der Pächter, welcher im Fall des § 599. I. 21. des Allg. Landrechts einen Antrag auf gerichtliche Administration bis zum Ablaufe des Wirthschaftsjahres nicht stellt, kann daraus allein, daß eine Verwaltung nicht eingetreten ist, nicht einen Einwand gegen sonst begründete Entschädigungsforderungen des Verpächters herleiten.

§ **601**. Anwendbarkeit des § 133. I. 21. des Allg. Landrechts auf die Pacht. — Vergl. A. L. R. I. 21. §§ 133. 415. 597.

Rechtsgr. 445. — III. Senat. 16. Mai 1862. (XLIV. 315.)

Der § 133. I. 21. des Allg. Landrechts, — nach welchem der Eigenthümer die von dem Nießbraucher veräußerten Pertinenzstücke von dem dritten Besitzer zurückfordern, oder Erstattung des Werths von dem Nießbraucher verlangen kann, — gestattet analoge Anwendung auf die Pacht.

Siehe auch Rechtsgrundsatz 433. (§ 597. dieses Titels.)

§ **606**. Siehe Rechtsgrundsatz 433. (§ 597. dieses Titels.)

Titel 22. Von Gerechtigkeiten der Grundstücke gegen einander.

§§ **1. ff.** Nichtübertragbarkeit der Grundgerechtigkeiten.

Rechtsgr. 446. — II. Senat. 19. Januar 1864. (LII. 206.)

Grundgerechtigkeiten können weder dem Rechte, noch der Ausübung nach auf eine Person übertragen werden.

Siehe auch Rechtsgrundsätze 14. 588. 623. (A. L. R. Einl. §§ 73-75., II. 11. § 184., 15. § 57.)

§§ **3. 4. 10.** Vorübergehende Einschränkung des Eigenthums.

Rechtsgr. 447. — II. Senat. 19. Februar 1863. (XLVIII. 197.)

a) Der im § 3. I. 22. des Allgem. Landrechts ausgesprochene Grundsatz ist auch für nur vorübergehende Einschränkungen des Eigenthums in Anwendung zu bringen.

b) In der Einschränkung des Eigenthums ist auch dann eine nur obligatorische Verpflichtung des Eigenthümers nicht zu finden, wenn diese Einschränkung nur eine vorübergehende ist.

§§ 3-10. Einwand der vorhandenen Voraussetzungen einer nothwendigen Servitut gegen die Negatorienklage hinsichtlich einer Wegegerechtigkeit.

Rechtsgr. 448. — I. Senat. 6. November 1862. (XLVI. 306.)

Zur Widerlegung der Negatorienklage in Betreff einer Wegegerechtigkeit kann der bloße Einwand des Verklagten, daß die Voraussetzungen einer nothwendigen Servitut vorliegen, nicht geltend gemacht werden; vielmehr bedarf es dazu mindestens der Widerklage auf Herstellung dieser nothwendigen Servitut.

Siehe auch Rechtsgrundsätze 988. 1052. (Schlesische Mühlen-Ordnung vom 28. August 1777 § 5.; Verordnung vom 14. Dezember 1833 § 3.)

§§ 13. 14. Ersitzung einer Grundgerechtigkeit durch den vermeintlichen Eigenthümer des dienenden Grundstücks. — Vergl. A. L. R. Einl. § 91., I. 7. §§ 81. 82.

Rechtsgr. 449. — II. Senat. 15. Mai 1862. (XLIV. 311.)

Plenarbeschluß vom 3. März 1862: Der Erwerb einer Grundgerechtigkeit durch Verjährung kann auf Besitzhandlungen gegründet werden, welche der Prätendent der Servitut in der Meinung eines ihm zustehenden Eigenthums an dem dienenden Grundstücke vorgenommen hat.

Siehe auch Rechtsgrundsatz 450. (A. L. R. I. 22. § 28.)

§§ 15. 16. Siehe Rechtsgrundsatz 933. (Dig. 8. 5. Lex 10. pr.)

§§ 28. 29. Unterbrechung des Verjährungsbesitzes einer Wegegerechtigkeit. — Vergl. A. L. R. I. 7. §§ 80-82. 86. 126. ff., 9. §§ 507. ff. 570. ff. 589. 590. 601., 19. § 20., 22. §§ 13. 14.; Dig. 8. 1. Lex 20., 8. 3. Lex 18., 41. 2. Lex 3. pr., Lex 12., 43. 19. Lex 2-4., 50. 17. Lex 153.

Rechtsgr. 450. — II. Senat. 11. November 1862. (XLVI. 323.)

Die auf dem dienenden Grundstücke stattgefundene Verlegung einer einzelnen Strecke des Weges, auf welchem ein Anderer den Besitz der Wegegerechtigkeit erlangt hat, unterbricht den Verjährungsbesitz nicht, wenn durch die Verlegung Zweck, Anfang und Zielpunkt der Servitut keine Veränderung erleiden.

§ 31. Hindern und Erschweren einer Grundgerechtigkeit. — Vergl. A. L. R. I. 19. §§ 17. 18.

Rechtsgr. 451. — II. Senat. 25. September 1862. (XLVI. 243.)

Das „Hindern" der Ausübung der Grundgerechtigkeit im § 31. I. 22. des Allgem. Landrechts setzt eine solche Einschränkung voraus, daß das Recht seinem innern Gehalt und Zwecke nach nicht zur Ausübung kommen kann. Ihm steht die „Erschwerung" der Ausübung gegenüber, welche nur die Bequemlichkeit in der Ausübung beeinträchtigt.

§§ 32-34. Unterlassene vorherige Anzeige von den beabsichtigten Reparaturen.

Rechtsgr. 452. — III. Senat. 27. Februar 1863. (XLIX. 102.)

Der Servitutberechtigte, welcher ohne vorherige Anzeige die Reparatur der auf dem dienenden Grundstücke zur Ausübung der Servitut nöthigen Anstalten vornimmt, macht sich hierdurch allein einer Besitzstörung nicht schuldig.

Siehe auch Rechtsgrundsätze 91. 456. (A. L. R. I. 7. § 78., 22. § 72.)

§§ 43-45. Erlöschung einer Grundgerechtigkeit durch stillschweigende Einwilligung:

A. Zeitpunkt der wirklichen Hinderung oder Erschwerung der Grundgerechtigkeit, insbesondere der Grundgerechtigkeit der Wassernutzung bei Anlegung eines verschließbaren Abzugskanals.

Rechtsgr. 453. — II. Senat. 13. März 1862. (XLV. 124.)

a) Die Aufhebung einer Grundgerechtigkeit durch stillschweigende Einwilligung des Berechtigten nach § 43. I. 22. des Allgem. Landrechts tritt in dem Falle sofort ein, wenn derselbe durch die neue Anlage selbst in der Ausübung seines Rechtes schon jetzt gehindert oder beschränkt worden ist; kann sich dagegen erst aus dem Gebrauche, welchen der Verpflichtete von der Anlage macht, ergeben, inwieweit dadurch die Ausübung der Grundgerechtigkeit gehindert wird, so geht die letztere durch stillschweigende Einwilligung erst bei dem Eintritt dieses Gebrauches verloren.

b) Daher ist aus dem Umstande, daß der zur Benutzung des Wassers aus dem Teiche des Nachbars berechtigte Grundbesitzer gegen die Anlage eines verschließbaren Kanals, durch welches Wasser dieses Teiches anderweit abgeführt werden kann, keinen Widerspruch erhoben hat, die Grundgerechtigkeit der Wassernutzung nicht für erloschen zu erachten; vielmehr ist der Berechtigte, sobald sich durch den nachherigen, seine Wassernutzung hinderlichen Gebrauch der Kanal-Anlage von Seiten des Eigenthümers des Teiches ein Nachtheil für ihn herausstellt, noch innerhalb der Verjährungsfrist auf Abänderung der Anlage anzutragen berechtigt.

B. Beschaffenheit des Hindernisses der Ausübung der Grundgerechtigkeit, insbesondere bei einer Weidegerechtigkeit. — Vergl. §§ 80. bis 82. dieses Titels.

Rechtsgr. 454. — I. Senat. 16. Juli 1862. (XLVII. 18.)

a) Der § 43. I. 22. des Allg. Landrechts — betreffend die Erlöschung der Grundgerechtigkeiten durch stillschweigende Einwilligung — setzt nicht gerade ein absolutes Hinderniß der ganzen Servitut voraus; vielmehr kommt es dabei auch auf ein wissentliches Geschehenlassen solcher Einrichtungen in der verpflichteten Sache an, welche die bisherige Ausübung der Servitut hindern oder beschränken.

b) Daher erreicht in Folge der Umgestaltung eines Buschgrundes in Acker die auf diesem abgetrennten Grundstücke haftende Weidegerechtigkeit ihre Endschaft.

Siehe auch Rechtsgrundsätze **136. 144.** (**A. L. R. I. 8. §§ 141. 191.**)

§ **49.** Erlöschung einer eingetragenen Grundgerechtigkeit durch stillschweigende Einwilligung.

Rechtsgr. 455. — II. Senat. 4. Februar 1864. (LII. 224.)

Der § 49. I. 22. des Allg. Landrechts verordnet nicht, daß eine Grundgerechtigkeit, wenn sie in dem Hypothekenbuche eingetragen ist, durch stillschweigende Einwilligung des Berechtigten nicht erlöschen könne.

§§ 55-79. Siehe Rechtsgrundsatz 1052. (Verordnung vom 14. Dezember 1833 § 3.)

§ 66. Siehe Rechtsgrundsatz 110. (A. L. R. I. 7. § 150.)

§§ 72. 73. Befugniß des Viehtriebs-Berechtigten zur Umzäunung des Triebweges. — Vergl. § 32. dieses Titels; Feldpolizei-Ordnung vom 1. November 1847 §§ 2. 3. 27.

Rechtsgr. 456. — II. Senat. 19. Februar 1863. (XLVIII. 194.)

Der zum Viehtrieb Berechtigte ist befugt, den Triebweg mit Zäunen zu besetzen, wenn der belastete Eigenthümer dadurch in der Benutzung seiner Grundstücke nicht gehindert wird.

§§ 72-74. Verpflichtung zur Erhaltung der Scheidung der außerhalb der freien Feldflur belegenen Grundstücke. — Vergl. A. L. R. I. 8. §§ 168. 169.

Rechtsgr. 457. — III. Senat. 15. Dezember 1862. (XLVII. 228.)

Ist der Eigenthümer des an einer öffentlichen Straße grenzenden Grundstücks nicht aus einem besonderen Rechtsgrunde zur Haltung einer Verzäunung verpflichtet, so kann der Umstand, daß derselbe die bisher vorhanden gewesene Verzäunung hat fortnehmen lassen, Denjenigen, dessen Vieh bei dem Treiben über die Straße auf jenes Grundstück übergetreten ist, von der Verpflichtung zur Zahlung des Pfandgeldes selbst dann nicht befreien, wenn die Beschaffenheit und geringe Breite der Straße die Verhinderung des Uebertretens des Viehes in ungewöhnlichem Maaße erschwert hat.

§§ 80. 82. Siehe Rechtsgrundsatz 454. (A. L. R. I. 22. § 43.)

§§ 203. ff. Berechtigung zur Ausübung der Holzgerechtigkeit bei der Translokation des Wirthschaftshofes und demnächstiger Vereinzelung des Hofes. — Vergl. A. L. R. I. 2. §§ 42. ff., 19. §§ 22. 24. 25., 22. §§ 208 ff.; Deklaration vom 29. Mai 1816 Art. 96.

Rechtsgr. 458. — II. Senat. 29. Januar 1863. (XLVIII. 164.)

Bei einer Translokation des Wirthschaftshofes durch Verlegung der Wohn- und Wirthschaftsgebäude von der alten Sohlstätte auf einen anderen Platz der Hofesländereien wird das Grundstück von dem neuen Hofe repräsentirt. Wenn demnächst eine Vereinzelung stattfindet, so erscheint in Bezug hierauf der translozirte Hof als der alte, bei welchem somit die Holzgerechtigkeit verbleibt.

§§ **208-210.** Untrennbarkeit der Bauholz-Gerechtigkeit von den Gebäuden des alten Hofes, insbesondere bei einer Parzellirung des Hofes. — Vergl. A. L. R. I. 4. §§ 58-60., 5. §§ 133. 134.; Deklaration vom 29. Mai 1816 Art. 96.

Rechtsgr. **459**. — II. Senat. 14. Juli 1863. (XLIX. 338.)

a) Die Bauholzgerechtigkeit ist von den Gebäuden des alten Hofes, außer dem Falle der wegen veränderter Umstände nothwendig werdenden Verlegung, untrennbar. Sie kann daher von dem Besitzer des ungetheilten Hofes bei dessen Zerstückelung nur unter Einwilligung des belasteten Forstbesitzers ohne die Gebäude an einen Parzellen-Erwerber abgetreten werden.

b) Diese Einwilligung des Belasteten bedarf zu ihrer Gültigkeit der schriftlichen Form.

Siehe auch Rechtsgrundsatz 458. (§ 203. dieses Titels.)

Theil II.

Titel 1. Von der Ehe.

Erster Abschnitt. Von den Erfordernissen einer gültigen Ehe.

§§ **25. 26.** Siehe Rechtsgrundsatz 507. (A. L. R. II. 1. § 951.)

§§ **30-33.** Eheverbot wegen Ungleichheit des Standes:

A. Fortdauernde Gültigkeit dieses Eheverbots. — Vergl. A. L. R. II. 1. §§ 940. 952., 9. §§ 8. 34. ff.; Edikt vom 8. Mai 1739; Verfassungs-Urkunden vom 5. Dezember 1848 Art. 4. und 31. Januar 1850 Art. 4. 109.

Rechtsgr. 460. — I. Senat. 21. Februar 1862. (XLIV. 215.)

Die landrechtlichen Eheverbote wegen Ungleichheit des Standes sind durch die Verfassungs-Urkunden vom 5. Dezember 1848 und 31. Januar 1850 nicht aufgehoben.

B. Beurtheilung des Standes nach der Geburt und späteren Lebensbeschäftigung. — Vergl. § 940. dieses Titels.

Rechtsgr. 461. — I. Senat. 21. Februar 1862. (XLIII. 349.)

Hinsichtlich des Eheverbots wegen Ungleichheit des Standes kommt es nicht lediglich auf den Stand der Ehefrau vermöge ihrer Geburt an; entscheidend ist vielmehr, ob sie nachher in einen höheren oder niederen Stand eingetreten und dessen zur Zeit der Eheschließung noch theilhaft war.

§§ 40. 41. Ungültigkeit der Ehe wegen Schwangerschaft der Ehefrau; Verzeihung. — Vergl. A. L. R. I. 4. §§ 75-83., II. 1. § 720.

Rechtsgr. 462. — I. Senat. 7. April 1862. (XLV. 173.)

a) Der Ehemann, welcher erst nach der in der Ehe erfolgten Niederkunft seiner früher noch nicht verheirathet gewesenen Ehefrau erfahren hat, daß dieselbe bereits zur Zeit der Eingehung der Ehe von einem anderen Manne schwanger war, ist berechtigt, diese Ehe als ungültig anzufechten.

b) Die von dem Ehemann seiner Ehefrau gegenüber nach der Geburt des Kindes und nachdem ihm dieselbe eingestanden, daß sie bereits zur Zeit der Eingehung der Ehe von einem anderen Manne schwanger gewesen sei, abgegebene Erklärung, daß er ihr verzeihe, ist für eine ausdrückliche, unzweideutige, die Genehmigung der Ehe oder deren Fortsetzung aussprechende Erklärung nicht zu erachten.

Siehe auch Rechtsgrundsatz 503. (A. L. R. II. 1. § 785.)

Zweiter Abschnitt. Von Ehegelöbnissen.

§§ 75. 81. 82. Form der Ehegelöbnisse in der Kur- und Neumark Brandenburg. — Vergl. A. L. R. Publikations-Patent vom 5. Februar 1794 § 7., II. 1. §§ 91. 122. 123. 133.; Dig. 23. 1. Lex 14.;

Visitations- und Konsistorial-Ordnung von 1573; Märkische revidirte Konstitution vom 15. Dezember 1694; Deklaration vom 2. September 1717; Edikt vom 8. Februar 1770.

Rechtsgr. 463. — IV. Senat. 14. Oktober 1862. (XLV. 363.)

Die Vorschriften des Allgem. Landrechts über die Form der Ehegelöbnisse sind in der Kur- und Neumark Brandenburg nicht suspendirt.

§ 83. Siehe Rechtsgrundsatz 580. (A. L. R. II. 10. § 82.)
§ 91. Siehe Rechtsgrundsatz 463. (A. L. R. II. 1. § 75.)
§§ 122. 123. Form des Ehegelöbnisses.

Rechtsgr. 464. — IV. Senat. 14. Oktober 1862. (XLV. 363.)

Unter dem in den §§ 122. und 123. II. 1. des Allgem. Landrechts gedachten Ehegelöbnisse ist ein in der vorgeschriebenen Form abgeschlossenes und zu Recht bestehendes Ehegelöbniß zu verstehen.
Siehe Rechtsgrundsatz 463. (A. L. R. II. 1. § 75.)

§ 133. Siehe Rechtsgrundsatz 463. (A. L. R. II. 1. § 75.)

Dritter Abschnitt. Von der Vollziehung einer gültigen Ehe.

§§ 136. 137. 170. Rechte und Pflichten aus nichtigen Ehen. — Vgl. Oesterreichisches Gesetzbuch § 75.; Conc. Trident. Sess. 24. cap. 1.

Rechtsgr. 465. — I. Senat. 24. März 1862. (XLIV. 267.)

Ist eine Ehe in formeller Hinsicht vorschriftsmäßig vollzogen, so können die gegenseitigen ehelichen Rechte und Pflichten nur dann als beseitigt angesehen werden, wenn die Nichtigkeit der Ehe durch Judikat ausgesprochen ist.
Siehe auch Rechtsgrundsatz 11. (A. L. R. Einl. § 23.)

Vierter Abschnitt. Von den Rechten und Pflichten der Eheleute in Beziehung auf ihre Person.

§§ 185. 186. Siehe Rechtsgrundsatz 542. (A. L. R. II. 3. § 15.)
§§ 196. 198. Siehe Rechtsgrundsatz 661. (Allgem. Deutsche Wechsel-Ordnung Art. 1.)

§§ 198. ff. Anwendbarkeit dieser Gesetzesstellen.

Rechtsgr. 466. — III. Senat. 20. September 1861. (XLIII. 94.)

a) Die §§ 198. ff. II. 1. des Allgem. Landrechts bezwecken, die Ehefrau vor Uebereilungen zu Gunsten des Ehemannes zu schützen, und beziehen sich nur auf solche Verträge, bei denen sich die Rechte jedes einzelnen Ehegatten in entgegengesetzter Richtung und im entgegengesetzten Interesse gegenüberstehen.

b) Die §§ 198. ff. a. a. O. finden daher auf alle lästige Verträge zwischen Mann und Frau, namentlich auf Kaufverträge und die blos für den Mann lukrative Verträge, Anwendung.

Dagegen gelten die §§ 198. ff. a. a. O. nicht für Realverträge — Darlehn, Depositum und Kommodat — und nicht für solche Konsensualverträge, welche zunächst nur ein Recht für die Frau begründen, z. B. das Mandat. Insbesondere bedarf es der Zuziehung eines Beistandes der Frau nicht bei Prozeß- und anderen Vollmachten derselben zur Abschließung von lästigen Verträgen mit Dritten.

§ 202. Uebergang des Verfügungsrechts des Mannes über das Vermögen der Eheleute bei dauernder Verhinderung desselben, insbesondere wegen Abwesenheit auf die Frau, nach Gemeinem Deutschen Recht. — Vergl. Kraut, Vormundschaft §§ 78. 83. 89. 95. 98.; Beseler, Deutsches Privatrecht §§ 134. 136.; Philipps, Gütergemeinschaft S. 167.

Rechtsgr. 467. — III. Senat. 30. Oktober 1863. (LII. 55.)

a) Nach dem Gemeinen Deutschen Recht geht bei dauernder Verhinderung des Mannes — Abwesenheit, Blödsinn, Prodigalitätserklärung — die aus der Hausherrschaft fließende Verfügungsgewalt desselben, und zwar sowohl in Bezug auf das Vermögen der Frau als auch in Bezug auf des Mannes Vermögen, auf die Frau über.

b) Der vorstehende Grundsatz der deutschen Ehe hat da, wo allgemeine Gütergemeinschaft gilt, als Regel zur Folge, daß, soweit nicht besondere Ausnahmen erweislich sind, dieselbe Verfügungsgewalt, welche dem Manne über das gemeinschaftliche Vermögen zusteht, in solchen Verhinderungsfällen auf die Frau übergeht.

Fünfter Abschnitt. Von den Rechten und Pflichten der Eheleute in Beziehung auf ihr Vermögen.

§§ **205**. **206**. **208**. Siehe Rechtsgrundsätze **541**. **908**. (A. L. R. II. **3**. § **15**.; Entwurf des Provinzialrechts für das Fürstenthum Paderborn § 89.)

§ **210**. Eingebrachtes Vermögen der Ehefrau; Nießbrauch des Ehemannes. — Vergl. §§ **231**. **239**. **245**. dieses Titels.

Rechtsgr. **468**. — I. Senat. 1. November 1861. (XLIII. 174.)

a) Die Eigenschaft des eingebrachten Vermögens der Ehefrau wird dadurch begründet, daß es ihr weder vertragsmäßig noch gesetzlich vorbehalten ist, gleichviel, ob sie sich bereits in dem Besitze des den Gegenstand des betreffenden Vermögensrechts bildenden Sache befindet, oder nicht.

b) Es ist daher nicht richtig, daß sich der Nießbrauch des Ehemannes nur auf das in dem Besitze der Ehefrau befindliche Vermögen bezieht.

Siehe auch Rechtsgrundsatz **541**. (A. L. R. II. **3**. § 15.)

§ **211**. Beschlagnahme der von einer handeltreibenden Ehefrau gekauften Waaren für die Schulden des Mannes. — Vergl. §§ **219**. **220**. dieses Titels.

Rechtsgr. **469**. — III. Senat. 27. Juni 1862. (XLVI. 167.)

Die von einer handeltreibenden Ehefrau für ihr Geschäft gekauften und bezahlten Waaren können von den Gläubigern ihres Ehemannes zum Zwecke ihrer Befriedigung nicht in Anspruch genommen werden.

§ **216**. Wirkung der unterlassenen Eintragung der Eigenschaft eines Grundstücks als zum vertragsmäßig vorbehaltenen Vermögen der Ehefrau gehörig. — Vergl. A. L. R. I. **10**. § 18., II. **1**. §§ **366**. **367**. **424**. **430**.

Rechtsgr. 470. — III. Senat. 10. November 1862. (XLVIII. 73.)

a) Der § 216. II. 1. des Allgem. Landrechts, — nach welchem Grundstücke und Kapitalien, welche nach gesetzlicher Bestimmung zum Eingebrachten gehören, durch Verträge der Eheleute die Eigenschaft des Vorbehaltenen auch in Beziehung auf Dritte erlangen sollen, auf den Namen der Frau geschrieben werden müssen, — hat nur die Bedeutung: daß für Rechtsgeschäfte, welche das Grundstück betreffen, die bis dahin im Hypothekenbuche nicht vermerkte Eigenschaft des Vorbehaltenen dem Dritten nicht entgegengesetzt werden kann.

b) Wird dagegen außer dem Falle eines solchen Rechtsgeschäfts das zum vertragsmäßig vorbehaltenen Vermögen der Frau gehörige Grundstück von einem Gläubiger des Mannes zum Gegenstande der Exekution gemacht, so kann die Frau durch den Nachweis, daß das Grundstück ihr vertragsmäßig vorbehaltenes Vermögen sei, und ihrem Manne keinerlei Rechte daran zustehen, noch rechtzeitig entgegentreten.

§§ 219. 220. Siehe Rechtsgrundsatz 469. (A. L. R. II. 1. § 211.)

§ 231. Nießbrauch des Ehemannes an der Rentenberechtigung der Ehefrau. — Vergl. A. L. R. I. 21. §§ 1. 42.

Rechtsgr. 471. — I. Senat. 12. Juni 1863. (XLIX. 270.)

a) Der Ehemann ist vermöge seines Verwaltungs- und Nießbrauchsrechts berechtigt, die der Ehefrau von einem Dritten vor der Ehe testamentarisch ausgesetzte jährliche Rente in den Fälligkeitsterminen einzuziehen und darüber wie über sein Eigenthum zu verfügen.

b) Die Ehefrau ist daher nicht berechtigt, die während der Ehe von ihrem Ehemanne erhobenen Rentenbeträge aus dessen Nachlaß als eingebrachtes Kapitalvermögen herausgezahlt zu verlangen.

Siehe auch Rechtsgrundsätze 468. 472. 541. (A. L. R. II. 1. §§ 210. 252., 3. § 15.)

§ **232.** Siehe Rechtsgrundsatz **482.** (A. L. R. II. **1.** § 377.)

§§ **239. 245.** Siehe Rechtsgrundsatz **468.** (A. L. R. II. **1.** § 210.)

§§ **252. 253.** Wirkung der Cession des Eingebrachten der Ehefrau. — Vergl. A. L. R. I. **11.** § 408., II. **1.** §§ **231.** ff.

Rechtsgr. **472.** — III. Senat. 24. Mai und 7. Juni 1861. (XLI. 305.)

Mit der an einen Dritten erfolgenden Cession des Eingebrachten der Ehefrau ist die Beibehaltung der Natur des Eingebrachten und die Fortdauer der dem Manne daran zustehenden maritalischen Rechte nicht vereinbar, und wird mithin durch die Cession die Natur dieses Vermögens verändert.

§§ **254. 255.** Sicherheitsbestellung für das Eingebrachte:

A. Ueberhaupt. — Vergl. Einführungs-Gesetz vom 8. Mai 1855 Art. 12.; Konkurs-Ordnung vom 8. Mai 1855 § 393. No. 4.)

Rechtsgr. **473.** — III. Senat. 20. Dezember 1861. (XLIII. 299.)

Der § 255. II. 1. des Allgem. Landrechts ist nicht auf eine Sicherstellung außer dem Falle des Grundbesitzes zu beschränken, er kommt vielmehr gerade dann, wenn der Ehefrau eine Hypothek von dem Ehemanne bestellt ist, in Frage.

B. Befugniß der Ehefrau, Sicherheitsbestellung wegen ihres Eingebrachten durch Eintragung auf die Grundstücke des Ehemannes zu verlangen; Anfechtung dieser Sicherheitsbestellung im Konkurse des Ehemannes. — Vergl. Einführungsgesetz vom 8. Mai 1855 Art. 7. 12.; Konkurs-Ordnung vom 8. Juni 1855 §§ 80. 82. 91. 103. No. 4.

Rechtsgr. **474.** — IV. Senat. 8. Oktober 1861. (XLIV. 5.)

Der Art. 12. des Einführungsgesetzes zur Konkurs-Ordnung, — betreffend die Beschränkung des gesetzlichen Titels der Ehefrau zum Pfandrecht auf eine Frist von Einem Jahre, — bezieht sich nur auf den allgemein im § 254. II. 1. des Allg. Landrechts gegebenen Titel zum Pfandrecht, nicht aber auf die besondere Vorschrift des § 255. daselbst hinsichtlich der Sicherheitsbestellung im Falle wahrscheinlicher Besorgniß des Verlustes des Eingebrachten.

Der § 103. No. 4. der Konkurs-Ordnung kann daher das Anfechtungsrecht des Verwalters der Konkursmasse hinsichtlich der auf Grund des § 255. a. a. O. erfolgten Sicherheitsbestellung nicht begründen.

Siehe auch Rechtsgrundsatz 833. (Einführungsgesetz zur Konkurs-Ordnung Art. **12**.)

§§ **256-263**. Fortdauer des Nießbrauchsrechts an dem eingebrachten Vermögen der Ehefrau seitens des für einen Verschwender erklärten Ehemannes. — Vergl. A. L. R. II. **18**. §§ **14**. **231**. ff.; A. G. O. I. **1**. § 17.; Konkurs-Ordnung vom 8. Mai 1855 § 93.

Rechtsgr. 475. — III. Senat. 10. April 1863. (XLIX. 150.)

Der Ehemann wird dadurch, daß er gerichtlich für einen Verschwender erklärt und unter Vormundschaft gesetzt ist, seines Nießbrauchsrechts an dem eingebrachten Vermögen der Ehefrau nicht verlustig, dasselbe wird vielmehr durch seinen Vormund ausgeübt.

§ **318**. Siehe Rechtsgrundsatz **541**. (A. L. R. II. **3**. § 15.)

§§ **320**. ff. Siehe Rechtsgrundsätze 477. 488. 489. (A. L. R. II. **1**. §§ 329. 389.)

§ **322**. Siehe Rechtsgrundsatz 908. (Entwurf des Provinzialrechts für das Fürstenthum Paderborn § 89.)

§ **324**. Siehe Rechtsgrundsatz 357. (A. L. R. I. **17**. § 131.)

§§ **325-328**. Siehe Rechtsgrundsatz 908. (Entwurf des Provinzialrechts für das Fürstenthum Paderborn § 89.)

§ **329**. Verhaftung des Mannes durch Einwilligung in die Schuld der Ehefrau:

A. Zeitpunkt dieser Einwilligung. — Vergl. A. L. R. I. **14**. §§ 399. 400.

Rechtsgr. 476. — IV. Senat. 17. September 1861. (XLIII. 75.)

Eine mit Bewilligung des Mannes kontrahirte Schuld der Ehefrau liegt nur dann vor, wenn der Mann seine, wenn auch nur mündliche, Einwilligung vor oder bei Eingehung der Schuld erklärt hat; ein späteres Zahlungsversprechen stellt sich als Uebernahme einer für ihn ursprünglich nicht verbindlichen Schuld dar.

B. Wirkung dieser Einwilligung in dem Verhältnisse zwischen Mann und Frau. — Vergl. §§ 320. ff. 333. 335-337. dieses Titels.

Rechtsgr. 477. — III. Senat. 27. Juni 1862. (XLVI. 166.)

Hat die Ehefrau mit Einwilligung ihres Mannes Schulden gemacht, so ist zwar auch der Mann den Gläubigern verhaftet; in dem Verhältnisse zwischen Mann und Frau ist jedoch die Frau die eigentliche Schuldnerin.

Diese Regel gilt auch von der ohne Genehmigung des Mannes gemachten Schulden der Frau, welche für sich ein eigenes, Kredit und Vorlagen forderndes Gewerbe treibt.

Sechster Abschnitt. Von der Gemeinschaft der Güter unter Eheleuten.

§§ 350-355. Wandelbarkeit des ehelichen Güterrechts. — Vergl. A. L. R. Publikations-Patent vom 5. Februar 1794 § 9.

Rechtsgr. 478. — I. Senat. 22. März 1861. (XLI. 99.)

a) Hinsichtlich der unter der Herrschaft des Allg. Landrechts lebenden Eheleute unterliegt auch nach dem Gemeinen Rechte das durch die eingegangene Ehe einmal begründete eheliche Güterrecht blos durch Veränderung des Wohnorts der Eheleute in den Verhältnissen derselben unter sich und bezüglich ihrer Erben keiner Veränderung.

b) Daher hat der Umstand, daß die Eheleute, welche bei Eingehung der Ehe nicht in der Gütergemeinschaft lebten, ihren Wohnsitz nach einem Ort, wo eheliche Gütergemeinschaft gilt, verlegt, dann aber wieder nach einem Ort gezogen sind, wo keine Gütergemeinschaft gilt, nach Gemeinem Recht kein Einfluß auf die Vermögensverhältnisse der Eheleute unter sich.

Siehe auch Rechtsgrundsatz 491. (§ 426. dieses Titels.)

§§ 360. ff. Dispositionsbefugnisse des Ehemannes über die Gütergemeinschaftsmasse nach den Grundsätzen des Gemeinen Deutschen Privatrechts und der ehelichen Gütergemeinschaft in dem Fürstenthum Hohenzollern. — Vergl. Justiz-Ministerial-Blatt 1858. S. 226.

Rechtsgr. 479. — V. Senat. 27. Oktober 1863. (LII. 43.)

a) Nach den Grundsätzen des allgemeinen Deutschen Privatrechts darf der Ehemann das gesammte gütergemeinschaftliche Vermögen, oder einen aliquoten Theil desselben, oder den hauptsächlichsten Bestandtheil der Gütergemeinschaftsmasse unter Lebenden nicht in der Art veräußern, daß das Aequivalent der Veräußerung entweder ihm allein, oder einem Dritten, nicht aber der Gemeinschaft zu Gute komme.

b) Auch kann nach den Grundsätzen des allgemeinen Deutschen Privatrechts der Ehemann durch einseitige letztwillige Verfügung über das gemeinschaftliche Vermögen die der Ehefrau für den Fall der Auflösung der Ehe gesetzlich oder observanzmäßig zustehenden Rechte nicht schmälern.

c) Die vorstehenden Rechtsgrundsätze gelten auch für die in dem Fürstenthum Hohenzollern geltende allgemeine eheliche Gütergemeinschaft.

Siehe auch Rechtsgrundsatz 355. (A. L. R. I. 17. § 127.)

§ 363. Gegenstand der ehelichen Gütergemeinschaft.

Rechtsgr. 480. — III. Senat. 5. April 1861. (XLI. 130.)

Der § 363. II. 1. des Allgem. Landrechts schließt von der ehelichen Gütergemeinschaft nur Lehen, Fideikommisse und solche Vermögensstücke aus, welche an eine bestimmte Person oder deren Eigenschaften gebunden sind.

§§ 366. 367. Siehe Rechtsgrundsatz 470. (A. L. R. II. 1. § 216.)

§ 377. Verwaltungsrecht des Ehemannes:

A. Verwaltungsrecht des in der Gütergemeinschaft lebenden Ehemannes, insbesondere in Betreff der Ausbeutung des in dem Landgute der Ehefrau sich vorfindenden Torfes und Kalkes. — Vergl. A. L. R. I. 21. §§ 30. ff., II. 1. §§ 378. 380.

Rechtsgr. 481. — IV. Senat. 10. September 1861. (XLIII. 32.)

Der in der ehelichen Gütergemeinschaft lebende Ehemann

ist vermöge seines Verwaltungsrechts nicht nur berechtigt, den in dem Gute seiner Ehefrau sich vorfindenden Torf und Kalk auf eigene Kosten auszubeuten und zu verkaufen; sondern es kann ihm auch nicht verschränkt werden, diesen Torf und Kalk, ohne Einwilligung seiner Frau, mit den Geldmitteln dritter Personen zu gewinnen, und den letzteren dafür einen Theil des Reinertrages des Austorfungsgeschäfts zu überlassen.

B. Einräumung einer Reallast auf die gütergemeinschaftlichen Grundstücke seitens des Ehemannes; Zuziehung der Ehefrau zum Prozeß wegen Einräumung einer Reallast. — Vergl. A. L. R. I. **10.** § **19.**; II. **1.** § **232.**; A. G. O. I. **1.** § **23.**

Rechtsgr. **482.** — II. Senat. 22. Mai 1862. (XLV. 276.)

a) Die Einräumung einer Reallast auf den zur ehelichen Gütergemeinschaft gehörigen Grundstücken fällt nicht unter das Veräußerungsverbot des § 378. II. 1. des Allgem. Landrechts.

b) Bei dem Prozeß über eine dingliche, einem Grundstück aufzulegende Last braucht die mit ihrem Ehemann in Gütergemeinschaft lebende Ehefrau nur dann zugezogen zu werden, wenn das Grundstück zu ihrem Eingebrachten gehört.

§§ **378.** ff. Erforderniß der Einwilligung der Ehefrau in die Veräußerung von Grundstücken und Gerechtigkeiten bei bestehender Gütergemeinschaft:

A. Veräußerung eines gütergemeinschaftlichen Grundstückes bei Minderjährigkeit der Ehefrau. — Vergl. A. L. R. II. **2.** §§ **171. 229.**

Rechtsgr. **483.** — III. Senat. 27. Oktober 1862. (XLVII. 112.)

Der Vertrag, durch welchen in der Gütergemeinschaft lebende Ehegatten, und zwar die minderjährige Ehefrau unter Genehmigung ihres Vaters, ein zur Gütergemeinschaft gehöriges Grundstück verkaufen, bedarf zu seiner Gültigkeit der vormundschaftlichen Genehmigung.

B. Ersitzung eines ohne Einwilligung der Ehefrau von dem Ehemann verkauften gütergemeinschaftlichen Grundstückes. — Vergl. A. L. R. I. 9. § 579.

Rechtsgr. 484. — III. Senat. 22. September 1862. (XLVII. 54.)

Hat Jemand von einem Ehemann ohne Zuziehung der mit ihm in Gütergemeinschaft lebenden Ehefrau ein gütergemeinschaftliches Grundstück gekauft, so kann er gegen die Zurückforderung des Grundstücks sich durch Berufung auf die Verjährung nach § 579. I. 9. des Allg. Landrechts nur dann schützen, wenn er nicht gewußt hat, sein Verkäufer sei zur Zeit des Verkaufs verheirathet gewesen.

C. Verkauf einer Bockwindmühle zum Abbruch seitens des Ehemannes bei obwaltender ehelicher Gütergemeinschaft.

Rechtsgr. 485. — III. Senat. 19. Dezember 1862. (XLVII. 276.)

Der § 378. II. 1. des Allg. Landrechts, — nach welchem der Ehemann bei obwaltender Gütergemeinschaft Grundstücke und Gerechtigkeiten nicht ohne Einwilligung der Ehefrau verpfänden oder veräußern kann, — ist auch in dem Falle anwendbar, wenn die verkauften Grundstücke nur zum Abbruche veräußert worden sind.

D. Zuziehung beider Eheleute bei Festsetzung der Entschädigung für ein zu expropriirendes gütergemeinschaftliches Grundstück. — Vgl. A. L. R. I. 8. §§ 29. ff., 11. §§ 4. ff., II. 15. §§ 5. 6. 18. ff. 69. ff.

Rechtsgr. 486. — III. Senat. 18. Mai 1863. (XLIX. 207.)

Der in Gütergemeinschaft lebende Ehemann ist bei Expropriation des gütergemeinschaftlichen Grundstücks nicht berechtigt, ohne Zuziehung der Ehefrau einseitig der höheren im richterlichen Wege zu erlangenden Entschädigung zu entsagen und sich mit der durch das Resolut der Regierung festgesetzten Entschädigung zu begnügen.

Siehe auch Rechtsgrundsatz 481. (§ 377. dieses Titels.)

§ 386. Siehe Rechtsgrundsatz 489. (A. L. R. II. 1. § 389.)

§§ **389. 390.** Schulden einer in der Gütergemeinschaft lebenden Ehefrau:

A. Druckfehler in dieser Gesetzesstelle.

Rechtsgr. **487.** — I. Senat. 2. Juni 1862. (XLVI. 133.)

Das Citat „§§ 322. 325–328." in dem § 389. II. 1. des Allgem. Landrechts enthält einen Druckfehler, es muß heißen: §§ 321. 324–327.

B. Deliktschulden der in Gütergemeinschaft lebenden Ehefrau. — Vergl. A. L. R. I. **6.** § 27., II. **1.** §§ 320. 386., **2.** §§ 167. 203. — Aeltere Ansicht. — Nichtverhaftung der Gütergemeinschaftsmasse für diese Schulden.

Rechtsgr. **488.** — I. Senat. 27. Mai 1861. (XLI. 267.)

Für Entschädigungsansprüche aus einem Verbrechen der Ehefrau haftet weder nach dem Allgem. Landrecht, noch nach dem Lübischen Recht das gütergemeinschaftliche Vermögen der Eheleute.

— Jüngere Ansicht. — Verhaftung der Gütergemeinschaftsmasse für diese Schulden. — Vergl. Justiz-Ministerial-Reskript vom 25. Januar 1796.

Rechtsgr. **489.** — I. Senat. 2. Juni 1862. (XLVI. 132.)

Nach dem Allgem. Landrecht haftet das gütergemeinschaftliche Vermögen der Eheleute auch für Entschädigungsansprüche aus unerlaubten Handlungen der Frau.

Siehe auch Rechtsgrundsätze 357. 540. (A. L. R. I. **17.** § 131., II. **3.** § 15.)

§ **391.** Siehe Rechtsgrundsatz **541.** (A. L. R. II. **3.** § 15.)

§§ **392-394.** Siehe Rechtsgrundsatz 898. (Lübisches Recht Buch 1. Tit. 5. Art. 8.)

§§ **413. 418.** Verträge der Eheleute über Aufhebung der Folgen der Gütergemeinschaft.

Rechtsgr. **490.** — I. Senat. 3. November 1862. (XLVI. 290.)

Die Eheleute sind berechtigt, die Folgen der, auf Provinzialgesetz oder Statuten sich gründenden, Gütergemeinschaft, soweit sich diese Folgen nur auf sie und nicht zugleich auf ihr Verhältniß zu den Gläubigern beziehen, auch während der Ehe durch Verträge aufzuheben oder abzuändern.

§ **424**. Siehe Rechtsgrundsatz 470. (A. L. R. II. **1**. § 216.)

§ **426**. Wiederholung der Bekanntmachung der Ausschließung der ehelichen Gütergemeinschaft bei Verlegung des Wohnsitzes der Eheleute, insbesondere nach einer mit Lübischem Rechte bewidmeten Stadt in Neuvorpommern. — Vergl. A. L. R. II. **1**. § 352., **18**. §§ 782. ff. 789.; Neuvorpommersches Provinzialrecht Thl. **6**. § 186. S. 135.

Rechtsgr. **491**. — V. Senat. 12. November 1861. (XLIII. 190.)

a) Auch in den mit Lübischem Rechte bewidmeten Neuvorpommerschen Städten ist bei Eheleuten, welche dorthin von einem Orte, an welchem unter ihnen die dort gesetzlich stattfindende Gütergemeinschaft durch einen vorschriftsmäßig bekannt gemachten Vertrag ausgeschlossen gewesen ist, ihren Wohnsitz verlegt haben, zur ferneren Ausschließung der Gütergemeinschaft, den Gläubigern gegenüber, eine Wiederholung dieser Bekanntmachung erforderlich.

b) Die Nothwendigkeit der öffentlichen Bekanntmachung der Ausschließung der ehelichen Gütergemeinschaft tritt nicht blos in dem Falle, wenn diese Ausschließung durch Vertrag, sondern auch dann ein, wenn dieselbe durch einseitige Erklärung des in der Minderjährigkeit verheiratheten Pflegebefohlenen nach erreichter Volljährigkeit geschehen ist.

§ **430**. Siehe Rechtsgrundsatz 470. (A. L. R. II. **1**. § 216.)

§ **433**. Siehe Rechtsgrundsatz 355. (A. L. R. I. **17**. § 127.)

Siebenter Abschnitt. Von der Trennung der Ehe durch den Tod.

§§ **438**. **481**. Siehe Rechtsgrundsatz 651. (A. L. R. II. **18**. § 35.)

§§ **490**. **491**. Siehe Rechtsgrundsätze 651. 979. (A. L. R. II. **18**. § 35.; Märkisches Erbschafts-Edikt vom 30. April 1765, Abth. 2. § 3.)

§§ **492**. **493**. Vererbung aus einem wechselseitigen Testamente. — Vergl. § 631. dieses Titels.

Rechtsgr. 492. — I. Senat. 12. September 1862. (XLV. 330.)

Wenn Eheleute sich in einem wechselseitigen Testamente zu Erben ihres ganzen Nachlasses eingesetzt und angeordnet haben, daß bestimmte Personen nach dem Tode des letztlebenden Ehegatten dessen Nachlaß erben sollen, so wird hierdurch bei des Letzteren Wiederverheirathung dessen zweiter Ehegatte der ihm an und für sich gesetzlich zustehenden statutarischen Erbportion nicht verlustig.

§§ **495.** ff. Siehe Rechtsgrundsätze 651. 979. (A. L. R. II. **18.** § 35.; Märkisches Erbschafts-Edikt vom 30. April 1765 Abth. **2.** § 3.)

§§ **500. 501. 543.** ff. Siehe Rechtsgrundsatz 651. (A. L. R. II. **18.** § 35.)

§ **544.** Siehe Rechtsgrundsatz 526. (A. L. R. II. **2.** § 231.)

§§ **571. 572.** Wahlrecht des überlebenden Ehegatten hinsichtlich der Uebernahme der Nachlaßgrundstücke für den Taxwerth bei bestandener ehelicher Gütergemeinschaft:

A. Bei gesetzlicher Erbfolge. — Vergl. § 648. dieses Titels.

Rechtsgr. 493. — I. Senat. 16. September 1861. (XLIII. 67.)

Die §§ 648. 571. 572. II. 1. des Allg. Landrechts, — betreffend das Wahlrecht des überlebenden Ehegatten hinsichtlich der Uebernahme der Nachlaßgrundstücke für den Taxwerth, — geben nur für den Fall der eintretenden gesetzlichen Erbfolge die Norm der Erbtheilung.

B. Ausübung des Wahlrechts des überlebenden Ehegatten hinsichtlich der Uebernahme der Grundstücke nach einem Anschlage. — Vergl. A. L. R. I. **11.** § 176., II. **1.** § 648.

Rechtsgr. 494. — I. Senat. 23. Oktober 1863. (LI. 165.)

Die Ausübung des nach Gemeinen Rechten und bei bestandener ehelicher Gütergemeinschaft dem überlebenden Ehegatten zustehenden Wahlrechts wegen Uebernahme der Nachlaßgrundstücke nach dem Anschlage oder der Taxe, oder deren Ueberlassung an die andern Erben in Gemäßheit der §§ 571. ff. und 648. II. 1. des Allgem. Landrechts ist als ein Verkauf nach einem Anschlage nicht anzusehen.

§§ **575. 577.** Informationstaxe behufs Uebernahme eines gemeinschaftlichen Nachlaßgrundstücks für die Taxe.

Rechtsgr. **495.** — I. Senat. 23. März 1863. (L. 15.)

Die Informationstaxe des § 575. II. 1. des Allgem. Landrechts kann die nach § 577. daselbst aufzunehmende gerichtliche Taxe nicht ersetzen.

§ **618.** Siehe Rechtsgrundsatz 651. (A. L. R. II. **18.** § 35.)
§ **621.** Siehe Rechtsgrundsatz 501. (A. L. R. II. **1.** § **766.**)
§ **631.** Statutarische Erbportion des zweiten Ehegatten, insbesondere nach dem Anklamer Statutarrecht. — Bergl. Entwurf des Anklamer Statutarrechts Kap. 8. § 6., Kap. 9. §§ **12. 13.**; Statutarrecht der Städte des Herzogthums Pommern § **105.** No. **1.** Seite **92.**

Rechtsgr. **496.** — I. Senat. 12. September 1862. (XLV. 330.)

Die statutarische Erbportion des überlebenden Ehegatten kann demselben nach dem Anklamer Statutarrecht durch Testament des anderen Ehegatten nicht geschmälert werden.

Siehe auch Rechtsgrundsatz 492. (A. L. R. II. **1.** § **492.**)

§§ **636.** ff. Siehe Rechtsgrundsatz 970. (Soester **12** Artikel von **1714.**)
§ **648.** Siehe Rechtsgrundsatz 494. (A. L. R. II. **1.** § 571.)
§§ **653. 654.** Siehe Rechtsgrundsatz 955. (Münsterische Polizei-Ordnung vom **18.** Januar **1592.**)
§ **661.** Siehe Rechtsgrundsätze 355. 357. 358. (A. L. R. I. **14.** § 319., **17.** § **147.**)

Achter Abschnitt. Von Trennung der Ehe durch richterlichen Ausspruch.

§ **670.** Ehebruch eines Blödsinnigen als Scheidungsgrund. — Bergl. A. L. R. I. **1.** §§ 27. 28., **3.** §§ 3. 7., **4.** §§ **24. 27.**, **12.** § **22.**

Rechtsgr. **497.** — I. Senat. 8. Februar 1864. (LII. 243.)

Ob der Ehebruch eines Blödsinnigen für einen Scheidungsgrund zu erachten ist, muß nach den Umständen eines jeden einzelnen Falles beurtheilt werden.

§ **673.** Siehe Rechtsgrundsatz 507. (A. L. R. II. **1.** § **591.**)
§§ **700. 701.** Kränkung der Ehre als Ehescheidungsgrund.

Rechtsgr. **498.** — I. Senat. 12. Oktober 1863. (L. 333.)

Der § 700. II. 1. des Allg. Landrechts setzt voraus, daß ein böswilliger Angriff auf die Ehre unter ganz besonders erschwerenden Umständen stattgefunden hat.

§ **720.** Siehe Rechtsgrundsätze 335. **462.** (A. L. R. I. **16.** § 405., II. **1.** § 41.)
§§ **731. 732.** Siehe Rechtsgrundsatz 501. (A. L. R. II. **1.** § 766.)
§§ **736. 737.** Siehe Rechtsgrundsatz 507. (A. L. R. II. **1.** § 951.)
§ **743.** Siehe Rechtsgrundsatz 501. (A. L. R. II. **1.** § 766.)
§§ **746.** ff. Siehe Rechtsgrundsatz 508. (A. L. R. II. **1.** § 963.)
§ **751.** Siehe Rechtsgrundsatz 501. (A. L. R. II. **1.** § 766.)
§§ **755.** ff. Auseinandersetzung geschiedener Eheleute bei obgewalteter Gütergemeinschaft. — Vergl. §§ 811. 812. 820. dieses Titels.

A. Im Wege des Auseinandersetzungsverfahrens.

Rechtsgr. **499.** — I. Senat. 30. Mai 1862. (XLVI. 122.)

Hat unter den geschiedenen Eheleuten Gemeinschaft der Güter obgewaltet, und wählt der unschuldige Ehegatte die Absonderung; so gilt zwar der Grundsatz, daß jeder Theil sein in die Ehe gebrachtes Vermögen zurücknimmt. Es kann jedoch nur im Wege des Auseinandersetzungsverfahrens festgestellt werden, ob und welche Gegenstände der geschiedene Ehegatte von dem Anderen zu fordern berechtigt ist, und findet daher vor Beendigung dieses Verfahrens die Zurückforderung einzelner, wenngleich unbestritten eingebrachter und noch vorhandener Gegenstände aus diesem Grunde nicht statt.

B. Absonderung des Vermögens; Vereinbarung über die Theilung der Schulden.

Rechtsgr. **500.** — I. Senat. 11. Januar 1864. (LII. 195.)

a) Der § 755. II. 1. des Allgem. Landrechts, — nach welchem, wenn unter den geschiedenen Eheleuten Gütergemeinschaft obgewaltet hat, jeder Theil sein in die Ehe gebrachtes, oder während derselben durch Erbschaften 2c. erlangtes Vermögen zurücknimmt, und das übrige unter beide

Eheleute gleich getheilt wird, — handelt nur von der Absonderung des Vermögens der geschiedenen Eheleute.

b) Bei der nach den §§ 755. ff. a. a. O. vorzunehmenden Absonderung des Vermögens der geschiedenen Eheleute, welche in der Gütergemeinschaft gelebt haben, ist eine Vereinbarung über die Theilung der vorhandenen Schulden nicht nothwendig; eine Vertheilung der Schulden in zwei gleiche Hälften aber ist unzulässig.

Siehe auch Rechtsgrundsatz 505. (A. L. R. II. 1. § 811.)

§§ 766. 770. 771. 783. Verzinsung der Ehescheidungsstrafe. — Vergl. A. L. R. I. 16. §§ 20. 67., II. 1. §§ 621. 731. 732. 743. 751.

Rechtsgr. 501. — I. Senat. 31. Mai 1861. (XLII. 93.)

Für die dem unschuldigen Ehegatten zu leistende Abfindung und den Anfang deren Verzinsung berücksichtigt das Gesetz den Zeitpunkt der getrennten Ehe — die Publikation des demnächst in den höheren Instanzen bestätigten Scheidungs-Urtheils, nicht aber, wenn die Schuldfrage zur anderweiten Erörterung in die erste Instanz zurückgewiesen und dann in dem neuen Instanzenzuge derselbe Ehegatte wiederum für den schuldigen Theil erklärt und in die Scheidungsstrafe verurtheilt ist, den Zeitpunkt dieser Verurtheilung des Schuldigen in die Scheidungsstrafe.

§§ 783-786. Dispositionsbefugniß des verklagten Ehemannes während des Ehescheidungsprozesses. — Vergl. § 790. dieses Titels; A. G. O. I. 7. § 48. Littr. c.

Rechtsgr. 502. — I. Senat. 10. Juni 1861. (XLII. 107.)

In Ehescheidungssachen wird der Verklagte durch die Insinuation der Scheidungsklage in der Verfügung über sein Besitzthum nicht beschränkt. Maaßgebend für den Betrag der Ehescheidungsstrafe ist nur das zur Zeit der wirklichen Scheidung noch vorhandene Vermögen des Schuldigen.

Der § 48. Litt. c. I. 7. der Allgem. Gerichts-Ordnung steht dieser Regel nicht entgegen.

Siehe auch Rechtsgrundsatz 504. (A. L. R. II. 1. § 798.)

§ 785. Anspruch des unschuldigen Theils auf Schadloshaltung bei nichtiger Ehe. — Vergl. §§ 40. 962-965. dieses Titels.

Rechtsgr. 503. — I. Senat. 27. Oktober 1862. (XLVII. 107.)

Hat die Verklagte ihrem Manne vor der Heirath von ihrer Schwangerschaft keine Mittheilung gemacht, und ihn daher durch diese Verschweigung über ihre geschlechtliche Bescholtenheit in Irrthum versetzt, so kann der Mann mit der Klage auf Nichtigkeitserklärung der Ehe auch als Schadloshaltung den vierten Theil des Vermögens der Verklagten, als höchsten Satz der Ehescheidungsstrafe, beanspruchen.

§ 790. Siehe Rechtsgrundsatz 502. (A. L. R. II. 1. § 783.)

§§ 798. 799. 802. 803. Festsetzung der Alimente einer geschiedenen unschuldigen Ehefrau. — Vergl. §§ 783. 784. dieses Titels.

Rechtsgr. 504. — I. Senat. 24. November 1862. (XLVI. 327.)

Jede nach dem Tage des rechtskräftigen Scheidungs-Urtheils in dem Vermögen des unschuldigen Ehegatten sich ergebende Aenderung ist ohne Einfluß auf die Höhe der in einem besonderen Prozesse beantragten Festsetzung der Alimente.

§§ 811. ff. Anhang § 82. zu § 812. Vermögens-Auseinandersetzung geschiedener Eheleute bei bestandener Gütergemeinschaft. — Vergl. A. L. R. I. 17. §§ 87-90., II. 1. §§ 755-758. 821. 822.

Rechtsgr. 505. — I. Senat. 12. Mai 1862. (XLV. 228.)

a) Die Bestimmungen der §§ 814–819. II. 1. des Allgem. Landrechts, — betreffend die Auseinandersetzung der geschiedenen Ehegatten bei bestandener Gütergemeinschaft, — beziehen sich lediglich auf den Fall, wenn der unschuldige Theil die Hälfte des gemeinschaftlichen Vermögens gewählt hat.

Daher gebührt bei dieser Auseinandersetzung dem unschuldigen Theile das ihm in dem § 818. II. 1. des Allg. Landrechts eingeräumte Wahlrecht hinsichtlich der Uebernahme oder Ueberlassung der Güter für die Taxe nur in dem Falle, wenn er die Hälfte des gemeinschaftlichen Vermögens, nicht aber auch in dem Falle, wenn er die Absonderung des Vermögens bei Abfindung von dem besondern Vermögen des schuldigen Theils verlangt.

b) Für die Theilung des gemeinschaftlichen Erwerbes im Falle der gewählten Absonderung der Güter sind die allgemeinen gesetzlichen Bestimmungen für die Theilung gemeinschaftlicher Sachen schlechthin maaßgebend. Daher ist jeder Theil berechtigt, auf den öffentlichen Verkauf dieser Güter anzutragen.

Siehe auch Rechtsgrundsatz 499. (A. L. R. II. 1. § 755.)

§ **820**. Siehe Rechtsgrundsatz 499. (A. L. R. II. 1. § 755.)

§§ **821**. **822**. Siehe Rechtsgrundsatz 505. (A. L. R. II. 1. § 811.)

§§ **827**. **830**. Uebergang des Abfindungs-Anspruchs des beleidigten Ehegatten auf die Erben bei seinem Ableben während schwebenden Ehescheidungs-Prozesses.

Rechtsgr. 506. — I. Senat. 15. April 1861. (XLI. 168.)

Im Ehescheidungsprozesse geht der Anspruch des beleidigten Ehegatten auf Abfindung im Falle seines vor rechtskräftiger Entscheidung erfolgten Todes auf seine Erben über, wenn schon bei seinen Lebzeiten der andere Ehegatte wenigstens bedingt, z. B. für den Fall der Nichtleistung des ihm auferlegten Reinigungseides, zu der Gewährung der Abfindung verurtheilt worden war.

Siehe auch Rechtsgrundsatz 1050. (Verordnung vom 14. Dezember 1833 § 1.)

Zehnter Abschnitt. Von den rechtlichen Folgen gesetzwidrig geschlossener Ehen.

§ **937**. Siehe Rechtsgrundsatz 507. (A. L. R. II. 1. § 951.)

§ **940**. Siehe Rechtsgrundsätze 461. 973. (A. L. R. II. 1. § 30.; Verordnung vom 30. Juni 1746.)

§ **951**. Klage der Staatsanwaltschaft von Amtswegen auf Nichtigkeitserklärung einer dem Wiederverheiratheten verbotenen Ehe. — Vergl. A. L. R. Einl. § 5., II. 1. §§ 25. 26. 673. 736. 937.; Hofreskript vom 11. März 1799; Verordnung vom 28. Juni 1844 § 54.

Rechtsgr. 507. — I. Senat. 17. März 1862. (XLIV. 244.)

Die Staatsanwaltschaft ist von Amtswegen zur Klage auf Nichtigkeitserklärung einer Ehe befugt, welche der eine Ehegatte gegen das Verbot in einem früheren Scheidungs-Urtheil mit dem andern Ehegatten eingegangen ist; das Hofreskript vom 11. März 1799 steht dieser Befugniß nicht entgegen.

§ **952**. Siehe Rechtsgrundsatz 460. (A. L. R. II. 1. § 30.)

§§ **962-965**. Siehe Rechtsgrundsatz 503. (A. L. R. II. 1. § 785.)

§§ **963-965**. Erklärung für den schuldigen Theil bei Nichtigkeit der Ehe. — Vergl. §§ 746. ff. dieses Titels.

Rechtsgr. 508. — I. Senat. 27. Oktober 1862. (XLVII. 107.)

Auch in Prozessen auf Nichtigkeits- und Ungültigkeitserklärung einer Ehe ist der Antrag: den Beklagten für den schuldigen Theil zu erklären, zulässig.

Elfter Abschnitt. Von den rechtlichen Folgen des unehelichen Beischlafs.

§ **1024**. Gemeinrechtliche exceptio plurium stupratorum. — Vergl. A. L. R. II. 2. §§ 610. ff.; Dig. 38. 16. Lex 3.; Cod. 5. 27. Lex 11.; Nov. 89. cap. 8.; Extra decr. Grat. 4. 7. cap. 5.

A. In Bezug auf die Ansprüche des unehelichen Kindes.

Rechtsgr. 509. — V. Senat. 17. September 1861. (XLIII. 76.)

Die exceptio plurium stupratorum schließt gemeinrechtlich die Alimentatsklage des unehelichen Kindes nicht aus.

B. Anwendung insbesondere für Neuvorpommern.

Rechtsgr. 510. — I. Senat. 11. September 1863. (LI. 82.)

Auch für Neuvorpommern gilt der gemeinrechtliche Grundsatz: daß der Einwand der mehreren Zuhalter die Klage auf Alimentation des unehelichen Kindes nicht beseitigt; ein entgegengesetztes Gewohnheitsrecht und Gerichtsgebrauch ist nicht nachzuweisen.

C. In Bezug auf den Anspruch der Geschwängerten.

Rechtsgr. 511. — I. Senat. 15. Juli 1863. (L. 194.)

Auch für Neuvorpommern ist der Satz:

Auch nach gemeinrechtlichen Grundsätzen kann Derjenige, welcher mit der Mutter eines unehelichen Kindes in der gesetzlichen Konzeptionszeit den Beischlaf vollzogen hat, sich von der Pflicht zur Alimentation nicht durch den Einwand befreien, daß die Mutter gleichzeitig noch anderen Männern den Beischlaf gestattet habe,

anwendbar und nicht anzuerkennen: daß die Einrede der mehreren Zuhalter jeden Anspruch der Geschwängerten auf Tauf-, Entbindungs- und Wochenbettkosten beseitigt.

§ 1077. Gesetzliche Konzeptionszeit bei unehelichen Kindern nach Neuvorpommerschem Provinzialrecht. — Vergl. Gesetz vom 24. April 1854 § 15.

Rechtsgr. 512. — I. Senat. 15. Juli 1863. (L. 195.)

In Neuvorpommern wird auch bei unehelichen Kindern als kürzester Zeitraum von der Konzeption bis zur Geburt der 180., nicht der 210. Tag angenommen.

Siehe auch Rechtsgrundsatz 730. (A. G. O. I. Einl. § 3.)

Titel 2. Von den wechselseitigen Rechten und Pflichten der Eltern und Kinder.

Erster Abschnitt. Von ehelichen Kindern.

§§ 1. 2. 6. 7. Beseitigung der Klage auf Illegitimitäts-Erklärung eines in der Ehe geborenen Kindes durch Anerkenntniß.

Rechtsgr. 513. — I. Senat. 13. November 1863. (LI. 217.)

a) Das von dem Ehemann abgegebene freiwillige und

ausdrückliche Anerkenntniß eines während der Ehe von seiner Ehefrau geborenen Kindes beseitigt die von ihm angestellte Illegitimitäts-Erklärung, ohne daß es zur Gültigkeit dieses Anerkenntnisses erforderlich ist, daß es einem Vertreter des Kindes gegenüber abgegeben und von diesem angenommen worden ist.

b) Die Wirksamkeit dieses Anerkenntnisses des Ehemannes wird durch den Beweis, daß er mit seiner Ehefrau innerhalb der gesetzlichen Konzeptionszeit den Beischlaf nicht vollzogen habe, nicht beseitigt.

Siehe auch Rechtsgrundsatz 1208. (Gesetz vom 24. April 1854 § 9. No. 2.)

§ **9.** Siehe Rechtsgrundsatz 800. (A. G. O. I. **16.** § 2. No. 4.)

§§ **58-60.** Uebergang der Standesrechte auf die Descendenten. — Vergl. A. L. R. II. **9.** §§ 3. ff.

Rechtsgr. **514.** — I. Senat. 21. Februar 1862. (XLIII. 349.)

Die §§ 58—60. II. 2. des Allgem. Landrechts ergeben, daß die Standesrechte des Vaters auf seine Kinder nur soweit übergehen, als sie durch Geburt fortgepflanzt werden; keineswegs gehören aber dahin solche Rechte und Vorzüge, welche mit der Verleihung einer amtlichen Charge verbunden sind.

Siehe auch Rechtsgrundsatz 12. (A. L. R. Einl. § 23.)

§ **63.** Siehe Rechtsgrundsatz 542. (A. L. R. II. **3.** § 15.)

Zweiter Abschnitt. Von den Rechten und Pflichten der Eltern und der aus einer Ehe zur rechten Hand erzeugten Kinder, so lange die letzteren unter väterlicher Gewalt stehen.

§§ **86.** ff. Siehe Rechtsgrundsatz 555. (A. L. R. II. **8.** § 300.)

§§ **125-131.** Vertragsfähigkeit der in väterlicher Gewalt befindlichen Kinder:

A. Verträge zwischen Eltern und Kindern, insbesondere Vermögens-Uebertragungs- und Leibzuchtsverträge, nach Gemeinem Recht. —

Vergl. A. L. R. I. 4. §§ 20-22., 5. §§ 11-13., II. 18. § 29.; Inst. 3. 19. §§ 9. 10.; Dig. 19. 1. Lex 13. § 29.

Rechtsgr. 515. — I. Senat. 23. Januar 1863. (XLVII. 307.)

Eltern, welche mit ihrem noch in der väterlichen Gewalt befindlichen Kinde einen Vertrag, namentlich einen Uebertragungs- und Leibzuchtsvertrag, abgeschlossen haben, können nach Gemeinem Rechte aus der mangelnden Vertretung des Kindes einen Grund zum Rücktritt vom Vertrage nicht herleiten.

B. Genehmigung der Verträge mündiger, in der väterlichen Gewalt stehender Kinder durch den Vater.

Rechtsgr. 516. — III. Senat. 27. Oktober 1862. (XLVII. 112.)

In den Fällen, in welchen die Genehmigung des Vaters mit Rücksicht auf den Gegenstand des Geschäfts genügt, um dem, von einem mündigen, unter seiner Gewalt stehenden Kinde geschlossenen Vertrage vollständige Gültigkeit zu verschaffen, bedarf es der Zuziehung eines Kurators und der richterlichen Approbation auch dann nicht, wenn der andere Kontrahent ebenfalls zu seinen Kindern gehört und seiner Einwilligung benöthigt ist.

Siehe auch Rechtsgrundsatz 519. 740. (A. L. R. II. 2. § 147.; A. G. O. I. 1. § 13.)

Dritter Abschnitt. Von dem eigenthümlichen Vermögen der Kinder.

§§ 147-159. Freies Vermögen der Kinder:

A. Analoge Anwendung dieser Gesetze; Verwaltung und Nießbrauch des Vaters an den seinem Kinde aus einer Familienstiftung zustehenden jährlichen Präbendengeldern. — Vergl. § 168. dieses Titels.

Rechtsgr. 517. — I. Senat. 13. Februar 1863. (XLIX. 82.)

Die Bestimmungen der §§ 147—155. II. 2. des Allg. Landrechts, — betreffend die Fälle des freien, dem väterlichen Nießbrauche nicht unterworfenen, Vermögens der Kinder, — sind einer analogen Anwendung nicht fähig.

Daher gehören die dem Kinde aus einer Familien-Stiftung zustehenden jährlichen Präbendengelder zu dessen nicht freiem, der Verwaltung und dem Nießbrauche des Vaters unterworfenen Vermögen.

B. Geldentschädigung wegen körperlicher Verletzung des Kindes.

Rechtsgr. 518. — IV. Senat. 10. Juli 1862. (XLV. 311.)

Das dem Kinde als Entschädigung für eine demselben zugefügte Verletzung gezahlte Kapital hat nicht die Natur des freien Vermögens.

C. Beweislast hinsichtlich der Vertrags- und Wechselfähigkeit eines Kindes unter väterlicher Gewalt mit Rücksicht auf freies Vermögen desselben. — Vergl. A. L. R. II. 1. §§ 125. 131. 165.; Allg. Deutsche Wechsel-Ordnung Art. 1.

Rechtsgr. 519. — IV. Senat. 27. Juni 1863. (L. 162.)

Die Vertragsfähigkeit eines unter väterlicher Gewalt stehenden Kindes in Betreff des freien Vermögens gilt nicht als Regel, sondern als Ausnahme. Es ist daher Sache Desjenigen, welcher ein unter der väterlichen Gewalt wenngleich großjähriges Kind aus einem von demselben geschlossenen Vertrage, insbesondere aus einem Wechsel, in Anspruch nimmt, nachzuweisen, daß dasselbe freies Vermögen besitze und in Ansehung desselben die Rechtshandlung vorgenommen habe.

§ **165**. Siehe Rechtsgrundsätze 519. 740. (A. L. R. II. 2. 147.; A. G. O. I. 1. § 13.)

§ **167**. Siehe Rechtsgrundsatz 488. (A. L. R. II. 1. § 389.)

§§ **168-171**. Uebernahme der Verbindlichkeit zur Zahlung einer Geldrente durch Erbvergleich seitens des Vaters zu Lasten seines in der väterlichen Gewalt befindlichen minderjährigen Sohnes. — Vergl. A. L. R. II. 2. §§ 279. ff., 18. §§ 419. 521. 989. 990.

Rechtsgr. 520. — I. Senat. 8. Februar 1864. (LII. 236.)

a) Bei der Anwendung des § 170. II. 2. des Allgem. Landrechts ist nicht schon die Eigenschaft eines Inbegriffs, sondern nur die Beschaffenheit und das Wesen der einzelnen Stücke dieses Inbegriffs maaßgebend.

b) Ein unter den Erben geschlossener Erbvergleich, durch welchen der unter väterlicher Gewalt stehende, von seinem Vater vertretene minderjährige Erbe verpflichtet wird, eine vom Nachlaß schuldige Geldrente zu zahlen, bedarf der vormundschaftlichen Bestätigung nicht.

Siehe auch Rechtsgrundsatz 517. (A. L. R. II. 2. § 147.)

§ 169. Eigenschaft der den Kindern ausdrücklich zur Sicherheit verschriebenen Kapitalien.

Rechtsgr. 521. — IV. Senat. 10. Juli 1862. (XLV. 311.)

Ein auf dem Grundstücke des Vaters ursprünglich für einen Dritten eingetragenes und hiernächst von dem Vater mittelst Cession für seinen Sohn erworbenes Kapital ist, auch nach erfolgter Eintragung dieser Cession, nicht ohne Weiteres für ein dem Kinde ausdrücklich zur Sicherheit besonders verschriebenes Kapital zu erachten.

§ 171. Siehe Rechtsgrundsatz 483. (A. L. R. II. 1. § 378.)

§ 179. Siehe Rechtsgrundsatz 977. (Pommersche Bauern-Ordnung vom 30. Dezember 1764 Tit. 4. § 2.)

§ 203. Siehe Rechtsgrundsatz 488. (A. L. R. II. 1. § 389.)

§ 206. Verlust des väterlichen Nießbrauchsrechts an dem nicht freien Vermögen der Kinder durch Eröffnung des Konkurses oder sonstiges Unvermögen.

Rechtsgr. 522. — III. Senat. 13. April 1863. (XLIX. 153.)

In den Fällen des § 206. II. 2. des Allgem. Landrechts, — wenn der Vater in Konkurs verfällt oder sonst außer Stande kommt, die Kinder standesmäßig zu erziehen, — tritt der Verlust des väterlichen Nießbrauchs an dem nicht freien Vermögen der Kinder sofort von Rechtswegen als unmittelbare Folge des Konkurses und des Unvermögens ein.

Vierter Abschnitt. Von Aufhebung der väterlichen Gewalt.

§ **210.** Entlassung aus der väterlichen Gewalt durch Beschäftigung in dem Bureau eines Rechtsanwalts. — Vergl. § **212a.** dieses Titels; Verordnung vom **14.** Dezember **1833** § **4.** No. **1. 2.**

Rechtsgr. **523.** — **IV.** Senat. 7. Januar **1864.** (**LI. 340.**)

a) Die zufolge mündlichen Vertrages erfolgte Beschäftigung in dem Bureau eines Rechtsanwalts als Privat-Sekretär gegen ein, die Mittel zum Lebensunterhalt gewährendes monatliches Gehalt kann in der Regel als ein, die Entlassung aus der väterlichen Gewalt begründendes eigenes Gewerbe nicht angesehen werden.

b) Die Feststellung, daß eine solche Beschäftigung nicht als ein derartiges Gewerbe anzusehen sei, stellt sich als eine rein thatsächliche, mit der Nichtigkeitsbeschwerde nicht anfechtbare Feststellung dar.

§§ **212a. 212b.** und Anhang § **90.** zu § **212b.** Begriff eines öffentlichen Amts; Erlöschung der väterlichen Gewalt durch Uebernahme eines öffentlichen Amts; Wechselfähigkeit der Gerichts-Assessoren. — Vergl. Allgem. Deutsche Wechsel-Ordnung Art. **1.**; Verordnung vom **2.** Januar **1849** § **36.**

Rechtsgr. **524.** — **IV.** Senat. 24. und 29. Oktober **1861.** (**XLIII. 155.**)

a) Ein Gerichts-Assessor, welcher einem Gerichte, wenngleich als unbesoldetes Mitglied und zur Zeit ohne volles Stimmrecht, überwiesen worden ist, bekleidet ein öffentliches Amt im Sinne des § 212a. II. 2. des Allg. Landrechts.

b) Durch das Bekleiden eines öffentlichen Amtes schlechthin und ohne Rücksicht darauf, ob damit eine Besoldung verbunden ist oder nicht, hört die väterliche Gewalt über den großjährigen Sohn auf; der § 90. des Anhangs zum Allgem. Landrecht findet auf Civil-Aemter keine analoge Anwendung.

c) Daher ist ein großjähriger Gerichts-Assessor nach erfolgter Ueberweisung an ein bestimmtes Gericht als unbesoldetes Mitglied und mit beschränktem Stimmrecht für wechselfähig zu erachten.

Siehe auch Rechtsgrundsatz 523. (§ 210. dieses Titels.)

§§ 216. 218. Begründung des Wohnsitzes eines Minderjährigen durch Meldung bei der Ortspolizei-Obrigkeit zur Niederlassung. — Vergl. A. L. R. II. 18. § 724.; Heimathsgesetz vom 31. Dezember 1842 No. 4.; Armenpflege-Gesetz vom 31. Dezember 1842 § 1. No. 2.

Rechtsgr. 525. — I. Senat. 22. März 1861. (XLI. 96.)

Zur Begründung des Wohnsitzes durch Meldung bei der Ortspolizei-Obrigkeit zur Niederlassung ist die Großjährigkeit nicht, sondern überhaupt nur die freie selbstständige Dispositions- und Ernährungsfähigkeit wesentlich erforderlich.

Daher steht die Minderjährigkeit des für majorenn Erklärten oder des der väterlichen Gewalt Entlassenen der Erwerbung jenes Wohnsitzes nicht entgegen.

§ 229. Siehe Rechtsgrundsatz 483. (A. L. R. II. 1. § 378.)

§ 231. Anfang der Verzinsung des nach aufgehobener väterlicher Gewalt herauszugebenden nicht freien Vermögens der Kinder. — Vergl. A. L. R. I. 16. §§ 64-67., II. 1. §§ 544. ff., 2. § 276.

Rechtsgr. 526. — I. Senat. 13. Februar 1863. (XLIX. 83.)

Die Verbindlichkeit des Vaters zur Verzinsung des nach aufgehobener väterlicher Gewalt den Kindern herauszugebenden, seinem Verwaltungs- und Nießbrauchsrechte unterworfen gewesenen, in einer bestimmten Geldsumme bestehenden Vermögens tritt mit dem Ablauf des Quartals ein, in welchem die väterliche Gewalt ihr Ende erreicht.

§ 252. Pflicht zur Alimentirung hülfsbedürftiger Eltern mit Rücksicht auf die gütergemeinschaftliche Ehe des Verpflichteten.

Rechtsgr. 527. — I. Senat. 31. Januar 1862. (XLV. 48.)

Die gesetzliche Pflicht eines Kindes zur Alimentation hülfsbedürftiger Eltern geht nach Verheirathung des Kindes auf das gütergemeinschaftliche Vermögen dieser Ehe auch dann über, wenn die Hülfsbedürftigkeit erst während dieser Ehe sich hervorgethan hat.

Fünfter Abschnitt. Von der Erbfolge der Kinder und anderer Verwandten in absteigender Linie.

§ 271. Siehe Rechtsgrundsatz 651. (A. L. R. II. 18. § 35.)
§ 276. Siehe Rechtsgrundsatz 526. (A. L. R. II. 2. § 231.)
§§ 279. ff. Siehe Rechtsgrundsatz 520. (A. L. R. II. 2. § 168.)
§§ 303. 327. Siehe Rechtsgrundsatz 247. (A. L. R. I. 11. § 1042.)
§§ 378-380a. Natur und formelle Gültigkeit letztwilliger Verordnungen der Eltern unter ihren Kindern. — Vergl. § 431. dieses Titels.

Rechtsgr. 528. — I. Senat. 7. November 1862. (XLVIII. 56.)

Die Natur der privilegirten letztwilligen Verordnung der Eltern unter ihren Kindern im Sinne des § 380a. II. 2. des Allg. Landrechts und ihre formelle Gültigkeit wird dadurch nicht geändert, daß die Theilung unter den Kindern in der Art angeordnet wird, daß Eins derselben den ganzen Nachlaß als Universal-Successor oder Universal-Erbe erhalten und die anderen Kinder mit bestimmten Summen und Leistungen wegen ihres Erbtheils abfinden soll, daß mithin solchergestalt jenem gegenüber die übrigen Geschwister nach § 263. I. 12. des Allg. Landrechts nur als Legatarien zu betrachten sind.

Siehe auch Rechtsgrundsatz 651. (A. L. R. II. 18. § 35.)

§ 380a. Divisio parentum inter liberos.

Rechtsgr. 529. — V. Senat. 25. Juni 1861. (XLII. 197.)

Gegen eine divisio parentis inter liberos, in welcher nur die Intestat-Erbfolge regulirt wird, findet hinsichtlich derjenigen Pflichttheils-Berechtigten, welche sich durch sie im Pflichttheil für verletzt halten, nur die Klage auf Ergänzung des Pflichttheils statt.

§§ 391. ff. Vererblichkeit der Pflichttheilsklage, nach Preußischem Rechte. — Vergl. A. L. R. Einl. § 103., II. 2. §§ 501. ff. 591 ff.

Rechtsgr. 530. — I. Senat. 16. Dezember 1861. (XLIII. 276.)

Nach Preußischem Rechte geht die Klage auf Ergänzung des Pflichttheils auf die Erben des Pflichttheils-Berechtigten über.

Siehe auch Rechtsgrundsätze 533. 1027. (A. L. R. II. 2. § 521.; Gesetz vom 4. Juli 1822 § 1.)

§ **398**. Siehe Rechtsgrundsätze 531. 533. (A. L. R. II. **2**. §§ 432. 521.)
§ **431**. Siehe Rechtsgrundsatz 528. (A. L. R. II. **2**. § 378.)
§§ **432-435**. Passivlegitimation bei der Pflichttheilsklage. — Vergl. A. L. R. II. **2**. § 398., **18**. Anh. § **164**. zu 574.

Rechtsgr. 531. — I. Senat. 30. September 1861. (XLIII. 133.)

Die Pflichttheilsklage auf Herausgabe des unbelasteten Pflichttheils ist, wenn der Pflichttheil in dem Testamente des Erblassers zum Vortheile eines Legatars belastet worden und in dessen Besitz sich befindet, nicht gegen die Testamentserben, sondern gegen diesen Legatar zu richten.

Siehe auch Rechtsgrundsätze 1027. 1228. (Gesetz vom 4. Juli 1822 § 1.; Gesetz vom 4. Juni 1856 § 1.)

§ **436**. Siehe Rechtsgrundsatz 1027. (Gesetz vom 4. Juli 1822 § 1.)
§ **440**. Rechtliche Natur der zweijährigen Frist zur Anstellung der Pflichttheilsklage des enterbten Kindes. — Vergl. A. L. R. I. **9**. § 502.)

Rechtsgr. 532. — I. Senat. 30. September 1861. (XLIII. 133.)

Die zweijährige Frist des § 440. II. 2. des Allg. Landrechts zur Anfechtung des elterlichen Testaments seitens des enterbten Kindes ist keine bloße Erklärungs-, sondern eine Verjährungsfrist.

§§ **441**. **442**. Siehe Rechtsgrundsatz 1027. (Gesetz vom 4. Juli 1822 § 1.)

Sechster Abschnitt. Von der Erbfolge der Eltern und anderer Verwandten in aufsteigender Linie.

§ **501**. Siehe Rechtsgrundsatz 530. (A. L. R. II. **2**. § 391.)

Siebenter Abschnitt. Von der Pupillar-Substitution.

§§ **521-523**. Gegenstand der Pupillar-Substitution; Pflichttheil des Kindes. — Vergl. A. L. R. I. **12**. § 53., II. **2**. §§ **391**. **398**. 530. **544**.

Rechtsgr. **533**. — I. Senat. 25. März 1861. (XLI. 109.)

a) Bei der Pupillar-Substitution des Vaters ist der väterliche Pflichttheil und das denselben übersteigende Vermögen des Vaters zu trennen. In Ansehung des Pflichttheils ist der § 522. II. 2. des Allgem. Landrechts, in Ansehung des den Pflichttheil übersteigenden Vermögens ist der § 521. daselbst maaßgebend.

b) Aus den §§ 521—523. a. a. O. ergiebt sich der Sinn: daß jeder der beiden Eltern substituiren kann, und zwar fideikommissarisch gleich jedem anderen Erblasser über das von ihm herrührende Erbe mit Ausschluß des Pflichttheils, pupillarisch über den Pflichttheil, außerdem der Vater allein pupullarisch über das sonstige Vermögen des Unmündigen.

§§ **530**. Gesetzlicher Erbtheil aus diesem Gesetze.

Rechtsgr. **534**. — I. Senat. 25. März 1861. (XLI. 109.)

Unter den Worten des § 530. II. 2. des Allg. Landrechts „gesetzlicher Erbtheil“ ist nicht der Pflichttheil, sondern die Intestat-Portion zu verstehen.

Siehe auch Rechtsgrundsatz 533. (A. L. R. II. **2**. § 521.)

§ **544**. Siehe Rechtsgrundsatz 533. (A. L. R. II. **2**. § 521.)

Neunter Abschnitt. Von den aus unehelichem Beischlaf erzeugten Kindern.

§§ **591**. ff. Siehe Rechtsgrundsatz 530. (A. L. R. II. **2**. § 391.)

§§ **596**. ff. Legitimation eines unehelichen Kindes durch nachfolgende Ehe.

Rechtsgr. **535**. — I. Senat. 14. März 1862. (XLV. 129.)

Die Legitimation eines unehelichen Kindes durch nachfolgende Ehe kann auch nach Wiederauflösung der Ehe durch den Tod der Mutter durch einseitiges Anerkenntniß seitens des Vaters erfolgen.

Siehe auch Rechtsgrundsatz 1208. (Gesetz vom 24. April 1854 § 9. No. 2.)

§§ 610. ff. Siehe Rechtsgrundsätze 510-512. (A. L. R. II. 1. § 1024.)

§§ 622-624. Recht des Vaters eines unehelichen Kindes auf dessen Selbsterziehung.

Rechtsgr. 536. — I. Senat. 7. Januar 1863. (XLVII. 293.)

Das Recht des Vaters eines unehelichen Kindes, die Herausgabe desselben zur eigenen Verpflegung und Erziehung zu fordern, hängt von der vorgängigen Kognition des Vormundschaftsgerichts nicht ab.

§§ 626. 627. Festsetzung der Höhe der Alimente eines unehelichen Kindes durch den Richter. — Vergl. Instruktion vom 7. April 1839 No. 12.

Rechtsgr. 537. — I. Senat. 24. April 1863. (XLVIII. 330.)

Die Höhe der Alimente eines unehelichen Kindes kann auch nach den allgemeinen Erfahrungen des bürgerlichen Lebens durch den Richter, und nicht blos durch das Gutachten von Sachverständigen ermessen werden.

§ 656. Siehe Rechtsgrundsatz 255. (A. L. R. I. 12. § 526.)

Elfter Abschnitt. Von der Einkindschaft.

§§ 720. 734. ff. 747. 748. Einkindschaftsvertrag:
A. Gemeinrechtliche Natur des Einkindschaftsvertrages.

Rechtsgr. 538. — V. Senat. 7. Januar 1862. (XLV. 10.)

Gemeinrechtlich stellt der Einkindschafts-Vertrag für sich einen Erbvertrag mit der Wirkung, daß dem Stiefparens dadurch zu Gunsten des unirten Vorkindes das Testamentsrecht benommen oder beschränkt werde, nicht dar. Vielmehr tritt das unirte Vorkind nur zu dem Stiefvater oder der

Stiefmutter in das Verhältniß eines leiblichen Kindes, und muß demselben daher der Pflichttheil hinterlassen werden.

B. Wesen und rechtlicher Charakter des gemeinrechtlichen Einkindschaftsvertrages; Testirfähigkeit des Stiefparens der Vorkinder und Testirfreiheit der leiblichen Eltern der Nachkinder. — Vergl. Eichhorn, Einleitung in das deutsche Privatrecht § 348.; Beseler, Lehre von den Erbverträgen Th. 2. Bd. 2. § 21. S. 186.; Philipps, Deutsches Privatrecht § 149.; Hildebrand, von der Einkindschaft, in Beseler, Reyscher und Wilda's Zeitschrift für deutsches Recht, Bd. 10. S. 430.; Gengler, Deutsches Privatrecht, Bd. 2. § 173. S. 895.; Seibertz, die Statutar- und Gewohnheitsrechte des Herzogthums Westphalen, S. 172.

Rechtsgr. 539. — I. Senat. 28. November 1862. (XLVIII. 99.)

a) Die gemeinrechtliche Einkindschaft ist nach ihrer Natur und in ihrem nächsten Zwecke auch in vermögensrechtlicher Beziehung kein bloßer Erbvertrag.

Das Mittel zur Erreichung jenes Zweckes besteht vielmehr in dem eigenthümlichen Institut der vertragsmäßigen Bildung der neuen einkindschaftlichen Gütergemeinschaft, in deren Masse die vorehelichen Kinder — abgesehen von einem Voraus — ihren Schichttheil unabgetheilt belassen, und der Stiefparens — abgesehen von einem Reservat — sein Vermögen bringt.

Die rechtlichen Wirkungen dieser einkindschaftlichen Gütergemeinschaft bestimmen sich, nach Maaßgabe der lokalen ehelichen Gütergemeinschaft, ebenso, als ob die Vorkinder leibliche Kinder des Stiefparens wären, so daß durch diese Fiktion zugleich in diesem Sinne die Gleichstellung der Vorkinder und Nachkinder in Beziehung auf ihre künftige Erbrechte herbeigeführt wird.

b) Die Gleichstellung der Vorkinder mit den Nachkindern führt demnach nur dahin, den Vorkindern dasselbe Notherbrecht zuzugestehen, nicht aber dahin, dem Stiefparens alle Testirfähigkeit abzusprechen.

c) In dem Wesen des Einkindschaftsvertrages ist dagegen keine vertragsmäßige Stipulation für die Nachkinder zu finden, wodurch ihre leiblichen Eltern ihrer sonst statthaften Testirfähigkeit sich begeben hätten.

Titel 3. Von den Rechten und Pflichten der übrigen Mitglieder einer Familie.

§§ 15. 16. Pflicht zur gegenseitigen Unterstützung der Geschwister:
A. Pflicht zur Alimentirung hülfsbedürftiger Geschwister mit Rücksicht auf die gütergemeinschaftliche Ehe des Verpflichteten. — Vergl. A. L. R. II. 1. §§ 389. 391.)

Rechtsgr. 540. — I. Senat. 31. Januar 1862. (XLV. 49.)

Die zur Selbsternährung unfähigen Geschwister können von ihrer vermögenden Schwester nothdürftigen Unterhalt auch dann fordern, wenn dieselbe in einer gütergemeinschaftlichen Ehe lebt und die Hülfsbedürftigkeit erst während dieser Ehe hervorgetreten ist.

B. Verpflichtung zur Gewährung des nothdürftigen Unterhalts verarmter Geschwister seitens der in einer Dotalehe lebenden vermögenden Schwester. — Vergl. A. L. R. II. 1. §§ 205. 206. 208. 210. 231. 318. 391.

Rechtsgr. 541. — I. Senat. 31. März 1862. (XLIV. 283.)

Die verarmten Geschwister können auch bei einer Dotalehe ihrer Schwester die Gewährung des nothdürftigen Unterhaltes aus dem eingebrachten Vermögen derselben verlangen, ihre Verarmung mag vor oder nach Eingehung dieser Ehe eingetreten sein.*

C. Begründung der Klage einer hülfsbedürftigen Ehefrau gegen ihre Geschwister auf Unterstützung. — Vergl. A. L. R. II. 1. §§ 185. 186., 2. § 63.

Rechtsgr. 542. — I. Senat. 2. Dezember 1861. (XLIV. 101.)

Zur Begründung der Klage einer hülfsbedürftigen Ehe-

* Vergl. dagegen Bd. 2. S. 223. No. 601. dieser Rechtsgrundsätze.

frau gegen ihre Geschwister auf Unterstützung ist der Nachweis erforderlich, daß dieselbe bereits im Wege Rechtens ihren Ehemann auf Alimentation belangt habe, dessen Vermögen und Erwerbskräfte aber nicht ausreichen, ihr den nothwendigen Unterhalt zu gewähren.

Titel 4. Von gemeinschaftlichen Familienrechten.

§§§ 29. ff. Familienstiftungen:

A. Verlautbarung, Bestätigung und Verjährung der Familienfideikommisse. — Vergl. A. L. R. I. 9. §§ 512. 518., II. 4. § 62.

Rechtsgr. 543. — III. Senat. 10. März 1862. (XLV. 111.)

a) Für die Errichtung von Familienfideikommissen ist die Verlautbarung und Bestätigung in gleichem Maaße nothwendig, wie bei Familienstiftungen.

b) Unter der Verlautbarung des § 32. II. 4. des Allg. Landrechts ist auch die Bestätigung zu verstehen.

c) Der § 32. a. a. O. hemmt so lange die Verfolgung der stiftungsmäßigen Rechte vor Gericht, als die Stiftungs-Urkunde nicht verlautbart und bestätigt ist.

B. Rechtliche Existenz einer Familienstiftung; Verlautbarung der Stiftungs-Urkunde über dieselbe; Aktiv- und Passivlegitimation des Kurators der Stiftung zur Vertretung der Stiftung in Prozessen; Einfluß des Streites über die zur Stiftung gewidmeten Gegenstände auf die Existenz der Stiftung. — Vergl. Kabinets-Order vom 23. Mai 1845.

Rechtsgr. 544. — I. Senat. 15. April 1864. (LII. 355.)

a) Die Vorschrift des § 30. II. 4. des Allgem. Landrechts, — betreffend die Besorgung der Verlautbarung der Stiftungs-Urkunde über eine Familienstiftung durch den Vorsteher der Familie, — kann nur als eine Verpflichtung des Vorstehers, die Verlautbarung zu besorgen, nicht aber dahin aufgefaßt werden, daß dieser unter allen Umständen und selbst gegen den ausgesprochenen Willen des Stifters der zur Verlautbarung allein Berechtigte sei, und daß also, wenn das zur Bestätigung einer Familienstiftung kompetente Gericht die Vornahme der Verlautbarung durch eine andere Person für zulässig oder geboten erachte, ohne Unterschied der Fälle die Stiftung, der vom kompetenten Richter erfolgten Bestätigung ungeachtet, rechtsungültig sei.

b) Ist die Stiftung durch die erfolgte Bestätigung der Stiflungs-Urkunde Seitens des kompetenten Richters einmal als juristische Person ins Leben getreten, so besteht sie auch so lange fort, bis sie für ungültig erklärt worden ist, oder sonst rechtliche Existenz zu haben aufgehört hat, und bis dahin ist der, von der mit der Verwaltung und Oberaufsicht der Stiftung betrauten Behörde bestellte Kurator derselben zu ihrer Verwaltung ebenso aktiv wie passiv legitimirt.

c) Der Umstand, daß Streit unter den Parteien darüber obwaltet, aus welchen Gegenständen nach der letztwilligen Verordnung des Stifters die Stiftung bestehen solle, steht der sofortigen rechtlichen Existenz der Stiftung und der Aktivlegitimation des Kurators der Stiftung nicht entgegen.

§§ **32**. **62**. Siehe Rechtsgrundsatz 543. (A. L. R. II. 4. § 29.)

Titel 5. Von den Rechten und Pflichten der Herrschaften und des Gesindes.

§§ **177**. ff. Hausoffizianten:

A. Begriff eines Hausoffizianten; Nichtanwendbarkeit dieses Begriffs auf Oekonomie-Oberverwalter. — Vergl. A. L. R. I. **5**. §§ **408**. ff., **11**. §§ 869. ff., **14**. §§ 109. ff., II. **5**. § 186.; Gesinde-Ordnung vom 8. November 1810 §§ 1. ff. 160. 163.

Rechtsgr. **545**. — I. Senat. 7. April 1862. (**XLV**. 177.)

a) Der Begriff eines Hausoffizianten setzt eine vertragsmäßige Beschränkung der demselben übertragenen Verwaltung und ein persönliches Abhängigkeitsverhältniß zu dem Prinzipale oder Gutsherrn voraus.

b) Daher ist der Oekonomie-Oberverwalter eines Gutes, wenn der schriftliche Vertrag weder eine solche Beschränkung der Verwaltung auf bestimmte Geschäfte in der Haushaltung oder Wirthschaft, oder der Aufsicht über einen Theil derselben, noch ein persönliches Anhängigkeitsverhältniß erkennen läßt, als Hausoffiziant nicht anzusehen.

B. Rechtsverhältnisse eines Wirthschaftsinspektors. — Vergl. Gesinde-Ordnung vom 8. November 1810 § 118.

Rechtsgr. 546. — I. Senat. 29. November 1863. (XLIII. 221.)

Die Verhältnisse des Wirthschafts-Inspektors eines Gutes sind nach den für das Landgesinde gegebenen Vorschriften zu beurtheilen.

Siehe auch Rechtsgrundsatz 1007. (Gesinde-Ordnung vom 8. November 1810 § 118.)

§ 180. Entlassung eines Hausoffizianten mit Ablauf eines Vierteljahres.

Rechtsgr. 547. — I. Senat. 9. September 1861. (XLII. 306.)

Unter den Worten des § 180. II. 5. des Allgem. Landrechts: „mit Ablauf eines jeden Vierteljahres" ist das Kalender-Quartal zu verstehen.

§ 186. Siehe Rechtsgrundsätze 545. 1007. (A. L. R. II. 5. § 177.; Gesinde-Ordnung vom 8. November 1810 § 118.)

Titel 6. Von den Gesellschaften überhaupt, und von den Korporationen und Gemeinden insonderheit.

§§ 11-14. Siehe Rechtsgrundsätze 549. 550. (A. L. R. II. 6. §§ 94. 136.)

§§ 25. 26. Fortdauernder gemeinnütziger Zweck als Kriterium der Eigenschaft einer staatlich genehmigten Gesellschaft als Korporation, insbesondere nach dem Gemeinen Rechte und hinsichtlich der vor Einführung des Allgem. Landrechts staatlich genehmigten Gesellschaften.

Fortbestand der in vorlandrechtlicher Zeit existirt habenden Korporationen, insbesondere einer Schützengilde. — Vergl. A. L. R. II. 8. §§ 180. 182. 191. 192.; Dig. 3. 4. Lex 1., 47. 22. Lex 1. 2. 3.

Rechtsgr. 548. — II. Senat. 23. April 1861. (XLI. 191.)

a) Auch nach dem Gemeinen Rechte erlangt eine vom Staate genehmigte Gesellschaft nur dann die Rechte einer Korporation, wenn sie sich zu einem fortdauernden gemeinnützigen Zwecke verbunden hat, und ist dies Kriterium auch auf die vor Einführung des Allgem. Landrechts staatlich genehmigten Gesellschaften anwendbar.

b) Der rechtliche Fortbestand der schon zur vorlandrechtlichen Zeit existirt habenden Korporationen, z. B. einer Schützengilde, ist nicht durch den Nachweis einer ausdrücklichen landesherrlichen Verleihung bedingt.

§§ 33. Siehe Rechtsgrundsätze 553. 598. (A. L. R. II. 7. § 37., 11. § 710.)

§ 50. Siehe Rechtsgrundsätze 348. 596. (A. L. R. I. 17. § 4., II. 11. § 691.)

§§ 53. 54. Siehe Rechtsgrundsatz 550. (A. L. R. II. 6. § 136.)

§ 72. Siehe Rechtsgrundsätze 348. 596. (A. L. R. I. 17. § 4., II. 11. § 691.)

§ 81. Siehe Rechtsgrundsatz 433. (A. L. R. I. 21. § 187.)

§ 82. Siehe Rechtsgrundsatz 75. (A. L. R. I. 6. § 50.)

§§ 94. 105. Solidarische Verhaftung einzelner Mitglieder der Korporation für ein der Korporation von einem Dritten gegebenes Darlehn. — Vergl. A. L. R. I. 11. §§ 733. 734., II. 6. § 12., 7. § 19.

Rechtsgr. 549. — IV. Senat. 26. September 1861. (XLIII. 113.)

Bei dem, einer Korporation, z. B. einer Dorfgemeinde, gegebenen Darlehne sind die einzelnen Mitglieder der Korporation persönlich unmittelbar für die Rückzahlung des Darlehns einzustehen verpflichtet, wenn sie in rechtsgültiger Form die persönliche Verpflichtung zu dieser Rückzahlung, gleich einem Darlehnsempfänger, übernommen haben.

§ 136. Innere Angelegenheiten der Korporationen und Gesellschaften;

Beschlußnahme über die Anstellung eines Prozesses und die Bestellung eines Bevollmächtigten. — Vergl. §§ 11-14. 53. 54. dieses Titels.

Rechtsgr. 550. — II. Senat. 7. Mai 1861. (XLII. 66.)

Die Beschlußfassung darüber: ob Namens der Gesellschaft ein Prozeß geführt, ob ein Bevollmächtigter mit der Führung beauftragt werden soll, und die Auswahl der Person des Bevollmächtigten gehört zu den inneren Angelegenheiten der Gesellschaft.

§§ 182-184. Austritt aus einer Religionspartei. — Vergl. A. L. R. II. 11. §§ 41. 42.

Rechtsgr. 551. — I. Senat. 29. April 1861. (XLI. 201.)

Die für den Austritt aus Korporationen geltenden allgemeinen Vorschriften, — nach welchen der Vorsatz zum Austreten dem Vorsteher der Gesellschaft angezeigt und der Austritt selbst bis zum Ablauf des in dem § 184. II. 6. des Allgem. Landrechts bezeichneten Zeitraums ausgesetzt werden muß, — finden auf den Wechsel der Religionspartei und den damit verbundenen Austritt keine Anwendung.

Titel 7. Vom Bauerstande.

Zweiter Abschnitt. Von Dorfgemeinden.

§ 19. Siehe Rechtsgrundsatz 549. (A. L. R. II. 6. § 94.)

§ 31. Siehe Rechtsgrundsätze 552. 553. (A. L. R. II. 7. § 37.)

§§ 37. ff. Gemeindelasten:

A. Natur einer Gemeindelast; nichtbestehende Eigenschaft des Militärvorspanns als Gemeindelast. — Vgl. Regulativ vom 29. Mai 1816 §§ 1-3.; Kabinets-Orders vom 5. Januar 1820 und 14. Juli 1831; Verordnungen vom 10. Mai 1844 und 5. Juni 1852 § 25.; A. L. R. II. 7. §§ 31. 55.; Edikt vom 28. Oktober 1810 §§ 1-5.

Rechtsgr. 552. — II. Senat. 8. Oktober 1863. (L. 316.)

a) Als Gemeindelasten sind nicht blos diejenigen anzusehen, welche lediglich in dem unmittelbaren Interesse der Gemeinde zu leisten sind; vielmehr sind auch solche Lasten, welche den Gemeinden im öffentlichen Interesse gesetzlich auferlegt sind, oder welche aus speziellen Rechtstiteln etwa von ihnen übernommen werden, den Gemeindelasten beizuzählen, sofern dieselben von den Mitgliedern der Gemeinde im engeren oder weiteren Sinne nach der Ortsverfassung geleistet werden müssen.

b) Der Militärvorspann ist keine Gemeindelast. Der Besitzer von Zugvieh hat vielmehr als solcher die Last zu tragen.

B. Verjährung und Observanz in Betreff der Verpflichtung zu Gemeindelasten, insbesondere hinsichtlich der Wegebaulast in Ostpreußen. — Vergl. A. L. R. Publikations-Patent vom 5. Februar 1794 § 7., II. 6. § 33., 7. §§ 31. 39. 43.; Ostpreußisches Provinzialrecht, Publikations-Patente vom 4. August 1801 § 3. und 6. März 1802.

Rechtsgr. 553. — II. Senat. 16. Juli 1863. (L. 200.)

a) Der § 37. II. 7. des Allgem. Landrechts enthält kein Verbotsgesetz dahin, daß die dort gedachten Gemeindelasten von allen Mitgliedern der Gemeinde getragen werden müßten, von blos einzelnen Mitgliedern aber nicht getragen werden dürften.

Es kann daher auch eine davon abweichende Regel durch Verjährung und Observanz gebildet werden.

b) Seit der Publikation des Ostpreußischen Provinzialrechts hat eine Observanz, welche von den Vorschriften dieses Gesetzbuches und des Allgem. Landrechts abweichen, rechtsgültig nicht mehr entstehen können.

c) Daher ist insbesondere eine von der Regel des § 37. II. 7. des Allgem. Landrechts in Betreff der Wegebaulast der Mitglieder einer Gemeinde abweichende Observanz an einem Orte unter der Herrschaft des Ostpreußischen Provinzialrechts unzulässig.

Siehe auch Rechtsgrundsätze 600. 965. (A. L. R. II. 11. § 714.; Magdeburger Polizei-Ordnung vom 3. Januar 1668 Kap. 9. Abschn. 1. §. 4.)

§§ 39. 43. Siehe Rechtsgrundsatz 553. (§ 37. dieses Titels.)
§ 55. Siehe Rechtsgrundsatz 552. (A. L. R. II. 7. § 37.)
§ 61. Siehe Rechtsgrundsatz 1227. (Gesetz vom 14. April 1856 § 2.)
§§ 82. 83. 86. Siehe Rechtsgrundsatz 580. (A. L. R. II. 10. § 82.)

Sechster Abschnitt. Von den Diensten der Unterthanen.

§§ 314. 338. Ungemessene Dienste. — Vergl. Ablösegesetz vom 2. März 1850 §§ 10. 11.

Rechtsgr. 554. — II. Senat. 1. Mai 1862. (XLVI. 74.)

Die auf Verlangen des Gutsherrn alltäglich mit einer oder zwei Personen zu jeder landwirthschaftlichen Verrichtung zu leistenden Dienste sind für ungemessene Dienste zu erachten, und die, zum Theil durch die Jahreszeiten gebotene Beschränkung der Arbeitszeit auf gewisse Stunden, sowie die Beschränkung der Dienstleistung auf eine bestimmte Anzahl von Personen ist nicht als ein bestimmtes Arbeitsmaaß anzusehen, noch auch ist die, durch die Zahl sämmtlicher Jahrestage gebotene Begrenzung der Arbeitstage einer Bestimmung der Arbeit nach Tagen gleich zu stellen.

Titel 8. Vom Bürgerstande.

Zweiter Abschnitt. Von Städten und Stadtgemeinden.

§ 126. Siehe Rechtsgrundsatz 1117. (Gesetz No. 3256. über die Polizei-Verwaltung vom 11. März 1850 §§ 1-3.)
§§ 130. 131. Siehe Rechtsgrundsatz 614. (A. L. R. II. 14. § 78.)

Dritter Abschnitt. Von Handwerken und Zünften.

§§ 179. 180. Siehe Rechtsgrundsätze 548. 1079. (A. L. R. II. 6. § 25.; Gesetz vom 31. März 1838 § 1. No. 1.)
§§ 182. 191. 192. Siehe Rechtsgrundsatz 548. (A. L. R. II. 6. § 25.)
§§ 298-300. Züchtigungsrecht über Lehrlinge. — Vergl. A. L. R. II. 2. §§ 86. ff.; Gewerbe-Ordnung vom 17. Januar 1845 §§ 151. 153. 190.

Rechtsgr. 555. — Senat für Strafsachen, Abth. II. 25. Sept. 1861. (XLVI. 239.)

Das in dem § 300. II. 8. des Allgem. Landrechts dem Meistergesellen beigelegte Recht, bei Verhinderung des Lehrherrn in Gewerkssachen den Lehrling mäßig zu züchtigen, ist durch die Gewerbe-Ordnung vom 17. Januar 1845 für aufgehoben zu erachten.

Vierter Abschnitt. Von Künstlern und Fabrikanten.

§ **407.** Siehe Rechtsgrundsätze 556. 868. (A. L. R. II. 8. § 475.; Konkurs-Ordnung vom 8. Mai 1855 § 113.)

§§ **408. 413.** Siehe Rechtsgrundsatz 556. (A. L. R. II. 8. § 475.)

Siebenter Abschnitt. Von Kaufleuten.

§ **475.** Kaufmännischer Geschäftsverkehr:

A. Begriff desselben; Stempelpflichtigkeit der im kaufmännischen Verkehr vorkommenden Kauf- und Lieferungs-Verträge. — Vgl. A. L. R. II. 8. §§ 407. 408. 413.; Code de commerce art. 1. 632.; Stempelgesetz vom 7. März 1822 §§ 2. 3. Litt. i.; Kabinets-Order vom 30. April 1847; Gesetz vom 24. Mai 1861.

Rechtsgr. 556. — V. Senat. 23. Februar 1864. (LII. 265.)

a) Unter „kaufmännischen Verkehr" ist derjenige Verkehr zu verstehen, wie er gewöhnlich unter Kaufleuten vorzukommen pflegt, d. h. ein solcher, welcher im Ankauf eines beweglichen Gegenstandes zum Zweck des Wiederverkaufes desselben, als einer Waare, besteht, im Gegensatz zum Ankauf beweglicher Gegenstände, welche bestimmt sind, in der Haushaltung, in der Wirthschaft oder in dem Gewerbe des Ankäufers selbst verwendet zu werden.

b) Dieser Begriff des „kaufmännischen" Verkehrs schließt die Fälle nicht aus, in denen der angekaufte Gegenstand vor dem Wiederverkauf erst verfeinert oder sonst bearbeitet werden soll, um in der ihm hierdurch erst gegebenen Form oder Beschaffenheit als Waare umgesetzt zu werden.

B. Kaufmännischer Geschäftsverkehr mit Wechseln. — Vergl. Allgem. Deutsche Wechsel-Ordnung Art. 1.

Rechtsgr. 557. — IV. Senat. 5. März 1863. (XLIX. 107.)

Ein Handeltreibender, welcher, zumal mit einem andern Kaufmann, in Wechselverkehr tritt, betreibt eben damit ein kaufmännisches Geschäft, falls nicht nachgewiesen wird, daß der Ausstellung, Acceptation oder Indossirung der betreffenden Wechsel andere, dem kaufmännischen Gewerbsbetriebe fremde Rechtsgeschäfte zum Grunde gelegen haben.

Siehe auch Rechtsgrundsatz 868. (Konkurs-Ordnung vom 8. Mai 1855 § 113.)

§§ 497. ff. Siehe Rechtsgrundsatz 568. (A. L. R. II. 8. § 1450.)
§§ 500. 513. Siehe Rechtsgrundsatz 558. (A. L. R. II. 8. § 551.)
§ 515. Siehe Rechtsgrundsatz 76. (A. L. R. I. 6. § 53.)
§§ 541. ff. Siehe Rechtsgrundsatz 568. (A. L. R. II. 8. § 1450.)
§§ 543. ff. Siehe Rechtsgrundsatz 558. (A. L. R. II. 8. § 551.)
§ 551. Abschließung von Geschäften in Fondspapieren an der Börse durch Handlungsbediente. — Vergl. §§ 500. 513. 543. ff. dieses Titels.

Rechtsgr. 558. — IV. Senat. 17. Dezember 1861. (XLIII. 277.)

a) Die Bestimmung des § 551. II. 8. des Allg. Landrechts, — nach welcher Kassirer der Bankiers und Kaufleute, ingleichen Handlungsbediente, die auf Messen oder Märkte verschickt werden, in Absicht der mit ihrer Bestimmung verknüpften und daraus folgenden Geschäfte auch ohne besondere Bekanntmachung als Faktoren anzusehen sind, — unterliegt auch einer analogen Anwendung.

b) Daher ist die Börse in Betreff der auf derselben gemachten kaufmännischen Geschäfte in Fondspapieren einem Markte im Sinne des § 551. a. a. O. gleich zu erachten.

c) Als Handlungsbediente im Sinne des § 551. a. a. O. sind auch andere, mit Geschäften dieser Art beauftragte Personen anzusehen.

d) Im Falle des § 551. a. a. O. bedarf es einer

schriftlichen Vollmacht des Handlungsbedienten nicht, und wird der Prinzipal durch die von dem Ersteren mit Dritten abgeschlossenen Geschäfte den Letzteren gegenüber direkt berechtigt und verpflichtet.

§ 553. Siehe Rechtsgrundsatz 76. ((A. L. R. I. 6. § 53.)
§§ 562. 569. Siehe Rechtsgrundsatz 179. (A. L. R. I. 11. § 1.)
§§ 572-576. Eidliche Bestärkung der Handelsbücher. — Vergl. A. G. O. I. 10. § 168.

Rechtsgr. 559. — IV. Senat. 23. Januar 1862. (XLIII. 336.)

Unter der eidlichen Bestärkung der Handelsbücher ist die eidliche Bestärkung der streitig gebliebenen Thatsachen zu verstehen.

§ 597. Vertretung der Schriftform des Vertrages durch Eintragung desselben in die Handlungsbücher. — Vergl. A. G. O. I. 10. § 168.

Rechtsgr. 560. — IV. Senat. 4. April 1861. (XLI. 127.)

Ordnungswidrigkeiten in der Buchführung, welche die Beweiskraft des Handlungsbuches zerstören, nehmen ihm auch die Wirksamkeit, die Stelle des schriftlichen Vertrages zu vertreten.

§§ 617-633. Wirkung eines mündlich errichteten Handelsgesellschaftsvertrages. — Vergl. A. L. R. I. 5. §§ 155 ff. 185., 17. §§ 170. ff. 185.

Rechtsgr. 561. — IV. Senat. 4. Juni 1861. (XLI. 291.)

a) Die Vorschrift, daß Gesellschaftsverträge bei Strafe der Nichtigkeit schriftlich errichtet werden müssen, findet auf Handelsgesellschafts-Verträge keine Anwendung. — Ist daher ein nur mündlich geschlossener Handelsgesellschafts-Vertrag thatsächlich ins Leben getreten, so entsteht nicht eine bloße Gemeinschaft, wie aus einer zufälligen Begebenheit; der Vertrag äußert vielmehr seine, dem mündlichen Vertrage entsprechende Wirkung, und er kann durch Anerkennung zu einem völlig wirksamen Vertrag erhoben werden — gleich einem von Anfang an schriftlich geschlossenen Handelsgesellschafts-Vertrage.

b) Zur Wirksamkeit der Handelsgesellschaft bedarf es einem Dritten gegenüber eines schriftlichen Sozietäts-Vertrages nicht.

c) Die Unterlassung der Bekanntmachung der Gesellschaft hindert die Gesellschaft nur, sich der Rechte einer solchen zu bedienen, wogegen sie in Betreff der vorgenommenen Geschäfte die Verpflichtungen gegen Dritte überkommt.

d) Die Frage nach der Existenz einer Handlungs-Sozietät trifft in Ansehung des Beweises mit der Frage nach der Anerkennung des mündlich geschlossenen Vertrages zusammen.

§ 618. ff. 627. 628. Siehe Rechtsgrundsatz 564. (§ 658. dieses Titels.)

§§ 633. 634. Eigenschaft der Mitglieder als Faktoren bei Uebertragung der Leitung einer landrechtlichen Handelsgesellschaft an einen gewählten Direktor oder Verwaltungsrath.

Rechtsgr. 562. — IV. Senat. 26. März 1863. (LI. 13.)

Dadurch allein, daß die Leitung der Angelegenheiten einer landrechtlichen Handelsgesellschaft einem, von den Mitgliedern gewählten, Direktor und Verwaltungsrathe übertragen ist, wird den übrigen Mitgliedern der Gesellschaft die Eigenschaft eines Faktors nicht entzogen; vielmehr bedarf es dazu auch in diesem Falle der Bekanntmachung des etwa entgegengesetzten Inhalts des Gesellschafts-Vertrages.

Siehe auch Rechtsgrundsatz 563. (A. L. R. II. 8. § 651.)

§§ 651. 652 Rechte und Pflichten der Mitglieder einer nicht bestätigten Aktengesellschaft. — Vergl. A. L. R. II. 8. § 633.; Gesetz vom 9. November 1843 § 1.

Rechtsgr. 563. — IV. Senat. 26. März 1863. (LI. 12.)

Sind unter der Herrschaft des Allgem. Landrechts mehrere Personen zu einer Gesellschaft in der Absicht zusammengetreten, sich den Sozietätsgläubigern gegenüber nur auf

Höhe bestimmter Antheile oder Beträge zu verpflichten, und haben sie demgemäß das Gesellschaftskapital durch Aktien aufgebracht, die landesherrliche Genehmigung als Aktiengesellschaft aber nicht erhalten, so ist diese Gesellschaft eine landrechtliche Handelsgesellschaft geblieben, und sind die Rechte und Pflichten ihrer Mitglieder nach den Vorschriften des Allg. Landrechts über Handelsgesellschaften zu beurtheilen.

§§ 658. 659. 672-674. 677. 682. Vertretungs-Verbindlichkeit der Mitglieder einer Handlungssozietät nach dem Ausscheiden einzelner Mitglieder und nach gänzlicher Aufhebung der Sozietät. — Vergl. A. L. R. I. 17. §§ 307. ff., II. 8. §§ 618. ff. 627. 628.

Rechtsgr. 564. — IV. Senat. 20. Januar 1863. (XLIX. 28.)

a) Aus der, in den §§ 618. 627. II. 8. des Allgem. Landrechts angeordneten gesetzlichen Nothwendigkeit der Bekanntmachung der Errichtung der Sozietät, sowie der späteren Aenderungen in dem bekannt gemachten Inhalte des Vertrages, in der Firma und in der Person der Handlungsvorsteher, durch alle Gesellschafter ist eine gleiche Nothwendigkeit in den Fällen der §§ 658. und 677. a. a. O. — bei dem Austritt eines einzelnen Mitgliedes oder bei Aufhebung der Sozietät — nicht zu folgern.

b) In Betreff des Aufhörens der ferneren Vertretungsverbindlichkeit des ausgetretenen Mitgliedes nach Jahresfrist kommt es vielmehr nur darauf an, ob der betreffende Gläubiger von dem Austritt des einzelnen Mitgliedes resp. von der Aufhebung der Gesellschaft überhaupt Wissenschaft erlangt hat, ob sie ihm überhaupt ausdrücklich bekannt gemacht ist, nicht aber darauf, ob er diese Wissenschaft, diese Kunde nur von demjenigen Gesellschafter, welcher von ihm in Anspruch genommen ist, oder auch von den übrigen Gesellschaftern erhalten hat.

c) So lange eine Handlung, welche bisher von mehreren Gesellschaftern betrieben worden, noch wirklich, sei es auch nur noch von einem der bisherigen Gesellschafter, fortgesetzt wird, kann sie noch nicht als aufgehoben gelten.

Daher enthält auch das Ausscheiden eines Mitgliedes aus einer, nur aus zwei Mitgliedern bestehenden Handlungssozietät nicht zugleich die gänzliche Aufhebung der Sozietät.

Siehe auch Rechtsgrundsatz 369. (A. L. R. I. 17. § 300.)

Achter Abschnitt. Von Wechseln.

§§ 785. ff. Siehe Rechtsgrundsatz 695. (Allgem. Deutsche Wechsel-Ordnung Art. 81.)

§§ 813. 814. Uebertragung des Wechsels nicht auf der Urkunde selbst:

A. Cession der Wechselforderung. — Vergl. A. L. R. I. 7. §§ 58. 74-77., 10. §§ 21-25., 11. §§ 376. 377. 382. 393-396. 402. 407. 408. 420., 16. §§ 125. 126.; Allgem. Deutsche Wechsel-Ordnung Art. 13. 14. 18. 36. 38. 39. 41. 48. 49. 54. 62. 81-83.

Rechtsgr. 565. — V. Senat. 18. März 1862. (XLVI. 31.)

a) Die Cession der auf einem Wechsel beruhenden Forderung bedarf zu ihrer rechtlichen Gültigkeit der Uebertragung des Wechsels selbst.

b) Die Bestimmungen der §§ 376. 377. 382. 393. bis 396. I. 11. und der §§ 125. 126. I. 16. des Allgem. Landrechts leiden auf die Uebertragung der Wechselforderungen keine Anwendung.

B. Cession und Ueberweisung im Wege der Exekution in Kraft der Cession. — Vergl. Motive zur Allgem. Deutschen Wechsel-Ordnung, Berathungs-Protokolle vom 27. und 28. Oktober 1847.

Rechtsgr. 566. — IV. Senat. 18. Juli 1861. (XLII. 277.)

Wechselforderungen können, wenngleich nicht mit gleicher Wirkung, wie durch Indossament, auch im Wege einer, nicht auf dem Wechsel-Instrumente selbst vermerkten Cession, und im Wege der Exekution durch Ueberweisung in Kraft der Cession, an Andere übertragen werden, ohne daß die sofortige Aushändigung des Wechsels erforderlich ist.

§§ 1070. 1071. 1122. 1125. Siehe Rechtsgrundsatz 691. (Allgem. Deutsche Wechsel-Ordnung Art. 81.)

Elfter Abschnitt. Von Rhedern, Schiffern und Befrachtern.

§§ 1445-1535. Anwendbarkeit dieser Gesetzesstellen auf das Verhältniß des Eigenthümers und Führers eines Stromschiffes. — Vergl. Kabinets-Order vom 23. September 1835.

Rechtsgr. 567. — IV. Senat. 2. Dezember 1862. (XLVIII. 121.)

Durch die Kabinets-Order vom 23. September 1835 ist die Anwendung aller in den §§ 1445–1535. II. 8. des Allgem. Landrechts enthaltenen Vorschriften auf das Verhältniß zwischen dem Eigenthümer und dem Führer eines Stromschiffes geboten.

Siehe auch Rechtsgrundsatz 568. (A. L. R. II. 8. § 1450.)

§§ 1450. 1525. 1526. Rechtsverhältnisse zwischen dem Eigenthümer und dem Führer eines Stromschiffes, sowie des Rheders und Schiffers gegen dritte Personen. — Vergl. A. L. R. I. 5. §§ 155. ff. 165 ff., 13. §§ 8. 9. 154., II. 8. §§ 497. ff. 541. ff. 1449.

Rechtsgr. 568. — IV. Senat. 2. Dezember 1862. (XLVIII. 121.)

Die Vorschrift des § 1450. II. 8. des Allgem. Landrechts, — nach welcher zur Verhütung alles Streites mit dem Schiffer wegen der Heuer und anderer Konditionen ein schriftlicher Vertrag geschlossen werden soll, — bezieht sich nur auf das Verhältniß zwischen Rheder und Schiffer, nicht aber auf das Verhältniß Beider gegen dritte Personen. Die Ansprüche dritter Personen an den Schiffseigenthümer aus ihren Verträgen mit dem Schiffer sind nicht, wie beim gewöhnlichen Vollmachts-Auftrage, davon abhängig, daß der Schiffer sich als Bevollmächtigter des Eigenthümers durch schriftlichen Auftrag desselben legitimirt hat.

Siehe auch Rechtsgrundsatz 567. (A. L. R. II. 8. § 1445.)

§§ 1620. ff. Haftbarkeit des Schiffers für die in dem Konnossement angegebene Beschaffenheit der Waaren. — Vergl. A. L. R. I. 5.

§ 285., 6. §§ 10. 19., II. 8. § 1744.; Kabinetsorder vom 14. Juli 1841; Deutsches Handelsgesetzbuch Art. 478. 479. 607. 653.

Rechtsgr. 569. — IV. Senat. 19. März 1863. (XLVIII. 267.)

Der Schiffer braucht die ihm übergebenen Waaren an den Empfänger auch dann nur in der übernommenen Beschaffenheit abzuliefern, wenn in dem Konnossement die Qualität anders angegeben ist.

Siehe auch Rechtsgrundsätze 44. 572. 578. (A. L. R. I. 5. § 116., II. 8. §§ 1722. 2452.)

§§ 1635. 1636. Fristen zur Entloosung des Schiffes nach dem Danziger Partikularrechte. — Vergl. A. L. R. II. 8. § 1718.; Danziger Neue Willkür vom Jahre 1761, Thl. I. Kap. 4. Abschn. 7. Art. 7. § 40.; Patent vom 2. Juni 1793.; Publikandum des Burgemeisters und Raths der Stadt Danzig vom 21. August 1807; Publikations-Patente vom 5. Februar 1794 § 3. und vom 9. September 1814 § 2.

Rechtsgr. 570. — IV. Senat. 14. Oktober 1862. (XLVIII. 24.)

Den Vorschriften der §§ 1635. 1636. und 1718. II. 8. des Allgem. Landrechts über die Fristen zur Entloosung des Schiffes ist durch die Danziger Willkür nicht derogirt.

§§ 1716. 1717. Siehe Rechtsgrundsatz 572. (A. L. R. II. 8. § 1722.)
§ 1718. Siehe Rechtsgrundsatz 570. (A. L. R. II. 8. § 1635.)
§§ 1719-1791. Verhältniß des Schiffers zum Befrachter.

Rechtsgr. 571. — IV. Senat. 14. Oktober 1862. (XLVIII. 25.)

Die §§ 1719–1791. II. 8. des Allgem. Landrechts sprechen nur von dem Verhältnisse des Schiffers zu den Befrachtern, nicht von dem Verhältnisse des Schiffers zu dem Empfänger der Waaren.

§ 1722. Kompensationsbefugniß des Destinatars der Waaren dem Schiffer gegenüber. — Vergl. A. L. R. II. 8. §§ 1620. ff. 1716. 1717. 1732-1738.

Rechtsgr. 572. — IV. Senat. 26. November 1861. (XLIII. 208.)

Das Recht des Befrachters auf die von dem Schiffer

für den Fall, daß derselbe die übernommene Klarirung des Schiffes bei bestimmten Personen unterlassen werde, vertragsmäßig zu zahlenden Konventionalstrafe geht, auch wenn sie in dem Konnossement festgestellt worden ist, nicht von selbst auf den Destinatar der Waaren durch deren Empfang über.

§§ 1723-1725. Liegezeit des Schiffers bis zu seiner vollständigen Befriedigung wegen der Fracht seitens des Empfängers der Waaren. — Vergl. A. L. R. I. 16. § 1764.

Rechtsgr. 573. — IV Senat. 14. Oktober 1862. (XLVIII. 25.)

Der Schiffer ist nicht berechtigt, auf Kosten des Empfängers der Waaren mit seinem Schiffe im Hafen liegen zu bleiben, bis er wegen der Fracht seine vollständige Befriedigung von dem Empfänger der Waaren erhalten hat.

Siehe auch Rechtsgrundsatz 571. (A. L. R. II. 8. § 1719.)

§§ 1732-1738. Siehe Rechtsgrundsatz 572. (A. L. R. II. 8. § 1722.)

§§ 1734. 1735. Verhaftung des Spediteurs in Betreff des dem Schiffer übergebenen Gutes. — Vergl. A. L. R. I. 13. §§ 54-57.; Handelsgesetzbuch Art. 380.

Rechtsgr. 574. — IV. Senat. 6. Oktober 1863. (L. 312.)

Der Schiffer, welcher Gut an den zum Waarentransport gemietheten Schiffer mit der auf dem Frachtbriefe enthaltenen Klausel: „ohne Garantie für Gewicht", übergiebt, macht sich dadurch seinem Kommittenten wegen des hiernächst sich ergebenden Gewichts-Verlustes regreßpflichtig.

§ 1744. Siehe Rechtsgrundsatz 569. (A. L. R. II. 8. § 1620.)

Zwölfter Abschnitt. Von der Havarei und Seeschäden.

§§ 1766-1933. Havarei bei Flußschifffahrt. — Vergl. Kabinets-Orders vom 23. November 1831, 23. September 1835 und 14. Juli 1841; Gesetz vom 24. April 1854.

Rechtsgr. 575. — IV. Senat. 15. Juli 1862. (XLVII. 11.)

Die für das Seerecht geltenden Vorschriften über Havarei können auf die Flußschifffahrt nicht ausgedehnt werden.

§§ 1911. 1912. 1916. Schadensersatz bei An- und Uebersegeln, insbesondere bei Uebersegeln einer Schiffsmühle durch das Schleppschiff. — Vergl. A. L. R. I. 3. §§ 4. ff., 6. §§ 10. ff.

Rechtsgr. 576. — I. Senat. 21. Dezember 1863. (LI. 319.)

Eine analoge Anwendung der §§ 1911. 1912. 1916. II. 8. des Allgem. Landrechts, — betreffend die Tragung des Schadens durch An- und Uebersegeln der Schiffe, — findet nicht statt.

Im Falle der Beschädigung einer vor Anker liegenden Schiffsmühle bei der Schleppschifffahrt ist das schleppende Schiff nicht ohne Weiteres als das „beschädigende" Schiff anzusehen, wenn nicht dieses, sondern eines der geschleppten, mit einem Führer versehenen Kahne die Schiffsmühle in den Grund gebohrt hat.

Dreizehnter Abschnitt. Von Versicherungen.

§ 2300. Rücktritt von einem Versicherungsvertrage seitens des die Erfüllung Weigernden auf den Grund des demselben günstigen Erkenntnisses erster Instanz. — Vergl. A. L. R. I. 5. §§ 396. ff. 406.

Rechtsgr. 577. — IV. Senat. 30. Oktober 1862. (XLVIII. 46.)

Der § 406. I. 5. des Allgem. Landrechts, — nach welchem Derjenige, welcher die Erfüllung seiner im Vertrage übernommenen Verbindlichkeiten weigert, weil der Andere die seinigen nicht gehörig erfüllt habe oder nicht erfüllen könne, auf Grund des zu seinem Vortheil ausgefallenen Erkenntnisses erster Instanz von dem Vertrage wieder abgehen kann, — findet auf Versicherungsverträge keine Anwendung.

Funfzehnter Abschnitt. Von Fuhrleuten.

§ 2452. Rechtsverhältnisse bei Frachtbeförderung durch Eisenbahngesellschaften. — Vergl. §§ 1620. ff. dieses Titels.

Rechtsgr. 578. — IV. Senat. 18. September 1862. (XLV. 335.)

Die Bestimmungen der §§ 1620. ff. 2452. II. 8. des Allg. Landrechts, — betreffend die Errichtung einer Charte-Partie oder schriftlichen Vertrages zwischen den Schiffern und Befrachtern und das Verhältniß der Inhaber öffentlicher Landkutschen, — finden auch auf Frachtbeförderungen durch Eisenbahngesellschaften Anwendung.

Siehe auch Rechtsgrundsatz 44. (A. L. R. I. 5. § 116.)

§ 2459. Siehe Rechtsgrundsatz 264. (A. L. R. I. 13. § 46.)

Titel 9. Von den Pflichten und Rechten des Adels.

§§ 3. ff. Siehe Rechtsgrundsatz 514. (A. L. R. II. 2. § 58.)
§§ 8. 34. ff. Siehe Rechtsgrundsatz 460. (A. L. R. II. 1. § 30.)

Titel 10. Von den Rechten und Pflichten der Diener des Staates.

§ 1 ff. Siehe Rechtsgrundsätze 581. 1143. (A. L. R. II. 10. § 114.; Gesetz vom 4. Mai 1853 § 1.)

§ 3. Beamten- und gleichzeitige Gesinde-Eigenschaft der Postillone; Anspruch eines im Dienste verunglückten Postillons an den Posthalter. — Vergl. §§ 68-71. 85. dieses Titels; Gesinde-Ordnung vom 8. November 1810 § 1.; Kabinets-Order vom 11. August 1832; Instruktion des Handelsministers vom 8. Januar 1853 § 2.; Dienst-Instruktion für die Postillone vom 28. Februar 1854 § 1.

Rechtsgr. 579. — IV. Senat. 3. Februar 1862. (XLIV. 188.)

a) Ein Postillon ist, insoweit und so lange er Postdienste verrichtet, für einen öffentlichen Beamten zu erachten.

b) Die relative Beamten-Eigenschaft eines Postillons schließt nach anderer Richtung und Beziehung hin ein gleichzeitiges privatrechtliches, ein Gesindeverhältniß des Postillons zu dem ihn dingenden Posthalter nicht aus.

Daher entscheiden hinsichtlich der Frage: ob der Posthalter verpflichtet ist, dem im Postdienste verunglückten Postillon ferner Lohn zu zahlen, — die Bestimmungen der Gesinde-Ordnung.

§§ 68-71. Siehe Rechtsgrundsätze 579. 580. (A. L. R. II. 10. §§ 3. 82.)

§ 82. Verhaftung der Dorfgerichte aus der Annahme und Besorgung der ihnen von einer Privatperson aufgetragenen Auktion. — Vergl. A. L. R. I. 5. § 173., 12. §§ 93. ff., II. 1. § 83., 7. §§ 82. 83. 86., 10. §§ 69. 85. 86. 89. 91.; A. G. O. I. 7. § 25., II. 2. § 8., 5. §§ 19. 27.; Instruktion vom 11. Mai 1854 §§ 8. 9. 71.

Rechtsgr. 580. — I. Senat. 15. Dezember 1862. (XLVII. 246.)

Die Annahme und Besorgung des den Dorfgerichten lediglich von einer Privatperson gewordenen Auftrags zur Vornahme einer Auktion erzeugt ein vertragsmäßiges Verhältniß; die desfallsigen Rechte und Pflichten der Dorfgerichte sind daher nach diesem Verhältnisse und nicht nach den Vorschriften über die Verwaltung ihres Amtes als Dorfgerichte zu beurtheilen.

§ 85. Siehe Rechtsgrundsätze 571. 580. (A. L. R. II. 10. §§ 3. 82.)

§ 86. Siehe Rechtsgrundsatz 580. (A. L. R. II. 10. § 82.)

§§ 88. 89. Siehe Rechtsgrundsätze 206. 580. (A. L. R. I. 11. § 355., II. 10. § 82.)

§ 90. Siehe Rechtsgrundsatz 584. (A. L. R. II. 10. § 132.)

§ 91. Siehe Rechtsgrundsatz 580. (A. L. R. II. 10., § 82.)

§ 92. Siehe Rechtsgrundsatz 1116. (Armenpflege-Gesetz vom 31. Dezember 1842 § 1. No. 2.)

§§ 114. ff. Begriff einer öffentlichen Behörde. — Vergl. §§ 1. ff. dieses Titels.

Rechtsgr. 581. — IV. Senat. 26. März 1863. (XLVIII. 274.)

Eine öffentliche Behörde ist eine mit öffentlicher Autorität versehene amtliche Stelle, welcher gewisse obrigkeitliche Verpflichtungen und Prärogative in einem vom Gesetz bemessenen Geschäftskreise dauernd beigelegt sind, und welche, wenn sie aus mehreren Personen besteht, nach Außen nur als eine von ihrem Vorgesetzten repräsentirte Gesammtheit oder Einheit erscheint. Eine Folge davon ist dann die, daß eben nur diese Gesammtheit, nicht aber die einzelnen Personen oder einzelne Abtheilungen die Behörde sind.

Siehe auch Rechtsgrundsatz 1143. (Gesetz vom 4. Mai 1843 § 1.)

§§ 127. ff. Vertretungsverbindlichkeit aller Mitglieder eines Justizkollegiums hinsichtlich der Versehen der einzelnen Mitglieder. — Vergl. A. L. R. II. 10. § 136., 18. § 305.; A. G. O. III. 3. §§ 41-43.; Allgem. Deposital-Ordnung II. § 126.; Geschäfts-Regulativ für die Gerichte erster Instanz vom 18. Juli 1850 § 10.

Rechtsgr. 582. — I. Senat. 13. April 1863. (XLVIII. 292.)

Der Umstand, daß nicht sämmtliche dem ganzen Justizkollegium obliegenden, sondern nur die von dem Vorsitzenden als Vortragssache bezeichneten, und die von dem Dezernenten selbst als zweifelhaft erachteten Sachen dem Kollegio vorgetragen worden, kann die Vertretungsverbindlichkeit des ganzen Kollegiums nicht beseitigen.

Siehe auch Rechtsgrundsatz 583. (§§ 130. 132. dieses Titels.)

§§ 130. 131. Beweislast hinsichtlich des Einwandes eines Mitgliedes des Kollegiums über das einem andern Mitgliede bei einem allen Mitgliedern obliegenden Geschäft zur Last fallende Versehen. — Vergl. § 127. dieses Titels.

Rechtsgr. 583. — I. Senat. 13. April 1863. (XLVIII. 292.)

Die Beweislast hinsichtlich des Einwandes eines Mitgliedes des Kollegiums, daß das bei einem gesetzlich allen Mitgliedern des Kollegiums obliegenden Geschäfte begangene Versehen Einem Mitgliede unmittelbar zur Last falle, liegt jenem, dies behauptenden Mitgliede ob.

§ 132. Gegenzeichnung der Expedition durch den Vorsitzenden. — Vergl. §§ 90. 134. dieses Titels; A. G. O. III. 2. §§ 2. 18. 38.; Allgem. Registratur- und Kanzlei-Reglement § 153.

Rechtsgr. 584. — I. Senat. 13. April 1863. (XLVIII. 293.)

Durch die Gegenzeichnung einer Expedition seitens des Vorsitzenden bei der Superrevision haftet derselbe nicht blos für die Uebereinstimmung der Expedition mit der Verfügung, sondern auch für das Materielle der Verfügung selbst.

§ 134. Beweis über den stattgehabten Vortrag im Kollegium.

Rechtsgr. 585. — I. Senat. 13. April 1863. (XLVIII. 292.)

Aus dem Umstande allein, daß eine Verfügung nicht von einem Sitzungstage datirt ist, kann juristisch nicht gefolgert werden, daß dieselbe deshalb dem Kollegium nicht vorgetragen worden.

Siehe auch Rechtsgrundsatz 584. (§ 132. dieses Titels.)

§ 136. Siehe Rechtsgrundsatz 582. (A. L. R. II. 10. § 127.)
§§ 141. ff. Siehe Rechtsgrundsatz 783. (A. G. O. I. 10. § 312.)

Titel 11. Von den Rechten und Pflichten der Kirchen und geistlichen Gesellschaften.

Erster Abschnitt. Von Kirchengesellschaften überhaupt.

§§ 40-42. Uebertritt von einer Religionspartei zur andern; ausdrückliche Erklärung.

Rechtsgr. 586. — I. Senat. 29. April 1861. (XLI. 201.)

Unter der behufs Uebergangs von einer Religionspartei zur andern nach § 41. II. 11. des Allgem. Landrechts erforderlichen „ausdrückliche Erklärung" ist nicht eine dem Vorsteher der Kirchengesellschaft, aus welcher der Austritt geschehen soll, abgegebene, sondern überhaupt jede bestimmte Willenserklärung Desjenigen zu verstehen, welcher zu einer andern Religionspartei übergehen will. Zu einer solchen bestimmten Erklärung genügt schon der Uebertritt zu einer anderen Religionspartei, ohne daß es einer besonderen Austrittserklärung bedarf.

Siehe auch Rechtsgrundsatz 551. (A. L. R. II. 6. § 182.)

Zweiter Abschnitt. Von den Mitgliedern der Kirchengesellschaften.

§§ 93-95. Siehe Rechtsgrundsatz 1079. (Gesetz vom 31. März 1838 § 1. No. 1.)

Vierter Abschnitt. Von den Gütern und dem Vermögen der Kirchengesellschaften.

§ 160. Siehe Rechtsgrundsatz 595. (A. L. R. II. 11. § 584.)

§ 183. Berechtigung zum Setzen von Grabsteinen. — Vergl. §§ 188-190. 453. 454. dieses Titels.

Rechtsgr. 587. — I. Senat. 27. November 1863. (LI. 248.)

In dem Beerdigungsrecht ist nicht das Recht inbegriffen, ohne Einwilligung der Kirchengesellschaft das Grab mit einem Leichenstein zu belegen.

§ 184. Anspruch auf Entschädigung von Seiten des Staats wegen Benachtheiligung des Privateigenthums einzelner Mitglieder des Staates durch einen Akt der Gesetzgebung, insbesondere wegen Schließung eines Kirchhofes. — Vergl. A. L. R. Einleit. §§ 73-75., I. 22. §§ 1. 2.; Bericht des Staats-Ministeriums vom 16. November 1831; Kabinets-Order vom 4. Dezember 1831; Verfassungs-Urkunde vom 31. Januar 1850 Art. 9.

Rechtsgr. 588. — I. Senat. 19. Juni 1863. (L. 139.)

Ein Entschädigungsanspruch findet an den Fiskus wegen der von der Polizeibehörde auf Grund des Verbots des § 148. II. 11. des Allg. Landrechts verordneten Schließung des in einer bewohnten Gegend einer Stadt belegenen Kirchhofes nicht statt.

§§ 188-190. Siehe Rechtsgrundsatz 587. (A. L. R. II. 11. § 183.)

§ 189. Umfang des Rechts, auf einem fremden Kirchhofe die Todten zu beerdigen. — Vergl. A. L. R. I. 7. §§ 181. 182., 19. §§ 14-21., II. 11. § 818.; Edikte vom 8. März und 20. September 1742.; Reglement de gravaminibus vom 8. August 1750.; Dig. 11. 8. Lex 1. §§ 5-7.

Rechtsgr. 589. — I. Senat. 21. Oktober 1861. (XLIV. 25.)

Das Recht, auf einem fremden Kirchhofe die Todten zu

beerdigen, begreift das Recht in sich, die Gräber auszumauern und Grabdenkmäler und Umfriedigungen auf Gräber zu errichten.

Siehe auch Rechtsgrundsatz 587. (A. L. R. II. 11. § 183.)

§§ 228. Siehe Rechtsgrundsatz 158. (A. L. R. I. 9. § 526.)

Fünfter Abschnitt. Von Parochien.

§§ 237. 260. 261. Doppelte Parochie. — Vergl. §§ 264. 270. 721. dieses Titels.

Rechtsgr. 590. — I. Senat. 10. Januar 1862. (XLIII. 322.)

Eine doppelte Parochie wird nicht dadurch existent, daß Jemand seinen einzigen Wohnsitz an einem Orte genommen hat, für welchen zwei Parochialkirchen, mithin auch zwei Parochien bestehen. Jeder Einwohner eines solchen Ortes hat nur eine Parochie, nämlich bei der Kirche derjenigen Glaubensgenossen, zu denen er gehört.

§ 261. Befreiung von den an die Pfarrkirche zu entrichtenden Parochialabgaben:

A. Der Altlutheraner in Betreff der Abgaben an die evangelische Landeskirche. — Vergl. General-Konzession vom 23. Juli 1845 § 10.

Rechtsgr. 591. — I. Senat. 29. April 1861. (XLI. 202.)

Auch die General-Konzession vom 23. Juli 1845 erfordert zur Anwendbarkeit des § 261. II. 11. des Allg. Landrechts auf die Altlutheraner weiter Nichts, als daß dieselben sich von der evangelischen Landeskirche getrennt halten; eine besondere Austrittserklärung schreibt sie nicht vor.

Siehe auch Rechtsgrundsatz 1160. (Gesetz vom 23. Juli 1847 § 3.)

B. Insbesondere der Altlutheraner im Kottbuser Kreise. — Vergl. Flecken-, Dorf- und Acker-Ordnung vom 16. Dezember 1702 §§ 4. 5.; General-Konzession vom 23. Juli 1845 § 10.

Rechtsgr. 592. — I. Senat. 15. März 1861. (XLI. 49.)

Nach der auch im Kottbuser Kreise geltenden Flecken-

Ordnung vom 16. Dezember 1702 sind die Altlutheraner von den aus der Parochialverbindung fließenden Lasten und Abgaben nicht befreit.

C. Parochiallasten der jüdischen Grundbesitzer. — Vergl. Edikt vom 11. März 1812 § 15.; Verordnung vom 30. August 1816 No. 5.; Gesetz vom 23. Juli 1847 § 3.

Rechtsgr. 593. — I. Senat. 14. Dezember 1863. (LII. 173.)

Für die Pflicht des jüdischen Grundeigenthümers, nach Maaßgabe seines Grundbesitzes zu den Bauten bei der Parochial-Kirche beizutragen, in deren Bezirk sein Grundbesitz gelegen, ist entscheidend, ob der letzte christliche Vorbesitzer nach seinem Religionsbekenntniß in Gemäßheit des § 261. II. 11. des Allgem. Landrechts dazu verbunden war.

§§ **264**. **270**. Siehe Rechtsgrundsatz 590. (A. L. R. II. **11**. § 237.)
§ **272**. Siehe Rechtsgrundsatz 605. (A. L. R. II. **11**. § 774.)

Sechster Abschnitt. Von dem Pfarrer und dessen Rechten.

§§ **423**. **425**. **426**. Begründung der Stolgebühren durch Observanz.

Rechtsgr. 594. — I. Senat. 21. Oktober 1861. (XLIII. 152.)

Auch Stolgebühren sind durch Observanz zu begründen.

Siehe auch Rechtsgrundsatz 608. (A. L. R. II. **11**. § 937.)

§§ **453**. **454**. Siehe Rechtsgrundsatz 587. (A. L. R. II. **11**. § 183.)

Achter Abschnitt. Von Kirchenpatronen.

§ **568**. Siehe Rechtsgrundsatz 158. (A. L. R. I. **9**. § 526.)
§ **584**. Freiheit des Kirchenpatrons von der Uebertragung der Deichlast bei Armuth der Kirchenfabrik, insbesondere auch nach Westpreußischem Provinzialrecht. — Vergl. A. L. R. I. **21**. § 135., II. **11**. §§ 160. 712. 720. 729. 763. 775. 789.; Westpreußisches Provinzialrecht vom 19. April 1844 § 43.; Statut vom 6. Juli 1853 § 12.; Gesetz vom 28. Januar 1848 §§ 16-18.

Rechtsgr. 595. — III. Senat. 20. April 1863. (XLVIII. 309.)

Der Kirchenpatron, als solcher, hat weder nach dem Allg. Landrecht, noch nach dem Westpreußischen Provinzialrechte die Pfarre bei etwaiger Armuth der Kirchenfabrik hinsichtlich der Deichlast zu übertragen.

Siehe Rechtsgrundsatz 158. (A. L. R. I. 9. § 526.)

Neunter Abschnitt. Von der Verwaltung der Güter und des Vermögens der Pfarrkirchen.

§§ 621. 623. 689. Siehe Rechtsgrundsatz 158. (A. L. R. I. 9. § 526.)

§ 691. Klage der einzelnen Mitglieder einer Kirchengemeinde gegen den Dritten auf Rechnungslegung. — Vergl. A. L. R. I. 17. §§ 4. 10. 50., II. 6. §§ 50. 72.

Rechtsgr. 596. — I. Senat. 28. September 1863. (LI. 139.)

Die einzelnen Mitglieder einer Kirchengemeinde sind nicht befugt, das Recht der Kirchengemeinde als solcher, der Abnahme der Kirchen-Rechnungen durch Repräsentanten und Bevollmächtigte beizuwohnen, im Prozeßwege geltend zu machen.

Siehe auch Rechtsgrundsatz 348. (A. L. R. I. 17. § 4.)

§§ 706. ff. Siehe Rechtsgrundsatz 602. (A. L. R. II. 11. § 726.)

§§ 707-709. Siehe Rechtsgrundsatz 603. (A. L. R. II. 11. § 759.)

§ 710. Kosten zum Bau und zur Unterhaltung der Kirchengebäude: A. Feststellung der Kirchenbaulast nach bestehenden Gewohnheiten.

Rechtsgr. 597. — I. Senat. 5. April 1861. (XLI. 135.)

Die Bestimmung des § 710. II. 11. des Allg. Landrechts ist nicht auf solche Gewohnheiten beschränkt, die erkennbarer Weise schon zur Zeit der Publikation des Allg. Landrechts verbindlich gewesen, oder aus Thatsachen vor diesem Zeitpunkte ermittelt sind.

B. Nachweis der Observanz in Betreff der kirchlichen Baulast. — Vergl. A. L. R. II. 6. § 33., 11. §§ 714. 715. 788.

Rechtsgr. 598. — I. Senat. 20. September 1861. (XLIII. 85.)

Eine, in Betreff der kirchlichen Baulast bestehende Observanz zwischen dem Inhaber des Patronatsrechts und den übrigen Mitgliedern der Kirchengesellschaft ist nachgewiesen, sobald die geeignete Mehrzahl konkludenter, einen längeren Zeitraum ohne Unterbrechung einnehmender Handlungen des Inhabers des Patronatrechtes zu Lasten des Patronats festgestellt worden ist, und genügt daher die Besitzzeit auch nur eines Patrons, wenn dieselbe lange genug gewährt hat, um jenen Beweis für erbracht ansehen zu können.

C. Begriff einer Kaplanei; Baupflicht in Betreff der Kaplaneigebäude. — Vergl. A. L. R. II. 11. §§ 787. ff.; Conc. Trident. Sess. 21. de reform. cap. 4.

Rechtsgr. 599. — I. Senat. 3. Januar 1862. (XLV. 4.)

Kaplaneien sind als Kirchengebäude im Sinne der §§ 710. 787. II. 11. des Allg. Landrechts nicht anzusehen, und ist eine rechtliche Vermuthung dafür, daß hinsichtlich der Baupflicht bei Kaplaneigebäuden dasselbe gelten müsse, was in dem § 787. a. a. O. in Betreff der Pfarrgebäude vorgeschrieben ist, nicht begründet.

Siehe auch Rechtsgrundsätze 3. 5. 1158. (A. L. R. Publikations-Patent vom 5. Februar 1794 § 7.; Gesetz No. 2712. vom 21. Juli 1846 § 3.)

§ 712. Siehe Rechtsgrundsatz 595. (A. L. R. II. 11. § 584.)

§§ 714. 715. Verpflichtung der Ackerleute und Kossäthen zu den Spanndiensten bei Kirchenbauten und Reparaturen, nach Altmärkischem Provinzialrechte. — Vergl. A. L. R. II. 7. §§ 37-41.; Märkische Visitations- und Konsistorial-Ordnung vom Montag nach trium regum 1573; Dorf-Ordnung vom 16. Dezember 1702 § 4.; Verordnung vom 5. Februar 1711; Entscheidung der Gesetz-Kommission vom 13. September 1782.

Rechtsgr. 600. — I. Senat. 23. September 1863. (L. 265.)

a) Nach Altmärkischem Provinzialrechte sind die Ackerleute allein, nicht auch die Kossäthen, verpflichtet, die Spanndienste zu den Kirchenbauten und Reparaturen zu leisten.

b) Durch die Abfindung der Kossäthen aus den Gemeinheiten wird der Umfang der ihren Höfen anklebenden Leistungen für die Gemeinde und die kirchlichen Institute nur dann verändert, wenn hierüber in dem Separations-Rezeß besondere Abreden getroffen worden sind.

Siehe auch Rechtsgrundsatz 598. (A. L. R. II. 11. § 710.)

§ 720. Siehe Rechtsgrundsatz 595. (A. L. R. II. 11. § 584.)

§ 721. Siehe Rechtsgrundsatz 590. (A. L. R. II. 11. § 237.)

§ 722. Kirchenbaulast der vom Pfarrzwange befreiten Personen als Besitzer von Grundstücken, insbesondere der Altlutheraner. — Vergl. General-Konzession vom 23. Juli 1845 No. 10.

Rechtsgr. 601. — I. Senat. 29. April 1861. (XLI. 201.)

Die Bestimmung des § 722. II. 11. des Allgem. Landrechts, — betreffend die Beitragspflicht zu den Kirchenbauten seitens der vermöge eines Privilegiums vom Pfarrzwange befreiten Personen als Besitzer von Grundstücken innerhalb der Grenzen des Kirchspiels, — setzt Eingepfarrte derselben Religionspartei voraus; sie findet daher in Betreff des Baues oder Unterhaltung einer evangelischen Kirche auf die als eine andere Religionspartei zu betrachtenden Altlutheraner keine Anwendung.

§ 726. Beitragspflicht des Kirchenpatrons in Betreff eines Erweiterungsbaues der Kirche. — Vergl. §§ 706. ff. dieses Titels.

Rechtsgr. 602. — I. Senat. 8. März 1861. (XLI. 23.)

Die Pflicht des Kirchenpatrons, zur Erhaltung der Kirche in Ermangelung ausreichenden Vermögens derselben aus eigenen Mitteln beizutragen, ist nicht auf das Bedürfniß der Wiederherstellung des Kirchengebäudes beschränkt; sie tritt vielmehr auch dann ein, wenn ein Erweiterungsbau wegen vermehrter Seelenzahl der Parochianen für nöthig befunden wird.

§ 729. Siehe Rechtsgrundsatz 595. (A. L. R. II. 11. § 584.)

§§ 759. 760. Passivlegitimation bei der Klage eines einzelnen Eingepfarrten auf Befreiung von den Beiträgen zu dem Kirchenbau und auf Erstattung des zuviel Gezahlten. — Vergl. §§ 707-709. dieses Titels.

Rechtsgr. 603. — I. Senat. 3. Februar 1862. (XLIV. 184.)

a) Der Streit über die Verpflichtung gewisser Eingepfarrten zur Leistung der von den geistlichen Obern interimistisch festgesetzten Beiträge zu den Kirchenbauten muß unter den Eingepfarrten selbst im Wege Rechtens zum Austrage gebracht werden. Gegen die Kirchengemeinde als solche findet eine Klage auf Anerkennung der Befreiung gewisser Eingepfarrten von solchen Beiträgen nicht statt.

b) Daher ist die Klage des einzelnen Interessenten auf Erstattung des zuviel Gezahlten nicht gegen die Kirchengemeinde, sondern gegen die übrigen Kontribuenten, soweit sie dazu verpflichtet sind, zu richten.

§ 763. Siehe Rechtsgrundsatz 595. (A. L. R. II. 11. § 584.)

Zehnter Abschnitt. Von Pfarrgütern und Einkünften.

§§ 772. ff. Begründung der Pfarrkompetenz auf das Einkommen aus der Staatskasse. — Vergl. A. L. R. II. 11. §§ 857 ff.

Rechtsgr. 604. — V. Senat. 5. April 1864. (LII. 349.)

Es ist nicht durchaus nothwendig, daß die Pfarrkompetenz gerade auf Immobilien gegründet werde; auch andere geeignete Vermögensobjekte, z. B. das Einkommen aus Staatskassen, ist nicht ausgeschlossen.

§§ 774-776. Erlöschung des den Pfarrgütern zustehenden Privilegiums der Freiheit von Gemeindelasten durch deren Uebergang in das Eigenthum einer Privatperson. — Vergl. Ablösegesetz vom 2. März 1850 § 2. No. 2. und § 5.

Rechtsgr. 605. — II. Senat. 14. April 1863. (XLIX. 156.)

Das den Pfarrgrundstücken zustehende Privilegium der Freiheit von den Gemeindelasten erlischt durch deren Uebergang in das Eigenthum einer Privatperson.

Daher kann der Erbpächter eines Pfarr-Ackers nach Erlangung des Eigenthums an demselben durch das Ablösegesetz vom 2. März 1850 sich auf jenes Privilegium nicht berufen.

Siehe auch Rechtsgrundsätze 158. 595. (A. L. R. I. **9.** § 526., II. **11.** § 584.)

§ **778.** Siehe Rechtsgrundsatz 414. (A. L. R. I. **21.** § 68.)

§§ **779. 780.** Siehe Rechtsgrundsatz 158. (A. L. R. I. **9.** § 526.)

§§ **787.** ff. Siehe Rechtsgrundsätze 598. 599. (A. L. R. II. **11.** § 707.)

§§ **789-792.** Siehe Rechtsgrundsätze 595. 611. (A. L. R. II. **11.** § 584., **12.** § 36.)

§ **798.** Siehe Rechtsgrundsatz 414. (A. L. R. I. **21.** § 68.)

§ **800.** Siehe Rechtsgrundsatz 158. (A. L. R. I. **9.** § 526.)

§§ **804.** ff. Benutzung des Pfarrwaldes, nach Märkischem Provinzialrecht. — Vergl. A. L. R. I. **18.** §§ 564. ff., **21.** §§ 111. ff. 137.; Konsistorial-Ordnung vom Montag nach trium regum 1573: „Von den Pfarrern und ihrem Einkommen"; Dig. 7. 1. Lex 9. § 7.

Rechtsgr. **606.** — I. Senat. 8. Februar 1864. (LI. 356.)

Die in den §§ 805. ff. II. 11. des Allgem. Landrechts enthaltenen Beschränkungen der Benutzung des Pfarrwaldes durch den Pfarrer, insbesondere des Verkaufsrechts desselben, sind in der Mark Brandenburg nicht anwendbar.

§ **818.** Siehe Rechtsgrundsatz 589. (A. L. R. II. **11.** § 189.)

§ **823.** Siehe Rechtsgrundsatz 414. (A. L. R. I. **21.** § 68.)

§§ **842. 843.** Siehe Rechtsgrundsatz 971. (Magdeburger Kirchen-Ordnung vom 9. Mai 1739.)

Elfter Abschnitt. Von Zehenten und anderen Pfarrabgaben.

§§ **857.** ff. Siehe Rechtsgrundsätze 605. 897. (A. L. R. II. **11.** § 772.; Westpreußisches Provinzialrecht vom 19. April 1844 § 51.)

§§ **858. 859. 891. 921.** Unterschied zwischen großer und kleiner Kalende. — Vergl. § 937. dieses Titels; Ostpreußisches Provinzialrecht Zusatz 213. §§ 4. 5. 13.

Rechtsgr. 607. — I. Senat. 10. Juli 1863. (L. 186.)

Der Unterschied zwischen der großen und kleinen Kalende besteht darin, daß die kleine Kalende niemals von der nackten Hufe als solcher, sondern von demjenigen Landbesitze entrichtet wird, welcher mit, eine Feuerstelle habenden Gebäuden besetzt, also zu einer Haushaltung geeignet ist.

Siehe auch Rechtsgrundsatz 896. (Ostpreußisches Provinzialrecht Zusatz 213.)

§ 935. Siehe Rechtsgrundsatz 897. (Westpreußisches Provinzialrecht vom 19. April 1844 § 51.)

§ 937. Begründung der Stolgebühren durch Observanz. — Vergl. § 425. dieses Titels.

Rechtsgr. 608. — I. Senat. 21. Oktober 1861. (XLIII. 152.)

Der § 937. II. 11. des Allgem. Landrechts giebt keinen Anlaß, ihn streng auf die gewöhnlichen Pfarr-Abgaben zu beschränken und die eigentlichen Stolgebühren davon auszunehmen.

Siehe auch Rechtsgrundsätze 607. 896. (A. L. R. II. 11. § 858.; Ostpreußisches Provinzialrecht Zusatz 213.)

Titel 12. Von niedern und höhern Schulen.

§ 29. Siehe Rechtsgrundsätze 609. 1158. (§ 34. dieses Titels; Gesetz No. 2724. vom 21. Juli 1846 § 3.)

§§ 34. ff. Schulbaupflicht:

A. Schulbaupflichtige Hausväter. — Vergl. § 29. dieses Titels.

Rechtsgr. 609. — I. Senat. 15. September 1862. (XLVII. 32.)

Zu den schulbaupflichtigen Hausvätern eines Ortes sind die daselbst nicht wohnenden, wenngleich mit einem Grundstück angesessenen Personen nicht zu rechnen.

B. Verpflichtung des Schulbaupflichtigen zur Erhaltung und Wiederanschaffung der Schulbänke. — Vergl. A. L. R. Einl. 91., I. 2. §§ 75. ff. 105.; Schlesisches General-Land-Schul-Reglement vom 3. November 1765 § 13.

Rechtsgr. 610. — I. Senat. 9. November 1863. (LII. 86.)

Der Schulbaupflichtige ist, bei mangelndem Nachweis einer Einschränkung der Baupflicht in ihrem Umfange, auch für verpflichtet zu erachten, die zur Erfüllung des Zweckes des Schullokals nöthigen Schulbänke zu erhalten, beziehungsweise neu wieder anzuschaffen.

§§ 36. 37. Verpflichtung des Kirchenpatrons der Tochterkirche zur Unterhaltung der Filial-Küsterhäuser bei Trennung der Tochterkirche von der Mutterkirche. — Vergl. A. L. R. II. 11. §§ 789-792.; Verordnung vom 2. Mai 1811 §§ 1. 2. 4. 7.; Gesetz No. 2742. vom 21. Juli 1846 §§ 1 ff.

Rechtsgr. 611. — I. Senat. 13. Oktober 1862. (XLVII. 82.)

a) Durch die in Gemäßheit der Verordnung vom 2. Mai 1811 erfolgte Trennung der Küsterei der Tochterkirche von der Küsterei der Mutterkirche und die Bestellung eines besonderen Küsters für die Tochterkirche, unter Anweisung des bisherigen Schulhauses der Tochtergemeinde zur Wohnung, wird das Schulhaus nicht in ein Kirchengebäude umgewandelt.

b) Auch hat diese Separation lediglich und allein eine Aenderung in den Verpflichtungen der Tochtergemeinde und der zu derselben eingepfarrten Dörfer zur Folge; die Verpflichtung des Kirchenpatrons der Tochterkirche wird dadurch in keiner Art erschwert oder verändert.

Siehe auch Rechtsgrundsatz 1158. (Gesetz 2724. vom 21. Juli 1846 § 3.)

Titel 14. Von den Staatseinkünften und fiskalischen Rechten.

§ 1. Passivlegitimation des Fiskus in Betreff des Streites wegen Uebernahme der Kosten der gutsherrlichen Polizeiverwaltung auf die Staatskasse. — Vergl. Kabinets-Order vom 4. Dezember 1831; Bericht des Staats-Ministeriums vom 16. November 1831.

Rechtsgr. 612. — II. Senat. 27. Mai 1862. (XLVI. 109.)

Bei einem Streite darüber, ob die Kosten der, einen Ausfluß oder Bestandtheil der mit einem Gute verbundenen Patrimonialgerichtsbarkeit bildenden, Polizeiverwaltung von dem Privatbesitzer derselben oder aus der Staatskasse bestritten werden müssen, ist Fiskus rücksichtlich der letzteren für passiv legitimirt zu erachten.

§ 2. Siehe Rechtsgrundsatz 13. (A. L. R. Einl. § 70.)
§ 5. Siehe Rechtsgrundsatz 105. (A. L. R. I. 7. § 146.)
§ 9. Lokal-Observanz bei Streitigkeiten über die Vertheilung der aus dem Besteuerungsrechte fließenden Abgaben, insbesondere der Kommunal-Abgaben.

Rechtsgr. 613. — II. Senat. 12. März 1863. (XLVIII. 243.)

Der § 9. II. 14. des Allgem. Landrechts, — betreffend die Beurtheilung der Streitigkeiten über die Vertheilung der aus dem Besteuerungsrechte fließenden Abgaben, — bezieht sich nur auf Streitigkeiten unter den Kontribuenten selbst und findet daher auf Klagen gegen die steuerberechtigte Gemeinde, insbesondere auch wegen Vertheilung der Kommunal-Abgaben, keine Anwendung.

§§ 21. ff. Siehe Rechtsgrundsatz 13. (A. L. R. Einl. § 70.)
§§ 78. 79. Rechtsweg über die Verbindlichkeit zur Entrichtung öffentlicher Abgaben:

A. Unzulässigkeit des Rechtsweges über die Verbindlichkeit zur Entrichtung allgemeiner städtischer Abgaben. — Vergl. A. L. R. II. 8. §§ 130. 131.; Verordnungen vom 26. Dezember 1808 §§ 41. 48. und vom 30. Juli 1853.

Rechtsgr. 614. — III. Senat. 25. März 1861. (XLI. 116.)

a) Der § 78. II. 14. des Allgem. Landrechts ist auch für städtische Abgaben anwendbar.

b) Auch die Frage: ob der Staat oder die Stadtgemeinde ihr Exekutionsrecht angemessen und richtig angewendet habe, unterliegt nicht der richterlichen Kompetenz, falls nicht besondere Rechtstitel in Frage stehen.

B. Zulässigkeit des Rechtsweges wegen der Verpflichtung zu den Gemeindelasten. — Vergl. A. L. R. I. 7. §§ 37. ff.

Rechtsgr. 615. — II. Senat. 14. April 1863. (XLIX. 155.)

Die Zulässigkeit des Rechtsweges in Betreff der Verpflichtung zu den Gemeindelasten ist nach den §§ 78. und 79. II. 14. des Allgem. Landrechts zu beurtheilen.

Siehe auch Rechtsgrundsatz 1133. (Gesetz vom 24. Mai 1861.)

§ 80. Siehe Rechtsgrundsätze 105. 117. (A. L. R. I. 7. §§ 150. 179.)

Titel 15. Von den Rechten und Regalien des Staats in Ansehung der Landstraßen, Ströme, Häfen und Meeresufer.

Erster Abschnitt. Von Land- und Heerstraßen.

§ 1. Alte und neue Landstraßen; Verwandlung einer Landstraße in eine Kommunikationsstraße. — Vergl. A. L. R. I. 19. § 30., II. 15. §§ 2. 4.

Rechtsgr. 616. — III. Senat. 22. März 1861. (XLI. 86.)

Die Anlegung einer neuen Landstraße verändert rechtlich den Charakter der schon bestehenden, nicht kassirten Straße nicht. Der Beschluß der Regierung, daß die alte Landstraße als Kommunikationsstraße fortbestehen solle, macht die alte Landstraße noch nicht zu einer Kommunikationsstraße, sowenig als die versuchte Ueberweisung bestimmter Wegestrecken an die Adjazenten diesen die Unterhaltungspflicht auferlegen kann.

Siehe auch Rechtsgrundsätze 40. 619. 965. 975. (A. L. R. I. 5. § 74., II. 15. § 11.; Magdeburger Polizei-Ordnung vom 3. Januar 1668; Pommersches Wegereglement vom 25. Juni 1752.)

§§ 2. ff. Rechtsweg wegen Eingriffs in das Eigenthum an dem Grund und Boden eines Kommunikationsweges. — Vergl. A. L. R. II. 15. § 11., 17. §§ 10. ff.; Pommersches Wegereglement v. 25. Juni 1752.

Rechtsgr. 617. — II. Senat. 31. Dezember 1863. (LI. 332.)

Handelt es sich um einen Eingriff in das Eigenthum an dem Grund und Boden eines Kommunikationsweges, so ist der Rechtsweg zulässig.

Siehe auch Rechtsgrundsätze 616. 619. (§§ 1. 2. dieses Titels.)

§ 6. Siehe Rechtsgrundsätze 13. 619. (A. L. R. Einl. § 70., II. 15. § 11.)

§ 7. Siehe Rechtsgrundsatz 40. (A. L. R. I. 5. § 74.)

§§ 11. ff. Unterhaltung der Landstraßen durch den Staat:

A. Druckfehler in dieser Gesetzesstelle.

Rechtsgr. 618. — II. Senat. 18. Juli 1861. (XLII. 288.)

Die Schlußworte des § 11. II. 15. des Allg. Landrechts „Unterhaltung **der** Sicherheit" enthalten einen Druckfehler, und ist der § 11. so zu lesen: „Gegen den Genuß der dem Staate von den Landstraßen zukommenden Nutzungen ist derselbe verpflichtet, für die Unterhaltung, Sicherheit und Bequemlichkeit derselben zu sorgen."

B. Verpflichtung des Fiskus zur Unterhaltung der Landstraßen; Aufhebung einer Landstraße als solche. — Vergl. §§ 1. 2. 4. 6. dieses Titels.

Rechtsgr. 619. — II. Senat. 18. Juli 1861. (XLII. 289.)

Aus der Bestimmung des § 11. II. 15. des Allg. Landrechts ist ein privatrechtlicher, vor dem Richter geltend zu machender Anspruch der Staatseinwohner auf Verpflichtung des Staats zur Unterhaltung und Besserung der Landstraßen nicht herzuleiten.

Die Verbindlichkeit des Fiskus zur Unterhaltung der Landstraßen entspringt vielmehr aus deren Errichtung; dieselbe fällt daher, soweit sie auf dem Gesetze beruht, hinweg, wenn eine Landstraße als solche aufgehoben und an deren Stelle eine neue angelegt wird, — selbst wenn die Adjazenten der alten Landstraße dieselbe fernerhin als Kommunikationsmittel nicht beibehalten wollen.

Siehe auch Rechtsgrundsätze 40. 617. 621. 975. 976. (A. L. R. I. 5.

§ 74., II. 15. §§ 11. 54.; Pommersches Wege-Reglement vom 25. Juni 1752; Ostpreußisches Wege-Reglement vom 24. Juni 1764.)

§§ 17-19. Verpflichtung der Grundeigenthümer zur unentgeltlichen Hergabe der Materialien zur Unterhaltung der Chausseen überhaupt und insbesondere in der Provinz Posen. — Vergl. Edikt vom 18. April 1792; Kabinets-Order vom 11. Juni 1825; Allerh. Erlaß vom 12. Dezember 1824; Gesetz vom 3. November 1838 § 9.; Allerhöchste Erlasse vom 16. Januar, 28. Februar, 6. März und 23. Juni 1854.

Rechtsgr. 620. — III. Senat. 29. September 1862. (XLVII. 58.)

Die Kabinetsorder vom 11. Juni 1825, betreffend die Vergütung für die von Grundbesitzern aus ihren Feldmarken zum Chausseebau hergegebenen Feldsteine, Sand und Kies, ist kein allgemeines Landesgesetz, und steht namentlich in der Provinz Posen dem Fiskus das Recht auf unentgeltliche Entnahme der Materialien zum Bau und zur Unterhaltung der Kunststraßen nicht zu.

Zweiter Abschnitt. Von Strömen, Häfen und Meeresufern.

§ 52. Siehe Rechtsgrundsatz 13. (A. L. R. Einl. § 70.)

§ 54. Umfang der Verpflichtung des Wegebaupflichtigen zur Unterhaltung der Brücken über Privatflüsse. — Vergl. §§ 11-15. dieses Titels.

Rechtsgr. 621. — III. Senat. 13. Juli 1863. (L. 189.)

Die Verpflichtung der Wegebaupflichtigen zur Unterhaltung der Brücken über Privatflüsse ist keine größere, als ihre Pflicht zur Unterhaltung und Besserung der Wege überhaupt.

Siehe auch Rechtsgrundsatz 976. (Ostpreußisches Wegereglement vom 24. Juni 1764 § 9.)

§§ 55. ff. Begriff des Bettes und Ufers eines Flusses; Ueberströmungen. — Vergl. § 68. dieses Titels; Dig. 43. 12. Lex 3.

Rechtsgr. 622. — II. Senat. 22. Oktober 1863. (LI. 157.)

Unter dem Flußbette ist der vom Ufer eingeschlossene Raum zu verstehen, durch welchen das Wasser seinen natürlichen Lauf nimmt; das Ufer eines Flusses aber geht soweit, als der Fluß sich seiner natürlichen Beschaffenheit nach zu erheben pflegt. Jedoch ist hierbei nicht blos auf den gewöhnlichen oder mittleren Wasserstand Rücksicht zu nehmen, vielmehr ist auch das alljährlich und von Zeit zu Zeit eintretende Hochwasser zu berücksichtigen.

§§ 57. ff. Gesetzliche Servitut des Leinpfades an öffentlichen Flüssen. — Vergl. A. L. R. I. 8. § 33., 22. § 1.

Rechtsgr. 623. — IV. Senat. 27. Januar 1863. (XLIX. 50.)

Aus der gesetzlichen Servitut des Leinpfades an öffentlichen Flüssen ist eine Verpflichtung der Ufer-Eigenthümer zur Gestattung der Errichtung von Anbindepfählen nicht zu entnehmen.

Siehe auch Rechtsgrundsatz 14. (A. L. R. Einl. § 73.)

§ 62. Siehe Rechtsgrundsatz 124. (A. L. R. I. 8. § 99.)
§§ 68. ff. Siehe Rechtsgrundsatz 622. (A. L. R. II. 15. § 55.)

Dritter Abschnitt. Von der Zollgerechtigkeit.

§ 90. Siehe Rechtsgrundsatz 13. (A. L. R. Einl. § 70.)
§§ 138. 139. Verpflichtung der Brückengeld-Berechtigten zum Schadensersatz.

Rechtsgr. 624. — I. Senat. 9. Mai 1862. (XLVI. 92.)

Die zur Erhebung eines Brückengeldes berechtigte Gemeinde kann wegen des, durch fehlerhafte Beschaffenheit einer daselbst befindlichen baulichen Anlage, insbesondere der Anlage eines Schlagbaumes, entstandenen Schadens den Beschädigten nicht an die Beamten verweisen, welche das Versehen begangen haben; wohl aber sind die zuerst in Anspruch genommenen Beamten befugt, den Kläger zunächst an die Gemeinde zu verweisen.

Fünfter Abschnitt. Von der Mühlengerechtigkeit.

§§ **233. 238.** Siehe Rechtsgrundsatz **625.** (A. L. R. II. **15.** § **246.**)
§ **246.** Entziehung des Betriebswassers einer Mühle. — Vergl. A. L. R. Einl. § 49., I. **8.** §§ 13. 26-28. 99. 130., II. **15.** §§ 233. 238.; Dig. **39.** 3. Lex 1. § 12., Lex 21.

Rechtsgr. **625.** — II. Senat. 22. Januar 1863. (XLIX. 36.)

a) Der § 246. II. 15. des Allgem. Landrechts setzt voraus, daß die Entziehung des Betriebswassers der Mühle durch die Benutzung des Wassers, welches der Mühle zugeführt wird, sei es durch dessen Ableitung oder Benutzung oder auch dessen Aufstauung geschehen ist.

b) Die von dem Besitzer eines Grundstücks zur besseren Benutzung desselben gemachten Anlagen, welche mittelbar auf eine Verminderung des Wasserbestandes in einem Mühlengraben einwirken, unterliegen nicht dem § 246. II. 15. des Allgem. Landrechts.*

Siehe auch Rechtsgrundsätze **988. 1134.** (Schlesische Mühlen-Ordnung vom **28.** August 1777 § 5.; Gesetz vom **28.** Februar **1843** § **16.**)

Titel 16. Von den Rechten des Staates auf herrenlose Güter und Sachen.

Dritter Abschnitt. Vom Jagdregal.

§§ **64-68.** Tödtung der auf ein fremdes Jagdgebiet überlaufenden Jagd- und Windhunde:

A. Ueberhaupt. — Vergl. Forst- und Jagd-Ordnung vom 8. Oktober 1805 Titel 3. §§ 9. 10. 12.

Rechtsgr. **626.** — I. Senat. 29. September 1862. (XLV. 347.)

Ein auf fremdem Jagdgebiete betroffener Jagdhund darf nicht ohne Weiteres, gleich dem gemeinen Hunde, erschossen werden, und kann der Jagdberechtigte, welcher dies gethan, sich durch die Behauptung nicht schützen, nicht gewußt zu haben, daß jener Jagdhund bei einer Jagd blos übergelau-

* Vergl. dagegen Bd. 2. S. 258. No. 698. dieser Rechtsgrundsätze.

sen sei; derselbe muß sich vielmehr dessen vergewissern, daß der Hund nicht blos übergelaufen sei, sonst aber sich mit dem Einfangen des Hundes und dem Pfandgelde begnügen.

B. In der Provinz Posen. — Vergl. Publikandum vom 1. März 1794 § 32.; Kabinets-Order vom 30. Mai 1841.

Rechtsgr. 627. — I. Senat. 18. November 1861. (XLIII. 201.)

Die Kabinetsorder vom 30. Mai 1841 hat dem Publikandum der Kriegs- und Domänenkammer zu Posen vom 1. März 1794 auch rücksichtlich der zur Verhütung der Beeinträchtigung des Jagdrechts dienenden Vorschriften Gesetzeskraft ertheilt, und ist daher auch in der Provinz Posen das Erschießen der auf fremdem Jagdreviere ledig und ungeknüttelt umherlaufenden Jagd- und Windhunde gestattet.

Vierter Abschnitt. Vom Bergwerksregal.

§§ 109-112. Benutzung der Substanz des zu bergbaulichen Zwecken expropriirten Grund und Bodens, insbesondere zur Entnahme von Lehm behufs der Ziegelfabrikation. — Vergl. Eisenbahngesetz vom 3. November 1838 §§ 8. 9.

Rechtsgr. 628. — III. Senat. 28. November 1862. (XLVIII. 95.)

Der Bergbauende ist berechtigt, das zu bergbaulichen Zwecken expropriirte Grundstück auch zur Entnahme von Lehm behufs Fabrikation von Ziegeln für die zu errichtenden Berggebäude zu benutzen.

Eine analoge Anwendung der §§ 8. und 9. des Eisenbahngesetzes vom 3. November 1838 findet nicht statt.

Siehe auch Rechtsgrundsätze 112. 113. 634. (A. L. R. I. 7. § 150., II. 16. § 116b.)

§§ 112. 113. Entschädigung des Grundeigenthümers durch den Bergbauenden:

A. Ueberhaupt.

Rechtsgr. 629. — III. Senat. 8. Mai 1863. (XLIX. 199.)

Der Grundsatz des Plenarbeschlusses No. 1284. vom 18. April 1843:

Der Bergbauende muß den Grundeigenthümer für Alles, was derselbe durch den Bergbau verloren hat, vollständig entschädigen, ohne Unterschied, ob der Bergbau unter dem Grunde des Eigenthümers betrieben wird, oder nicht, — setzt voraus, daß der Schaden durch den Bergbau erweislich verursacht worden ist.

B. Entschädigung des Grundeigenthümers wegen des ihm durch den Bergbauenden entzogenen Brunnenwassers. — Vergl. A. L. R. I. 6. §§ 79. 80.

Rechts. 630. — III. Senat. 19. Oktober 1863. (LII. 38.)

a) Der Grundeigenthümer, welcher wegen des ihm durch den Bergbau entzogenen Brunnenwassers Entschädigung beansprucht, muß es sich gefallen lassen, wenn ihm das entzogene Wasser auch nicht gerade in dem abgetrockneten Brunnen, sondern in einem anderen in der Nähe befindlichen Wasserbehälter wiederverschafft wird, insofern er nur für den Mehraufwand an Zeit für den Wassertransport von dort bis zu seinem Hause Vergütung erhält.

b) Das von dem Grundeigenthümer abgelehnte bloße Anerbieten zur Abteufung eines Brunnens seitens des Bergbauenden ist nicht für ausreichend zu erachten, den Entschädigungsanspruch des Grundeigenthümers wegen des ihm durch den Bergbau entzogenen Brunnenwassers zu beseitigen.

c) Der Bergbauende ist berechtigt, Arbeiten und Anlagen auf dem Grund und Boden des Grundeigenthümers behufs Wiederverschaffung des entzogenen Wasserbedarfs vorzunehmen.

C. Benutzung der Substanz des zu bergbaulichen Zwecken expropriirten Grund und Bodens. — Vergl. Eisenbahngesetz vom 3. November 1838 §§. 8. 9.

Rechtsgr. 631. — III. Senat. 28. November 1862. (XLVIII. 95.)

Die Vorschrift des § 113. II. 16. des Allg. Landrechts, betreffend die dem Eigenthümer des zu bergbaulichen Zwecken abgetretenen Grund und Bodens von dem Bergbauenden zu gewährende Vergütigung der jährlichen Abnutzung, ist nur dahin, daß der Eigenthümer Entschädigung für die entzogenen Nutzungen erhalten soll, nicht aber dahin zu verstehen, daß der Bergbauende auf eine solche Benutzung des Grundstücks, welche unbeschadet der Substanz stattfinden kann, beschränkt ist.

D. Wiederherstellung der durch den Bergbau beschädigten Grundstücke in den früheren Stand. — Vergl. Kleve-Märkische Berg-Ordnung vom 29. April 1766 Kap. 1. § 9., Kap. 72.

Rechtsgr. 632. — III. Senat. 21. Juni 1861. (XLII. 186.)

Der Bergbauende ist, um für die Zukunft einen größeren Schadensanspruch von sich abzuwenden, zu verlangen berechtigt, daß ihm gestattet werde, das durch den Bergbau beschädigte Grundstück möglichst wieder in den früheren Stand zu setzen.

E. Entschädigungsanspruch des durch den Bergbau beschädigten benachbarten Grundeigenthümers.

Rechtsgr. 633. — III. Senat. 21. Juni 1861. (XLII. 187.)

Der § 113. II. 16. des Allg. Landrechts, — betreffend die von dem Bergbauenden dem Grundeigenthümer für den abgetretenen Grund und Boden zu gewährende Entschädigung, — findet auch dann Anwendung, wenn ein benachbartes Grundstück durch den Bergbau beschädigt worden ist, ohne daß es der bisherige Eigenthümer abgetreten hat.

Siehe auch Rechtsgrundsatz 638. (§ 153. dieses Titels.)

§ 116b. Entschädigungs-Anspruch des Bergbauenden dem Grundeigenthümer gegenüber wegen der von der Bergbehörde verordneten Sicherheitspfeiler. — Vergl. A. L. R. I. 8. §§ 29-31., II. 16. §§ 109-112.; Chausseebau-Reglement vom 31. Mai 1796 § 7.; Deklaration vom 27. Oktober 1804 § 4.; Eisenbahngesetz vom 3. November 1838 §§ 7-14. 20.; Gesetz vom 21. Mai 1860 § 1.

Rechtsgr. 634. — III. Senat. 20. März 1863. (XLIX. 119.)

Die bergbauende Gewerkschaft, welche zur Sicherheit der über ihrem Grubenfelde befindlichen Eisenbahn Sicherheitspfeiler stehen zu lassen von der Bergbehörde angehalten wird, kann wegen dieser Beschränkung ihres Baues Entschädigung nicht beanspruchen.

§ 125. Ausübung des Mitbaurechts zur Hälfte. — Vergl. A. L. R. I. 16. § 381.; Schlesische Berg-Ordnung vom 5. Juni 1769 Kap. 1. § 3.; Deklaration vom 1. Februar 1790.

Rechtsgr. 635. — III. Senat. 24. November 1862. (XLVIII. 80.)

a) Die gesetzlich vorgeschriebene Aufforderung an den Eigenthümer des Fundgrubenterrains zur Erklärung über die Ausübung des Mitbaurechts ist nicht Bedingung für die Existenz dieses Rechts, sie ist vielmehr ein von dem Gesetzgeber angeordnetes Mittel, um die Theilnahmeverhältnisse an dem zu eröffnenden Bergwerke rechtzeitig zu ordnen.

Der zum Mitbau Berechtigte kann daher dadurch, daß die gesetzlich vorgeschriebene Aufforderung ganz unterblieben oder an einen Nichtberechtigten ergangen ist, seines Rechtes nicht verlustig werden.

b) Gleichwohl kann durch die nachträglich, nach erfolgter Verleihung der Grube, erfolgende Aufforderung an den Berechtigten zur Erklärung über den Mitbau und durch Abgabe einer bejahenden Erklärung desselben die Sache nicht mehr in das rechte Geleise gebracht werden; der Berechtigte muß vielmehr, um zu seinem Rechte zu gelangen, sein besseres Recht gegen den unberechtigten Besitzer seiner Kuxe ausführen.

§ 141. Kollision der Rechte des zufälligen Finders und des mit einem Schürfschein versehenen Finders. — Vergl. §§ 144-154. 156. 161. dieses Titels; Kleve-Märkische Berg-Ordnung vom 29. April 1766 Kap. 1. § 2.; Schlesische Berg-Ordnung vom 5. Juni 1769 Kap. 2. § 2.

Rechtsgr. 636. — III. Senat. 28. Februar 1862. (XLVI. 22.)

Der Rechtsgrundsatz: „der Schürfschein deckt für die Dauer seiner Gültigkeit das Feld dergestalt, daß dadurch die Muthung eines zufällig Findenden ausgeschlossen wird“, — setzt einen nach den Vorschriften des Allgem. Landrechts und der Provinzial-Bergordnungen für Kleve-Mark und Schlesien ertheilten, auf eine bestimmte Zeit — Ein Jahr und Sechs Wochen — beschränkten Schürfschein voraus.

§ **144**. Entscheidung über die noch bestehende Gültigkeit eines Schürfscheins. — Vergl. § **169**. dieses Titels.

Rechtsgr. 637. — III. Senat. 28. Februar 1862. (XLVI. 23.)

Der Rechtsgrundsatz: die Entscheidung der Frage, ob einem ertheilten Schürfscheine noch Gültigkeit beizumessen ist, oder nicht, gehört zur Kompetenz der betreffenden Bergbehörde, nicht der Gerichte, — ist in seiner Allgemeinheit als richtig nicht anzuerkennen.

Siehe auch Rechtsgrundsatz 636. (§ **141**. dieses Titels.)

§ **153**. Kautionsbestellung wegen des zu bergbaulichen Zwecken abgetretenen Grund und Bodens. — Vergl. A. L. R. I. **4**. §§ **121**. **122**., **14**. §§ **179**. **180**., **21**. § 20., II. **16**. § 113.

Rechtsgr. 638. — III. Senat. 18. Mai 1863. (XLIX. 210.)

Der Grundeigenthümer, welcher zu Zwecken des Bergbaues Grund und Boden abgetreten hat, kann in der Regel eine Kautionsbestellung nicht beanspruchen.

§§ **154**. ff. Vom Rechte des ersten Finders:

A. Rechtliche Natur der Muthung und Cession derselben. — Vergl. A. L. R. I. **11**. § 382.; Cod. **2**. 3. Lex **20**.

Rechtsgr. 639. — V. Senat. 28. Oktober 1862. (XLVII. 122.)

Die Muthung hat gemeinrechtlich nicht die Kraft der Okkupation. Das Muthen enthält nur die Bewerbung um die Verleihung des Eigenthums und des Besitzes.

Der Muther kann vor der Verleihung durch Cession seiner Muthung diese Rechte nicht übertragen.*

* Vergl. dagegen Bd. 3. S. 121. No. 318. und 319. dieser Rechtsgrundsätze.

B. Erforderniß eines wirklichen Fundes hinsichtlich der rechtlichen Wirksamkeit einer Muthung. — Vergl. §§ 162. ff. dieses Titels; Kur-Triersche Berg-Ordnung von 1564 Thl. 1. Art. 3. No. 1.

Rechtsgr. 640. — V. Senat. 7. Oktober 1862. (XLVI. 260.)

Eine Muthung ist nur dann von rechtlicher Wirksamkeit und kann nur dann ein Vorzugsrecht gegenüber spätern Muthern begründen, wenn ihr ein wirklicher Fund zu Grunde gelegen hat.

C. Beweislast bei dem Streite über das Vorzugsrecht unter mehreren Muthern. — Vergl. §§ 162. ff. dieses Titels; Kur-Triersche Berg-Ordnung von 1564 Th. 1. Art. 3. No. 1.

Rechtsgr. 641. — V. Senat. 7. Oktober 1862. (XLVI. 261.)

Der Muther, welcher einem andern Muther gegenüber ein Vorzugsrecht in Anspruch nimmt, muß im Bestreitungsfall erweisen, daß er zur Zeit seiner Muthung fündig gewesen ist, und es bleibt dann seinem Gegner überlassen, im Wege des Gegenbeweises darzuthun, daß er seinerseits vor dem Kläger fündig gewesen und auf seinen Fund rechtzeitig Muthung genommen habe.

D. Beweisführung über den Fund. — Vergl. §§ 164. ff. dieses Titels; Kur-Triersche Berg-Ordnung von 1564 Th. 1. Art. 3. No. 1.

Rechtsgr. 642. — V. Senat. 7. Oktober 1862. (XLVI. 261.)

Den Beweis des Fundes kann der Muther durch die von der Bergbehörde erfolgten Annahme der Muthung nicht führen.

E. Legitimation des Repräsentanten oder Grubenvorstandes einer Gewerkschaft zur Verfolgung von Finderrechten. — Vergl. § 234. dieses Titels; Gesetz vom 12. Mai 1851 §§ 7. 18. No. 14.

Rechtsgr. 643. — I. Senat. 7. September 1863. (LI. 62.)

a) Der Zweck der Gemeinschaft einer Gewerkschaft ist nicht dergestalt auf die Gewinnung von Fossilien innerhalb eines bestimmten Distrikts beschränkt, daß die Verfolgung etwaiger dabei erworbener Finderrechte ausgeschlossen und nur ausnahmsweise gestattet wäre; vielmehr ist die Gewerkschaft auch zur Verfolgung der ihr etwa zustehenden Finderrechte durch ihren gesetzlichen Vertreter — den Repräsentanten oder Grubenvorstand — legitimirt.

b) Die vorstehende Regel findet insbesondere in dem Falle Anwendung, wenn die Gewerkschaft bei dem Betriebe des Bergwerks mit ihren Grubenstollen einen unverliehenen Gang oder Flötz überfahren hat.

Siehe Rechtsgrundsätze 636. 637. (A. L. R. II. **16**. §§ **141**. **144**.)

§§ **162**. ff. Siehe Rechtsgrundsätze **640**. **641**. (A. L. R. II. **16**. § **154**.)

§ **177**. Richterliche Beurtheilung der Art der bergamtlichen Vermessung der Fundgrube.

Rechtsgr. **644**. — III. Senat. 24. November 1862. (XLVIII. 81.)

Die Vermessung der Fundgrube ist lediglich eine den Bergbehörden obliegende Funktion, und dem Richter steht es nicht zu, darüber zu urtheilen, ob eine dabei vorgekommene Abweichung von der im § 177. II. 16. des Allg. Landrechts vorgeschriebene Art der Vermessung gerechtfertigt sei.

§ **234**. Siehe Rechtsgrundsatz **643**. (A. L. R. II. **16**. §§ **154**. ff.)

§§ **292-294**. Siehe Rechtsgrundsatz **367**. (A. L. R. I. **17**. § 239.)

§ **307**. Siehe Rechtsgrundsatz 1185. (Gesetz vom 12. Mai 1851 § **6**.)

§§ **335**. **338**. **343**. Siehe Rechtsgrundsatz 367. (A. L. R. I. **17**. § 239.)

§§ **349**. ff. **359**. **365**. **366**. Identitätsbeweis des Alters im Felde bei dem Flötzbergbau. — Vergl. Kleve-Märkische Berg-Ordnung vom 29. April 1766 Kap. 27. § 4.

Rechtsgr. **645**. — III. Senat. 20. Februar 1863. (XLIX. 88.)

Die Vorschriften der §§ 365. 372. II. 16. des Allgem. Landrechts, — betreffend den Beweis für das Alter im Felde, — sind nicht auf den Gangbergbau zu beschränken, sondern auch auf den Flötzbergbau anwendbar.

Die Vorschrift des § 372. a. a. O. enthält nur eine erleichternde Abweichung von dem in dem § 365. daselbst als

Regel vorgeschriebenen schwierigen Identitätsbeweise durch offene Durchschläge.

§§ **405. 409. 412. 413.** Bedingungen des Anspruchs eines Erbstollens auf den vierten Pfennig. — Vergl. Sächsische Berg-Ordnung vom 12. Juni 1589 Art. 77.; Schlesische Berg-Ordnung vom 5. Juni 1769 Kap. 14. § 2., Kap. 87. § 3.

Rechtsgr. 646. — III. Senat. 6. März 1861. (XLII. 19.)

a) Der Anspruch des Erbstollens auf den vierten Pfennig ist nicht an alle Erfordernisse des Stollenneunten, namentlich nicht an die Bedingungen des § 423. II. 16. des Allgem. Landrechts gebunden.

b) Das Recht auf den Stollenhieb oder dessen Surrogat, der Anspruch auf den vierten Pfennig, tritt ein, sobald der Stollen im Allgemeinen gesetzmäßig betrieben ist und in das Feld der fremden Zeche gehörig einkommt, auch die Erbteufe bringt.

Titel 17. Von den Rechten und Pflichten des Staats zum besondern Schutze seiner Unterthanen.

§§ **10.** ff. **23. 24. 30. 61.** ff. Rechtsweg hinsichtlich des Streites über das Recht und die Pflicht der gutsherrlichen Polizeiverwaltung. — Vergl. A. G. O. I. Einl. § 1.

Rechtsgr. 647. — II. Senat. 27. Mai 1862. (XLVI. 109.)

Das Recht der mit einem Gute verbundenen Patrimonialgerichtsbarkeit, insbesondere auch die, einen Ausfluß oder Bestandtheil derselben bildende, Polizeigerichtsbarkeit, ist ein Gegenstand des Privat-Eigenthums, und findet daher hinsichtlich des Streites über das Recht und die Pflicht zu der aus dem Besitze eines Gutes herstammenden Polizeiverwaltung der Rechtsweg statt.

Siehe auch Rechtsgrundsatz 617. (A. L. R. II. 15. § 2.)

§ **60.** Siehe Rechtsgrundsatz 252. (A. L. R. I. 12. § 73.)

Titel 18. Von Vormundschaften und Kuratelen.

§§ 1. 3. Rechtliche Natur des Vormünder-Amtes. — Vergl. §§ 231. 234. ff. 364. ff. 436. 494. 501. ff. 542. dieses Titels; A. G. O. I. 1. §§ 3. 4.; Prozeß-Verordnung vom 21. Juli 1846 §§ 15. 16.

Rechtsgr. 648. — I. Senat. 30. März 1863. (XLIX. 141.)

a) Die Vormünder, nicht die Vormundschaftsbehörden, sind die eigentlichen Vertreter der Pflegebefohlenen und als Mandatare des Staats, resp. der Vormundschaftsbehörden, im civilrechtlichen Sinne nicht anzusehen.

b) Der vorstehende Grundsatz gilt auch hinsichtlich der Rechtsstreitigkeiten der Pflegebefohlenen. Doch folgt hieraus nicht, daß auch jede, auf die materielle Entscheidung der Sache nicht influirende, sondern nur die Fortsetzung des Streitverfahrens betreffende, an keine besondere prozessualische Form gebundene, Erklärung, deren Abgabe die Vormundschaftsbehörde zu beschließen befugt ist, zum Nachtheil des Tuenden oder Kuranden um deswillen gänzlich unberücksichtigt bleiben und als nicht vorhanden erachtet werden müsse, weil sie nur von jener, nicht von dem Vormund oder Kurator, zu den Prozeß-Akten verlautbart worden ist.

Siehe Rechtsgrundsatz 739. (A. G. O. I. 1. § 4.)

Erster Abschnitt. Von den Personen, welchen Vormünder oder Kuratoren bestellt werden müssen.

§ 14. Siehe Rechtsgrundsatz 475. (A. L. R. II. 1. § 256.)

§ 23. Siehe Rechtsgrundsatz 744. (A. G. O. I. 2. § 150.)

§§ 28. ff. Bestellung eines Kurators. — Vergl. §§ 953. 956. 1003. 1004. dieses Titels.

Rechtsgr. 649. — I. Senat. 16. Oktober 1863. (L. 337.)

Die Bestellung eines Kurators neben dem Vormunde des Pflegebefohlenen ist nicht auf den Fall eines einzelnen bestimmten Geschäfts beschränkt.

Siehe auch Rechtsgrundsätze 515. 800. (A. L. R. II. 2. § 125.; A. G. O. I. 16. § 2. Nr. 4.)

§§ **34**. ff. Rechte und Pflichten eines Auseinandersetzungs-Kurators. — Vergl. §§ **46**. ff. **970**. ff. dieses Titels.

Rechtsgr. **650**. — I. Senat. 16. Oktober 1863. (L. 338.)

Von den Funktionen eines Auseinandersetzungs-Kurators sind Geschäfte mit einem Dritten, die bis zur bewirkten Theilung in Ansehung des gemeinschaftlichen Nachlasses vorkommen, nicht unbedingt ausgeschlossen.

§§ **35**. ff. Abänderung der Verpflichtung des zur zweiten Ehe schreitenden Vaters zur Auseinandersetzung mit seinen Kindern erster Ehe durch testamentarische Bestimmung der Mutter. — Vergl. A. L. R. I. **12**. §§ 53. 466 ff., II. **1**. §§ 438. 481. 495. 500. 501. 543 ff. 618., **2**. §§ 271. 378., **18**. §§ 400. ff. 970.

Rechtsgr. **651**. — I. Senat. 27. Juni 1862. (L. 9.)

a) Die gesetzliche Verpflichtung des zur zweiten Ehe schreitenden Vaters, sich mit seinen Kindern erster Ehe hinsichtlich ihres mütterlichen Vermögens auseinander zu setzen, unterliegt der Abänderung durch testamentarische Bestimmungen der Mutter.

b) Daher findet diese Auseinandersetzung nicht statt, wenn in dem Testamente der Mutter dem Vater, so lange er lebt, das Recht zur unbeschränkten Disposition über ihren Nachlaß und der alleinige Besitz und Genuß desselben, und den Kindern nur Dasjenige, was bei des Vaters Tode von ihrem Vermögen noch übrig bleiben werde, vermacht ist.

Siehe auch Rechtsgrundsatz 650. (A. L. R. II. **18**. § 34.)

§ **46**. Siehe Rechtsgrundsatz 650. (A. L. R. II. **18**. § 34.)

Fünfter Abschnitt. Von den Rechten und Pflichten der Vormünder überhaupt.

§§ **231**. ff. Siehe Rechtsgrundsätze 475. 648. (A. L. R. II. **1**. § 256., **18**. § 1.)

§§ **233**. **236-239**. **249**. **250**. **278**. **280**. Ankauf eines Grundstücks seitens des Vormundes ohne obervormundschaftliche Genehmigung. — Vergl. A. L. R. I. **5**. §§ 10-13. 497. 498.

Rechtsgr. 652. — III. Senat. 2. November 1863. (L. 353.)

Der Vormund, welcher für den Pflegebefohlenen ein Grundstück ohne Genehmigung des obervormundschaftlichen Gerichts ankauft, macht sich verantwortlich und muß bei dem Schadensersatze selbst ein geringes Versehen vertreten; dem Dritten gegenüber besteht das Kaufgeschäft vollständig zu Recht.

Siehe Rechtsgrundsätze 648. 739. (A. L. R. II. **18**. § **1**.; A. G. O. I. **1**. § 3.)

§ **305**. Siehe Rechtsgrundsatz 582. (A. L. R. II. **10**. § 127.)

Siebenter Abschnitt. Von der Vorsorge für das Vermögen der Pflegebefohlenen.

§§ **364**. ff. Siehe Rechtsgrundsätze 648. 739. (A. L. R. II. **18**. § **1**.; A. G. O. I. **1**. § 3.)

§§ **383**. ff. Siehe Rechtsgrundsatz 653. (A L. R. II. **18**. § 394.)

§ **394**. Verbot des Erblassers hinsichtlich der eidlichen Bestärkung des Nachlaß-Inventars. — Vergl. A. L. R. I. **9**. § 440., II. **18**. § 383.

Rechtsgr. 653. — I. Senat. 3. November 1862. (XLVIII. 50.)

Die Anwendung des § 394. II. 18. des Allgem. Landrechts, — nach welchem das Verbot des Erblassers hinsichtlich der eidlichen Bestärkung des Nachlaß-Inventars ohne Wirkung ist, sobald gegründete Vermuthung einer begangenen Unrichtigkeit dem Richter bekannt werden, — ist durch eine — wenn auch nur präsumtiv — dem Inventarisirenden zur Last fallende, mithin durch dessen Vorsatz oder Fahrlässigkeit bewirkte Unrichtigkeit bedingt.

§§ **400**. ff. Siehe Rechtsgrundsatz 651. (A. L. R. II. **18**. § 35.)

§ **419**. Siehe Rechtsgrundsatz 520. (A. L. R. II. **2**. § 168.)

Anh. § **157**. zu § **421**. Siehe Rechtsgrundsatz 257. (A. L. R. I. **12**. § 557.)

§§ **436**. **494**. Siehe Rechtsgrundsätze 648. 739. (A. L. R. II. **18**. § **1**.; A. G. O. I. **1**. § 3.)

§§ **497**. **498**. Siehe Rechtsgrundsatz 652. (A. L. R. II. **18**. § 233.)

§§ **501.** ff. Siehe Rechtsgrundsätze 648. 739. 1155. (A. L. R. II. **18.** § 1.; A. G. O. I. **1.** § 3.; Gesetz vom **21.** Juli 1846 § **21.**)

§ **521.** Siehe Rechtsgrundsatz 520. (A. L. R II. **2.** § 168.)

§ **542.** Siehe Rechtsgrundsätze 648. 739. (A. L. R. II. **18.** § **1.**; A. G. O. I. **1.** § 3.)

§§ **569.** ff. Siehe Rechtsgrundsatz 1228. (Gesetz vom 4. Juni 1856 § **1.**)

Anh. § **164.** zu § **574.** Siehe Rechtsgrundsätze 531. 1228. (A. L. R. II. **1.** § 432.; Gesetz vom 4. Juni 1856 § 1.)

Anh. § **167.** zu § **689.** Siehe Rechtsgrundsatz 413. (A. L. R. I. **21.** § 56.)

Achter Abschnitt. Von Aufhebung der Vormundschaften.

§ **724.** Siehe Rechtsgrundsatz 525. (A. L. R. II. **2.** § 216.)

§§ **782. 789.** Siehe Rechtsgrundsatz 491. (A. L. R. II. **1.** § 426.)

§§ **885. 895.** Siehe Rechtsgrundsatz 331. (A. L. R. I. **16.** § 381.)

§ **897.** Rechnungsfehler. — Vergl. A. L. R. I. **16.** § **404.**

Rechtsgr. **654.** — I. Senat. 27. Juni 1862. (XLIV. 338.)

Der § 897. **II.** 18. des Allg. Landrechts setzt den Fall voraus, daß dem Mündel vorher Rechnungen gelegt waren.

Neunter Abschnitt. Von den Rechten und Pflichten der Kuratoren.

§§ **953. 956.** Siehe Rechtsgrundsatz 649. (A. L. R. II. **18.** § 28.)

§ **957.** Bestallung eines Kurators.

Rechtsgr. **655.** — I. Senat. 16. Oktober 1863. (L. 338.)

Der § 957. **II.** 18. des Allgem. Landrechts, — nach welchem das Geschäft oder die Angelegenheit, zu welchen der Kurator verordnet ist, in der Bestallung desselben deutlich ausgedrückt werden muß, — enthält weder die Vorschrift einer Form für Rechtshandlungen, noch verknüpft er mit deren Verabsäumung die Nichtigkeit der von dem Kurator vorgenommenen Geschäfte.

§§ **970.** ff. Siehe Rechtsgrundsätze 650. 651. (A. L. R. II. **18.** §§ 34. 35.)

§§ **989. 990.** Siehe Rechtsgrundsatz 520. (A. L. R. II. **2.** § 168.)

§§ **1003. 1004.** Siehe Rechtsgrundsatz 649. (A. L. R. II. **18.** § 28.)

Einführungsgesetz zum Allgemeinen Deutschen Handelsgesetzbuch vom 24. Juni 1861.

(Gesetz-Sammlung S. 449.)

Art. 1. 2. 47. Siehe Rechtsgrundsatz 909. (Code civil. art. 2.)

Allgemeines Deutsches Handelsgesetzbuch.

Erstes Buch. Vom Handelsstande.

Titel 1. Von Kaufleuten.

Art. 4. Siehe Rechtsgrundsätze 557. 658. (A. L. R. II. 8. § 475. Allgem. Deutsches Handelsgesetzbuch Art. 317.)

Titel 5. Von den Prokuristen und Handlungs-Bevollmächtigten.

Art. 47. Bestellung eines Handlungsbevollmächtigten. — Vgl. Art. 273. 274. 317. des Handelsgesetzbuches.

Rechtsgr. 656. — IV. Senat. 23. Januar 1864. (LI. 352.)

Der Art. 47. Abs. 1. und 2. des Allg. Deutschen Handelsgesetzbuches, — betreffend die Bestellung eines Handlungs-Bevollmächtigten und dessen Autorisation zur Eingehung von Wechselverbindlichkeiten, — setzt eine schriftliche Vollmacht nicht voraus.

Art. 48. Form der von einem Hundlungsbevollmächtigten ausgestellten Wechsel.

Rechtsgr. 657. — IV. Senat. 23. Januar 1864. (LI. 352.)

Der Prinzipal ist auch aus solchen von seinem Handlungs-Bevollmächtigten ausgestellten Wechseln verhaftet, in denen des Vollmachtsverhältnisses bei der Zeichnung Erwähnung nicht geschieht.

Viertes Buch. Von den Handelsgeschäften.

Titel 1. Von den Handelsgeschäften im Allgemeinen.

Erster Abschnitt. Begriff der Handelsgeschäfte.

Art. **271.** No. **1.**, Art. **273. 274.** Siehe Rechtsgrundsätze 646. 658. 909. (Handelsgesetzbuch Art. 47. 317.; Code civil. art. 2.)

Art. **277.** Siehe Rechtsgrundsatz 658. (Handelsgesetzbuch Art. 317.)

Dritter Abschnitt. Abschließung der Handelsgeschäfte.

Art. **317.** Verkauf eines Pferdes als Handelsgeschäft auch für den kaufenden Nichtkaufmann. — Vergl. Handelsgesetzbuch Art. **4. 271.** No. **1.**, Art. **273. 274. 277.**

Rechtsgr. **658.** — IV. Senat. 12. November 1863. (LI. 212.)

Der Verkauf eines Pferdes durch einen Pferdehändler stellt auch dem Käufer gegenüber ein, der Schriftform nicht bedürfendes, Handelsgeschäft dar.

Siehe Rechtsgrundsatz **656.** (Art. 47. dieses Handelsgesetzbuchs.)

Titel 4. Von dem Speditionsgeschäfte.

Art. **380.** Haftbarkeit des Spediteurs. — Vergl. A. L. R. I. **13.** § **46.**; A. G. O. I. **13.** § **28.**

Rechtsgr. **659.** — V. Senat. 25. März 1862. (XLV. 147.)

Die Bestimmung des Art. 380a. des Allgem. Deutschen Handelsgesetzbuches, — welches den Spediteur für jeden Schaden haftbar erklärt hat, welcher aus der Vernachlässigung der Sorgfalt eines ordentlichen Kaufmanns bei der Wahl der Frachtführer, Schiffer oder Zwischen-Spediteure, und überhaupt bei der Ausführung der von ihm übernommenen Versendung der Güter entsteht, — stimmt mit den Vorschriften des Allgem. Landrechts überein und wird durch den § 28. I. 13. der Allgem. Gerichts-Ordnung nicht berührt.

Siehe auch Rechtsgrundsätze 264. 574. (A. L. R. I. 13. § 46., II. 8. § 1734.)

Fünftes Buch. Vom Seehandel.

Titel 3. Von dem Schiffer.

Art. 478. 479. Siehe Rechtsgrundsatz 569. (A. L. R. II. 8. § 1620.)

Titel 5. Von dem Frachtgeschäft zur Beförderung von Gütern.

Art. 607. Siehe Rechtsgrundsatz 569. (A. L. R. II. 8. § 1620.)

Art. 609. 610. Verlust der Ansprüche aus der Beschädigung der angekommenen Schiffsfrachtgüter wegen unterlassener Anordnung deren vorschriftsmäßigen Besichtigung.

Rechtsgr. 660. — IV. Senat. 17. November 1863. (L. 359.)

Die Vorschrift des Art. 609. des Handelsgesetzbuches, — nach welcher die unterlassene Anordnung der Besichtigung der angekommenen Schiffsfrachtgüter das Erlöschen der Ansprüche wegen Beschädigung oder theilweisen Verlustes nach sich zieht, — ist kategorisch und läßt nicht die Auslegung zu, daß bei einem Mangel in der Ausführung des Verfahrens etwa nur eine Veränderung oder Erschwerung der Beweislast eintreten könne.

Art. 653. Siehe Rechtsgrundsatz 569. (A. L. R. II. 8. § 1620.)

Motive zur Allgemeinen Deutschen Wechsel-Ordnung.

Berathungs-Protokolle vom 27. und 28. August 1847.

Siehe Rechtsgrundsatz 565. (A. L. R. II. 8. § 813.)

Entwurf einer Wechsel-Ordnung für die Preußischen Staaten von 1847.

§§ 74. 84. Siehe Rechtsgrundsatz 694. (Allgem. Deutsche Wechsel-Ordnung Art. 81.)

Allgemeine Deutsche Wechsel-Ordnung.

Erster Abschnitt. Von der Wechselfähigkeit.

Art. 1. Einwilligung des Ehemannes in die Uebernahme einer Wechselverbindlichkeit seitens der Ehefrau. — Vergl. A. L. R. II. 1. §§ 196. 198.

Rechtsgr. 661. — IV. Senat. 16. Juni 1863. (XLIX. 276.)

Die zur Uebernahme einer Wechselverpflichtung seitens einer Ehefrau erforderliche Einwilligung ihres Ehemannes ist als vorhanden anzunehmen, wenn der Ehemann den Wechsel selbst auf seine Ehefrau gezogen und dem Accepte derselben seine Namens-Unterschrift beigefügt hat.

Siehe auch Rechtsgrundsätze 519. 524. 557. 702. (A. L. R. II. 2. §§ 147. 212a., 8. § 475.; Allgem. Deutsche Wechsel-Ordnung Art. 82.)

Art. 2. Siehe Rechtsgrundsätze 838. 882. (Konkurs-Ordnung vom 8. Mai 1855 §§ 9. 280.)

Zweiter Abschnitt. Von gezogenen Wechseln.

I. Erfordernisse eines gezogenen Wechsels.

Art. 4. Siehe Rechtsgrundsatz 699. (Art. 82. dieser Wechsel-Ordnung.) — No. 3. Name der Person oder Firma, an welche oder an deren Order gezahlt werden soll:

A. Rechtsverhältniß des Wechselausstellers zum Remittenten; Deckungsklage des Ersteren gegen den Letzteren. — Vergl. A. L. R. I. 5. § 165., 13. §§ 65. 66. 82. 85. 230. 231.

Rechtsgr. 662. — IV. Senat. 10. September 1863. (L. 223.)

a) Nach den Grundsätzen der Allgem. Deutschen Wechsel-Ordnung läßt sich das Verhältniß des Trassanten eines Wechsels zum Remittenten nicht ohne Weiteres als Mandatsverhältniß auffassen, welches den Trassanten in Bezug auf die Ausstellung des Wechsels und die daraus für diesen entstehenden Verpflichtungen als den Bevollmächtigten des Remittenten darstellte.

b) Fehlt es daher an den besonderen Voraussetzungen eines zwischen dem Trassanten und Remittenten abgeschlossenen Vollmachts-Auftrages, so läßt sich daraus allein, daß der Trassant die ihm als solchen obliegende Verbindlichkeiten erfüllt hat, nicht die Verbindlichkeit des Remittenten herleiten, ihm dafür als Auftraggeber aufzukommen und gerecht zu werden.

c) Auch aus dem Umstande allein, daß der Wechsel-Aussteller den Wechsel auf Ansuchen des Remittenten an dessen Order gezogen hat, folgt noch nicht, daß derselbe dem Aussteller dafür aufkommen müsse, wenn dieser als Wechselzieher genöthigt worden, den Wechselbetrag bei dem Acceptanten ganz oder theilweise zu decken.

B. Form der Order eines von Mehreren an eigene Order ausgestellten Wechsels.

Rechtsgr. 663. — IV. Senat. 8. Oktober 1863. (LII. 13.)

Die von den mehreren Ausstellern eines an eigene Order gezogenen Wechsels dahin gefaßte Order: „Zahlen Sie an die Order von mir selbst" — genügt zur Bezeichnung sämmtlicher Aussteller als Remittenten.

— No. 5. Siehe Rechtsgrundsätze 669. 698. (Art. 14. 82. dieser Wechsel-Ordnung.)

— No. 8. Zahlungsort:

A. Verpflichtung des Acceptanten zur Zahlungsleistung am Zahlungsorte des Wechsels. — Vergl. Art. 36. 39-41. 91. dieser Wechsel-Ordnung.

Rechtsgr. 664. — IV. Senat. 29. Oktober 1861. (XLII. 361.)

Der Acceptant ist nur verpflichtet, am Zahlungsorte des Wechsels Zahlung zu leisten.

B. Nachträgliche Hinzufügung eines Domizilvermerks bei dem Accepte ohne Wissen und Willen des Acceptanten. — Vergl. Art. 7. dieser Wechsel-Ordnung.

Rechtsgr. 665. — IV. Senat. 11. Juli 1863. (XLIX. 330.)

Ein gezogener Wechsel verliert durch den wider Wissen und Willen des Acceptanten nach der Acceptation hinzugesetzten Domizilvermerk seine sonstige Kraft und Bedeutung nicht; vielmehr ist die Verpflichtung des Acceptanten lediglich nach demjenigen Inhalte des Wechsels zu beurtheilen, welchen derselbe zur Zeit des Accepts gehabt hat.

Art. 6. Siehe Rechtsgrundsatz 669. (Art. 14. dieser Wechsel-Ordnung.)
Art. 7. Siehe Rechtsgrundsatz 665. (Art. 4. No. 8. dieser Wechsel-Ordnung.)

II. Verpflichtung des Ausstellers.

Art. 8. Siehe Rechtsgrundsätze 669. 678. (Art. 14. 36. dieser Wechsel-Ordnung.)

III. Indossament.

Art. 9. ff. Blankogiro:

A. Aktivlegitimation zur Wechselklage bei vorhandenem Blanko-Indossament. — Vergl. Art. 36. dieser Wechsel-Ordnung.

Rechtsgr. 666. — IV. Senat. 10. Februar 1863. (XLVII. 337.)

Der ursprüngliche Inhaber eines trockenen Wechsels, welcher denselben vor der Präsentation und der Klage durch Blankogiro einem Dritten übertragen hat, ist zur Klage legitimirt, wenngleich der Dritte die Präsentation bewirkt hat und das Blankogiro nicht ausgestrichen ist.

B. Uebertragung des Eigenthums eines Wechsels mit Blankogiro durch gerichtliche Ueberweisung im Wege der Exekution. — Vergl. Art. 36. dieser Wechsel-Ordnung; A. L. R. I. 11. §§ 393-396.; Gesetz vom 4. Juli 1822 § 9.

Rechtsgr. 667. — IV. Senat. 18. Juli 1862. (XLII. 277.)

Im Wege der Exekution kann dem Exekutionssucher der mit einem Blankogiro, worauf kein ausgefülltes Giro folgt, versehene, dem Exequendus gehöriger Wechsel außerhalb dieses Wechsels mit voller Wirksamkeit überwiesen werden.

Siehe auch Rechtsgrundsätze 304. 341. 669. 696. 697. (A. L. R. I. 16. §§ 46. 451.; Art. 14. 81. 82. dieser Wechsel-Ordnung.)

Art. 12. ff. Legitimation eines protestirten, mit einem Blankogiro versehenen Wechsels.

Rechtsgr. 668. — IV. Senat. 8. Januar 1863. (XLVI. 360.)

Auch derjenige, welcher nach Protest einen in blanco girirten Wechsel erwirbt und gegen den Giranten einklagt, braucht seinen Autor nicht zu nennen.

Siehe auch Rechtsgrundsätze 565. 669. (A. L. R. II. 8. § 813.; Allgem. Deutsche Wechsel-Ordnung Art. 14.)

Art. 14. Verhaftung des Ausstellers eines an eigene Order gezogenen und mit der Klausel „ohne Obligo" oder einer anderen befreienden Klausel girirten Wechsels. — Vergl. Art. 4. No. 5., Art. 6. 8-13. 81. dieser Wechsel-Ordnung.

Rechtsgr. 669. — IV. Senat. 8. Oktober 1863. (LI. 153.)

a) Das erste Indossament eines an eigene Order des Ausstellers gezogenen Wechsels ist als dasjenige des Remittenten aufzufassen; dasselbe hat auf die, durch die Ausstellung des Wechsels begründete Wechselverpflichtung des Trassanten keinen rechtlichen Einfluß.

b) Daher kann der Aussteller eines an eigene Order gezogenen Wechsels, welcher als solcher auf dem Regreßwege in Anspruch genommen wird, sich auf die, dem von ihm als Remittenten ausgestellten Giro beigefügte befreiende Klausel, z. B. „ohne Obligo", nicht berufen.*

Art. 16. Weiterbegebung eines Wechsels, nachdem die für die Protesterhebung Mangels Zahlung bestimmte Frist abgelaufen ist:

A. Erwerb eines nicht rechtsförmig protestirten verfallenen Wechsels.

* Vergl. Bd. 2. S. 276. No. 752. dieser Rechtsgrundsätze.

Rechtsgr. 670. — IV. Senat. 14. Mai 1861. (XLI. 251.)

Zur Anwendung des Art. 16. Alinea 2. der Allg. Deutschen Wechsel-Ordnung bedarf es eines rechtszeitig und rechtsförmig erhobenen Protestes.*

B. Eigenschaft des Indossanten des Art. 16. Alin. 2.

Rechtsgr. 671. — IV. Senat. 8. Januar 1863. (XLVI. 361.)

Der Indossant des Art. 16. Alin. 2. ist der unmittelbare Autor des Wechselklägers.

C. Weiterbegebung eines von dem Acceptanten in Erfüllung der Wechselverbindlichkeit bezahltem Wechsels. — Vergl. A. L. R. I. 11. §§ 402. 407. 408.

Rechtsgr. 672. — IV. Senat. 8. Januar 1863. (XLVI. 361.)

Ein von dem Acceptanten oder von einem Bevollmächtigten in Erfüllung der Verbindlichkeit des Acceptanten aus seinem Accept bezahlter Wechsel hat seinen Zweck erfüllt und kann nicht weiter übertragen werden; er hat durch die Zahlung sein Wesen verändert und als Wechsel aufgehört, zu bestehen. Es ist hierbei gleichgültig, daß der bezahlte Wechsel mit einer Quittung nicht versehen ist.

Dies gilt zumal demjenigen gegenüber, welcher einen protestirten Wechsel erworben hat, und kommt dabei sein guter Glaube nicht in Betracht.

D. Einrede der Zahlung seitens des Acceptanten. — Vergl. Art. 39. dieser Wechsel-Ordnung.

Rechtsgr. 673. — IV. Senat. 22. Mai 1862. (XLV. 280.)

Auch dann, wenn ein Dritter für den zur Zahlung verurtheilten Acceptanten dem Wechsel-Inhaber Zahlung geleistet, und dieser den Wechsel quittirt hat, steht bei weiterer Begebung des Wechsels dem Acceptanten gegen den späteren Indossatar die Einrede der Zahlung zu.

IV. Präsentation zur Annahme.

Art. 18. Siehe Rechtsgrundsatz 565. (A. L. R. II. 8. § 813.)

* Vergl. dagegen die Anmerkung Bd. 41. S. 251. des Archivs für Rechtsfälle.

V. Annahme (Acceptation).

Art. **21**. Siehe Rechtsgrundsatz **682**. (Art. **39**. dieser Wechsel-Ordnung.)

Art. **23**. Ansprüche aus einem Gefälligkeits-Accepte im Konkurse über das Vermögen des Ausstellers. — Vergl. Konkurs-Ordnung vom 8. Mai 1855 §§ **2**. **4**. **86**. **197**. **231**. **249**. **250**.

Rechtsgr. **674**. — IV. Senat. 28. Januar 1862. (XLIV. 173.)

a) Durch Ausstellung und Girirung eines an eigne Order des Ausstellers gezogenen und von dem Bezogenen aus Gefälligkeit acceptirten Wechsels übernimmt der Aussteller eine doppelte Verpflichtung: als Girant die wechselmäßige Verpflichtung, an jeden redlichen Eigenthümer des Wechsels wechselmäßige Zahlung der verschriebenen Summe zu leisten; als Zieher die civilrechtliche Verpflichtung, dem Acceptanten bei Verfall des Wechsels Deckung zu gewähren oder das von demselben in Folge des Gefälligkeits-Accepts ohne Deckung Gezahlte zu erstatten.

b) Durch die in dem Konkurse über das Vermögen des Ausstellers erfolgte akkordmäßige Abfindung des Eigenthümers wegen des wechselmäßigen Anspruchs auf Grund der Girirung des Wechsels wird der civilrechtliche Anspruch des Acceptanten aus der deckungslosen Acceptation des Wechsels nicht beseitigt.

c) Der Gefälligkeits-Acceptant ist wegen seines civilrechtlichen Anspruchs aus dem Accept auch dann an den Akkord in dem Konkurse über das Vermögen des Ausstellers gebunden, wenn der Wechsel erst nach geschlossenem Akkorde vom Acceptanten bezahlt worden ist.

Siehe auch Rechtsgrundsätze **341**. **664**. **678**. **696**. **697**. **853**. (A. L. R. I. **16**. § **451**.; Art. **36**. **81**. **82**. dieser Wechsel-Ordnung; Konkurs-Ordnung vom 8. Mai 1855 § **86**.)

VI. Regreß auf Sicherstellung.

Art. **25**. ff. Einreden des nicht erfüllten Vertrages gegen die Wechselklage auf Sicherstellung. — Vergl. Art. **82**. dieser Wechsel-Ordnung.

Rechtsgr. 675. — IV. Senat. 6. Juni 1861. (XLI. 303.)

Auch der Wechselklage auf Sicherstellung kann die dem Verklagten unmittelbar gegen den Kläger zustehende Einrede des nicht erfüllten Vertrages entgegengesetzt werden.

Siehe auch Rechtsgrundsatz 694. (Art. 81. dieser Wechsel-Ordnung.)

Art. 29. Realisirung der gesetzlichen Berechtigung des Wechselgläubigers auf Sicherheitsbestellung durch Hypothek. — Vergl. A. L. R. I. 14. §§ 179. 180. 186.; A. G. O. I. 27. §§ 45. ff.; Exekutions-Verordnung vom 4. März 1834 § 22.

Rechtsgr. 676. — III. Senat. 24. Februar 1862. (XLV. 96.)

Der Wechselgläubiger ist berechtigt, auf den Grund eines den Verklagten zur Sicherheitsbestellung verurtheilenden Erkenntnisses erster Instanz schon vor dessen Rechtskraft die definitive Eintragung der Kaution auf das Grundstück des Verklagten zu verlangen.

VII. Erfüllung der Wechselverbindlichkeit.

1. Zahlungstag.

Art. 31. Siehe Rechtsgrundsatz 715. (Art. 99. dieser Wechsel-Ordnung.)

2. Zahlung.

Art. 36. Voraussetzungen bei Anstrengung der Wechselklage:

A. Eigenschaft des Wechsels als Litteralkontrakt. — Vergl. A. L. R. I. 2. §§ 4. 7-9. 16.; Allgem. Deutsche Wechsel-Ordnung Art. 73.

Rechtsgr. 677. — IV. Senat. 18. Juli 1861. (XLII. 276.)

Der Wechsel ist für eine Sache im engeren Sinne dieses Wortes nicht zu erachten; er ist vielmehr ein Litteralkontrakt, wobei die aus demselben fließenden eigenthümlichen Rechte und Verbindlichkeiten an die ihn darstellende Schrift gebunden sind.

B. Legitimation des Ausstellers eines an die Order des Remittenten gezogenen Wechsels zur Wechselklage gegen den Acceptanten. — Vergl. A. L. R. I. 16. § 97.; Allgem. Deutsche Wechsel-Ordnung Art. 8. 23. 39. 48. 51. 55.

Rechtsgr. 678. — IV. Senat. 18. April 1861. (XLI. 177.)

Der Aussteller eines an die Order des Remittenten gezogenen Wechsels, welcher den Wechsel vom Remittenten nach von demselben Mangels Zahlung gegen den Acceptanten erhobenem Proteste eingelöst hat, ist zur Wechselklage gegen den Acceptanten aus dem Accepte durch den Besitz des wenngleich noch auf den Namen des Remittenten lautenden Wechsels allein legitimirt. Zur Begründung dieser Klage ist eine auf dem Wechsel befindliche Quittung über die durch den Aussteller erfolgte Einlösung nicht erforderlich.

C. Prüfung der Aechtheit des Wechsel-Indossaments seitens des Zahlenden. — Vergl. Art. 74. dieser Wechsel-Ordnung.

Rechtsgr. 679. — IV. Senat. 7. September 1861. (XLIII. 20.)

Aus dem Art. 36. der Allgem. Deutschen Wechsel-Ordnung folgt nicht, daß der zur Zahlung Verpflichtete nicht **berechtigt** ist, die Aechtheit der Indossamente zu prüfen, und daß er die Zahlung nur dann verweigern darf, wenn er eine Fälschung oder einen dolosen Gebrauch des Wechsels wider Wissen und Willen des angeblichen Indossanten nachzuweisen vermag. Vielmehr darf der Aussteller eines Wechsels die Zahlung auch dann verweigern, wenn der Besitzer des Wechsels denselben wegen Erwerbs aus grober Fahrlässigkeit würde herausgeben müssen.

D. Kosten der Einklagung eines verfallenen gezogenen Wechsels gegen den Acceptanten. — Vergl. Art. 39. 44. 91. dieser Wechsel-Ordnung.

Rechtsgr. 680. — IV. Senat. 29. Oktober 1861. (XLII. 360.)

Bei gezogenen Wechseln ist zwar nach Verfall des Wechsels das Klagerecht des Wechsel-Inhabers gegen den Acceptanten von der vorherigen Präsentation des Wechsels zur Zahlung nicht abhängig; der Kläger hat in diesem Falle jedoch, wenn der Verklagte sich im Klagebeantwortungs-

Termine zur Zahlung im Zahlungsorte bereit erklärt, die Prozeßkosten zu tragen.

Siehe auch Rechtsgrundsätze 565. 666. 688. 696. 697. 714. (A. L. R. II. 8. § 813.; Allgem. Deutsche Wechsel-Ordnung Art. 9. ff. 55. 81. 82. 98. No. 5.)

Art. 38. Siehe Rechtsgrundsatz 565. (A. L. R. II. 8. § 813.)

Art. 39. Rückgabe des Wechsels oder Streichung des Accepts bei erfolgter Zahlung:

A. Begründung der Wechselklage durch Erbieten zur Aushändigung des quittirten Wechsels. — Vergl. A. L. R. I. 5. § 271.

Rechtsgr. 681. — IV. Senat. 12. Februar 1863. (XLVIII. 186.)

Aus dem Art. 39. der Allgem. Deutschen Wechsel-Ordnung ist nicht zu folgern, daß der Wechselkläger sich in der Klage ausdrücklich zur Aushändigung des quittirten Wechsels erbieten muß. Ebensowenig ist nach dieser Richtung hin dem Urtheilstenor eine Modifikation beizufügen.

B. Rückgabe des Wechsels oder Streichung des Accepts bei Zahlung eines Minderbetrages in Folge des zur Abwendung des Konkurses geschlossenen außergerichtlichen Vergleichs. — Vergl. Art. 21. 55. 82. dieser Wechsel-Ordnung; Konkurs-Ordnung vom 8. Mai 1855 §§ 197. 198.

Rechtsgr. 682. — IV. Senat. 1. Juli 1862. (XLVI. 177.)

Der Grundsatz: daß der im Konkurse rechtskräftig zum Akkord verstattete Gemeinschuldner die Zahlung der Akkordsumme auf die von ihm acceptirten Wechsel von Herausgabe der Wechsel oder Streichung der Accepte nicht abhängig machen darf, — ist auf einen blos außergerichtlichen, zur Abwendung des Konkurses geschlossenen Vergleich nicht anwendbar.

Siehe auch Rechtsgrundsätze 565. 664. 673. 678. 680. 713. 714. (A. L. R. II. 8. § 813.; Allgem. Deutsche Wechsel-Ordnung Art. 4. No. 8., Art. 16. 36. 98. No. 5.)

Art. 40. Verpflichtung des Acceptanten zur Zahlung von Verzugszinsen.

Rechtsgr. 683. — IV. Senat. 29. Oktober 1861. (XLII. 361.)

Vor Präsentation des verfallenen Wechsels zur Zahlung hat der Acceptant Verzugszinsen nicht zu zahlen.

Siehe auch Rechtsgrundsätze 664. 714. (Art. 4. No. 8., Art. 98. No. 5. dieser Wechsel-Ordnung.)

VIII. Regreß Mangels Zahlung.

Art. 41. Voraussetzungen der Wechselregreßklage:

A. Begründung dieser Regreßklage. — Vergl. Wechsel-Ordnung Art. 45. 78. 91-93.

Rechtsgr. 684. — IV. Senat. 8. Oktober 1863. (LII. 13.)

Zur Begründung der Wechselregreßklage gegen Vormänner und Aussteller des Wechsels ist die vorherige Präsentation des Wechsels zur Zahlung nicht erforderlich; es genügt vielmehr, wenn auf Seiten der Verpflichteten der Mangel des guten Willens zur Zahlungsleistung vorausgesetzt werden kann.

B. Ersetzung der Protest-Urkunde durch einen beglaubigten Auszug aus dem Protest-Register. — Vergl. Art. 73. 87. 88. 90. 91. dieser Wechsel-Ordnung.

Rechtsgr. 685. — IV. Senat. 3. Februar 1863. (LI. 1.)

Die verloren gegangene Wechselprotest-Urkunde kann durch einen, diesen Protest enthaltenden beglaubigten Auszug aus dem gerichtlichen oder notariellen Protest-Register ersetzt werden.

Siehe auch Rechtsgrundsätze 565. 664. 686. 691. 696. 697. 708. 715. (A. L. R. II. 8. § 813.; Allgemeine Deutsche Wechsel-Ordnung Art. 4. No. 8., Art. 43. 78. 81. 82. 91. 99.)

Art. 43. Domizilirte Wechsel:

A. Protest bei einem domizilirten Wechsel mit unbenanntem Domiziliaten. — Vergl. Art. 41. 44. dieser Wechsel-Ordnung.

Rechtsgr. 686. — V. Senat. 23. Juni 1863. (L. 147.)

Der Aussteller eines domizilirten Wechsels mit unbenanntem Domiziliaten kann nicht vorschützen, daß der Protest gegen den Acceptanten nicht rechtzeitig erhoben worden ist. Es ist ausreichend, daß dem Aussteller gegenüber dieser bei dem Acceptanten erhobene Protest als rechtzeitig erhoben erachtet werden muß.

B. Beseitigung der Klage gegen den Acceptanten wegen nicht erhobenen Protestes gegen den Domiziliaten des verloren gegangenen Wechsels. — Vergl. Art. 44. 73. dieser Wechsel-Ordnung.

Rechtsgr. 687. — IV. Senat. 3. Oktober 1861. (XLII. 338.)

Ist bei einem Domizilwechsel Protest gegen den Domiziliaten nicht erhoben, so wird durch dieses Präjudiz auch die Klage aus dem Art. 73. der Allgem. Deutschen Wechsel-Ordnung gegen den Acceptanten beseitigt.

Siehe auch Rechtsgrundsatz 265. (A. L. R. I. 13. § 49.)

Art. 44. Siehe Rechtsgrundsätze 680. 686. 687. 713. (Art. 36. 43. 98. No. 5. dieser Wechsel-Ordnung.)

Art. 45. Siehe Rechtsgrundsätze 684. 708. (Art. 41. 91. dieser Wechsel-Ordnung.)

Art. 48. Siehe Rechtsgrundsätze 565. 678. (A. L. R. II. 8. § 813.; Allgem. Deutsche Wechsel-Ordnung Art. 36.)

Art. 49. Siehe Rechtsgrundsatz 565. (A. L. R. II. 8. § 813.)

Art. 50. Siehe Rechtsgrundsätze 692. 697. 708. (Art. 78. 82. 91. dieser Wechsel-Ordnung.)

Art. 51. Siehe Rechtsgrundsatz 678. (Art. 36. dieser Wechsel-Ordnung.)

Art. 54. Siehe Rechtsgrundsatz 565. (A. L. R. II. 8. § 813.)

Art. 55. Wirkung des Durchstreichens eines Wechsel-Giro — Vergl. Art. 36. dieser Wechsel-Ordnung; A. G. O. I. 10. §§ 118. 119.

Rechtsgr. 688. — IV. Senat. 10. März 1864. (LII. 318.)

Das nicht in der Absicht der Liberation bewirkte Durchstreichen eines Wechsel-Giro unterliegt auch im Wechselprozeß den allgemeinen Grundsätzen vom Urkundenbeweise nach den §§ 118. 119. I. 10. der Allgem. Gerichts-Ordnung.

Siehe auch Rechtsgrundsätze 678. 682. (Art. 36. 39. dieser Wechsel-Ordnung.)

IX. Intervention.

1. Ehrenannahme.

Art. 56. ff. Siehe Rechtsgrundsatz 304. (A. L. R. I. 16. § 46.)

2. Ehrenzahlung.

Art. 62. Siehe Rechtsgrundsätze 565. 689. (A. L. R. II. 8. § 813.; Allgem. Deutsche Wechsel-Ordnung Art. 63.)

Art. 63. ff. Ehrenzahlung eines Wechsels. — Vergl. A. L. R. I. 16. § 46.; Allgem. Deutsche Wechsel-Ordnung Art. 62.

Rechtsgr. 689. — IV. Senat. 8. Oktober 1861. (XLII. 341.)

Es ist nicht unumgänglich nothwendig, daß in der dem Ehrenzahler des Wechsels ausgestellten Quittung ausgedrückt werde, er habe zu Gunsten des Honoraten bezahlt.*

Siehe auch Rechtsgrundsatz 304. (A. L. R. I. 16. § 46.)

XI. Abhanden gekommene Wechsel.

Art. 73. Siehe Rechtsgrundsätze 310. 677. 685. 686. (A. L. R. I. 16. § 102.; Allgem. Deutsche Wechsel-Ordnung Art. 36. 41. 43.)

Art. 74. Siehe Rechtsgrundsatz 679. (Art. 36. dieser Wechsel-Ordnung.)

XII. Falsche Wechsel.

Art. 75. 76. Legitimation zur Einrede der Wechselfälschung.

Rechtsgr. 690. — V. Senat. 23. Juni 1863. (L. 147.)

Nur Derjenige, zu dessen Nachtheil eine Fälschung in einem von ihm bereits vollzogenen Wechsel verübt wird, kann die Einrede der Fälschung sowohl gegen den Fälscher, als gegen jeden dritten Inhaber der Urkunde erheben.

XIII. Wechselverjährung.

Art. 77. 80. Siehe Rechtsgrundsatz 754. (A. G. O. I. 7. § 20.)

Art. 78. Wechselverjährung:

A. Berechnung der Frist bei der Wechselverjährung. — Vergl. A. L. R. I. 3. § 45.; Allgem. Deutsche Wechsel-Ordnung Art. 41. 80.

* Vergl. die Bemerkungen von Volkmar Bd. 42. S. 348. ff. des Archivs für Rechtsfälle.

Rechtsgr. 691. — IV. Senat. 30. Mai 1861. (XLII. 88.)

Auch bei der Wechselverjährung wird der Tag zu vollen 24 Stunden, von Mitternacht zu Mitternacht, gerechnet.

Daher kommt bei Berechnung der Frist bei der Wechselverjährung nach aufgenommenem Wechselproteste der Tag der Protesterhebung nicht mit zur Zählung.

B. Verjährung des Wechselregresses gegen den Aussteller und die übrigen Vormänner während des Konkurses. — Vergl. A. L. R. I. 9. §§ 516. 517.; Allgem. Deutsche Wechsel-Ordnung Art. 50.; Konkurs-Ordnung vom 8. Mai 1855 §§ 8. 229.

Rechtsgr. 692. — IV. Senat. 23. April 1861. (XLI. 197.)

Der Art. 78. der Allg. Deutschen Wechsel-Ordnung, — betreffend die kurze Verjährung des wechselmäßigen Anspruchs gegen den Aussteller und die übrigen Vormänner, — trifft nur diejenigen Regreßansprüche, welche mit den Wirkungen und in den Formen des Wechselrechts und des Wechselprozesses geltend gemacht werden können. Daher ist der gegen den Kridar nur gestattete gewöhnliche, nicht wechselmäßige Regreß an keine besondere Frist gebunden.

Siehe auch Rechtsgrundsätze 684. 693. 708. (Art. 45. 80. 91. dieser Wechsel-Ordnung.)

Art. 80. Unterbrechung der Wechselverjährung durch Klagebehändigung. — Vergl. A. G. O. I. 7. §§ 20. 21.; Kabinets-Order vom 31. März 1842; Instruktion des General-Postmeisters vom 13. Mai 1842; Allgem. Deutsche Wechsel-Ordnung Art. 78.

Rechtsgr. 693. — IV. Senat. 30. Mai 1861. (XLII. 88.)

Die Unterbrechung der Wechselverjährung durch Behändigung der Klage ist von der Aufnahme eines Insinuationsdokuments nicht abhängig; dasselbe ist nur ein Beweismittel und kann daher ausnahmsweise auch durch diensteidliche Versicherung des insinuirenden Gerichts- oder Postboten ersetzt werden.

Siehe auch Rechtsgrundsätze 691. 754. 837. (A. G. O. I. 7. § 20.; Allgem. Deutsche Wechsel-Ordnung Art. 78.; Konkurs-Ordnung vom 8. Mai 1855 § 8.)

XIV. Klagerecht des Wechselgläubigers.

Art. 81. Haftung aus den, auf dem Wechsel befindlichen Unterschriften:

A. Verbindlichkeit aus der Mitunterzeichnung einer Wechsel-Erklärung. — Vergl. A. L. R. II. 8. § 785.; Entwurf einer Wechsel-Ordnung für die Preußischen Staaten von 1847 §§ 74. 84.; Allgem. Deutsche Wechsel-Ordnung Art. 25.; Code de commerce Art. 140-142.

Rechtsgr. 694. — IV. Senat. 2. Dezember 1862. (XLVIII. 118.)

a) Die Unterschrift eines in dem Kontexte des Wechsels nicht Benannten unter dem Wechselpapier gilt nur für diejenige Wechsel-Erklärung, welche unterzeichnet ist, also das Accept oder den Wechsel selbst. Der Unterzeichner ist daher nur für diejenigen Rechte verbindlich, welche eine solche Erklärung dem Wechsel-Inhaber giebt.

b) Hat demnach ein Ehemann auf dem Wechsel zwar unter der Unterschrift seiner Ehefrau, als Ausstellerin des Wechsels, seine Unterschrift gesetzt, jedoch seinem Namen das Wort „acceptirt" vorgeschrieben, so ist hierdurch die Auffassung seiner Unterschrift als Mitausstellung des Wechsels ausgeschlossen.

B. Solidarische Verpflichtung des regreßpflichtigen Vormannes und des Acceptanten gegenüber dem Inhaber des nothleidenden Wechsels und Rechtsverhältniß zwischen dem Vormanne und dem Acceptanten. — Vergl. A. L. R. I. 5. §§ 443. 444., 13. §§ 262. 268., 16. § 45., II. 8. §§ 1070. 1071. 1122. 1125.

Rechtsgr. 695. — IV. Senat. 5. Juli 1862. (XLIX. 8.)

Der regreßpflichtige Vormann und der Acceptant eines nothleidenden Wechsels sind dem Inhaber desselben solidarisch verpflichtet, während das zwischen ihnen selbst bestehende Verhältniß nicht nach den gemeinrechtlichen Grundsätzen von Korrealschulden zu beurtheilen ist.

C. Wechselmäßige Verhaftung der mehreren Aussteller eines trockenen und der mehreren Acceptanten eines gezogenen Wechsels nach

Bezahlung desselben von einem Mitaussteller resp. Mitacceptanten und demnächstige Girirung oder Weiterbegebung des Wechsels an einen Dritten. — Vergl. A. L. R. I. **16.** §§ 493. **494.**; Allgem. Deutsche Wechsel-Ordnung Art. 9. 10. 23. 36. 41. 82.

Rechtsgr. **696.** — IV. Senat. 29. Oktober 1863. (LI. 177.)

Hat der Inhaber eines von Mehreren ausgestellten und von dem Einen Mitaussteller bezahlten Wechsels mit dessen Einwilligung den Wechsel weiter girirt, so ist der Giratar denselben gegen einen anderen Mitaussteller einzuklagen berechtigt.

Hat Einer der mehreren Acceptanten eines gezogenen Wechsels Zahlung geleistet, so kann er seinen Anspruch gegen den Mitacceptanten auch auf dem schleunigen Wege des **Wechselprozesses** dadurch geltend machen, daß er den bezahlten Wechsel durch das Giro des befriedigten Indossatars, oder durch Weiteraushändigung bei einem Blankogiro, an einen dritten Inhaber gelangen läßt; der verklagte Mitacceptant kann den Einwand der stattgefundenen Tilgung des wechselrechtlichen Anspruchs, oder daß die Wechselschuld durch Konfusion erloschen sei, nicht entgegenstellen.

Siehe auch Rechtsgrundsätze 565. 669. (A. L. R. II. **8.** § 813.; Allgem. Deutsche Wechsel-Ordnung Art. **14.**)

Art. **82.** Einreden des Wechselschuldners im Wechselprozesse:
A. Einwand der mangelnden Legitimation des Klägers zur Sache. — Vergl. Art. 9. 10. 23. 26. 41. 50. dieser Wechsel-Ordnung.)

Rechtsgr. **697.** — IV. Senat. 11. November 1862. (XLVIII. 75.)

Der Einwand: daß der wenngleich durch Blankogiro des Indossanten und durch den Besitz des Wechsels legitimirte Wechselkläger sein Wechselrecht nicht aus diesem Blankogiro, sondern aus der Einlösung des Wechsels nach Verfall und Protest durch den Acceptanten und der ihm nach derselben von dem Acceptanten zum Zwecke der Ausklagung gegen den Aussteller gemachten Aushändigung herleite, mithin wegen mangelnden Wechselrechts zur Sache nicht legitimirt sei, — ist im Wechselprozesse zuläſſig.

B. Wechsel-Erklärung eines Blinden. — Vergl. A. L. R. I. 5. §§ 171. ff.; Allgem. Deutsche Wechsel-Ordnung Art. 4. No. 5., Art. 96. No. 5. 7.

Rechtsgr. 698. — IV. Senat. 4. Juli 1861. (XLI. 366.)

Die Einrede: der Wechsel-Aussteller sei blind, seine Hand führend habe ein Dritter seinen Namen unter den Wechsel gesetzt, — ist als eine aus dem Wechselrecht hervorgehende durchgreifend.

C. Einrede des nicht gehörig erfüllten Vertrages. — Vergl. Art. 4. dieser Wechsel-Ordnung.

Rechtsgr. 699. — IV. Senat. 23. April 1863. (L. 36.)

Die Einrede des nicht gehörig erfüllten, dem Wechsel-Accepte zum Grunde liegenden Vertrages ist im Wechselprozesse auch unter den ursprünglichen Parteien selbst nicht zuläſſig.

Siehe auch Rechtsgrundsatz 675. (Art. 25. dieser Wechsel-Ordnung.)

D. Einrede aus der, der Wechsel-Ausstellung unterliegenden civilen Obligation.

Rechtsgr. 700. — IV. Senat. 10. April 1862. (XLVI. 60.)

Im Wechselprozesse sind diejenigen Einreden unstatthaft, welche darauf ausgehen, die Bedeutung der Wechsel-Ausstellung gerade im Verhältnisse zu der ihr unterliegenden civilen Obligation, und damit die Unabhängigkeit des Wechsel-Anspruchs von und zu Gunsten der Letzteren zu beseitigen.

E. Einrede der nicht erhaltenen Valuta. — Vergl. A. L. R. I. 5. § 271.

Rechtsgr. 701. — IV. Senat. 10. April 1862. (XLVI. 60.)

Der Aussteller des Wechsels, welcher den Wechsel behufs Berichtigung eines dem Remittenten gebührenden Kaufpreises ausgestellt hat, kann dem Wechsel-Anspruche des Remittenten nicht mit der Einrede begegnen, der Remittent habe das Kaufobjekt noch nicht übergeben, und auch dem Acceptanten, welcher cessionsweise die Rechte des Ausstellers erworben hat, steht diese Einrede nicht zu.

F. Einrede der Ehefrau aus dem Rechte ihres Ehemannes, welcher die Wechsel-Unterschrift genehmigt hat. — Vergl. A. L. R. I. 5. § 75.; Art. 1. dieser Wechsel-Ordnung.

Rechtsgr. 702. — IV. Senat. 16. Juni 1863. (XLIX. 276.)

Hat der Ehemann die zur Uebernahme einer Wechselverbindlichkeit seitens seiner Ehefrau erforderliche Einwilligung dadurch ertheilt, daß er den Wechsel selbst auf seine Ehefrau gezogen und dem Accepte derselben seine Namensunterschrift beigefügt hat, so kann die von dem Wechselinhaber in Anspruch genommene Ehefrau die gegen diesen ihrem Ehemann zustehenden Einwendungen nicht ohne Weiteres für sich geltend machen.

G. Einwand der Simulation eines Indossaments.

Rechtsgr. 703. — IV. Senat. 29. Oktober 1863. (LI. 178.)

Der Einwand der Simulation eines Indosso ist an sich nicht zulässig; nur insofern kann er statthaft sein, als dadurch zugleich ein dolus gegen den Verklagten begangen ist. Daher ist die Behauptung des Verklagten: Kläger sei ein Inkasso-Mandatar, dem formgültigen, vollständigen Indossament gegenüber an und für sich gleichgültig und unerheblich.

H. Dolus bei Erwerbung eines über eine Spielschuld ausgestellten und acceptirten Wechsels. — Vergl. A. L. R. I. 11. §§ 577. 578. 581.

Rechtsgr 704. — IV. Senat. 28. Mai 1863. (L. 80.)

Wer, obwohl er weiß, daß es sich um eine Spielschuld des Acceptanten handelt, mit dem Gelde des Wechselziehers und Gläubigers von einem dritten Inhaber des Wechsels den Wechsel durch Giro erwirbt, befindet sich in dolo.

Siehe auch Rechtsgrundsätze **341. 565. 661. 682. 696.** (A. L. R. I. **16.** § 451., II. **8.** § 813.; Allgem. Deutsche Wechsel-Ordnung Art. 1. 39. 81.)

Art. **83.** Siehe Rechtsgrundsätze 265. 565. (A. L. R. I. **13.** § 49., II. **8.** § 813.)

XVI. Protest.

Art. **87.** Siehe Rechtsgrundsatz 685. (Art. **41.** dieser Wechsel-Ordnung.)

Art. **88.** Erfordernisse der Protest-Urkunde. — Vergl. Code de commerce art. **174.**

Rechtsgr. **705.** — IV. Senat. 30. Oktober 1862. (**XLVI.** 286.)

a) Keines der in dem Art. 88. der Allgem. Deutschen Wechsel-Ordnung aufgestellten Erfordernisse der — die Feststellung der Identität des protestirten Wechsels und des im Regreßwege an die Wechselverpflichteten zurücklaufenden resp. eingeklagten Wechsels bezweckenden — Protest-Urkunde ist bei Strafe der Nichtigkeit oder Ungültigkeit derselben vorgeschrieben. Es ist daher in jedem einzelnen Falle zu prüfen: ob der Mangel des vorliegenden Protestes resp. der bei seiner Aufnahme vorgekommener Verstoß ein wesentlicher sei.

b) Der Umstand: daß die im Uebrigen wortgetreu aufgenommene Abschrift des Wechsels statt der dem fungirenden Notar unleserlich gewesenen Namen des Ausstellers und Indossanten an der betreffenden Stelle den Vermerk „unleserliche Unterschrift" enthält, ist, wenn diese Unterschrift wirklich unleserlich ist, für einen wesentlichen Mangel oder Verstoß gegen die Vorschriften des Art. 88. a. a. O. nicht zu erachten.

— No. **6.** Mündlicher Auftrag an den Notar zu der unter Protest zu bewirkenden Präsentation des Wechsels. — Vergl. A. L. R. I. **13.** § 105.; A. G. O. III. **7.** § 78.

Rechtsgr. 706. — IV. Senat. 23. April 1863. (XLVIII. 318.)

Für die unter Protest zu bewirkende Präsentation des Wechsels bedarf der Notar keiner schriftlichen Vollmacht seines Mandanten.

Siehe auch Rechtsgrundsatz 685. (Art. 41. dieser Wechsel-Ordnung.)

Art. 90. Siehe Rechtsgrundsatz 685. (Art. 41. dieser Wechsel-Ordnung.)

XVII. Ort und Zeit für die Präsentation und andere im Wechselverkehr vorkommende Handlungen.

Art. 91. Wohnung und Geschäftslokal für die vorzunehmenden wechselrechtlichen Handlungen, insbesondere mit Rücksicht auf die Person des Präsentanten und die betreffende Handlung selbst:

A. Nachfrage bei der Polizeibehörde in Betreff der Wohnung des Wechselverpflichteten.

Rechtsgr. 707. — IV. Senat. 20. Februar 1862. (XLIV. 210.)

Die Vorschrift des zweiten Alinea des Art. 91. der Allgem. Deutschen Wechsel-Ordnung ist auch dann zu beobachten, wenn der Wechsel selbst eine Wohnung oder ein Geschäftslokal des Wechselzahlers bezeichnet. Der Artikel schreibt dagegen eine Form, in welcher die Nachfrage festzustellen ist, nicht vor.

B. Vorbedingungen für die Ausübung des Wechselregresses gegen Aussteller und Indossanten. — Vergl. Art. 41. 45. 50. 78. dieser Wechsel-Ordnung.

Rechtsgr. 708. — IV. Senat. 8. Oktober 1863. (LII. 12.)

Die in dem Art. 91. der Allgem. Deutschen Wechsel-Ordnung erwähnte Präsentation des Wechsels zur Zahlung bezieht sich nur auf diejenige Präsentation, welche bei dem Bezogenen oder den mit demselben in gleicher Linie stehenden Wechselverpflichteten geschehen muß, und die daselbst bezeichneten, mit der Präsentation in Verbindung stehenden übrigen Handlungen sind diejenigen, welche Voraussetzungen und Bedingungen für die Ausübung des Wechselregresses gegen den Aussteller und Indossanten sind.

Siehe auch Rechtsgrundsätze 664. 680. 684. 685. 713. (Art. 4. No. 8., Art. 36. 41. 98. No. 5. dieser Wechsel-Ordnung.)

Art. 92. 93. Siehe Rechtsgrundsatz 708. (Art. 91. dieser Wechsel-Ordnung.)

XVIII. Mangelhafte Unterschriften.

Art. 94. Notarielle Beglaubigung der Handzeichen des schreibensunerfahrenen Wechsel-Ausstellers.

Rechtsgr. 709. — IV. Senat. 19. November 1863. (L. 362.)

a) Dem Art. 94. der Allgem. Deutschen Wechsel-Ordnung, — nach welchem Wechsel-Erklärungen, welche, statt des Namens, mit Kreuzen oder anderen Zeichen vollzogen sind, nur dann, wenn diese Zeichen gerichtlich oder notariell beglaubigt worden, Wechselkraft haben, — ist genügt, wenn der Notar die Handzeichen auf dem Wechsel, unter Beifügung seines Dienstsiegels, beglaubigt hat.

b) Eine auf dem Wechsel befindliche notarielle Verhandlung über die bloße Rekognition der unter der Wechsel-Erklärung statt der Namens-Unterschrift befindlichen Handzeichen kann die nach Art. 94. a. a. O. erforderliche Beglaubigung der Handzeichen nicht vertreten.

Dritter Abschnitt. Von eignen Wechseln.

Art. 96. Eigner Wechsel in der Form eines gezogenen Wechsels, und trassirt-eigner Wechsel.

Rechtsgr. 710. — IV. Senat. 6. November 1862. (XLVIII. 54.)

Eine Wechsel-Urkunde, in welcher der Aussteller mit dem darin zur Zahlung Aufgeforderten identisch ist, ist nicht als gezogener, sondern als eigener Wechsel und, wenn auch der Ausstellungs- und Zahlungsort identisch ist, nicht als trassirt-eigener Wechsel anzusehen.

— No. 5. Unterschrift des Wechsels.

Rechtsgr. 711. — IV. Senat. 10. Februar 1863. (XLVII. 337.)

Die Unterschrift des Wechsels:
Gut für 1400.
Ulff.
ist eine genügende Unterschrift des Wechsels.

Siehe auch Rechtsgrundsatz 698. (Art. 82. dieser Wechsel-Ordnung.)

— No. 6. Datirung des Wechsels.

Rechtsgr. 712. — IV. Senat. 10. Februar 1863. (XLVII. 337.)

Das Datum:
Frankfurt a. M., den 20. Oktober 1861.
genügt dem Art. 96. No. 6. der Allgem. Deutschen Wechsel-Ordnung.

— No. 7. Siehe Rechtsgrundsatz 698. (Art. 82. dieser Wechsel-Ordnung.)

Art. 98. No. 5. Einklagung eines verfallenen trockenen Wechsels vor dessen Präsentation zur Zahlung:

A. Kosten der Einklagung. — Vergl. Art. 39. 43. 44. 91. 99. 100. dieser Wechsel-Ordnung.

Rechtsgr. 713. — IV. Senat. 4. Januar 1862. (XLIII. 306.)

Auch bei trockenen Wechseln ist zwar nach Verfall des Wechsels das Klagerecht des Wechsel-Inhabers gegen den Aussteller von der vorherigen Präsentation des Wechsels zur Zahlung nicht abhängig; der Kläger hat in diesem Falle jedoch, wenn der Verklagte sich im Klagebeantwortungs-Termine zur Zahlung bereit erklärt, die Prozeßkosten zu tragen.

B. Verzugszinsen. — Vergl. Art. 36. 39. 40. dieser Wechsel-Ordnung.

Rechtsgr. 714. — IV. Senat. 4. Januar 1862. (XLIII. 306.)

Auch bei trockenen Wechseln hat der Aussteller vor Präsentation des verfallenen Wechsels Verzugszinsen nicht zu zahlen.

Art. 99. Präsentation und Protest-Erhebung bei einem trockenen domizilirten Sichtwechsel. — Vergl. Art. 31. 41. dieser Wechsel-Ordnung.

Rechtsgr. 715. — IV. Senat. 10. Februar 1863. (XLVII. 337.)

Auch bei trockenen domizilirten Sichtwechseln bedarf es, wenn Aussteller und Domiziliat nicht verschiedene Personen sind, der Protest-Erhebung nicht, mag immerhin bei der Präsentation der Aussteller nicht angetroffen sein.

Siehe auch Rechtsgrundsatz 713. (Art. 98. No. 5. dieser Wechsel-Ordnung.)

Art. 100. Siehe Rechtsgrundsatz 713. (Art. 98. No. 5. dieser Wechsel-Ordnung.)

Gesetz vom 14. April 1851 über die Einführung des Strafgesetzbuchs in die Preußischen Staaten.

Art. 16. Siehe Rechtsgrundsätze 337. 719. 772. (A. L. R. I. 16. § 415.; Strafgesetzbuch § 50.; A. G. O. I. 10. § 1496.)

Art. 17. Siehe Rechtsgrundsatz 719. (Strafgesetzbuch § 50.)

Art. 18. Siehe Rechtsgrundsätze 337. 759. (A. L. R. I. 16. § 415.; A. G. O. I. 8. § 8.)

Strafgesetzbuch für die Preußischen Staaten vom 14. April 1851.

Einleitende Bestimmungen.

§ 6. Gültigkeit eines Vergleichs über die Abfindung wegen Ansprüche aus Verbrechen und Vergehen, insbesondere wegen der Ansprüche des beleidigten Ehegatten wegen Ehebruchs des Dritten mit dem anderen Ehegatten. — Vergl. § 140. dieses Strafgesetzbuchs; Dig. 48. 5. Lex 29. § 2.; Cod. 9. 9. Lex 10.

Rechtsgr. 716. — V. Senat. 7. Mai 1861. (XLII. 70.)

a) Demjenigen, welcher mit Umgehung des Rechtsstreites im Wege des Vergleichs sich den Schadensersatz wegen eines Verbrechens oder Vergehens versprechen läßt, fällt eine turpitudo nicht zur Last.

b) Ein solcher Vergleich verstößt auch dann nicht gegen die guten Sitten, wenn dabei die Absicht der Kontrahenten auch dahin geht, die strafrechtlichen Folgen des Vergehens abzuwenden.

c) Dieser Grundsatz findet auch hinsichtlich eines Vergleiches über die Abfindung des beleidigten Ehegatten wegen Ehebruchs des Dritten mit dem andern Ehegatten Anwendung.

Siehe auch Rechtsgrundsatz 803. (A. G. O. I. 16. § 24.)

Theil I. Von der Bestrafung der Verbrechen und Vergehen im Allgemeinen.

Titel 1. Von den Strafen.

§ 11. Unfähigkeit zur Vermögensverwaltung und Verfügung unter Lebenden seitens der zur Zuchthausstrafe Verurtheilten.

Rechtsgr. 717. — III. Senat. 15. Dezember 1862. (XLVIII. 128.)

a) Die Unfähigkeit der zur Zuchthausstrafe verurtheilten Personen, ihr Vermögen zu verwalten und unter Lebenden darüber zu verfügen, beginnt nicht schon mit der rechtskräftigen Verurtheilung zur Zuchthausstrafe, sondern erst mit dem Antritte dieser Strafe.

b) Die Unfähigkeit des Sträflings dauert auch dann fort, wenn derselbe nach dem Antritt der Strafe eigenmächtig eine Zeit lang sich aus dem Zuchthause entfernt oder zu dem einstweiligen Austritte aus demselben Urlaub erhält.

§ 18. Siehe Rechtsgrundsatz 1191. (Gesetz vom 3. Mai 1852 Art. 101.)

Titel 4. Von den Gründen, welche die Strafe ausschließen oder mildern.

§ 46. Siehe Rechtsgrundsätze 719. 722. (§ 50. dieses Strafgesetzbuchs.)
§ 50. Dreimonatliche Rügefrist:

A. Charakter der dreimonatlichen Frist zur Stellung des Strafantrages. — Vergl. A. L. R. I. 9. §§ 516. 555.

Rechtsgr. 718. — Senat für Strafsachen, Abth. I. 30. September 1863; Abth. II. 1. Oktober 1863. (L. 295.; LI. 148.)

Die im § 50. des Strafgesetzbuchs bestimmte Frist, deren Innehaltung da, wo das Gesetz die Bestrafung von dem Antrage einer Privatperson abhängig macht, Bedingung der Strafbarkeit ist, namentlich bei der Beleidigung und leichter Mißhandlung, — ist keine Verjährungs-, sondern eine Präklusivfrist.

B. Verjährung der Privatklage wegen Beleidigung und leichter Mißhandlung. — Vergl. Einführungsgesetz zu diesem Strafgesetzbuch Art. 16. 17.; Strafgesetzbuch §§ 46. 160. 161. 187. 189.

Rechtsgr. 719. — Senat für Strafsachen, Abth. I. 30. September 1863. (L. 295.)

Präjudiz No. 278. des vereinigten Senats für Strafsachen vom 16. Juni 1862: Der § 50. des Strafgesetzbuchs schließt die Privatklage auch wegen leichter Mißhandlungen — § 187. daselbst — aus, wenn dieselbe nicht in der dort bestimmten dreimonatlichen Frist angestellt worden ist.

C. Einwand der Minderjährigkeit.

Rechtsgr. 720. — Senat für Strafsachen, Abth. I. 30. September 1863. (L. 296.)

Der Einwand der Minderjährigkeit findet gegen den Ablauf der dreimonatlichen Rügefrist des § 50. des Strafgesetzbuches keine Anwendung.

D. Wahrung der dreimonatlichen Rügefrist des § 50. des Strafgesetzbuchs durch Anbringung des Strafantrages bei der Staatsanwaltschaft.

Rechtsgr. 721. — Senat für Strafsachen, Abth. I. 20. November 1863. (LII. 107.)

a) Zur Wahrung der dreimonatlichen Rügefrist nach § 50. des Strafgesetzbuchs kommt es nicht darauf an, unter welcher gesetzlichen Bezeichnung der Denunziant die strafbare Handlung der Staatsanwaltschaft angezeigt hat; sondern nur darauf kommt es an, welche Handlung des Thäters derselbe mit dem Antrage auf Bestrafung der Staatsanwaltschaft zur Verfolgung angezeigt hat.

b) Daher ist die Rügefrist in Betreff der Ehrverletzung gewahrt, wenn die, eine Ehrverletzung des Klägers enthaltende Handlung auch nur zur Bestrafung als Verletzung der Schamhaftigkeit angezeigt worden ist.

E. Verjährungs und Rügefrist bei Verläumdungen. — Vergl. §§ 46. 56. 156. 160. 343. dieses Strafgesetzbuches.

Rechtsgr. 722. — Senat für Strafsachen, Abth. I. 7. Februar 1862. (XLV. 65.)

a) Wiederholte Verläumdungen unterliegen nicht blos der fünfjährigen Verjährungsfrist, sondern auch der bei einfachen Beleidigungen vorgeschriebenen dreimonatlichen Rügefrist.

b) Diese dreimonatliche Rügefrist enthält eine Frist von 90 Tagen.

F. Inhalt des Strafantrages.

Rechtsgr. 723. — Senat für Strafsachen, Abth. II. 1. Oktober 1863. (LI. 148.)

Eine solche Anmeldung der Klage, bei welcher der Anmeldende sich vorbehält, die Klage erst künftig anzubringen, also den Bestrafungs-Antrag erst späterhin zu stellen, hindert den Ablauf der Präklusivfrist des § 50. des Strafgesetzbuches nicht.

§ 54. Privatklage der Pflegebefohlenen wegen Beleidigungen und leichter Mißhandlungen. — Vergl. § 162. dieses Strafgesetzbuches.

Rechtsgr. 724. — Senat für Strafsachen, Abth. I. 30. September 1863. (L. 295.)

Dem Vormunde eines minderjährigen, bereits über 16 Jahre alten Pflegebefohlenen steht in Betreff einer Beleidigung oder Mißhandlung desselben ein eigenes Recht, auf Bestrafung des Beleidigers anzutragen, nicht zu; er kann vielmehr nur aus dem Rechte des Pflegebefohlenen und als dessen Beistand die Civilklage erheben.

Titel 5. Vom Zusammentreffen mehrerer Verbrechen und vom Rückfalle.

§ 56. Siehe Rechtsgrundsatz 722. (Strafgesetzbuch § 50.)

Theil II. Von den einzelnen Verbrechen und Vergehen und deren Bestrafung.

Titel 12. Verbrechen und Vergehen gegen die Sittlichkeit.

§ 140. Siehe Rechtsgrundsatz 716. (Strafgesetzbuch § 6.)

Titel 13. Verletzung der Ehre.

§ 152. Siehe Rechtsgrundsatz 1191. (Gesetz v. 3. Mai 1852 Art. 101.)

§ 153. Einrede der Kompensation bei Injurien in zweiter Instanz. — Vergl. § 188. dieses Strafgesetzbuchs.

Rechtsgr. 725. — Senat für Strafsachen, Abth. I. 25. Sept. 1861. (XLIII. 111.)

Der auf den §§ 153. und 188. des Strafgesetzbuchs gestützte Antrag des Verklagten wegen der auf der Stelle erwiderten Beleidigung ist noch in zweiter Instanz zulässig.

§ 154. Beschränkung der Straflosigkeit tadelnder Urtheile über wissenschaftliche Leistungen:

A. Absicht zu beleidigen.

Rechtsgr. 726. — Senat für Strafsachen, Abth. I. 30. Oktober 1863. (L. 351.)

Der § 154. des Strafgesetzbuches ist nur auf wörtliche oder symbolische Beleidigungen, nicht auf andere geringschätzende Handlungen anwendbar.

B. Beleidigungen bei der Vertheidigung von Gerechtsamen.

Rechtsgr. 727. — Senat für Strafsachen, Abth. I. 17. Sept. 1862. (XLVII. 43.)

Die Anwendbarkeit des § 154. des Strafgesetzbuchs, — betreffend die Straflosigkeit der Aeußerungen, welche zur Vertheidigung von Gerechtsamen gemacht worden, — wird weder durch die bloße Ueberschreitung der Grenzen der Vertheidigung, noch auch durch eine feindliche Absicht des Aeußernden ausgeschlossen.

§ 156. Siehe Rechtsgrundsatz 722. (Strafgesetzbuch § 50.)

§ 160. Beweis des Klagefundaments in Injuriensachen. — Vergl. Verordnung vom 14. Dezember 1833 § 5. No 10d.; Deklaration vom 6. April 1839 Art. 3. No. 1.

Rechtsgr. 728. — Senat für Strafsachen, Abth. II. 13. März 1862. (XLIV. 242.)

Hat die Injurienklage den Gebrauch von bloßen Schimpfworten zur thatsächlichen Grundlage, so kommt es nicht wesentlich darauf an: ob bei der betreffenden Gelegenheit gerade die in der Klage angegebenen Schimpfworte, oder ähnliche vom Verklagten gebraucht sind.

Siehe Rechtsgrundsätze 335. 337. 719. 722. (A. L. R. I. 16. §§ 405. 415.; Strafgesetzbuch Art. 50.)

§ 162. Siehe Rechtsgrundsatz 724. (Art. 54. dieses Strafgesetzbuchs.)

Titel 16. Körperverletzung.

§§ 187. ff. Siehe Rechtsgrundsätze 78. 719. 725. (A. L. R. I. 6. § 111., 16. § 415.; Strafgesetzbuch §§ 50. 153.)

Theil III. Von den Uebertretungen.

Titel 3. Uebertretung in Beziehung auf die persönliche Sicherheit, Ehre und Freiheit.

§ 343. Siehe Rechtsgrundsätze 337. 722. 1191. (A. L. R. I. 16. § 415.; Strafgesetzbuch § 50.; Gesetz vom 3. Mai 1852 Art. 101.)

Titel 4. Uebertretung in Beziehung auf das Vermögen.

§ 347. No. 6. Siehe Rechtsgrundsatz 1007. (Gesinde-Ordnung vom 8. November 1810 § 118.)

§ 349. No. 9. Beschädigung eines Menschen durch gefährliche Anlagen; Polizeiverbot.

Rechtsgr. 729. — I. Senat. 2. Mai 1862. (XLV. 210.)

Der § 349. No. 9. des Strafgesetzbuches, — betreffend die Verdeckung und Verwahrung gefährlicher Anlagen, — setzt nicht eine unbedingte Unzugänglichkeit und eine absolute Gefahrlosigkeit voraus.

Allgemeine Gerichts-Ordnung.

Theil I. Prozeß-Ordnung.

Einleitung.

§ 1. Siehe Rechtsgrundsätze 111. 647. 1009. 1012. 1159. 1232. (A. L. R. I. 7. § 150., II. 17. § 10.; Gesinde-Ordnung vom 8. November 1810 § 160.; Gesetz vom 15. November 1811 § 10.; Gesetz No. 2724. vom 21. Juli 1846 § 3.; Gesetz vom 31. Mai 1858 § 1.)

§ 3. Klagefundament bei der Schwängerungsklage. — Vergl. A. L. R. II. 1. § 1077.; A. G. O. I. 5. § 4. No. 4.; Gesetz vom 24. April 1854 § 15.

Rechtsgr. 730. — I. Senat. 11. Januar 1864. (LII. 192.)

Bei der Schwängerungsklage ist der behauptete Beischlaf binnen der gesetzlichen Empfängnißzeit das Fundament der Klage, nicht ein bloßes Beweismittel.

Ist daher im Vorprozeß die Schwängerungsklage abgewiesen worden, weil eine unrichtige Beischlafszeit angegeben war, so steht der, auf die richtige Beischlafszeit gegründeten neuen Klage der Einwand der rechtskräftigen Entscheidung nicht entgegen.

§ 22. Siehe Rechtsgrundsatz 337. (A. L. R. I. 16. § 415.)

§ 27. Siehe Rechtsgrundsatz 1045. (Verordnung vom 1. Juni 1833 § 14.)

§ 30. Siehe Rechtsgrundsatz 337. (A. L. R. I. 16. § 415.)

§§ 65. 66. Folgen und Wirksamkeit rechtskräftiger richterlicher Entscheidungen:

A. Wirkung eines in der Rekurs-Instanz wegen Inkompetenz der Kreisgerichts-Kommission aufgehobenen Erkenntnisses erster Instanz. — Vergl. A. G. O. I. 16. §§ 1. 8.

Rechtsgr. 731. — III. Senat. 22. Juni 1863. (XLIX. 291.)

Ist nicht blos das Erkenntniß der Kreisgerichts-Kommission, sondern auch das demselben voraufgegangene Verfahren wegen Inkompetenz der Kommission aufgehoben und die Sache zur anderweiten Verhandlung und Entscheidung vor das Kollegium des Kreisgerichts verwiesen worden, so ist dem aufgehobenen Erkenntnisse jede Grundlage und Wirkung dergestalt entzogen, daß Keine der Parteien sich darauf berufen kann.

B. Wirkung eines Judikats hinsichtlich des Vorzugsrechts einer Muthung mit Rücksicht auf spätere Veränderung der Feldesstreckung. — Vergl. Gesetz vom 1. Juli 1821 § 2.

Rechtsgr. 732. — III. Senat. 20. Oktober 1862. (XLVIII. 35.)

Durch die judikatmäßige Feststellung: daß dem Kläger das Vorzugsrecht für das von ihm gemuthete und begehrte Feld vor der früheren Muthung des Verklagten gebühre, ist die Frage nicht mit entschieden: ob dem Kläger das Vorzugsrecht auch für das ihm demnächst von der Bergbehörde statt des damals begehrten Längenfeldes zugewiesene gevierte Feld gebühre. Jenes Judikat hat vielmehr nur die Wirkung: daß dem Kläger das Vorrecht insoweit zusteht, als in dem gevierten Felde Etwas enthalten ist, was ihm bei dem früher begehrten Längenfeld zugefallen sein würde.

C. Wirkung der auf die Hypothekklage gegen den zugleich persönlich Verpflichteten ergangenen Agnitoria auf die Klage aus der Hauptforderung. — Vergl. A. L. R. I. **20.** §§ **44. 45.**; A. G. O. I. **16.** § **1.**, **24.** §§ **62. 63.**; Exekutions-Verordnung vom **4.** März 1834 § **11.**

Rechtsgr. **733.** — IV. Senat. 9. Juli 1863. (L. 178.)

a) Auf die Klage aus einem Judikate kann die Verurtheilung des Verklagten nur insoweit erfolgen, als dieselbe in dem Judikate selbst ausgesprochen ist.

b) Hat daher der Hypothekengläubiger gegen den zugleich persönlich Verpflichteten lediglich die Hypothekenklage angestellt und auf Grund des Anerkenntnisses des Verklagten eine Agnitoria erlangt, so kann, nach fruchtlos vollstreckter Exekution in das verpfändete Grundstück, auf diese Agnitoria die Judikatsklage wegen der persönlichen Verbindlichkeit des Verklagten aus der Hauptforderung nicht gegründet werden.

D. Rechtskraft eines Kontumazialbescheides in Injuriensachen rücksichtlich des Klägers bei von dem Verklagten nachgesuchter Restitution. — Vergl. A. G. O. I. **8.** § **12.**, **14.** §§ 73. 76. 79.

Rechtsgr. **734.** — Senat für Straffachen, Abth. II. 13. Nov. 1862. (XLVII. 155.)

Auch bei den nach den Vorschriften des Civilprozesses zu behandelnden Injuriensachen gilt der Rechtssatz, daß ein Kontumazial-Erkenntniß, gegen welches der Kläger nicht appellirt hat, in den ihm nachtheiligen Bestimmungen seine Kraft behält, und daß mithin auf die nur vom Kläger gegen das dem Kontumazialbescheide nachfolgende Urtheil erster Instanz eingelegte Appellation gegen den Verklagten keinenfalls härter erkannt werden kann, als solches im Kontumazialbescheide geschehen ist.

E. Anbringung eines Deklarationsgesuchs in Betreff der erkannten Eidesnorm im Termine zur Eidesleistung. — Vergl. A. G. O. I. **10.** §§ **297. 304. 309. 375.**

Rechtsgr. 735. — IV. Senat. 10. April 1862. (XLV. 190.)

Begehrt der zum Eide Verstattete im Termine zur Eidesleistung Deklaration der Eidesnorm, so ist er nicht dafür, daß er nicht schwören könne oder wolle, zu erachten; er ist vielmehr auf sein Gesuch zu bescheiden und nach erfolgter Zurückweisung desselben anderweit zur Eidesleistung vorzuladen.

F. Abänderung eines Erkenntnisses auf Abweisung einer als unsubstanziirt erachteten Klage.

Rechtsgr. 736. — I. Senat. 11. September 1863. (LI. 73.)

Hat der erste Richter die Klage als unsubstanziirt abgewiesen, der zweite Richter dagegen das erste Urtheil im decisum selbst dahin abgeändert, daß der Kläger aus dem Grunde, weil die Klage nicht substanziirt sei, nicht abzuweisen, vielmehr die Sache zur anderweiten Verhandlung und Entscheidung in die erste Instanz zurückzuweisen; so kann der erste Richter nicht abermals die Frage darüber: ob die Klage nicht dennoch unsubstanziirt sei, zu seiner Kognition ziehen.

G. Judikatsklage nach Ablauf von fünf Jahren. — Vergl. A. G. O. I. **16**. § 1., **24**. § 3., **28**. § 14.

Rechtsgr. 737. — IV. Senat. 24. September 1863. (LI. 114.)

Auch eine nach Ablauf der fünfjährigen Frist angestellte Judikatsklage hat deren Natur und Charakter. Der erkennende Richter hat daher nicht zu prüfen, ob das rechtskräftige Urtheil zu Recht oder Unrecht ergangen ist.

H. Beseitigung der Wirksamkeit eines Judikats durch Nichtgebrauch der Einrede der rechtskräftigen Entscheidung und durch Anerkennung in einem späteren Prozesse. — Vergl. A. L. R. I. **16**. § 383.; A. G. O. I. **16**. § 1.

Rechtsgr. 738. — III. Senat. 15. Mai 1861. (XLII. 80.)

Haben die Parteien durch ihre Erklärungen und Handlungen in einem späteren Prozesse ein früheres Judikat außer

Wirksamkeit gesetzt, so kann auch der Richter diesem Judikate die Bedeutung eines solchen nicht mehr beimessen.

Siehe auch Rechtsgrundsätze 372. 796. 804. 812. 941. 942. 1167. (A. L. R. I. 17. § 362.; A. G. O. I. 16. §§ 1. 24., 24. § 9.; Dig. 42. 1. Lex 14., 44. 2. Lex 3.; Verordnung No. 3153. vom 21. Juli 1849 § 13.)

§ 67. Siehe Rechtsgrundsatz 812. (A. G. O. I. 24. § 9.)

Titel 1. Von den Personen, welche vor Gericht klagen oder belangt werden können.

§ 1. Siehe Rechtsgrundsatz 1009. (Gesinde-Ordnung vom 8. November 1810 § 160.)

§§ 3. 4. Anmeldung von Rechtsmitteln durch den Vormundschafts-Richter. — Vergl. A. L. R. II. 18. §§ 1. 3. 234. 235. ff. 364. ff. 436. 494. 501. ff. 542.; Prozeß-Verordnung vom 21. Juli 1846 §§ 15. 16.; Deklaration vom 6. April 1839 Art. 3. No. 2.

Rechtsgr. 739. — I. Senat. 30. März 1863. (XLIX. 141.)

Der von dem Vormundschaftsgericht geschehenen Anmeldung eines Rechtsmittels ist rechtliche Wirkung beizumessen.

Siehe auch Rechtsgrundsatz 648. (A. L. R. II. 18. § 1.)

§§ 13. 14. Prozeßführung eines großjährigen Sohnes unter väterlicher Gewalt. — Vergl. A. L. R. II. 2. §§ 125. 131. 165.; A. G. O. I. 16. § 2. No. 4.

Rechtsgr. 740. — IV. Senat. 26. November 1863. (LII. 119.)

a) Zur Vertheidigung seines eigenen Rechts ist ein großjähriger Haussohn auch ohne Zuziehung seines Vaters befähigt. Er ist berechtigt, vor Gericht zu erscheinen, und nur in dem Falle der §§ 13. und 14. I. 1. der Allgem. Gerichts-Ordnung ist die Zuziehung des Vaters nothwendig.

b) Das gegen einen großjährigen Haussohn ergangene Kontumazial-Erkenntniß kann von demselben als null und nichtig nicht angefochten werden.

§ 17. Siehe Rechtsgrundsatz 475. (A. L. R. II. 1. § 256..)

§ 23. Siehe Rechtsgrundsatz 482. (A. L. R. II. 1. § 378.)
§ 32a. Siehe Rechtsgrundsätze 416. 417. (A. L. R. I. 21. §§ 71. 82.)
§§ 32b. 82. ff. 225. 226. Siehe Rechtsgrundsatz 417. (A. L. R. I. 21. § 82.)

Titel 2. Von dem Gerichtsstande.

§ 7. No. 2. Siehe Rechtsgrundsätze 25. 1103. (A. L. R. I. 4. § 6.; Verordnung vom 13. Mai 1840.)
§§ 9. ff. Gerichtsstand der Offiziere à la Suite der Preußischen Armee.

Rechtsgr. 741. — IV. Senat. 4. Juni 1863. (LI. 51.)

Offiziere à la Suite der Preußischen Armee gehören zwar dem aktiven Dienststande des Heeres an; einen durch ihre militärische Stellung begründeten ordentlichen, persönlichen Wohnsitz aber haben dieselben nur dann, wenn ihnen eine Garnison besonders angewiesen ist.

Siehe auch Rechtsgrundsatz 754. (A. G. O. I. 7. § 20.)

§§ 13. 18. 21. Siehe Rechtsgrundsatz 12. (A. L. R. Einl. § 23.)
§ 114. u. Anh. § 34. zu § 114. Gerichtsstand eines im Auslande wohnenden Preußischen Unterthanen. — Vergl. Gesetz No. 2319. vom 31. Dezember 1842 § 15.

Rechtsgr. 742. — IV. Senat. 7. Januar 1862. (XLIII. 314.)

Auch ein Preußischer Unterthan, welcher seinen ordentlichen Wohnsitz im Auslande hat, ist im Sinne des § 34. des Anhangs zur Allgem. Gerichts-Ordnung Ausländer.

Siehe auch Rechtsgrundsatz 743. (A. G. O. I. 2. § 117.)

§§ 117-119. Begründung des Gerichtsstandes durch Anlegung des Arrestes gegen Einwohner Deutscher Bundesstaaten. — Vgl. A. G. O. I. 2. § 114. u. Anh. § 34. zu § 114., 29. §§ 1. 29. 30. u. Anh. § 198. zu §§ 43. 47.; Hofreskript vom 19. März 1809; Verordnung vom 7. Juli 1819.

Rechtsgr. 743. — IV. Senat. 12. September 1861. (XLII. 314.)

Nur die Anlegung des schleunigen Arrestes begründet gegen Einwohner Deutscher Bundesstaaten den Gerichtsstand des Arrestes.

§§ 148. ff. Siehe Rechtsgrundsätze 25. 744. 1103. (A. L. R. I. 4. § 6.; A. G. O. I. 2. § 150.; Verordnung vom 13. Mai 1840.)

§ 150. Insinuation der Klage an einen General- und Spezialbevollmächtigten. — Vergl. A. L. R. II. 18. § 23.; A. G. O. I. 2. § 148.

Rechtsgr. 744. — IV. Senat. 7. Januar 1862. (XLIII. 314.)

Hat der Beklagte einen General- und Spezial-Bevollmächtigten bestellt, so sind diesem Klagen mit rechtlicher Wirkung zuzustellen, und ist anzunehmen, daß der Verklagte sich habe im Sinne des § 150. I. 2. der Allg. Gerichts-Ordnung betreffen lassen.

§ 154. Gerichtsstand der geführten Verwaltung in Bezug auf Ausländer.

Rechtsgr. 745. — IV. Senat. 22. Mai 1862. (XLV. 271.)

Dem außerordentlichen Gerichtsstande der geführten Verwaltung sind auch Ausländer unterworfen.

§ 159. Siehe Rechtsgrundsatz 807. (A. G. O. I. 19. § 16.)

§ 160. Freiwillige Prorogation des Gerichtsstandes:

A. in Betreff der Nullitätsklage gegen ein rechtskräftiges Erkenntniß. — Vergl. A. G. O. I. 16. § 3.

Rechtsgr. 746. — IV. Senat. 1. Mai 1862. (XLV. 203.)

Die freiwillige Prorogation von dem gesetzlich vorgeschriebenen Gerichtsstande der Nullitätsklage gegen ein rechtskräftiges Erkenntniß auf ein anderes Gericht ist unzulässig.

B. Begründung der Kompetenz eines inländischen Gerichts durch Beantwortung der Klage seitens des bei demselben verklagten Ausländers. — Vergl. A. L. R. Einl. § 34.

Rechtsgr. 747. — IV. Senat. 9. April 1861. (XLI. 150.)

Gestellen sich Ausländer auf die Vorladung eines Preußischen Gerichts, welches eigentlich nicht das gehörige ist, und beantworten sie die Klage, ohne die Inkompetenz zu rügen, so müssen sie die Vorschrift des § 160. I. 2. der Allgem. Gerichts-Ordnung ebenso gegen sich gelten lassen, wie die Inländer, und müssen überhaupt ihre Vertheidigung in den

Formen und nach den Grundsätzen vornehmen, nach welchen vor den inländischen Gerichten überhaupt zu prozediren ist.

§ 167. Siehe Rechtsgrundsatz 153. (A. L. R. I. 9. § 360.)

§§ 172-175. Selbsternennung zum Obmann; Anfechtung des Schiedsspruchs eines Unberufenen.

Rechtsgr. 748. — IV. Senat. 27. Juni 1861. (XLII. 209.)

a) Der Auftrag, den Obmann zu wählen, giebt dem Beauftragten nicht die Befugniß, sich selbst zu ernennen.

b) Der § 172. No. 2. und der § 175. I. 2. der Allg. Gerichts-Ordnung setzen die Existenz eines schiedsrichterlichen Spruches voraus; sie sind daher nicht anwendbar, wenn der Streit von einem Unberufenen entschieden ist.

Siehe auch Rechtsgrundsatz 1186. (Gesetz No. 3391. vom 12. Mai 1851 § 8.)

§§ 173-175. Kompromiß in Betreff der Zulässigkeit der ordentlichen Rechtsmittel gegen den Schiedsspruch; zehntägige Frist zur Einlegung der Rechtsmittel gegen ein schiedsrichterliches Urtheil.

Rechtsgr. 749. — IV. Senat. 11. Februar 1862. (XLVI. 1.)

a) Die Parteien können durch Kompromiß rechtsgültig festsetzen, daß gegen den Schiedsspruch die ordentlichen Rechtsmittel zulässig sein sollen.

b) Auch bei schiedsrichterlichen Erkenntnissen beginnt die zehntägige Frist des § 174. I. 2. der Allgem. Gerichts-Ordnung zur Einlegung der Rechtsmittel erst an dem Tage, an welchem das Erkenntniß den Parteien, wenn auch nicht gerade in Ausfertigung zugestellt, doch mindestens mit den Entscheidungsgründen verkündet worden ist.

§ 199. Siehe Rechtsgrundsatz 153. (A. L. R. I. 9. § 360.)

Titel 3. Von der Pflicht der Parteien, die Instruktion ihrer Prozesse persönlich abzuwarten; und inwiefern sie sich dabei rechtlicher Beistände, oder Bevollmächtigter, bedienen können.

§§ 30. 31. Insinuation der an die Prozeßparteien erlassenen Aufforderung zur Beantwortung der Appellation, der Revision und der Nichtigkeitsbeschwerde und der an dieselbe erlassenen Vorladung zum Audienztermine zweiter oder letzter Instanz zu Händen des Bevollmächtigten erster Instanz. — Vergl. A. G. O. I. 7. § 36., 13. § 49., 17. §§ 17. ff., 25. § 23.; Prozeß-Verordnungen vom 1. Juni 1833 §§ 25. 43. und vom 21. Juli 1846 §§ 2. 20. 23. 27.

Rechtsgr. 750. — II. Senat. 17. November 1863. (LI. 221.)

a) Der zum Bevollmächtigten einer Partei ohne Einschränkung und für den ganzen Prozeß ernannte Bevollmächtigte erster Instanz ist auch befugt, Vorladungen in zweiter Instanz, und zwar auch in schleunigen Prozessen, für dieselbe in Empfang zu nehmen.

b) Das Präjudiz No. 2250. (Plenarbeschluß) vom 18. November 1850, — betreffend die Zustellung der Aufforderung zur Beantwortung des Revisionsberichts und der Nichtigkeitsbeschwerde, sowie der Vorladung zur mündlichen Verhandlung in letzter Instanz zu Händen des Prozeßbevollmächtigten erster oder zweiter Instanz, — ist auch auf das Verfahren in schleunigen Prozessen zu beziehen.

Siehe auch Rechtsgrundsatz 274. (A. L. R. I. 13. § 192.)

§§ 56. 59. Siehe Rechtsgrundsatz 274. (A. L. R. I. 13. § 192.)

Titel 4. Von der Anmeldung der Klage und was dabei zu beobachten.

§ 2. No. 1. Aktivlegitimation einer Handlung, zu klagen. — Vergl. A. G. O. I. 5. § 4. No. 6., § 11. Litt. c.

Rechtsgr. 751. — IV. Senat. 13. Februar 1862. (XLVI. 6.)

Eine kaufmännische Handlung kann klagen.

— No. 5. Siehe Rechtsgrundsätze 160-162. (A. L. R. I. 9. § 551.)
§§ 14-16. Siehe Rechtsgrundsätze 160-162. (A. L. R. I. 9. § 551.)

Titel 5. Von Aufnehmung und Instruktion der Klage selbst, und was dabei zu beobachten.

§ 4. No. 4. Siehe Rechtsgrundsatz 730. (A. G. O. I. Einl. § 3.)
— No. 6. Siehe Rechtsgrundsätze 751. 1041. (A. G. O. I. 4. § 2. No. 1.; Prozeß-Verordnung vom 1. Juni 1833 § 1. No. 2.)
— No. 8. Geldforderungen als theilbare Sache. — Vergl. A. L. R. I. 2. § 41.; A. G. O. I. 10. §§ 269. ff.

Rechtsgr. 752. — IV. Senat. 21. Juni 1862. (XLIV. 328.)

Die Begriffsbestimmung, daß Forderungen, welche die Zahlung einer Geldsumme zum Gegenstande haben, als theilbare Sachen anzusehen sind, liegt auch dem § 4. No. 8. I. 5. der Allgem. Gerichts-Ordnung zu Grunde.

§ 11c. Siehe Rechtsgrundsatz 751. (A. G. O. I. 4. § 2. No. 1.)
§ 20. Siehe Rechtsgrundsatz 317. (A. L. R. I. 16. § 178.).
§ 23. Siehe Rechtsgrundsätze 163. 764. 765. (A. L. R. I. 9. § 557.; A. G. O. 10. § 5a.)

Titel 7. Von Abfassung und Insinuation gerichtlicher Verordnungen.

§ 1. Siehe Rechtsgrundsatz 789. (A. G. O. I. 13. § 44.)
§§ 19. ff. Insinuation an den Sekretär eines Rechtsanwalts. — Vergl. Verordnung vom 5. Mai 1838 § 3.

Rechtsgr. 753. — IV. Senat. 11. Februar 1862. (XLV. 74.)

Die Insinuation einer gerichtlichen Verfügung, insbesondere auch der Urtheilsausfertigung, an einen Rechtsanwalt kann in Abwesenheit desselben auch an seinen Sekretär erfolgen.

§§ 20. ff. Erste Ladung des Verklagten durch Affixion, insbesondere auch im Wechselprozesse. — Vergl. A. G. O. I. 2. §§ 9-16., 7. § 36., 27. § 15.; Allgem. Deutsche Wechsel-Ordnung Art. 77. 80.; Kabinets-Order vom 27. April 1842.

Rechtsgr. 754. — IV. Senat. 2. Juni 1863. (LI. 40.)

a) Nur dann hat die erste, durch Affixion an die Stuben- oder Hausthür der Wohnung bewirkte Ladung des Verklagten rechtlichen Erfolg, wenn er zur Zeit der Ladung und Affixion dort wirklich noch seine Wohnung oder gewöhnliche Behausung hatte, oder wenn er diese Behausung, obgleich er nicht darin betroffen wurde, doch zu bewohnen pflegte und nicht in der Absicht verlassen hatte, sie definitiv aufzugeben oder zu verlassen.

b) Dieser Grundsatz findet auch für den Wechselprozeß Anwendung.

Siehe auch Rechtsgrundsatz 693. (Allgem. Deutsche Wechsel-Ordnung Art. 80.)

§ 25. Siehe Rechtsgrundsatz 580. (A. L. R. II. 10. § 82.)

§ 31. Kontumazialfolgen gegen einzelne Litiskonsorten bei Untheilbarkeit des Gegenstandes, z. B. in Alimentationssachen. — Vergl. Gesetz No. 3993. vom 24. April 1854 § 13.

Rechtsgr. 755. — I. Senat. 21. September 1863. (L. 243.)

Bei Untheilbarkeit des Streitgegenstandes, z. B. der Alimentation eines unehelichen Kindes, können Kontumazialfolgen den einen Litiskonsorten nicht treffen, wenn der Andere noch gar nicht gehört ist.

§ 34. Insinuation der Vorladung an mehrere Vormünder im Prozesse.

Rechtsgr. 756. — I. Senat. 21. November 1863. (L. 243.)

Die Bestimmung im § 34. I. 7. der Allgem. Gerichts-Ordnung, wonach, wenn Citationen an mehrere Vormünder zugleich gestellt sind, die Insinuation derselben auch nur an Einen der Vormünder hinreichend sein soll, bezieht sich nur auf den Fall, wenn eine und dieselbe Partei mehre Vormünder hat, nicht aber auch auf den, wenn Litiskonsorten vorhanden sind, von denen jeder von einem besonderen Vormunde oder Kurator vertreten wird.

§ 36. Siehe Rechtsgrundsätze 750. 754. (A. G. O. I. 3. § 30., I. 7. § 20.)

§ 48. Wirkung einer insinuirten Ladung:

A. Rechtshängigkeit und Streitigkeit der Sache. — Vergl. A. L. R. I. 10. §§ 7-11.

Rechtsgr. 757. — II. Senat. 11. Juni 1863. (L. 106.)

Die Bestimmungen des § 48. Littr. b. und c. I. 7. der Allgem. Gerichts-Ordnung, — betreffend die durch Insinuation einer von dem Prozeßrichter erlassenen Vorladung bewirkte Rechtshängigkeit und Streitigkeit der Sache, — sind ohne allen Einfluß auf die Frage des Eigenthums der streitigen Sache und beseitigen die §§ 7. bis 11. I. 10. des Allg. Landrechts, betreffend die Verhandlungen eines Dritten mit dem eingetragenen Besitzer, nicht.

B. Wirkung der Einleitung der nothwendigen Subhastation auf die zu subhastirende Sache als res litigiosa. — Vergl. A. G. O. I. 24. §§ 7-9.; Subhastations-Verordnung vom 4. März 1834 § 3.

Rechtsgr. 758. — III. Senat. 12. September 1862. (XLIV. 364.)

Das Subhastations-Verfahren ist als ein Rechtsstreit über Ansprüche an ein Grundstück, und die Lizitanten sind als Parteien und Gegner im Sinne des § 48. I. 7. der Allgem. Gerichts-Ordnung nicht anzusehen. — Es kann daher der Rechtsgrundsatz, daß durch Einleitung der nothwendigen Subhastation die zu subhastirende Sache zur res litigiosa werde, in dieser Allgemeinheit nicht anerkannt werden.

Siehe auch Rechtsgrundsätze 118. 396. 502. (A. L. R. I. 7. § 222., 20. § 445., II. 1. § 783.)

§§ 48-51. Siehe Rechtsgrundsatz 103. 170. (A. L. R. I. 7. § 150., 9. § 603.)

Titel 8. Von Anberaumung und Verlegung der Termine und von den rechtlichen Folgen des ungehorsamen Außenbleibens.

§ 8. Kontumazialverfahren in Injuriensachen wegen Nichterscheinens einer Partei im Sühnetermine vor dem Schiedsmanne. — Vergl. Prozeß-Verordnung vom 1. Juni 1833 § 21.; Einführungs-Gesetz zum Strafgesetzbuch vom 14. April 1851 Art. 18.

Rechtsgr. 759. — Senat für Strafsachen, Abth. I. 18. Sept. 1861. (XLIII. 82.)

In Injuriensachen ist nicht der § 21. der Prozeßverordnung vom 1. Juni 1833, sondern der § 8. I. 8. der Allg. Gerichts-Ordnung auf die Kontumaz wegen Nichterscheinens einer Partei in dem Sühnetermine vor dem Schiedsmann anwendbar.

§ 12. Siehe Rechtsgrundsatz 734. (A. G. O. I. Einl. § 66.)

§ 14-16. Einräumung der Klage:

A. Wirkung der Einräumung der Klage seitens des Verklagten.

Rechtsgr. 760. — IV. Senat. 9. Juli 1863. (L. 178.)

Dem von dem Verklagten in dem Prozesse abgegebenen Anerkenntnisse kann eine über den geltend gemachten Anspruch hinausgehende Wirkung nicht beigemessen werden.

B. Wirkung des Anerkenntnisses einer bei dem Konkurse angemeldeten Forderung seitens des Konkursverwalters. — Vergl. Konkurs-Ordnung vom 8. Mai 1855 §§ 201. 280.

Rechtsgr. 761. — IV. Senat. 22. Oktober 1863. (L. 344.)

Auch nach aufgehobenem Konkurs ist der Kridar an das von dem Konkursverwalter abgegebene Anerkenntniß den anerkannten Gläubigern gegenüber gebunden.

Siehe auch Rechtsgrundsätze 782. 785. (A. G. O. I. 10. §§ 311a. 377.)

Titel 9. Von Aufnehmung der Antwort auf die Klage und was darauf zu verfügen.

§§ 1. 3. 16. Bestreitung der Preisangabe des Klägers ohne Angabe eines Minderpreises. — Vergl. Prozeß-Verordnungen vom 1. Juni 1833 § 14., 21. Juli 1846 § 8.

Rechtsgr. 762. — IV. Senat. 25. November 1862. (XLVII. 192.)

Hat der Kläger in Betreff einer an der Börse käuflichen Waare den angegebenen Börsendurchschnittspreis des Stichtages gefordert, der Verklagte aber diese Preisangabe bestritten: so kann dieser Preis blos deshalb, weil der Verklagte einen Minderpreis nicht behauptet hat, für maaßgebend nicht erachtet werden.

§ 44. Beseitigung eines wirklichen und eines fingirten Zugeständnisses durch Appellation — Vergl. A. G. O. I. 14. §§ 16. ff.; Prozeß-Verordnung vom 21. Juli 1846 § 9.

Rechtsgr. 763. — Senat für Strafsachen, Abth. I. 11. November 1863. (LI. 204.)

Jedes in erster Instanz — gleichviel, ob wegen eigentlicher Kontumaz, oder wegen bloßen Stillschweigens — fingirte Zugeständniß kann durch Appellation von Seiten des Kontumax beseitigt werden.

Titel 10. Von der Instruktion der Sache zum Definitiverkenntnisse.

§ 5a. Veränderung des Klagefundaments:

A. durch spätere Erbringung der Aktivlegitimation des Klägers zur Sache. — Vergl. A. L. R. I. 13. §§ 142-144. 239-241.; A. G. O. I. 5. § 23.

Rechtsgr. 764. — III. Senat. 4. Juni 1862. (XLVI. 153.)

a) Der Klagegrund muß so beschaffen sein, daß daraus nicht allein die Verpflichtung des Verklagten, sondern auch das Recht des Klägers, die Erfüllung dieser Verpflichtung von dem Verklagten zu fordern, hervorgeht. — Es ist daher eine unzulässige Veränderung des Klagegrundes, wenn der bei Anstellung der Klage zur Sache nicht legitimirte Kläger sich zur Begründung der Klage darauf beruft, daß er im Laufe des Prozesses das streitige Recht erworben habe.

b) Der vorstehende Grundsatz findet auch in dem Falle

Anwendung, wenn die Klage sich auf das von einem Geschäftsführer ohne Auftrag erworbene Recht gründet, und die Genehmigung dieser Geschäftsführung erst in zweiter Instanz beigebracht wird.

B. Einfluß der Eröffnung des Konkurses über das Vermögen des Beklagten und dessen Beendigung durch Akkord auf den Klageantrag. — Vergl. A. G. O. I. 5. § 23.; Konkurs-Ordnung vom 8. Mai 1855 § 15. Alinea 3.

Rechtsgr. 765. — IV. Senat. 2. Mai 1861. (XLII. 50.)

Ist auf Grund eines Vertrages auf Abnahme von Aktien zu einem bestimmten Kourse geklagt, der Verklagte hierauf in Konkurs gerathen und der Konkurs durch Akkord beendigt, so ist der Anspruch des Klägers auf eine Geldforderung zu reduziren, mithin als eine, durch die Nichterfüllung des Vertrages seitens des Verklagten entstandene Schadensforderung zu behandeln, und der deshalb veränderte Klageantrag enthält keine Umänderung des Klagefundaments.

Siehe auch Rechtsgrundsatz 163. (A. L. R. I. 9. § 559.)

§ 19. und Anhang § 74. zu § 19. Siehe Rechtsgrundsatz 1021. (Verordnung vom 20. Juni 1817 § 42.)

Erster Abschnitt. Von der näheren Vernehmung der Parteien und Regulirung des status causae et controversiae.

§ 27a. Widerruf der Angaben und Geständnisse:

A. Beseitigung eines wirklichen und eines fingirten Zugeständnisses durch Appellation. — Vergl. A. G. O. I. 10. §§ 82. 87. 88b., 14. §§ 16-20.

Rechtsgr. 766. — Senat für Strafsachen, Abth. I. 11. November 1863. (LI. 204.)

Ein wirkliches sowohl, als ein fingirtes Geständniß kann in der folgenden Instanz angegriffen werden, sobald die wahre Bewandtniß der Sache angezeigt und unter Beweis gestellt ist.

B. Prozeßvorschrift wegen Widerrufs eines Zugeständnisses. — Vergl.

A. G. O. I. **10.** § 87.: Verordnung vom **14.** Dezember 1833 § 5.; Deklaration vom **6.** April 1839 Art. 3.

Rechtsgr. 767. — I. Senat. 26. Januar 1863. (XLVII. 318.)

Die §§ 27a. und 87. I. 10. der Allgem. Gerichts-Ordnung, — betreffend den Widerruf eines Zugeständnisses, — sind Beweisregeln und gehören nicht zu den wesentlichen Prozeßvorschriften.

§ **27c.** Siehe Rechtsgrundsatz 768. (A. G. O. I. **10.** § 82.)

Zweiter Abschnitt. Vom Beweise durch Zugeständniß.

§ **82.** Beweislast hinsichtlich der Bestellung von Waaren im eigenen oder im fremden Namen des Bestellers bei einem beschränkten Zugeständniß des Letztern. — Vergl. A. L. R. I. **11.** §§ 1. 12. 76.; A. G. O. I. **10.** § **27** c.

Rechtsgr. 768. — IV. Senat. 24. September 1861. (XLIII. 101.)

Der auf Zahlung des Kaufpreises in Anspruch genommene Besteller von Waaren muß seine Behauptung, er habe für einen Dritten bestellt, beweisen.*

Siehe auch Rechtsgrundsatz 766. (A. G. O. I. **10.** § 27a.)

§ **87.** Siehe Rechtsgrundsätze 766. 767. (A. G. O. I. **10.** § 27a.)

§ **88b.** Begriff und Widerruf eines Zugeständnisses:

A. Anerkenntniß und Zugeständniß; Anerkenntniß einer Schuld als Constitutum debiti proprii. — Vergl. A. L. R. I. **5.** §§ 185. ff.

Rechtsgr. 769. — IV. Senat. 25. April 1861. (XLI. 199.)

Ein motivirtes, seinen Rechtsgrund bezeichnendes Anerkenntniß — das Constitutum debiti proprii des Gemeinen Rechts — ist ein wirkliches Rechtsgeschäft; dasselbe kann daher nicht wie ein Zugeständniß widerrufen werden.

B. Entkräftung eines Geständnisses außer dem Falle des Irrthums. — Vergl. A. L. R. I. **4.** §§ 4. 52. 55.

* Vergl. Bd. 2. S. 312. No. 859. und dagegen daselbst No. 860. und Bd. 3. S. 401. No. 1053. dieser Rechtsgrundsätze; sowie die Anmerkung Bd. 34. S. 189. des Archivs für Rechtsfälle.

Rechtsgr. 770. — V. Senat. 4. Juni 1862. (XLVI. 149.)

Der § 88b. I. 10. der Allgem. Gerichts-Ordnung, betreffend den Widerruf eines Geständnisses aus Irrthum, regelt das Verfahren nur für den Fall, wenn das Geständniß nur wegen behaupteten Irrthums widerrufen wird; schließt aber für den Gestehenden die Möglichkeit nicht aus, durch den Nachweis der wahren Bewandtniß der Sache die Unrichtigkeit resp. Unverbindlichkeit des gemachten Geständnisses aus einem anderen gesetzlich zulässigen Grunde, als wegen Irrthums, z. B. wegen absichtlicher Unrichtigkeit, darzuthun.

Siehe auch Rechtsgrundsätze 766. 767. (A. G. O. I. 10. § 27a.)

Dritter Abschnitt. Von dem Beweise durch Urkunden.

§ 113. Siehe Rechtsgrundsatz 1041. (Prozeß-Verordnung vom 1. Juni 1833 § 1. No. 2.)

§§ 118. 119. Siehe Rechtsgrundsätze 310. 688. (A. L. R. I. 16. § 102.; Allgem. Deutsche Wechsel-Ordnung Art. 55.)

§§ 126. 127. Siehe Rechtsgrundsätze 45. 183. 312. 1047. (A. L. R. I. 5. § 127., 11. § 12., 16. § 105.; Prozeß-Verordnung vom 1. Juni 1833 § 36.)

§§ 134. 135. Siehe Rechtsgrundsatz 773. (A. G. O. I. 10. § 151.)

§ 144. Wirkung der im Vorprozesse geschehenen Litisrenunziation auf den Werth der gewonnenen Beweisresultate für den neuen Prozeß. — Vergl. A. G. O. I. 16. § 24.

Rechtsgr. 771. — IV. Senat. 1. Mai 1862. (XLIV. 305.)

Die in dem Vorprozeß gewonnenen Beweisresultate, z. B. die Beseitigung einer Urkunde durch Diffession, werden durch die vor Abfassung des Urtheils geschehene Litisrenunziation nicht entkräftet, sie behalten vielmehr auch für den neuen Prozeß ihren Werth.

§§ 145. 146. 149a. Siehe Rechtsgrundsatz 773. (A. G. O. I. 10. § 151.)

§ 149b. Vergleichung der Handschrift in Injuriensachen. — Vergl. Kriminal-Ordnung § 384.; Gesetz vom 11. März 1850 § 6.; Einführungs-Gesetz zum Strafgesetzbuch vom 14. April 1851 Art. 16.

Rechtsgr. 772. — Senat für Strafsachen, Abth. I. 19. April 1861. (XLI. 181.)

Auch in Injuriensachen findet über die bloße Namens-Unterschrift eine Vergleichung von Handschriften nicht statt.

§ **151**. Beweis der Aechtheit des behufs Schriftvergleichung produzirten anderen Schriftstücks des Ausstellers. — Vergl. A. G. O. I. **10**. § 134. 145. 146. 149a.

Rechtsgr. 773. — Senat für Strafsachen Abth. I. 10. Januar 1862. (XLIV. 148.)

Durch Zeugenbeweis kann nicht festgestellt werden, daß die behufs der Schriftvergleichung produzirten anderen Schriftstücke unstreitig von der Hand des Ausstellers sind.

§ **168**. Siehe Rechtsgrundsätze 559. 560. (A. L. R. II. 8. §§ 572. 597.)

Fünfter Abschnitt. Von Aufnehmung des Beweises durch den Eid.

§§ **252**. ff. Siehe Rechtsgrundsätze 774-776. (A. G. O. I. **10**. §§ 288. 297.)

§§ **269**. ff. Siehe Rechtsgrundsatz 752. (A. G. O. I. **5**. § 4. No. 8.)

§§ **288**. **294**. Rechtliche Natur der Eidesdelation. — Vergl. A. L. R. I. **5**. § 270., **16**. § 405.; A. G. O. I. **10**. §§ 252. ff., **13**. § 10. No. 8.

Rechtsgr. 774. — IV. Senat. 10. November 1863. (LI. 202.)

Der zugeschobene und angenommene Eid hat nach Preußischem Rechte nur die Natur eines Beweismittels, nicht die eines Vertrages über die Art der Entscheidung des Prozesses.

§ **297**. Eventuell deferirter Eid. — Vergl. A. G. O. I. **10**. § 252., **13**. § 10. No. 8.

A. Wirkung der eventuellen Eidesdelation. — Vergl. Extra Decr. Grat. Lib. 2. Tit. 19. cap. 2.

Rechtsgr. 775. — IV. Senat. 31. März 1863. (XLVIII. 285.)

Ist die nur eventuelle Zuschiebung eines Eides lediglich für den Fall erfolgt, daß derselbe nur unter der Be-

dingung zugeschoben sein solle, wenn der zunächst angetretene anderweite Beweis nicht ein ausreichendes Ergebniß — um entweder das Behauptete als erwiesen ansehen oder darüber noch auf einen nothwendigen Eid erkennen zu können — liefern würde, so wird bei dem Eintritte dieser Bedingung die eventuelle Eidesdelation ohne Weiteres eine definitive, und der Delat hat sich nunmehr, von dem Richter mit jenem Resultate der Beweisaufnahme bekannt gemacht, bei Vermeidung der im § 297. I. 10. der Allg. Gerichts-Ordnung angedrohten Kontumazialfolge darüber zu erklären.

B. Kontumazialfolge wegen Nichterklärung über einen eventuell deferirten Eid; Prozeßvorschriften. — Vergl. Verordnung vom 14. Dezember 1833 §§ No. 2.; Deklaration vom 6. April 1839 Art. 3. No. 4.

Rechtsgr. 776. — IV. Senat. 3. September 1863. (LI. 58.)

a) Die Vorschrift des § 297. I. 10. der Allgem. Gerichts-Ordnung, — betreffend die Wirkung der Nichterklärung über einen deferirten Eid, — enthält keine Rechtsgrundsätze, sondern Prozeßvorschriften über Beweisregeln, welche als wesentliche im Sinne des Gesetzes über die Nichtigkeitsbeschwerde nicht zu erachten sind.

b) Hat daher der Richter in seinem Erkenntnisse eine Partei wegen Nichterklärung über einen eventuell deferirten Eid in Kontumaziam dafür, daß sie nicht schwören könne oder wolle, erachtet, obwohl er derselben gegenüber weder die erfolgte Nichtführung des Beweises durch die aufgenommenen anderweiten Beweismittel ausgesprochen, noch auch ihre Erklärung über den Eid ausdrücklich erfordert hat; so fällt dem Richter die Verletzung einer **wesentlichen** Prozeßvorschrift, insbesondere durch Anwendung eines anderen als des gesetzlich angedrohten Präjudizes, nicht zur Last.

Siehe auch Rechtsgrundsätze 734. 784. (A. G. O. Einl. § 65., I. 10. § 376.)

§§ **298-302**. Omission eines Eidesantrages. — Vergl. Verordnung vom 14. Dezember 1833 § 5. No. 10a.; Deklaration vom 6. April 1839 Art. 3. No. 4.

Rechtsgr. 777. — III. Senat. 15. September 1862. (XLVII. 30.)

Wenn der Verklagte auf einen in erster Instanz dem Kläger deferirten und schon in dem ersten Urtheil unerwähnt gebliebenen Eid in zweiter Instanz nicht zurückgekommen ist, sondern nunmehr Zeugen über die betreffende Thatsache benannt hat, welche hiernächst von dem zweiten Richter vernommen worden sind, so enthält die Omission jenes Eidesantrages in dem Appellations-Erkenntnisse keinen Verstoß gegen § 5. No. 10a. der Verordnung vom 14. Dezember 1833 oder Art. 3. No. 4. der Deklaration vom 6. April 1839.

§ **300**. Rechtskraft des auf einen zugeschobenen oder nothwendigen Veritäts- oder Ignoranz-Eid lautenden Erkenntnisses.

Rechtsgr. 778. — III. Senat. 16. Dezember 1861. (XLIII. 263.)

Die Vorschrift des § 300. I. 10. der Allgem. Gerichts-Ordnung, — daß, wenn auf einen zugeschobenen Eid erkannt ist, die von dem Gegner vor oder im Schwörungstermine für das Gegentheil beigebrachten neuen Beweismittel Demjenigen, welcher schwören soll, zwar vorzulegen sind, derselbe jedoch auf Verlangen zur Ableistung des Eides, vorbehaltlich der besonderen Untersuchung wegen Meineides, zugelassen werden soll, — findet auch auf nothwendige, sowohl Veritäts-, als Ignoranz-Eide Anwendung.

Siehe auch Rechtsgrundsatz 805. (A. G. O. I. 16. § 24.)

§§ **304**. ff. Norm eines deferirten Eides. — Vergl. A. L. R. I. 5. §§ 82. 84., 16. § 405.; Prozeß-Verordnung vom 1. Juni 1833 § 30.; Instruktion vom 24. Juli 1833 § 40.

Rechtsgr. 779. — IV. Senat. 22. Januar 1863. (XLVIII. 156.)

Dem erkennenden Richter kann weder die Beurtheilung der Erheblichkeit der unter Eid gestellten Thatsachen durch eine Vereinigung der Parteien entzogen werden, noch auch ist derselbe an die von den Parteien vorgeschlagene Eidesnorm gebunden.

Siehe auch Rechtsgrundsatz 735. (A. G. O. I. Einl. § 65.)

§§ **306. 307.** Abnahme eines deferirten, vom Delaten zwar acceptirten, jedoch für unerheblich erklärten Eides. — Vergl. Prozeß-Verordnung vom 1. Juni 1833 §§ 30. 31.; Verordnung vom 14. Dezember 1833 § 5. No. 2.

Rechtsgr. 780. — IV. Senat. 29. Oktober 1863. (LI. 177.)

Die §§ 306. und 307. I. 10. der Allg. Gerichts-Ordnung, — betreffend das Verfahren bei Abnahme von deferirten und acceptirten, jedoch von dem Delaten für unerheblich erklärten Eiden, — enthalten Prozeßvorschriften, welche für wesentlich nicht zu erachten und auf das mündliche Verfahren nach den jetzt geltenden Prozeßgesetzen nicht mehr anwendbar sind.

§ **309.** Siehe Rechtsgrundsatz 735. (A. G. O. I. Einl. § 65.)

§ **311a.** Ableistung des Eides über ein schuldiges gewisses Quantum. — Vergl. A. G. O. I. **16.** § 1.

A. Nicht unbedingt bindende Norm des in diesem Gesetze bestimmten Eides.

Rechtsgr. 781. — IV. Senat. 22. Januar 1863. (XLVIII. 156.)

In dem § 311a. I. 10. der Allg. Gerichts-Ordnung, — betreffend die Ableistung des Eides über ein schuldiges gewisses Quantum, — hat eine unbedingt bindende Norm des Eides nicht gegeben werden sollen.

B. Abänderung der Norm dieses Eides bei der Eidesleistung. — Vergl. A. G. O. I. **8.** §§ 15. 16., **10.** § 377.

Rechtsgr. 782. — IV. Senat. 19. November 1863. (LI. 238.)

Soll die Partei nach der Eidesnorm beschwören:

„daß er eine gewisse Summe, oder wieviel weniger, nicht gezahlt erhalten habe,“

und gesteht die Partei hiernächst nicht zu, weniger als die

bezeichnete Summe empfangen zu haben, so ist der Eid mit Ausschluß der Worte „oder wieviel weniger" zu leisten.

Siehe auch Rechtsgrundsatz 785. (§ 177. dieses Titels.)

§ 312. Ableistung des Eides de ignorantia seitens der Mitglieder eines Kollegiums. — Vergl. A. L. R. II. 10. §§ 141. ff.

Rechtsgr. 783. — I. Senat. 13. April 1863. (XLVIII. 293.)

Der von den Mitgliedern des Kollegiums darüber zu leistende Eid, daß die betreffende Verfügung von dem Dezernenten im Kollegium nicht vorgetragen worden, ist, wenn ein Ausnahmefall nach den §§ 141. ff. II. 10. des Allgem. Landrechts nicht vorliegt, de veritate zu leisten.

§ 375. Siehe Rechtsgrundsatz 735. (A. G. O. I. Einl. § 65.)

§ 376. Annahme eines in erster Instanz deferirten Eides in zweiter Instanz. — Vergl. A. G. O. I. 10. § 297.

Rechtsgr. 784. — IV. Senat. 11. Juni 1861. (XLI. 355.)

Ist der Delat in erster Instanz blos wegen verweigerter bestimmter Erklärung über die Annahme oder Zurückschiebung des ihm deferirten Eides dafür, daß er den Eid nicht schwören könne oder wolle, erachtet worden, so kann er denselben noch in zweiter Instanz acceptiren.

§ 377. Purifikatoria ohne vorherige mündliche Verhandlung. — Vergl. A. G. O. I. 8. §§ 15. 16., 10. §. 311 a., 16. § 1.; Verordnung vom 14. Dezember 1833 § 5. No. 1.; Deklaration vom 6. April 1839 Art. 3. No. 1.

Rechtsgr. 785. — IV. Senat. 19. November 1863. (LI. 237.)

a) Es ist nicht gesetzlich vorgeschrieben, daß dem Erlasse der Purifikatoria eine mündliche Verhandlung vorhergehen und eine Vorladung der Parteien zu derselben erfolgen müsse.

b) Enthält die Norm des durch Erkenntniß einer Partei auferlegten Eides eine Alternative, und die Partei erklärt sich hiernächst bereit, hinsichtlich der einen dieser Alternativen den Eid zu leisten, so ist die Norm des Eides demgemäß von dem Prozeßrichter auf diese Alternative, unter Weglassung der anderen Alternative, durch Verfügung zu beschränken.

§ 379. Purifikation eines Urtheils bei dem Absterben der Partei vor Ableistung des Eides.

Rechtsgr. 786. — IV. Senat. 1. Juli 1862. (XLVII. 1.)

a) Die Worte des § 379. I. 10. der Allgem. Gerichts-Ordnung: „eine ausdrückliche Erklärung Desjenigen, welcher den Eid leisten soll, muß noch hinzukommen," — bilden nur den Gegensatz zu der aus der bloßen Beruhigung bei dem Urtheil etwa zu folgernden Annahme des Eides.

b) Hat daher eine Partei in der Klagebeantwortung sich bereit erklärt, die Thatsache eidlich zu erhärten, welche der Appellations-Richter dieser Erklärung gemäß in den dieser Partei auferlegten Eid aufnahm, so ist, wenn die Letztere vor Ableistung des Eides stirbt, der Eid für geschworen zu erachten.

Titel 11. Vom Versuch der Sühne und wie dabei zu verfahren.

§§ 1. 2. Siehe Rechtsgrundsatz 337. (A. L. R. I. 16. § 415.)

Titel 12. Vom Beschluß der Sache und der Vorlegung der Akten.

§§ 1. 5. No. 1-4., § 9. Siehe Rechtsgrundsatz 337. (A. L. R. I. 16. § 415.)

Titel 13. Von Abfassung und Publikation der Erkenntnisse.

§ 7. Kritik der Schriftsätze der Rechtsanwälte in den Entscheidungsgründen eines Urtheils.

Rechtsgr. 787. — Nachwort des Herausgebers. (XLIII. 213.)

Ist es angemessen, in den Urtheilsgründen die Schriftsätze der Rechtsanwälte einer Kritik zu unterwerfen?

§ 10. No. 1-9. Siehe Rechtsgrundsatz 1095. (Deklaration vom 6. April 1839 Art. 3. No. 5.)

— No. 8. Siehe Rechtsgrundsätze 774-776. (A. G. O. I. 10. §§ 288-297.)

§ 25. Siehe Rechtsgrundsatz 145. (A. L. R. I. 9. § 74.)

§ 28. Anwendung des Rechtsgrundsatzes, daß Veränderungen nicht vermuthet werden. — Vergl. Verordnung vom 14. Dezember 1833 § 4. No. 1.

Rechtsgr. 788. — III. Senat. 8. Juni 1863. (XLVIII. 352.)

a) Der Grundsatz des § 28. I. 13. der Allgem. Gerichts-Ordnung, — daß Veränderungen nicht vermuthet werden, — enthält einen Rechtsgrundsatz.

b) Ein Zustand, wenn dessen Veränderung nicht präsumirt werden soll, muß seiner Natur nach ein dauernder sein.

Siehe auch Rechtsgrundsatz 659. (Allgem. Deutsches Handelsgesetzbuch Art. 380.)

§ 38. Siehe Rechtsgrundsätze 796a. 942. (A. G. O. I. 16. § 1.; Dig. 44. 2. Lex 3.)

§ 44. Eintritt der Existenz und Wirksamkeit einer gerichtlichen Entscheidung oder Verfügung durch deren Publikation oder Insinuation. — Vergl. A. L. R. I. 5. § 82.; A. G. O. I. 7. § 1.; Prozeß-Verordnung vom 1. Juni 1833 § 29.; Instruktion vom 24. Juli 1833 § 38.; Prozeß-Verordnung vom 21. Juli 1846 § 12.)

Rechtsgr. 789. — IV. Senat. 7. Oktober 1862. (XLVI. 254.)

Eine gerichtliche Entscheidung oder Verfügung gelangt erst durch den Akt der Publikation oder Insinuation auf eine äußerlich erkennbare Weise zur Existenz und zu ihrer vollen rechtlichen Bedeutung und Wirkung; beide können bis dahin von dem Richter willkürlich abgeändert und selbst zurückgenommen werden.

§§ 46. 48. Siehe Rechtsgrundsatz 274. (A. L. R. I. 13. § 192.)

§ 49. Siehe Rechtsgrundsätze 274. 750. (A. L. R. I. 13. § 192.; A. G. O. I. 3. § 30.)

§ 58. Siehe Rechtsgrundsatz 274. (A. L. R. I. 13. § 192.)

Titel 14. Von der Appellation und wie mit der Instruktion derselben zu verfahren.

Erster Abschnitt. In welchen Fällen die Appellation zulässig ist, und von der Wirkung derselben.

§ 1. Deklaration eines Urtheils:

A. Rechtliche Natur derselben. — Vergl. Deklaration vom 6. April 1839 Art. 3. No. 2.

Rechtsgr. 790. — IV. Senat. 3. April 1862. (XLVI. 55.)

Die Deklaration eines Urtheils ist kein Rechtsmittel im Sinne des Art. 3. No. 2. der Deklaration vom 6. April 1839.

B. Form einer Urtheils-Deklaration; Rechtsmittel der Appellation gegen eine Urtheils-Deklaration. — Vergl. Verordnung vom 14. Dezember 1833 § 7.; Instruktion vom 7. April 1839 No. 23.

Rechtsgr. 791. — I. Senat. 16. Mai 1862. (XLV. 246.)

a) Die Deklaration eines Erkenntnisses ist nicht durch eine bloße Resolution zu ertheilen.

b) Gegen die Deklaration eines Erkenntnisses erster Instanz ist bei einem an sich appellablen Gegenstande die Appellation zulässig, die Deklaration mag als Ergänzungs-Erkenntniß, oder als eigentliche Deklaration zu betrachten sein.

§ 3. Appellabele Summe bei alternativen Klageanträgen.

Rechtsgr. 792. — IV. Senat. 22. Dezember 1863. (LI. 324.)

Bei alternativen Klageanträgen liegt eine appellabele Summe vor, wenn der ganze Rechtsstreit Gegenstand der Appellation ist; mag immerhin die eine Alternative kein appellabeles Objekt darstellen.

§§ 6. 8. und Anh. § 113. zu § 6. Siehe Rechtsgrundsatz 1067. (Verordnung vom 14. Dezember 1833 No. 10.)

§ 11. Wirkung der theilweisen Rechtskraft des Erkenntnisses auf einen nothwendigen Eid bei der Appellation einer Partei. — Vergl. A. G. O. I. 16. § 1.

Rechtsgr. 793. — IV. Senat. 17. Dezember 1861. (XLIII. 278.)

Hat der erste Richter auf einen Eid für den Verklagten, der Appellationsrichter aber in Folge der Appellation des Klägers auf einen Eid für den Kläger erkannt; so hat der Appellationsrichter selbstständig den Einfluß der Leistung dieses Eides auf die Verurtheilung des Verklagten zu entscheiden, ohne daß die von dem ersten Richter für den Fall der Nichtleistung des dem Verklagten auferlegten Eides festgesetzten Folgen hierbei zum Nachtheil des Verklagten als maaßgebend erachtet werden können.

§ 14a. Beitritt der Litiskonsorten zur Appellation. — Vergl. Deklaration vom 6. April 1839 Art. 3. No. 2.; Dig. 49. 1. Lex 10. § 11.

Rechtsgr. 794. — IV. Senat. 1. Oktober 1861. (XLIII. 138.)

Der Beitritt zur Appellation steht den Litiskonsorten schon während der Instanz zu.

Zweiter Abschnitt. Von Einwendung der Appellation und der ferneren Instruktion dieses Rechtsmittels.

§§ 16. ff. Siehe Rechtsgrundsätze 763. 766. (A. G. O. I. 9. § 44., 10. § 27a.)

§ 26. Begebung des gegen ein Civil-Erkenntniß eingelegten und bereits gerechtfertigten Rechtsmittels. — Vergl. A. L. R. I. 16. § 392.; A. G. O. I. 16. § 1., 23. § 20.

Rechtsgr. 795. — IV. Senat. 3. März 1863. (XLVIII. 233.)

a) Der Grundsatz des Plenarbeschlusses vom 18. Februar 1856:

„Die ausdrückliche Erklärung einer Partei, sich bei einem Erkenntnisse, gegen welches ein, an eine Prozeßfrist gebundenes Rechtsmittel zuständig ist, beruhigen zu wollen, kann auch innerhalb des Laufes dieser Frist nicht mehr zurückgenommen werden, sobald dieselbe einmal beim Gerichte abgegeben worden ist, das Urtheil beschreitet vielmehr in Folge dieser Erklärung die Rechtskraft",

greift auch in dem Falle Platz, wenn die Partei erklärt, sich des bereits eingelegten und gerechtfertigten Rechtsmittels begeben zu wollen.

b) Die Rechtskraft des Urtheils tritt in diesem Falle mit der Präsentation der Entsagungserklärung ein.

Dritter Abschnitt. Von dem gegen einen Kontumazialbescheid stattfindenden Rechtsmittel.

§§ 73. 76. 79. Siehe Rechtsgrundsatz 734. (A. G. O. I. Einl. § 66.)

Titel 16. Von den Wirkungen eines rechtskräftigen Urtheils.

§ 1. Rechtsmittel gegen ein rechtskräftiges Urtheil:

A. Auferlegung eines nothwendigen Eides über die Vollziehung des Beischlafes. — Vergl. A. G. O. I. 13. § 38.; Gesetz No. 3993. vom 24. April 1854 § 18.

Rechtsgr. 796a. — I. Senat. 8. Oktober 1862. (XLVII. 70.)

Die Bestimmung darüber: welcher Partei zur Ergänzung des Beweises der Beiwohnung oder zur Widerlegung desselben ein nothwendiger Eid aufzulegen sei, hat als wesentlicher Theil der richterlichen Entscheidung die Kraft eines Urtheils und geht daher, wenn sie auf Anrufen der benachtheiligten Partei in der höheren Instanz nicht abgeändert wird, in Rechtskraft über.

B. Richterliche Beurtheilung eines für desert erachteten Rechtsmittels bei nachgesuchter Restitution nach Gemeinem Recht.

Rechtsgr. 796b. — IV. Senat. 15. Dezember 1863. (L. 235.)

Gemeinrechtlich kann der Richter ein für desert erachtetes

Rechtsmittel, wenn von der Partei dagegen Restitution nachgesucht worden, auch materiell prüfen, dasselbe zugleich als unbegründet bezeichnen und um deswillen das angegriffene Urtheil bestätigen.

Siehe auch Rechtsgrundsätze 372. 731. 733. 737. 738. 781. 782. 785. 793. 795. 804. 812. 942. (A. L. R. I. 17. § 362.; A. G. O. I. Einl. § 65., 10. §§ 311a. 377., 14. §§ 11. 26., 16. § 24., 24. § 9.; Dig. 44. 2. Lex 3.)

§ 2. No. 1. Begründung der Nullitätsklage auf Grund falscher Dokumente. — Vergl. Verordnung vom 14. Dezember 1833 § 28.; Dig. 42. 1. Lex 33.; Cod. 7. 58. Lex 1-4.

Rechtsgr. 797. — II. Senat. 20. Mai 1862. (XLV. 262.)

Der § 2. No. 1. I. 16. der Allg. Gerichts-Ordnung, — betreffend die Nullität eines auf den Grund eines falschen Dokuments oder bestochener Zeugen ergangenen Urtheils, — ist nur auf solche Beweismittel zu beziehen, welche behufs Feststellung der materiellen Wahrheit der im Prozeß streitig gewesenen Thatsachen aufgenommen worden sind. Die Nullitätsklage kann daher auf falsche Behändigungsscheine von Prozeßverfügungen nicht gegründet werden.

— No. 4. Alinea 4. Stillschweigende Genehmigung des gegen einen Minderjährigen ergangenen Urtheils durch denselben nach erreichter Großjährigkeit.

Rechtsgr. 798. — IV. Senat. 1. Mai 1862. (XLV. 204.)

Die Nullität des gegen einen Minderjährigen ergangenen Urtheils wird dadurch nicht geheilt, daß derselbe nach erreichter Großjährigkeit die Schuld selbst anerkennt; vielmehr bedarf es des Anerkenntnisses der rechtskräftigen Feststellung derselben durch Urtheil und Recht.

Siehe auch Rechtsgrundsatz 740. (A. G. O. I. 1. § 13.)

— No. 4. 5. Zulässigkeit der Nullitätsklage gegen das wider einen bevormundeten Minorennen ergangene und demselben persönlich insinuirte Erkenntniß. — Vergl. A. G. O. I. 16. § 10. Alinea 2.

Rechtsgr. 799. — IV. Senat. 1. Mai 1862. (XLV. 203.)

Das nicht dem Vormunde einer minderjährigen Prozeßpartei, sondern dieser selbst insinuirte Erkenntniß hat zwar keine materielle Wirksamkeit; daraus folgt aber nicht, daß die Insinuation an den Vormund — wenn auch erst nach Jahren — nachgeholt werden dürfte; vielmehr muß das Erkenntniß, falls auch die voraufgegangenen Verhandlungen mit dem Minorennen ohne Zuziehung des Vormundes gepflogen sind, mittelst der Nullitätsklage beseitigt werden.

No. 5. Wirkung der Entscheidung im Illegitimitätsprozeß Dritten gegenüber. — Vergl. A. L. R. II. 2. § 9., 18. §§ 28. 29.

Rechtsgr. 800. — I. Senat. 13. März 1863. (XLVIII. 260.)

Entscheidungen im Illegitimitäts-Prozesse haben nach Preußischem Recht Dritten gegenüber auch dann die Wirkung eines rechtskräftigen Urtheils, wenn der Prozeß nicht mit dem gesetzlichen Vertreter des Kindes, dem demselben zu bestellenden Kurator, geführt worden ist.

— No. 6. Rechtsmittel gegen ein, ohne Insinuation der Klage an den Verklagten gegen denselben ergangenes Kontumazial-Erkenntniß. — Vergl. Verordnung vom 14. Dezember 1833 § 5. No. 1., § 27.

Rechtsgr. 801. — III. Senat. 22. Mai 1863. (L. 77.)

Gegen ein Kontumazial-Erkenntniß, welches auf die gegen einen Minderjährigen angestellte Klage abgefaßt und dem inzwischen großjährig gewordenen Verklagten behändigt worden, ohne daß ihm oder seinem Vormunde die Klage behändigt gewesen ist, sind nur die Rechtsmittel der Restitution, der Appellation oder der Nichtigkeitsbeschwerde zulässig; die Nullitätsklage findet gegen dasselbe nicht statt.

§ 3. Siehe Rechtsgrundsatz 746. (A. G. O. I. 2. § 160.)
§ 8. Siehe Rechtsgrundsatz 731. (A. G. O. I. Einl. § 65.)
§§ 9. ff. Siehe Rechtsgrundsatz 803. (A. G. O. I. 16. § 24.)
§ 10. Alinea 2. Siehe Rechtsgrundsatz 799. (A. G. O. I. 16. § 2. No. 4. 5.)

§ **24**. Restitutionsklage gegen Erkenntnisse wegen falschen Eides:
A. Restitutionsklage wegen neu aufgefundener Urkunden gegen eine auf erfolgte Leistung eines Ignoranz-Eides ergangene Purifikations-Resolution.

Rechtsgr. **802**. — III. Senat. 16. Dezember 1861. (XLIII. 263.)

a) Gegen die auf erfolgte Ableistung des rechtskräftig erkannten Ignoranz-Eides ergangene Purifikations-Resolution ist die Restitutionsklage wegen neu aufgefundener Urkunden in dem Falle zulässig, wenn der Schwörende nicht wissentlich falsch geschworen hat.

Hat derselbe wissentlich falsch geschworen, so findet die Bestimmung des § 24. I. 16. der Allgem. Gerichts-Ordnung Anwendung.

b) Der § 24. I. 16. der Allgem. Gerichts-Ordnung bezieht sich auch auf den Fall, wenn auf Grund eines schon in der Instruktion geleisteten Eides das Erkenntniß eine Thatsache für wahr oder unwahr angenommen hat.

B. Rechtsmittel wegen Meineides im Civilprozesse. — Vergl. A. G. O. I. **16**. §§ 9. ff.; Strafgesetzbuch § **6**.; Verordnung vom 3. Januar **1849** § **22**.

Rechtsgr. **803**. — III. Senat. 13. November 1863. (LII. 91.)

Weder die Nullitäts-, noch die Restitutionsklage ist wegen falscher Parteien-Eide — ohne Unterschied, ob es Veritäts- oder Ignoranz-Eide sind — gegen rechtskräftige Entscheidungen zulässig; vielmehr findet, wenn die Partei im Kriminalverfahren des Meineides überführt wird, nur ein Entschädigungsanspruch gegen ihn statt.

b) Die Nullitätsklage auf Grund falscher Zeugen-Aussagen findet nur gegen wirklich verurtheilende oder abweisende Erkenntnisse statt.

C. Entschädigungsanspruch des Gläubigers wegen Untergangs seiner Forderung durch das in Folge Meineides des Schuldners ergangene rechtskräftige Erkenntniß. — Vergl. A. L. R. I. **6**. §§ **1**. **3**. **10**. **79**.; A. G. O. I. Einl. §§ **65**. **66**., **16**. § **1**.

Rechtsgr. 804. — IV. Senat. 8. September 1863. (L. 216.)

Ist eine Forderung in Folge des von dem Schuldner geleisteten Meineides durch rechtskräftiges Erkenntniß im Vorprozesse untergegangen, so ist es Zweck des hiernächst von dem beschädigten Gläubiger anzustellenden Entschädigungsprozesses, die untergegangene Forderung des Klägers in ihrem ganzen Umfange, mithin auch hinsichtlich der Zeit ihrer Entstehung und Fälligkeit wieder herzustellen.

D. Entschädigungsanspruch des Gläubigers bei erwiesenem Meineide des Schuldners, welcher den ihm zugeschobenen oder nothwendigen durch Erkenntniß auferlegten Veritäts- oder Ignoranz-Eid abgeleistet hat. — Vergl. A. G. O. I. **10.** § 300.

Rechtsgr. 805. — III. Senat. 16. Dezember 1861. (XLIII. 264.)

Wenn in Folge des Erkenntnisses, in welchem auf einen zugeschobenen oder nothwendigen Veritäts- oder Ignoranz-Eid erkannt worden, dieser Eid geleistet, demnächst aber in der Untersuchung der Schwörende des Meineides überführt wird; so ist nicht der auf der Eidesleistung beruhende Anspruch des Purifikationsbescheides, sondern Das, was das Erkenntniß für den Fall der Nichtleistung des Eides ausgesprochen hat, als das materielle Recht aufrecht zu halten.

Siehe auch Rechtsgrundsatz 771. (A. G. O. I. **10.** § **144.**)

Titel 17. Von der Litisdenunciation, Adcitation und Transaction.

§§ **1. 2. 10-12.** Siehe Rechtsgrundsatz 810. (A. G. O. I. **23.** § 17.)
§§ **17.** ff. Siehe Rechtsgrundsatz 750. (A. G. O. I. **3.** 30.)
§§ **19. 24. 25. 29.** Siehe Rechtsgrundsatz 810. (A. G. O. I. **23.** § 17.)

Titel 19. Von der Rekonvention oder Wiederklage.

§§ **1-8.** Siehe Rechtsgrundsätze 328. 329. 1045. (A. L. R. I. **16.** § 359.; Prozeß-Verordnung vom 1. Juni 1833 § 14.)

§ 9. Siehe Rechtsgrundsätze 807. 1045. (A. G. O. I. 19. § 16.; Verordnung vom 1. Juni 1833 § 14.)

§ 10. Verhandlung der Klage und Wiederklage in demselben Prozesse bei Einklagung eines Rechnungs-Saldo.

Rechtsgr. 806. — IV. Senat. 3. Juni 1862. (XLV. 283.)

Die Bestimmung des § 10. I. 19. der Allg. Gerichts-Ordnung, — betreffend die Verhandlung der Forderungen und Gegenforderungen in Einem Prozesse bei eingeklagtem Rechnungs-Saldo, — ist auf Kaufleute nicht zu beschränken.

§ 11. Siehe Rechtsgrundsatz 1045. (Prozeß-Verordnung vom 1. Juni 1833 § 14.)

§ 16. Frist zur Anstellung der zum besonderen Verfahren verwiesenen Widerklage im Gerichtsstande der Klage. — Vergl. A. G. O. I. 2. § 159., 19. § 9., 24. § 3.

Rechtsgr. 807. — IV. Senat. 2. Juli 1861. (XLI. 363.)

Die Zulässigkeit der weiteren Verfolgung der in dem Gerichtsstande der Klage angestellten, jedoch durch rechtskräftiges Urtheil zum besonderen Verfahren verwiesenen Widerklage in dem Gerichtsstande der Klage ist an keine besondere Frist gebunden.

Titel 22. Von den in einem Prozesse vorkommenden nothwendigen Eiden.

§ 3. Siehe Rechtsgrundsatz 145. (A. L. R. I. 9. § 74.)

§ 29. No. 3. Verpflichtung der Miterben zur Inventar- und Rechnungslegung. — Vergl. A. L. R. I. 9. § 463.; A. G. O. I. 46. §§ 7. 10.

Rechtsgr. 808. — I. Senat. 30. Juni 1862. (XLVI. 175.)

Der Miterbe ist nicht schon deshalb, weil er bei dem Ableben des Erblassers im Sterbehause sich befunden hat, den übrigen Miterben zur Legung eines eidlich zu manifestirenden Inventars und zur Rechnungslegung verpflichtet; vielmehr bedarf es dazu auch des Nachweises, daß derselbe den Nachlaß in Besitz genommen hat.

Titel 23. Von Kosten, Strafen, Schäden, Zinsen, Früchten und Abnutzungen.

§§ 1. 2. 6. 10. Natur und Zulässigkeit der auf ein Judikat, insbesondere auf ein ausländisches Judikat, gegründeten Klage auf Erstattung der Prozeßkosten.

Rechtsgr. 809. — IV. Senat. 22. September 1863. (L. 257.)

Die Klage auf Erstattung der Prozeßkosten, zu welcher der Verklagte im Vorprozesse als Kläger und als in der Hauptsache unterliegender Theil verurtheilt worden, hat die Natur einer Entschädigungsklage, welche dadurch, daß sie auf die Rechtskraft des Erkenntnisses im Vorprozesse gestützt wird, nicht die Natur der Judikatsklage annimmt.

Daher ist die auf einem ausländischen Urtheile, in welchem der Kläger unter Abweisung seines Klageanspruchs zugleich zur Erstattung der Prozeßkosten verurtheilt worden ist, gestützte Klage bei inländischen Gerichten zulässig.

§ 17. Litisdenunziation, Kosten des Hauptprozesses. — Vergl. A. L. R. I. 11. § 156.; A. G. O. I. 17. §§ 1. 2. 10-12. 19. 24. 25. 29.

Rechtsgr. 810. — I. Senat. 14. Juli 1862. (XLVI. 189.)

Hat der assistirende Litisdenunziat seine Ersatzpflicht nicht anerkannt, so muß in dem auf die Regreßklage anhängig gewordenen neuen Rechtsstreit der Nachtheil, welcher den Litisdenunzianten in der Hauptsache betroffen, und derjenige, welchen er durch die ihm auferlegte Tragung der Kosten des Vorprozesses erlitten, auseinandergehalten werden. Jeder dieser Nachtheile ist alsdann besonders zu beurtheilen, und folgt aus der Ersatzpflicht in der Hauptsache noch nicht die Ersatzpflicht wegen der Kosten.*

§ 20. Siehe Rechtsgrundsatz 795. (A. G. O. I. 14. § 26.)
§ 64. Siehe Rechtsgrundsatz 118. (A. L. R. I. 7. § 222.)

* Vergl. das Nachwort Bd. 46. S. 198. des Archivs für Rechtsfälle.

Titel 24. Von der Vollstreckung der rechtskräftigen Urtel.

Erster Abschnitt. Von Nachsuchung und Verfügung der Exekution.

§ 3. Beurtheilung des obligatorischen Verhältnisses aus Erkenntnissen; Kollision der örtlichen Rechte bei Vollstreckung der Exekution aus einem Erkenntnisse. — Vergl. Code de procedure Art. 545. ff.

Rechtsgr. 811. — III. Senat. 6. September 1861. (XLIII. 16.)

a) Für die Wirkung des aus einem rechtskräftigen Erkenntnisse entspringenden obligatorischen Verhältnisses, und zwar für den ganzen Umfang dieser Wirkung, ist das in dem Gebiete des Gerichts, welches das Erkenntniß erlassen hat, geltende örtliche Recht maaßgebend.

b) Daher kann aus einem in dem Bereiche des Rheinischen Rechts ergangenen Erkenntnisse auch nach Ablauf eines Jahres in dem Bereiche der Allgem. Gerichts-Ordnung die Exekution nachgesucht werden.

Siehe auch Rechtsgrundsätze 737. 807. 1221. (A. G. O. I. Einl. § 65., 19. § 16.; Gesetz No. 4228. vom 9. Mai 1855 § 10.)

§ 5. Siehe Rechtsgrundsatz 405. (A. L. R. I. 20. § 420.)

§§ 7-9. Siehe Rechtsgrundsatz 758. (A. G. O. I. 7. § 48c.)

§ 9. Exekution gegen den Erwerber einer in Streit befangenen Sache. — Vergl. A. L. R. I. 11. §§ 383. 384.; A. G. O. I. Einl. §§ 66. 67., 16. § 1.

Rechtsgr. 812. — IV. Senat. 3. März 1863. (XLVIII. 235.)

Der § 9. I. 24. der Allgem. Gerichts-Ordnung, betreffend die Cession eines in Streit befangenen Gegenstandes, — bezieht sich auch auf Rechte, insbesondere auch auf Forderungen und auf Klagen, welche auf Befreiung von einer Verpflichtung gerichtet sind. Das Gesetz ist nur dann nicht zutreffend, wenn der Kläger des Vorprozesses wegen mangelnder Legitimation des damaligen Verklagten abgewiesen worden ist.

Siehe auch Rechtsgrundf. 26. 27. 405. (A. L. R. I. 4. § 19., 20. § 490.)

§§ **35. 36.** Siehe Rechtsgrundsatz 882. (Konkurs-Ordnung vom 8. Mai 1855 § 280.)

§ **42.** Siehe Rechtsgrundsatz 337. (A. L. R. I. **16.** § 415.)

Zweiter Abschnitt. Von der Vollstreckung der Exekution.

§ **54.** Nicht wesentliche Prozeßvorschrift dieser Gesetzesstelle. — Vergl. Verordnung vom 14. Dezember 1833 § 4. No. 2.

Rechtsgr. 813. — II. Senat. 2. Januar 1862. (XLIV. 143.)

Der § 54. I. 24. der Allgem. Gerichts-Ordnung, — betreffend die Exekution auf Unterlassungen, — enthält eine nicht wesentliche Prozeßvorschrift.

§§ **62. 63.** Siehe Rechtsgrundsatz 733. (A. G. O. I. Einl. § 65.)

§§ **68. 75.** ff. Rechte des Exekutionssuchers auf Befriedigung aus den abgepfändeten Gegenständen; exceptio de jure tertii.

Rechtsgr. 814. — III. Senat. 30. April 1862. (XLIII. 366.)

Die Exekutions-Vollstreckung giebt nur dann ein Recht auf Befriedigung aus den abgepfändeten Mobilien, wenn dieselben zur Zeit der Vollstreckung Eigenthum des Exequenden sind.

Der Exekutionssucher macht eine exceptio de jure tertii geltend, wenn er aufstellt, die Sachen seien auf den jetzigen Käufer durch einen Vertrag übergegangen, welchen der Veräußerer als ungültig angreifen dürfe.

§ **77.** Siehe Rechtsgrundsatz 398. (A. L. R. I. **20.** § 458.)

§ **97.** Siehe Rechtsgrundsatz 203. (A. L. R. I. **11.** § 342.)

§ **101.** Wirkung der Zahlung der auf Anstehen der Gläubiger des Exequendus im Wege der Exekution bei einem Dritten mit Arrest belegten Forderung zum gerichtlichen Depositorium, insbesondere im Falle der Eröffnung des Konkurses über das Vermögen des Exequendus. — Vergl. A. L. R. I. **16.** §§ 213. 228.; Konkurs-Ordnung vom 8. Mai 1855 §§ 1. 4. 366. 371.

Rechtsgr. 815. — IV. Senat. 4. Januar 1862. (XLIII. 310.)

Die Vertheilung des deponirten Betrages der exekutionsweise in Beschlag genommenen Forderung unter die Arre-

stanten charakterisirt sich nur als eine besonders geordnete Exekutionsvollstreckung gegen ihren Schuldner; fällt der Letztere vor ausgeführter Vertheilung in Konkurs, so darf diese Vollstreckung nicht fortgesetzt werden, es sei denn zur Ausübung eines Pfand- oder Rückforderungsrechtes.

Siehe auch Rechtsgrundsätze 319. 1027. 1028. (A. L. R. I. 16. § 213.; Gesetz vom 4. Juli 1822 § 1.)

§ 108. und Anh. §§ 160-163. zu § 108. Siehe Rechtsgrundsatz 212. (A. L. R. I. 11. § 382.)

§§ 124. 137. Siehe Rechtsgrundsatz 280. (A. L. R. I. 14. § 109.)

Titel 25. Von dem Verfahren bei Untergerichten.

Erster Abschnitt. Von dem Verfahren bei den Untergerichten der ersten Klasse.

§ 23. Siehe Rechtsgrundsatz 750. (A. G. O. I. 3. § 30.)

Zweiter Abschnitt. Von dem Verfahren bei den Untergerichten der zweiten Klasse.

§ 65. Siehe Rechtsgrundsatz 1021. (Verordnung v. 20. Juni 1817 § 42.)

Titel 27. Vom Wechselprozesse.

§§ 3. 4. Vorlegung des Originalwechsels oder der Protest-Urkunde erst während der Instruktion des Wechselprozesses.

Rechtsgr. 816. — IV. Senat. 3. Februar 1863. (LI. 1.)

Der Wechselkläger, welcher den Originalwechsel oder die Protest-Urkunde schon mit der Klage zu überreichen zwar versäumt, jedoch noch im Verlaufe der Instruktion dem Gerichte und dem Verklagten vorgelegt hat, kann nicht wegen bloßer Verspätung dieser Vorlegung durch Erkenntniß abgewiesen werden.

§ 15. Siehe Rechtsgrundsatz 754. (A. G. O. I. 7. § 20.)

§§ 45. ff. Siehe Rechtsgrundsatz 676. (Allgem. Deutsche Wechsel-Ordnung Art. 29.)

§§ **52.** ff. Siehe Rechtsgrundsatz 1043. (Prozeß-Verordnung vom 1. Juni 1833 § 3.)

Titel 28. Von exekutivischen Prozessen, und von der Klage aus einem Judikate.

§ **13.** Siehe Rechtsgrundsatz 1043. (Prozeß-Verordnung vom 1. Juni 1833 § 3.)

§ **14.** Judikatsklage aus ausländischen Erkenntnissen.

Rechtsgr. 817. — IV. Senat. 22. September 1863. (L. 257.)

Aus Erkenntnissen ausländischer Gerichte findet die Judikatsklage nicht statt. Ebensowenig ist eine, lediglich auf ein solches Erkenntniß, nicht auf das ursprüngliche Sachverhältniß, gegründete Klage in einem anderen summarischen Verfahren, oder im gewöhnlichen Prozesse zuzulassen.

Siehe auch Rechtsgrundsatz 137. (A. G. O. I. Einl. § 65.)

Titel 29. Von Arresten, und wie dabei zu verfahren.

§ **1.** Siehe Rechtsgrundsätze 743. 818. (A. G. O. I. **2.** § 117., **29.** § 81.)

§ **12.** Siehe Rechtsgrundsatz 395. (A. L. R. I. **20.** § 441.)

§ **29.** Siehe Rechtsgrundsatz 743. (A. G. O. I. **2.** § 117.)

Erster Abschnitt. Von Arresten in schleunigen und dringenden Fällen.

§ **30.** und Anh. § **198.** zu § **43.** Siehe Rechtsgrundsatz 743. (A. G. O. I. **2.** § 117.)

Zweiter Abschnitt. Vom Verfahren bei ordentlichen und gewöhnlichen Arresten.

§ **47.** Siehe Rechtsgrundsatz 743. (A. G. O. I. **2.** § 117.)

§ **54.** Siehe Rechtsgrundsatz 820. (A. G. O. I. **29.** § 83.)

§§ **63-69.** Siehe Rechtsgrundsatz 394. (A. L. R. I. **20.** § 441.)

§ **81.** Wirkung des Arrestes:

A. Wirkung des gegen den noch eingetragenen früheren Eigenthümer eingetragenen Sicherheits-Arrestes. — Vergl. A. L. R. I. 10. §§ 7-9., 20. §§ 8. 410. 417. 418. 421.; A. G. O. I. 29. §§ 1. 87.

Rechtsgr. 818. — III. Senat. 13. September 1861. (XLIII. 63.)

Die Verhängung und Eintragung des Sicherheits-Arrestes in das Hypothekenbuch von dem auf den Namen des Schuldners und Arrestaten noch eingetragenen Grundstücke enthält keine positive Verfügung über das Grundstück und gewährt daher kein dingliches Recht. Vielmehr hat dieser Arrest nur die negative Wirkung, daß der Arrestat über das Grundstück keine Verfügung zum Nachtheile des arrestirenden Gläubigers treffen kann, wogegen er gegen den wahren Eigenthümer gar keine nachtheilige Wirkung hat.

B. Dispositionsbefugniß des verklagten Ehemannes während des Ehescheidungsprozesses bei geschehener Eintragung einer Protestation pro conservando jure et loco; Abmessung der Ehescheidungsstrafe. — Vergl. A. G. O. I. 29. § 83., 38. § 21.; Konkurs-Ordnung §§ 137. 150.; Allgem. Hypotheken-Ordnung II. § 298.

Rechtsgr. 819. — I. Senat. 10. Juni 1861. (XLII. 107.)

Der Grundbesitzer wird durch Eintragung einer Protestation pro conservando jure et loco auch dann nicht in der Veräußerung seines Grundstücks beschränkt, wenn diese Eintragung im Ehescheidungsprozesse zum Zwecke der künftigen Ermittelung der Ehescheidungsstrafe bewirkt ist.

Siehe auch Rechtsgrundsatz 880. (Konkurs-Ordnung vom 8. Mai 1855 § 199.)

§ 83. Verpfändung einer bereits für einen Dritten mit Arrest belegten Forderung des Schuldners; Beweis des guten Glaubens bei Annahme des verpfändeten Schulddokuments. — Vergl. A. L. R. I. 7. §§ 18. 179., 11. § 395., 15. §§ 38. 52. 53., 20. § 105.; A. G. O. I. 29. § 54.; Verordnung vom 9. Dezember 1809; Gesetz vom 4. Juli 1822 § 9.

Rechtsgr. 820. — IV. Senat. 6. Mai 1862. (XLV. 218.)

a) Der § 83. I. 29. der Allgem. Gerichts-Ordnung setzt

einen, den desfallsigen gesetzlichen Anordnungen gemäß angelegten Arrest voraus.

b) Ist daher bei Anlegung des Arrestes auf eine ausstehende Forderung das Schulddokument nicht eingezogen, sondern in Händen des Arrestaten belassen, so liegt dem Dritten, welchem demnächst diese Forderung unter Uebergabe des Schulddokuments verpfändet worden ist, der Beweis nicht ob, daß er von dem angelegten Arrest keine Kenntniß gehabt habe.

Siehe auch Rechtsgrundsätze 26. 27. 387. 819. 880. (A. L. R. I. 4. § 19., 20. § 80.; A. G. O. I. 29. § 81.; Konkurs-Ordnung vom 8. Mai 1855 § 199.)

§ 87. Siehe Rechtsgrundsatz 818. (A. G. O. I. 29. § 81.)

Titel 31. Vom Verfahren in Possessorio summarissimo und in Spoliensachen.

§§ 1. ff. Siehe Rechtsgrundsätze 89. 93. 101. 113. 149. (A. L. R. I. 7. §§ 78. 81. 150. 154., 9. § 327.)

§ 4. Einreden aus dem Rechte zum Besitze im Possessorien-Prozesse. — Vergl. A. L. R. I. 7. §§ 146-150.

A. Berücksichtigung einer petitorischen Einrede im Possessorien-Prozeß in Betreff einer unmittelbar aus dem Gesetz fließenden, gegen den Besitz des Klägers gerichteten Befugniß.

Rechtsgr. 821. — III. Senat. 27. Februar 1863. (XLIX. 101.)

Im Possessorienprozesse findet eine petitorische Einrede insoweit Berücksichtigung, als der Beklagte eine unmittelbar aus dem Gesetze fließende, gegen den Besitz des Klägers gerichtete Befugniß vorschützt.

B. Erörterung des Besitzrechts des Verklagten im Possessorien-Prozeß.

Rechtsgr. 822. — III. Senat. 11. Oktober 1861. (XLIV. 15.)

Im Possessorienprozeß ist auch das Besitzrecht des Verklagten zur Erörterung zu ziehen, wenn die von dem Kläger als besitzstörend bezeichnete Handlung des Verklagten ein Ausfluß dessen Besitzrechtes ist.*

C. Erörterung der Rechtmäßigkeit des Besitzes im Possessorien-Prozeß.

Rechtsgr. 823. — III. Senat. 14. Oktober 1861. (XLIV. 23.)

Im Possessorienprozeß ist auch die Rechtmäßigkeit des Besitzes zur Erörterung zu ziehen. Bei rechtmäßig geschehener Ausübung des Besitzes kommt es nicht darauf an, inwiefern die bezügliche Handlung sonst und an sich als eine unerlaubte sich darstellt.

Siehe auch Rechtsgrundsatz 149. (A. L. R. I. 9. § 327.)

Titel 32. Von Diffamations- und Provokationsprozessen.

§§ 1–3. Diffamationsklage. — Vergl. § 14. dieses Titels; Verordnung vom 14. Dezember 1833 § 4. No. 1.; Dig. 46. 1. Lex 28.; Cod. 3. 7. Lex un.; 7. 14. Lex 5.

Rechtsgr. 824. — I. Senat. 3. Mai 1861. (XLI. 222.)

Die §§ 1–3. I. 32. der Allgem. Gerichts-Ordnung, — betreffend die Fälle der Statthaftigkeit der Provokations- und Diffamationsklage, — enthalten wirkliche Rechtsgrundsätze.

b) Greift der Provokat formell in den Rechtskreis des Provokanten ein, so ist die Diffamationsklage begründet. Die Frage, ob hiermit zugleich eine materielle Kränkung der Rechte des Provokanten verknüpft ist, gehört nicht in den Diffamationsprozeß.

§ 10. Rechtsmittel gegen Entscheidungen in Form von Resolutionen, insbesondere im Provokations-Prozeß. — Vergl. Verordnung vom 14. Dezember 1833 § 7.; Instruktion vom 7. April 1839 No. 23.

Rechtsgr. 825. — III. Senat. 13. April 1863. (XLVIII. 290.)

Gegen die im Provokationsprozeß nach Vorschrift des

* Vergl. dagegen das Nachwort von Strohn Bd. 18. S. 359. des Archivs für Rechtsfälle.

§ 10. I. 32. der Allgem. Gerichts-Ordnung abgefaßte Resolution sind die gewöhnlichen Rechtsmittel zulässig.

§ 14. Siehe Rechtsgrundsatz 824. (§§ 1-3. dieses Titels.)

Titel 37. Vom Verfahren gegen Verschollene.

§ 48. Siehe Rechtsgrundsatz 882. (Konkurs-Ordnung vom 8. Mai 1855 § 280.)

Titel 38. Von dem Verfahren bei der Erklärung eines Menschen für einen Blödsinnigen oder Verschwender.

§ 21. Siehe Rechtsgrundsatz 819. (A. G. O. I. 29. § 81.)

Titel 42. Von Grenz- und Bausachen.

§§ 1. ff. Grenzregulirungs- und Eigenthumsklage. — Vergl. A. L. R. I. 15. § 1., 17. §§ 372. ff.

Rechtsgr. 826. — II. Senat. 17. September 1861. (XLIII. 80.)

a) Die auf den Mangel unstreitiger Grenzmerkmale gestützte Grenzregulirungsklage verliert diesen Charakter dadurch nicht, daß in derselben nachzuweisen gesucht wird, bestimmte Realitäten, in deren Besitz der Verklagte in dem Vorprozesse geschützt worden, gehörten zu den klägerischen Grundstücken.

b) Zur Begründung der Grenzregulirungsklage ist der Nachweis nicht erforderlich, daß die Grenzen früher durch besondere Merkmale sichtbar gemacht gewesen seien.

Siehe auch Rechtsgrundsatz 371. (A. L. R. I. 17. §§ 362. ff.)

Titel 44. Vom Verfahren in Pacht- und Miethsachen.

§ 14. Siehe Rechtsgrundsatz 1067. (Verordnung vom 14. Dezember 1833 § 10.)

§§ 15-23. Siehe Rechtsgrundsatz 329. (A. L. R. I. 16. § 359.)
§ 63. und Anhang § 304. zu § 63. Siehe Rechtsgrundsatz 1067. (Verordnung vom 14. Dezember 1833 § 10.)

Titel 45. Von Rechnungssachen.

§§ 1. ff. Verfahren in Rechnungssachen.

Rechtsgr. 827. — IV. Senat. 22. Mai 1862. (XLV. 271.)

Die in dem Tit. 45. Thl. I. der Allgem. Gerichts-Ordnung „von Rechnungssachen" enthaltenen Vorschriften sind nicht in der Art für bindend zu erachten, daß eine Klage, welche die Erwirkung der erforderlichen Rechnungslegung über eine geführte Verwaltung bezweckt, nur dann als zulässig zu betrachten sei, wenn dabei diejenigen Normen beobachtet werden, welche in jenem Tit. 45. nach Maaßgabe der einzelnen dort gedachten Fälle für diese gegeben sind.

Titel 46. Von Erbsonderungen und Auseinandersetzungen.

§§ 7. 10. Siehe Rechtsgrundsätze 118. 808. (A. L. R. I. 7. § 222.; A. G. O. I. 22. § 29. No. 3.)

Titel 50. Von Konkursen, und wie dabei zu verfahren.

§ 27. Anhang § 319. zu § 27. Siehe Rechtsgrundsatz 837. (Konkurs-Ordnung vom 8. Mai 1855 § 8.)

Zweiter Abschnitt. Von Vorladung der Gläubiger und Konstituirung der Passivmasse.

§ 153. Anspruch der Salarienkasse an den Cessionar ihres Schuldners rücksichtlich des von diesem gegen die Konkursmasse erstrittenen Verzipiendums. — Vergl. A. L. R. I. 11. §§ 384. 402. 407., 13. §§ 262. 268.

Rechtsgr. 828. — IV. Senat. 19. März 1861. (XLI. 59.)

Ein rechtlicher Zusammenhang zwischen der Kostenforderung der Salarienkasse an den Debenten und dessen Anspruch auf Gewährung eines Perzipiendums gegenüber der Konkursmasse findet ohne Arrest nicht statt. Es ist deshalb auch eine Verpflichtung des Cessionars, sich den Abzug der seinem Cedenten zur Last fallenden Kosten aus dem ihm cedirten Perzipiendum gefallen zu lassen, nicht anzuerkennen.

§ 163. Siehe Rechtsgrundsatz 886. (Konkurs=Ordnung vom 8. Mai 1855 § 368.)

Dritter Abschnitt. Von Ausmittelung und Konstituirung der Aktivmasse.

§§ 220. 221. Siehe Rechtsgrundsatz 398. (A. L. R. I. 20. § 458.)

Vierter Abschnitt. Von der Ordnung, in welcher die Gläubiger aus der Activmasse zu befriedigen sind.

§ 269. Siehe Rechtsgrundsatz 203. (A. L. R. I. 11. § 342.)
§ 288. Siehe Rechtsgrundsatz 330. (A. L. R. I. 16. § 360.)
§§ 309. 354. Siehe Rechtsgrundsatz 398. (A. L. R. I. 20. § 458.)
§ 448. Siehe Rechtsgrundsatz 884. (Konkurs=Ordnung vom 8. Mai 1855 § 362.)

Fünfter Abschnitt. Von der Vertheilung der Masse.

§§ 521-523. Siehe Rechtsgrundsätze 399. 850. (A. L. R. I. 20. § 468.; Konkurs-Ordnung vom 8. Mai 1855 § 56.)

Titel 52. Vom Subhastationsprozesse.

Erster Abschnitt. Von der nothwendigen Subhastation.

§§ 28. 39. Kompetenz des Subhastations-Richters in Betreff der Feststellung der Art und Weise des Ausgebots bei gleichzeitig subhastirten mehreren Grundstücken, und hinsichtlich des Zuschlags nach Maaßgabe des auf die eine oder andere Art des Ausgebots erzielten

Meistgebots. — Vergl. Subhastations-Verordnung vom 4. März 1834 §§ 12. 13.

Rechtsgr. 829. — III. Senat. 15. Februar 1864. (LII. 252.)

a) Bei der gleichzeitigen Subhastation mehrerer Grundstücke des Subhastaten in demselben Subhastationsprozesse gehört auch die Feststellung der Art und Weise des Ausgebots, ob die Grundstücke einzeln oder zusammen zum Aufgebote auszusetzen sind, sowie die Zulässigkeit des Zuschlags für ein, auf die eine oder andere Art des Ausgebots erzieltes Meistgebot zur Kompetenz des Subhastations-Richters.

b) Der Bieter kann aus seiner gleichzeitigen Eigenschaft als eingetragener Gläubiger keinen Grund zur Beschwerde über den Zuschlagsbescheid hernehmen.

§§ 42. 44. und Anhang §§ 405. 406. zu § 44. Siehe Rechtsgrundsatz 997. (Kabinets-Order vom 28. März 1809.)

Theil II. Von dem gerichtlichen Verfahren in nicht streitigen Anlegenheiten.

Titel 2. Von dem Verfahren bei den Handlungen der freiwilligen Gerichtsbarkeit überhaupt.

§ 7. Siehe Rechtsgrundsatz 252. (A. L. R. I. 12. § 73.)
§ 8. Siehe Rechtsgrundsatz 580. (A. L. R. I. 10. § 82.)
§ 10. Siehe Rechtsgrundsatz 252. (A. L. R. I. 12. § 73.)
§ 31. Siehe Rechtsgrundsatz 1212. (Gesetz vom 24. April 1854 § 13. No. 2.)
§ 45. Siehe Rechtsgrundsatz 43. (A. L. R. I. 5. § 116.)

Titel 3. Von dem Verfahren bei Aufnehmung und Bestätigung der Verträge und anderer Verhandlungen unter Lebendigen.

§ 13. Siehe Rechtsgrundsatz 226. (A. L. R. I. 11. § 738.)
§ 21. Siehe Rechtsgrundsatz 1195. (Gesetz vom 24. Mai 1853 § 2.)

Titel 5. Von dem Verfahren bei Siegelungen und Inventuren in Sterbefällen.

§ 6. Siehe Rechtsgrundsatz 253. (A. L. R. I. 12. § 93.)
§ 19. Siehe Rechtsgrundsatz 580. (A. L. R. I. 10. § 82.)
§ 22. Siehe Rechtsgrundsatz 253. (A. L. R. I. 12. § 93.)
§ 27. Siehe Rechtsgrundsatz 580. (A. L. R. I. 10. § 82.)
§ 53. Erforderniß eines Nachlaß-Inventars, insbesondere des Benefizialerben. — Vergl. A. L. R. I. 9. §§ 434. 435. 439.

Rechtsgr. 830. — IV. Senat. 4. Mai 1861. (XLI. 237.)

a) Die Verabsäumung des im § 53. II. 5. der Allgem. Gerichts-Ordnung für Nachlaß-Inventarien vorgeschriebenen Formulars, insbesondere die unterlassene Ausfüllung der Rubriken I. II. III. XX. und XXI., hat für sich allein den Verlust der Rechtswohlthat des Inventars nicht zur Folge.

b) Ein jedes Nachlaß-Inventar muß jedoch, wenn ihm die Wirkungen eines solchen beigelegt werden sollen, von einer derartigen Beschaffenheit sein, daß sich aus ihm die Beschaffenheit des Nachlasses übersehen läßt und dadurch die Ausmittelung des Nachlasses möglich gemacht wird.

Titel 6. Von dem Verfahren bei Aufnehmung der gerichtlichen Taxen.

§ 6. Kapitalisirung des Ertrages bei Güterabschätzungen.

Rechtsgr. 831. — I. Senat. 16. Januar 1863. (XLVIII. 145.)

Bei Güterabschätzungen ist in Ermangelung spezieller gesetzlicher Vorschriften der durchschnittliche Jahresertrag mit Zugrundelegung eines Prozentsatzes zu kapitalisiren, welcher demjenigen entspricht, der im Durchschnitt zeitlich und örtlich für Darlehne auf gleich sichere Hypothek gewährt wird.

Siehe auch Rechtsgrundsatz 967. (Schwedische Hofgerichts-Ordnung von 1672 III. 1. § 19.)

§ 12. Anhang § 437. zu § 12. Siehe Rechtsgrundsatz 1231. (Gesetz vom 4. Mai 1857 § 1.)
§ 14. Siehe Rechtsgrundsatz 203. (A. L. R. I. 11. § 342.)

Theil III. Von den Pflichten der bei der Justiz angesetzten Personen.

Titel 2. Von dem Amte der Präsidenten und Direktoren.

§§ 2. 18. 38. Siehe Rechtsgrundsatz 584. (A. L. R. II. 10. § 132.)

Titel 3. Von dem Amte der Räthe bei den Justizkollegien.

§§ 41.-43. Siehe Rechtsgrundsatz 582. (A. L. R. II. 10. § 127.)
§ 62. Siehe Rechtsgrundsatz 542. (A. L. R. II. 2. § 212a.)

Titel 7. Von dem Amte der Justizkommissarien und Notarien.

§ 78. Siehe Rechtsgrundsatz 706. (Allg. Deutsche Wechsel-Ordn. Art. 88.)
§ 116. Honorar der Rechtsanwälte.

Rechtsgr. 832. — IV. Senat. 16. April 1861. (XLII. 43.)

Der § 116. III. 7. der Allgem. Gerichts-Ordnung ist aufgehoben.

Siehe auch Rechtsgrundsatz 1190. (Gesetz No. 3452. vom 12. Mai 1851 § 9.)

Allgemeines Registratur- und Kanzlei-Reglement für sämmtliche Landes-Justiz-Kollegia.

§ 84. Siehe Rechtsgrundsatz 1107. (Geschäfts-Regulativ vom 3. August 1841 § 6.)
§ 153. Siehe Rechtsgrundsatz 584. (A. L. R. II. 10. § 132.)

Preußischer Entwurf zur Konkurs-Ordnung.

§ 98. Siehe Rechtsgrundsatz 861. (Konkurs-Ordnung vom 8. Mai 1855 § 101.)

Gesetz, betreffend die Einführung der Konkurs-Ordnung in den Landestheilen, in welchen das Allgem. Landrecht und die Allgem. Gerichts-Ordnung Gültigkeit haben, vom 8. Mai 1855.

(Gesetz-Sammlung S. 317.)

Art. 7. Siehe Rechtsgrundsatz 474. (A. L. R. II. 1. § 254.)

Art. 12. Konventionalhypothek der Ehefrau. — Vergl. A. L. R. II. 1. §§ 254. 255.; Konkurs-Ordnung § 393. No. 4.

Rechtsgr. 833. — III. Senat. 20. Dezember 1862. (XLIII. 299.)

Der Art. 12. des Einführungsgesetzes vom 8. Mai 1855 bezieht sich nicht auf Konventionalhypotheken der Ehefrauen.

Siehe auch Rechtsgrundsätze 473. 474. (A. L. R. II. 1. § 254.)

Justiz-Ministerial-Instruktion für die Gerichte, betreffend die Ausführung der Konkurs-Ordnung, vom 31. August 1855.

(Justiz-Ministerial-Blatt S. 259.)

§ 51. Siehe Rechtsgrundsatz 883. (Konkurs-Ordnung § 286.)

Konkurs-Ordnung vom 8. Mai 1855.

Titel 1. Von den Rechtsverhältnissen im Konkurse.

Erster Abschnitt. Gegenstand und Wirkung des Konkurses im Allgemeinen.

§§ 1. ff. Siehe Rechtsgrundsätze 319. 674. 815. 834-837. 874. 879. (A. L. R. I. 16. § 213.; Allg. Deutsche Wechsel-Ordnung Art. 23.; A. G. O. I. 24. § 101.; Konkurs-Ordnung §§ 4. 5. 8. 152. No. 2. 198.)

§ 4. Verfügungsbefugniß des Gemeinschuldners:

A. Beschränkte Dispositionsfähigkeit des Gemeinschuldners während des Konkurses. — Vergl. §§ 1. 2. 5. 280. dieser Konkurs-Ordnung.

Rechtsgr. 834. — IV. Senat. 25. Juni 1863. (LII. 5.)

Der Gemeinschuldner bleibt nach der Konkurs-Eröffnung dispositionsfähig in Ansehung desjenigen, bei der Konkurs-Eröffnung schon vorhandenen Vermögens, welches der Exekution nicht unterliegt, sowie in Ansehung des nach der Konkursbeendigung zu erwerbenden Vermögens.

B. Klage des Gemeinschuldners auf Erfüllung eines Miethsvertrages. — Vergl. A. L. R. I. 21. § 309.; Konkurs-Ordnung §§ 1. 5. 8.

Rechtsgr. 835. — IV. Senat. 21. Juni 1861. (XLI. 360.)

Der Gemeinschuldner ist ohne Beitritt der Gläubiger berechtigt, eine Klage auf Erfüllung des von ihm nach Eröffnung des Konkurses abgeschlossenen Miethsvertrages anzustellen.

Siehe auch Rechtsgrundsätze 836. 879. (§§ 5. 198. dieser Konkurs-Ordnung.)

§ 5. Klage gegen den Kridar aus Pachtverträgen, welche nach eröffnetem Konkurse geschlossen sind. — Vergl. §§ 1. 4. 8. 9. 42. ff. 162. 280. dieser Konkurs-Ordnung.

Rechtsgr. 836. — III. Senat. 14. November 1862. (XLVII. 162.)

Der Verpächter, welcher erst nach eröffnetem Konkurse

dem Kridar ein Grundstück verpachtet hat, kann auch vor beendigtem Konkurse seine Pachtforderung gegen den Kridar geltend machen.

Siehe auch Rechtsgrundsätze 834. 835. (§ 4. dieser Konkurs-Ordnung.)

§ 8. Umleitung des Wechselprozesses in den ordentlichen Prozeß nach eröffnetem Konkurse über das Vermögen des Wechselverklagten; Einlegung der Rechtsmittel. — Vergl. Allgem. Deutsche Wechsel-Ordnung Art. 80.; A. G. O. I. 50. Anh. § 319. zu § 27.; Konkurs-Ordnung §§ 1. 4. 9. 280.

Rechtsgr. 837. — IV. Senat. 30. Mai 1861. (XLII. 87.)

Ist nach Insinuation der Wechselklage über das Vermögen des verklagten Wechselschuldners der Konkurs eröffnet, und in Folge dessen der auf Zahlung der Wechselsumme gerichtete Klageantrag geändert und auf Anerkennung resp. Feststellung dieser Forderung gestellt worden; so hört damit die Verhandlung in den Formen des Wechselprozesses auf und tritt nunmehr das Verfahren in den Formen des ordentlichen Prozesses ein.

Daher finden in diesem Falle in Betreff der Einlegung der Rechtsmittel die Vorschriften für das Verfahren im ordentlichen Prozesse Anwendung.

Siehe Rechtsgrundsätze 692. 835. 838. (Allgem. Deutsche Wechsel-Ordnung Art. 78.; Konkurs-Ordnung §§ 4. 9.)

§ 9. Exekution gegen den Gemeinschuldner während des Konkurses:
A. Wechselklagen mit Wechselhaft während des Konkurses nach Gemeinem Recht. — Vergl. Allgem. Deutsche Wechsel-Ordnung Art. 2.; Konkurs-Ordnung §§ 8. 280.

Rechtsgr. 838. — IV. Senat. 12. September 1861. (XLII. 322.)

Auch nach dem Gemeinen Rechte sind während der Dauer des Konkurses gegen den Gemeinschuldner Wechselklagen mit Wechselhaft unzulässig.

B. Eintritt der Existenz und Wirksamkeit einer gerichtlichen Entscheidung oder Verfügung durch deren Publikation oder Insinuation; insbesondere in Betreff der vor Eröffnung des Konkurses über das Vermögen des Schuldners verfügten gerichtlichen Exekution. — Vergl. A. L. R. I. 11. §§ 384. ff.

Rechtsgr. 839. — IV. Senat. 7. Oktober 1862. (XLVI. 254.)

a) Der Grundsatz, daß gerichtliche Entscheidungen oder Verfügungen erst durch den Akt der Publikation oder Insinuation auf eine äußerlich erkennbare Weise zur Existenz und zu ihrer vollen rechtlichen Bedeutung und Wirkung gelangen, bis dahin aber vom Richter willkürlich abgeändert und selbst zurückgenommen werden können, gilt auch von denjenigen Verfügungen, durch welche Forderungen im Wege der Exekution cessionsweise überwiesen werden.

b) Wenn daher in der Exekutions-Instanz von dem Gerichte eine, die Einleitung oder Fortsetzung der Exekution betreffende Verfügung erlassen worden, deren Dekretur zwar von einem früheren Tage, als demjenigen Tage, datirt ist, an welchem über das Vermögen des Exequendus der Konkurs eröffnet worden, deren Insinuation aber erst nach der Konkurs-Eröffnung stattgefunden hat: so ist darin ein gerichtlicher Akt anzutreffen, durch welchen erst nach der Konkurs-Eröffnung gegen den Kridar die Exekution eingeleitet oder fortgesetzt worden ist. Eine solche Verfügung stellt sich als ganz wirkungslos dar.

Siehe auch Rechtsgrundsätze 836. 837. 840. (Konkurs-Ordnung §§ 5. 8. 10.)

§ 10. Erwerbung von Pfand- und Hypothekenrechten nach Eröffnung des Konkurses. — Vergl. § 9. dieser Konkurs-Ordnung.

Rechtsgr. 840. — III. Senat. 24. Februar 1862. (XLV. 97.)

Das in den §§ 9. und 10. der Konkurs-Ordnung ausgesprochene Verbot bezieht sich nur auf Exekutionen, welche die Herausgabe eines Vermögensstückes aus der Konkursmasse behufs Tilgung einer zur Exekution stehenden Forderung bezwecken; sie enthalten kein auf die Erwerbung von Pfand- und Hypothekenrechten abzielendes allgemeines Verbot, welches die nach der Konkurs-Eröffnung erfolgten Eintragungen rechtlich ungültig machte.

Siehe auch Rechtsgrundsätze 392. 843. (A. L. R. I. **20.** § 411.; § 16. dieser Konkurs-Ordnung.)

§ **14.** Siehe Rechtsgrundsatz 866. (Konkurs-Ordnung § 105.)

Zweiter Abschnitt. Wirkungen der Konkurs-Eröffnung auf die vor derselben von dem Gemeinschuldner eingegangenen Rechtsverhältnisse.

§ **15.** Begriff der bereits erfüllten Rechtsgeschäfte im Sinne der Konkurs-Ordnung. — Vergl. A. L. R. I. **16.** §§ 11. 28.; Konkurs-Ordnung § 16.

Rechtsgr. 841. — IV. Senat. 11. Februar 1862. (XLIV. 202.)

Ein von dem späteren Kridar abgeschlossener Kauf ist im Sinne des § 15. der Konkurs-Ordnung als ein bereits erfülltes Geschäft nicht anzusehen, wenn die als Kaufpreis gegebenen Wechsel später nicht eingelöst worden sind.

Siehe auch Rechtsgrundsatz 765. (A. G. O. I. **10.** § 5a.)

§ **16.** Recht der Gläubigerschaft zur Uebernahme nicht vollständig erfüllter, auf gegenseitige Leistung gerichteter Rechtsgeschäfte:

A. Erklärung der Gläubigerschaft, betreffend die Uebernahme eines zur Zeit der Konkurseröffnung von beiden Theilen noch überhaupt nicht oder noch nicht vollständig erfüllten Rechtsgeschäfts. — Vergl. A. L. R. I. **16.** §§ 11. 28.

Rechtsgr. 842. — IV. Senat. 11. Februar 1862. (XLIV. 203.)

Der § 16. der Konkurs-Ordnung besagt nicht, daß der Gläubiger zuvor unter allen Umständen die Erklärung der Gläubigerschaft extrahiren muß, ob sie das Geschäft übernehmen wolle.

B. Rechte des Verkäufers an die Konkursmasse aus dem beiderseits noch nicht vollständig erfüllten Kaufvertrage. — Vergl. § 10. dieser Konkurs-Ordnung.

Rechtsgr. 843. — III. Senat. 27. November 1863. (LII. 129.)

a) Ist vor dem über das Vermögen des Käufers eines Grundstücks eröffneten Konkurse aus dem geschlossenen Kaufvertrage weder die beantragte Eintragung der Kaufgelder, noch auch die Berichtigung des Besitztitels erfolgt, so fällt dieser Vertrag, als ein zur Zeit der Konkurs-Eröffnung von beiden Theilen noch nicht vollständig erfülltes Rechtsgeschäft, unter die Bestimmung des § 16. der Konkurs-Ordnung.

b) Der vorstehende Rechtsgrundsatz findet auch in dem Falle Anwendung, wenn der Konkurs-Verwalter das seitens des Kridars vor der Konkurs-Eröffnung erkaufte Grundstück zur nothwendigen Subhastation gebracht hat, ohne daß es vorher zur wirklichen Berichtigung des Besitztitels für den Gemeinschuldner und zur wirklichen Eintragung der Kaufgelder gekommen ist.

C. Wirksamkeit der von dem Gemeinschuldner vor der Konkurs-Eröffnung geschlossenen Verträge, z. B. eines Vertrages mit dem Hausarzte in Beziehung auf den Gemeinschuldner. — Vergl. § 19. dieser Konkurs-Ordnung.

Rechtsgr. 844. — IV. Senat. 25. Juni 1863. (LII. 6.)

Ob und inwieweit die von dem Gemeinschuldner vor der Konkurs-Eröffnung geschlossenen Rechtsgeschäfte, z. B. der Vertrag mit dem Hausarzte, gegen den Gemeinschuldner selbst fortbestehen, oder eine Wirkung äußern, das kann nicht aus den §§ 16. und 19. der Konkurs-Ordnung entnommen, sondern muß nach den allgemeinen Grundsätzen über Erfüllung der Verträge und Verbindlichkeiten — unter Würdigung der in dem Vermögen des Gemeinschuldners eingetretenen Veränderung — entschieden werden.

Siehe auch Rechtsgrundsatz 841. (§ 15. dieser Konkurs-Ordnung.)

§ 17. Siehe Rechtsgrundsatz 153. (A. L. R. I. 9. § 360.)

§ 18. Siehe Rechtsgrundsatz 874. (§ 152. No. 2. dieser Konkurs-Ordnung.)

§§ 19. 21. Wirkung der Eröffnung des Konkurses und der Beendigung desselben durch Akkord auf die Verpflichtungen des Kridars als Mitglied einer Aktiengesellschaft. — Vergl. §§ 36. 197. dieser Konkurs-Ordnung.

Rechtsgr. 845. — IV. Senat. 16. Juli 1863. (L. 209.)

a) Das Rechtsverhältniß des Mitgliedes eines Aktienvereins ist durch die Eröffnung des Konkurses über sein Vermögen nicht ohne Weiteres für aufgehoben zu erachten.

b) Ist daher nach eröffnetem Konkurse über das Vermögen eines Aktionärs weder die Gläubigerschaft desselben in das Rechtsgeschäft eingetreten, noch auch das Rechtsverhältniß selbst zwischen den übrigen Theilnehmern der Aktiengesellschaft und dem Kridar durch Auseinandersetzung zur Auflösung gebracht, und deshalb die Umgestaltung seines Rechtsverhältnisses zu dem Aktienverein in einer Art, durch welche dasselbe erst der Wirkung des hiernächst geschlossenen Akkordes unterworfen worden, nicht erfolgt; so ist eine Aenderung in den gegenseitigen Rechten und Pflichten des gewesenen Kridars und des Aktienvereins in Folge des eröffneten und wieder aufgehobenen Konkurses nicht eingetreten.

Siehe Rechtsgrundsatz 844. (§ 16. dieser Konkurs-Ordnung.)

Dritter Abschnitt. Vindikations-Ansprüche.

§§ 23-25. Uebereignungsrecht des Vollmachtsgebers im Konkurse des Bevollmächtigten. — Vergl. A. L. R. Einl. § 46., I. 13. § 62.

Rechtsgr. 846. — IV. Senat. 14. Februar 1861 und 15. Mai 1862. (XLV. 232.)

Die §§ 23—25. der Konkurs-Ordnung sind analog auch auf die Rechte des Vollmachtsgebers gegen die Konkursmasse des Bevollmächtigten anzuwenden.

Vierter Abschnitt. Ansprüche der Gläubiger auf abgesonderte Befriedigung.

§ 32. Privilegium der Besitzer von verpfändeten Privat-Obligationen auf abgesonderte Befriedigung im Konkurse. — Vergl. A. L. R I.

11. §§ 394. ff., 20. §§ 1. 94.; Verordnung vom 9. Dezember 1809 § 1.

Rechtsgr. 847. — IV. Senat. 22. Januar 1861. (XLII. 4.)

In Betreff verpfändeter Privat-Obligationen ist das Privilegium der Faustpfandgläubiger auf abgesonderte Befriedigung nach § 32. der Konkurs-Ordnung von der Schriftlichkeit der Verpfändung abhängig.

§§ 33. No. 8. Vorzugsrecht der Forderung der kaufmännischen Kommissionäre und Spediteure in dem Konkurse über das Vermögen ihrer Schuldner. — Vergl. A. L. R. I. 13. § 83., 14. §§ 77. 78., 20. §§ 171. 539. 543. 544.

Rechtsgr. 848. — IV. Senat. 9. Juli 1861. (XLII. 251.)

Die kaufmännischen Kommissionäre und Spediteure haben in dem Konkurse über das Vermögen ihres Schuldners wegen ihrer Forderungen aus laufender Rechnung in dem Kommissions- und Speditionsgeschäft die Rechte eines Faustpfandgläubigers auch dann, wenn und obschon diese Forderungen mit dem gerade zur Zeit ihrer Geltendmachung hinter dem Kommissionär oder Spediteur befindlichen oder doch noch seiner Disposition unterliegenden Kommissions- und Speditionsgut in keiner speziellen und unmittelbaren Beziehung stehen; es genügt, wenn ihre Forderungen nur in Ansehung der ihnen in Ausübung ihres Kommissions- oder Speditionsgeschäfts anvertrauten oder von ihnen angekauften oder besorgten Güter, Fonds und Effekten des Gemeinschuldners entstanden sind.

§ 35. Siehe Rechtsgrundsatz 883. (§ 286. dieser Konkurs-Ordnung.)

§ 36. Abgesonderte Befriedigung im Konkurse.

Rechtsgr. 849. — IV. Senat. 17. März 1864. (LII. 334.)

Der § 36. der Konkurs-Ordnung giebt den Theilnehmern an einer Gemeinschaft ein Recht auf abgesonderte Befriedigung im Wege der Auseinandersetzungen nicht blos wegen dinglicher Ansprüche, sondern wegen aller ihrer Forderungen, welche aus diesem Verhältnisse entspringen.

Siehe auch Rechtsgrundsatz 845. (§ 19. dieser Konkurs-Ordnung.)

Fünfter Abschnitt. Ansprüche der Massegläubiger.

§§ 42. ff. Siehe Rechtsgrundsatz 836. (§ 5. dieser Konkurs-Ordnung.)

Sechster Abschnitt. Rangordnung der Realgläubiger in Beziehung auf Immobilien.

§§ 47. ff. Siehe Rechtsgrundsätze 195. 433. (A. L. R. I. 11. § 183.; 21. § 350.)

§§ 51. 52. Siehe Rechtsgrundsatz 195. A. L. R. I. 11. § 183.)

§ 54. Siehe Rechtsgrundsatz 888. (§ 390. dieser Konkurs-Ordnung.)

§ 56. Vertheilung der Kaufgelder mehrerer für ein und dieselbe Forderung verhafteten Grundstücke:

A. Gemeinschaftliche Verhaftung mehrerer Grundstücke für dieselbe Hypothek; Regreßanspruch der nachstehenden Gläubiger wegen ihres Ausfalls. — Vergl. A. L. R. I. 5. §§ 424. 443. 445., 16. §§ 46. 48., 20. § 468.; A. G. O. I. 50. §§ 521-523.; Konkurs-Ordnung vom 8. Mai 1855 §§ 263. 395.; Allgem. Hypotheken-Ordnung II. § 159.; Verordnung vom 28. Dezember 1840 § 9.

Rechtsgr. 850. — III. Senat. 8. März 1861. (XLI. 26.)

Die §§ 56. 263. 395. der Konkurs-Ordnung beschränken die Verbindlichkeit des Eigenthümers einer auf mehrere Grundstücke conjunctim eingetragenen Hypothek, den auf sie kommenden verhältnißmäßigen Antheil den nachstehenden Gläubigern zur Deckung ihrer Ausfälle bei der Subhastation zu überlassen, — nicht auf den Fall des Konkurses.

Sie sind nicht minder für den Fall einer bloßen Subhastation anzuwenden, und zwar sowohl dann, wenn die korrealiter verhafteten Grundstücke demselben Eigenthümer, wie in dem Falle, wenn sie verschiedenen Eigenthümern gehören. Ebensowenig ist die gleichzeitige Subhastation der betheiligten Grundstücke ein gesetzliches Erforderniß.

B. Regreßanspruch der bei der Kaufgeldervertheilung des im Wege der Exekution subhastirten Grundstücks ausgefallenen Realgläubiger an die Besitzer der für dieselbe Forderung mitverhafteten übrigen Grundstücke. — Vergl. A. L. R. Einl. §§ 46. 89.; Konkurs-Ordnung vom 8. Mai 1855 §§ 383. 395.

Rechtsgr. 851. — III. Senat. 13. Mai 1861. (XLII. 74.)

a) Im Falle der außerhalb des Falles des Konkurses im Wege der Exekution erfolgten nothwendigen Subhastation Eines der mehreren, für dieselben ungetheilte Forderung verhafteten Grundstücke hängt der Regreß-Anspruch der bei der Vertheilung der Kaufgelder des subhastirten Grundstücks ausgefallenen Realgläubiger an die Besitzer der übrigen verhafteten Grundstücke nicht davon ab, daß dieselben zu Einer Exekutionsmasse gehören, beziehungsweise sich in dem Besitze desselben Exequendus befinden; vielmehr ist in diesem Falle von den Worten des § 56. der Konkurs-Ordnung: „zur Konkursmasse gehörigen" ganz abzusehen.

b) Der Regreßanspruch der bei der Kaufgeldervertheilung des subhastirten Grundstücks ausgefallenen Realgläubiger nach den §§ 56. und 395. der Konkurs-Ordnung besteht in einer Geldforderung, und ist daher, den Besitzern der übrigen verhafteten Grundstücke gegenüber, zunächst der Betrag dieser Geldforderung anzugeben und nachzuweisen, der Antrag auf Subhastation der übrigen Grundstücke aber nur als eventuelles Exekutionsmittel zur Beitreibung dieses Geldbetrages zulässig.

Siehe auch Rechtsgrundsatz 399. (A. L. R. I. 20. § 468.)

Achter Abschnitt. Rangordnung der Konkursgläubiger.

§ 80. Siehe Rechtsgrundsatz 474. (A. L. R. II. 1. § 254.)

§ 82. Siehe Rechtsgrundsätze 474. 1149. (A. L. R. II. 1. § 254.; Gesetz vom 9. November 1843 § 15.)

§ 84. Siehe Rechtsgrundsatz 1149. (Gesetz vom 9. November 1843 § 15.)

§§ 86. 87. Anspruch des Mitschuldners oder Bürgen des Gemeinschuldners wegen geleisteter Zahlungen:

A. Rechte des Bürgen nach aufgehobenem Konkurse. — Vergl. A. L. R. I. 14. § 357.; Konkurs-Ordnung §§ 198. 199. 231. 250.

Rechtsgr. 852. — IV. Senat. 28. Mai 1861. (XLI. 274.)

a) Nach Beendigung des Konkurses durch Akkord kann der Bürge nach erfolgter Befriedigung des Gläubigers von dem Gemeinschuldner auf Höhe der akkordmäßigen Summe Schadloshaltung fordern.

b) Nach Beendigung des Konkurses durch Vertheilung steht dem Bürgen nur ein Angriff gegen das von dem Kridar neu erworbene Vermögen zu, und er kann sich dann auf § 357. I. 14. des Allgem. Landrechts nur insofern berufen, als der Gemeinschuldner selbst mit seinem neu erworbenen Vermögen wieder in Verfall geräth.

B. Ansprüche aus Gefälligkeits-Accepten, insbesondere mit Rücksicht auf die von dem in Konkurs verfallenen Wechselschuldner gezahlten Akkord-Raten. — Vergl. Allg. Deutsche Wechsel-Ordnung Art. 23.

Rechtsgr. 853. — IV. Senat. 12. September und 17. Oktober 1861. (XLIII. 147.)

Die Forderung Desjenigen, welcher aus Gefälligkeit einen Wechsel acceptirt hat, auf Deckung wird dadurch nicht beseitigt, daß der Schuldner in seinem Konkurse dem Wechsel-Inhaber Akkord-Raten gezahlt hat.

C. Rechte des Ausstellers einer Gefälligkeitstratte im Falle des Konkurses über das Vermögen des Acceptanten.

Rechtsgr. 854. — IV. Senat. 11. Juni 1861. (XLI. 329.)

Die Rechte Desjenigen, welcher aus Gefälligkeit gegen den Acceptanten Wechsel auf denselben gezogen hat, werden, falls die Wechsel von dem in Konkurs verfallenen Acceptanten auf den Trassanten zurückgehen und von ihm honorirt werden müssen, durch den § 86. der Konkurs-Ordnung nicht betroffen.

Siehe auch Rechtsgrundsatz 674. (Allg. Deutsche Wechsel-Ordnung Art. 23.)

Neunter Abschnitt. Ansprüche der Ehefrau des Gemeinschuldners.

§ 91. Siehe Rechtsgrundsatz 474. (A. L. R. II. 1. § 254.)
§ 93. Siehe Rechtsgrundsatz 475. (A. L. R. II. 1. § 256.)

Zehnter Abschnitt. Kompensation.

§ 95. Einfluß des Akkordes auf die Kompensations-Befugniß der Gläubiger. — Vergl. A. L. R. I. 11. §§ 407. 408.; Konkurs-Ordnung vom 8. Mai 1855 § 96. No. 3., § 97. No. 3., §§ 197. 198.

Rechtsgr. 855. — IV. Senat. 2. Juli 1861. (XLII. 228.)

Die zur Kompensation berechtigten Gläubiger des Kridars sind hinsichtlich der Höhe ihrer zur Kompensation gestellten Gegenforderungen an den Akkord nicht gebunden.

Siehe auch Rechtsgrundsätze 326. 330. 856. (A. L. R. I. 16. § 360.; Konkurs-Ordnung vom 8. Mai 1855 § 96. No. 3.)

§ 96. Siehe Rechtsgrundsätze 326. 330. (A. L. R. I. 16. § 359.)
— No. 3. Kompensation gegenseitiger, vor der Konkurseröffnung bestandener Forderungen:

A. Kompensation gegen den Kridar nach durch Akkord beendigtem Konkurse. — Vergl. A. L. R. I. 16. § 359.; Konkurs-Ordnung vom 8. Mai 1855 § 95.

Rechtsgr. 856. — IV. Senat. 11. April 1861. (XLI. 153.)

Das dem Schuldner des Gemeinschuldners gesetzlich eingeräumte Recht, mit Gegenforderungen an denselben zu kompensiren, die zwar vor der Konkurs-Eröffnung entstanden, aber noch nicht fällig sind, kann nur während des Konkurses ausgeübt werden.

Ist daher der Konkurs durch Akkord beendigt, so steht dem Schuldner des Kridars das im Konkurse nicht ausgeübte Recht zur Kompensation mit einer noch nicht fälligen Forderung nicht mehr zu.

B. Entstehungszeit der Ansprüche aus Gefälligkeits-Accepten. — Vergl. §§ 197. 198. dieser Konkurs-Ordnung.

Rechtsgr. 857. — IV. Senat. 12. September und 17. Oktober 1861. (XLIII. 117.)

Die Forderung Desjenigen, welcher aus Gefälligkeit einen Wechsel acceptirt hat, auf Deckung ist nicht erst an dem Tage, wo der Acceptant dem Inhaber des Wechsels Zahlung geleistet, sondern an dem Tage des zwischen dem Acceptanten und Demjenigen, für Den er acceptirt hat, getroffenen Abkommens, beziehungsweise an dem Tage des Acceptes entstanden.

Siehe auch Rechtsgrundsatz 855. (§ 95. dieser Konkurs-Ordnung.)

§ 97. No. 1. Siehe Rechtsgrundsatz 886. (§ 368. dieser Konkurs-Ordnung.)

— No. 3. Siehe Rechtsgrundsatz 855. (§ 95. dieser Konkurs-Ordnung.)

Elfter Abschnitt. Befugniß der Gläubiger zur Anfechtung der vor der Konkurseröffnung vorgefallenen Rechtshandlungen.

§ 100. Anfechtung von Zahlungen und Rechtsgeschäften des Gemeinschuldners bei stattgehabtem Konkurse des Empfängers oder anderer Kontrahenten vor der Zahlungseinstellung:

A. Abgrenzung des Zeitraums. — Vergl. § 122. dieser Konkurs-Ordnung.

Rechtsgr. 858. — IV. Senat. 12. März 1863. (XLVIII. 254.)

Die feste Abgrenzung des der wirklichen Konkurs-Eröffnung vorausgehenden Zeitraums des materiellen Konkurses im § 122. der Konkurs-Ordnung vom 8. Mai 1855 ist — mit Ausnahme der Fälle des § 103. daselbst — auch für die Anwendung des § 100. ebendaselbst maaßgebend

B. Nichtübergang des Anfechtungsrechts der Gläubigerschaft auf den Gemeinschuldner bei Beendigung des Konkurses durch Akkord. — Vergl. §§ 101-103. 199. dieser Konkurs-Ordnung.

Rechtsgr. 859. — III. Senat. 22. Juni 1863. (XLIX. 293.)

Das aus dem Konkurse entspringende Recht der Gläubigerschaft auf Anfechtung von, vor der Konkurs-Eröffnung von dem Gemeinschuldner an sich rechtsgültig vorgenommenen Rechtshandlungen geht, als ein höchst persönliches Recht, nach Beendigung des Konkurses auch dann nicht auf den Gemeinschuldner über, wenn der desfallsige Prozeß bereits anhängig gemacht ist.

Siehe auch Rechtsgrundsatz 870. (§ **124.** dieser Konkurs-Ordnung.)

§ **101.** Siehe Rechtsgrundsätze 859. 866. 867. (§§ **100. 105.** dieser Konkurs-Ordnung.)

— No. **1.** Anfechtung von Pfand- und Hypothekenrechten:

A. Anfechtung einer nicht sogleich bei Entstehung der Verbindlichkeit „ausbedungenen" Pfand- oder Hypothekbestellung im Konkurse.

Rechtsgr. **860.** — **IV.** Senat. 10. April 1862. (**XLV.** 185.)

Unter dem in der No. 1. des § 101. der Konkurs-Ordnung gebrauchten Ausdrucke: „ausbedungen worden", ist ein jedes Ausbedingen zu verstehen, ohne daß es dabei auf die Form, ob es schriftlich oder mündlich geschehen ist, weiter ankommt.

B. Anfechtung der gegen den Gemeinschuldner durch Eintragung einer rechtskräftig erstrittenen Forderung im Wege der Exekution erlangten Hypothek. — Vergl. Preuß. Entwurf einer Konkurs-Ordnung § 98.; Code Napoléon art. **2123.**; Code de commerce art. **443. 446.**: Französisches Fallimentsgesetz vom **28.** Mai **1838.**

Rechtsgr. **861.** — **III.** Senat. 22. Juni 1863. (**XLIX.** 293.)

Zu den nach § 101. der Konkurs-Ordnung vom 8. Mai 1855 der Anfechtung unterliegenden „Rechtshandlungen des Gemeinschuldners, welche die Bestellung von Hypothek zum Gegenstande haben", ist eine durch Eintragung einer rechtskräftig erstrittenen Forderung im Wege der Exekution erlangte Hypothek nicht zu rechnen.

— No. **2. 3.** Anfechtung der nach dem Tage der Zahlungseinstellung geleisteten Zahlung einer Schuld:

A. Begriff der „Schuld" in dieser Gesetzesstelle.

Rechtsgr. **862.** — **IV.** Senat. 28. Mai 1861. (**XLI.** 284.)

Unter der „Schuld" des § 101. No. 2. u. 3. der Konkurs-Ordnung vom 8. Mai 1855 ist eine Geldschuld, nicht eine zu leistende Handlung zu verstehen.

B. Anfechtung eines von dem insolventen Schuldner mit einem einzelnen Gläubiger geschlossenen Kaufvertrages. — Vergl. § 102. No. 3., § 103. No. 4. dieser Konkurs-Ordnung; Gesetz vom 9. Mai 1855 § 5. No. 3., § 7. No. 4., § 12. Abs. 2.

Rechtsgr. 863. — III. Senat. 17. April 1863. (XLIX. 161.)

Wenn ein insolventer Schuldner eine wirkliche Schuld dadurch berichtigt, daß er dem Gläubiger Sachen verkauft und den Kaufpreis im Kontrakte auf solche Schuld verrechnet, so ist dies weder nach der Konkurs-Ordnung vom 8. Mai 1855, noch auch nach dem Anfechtungsgesetz vom 9. Mai 1855 als eine unerlaubte, zur Benachtheiligung der Gläubiger vorgenommene Veräußerung, sondern als eine, nur in den besonderen Fällen des § 101. No. 2. und 3. der Konkurs-Ordnung anfechtbare, sonst erlaubte Befriedigung eines einzelnen Gläubigers aus dem noch vorhandenen Vermögen durch Hingabe an Zahlungsstatt anzusehen.

§ 102. Siehe Rechtsgrundsätze 51. 859. 862. (A. L. R. I. 5. § 165.; §§ 100. 101. No. 2. dieser Konkurs-Ordnung.)

— No. 3. Anfechtung einer Hypothekenbestellung im Konkurse. — Vergl. Gesetz vom 26. April 1835 § 2.

Rechtsgr. 864. — IV. Senat. 31. Oktober 1861. (XLIII. 165.)

Hypothekenbestellungen gehören nicht zu den Veräußerungen des § 102. No. 3. der Konkurs-Ordnung.

§ 103. Siehe Rechtsgrundsatz 859. (§ 100. dieser Konkurs-Ordnung.)

— No. 1. Uebergang der im Konkurse anhängigen Prozesse, insbesondere des Anfechtungsrechts, auf den zum Akkord verstatteten Kridar; Beweistheorie. — Vergl. §§ 111. 199. dieser Konkurs-Ordnung.

Rechtsgr. 865. — IV. Senat. 15. April 1862. (XLV. 192.)

Das auf den § 103. No. 1. der Konkurs-Ordnung sich gründende Anfechtungsrecht der Gläubigerschaft geht mit seinen Konsequenzen — zumal bezüglich der freien Beweistheorie — auf den zum Akkord verstatteten Kridar nicht über. Es ändert hieran Nichts, daß erst während des vom Kurator angestrengten Prozesses der Kridar zum Akkord verstattet worden ist.

Siehe auch Rechtsgrundsatz 859. (§ 100. dieser Konkurs-Ordnung.)

— No. 4. Siehe Rechtsgrundsätze 474. 863. (A. L. R. II. 1. § 254.; Konkurs-Ordnung vom 8. Mai 1855 § 101. No. 2.)

§ 105. Anfechtung von Rechtshandlungen des Erben des Gemeinschuldners:

A. Ueberhaupt. — Vergl. A. L. R. I. 4. § 65., 9. § 446.; Konkurs-Ordnung vom 8. Mai 1855 §§ 14. 101.

Rechtsgr. 866. — IV. Senat. 29. September 1863. (L. 289.)

Rechtshandlungen des Erben des Kridars sind nur dann anfechtbar, wenn zugleich die Erfordernisse der Eingangsbestimmung des § 101. der Konkurs-Ordnung vorliegen.

B. Zeitfristen hinsichtlich der Anfechtbarkeit von Rechtshandlungen der Erben des Gemeinschuldners. — Vergl. § 101. dieser Konkurs-Ordnung.

Rechtsgr. 867. — IV. Senat. 29. September 1863. (LI. 144.)

Hinsichtlich der Anfechtung von Rechtshandlungen der Erben des Gemeinschuldners nach § 105. der Konkurs-Ordnung sind die in dem § 101. daselbst als wesentliche Bedingung für die Anfechtbarkeit der Rechtsgeschäfte vorgezeichneten Zeitfristen ebenfalls maaßgebend.

§ 109. Siehe Rechtsgrundsatz 890. (§ 393. No. 4. dieser Konkurs-Ordnung.)

§ 111. Siehe Rechtsgrundsatz 865. (§ 103. No. 1. dieser Konkurs-Ordnung.)

Titel 2. Von dem Verfahren im kaufmännischen Konkurse.

Zweiter Abschnitt. Von der Eröffnung des Konkurses.

§§ 113. 114. Begriff eines „Handelsmanns." — Vergl. A. L. R. II. 8. §§ 407. 475.

Rechtsgr. 868. — IV. Senat. 18. Februar 1862. (XLVI. 17.)

Der Ausdruck „Handelsmann“ in der Konkurs-Ordnung gestattet eine freiere Beurtheilung des Sachverhältnisses, als nach der landrechtlichen Begriffsbestimmung eines „Kaufmanns;“ er findet auf Denjenigen Anwendung, welcher gewerbmäßig Handelsgeschäfte, d. h. Kauf oder Anschaffung von Waaren oder sonstigen beweglichen Sachen zum Zwecke des Wiederverkaufs, betreibt.

Siehe auch Rechtsgrundsätze 869. 870. (§§ 120. 124. dieser Konkurs-Ordnung.)

§ 115. Siehe Rechtsgrundsatz 869. 883. (§§ 120. 286. dieser Konkurs-Ordnung.)

§ 120. Antrag eines Gläubigers auf Eröffnung des kaufmännischen Konkurses nach bereits eröffnetem gemeinen Konkurse. — Vergl. §§ 113-124. 319-332. dieser Konkurs-Ordnung.

Rechtsgr. 869. — IV. Senat. 18. Februar 1862. (XLVI. 17.)

Ist nach eröffnetem gemeinen Konkurse von einem Gläubiger ein selbstständiger Antrag auf Eröffnung des kaufmännischen Konkurses gestellt, derselbe aber von dem Konkursgerichte zurückgewiesen worden, so ist auf Beschwerde dieses Gläubigers das Appellations-Gericht berechtigt, nach Befinden das Konkursgericht zur Eröffnung des kaufmännischen Konkurses anzuweisen.

§ 122. Siehe Rechtsgrundsätze 322. 858. 869. 883. (A. L. R. I. 16. § 259.; Konkurs-Ordnung vom 8. Mai 1855 §§ 100. 120. 287.)

§ 124. Anfechtung des Beschlusses auf Eröffnung des kaufmännischen Konkurses seitens des Kridars:

A. Seitens eines in Konkurs gerathenen Handwerkers. — Vergl. §§ 100. 113. 308. dieser Konkurs-Ordnung.

Rechtsgr. 870. — IV. Senat. 7. September 1861. (XLIII. 23.)

Der Beschluß auf Eröffnung des kaufmännischen Konkurses kann von dem Kridar auch um deswillen angefochten werden, weil er nur Handwerker und nicht Kaufmann sei.

B. Unzulässigkeit der Revision in Prozessen wegen Wiederaufhebung des Konkurses. — Vergl. § 330. dieser Konkurs-Ordnung.)

Rechtsgr. 871. — IV. Senat. 18. Februar 1862. (XLVI. 16.)

In Prozessen wegen Wiederaufhebung des Konkurses ist nicht die Revision, sondern nur die Nichtigkeitsbeschwerde zulässig.

Siehe auch Rechtsgrundsatz 869. (§ 120. dieser Konkurs-Ordnung.)

Vierter Abschnitt. Von der Verhaftung des Gemeinschuldners, sowie von der Siegelung, dem offenen Arrest und der Beschlagnahme der Immobilien.

§ **137.** Siehe Rechtsgrundsatz 819. (A. G. O. I. **29.** § 81.)

§ **147.** Verlust der Rechte des Besitzers von Vermögensstücken des Gemeinschuldners durch unterlassene Anzeige deren Besitzes:

A. Rechtsirrthum als genügende Entschuldigung.

Rechtsgr. 872. — IV. Senat. 12. Dezember 1861. (XLIII. 261.)

Das Präjudiz des § 147. der Konkurs-Ordnung tritt nicht ein, wenn eine genügende Entschuldigung für die unterlassene Anzeige vorliegt. Eine solche ist in dem Rechtsirrthum des Inhabers über die Beschaffenheit seines Rechts zu finden.

B. Wirkung des Verlustes des Pfandrechtes der Gläubiger im Konkurse nach Beendigung des Konkurses durch Akkord. — Vergl. § 199. dieser Konkurs-Ordnung.

Rechtsgr. 873. — IV. Senat. 26. Februar 1863. (XLVIII. 215.)

Der im § 147. der Konkurs-Ordnung angedrohte Verlust der Rechte der Pfandgläubiger tritt nur der Gläubigerschaft und der Konkursmasse gegenüber ein. Es ist kein absoluter und unbedingter und kann von dem Kridar nach Beendigung des Konkurses durch Akkord auch dann nicht geltend gemacht werden, wenn er die von dem Verwalter angestrengte, jenen Verlust beantragende Klage fortsetzt.

Siehe auch Rechtsgrundsatz 880. (§ 199. dieser Konkurs-Ordnung.)

§ **150.** Siehe Rechtsgrundsatz 819. (A. G. O. I. **29.** § 81.)

Fünfter Abschnitt. Von den Maaßregeln zur Ermittelung, Erhaltung und vorläufigen Benutzung der Konkursmasse.

§ 152. No. 2. Aufkündigung der Mieths- und Pachtverträge des Gemeinschuldners durch den Konkursverwalter. — Vergl. §§ 4. 18. 215. 221-223. No. 3. dieser Konkurs-Ordnung.

Rechtsgr. 874. — III. Senat. 9. November 1863. (LII. 85.)

Der Konkurs-Verwalter bedarf zur Aufkündigung der Mieths- und Pachtverträge des Gemeinschuldners der Genehmigung oder Ermächtigung des Verwaltungsrathes oder des gerichtlichen Kommissars nicht.

§ 162. Siehe Rechtsgrundsatz 836. (§ 5. dieser Konkurs-Ordnung.)

Sechster Abschnitt. Von der Berufung der Konkursgläubiger und Prüfung der Ansprüche derselben.

§§ 170. 171. 175. Unterbrechung der Verjährung durch Anerkenntniß einer bei der Konkursmasse angemeldeten Forderung seitens des Konkursverwalters, sowie durch Aufnahme der Forderung in die tabellarische Uebersicht.

Rechtsgr. 875. — IV. Senat. 22. Oktober 1863. (L. 344.)

Das Anerkenntniß des Konkursverwalters und die Aufnahme der Forderung in die tabellarische Uebersicht unterbricht die Verjährung auch dann, wenn hiernächst kein Akkord zu Stande gekommen ist.

Siebenter Abschnitt. Vom Akkorde.

I. Von der Zulässigkeit und dem Abschlusse des Akkordes.

§§ 181. 182. Einmaliger Erörterungstermin beim Akkordverfahren im Konkurse. — Vergl. § 192. dieser Konkurs-Ordnung.

Rechtsgr. 876. — IV. Senat. 3. September 1861. (XLII. 296.)

Die Konkurs-Ordnung vom 8. Mai 1855 kennt nur Einen Termin zur Erörterung des Akkordgesuchs. Daher bedarf es, wenn das Akkordgesuch von dem Kridar gleich nach dem ersten Prüfungstermin angebracht, und hierauf der

Erörterungstermin gehörig abgehalten ist, rücksichtlich der erst nach dem ersten Prüfungstermin angemeldeten neuen Forderungen nicht noch eines zweiten Erörterungstermines.

§ **185**. Siehe Rechtsgrundsatz 878. (§ **197**. dieser Konkurs-Ordnung.)
§ **186**. No. 3. Siehe Rechtsgrundsätze 877. 879. (§ **193**. No. 3., § **198**. dieser Konkurs-Ordnung.)

II. Von der gerichtlichen Bestätigung des Akkordes.

§ **192**. Siehe Rechtsgrundsatz 876. (§ **181**. dieser Konkurs-Ordnung.)
§ **193**. No. 3. Bestätigung des Akkordes im Konkurse. — Vergl. § 186. No. 3., § **203**. dieser Konkurs-Ordnung.

Rechtsgr. 877. — IV. Senat. 18. Dezember 1862. (XLVI. 353.)

Einem Akkorde, welcher nicht allen Gläubigern gleiche Rechte gewährt und die Begünstigung einzelner durch eine an sich als Abkauf des Stimmrechts charakterisirende Cession verdeckt, ist die Bestätigung zu versagen.

§§ **196-200**. Siehe Rechtsgrundsatz 1068. (Exekutions-Verordnung vom 4. März 1834 § 6.)

III. Von den Wirkungen des bestätigten Akkordes.

§ **197**. Einflußlosigkeit des Akkordes auf die Rechte der bevorzugten Gläubiger, insbesondere im Falle der Annahme einer Akkordrate. — Vergl. A. L. R. I. **16**. § 381.; Konkurs-Ordnung vom 8. Mai 1855 § 185.

Rechtsgr. 878. — IV. Senat. 14. Februar 1861 und 15. Mai 1862. (XLV. 232.)

Die Rechte der bevorzugten Gläubiger werden durch den Akkord nicht getroffen, und gehen dieselben daher ihres Vorzugs- und Uebereignungsrechts durch die Annahme einer Akkord-Rate nicht verlustig.

Siehe auch Rechtsgrundsätze 294. 340. 674. 682. 845. 855. 857. 1068. (A. L. R. I. **14**. § 304., **16**. § 448.; Allgem. Deutsche Wechsel-Ordnung Art. 23. 39.; Konkurs-Ordnung vom 8. Mai 1855 §§ 19. 95. 96. No. 3.; Exekutions-Verordnung vom 4. März 1834 § 6.)

§ **198**. Verzicht der Konkursgläubiger bei Abschluß des Akkordes. — Vergl. §§ **1**. **4**. **186**. No. **3**. dieser Konkurs-Ordnung.

Rechtsgr. **879**. — **IV**. Senat. 17. Dezember 1863. (**LI**. 314.)

Aus dem zur Ermöglichung eines Akkordes geleisteten Verzicht auf Befriedigung aus der Konkursmasse folgt der Verlust der Forderung gegen den Kridar und dessen später erworbenes Vermögen.

Siehe auch Rechtsgrundsätze 340. 682. 852. 855. 857. (A. L. R. I. **16**. § 448.; Konkurs-Ordnung vom 8. Mai 1855 §§ 39. 86. 95. 96. No. 3.)

§ **199**. Uebergang der Prozesse auf den zum Akkorde verstatteten Kridar. — Vergl. A. G. O. I. **29**. §§ **81**. ff.; Konkurs-Ordnung vom 8. Mai 1855 § 147.

Rechtsgr. **880**. — **IV**. Senat. 26. Februar 1863. (**XLVIII**. 215.)

Aus dem Uebergange der Prozesse auf den zum Akkord verstatteten Gemeinschuldner folgt nur die Zulässigkeit ihrer Fortführung seitens des Letzteren und seine Legitimation dazu, nicht aber, daß die in jenen Prozessen seitens der Gläubigerschaft verfolgten Rechte und Ansprüche ohne Weiteres als auf den früheren Kridar übergegangen anzusehen sind.

Die Statthaftigkeit ihrer weiteren Geltendmachung und Verfolgung seitens des Gemeinschuldners hängt vielmehr lediglich von ihrer materiellen Beschaffenheit ab.

Siehe auch Rechtsgrundsätze 852. 859. 865. 873. 1068. (Konkurs-Ordnung vom 8. Mai 1855 §§ 86. 100. 103. No. 1., § 147.; Exekutions-Verordnung vom 4. März 1834 § 6.)

§ **200**. Siehe Rechtsgrundsatz 1068. (Exekutions-Verordnung vom 4. März 1834 § 6.)

§ **201**. Siehe Rechtsgrundsatz 768. (A. G. O. I. **8**. § 14.)

IV. Von der Nichtigkeit des Akkordes.

§ **203**. Siehe Rechtsgrundsatz 877. (§ 193. No. 3. dieser Konkurs-Ordnung.)

VI. Von außergerichtlichen Vergleichen.

§ **210**. Siehe Rechtsgrundsatz 292. (A. L. R. I. **14**. § 297.)

Achter Abschnitt. Von dem definitiven Verwalter der Masse und dem Verwaltungsrathe.

§ **215**. Siehe Rechtsgrundsatz 874. (§ 152. No. 2. dieser Konkurs-Ordnung.)

Neunter Abschnitt. Von der Liquidation der Masse.

§§ **221-223**. No. 3. Siehe Rechtsgrundsatz 874. (§ 152. No. 2. dieser Konkurs-Ordnung.)

Zehnter Abschnitt. Von der Feststellung der streitigen Forderungen der Konkursgläubiger.

§ **229**. Siehe Rechtsgrundsatz 692. (Allgem. Deutsche Wechsel-Ordnung Art. 78.)

§ **231**. Siehe Rechtsgrundsätze 674. 852. (Allgem. Deutsche Wechsel-Ordnung Art. 23.; Konkurs-Ordnung § 86.)

Elfter Abschnitt. Von der Vertheilung an die Konkursgläubiger.

§§ **249**. **250**. Siehe Rechtsgrundsätze 674. 852. (Allgem. Deutsche Wechsel-Ordnung Art. 23.; Konkurs-Ordnung vom 8. Mai 1855 § 86.)

Dreizehnter Abschnitt. Von der abgesonderten Befriedigung der Realgläubiger.

§ **263**. Siehe Rechtsgrundsatz 850. (§ 56. dieser Konkurs-Ordnung.)

Vierzehnter Abschnitt. Von der Beendigung des Konkurses.

§ **277**. Siehe Rechtsgrundsatz 881. (§ 280. dieser Konkurs-Ordnung.)

§ **280**. **Klage des im Konkurse ausgefallenen Gläubigers nach beendetem Konkurse, insbesondere gegen den für entschuldbar erklärten Kridar:**

A. Begründung der Klage des im Konkurse zum Theil ausgefallenen Gläubigers gegen den Kridar auf Zahlung des erlittenen Ausfalls. — Vergl. § 277. dieser Konkurs-Ordnung.

Rechtsgr. 881. — IV. Senat. 12. November 1861. (XLIII. 182.)

Der bei dem nicht durch Akkord, sondern durch Ausschüttung der Masse beendeten Konkurse ausgefallene Gläubiger hat zur Begründung der hiernächst gegen den Kridar anzustellenden Klage auf Zahlung des ausgefallenen Theiles der Forderung nicht darzuthun, daß der Verklagte seit Beendigung des Konkurses Vermögen erworben habe.

B. Privilegium der Befreiung des entschuldbaren Kridars von der Personal-Exekution, insbesondere auch von der Personalhaft bei der Wechsel-Exekution. — Vergl. A. L. R. I. **16.** §§ 383. 384.; Allgem. Deutsche Wechsel-Ordnung Art. **2.**; A. G. O. I. **24.** §§ 35. 36., **37.** § 48.; Exekutions-Verordnung vom **4.** März 1834 § **6.**

Rechtsgr. 882. — IV. Senat. 18. Dezember 1862. (XLVI. 358.)

Der für entschuldbar erklärte Kridar ist wegen der zur Zeit der Konkurs-Eröffnung vorhandenen Forderungen von jeder Personal-Exekution, auch der aus Wechselforderungen, befreit. Er geht seines Privilegiums dadurch nicht verlustig, daß er dasselbe nicht schon im Wechselprozeß selbst geltend gemacht hat, noch auch hängt die Wirksamkeit desselben davon ab, daß in dem Judikat ein desfallsiger Ausspruch erfolgt.

Siehe auch Rechtsgrundsätze 761. 834. 836. 838. (A. G. O. I. **8.** § **14.**; Konkurs-Ordnung vom 8. Mai 1855 §§ **4.** 5. 8.)

Funfzehnter Abschnitt. Besondere Bestimmungen.

I. Für den Konkurs über das Vermögen von Aktiengesellschaften.

§§ **281.** ff. Siehe Rechtsgrundsatz **1149.** (Gesetz vom **9.** November 1843 § 15.)

II. Für den Konkurs über das Vermögen von Handelsgesellschaften.

§§ **286-289.** Eröffnung des Konkurses über das Privatvermögen der einzelnen Mitglieder einer Handelsgesellschaft nach Eröffnung des Konkurses über das Gesellschaftsvermögen. — Vergl. §§ 35. 115. 122. 306. dieser Konkurs-Ordnung; Justiz-Ministerial-Instruktion vom 6. August 1855 § 51.

Rechtsgr. 883. — II. Senat. 11. Juni 1863. (XLIX. 249.)

a) Im Falle der geschehenen Eröffnung des Konkurses über das Gesellschaftsvermögen einer Handelsgesellschaft darf der Konkursrichter des Privatvermögens des einzelnen Gesellschafters die sofortige Konkurs-Eröffnung über das letztere auch dann nicht unterlassen, wenn er Grund hat, den Gesellschafter für zahlungsfähig oder sein Privatvermögen für so unbedeutend zu halten, daß es die Konkurskosten nicht decken würde.

b) Der in dem Hauptkonkurse über das Gesellschaftsvermögen festgesetzte Tag der Zahlungs-Einstellung der Gesellschaft ist auch maaßgebend für den Konkurs über das Privatvermögen des einzelnen Gesellschafters, und ist daher dieser Tag ohne weitere Prüfung auch in dem Eröffnungsbeschlusse über das letztere festzusetzen.

III. Verfahren über das inländische Vermögen eines ausländischen Gemeinschuldners.

§§ **293-296.** Siehe Rechtsgrundsatz 10. (A. L. R. Einl. § 23.)

Sechszehnter Abschnitt. Von dem abgekürzten Konkursverfahren.

§ **306.** Siehe Rechtsgrundsatz 883. (§ 286. dieser Konkurs-Ordnung.)

Siebzehnter Abschnitt. Strafbestimmungen.

§ **308.** Siehe Rechtsgrundsatz 870. (§ 124. dieser Konkurs-Ordnung.)

Titel 3. Von dem Verfahren im gemeinen Konkurse.

Erster Abschnitt. Von der Eröffnung des Konkurses.

§§ **319-332**. Siehe Rechtsgrundsätze **869**. **871**. (§§ **120**. **124**. dieser Konkurs-Ordnung.)

Titel 5. Von dem Prioritäts-Verfahren in der Exekutions-Instanz.

Erster Abschnitt. Von dem Prioritätsverfahren bei Exekutionsvollstreckungen in das bewegliche Vermögen.

§ **362-366**. Rechtsweg gegen eine, den Beitritt eines zweiten Gläubigers zu der bereits für einen anderen Gläubiger verfügten Exekution für unzulässig erklärende Verfügung desselben Richters. — Vergl. A. G. O. I. **50**. § **448**.

Rechtsgr. **884**. — IV. Senat. 18. Juli 1861. (XLII. 276.)

Hat derselbe Richter, nach bereits für einen anderen Gläubiger in ein bestimmtes Vermögens-Objekt verfügter Exekution, bei Prüfung der Beitritts-Erklärung eines andern Gläubigers diesen Beitritt für unzulässig erklärt; so hindert dies den Letzteren nicht, diese sein eigenes Verhältniß zu dem ersten Exekutionssucher berührende Frage zur Entscheidung mittelst richterlichen Erkenntnisses zu bringen.

§ **363**. Siehe Rechtsgrundsatz **346**. (A. L. R. I. **16**. Anh. § **52**. zu § 484.)

§ **366**. Theilung einer ausstehenden Forderung des Schuldners im Wege des Prioritätsverfahrens. — Vergl. §§ **369-372**. dieser Konkurs-Ordnung.

Rechtsgr. **885**. — IV. Senat. 27. Juni 1863. (L. 164.)

Die Theilung einer ausstehenden Forderung des Schuldners, welche zur vollständigen Befriedigung der aus derselben ihre Befriedigung suchenden Gläubiger nicht zulänglich ist, kann im Wege des Prioritätsverfahrens auch v o r der Zahlung dieser Forderung seitens ihres Schuldners zum gerichtlichen Depositorium rechtsgültig geschehen.

Dieser Grundsatz findet auch in dem Falle Anwendung, wenn der Richter die Aufforderung an den Schuldner zur Einzahlung der Forderung zum gerichtlichen Depositorium verabsäumt hat.

Siehe auch Rechtsgrundsätze 319. 815. (A. L. R. I. **16.** § 213.; A. G. O. I. **24.** § 101.)

§ **368.** Kompensation im Prioritätsverfahren über einzelne Vermögensobjekte des Schuldners. — Vergl. A. L. R. I. **16.** §§ 95. 301. 368. 380.; A. G. O. I. **90.** § 163.; Konkurs-Ordnung vom 8. Mai 1855 § 97. No. 1., § 380.

Rechtsgr. **886.** — **IV.** Senat. **4.** November **1862.** (**XLVI. 304.**)

a) Die Konkurrenz mehrerer Gläubiger zu demselben Vermögensobjekt ihres Schuldners, welches zur Befriedigung aller Ansprüche nicht ausreicht, führt in Bezug auf dies Objekt dasselbe Verhältniß herbei, welches beim Konkurse in Betreff des ganzen demselben unterworfenen Vermögens obwaltet.

b) Daher finden die Vorschriften der Konkurs-Ordnung über die Zulässigkeit und Unzulässigkeit der Kompensation im Konkurse auch auf das Prioritätsverfahren über einzelne Vermögens-Objekte des Schuldners Anwendung.

§§ **369-372.** Siehe Rechtsgrundsatz 885. (§ **366.** dieser Konkurs-Ordnung.)

§ **371.** Siehe Rechtsgrundsätze 319. 815. (A. L. R. I. **16.** § 213.; A. G. O. I. **24.** § 101.)

§ **375.** Siehe Rechtsgrundsatz 890. (§ **393.** No. **4.** dieser Konkurs-Ordnung.)

Zweiter Abschnitt. Von dem Prioritätsverfahren bei Exekutionsvollstreckungen in Besoldungen und andere an die Person des Schuldners gebundene fortlaufende Einkünfte.

§ **380.** Siehe Rechtsgrundsatz 886. (§ **368.** dieser Konkurs-Ordnung.)

Dritter Abschnitt. Von der Vertheilung der Kaufgelder bei nothwendigen Subhastationen.

§ **383**. Siehe Rechtsgrundsatz **851**. (§ **56**. dieser Konkurs-Ordnung.)

§ **388**. Abs. **2**. Tilgung der persönlichen Verbindlichkeit durch Anweisung auf den Kaufgelder-Rückstand im Kaufgelderbelegungs-Verfahren. — Vergl. A. L. R. I. **16**. §§ **251**. ff., **20**. § **43**.; Konkurs-Ordnung vom 8. Mai **1855** §§ **399**. **400**.; Verordnung vom **4**. Juli **1822** § 6.; Subhastations-Verordnung vom **4**. März **1834** §§ **16** ff.

Rechtsgr. **887**. — III. Senat. 31. Oktober 1862. (**XLVIII. 48.**)

Die in dem Kaufgelderbelegungs-Verfahren von dem Richter einem Gläubiger ertheilte Anweisung auf die von dem Adjudikatar nicht eingezahlten Kaufgelder hat die Wirkung der Zahlung und der Befreiung des ursprünglichen Schuldners.

§ **390**. Rechte des Cedenten einer Hypothekenforderung bei der Kaufgeldervertheilung im Subhastationsprozesse. — Vergl. § **54**. dieser Konkurs-Ordnung.

Rechtsgr. **888**. — III. Senat. 5. April 1861. (**XLI. 145.**)

Zu den im § 390. der Konkurs-Ordnung vom 8. Mai 1855 gedachten eingetragenen Gläubigern, welchen im Falle ihres Ausbleibens im Kaufgeldervertheilungs-Termine außer dem Kapitale vorläufig die laufenden Zinsen nebst zweijährigen Rückständen in Rechnung zu bringen sind, — ist hinsichtlich der rückständigen Zinsen auch der Cedent zu rechnen, wenn er dieselben nicht mit cedirt hat.

§ **392**. Verpflichtung des im Kaufgelderbelegungs-Termine der Auszahlung widersprechenden Realgläubigers zum Schadensersatz. — Vergl. A. L. R. Einl. § **94**., I. **6**. §§ 36. 37.

Rechtsgr. **889**. — I. Senat. 10. Januar 1862. (**XLV. 26.**)

Der Umstand allein, daß ein auf Grund des § 392. der Konkurs-Ordnung von einem Realgläubiger im Kaufgelderbelegungs-Termine erhobener Widerspruch, welcher die Anlegung einer besonderen Depositalmasse zur Folge gehabt hat, durch rechtskräftiges Erkenntniß für unbegründet erklärt worden, berechtigt den Eigenthümer dieser Forderung nicht ohne Weiteres, von dem Widersprechenden Schadensersatz zu beanspruchen.

Vielmehr ist zur Begründung einer Schadensklage gegen den Widersprechenden der Nachweis erforderlich: daß ihm bei der Erhebung des Widerspruches nach den obwaltenden Verhältnissen und Umständen böser Vorsatz oder doch ein vertretbares Versehen zur Last gefallen sei.

§ 393. No. 4. Anfechtungsrecht der Realgläubiger des im Konkurse subhastirten Grundstücks bei der Kaufgelderverthheilung hinsichtlich der Forderungen der Rechtsnachfolger der Ehefrau des Pfandbestellers auf Befriedigung wegen des Eingebrachten. — Vergl. §§ 109. 375. dieser Konkurs-Ordnung.

Rechtsgr. 890. — III. Senat. 24. Mai und 7. Juni 1861. (XLI. 305.)

Das im Konkurse bei der Vertheilung der Kaufgelder des subhastirten Grundstücks den anwesenden Realgläubigern zustehende Recht, Forderungen der Rechtsnachfolger der Ehefrau des Pfandbestellers auf Befriedigung wegen des in der Verwaltung des Mannes gekommenen Vermögens der Ehefrau anzufechten, unterliegt den in dem ersten Abschnitte der Konkurs-Ordnung enthaltenen Bestimmungen und namentlich auch den hinsichtlich dritter Besitzer in dem § 109. daselbst gegebenen Beschränkungen.

Siehe auch Rechtsgrundsätze 473. 833. (A. L. R. II. 1. § 254.; Einführungsgesetz vom 8. Mai 1855 Art. 12.)

§ 394. Inhalt des Erkenntnisses hinsichtlich des Streits über eine Kaufgelder-Spezialmasse.

Rechtsgr. 891. — III. Senat. 19. September 1862. (XLVI. 211.)

Aus der Vorschrift des § 394. der Konkurs-Ordnung, — daß das Erkenntniß bestimmen müsse, an wen der streitige Kaufgelderbetrag auszuzahlen oder zu übereignen sei, oder daß dasselbe nach Befinden die anderweite Vertheilung anzuordnen habe, — folgt nicht, daß der Richter von Amtswegen das Interesse der später eingetragenen ausgefallenen Gläubiger, welche nicht der Auszahlung an den Kläger widersprochen haben, geltend machen müsse, und daß er befugt sei, das Liquidat des Klägers zurückzuweisen, obwohl der Einspruch der Verklagten sich erledigt.

§ **395.** Siehe Rechtsgrundsätze **399. 850. 851.** (A. L. R. I. 20. § 468.; Konkurs-Ordnung vom 8. Mai 1855 § **56.**)

§ **399.** Siehe Rechtsgrundsatz 887. (§ 388. dieser Konkurs-Ordnung.)

§ **400.** Siehe Rechtsgrundsätze 195. 887. (A. L. R. I. **11.** § 183.; Konkurs-Ordnung vom 8. Mai 1855 § 388.)

Fünfter Abschnitt. Von der Vertheilung der Revenuen von Immobilien.

§§ **416. 417. 420.** Siehe Rechtsgrundsatz 893. (§ **434.** dieser Konkurs-Ordnung.)

Titel 6. Von der gerichtlichen Zahlungsstundung und von der Rechtswohlthat der Kompetenz.

Erster Abschnitt. Von der gerichtlichen Zahlungsstundung.

§ **424.** Schleuniger Prozeß in Betreff der Rechtswohlthat der Zahlungsstundung und der Kompetenz. — Vergl. §§ **434. 436.** dieser Konkurs-Ordnung; Prozeß-Verordnung No. **2729.** vom **21.** Juli **1846** §§ 13. 27.

Rechtsgr. 892. — III. Senat. 2. und 27. Februar 1863. (XLVIII. 225.)

Unter „schleunigen Prozessen“ in den die Rechtswohlthaten der Zahlungsstundung und der Kompetenz betreffenden §§ 424. und 436. der Konkurs-Ordnung ist das Verfahren des § 27. der Verordnung vom 21. Juli 1846 mit verkürzten Rechtsmittelfristen zu verstehen. Daher ist die Frist zur Einlegung des Rechtsmittels der Appellation und der Nichtigkeitsbeschwerde die dreitägige, und hinsichtlich der Anmeldung und Rechtfertigung dieser Rechtsmittel ist nach

§ 27. der Prozeßverordnung vom 21. Juli 1846 zu verfahren.

Siehe auch Rechtsgrundsatz 1150. (Prozeß-Verordnung No. 2729. vom 21. Juli 1846 § 13.)

§ **431**. Siehe Rechtsgrundsatz 893. (§ 434. dieser Konkurs-Ordnung.)

Zweiter Abschnitt. Von der Rechtswohlthat der Kompetenz.

§ **434**. Begriff der Freigebigkeit im Sinne der Konkurs-Ordnung. — Vergl. §§ 416. 417. 420. 431. dieser Konkurs-Ordnung.

Rechtsgr. 893. — IV. Senat. 13. Juni 1861. (XLII. 121.)

a) Der Begriff der Freigebigkeit im Sinne des § 434. der Konkurs-Ordnung erfordert, daß aus dem eigenen Vermögen Etwas hin- oder aufgegeben werde.

b) Eine Freigebigkeit im Sinne des § 434. der Konkurs-Ordnung liegt daher nicht vor, wenn der Realgläubiger einen Theil der sequestrirten Revenüen seinem Schuldner zu dessen Unterhalt überläßt.

Siehe Rechtsgrundsatz 892. (§ 424. dieser Konkurs-Ordnung.)

§ **436**. Siehe Rechtsgrundsätze 892. 1150. (§ 424. dieser Konkurs-Ordnung; Prozeß-Verordnung vom 21. Juli 1846 § 13.)

Kriminal-Ordnung vom 11. Dezember 1805.

§§ **40. 54**. Siehe Rechtsgrundsatz 253. (A. L. R. I. **12**. § 93.)
§ **384**. Siehe Rechtsgrundsatz 772. (A. G. O. I. **10**. § 149b.)
§ **392**. Nothwendiger Eid über ein Verbrechen, im Civilprozesse.

Rechtsgr. 894. — IV. Senat. 7. Oktober 1862. (XLVII. 69.)

Der § 392. der Kriminal-Ordnung hat für den Civil-Prozeß keine Geltung.

Allgemeine Hypotheken-Ordnung.

Titel 1. Von der Form und Einrichtung der Hypothekenbücher überhaupt.

§§ **48**. **49**. Siehe Rechtsgrundsätze **425**. **433**. (A. L. R. I. **21**. §§ 212. 350.)

Titel 2. Von Verwaltung des Hypothekenwesens und Führung der Bücher bei den Oberkollegiis.

§§ **12**. **13**. Siehe Rechtsgrundsatz **1041**. (Prozeß-Verordnung vom 1. Juni 1833 § 1. No. 2.)

§ **30**. Siehe Rechtsgrundsatz **392**. (A. L. R. I. **20**. § 411.)

§§ **92-94**. Siehe Rechtsgrundsatz **298**. (A. L. R. I. **15**. § 1.)

§ **126**. Siehe Rechtsgrundsatz **582**. (A. L. R. II. **10**. § 127.)

§ **159**. Siehe Rechtsgrundsätze **399**. **850**. (A. L. R. I. **20**. § 468.; Konkurs-Ordnung vom 8. Mai 1855 § 56.)

§ **168**. Siehe Rechtsgrundsatz **392**. (A. L. R. I. **20**. § 411.)

§§ **171**. ff. Siehe Rechtsgrundsatz **226**. (A. L. R. I. **11**. § 738.)

§ **180**. Siehe Rechtsgrundsatz **228**. (A. L. R. I. **11**. § 738.)

§ **199**. Siehe Rechtsgrundsatz **20**. (A. L. R. I. **2**. § 107.)

§§ **204**. ff. **210**. ff. Siehe Rechtsgrundsatz **895**. (Hypotheken-Ordnung II. § 231.)

§ **213**. Siehe Rechtsgrundsatz **1071**. (Subhastations-Verordnung vom 4. März 1834 § 11.)

§§ **231**. ff. Guter Glaube des Hypothekenbuchs bei Einräumung der Priorität. — Vergl. A. L. R. I. **11**. §§ 393. 394., **20**. §§ 513. 514. 522.; Allgem. Hypotheken-Ordnung §§ 204. ff. 210. ff.; Justiz-Ministerial-Instruktion vom 3. August 1853 zu dem Gesetz vom 24. Mai 1853, Art. 14. zu § 24. Litt. c.

Rechtsgr. **895**. — III. Senat. 17. Januar 1862. (XLV. 31.)

Der Glauben des Hypothekenbuchs schützt Denjenigen, welcher, auf den Inhalt desselben vertrauend, auf eine dasselbe betreffende Handlung sich einläßt, nur dann, wenn er bei dieser Handlung zugleich die für dieselbe bestimmten gesetzlichen Vorschriften beobachtet.

Hat daher der Besitzer des Grundstücks einer nachstehend eingetragenen Post die Priorität vor der vorstehenden, noch auf seinen Namen als Cessionar eingetragenen, jedoch von ihm bereits an einen Dritten weiter cedirten Forderung eingeräumt, ohne sich zu dieser Verfügung durch Vorlegung des Schuld- und auf ihn gerichteten Cessionsdokuments zu legitimiren, und ohne daß diese Verfügung auf diesen Urkunden vermerkt worden ist; so kann der Eigenthümer der nachstehenden Post sich auf den guten Glauben des Hypothekenbuchs nicht berufen, und daher die Priorität vor der voreingetragenen Forderung nicht geltend machen.

§§ **241. 242.** Siehe Rechtsgrundsatz **1041.** (Prozeß-Verordnung vom **1.** Juni 1833 § **1.** No. **2.**)

§§ **249. 250.** Siehe Rechtsgrundsatz 20. (A. L. R. I. **2.** § 107.)

§§ **266.** ff. Siehe Rechtsgrundsatz 433. (A. L. R. I. **21.** § 350.)

§ **289.** Siehe Rechtsgrundsatz 393. (A. L. R. I. **20.** § 421.)

§ **298.** Siehe Rechtsgrundsatz 819. (A. G. O. I. **29.** § 81.)

§ **301.** Siehe Rechtsgrundsatz 26. (A. L. R. I. **4.** § 19.)

Allgemeine Deposital-Ordnung.

Titel 1. Von der Verwaltung des Depositalwesens bei Landes-Justiz-Kollegiis und Obergerichten.

Zweiter Abschnitt. Von dem Verfahren bei den Ausgaben aus dem Deposito.

§ **126.** Siehe Rechtsgrundsatz 582. (A. L. R. II. **10.** § 127.)

Dritter Abschnitt. Von dem Verfahren bei Unterbringung und Ausleihung der Deposital-Gelder.

C. An Privatpersonen.

§ **339.** Siehe Rechtsgrundsatz **226.** (A. L. R. I. **11.** § 738.)

Ostpreußisches Provinzialrecht.

(Berlin, 1801-1802.)

Zusatz **213**. §§ **4**. **5**. **13**. Dingliche Natur der großen und kleinen Kalende in Ostpreußen. — Vergl. A. L. R. II. **11**. §§ 858. 859. 891. 921. 937.

Rechtsgr. 896. — I. Senat. 10. Juli 1863. (L. 186.)

Die in Ostpreußen vorkommende große und kleine Kalende sind dingliche Abgaben.

Siehe auch Rechtsgrundsatz 607. (A. L. R. II. **11**. § 858.)

Zusatz **226**. Siehe Rechtsgrundsatz 976. (Ostpreußisches Wegereglement vom **24**. Juni **1764** § 9.)

Provinzialrecht für Westpreußen.

(Gesetz-Sammlung von 1844 S. 103.)

§ **5**. Siehe Rechtsgrundsatz 174. (A. L. R. I. **9**. § 641.)

§ **43**. Siehe Rechtsgrundsatz 595. (A. L. R. II. **11**. § 584.)

§§ **51-55**. Vermuthung für die Freiheit eines Grundstücks von der Entrichtung des Meßkorns in Westpreußen. — Vergl. A. L. R. II. **11**. §§ 857. 935.; Vergleich zwischen dem Hochmeister Werner und dem Bischof von Cujarien von 1330; Warschauer Traktat vom **24**. Februar **1768**, erster Separat-Artikel, Art. II. § 7.

Rechtsgr. 897. — I. Senat. 24. September 1862. (XLVI. 229.)

Die nach § 54. des Westpreußischen Provinzialrechts begründete Vermuthung für die Freiheit eines Grundstücks von der Entrichtung des Meßkorns setzt voraus, daß von diesem Grundstücke ein Geldzehnten unter der Benennung „Realdezem“ oder „Hausquartal“ entrichtet werde.

Neue revidirte Willkür der Stadt Danzig vom Jahre 1761.

(Danzig, 1783.)

Th. 1. Kap. 4. Abschn. 7. Art. 7. S. 40. Siehe Rechtsgrundsatz 570. (A. L. R. II. 8. § 1635.)

Revidirter Entwurf des Provinzialrechts des Herzogthums Alt-, Vor- und Hinterpommern.

(Berlin, 1836.)

§ 56. und Motive S. 96. 97. Siehe Rechtsgrundsatz 977. (Pommersche Bauer-Ordnung vom 30. Dezember 1764 Tit. 4. § 2.)

Provinzialrecht des Herzogthums Alt-, Vor- und Hinterpommern.

(Stettin, 1835.)

§ 207. Siehe Rechtsgrundsatz 374. (A. L. R. I. 18. § 360.)

Statutarrecht der Städte des Herzogthums Alt-, Vor- und Hinterpommern, — insbesondere Anklamer Statutarrecht.

(Stettin, 1836.)

Kap. 8 § 6., Kap. 9. §§ 12. 13. Siehe Rechtsgrundsatz 496. (A. L. R. II. 1. § 631.)

Provinzialrecht des Herzogthums Neuvorpommern und des Fürstenthums Rügen.

(Greifswald, 1836.)

Thl. 6. § 186. S. 135. Siehe Rechtsgrundsatz 491. (A. L. R. II. 1. § 426.)

Revidirtes Lübisches Recht.

(Ausgabe von Kollius, Hamburg, 1586.)

Buch I. Tit. 5. Art. 1. 5-9. 11. Entstehung der ehelichen Gütergemeinschaft und Wirkung der Absonderung des Vermögens der Frau, nach Lübischem Recht. — Vergl. A. L. R. II. 1. §§ 392-394.; Revidirtes Lübisches Recht Buch III. Tit. 1. Art. 10.; Entscheidung der Gesetz-Kommission vom 22. Oktober 1800.

Rechtsgr. 898. — I. Senat. 14. November 1862. (XLVII. 166.)

a) Nach Lübischem Recht entsteht die Gütergemeinschaft schon mit Eingehung der Ehe; sie ist jedoch bedingt durch die Geburt eines Kindes und wird daher mit dem Eintritt dieser Bedingung eine von Anfang an vollgültige.

b) Daher wird nach Lübischem Rechte die bedingte Verhaftung des Vermögens der Frau für die Schulden des Mannes durch die Geburt eines Kindes von Anfang an wirksam.

c) Auch wenn die Absonderung des Vermögens der Ehefrau erfolgt ist, sind aus demselben die bis dahin entstandenen Schulden zu berichtigen, wenn die Ehe demnächst beerbt wird.

Buch I. Tit. 8. Art. 2. Widerspruchsrecht des Nachbarn bei Eigenthumsausdehnung auf eigenem Grunde.

Rechtsgr. 899. — II. Senat. 12. März 1861. (XLI. 36.)

Der Art. 2. Tit. 8. Buch I. des Lübischen Rechts handelt

nur von dem Rechte der Eigenthumsausdehnung auf eigenem Grunde und versagt vermittelst des einjährigen Bestehens dem Nachbar den Widerspruch.

Buch **II**. Tit. **2**. Art. **2. 5. 8.** Siehe Rechtsgrundsatz **901**. (Revidirtes Lübisches Recht Buch II. Tit. **2**. Art. **21**.)

Buch **II**. Tit. **2**. Art. **12**. Erbportion der überlebenden Ehefrau, nach Lübischem Recht.

Rechtsgr. **900**. — I. Senat. 2. November 1863. (**LI**. 188.)

Nach Lübischem Rechte erhält die überlebende Ehefrau bei unbeerbter Ehe die Hälfte des Nachlasses des Mannes als statutarische Erbportion, welche durch letztwillige Verfügung des Ehemannes nicht geschmälert werden kann.

Buch **II**. Tit. **2**. Art. **21. 29**. Beendigung der fortgesetzten Gütergemeinschaft durch zweite Ehe, nach Lübischem Rechte. — Vergl. Revidirtes Lübisches Recht Buch II. Tit. 2. Art. 2. 5. 8.

Rechtsgr. **901**. — I. Senat. 9. Januar 1863. (**XLVII**. 298.)

Nach Lübischem Rechte muß der überlebende Ehegatte, falls er zur zweiten Ehe schreitet, mit seinen unabgefundenen Kindern theilen. Es kann daher rücksichtlich der ihm gebührenden Dispositionsbefugniß die mit den Kindern fortgesetzte Gütergemeinschaft nur bis zu diesem Zeitpunkte dauern.

Buch **III**. Tit. **1**. Art. **10**. Siehe Rechtsgrundsatz **898**. (Lübisches Recht Buch I. Tit. 5. Art. 1.)

Buch **III**. Tit. **12**. Art. **13**. Anfechtung eines auf der Grenze errichteten Gebäudes des Nachbarn, nach Lübischem Recht. — Vergl. A. L. R. I. **9**. §§ **340. 341**.

Rechtsgr. **902**. — **II**. Senat. 12. März 1861. (**XLI**. 36.)

Auch nach Lübischem Rechte kann der Nachbar, wenn er die Baulinie auch nur stillschweigend genehmigt hat, und dem zufolge durch den Bau die Grenze überschritten worden ist, Zurückziehung des Gebäudes nicht, sondern nur Entschädigung für Grund und Boden verlangen.

Schwedisch-Pommersches Seerecht vom 15. Februar 1805.

Kap. 8. Abth. 1., Kap. 16. Abth. 2. Anspruch des Schiffsvolks auf die Heuer an die Rheder.

Rechtsgr. 903. — V. Senat. 17. Dezember 1861. (XLIII. 287.)

Wenngleich der Schiffer es unterlassen hat, die vorgeschriebenen Heuerliquidationen mit dem Schiffsvolk auszumachen und an die Rhederei einzusenden, so ist die Letztere dennoch nicht befugt, das Schiffsvolk wegen seiner Heuer an den Schiffer zu verweisen.

Provinzialrecht der Kurmark Brandenburg.

(Dr. v. Scholtz und Hermensdorff, das bestehende Provinzialrecht der Kurmark Brandenburg, Berlin, 1834.)

Thl. I. § 639. Siehe Rechtsgrundsatz 992. (Edikt vom 18. April 1792 § 2.)

Thl. I. §§ 640. 641. (S. 210.) Kurmärkisches Auenrecht:

A. Natur des Auenrechts in der Mark Brandenburg; Veräußerung eines Theils der Substanz der Dorfaue. — Vergl. Thl. II. S. 579. ff. dieses Provinzialrechts; Gesetze vom 2. März 1850 § 3. No. 14. und vom 14. April 1856 § 16.

Rechtsgr. 904. — II. Senat. 5. Februar 1863. (XLVIII. 173.)

a) Das Märkische Auenrecht besteht in der Benutzung der Dorfstraße und der freien Plätze im Dorfe, dergestalt, daß diese Benutzung als Ausfluß des Eigenthums erscheint, selbstverständlich aber den nöthigen gemeinen Gebrauch der Straße und Plätze nicht behindern darf.

b) Die Veräußerung eines Theils der Substanz der Dorf-Aue überschreitet nicht nur das bloße Nutzungsrecht, welches das Auenrecht gewährt, sondern macht auch den dabei vorbehaltenen gemeinen Gebrauch schlechthin unmöglich.

c) Das Auenrecht stellt ein ausschließliches Recht der Gutsherrschaft nicht dar.

B. Recht des Gutsherrn auf Benutzung des Straßendüngers, nach Kurmärkischem Provinzialrechte. — Vergl. Thl. II. Abth. 2. S. 580. ff. dieses Provinzialrechts; A. L. R. I. 2. §§ 109. 110.

Rechtsgr. **905.** — II. Senat 6. und 11. September 1862. (XLVII. 20.)

Nach dem Kurmärkischen Provinzialrechte hat der Gutsherr das Recht nicht blos zum Gebrauche, sondern auch zur Benutzung der Dorfstraßen; er hat daher auch ein Recht auf den Straßendünger.

§ **642.** Siehe Rechtsgrundsatz 992. (Edikt vom 18. April 1792 § 2.)
Thl. **II.** S. **579.** ff. Siehe Rechtsgrundsätze 904. 905. (Provinzialrecht der Kurmark Brandenburg § 640.)

Spezial-Bau-Observanzen der Stadt Berlin.

(Mathis, Bd. 2. S. 357.; Grein, die Rechtsverhältnisse der Nachbarn in Bau-Angelegenheiten, Berlin, 1842, S. 131.)

Tit. **1.** § **8.**, Tit. **4.** §§ **1-6.** Siehe Rechtsgrundsätze 960. 961. (Berliner Bau-Ordnung vom 30. November 1641.)

Rüthener und Gesecker Statutarrecht von 1310.

(Seibertz, Statutar- und Gewohnheitsrechte des Herzogthums Westphalen, S. 357.)

Art. **41.** Dispositionsbefugniß des überlebenden Ehegatten. — Vergl. Seibertz, Statutarrechte § 69., Motive § 166.

Rechtsgr. 906. — I Senat. 28. November 1862. (XLVIII. 100.)

Nach dem Rüthener Statutar- und Gewohnheitsrecht kann der überlebende Ehegatte, welcher mit den Kindern die Gütergemeinschaft auf Gedeih und Verderb fortsetzt, über das ganze gemeinschaftliche Vermögen letztwillig verfügen vorbehaltlich der den Kindern als Schichttheil ungeschmälert zu belassenden Hälfte des Vermögens.

Art. 41. 43. Vererbung des Miteigenthumsantheils eines verheiratheten Kindes bei der fortgesetzten Gütergemeinschaft, nach dem Rüthener Statutarrechte.

Rechtsgr. 907. — I. Senat. 2. Oktober 1863. (L. 300.)

Nach dem Rüthener Statutarrecht geht im Falle der communio prorogata der Miteigenthumsantheil eines verheiratheten Kindes nicht blos auf dessen Kinder, sondern im Falle des Absterbens dieser Kinder vor bewirkter Schichtung auch auf den Ehegatten jenes verheirathet gewesenen Kindes über.

Revidirter Entwurf des Provinzialrechts der Grafschaft Mark, der Stadt und der Grafschaft Dortmund und der Städte Soest und Lippstadt.

(Berlin, 1836.)

§§ 71-74. 81. und Motive S. 62. 63: Siehe Rechtsgrundsätze 969. 970. (Soester zwölf Artikel oder Declaratio über einige Statuten, von 1714.)

Revidirter Entwurf des Provinzialrechts des Fürstenthums Paderborn.

(Berlin, 1841.)

§ 89. Uebergang des Verfügungsrechts des Ehemannes über das

Vermögen der Ehe bei dauernder Verhinderung desselben, insbesondere wegen Abwesenheit, Blödsinn oder Prodigalitäts-Erklärung, auf die Ehefrau, nach der Paderborner ehelichen Gütergemeinschaft. — Vergl. A. L. R. II. 1. §§ 202. 205. 322. 325-328.; Wigand, Provinzialrecht von Paderborn Bd. 1. §§ 25-27.; Motive zu § 61. des Mindenschen Entwurfes; Gesetz vom 16. April 1860 §§ 3. 4.

Rechts. 908. — III. Senat. 30. Oktober 1863. (LII. 56.)

Nach den Grundsätzen der alten Paderborner ehelichen Gütergemeinschaft ist bei dauernder Abwesenheit, Blödsinn oder Prodigalitäts-Erklärung des Mannes die Frau zu allen Verfügungen über das gütergemeinschaftliche Vermögen berechtigt, wozu sonst der Mann befugt ist.

Code Napoléon.

Art. 2. Rückwirkende Kraft der Gesetze bei prozessualischen und Kompetenz-Vorschriften. — Vergl. Code de commerce Art. 631. 632.; Einführungsgesetz zum Deutschen Handelsgesetzbuch Art. 1. 2. 47.; Allg. Deutsches Handelsgesetzbuch Art. 271. No. 1., Art. 273. 274.

Rechtsgr. 909. — V. Senat. 4. November 1862. (XLVII. 133.)

a) Der Grundsatz von der nicht rückwirkenden Kraft der Gesetze kommt nicht in Betracht, wenn es sich nur um prozessualische und Kompetenzvorschriften handelt.

Es macht hierbei keinen Unterschied, ob noch unter der Herrschaft des früheren Gesetzes das erste Urtheil über die Kompetenzfrage ergangen ist.

b) Der Appellations-Richter ist mit der Kompetenzfrage in ihrem ganzen Umfange befaßt und hat sie nach den zur Zeit seines Urtheils maaßgebenden Vorschriften zu entscheiden.

Siehe auch Rechtsgrundsatz 424. (A. L. R. I. 21. § 189.)

Art. 103. 104. Domizilveränderung.

Rechtsgr. 910. — V. Senat: 14. Mai 1861. (XLI. 244.)

Ist zwar An- und Abmeldung des Domizils, jedoch nur in der Absicht erfolgt, um sich der Kompetenz des betreffenden Gerichts zu entziehen, so ist eine Domizilveränderung zumal dann nicht anzunehmen, wenn die dazu erforderlichen Einrichtungen nicht getroffen sind.

Art. **174.** Siehe Rechtsgrundsatz 924. (Art. 1483. dieses Code.)
Art. **215.** Wirkung der einer Ehefrau ertheilten Autorisation zur Prozeßführung auf den Charakter der gegen dieselbe eingeklagten Schuld. — Vergl. Art. 217. 223. 1409. 1410. 1426. dieses Code.

Rechtsgr. 911. — V. Senat. 3. Dezember 1861. (XLIII. 228.)

Die der Ehefrau ertheilte Autorisation des Ehemannes zur Prozeßführung giebt der gegen sie eingeklagten Schuld nicht den Charakter einer gütergemeinschaftlichen Schuld.

Art. **217.** Siehe Rechtsgrundsätze 911. 922. 923. (Art. 215. 1426. 1449. dieses Code.)
Art. **219-221.** Siehe Rechtsgrundsatz 923. (Art. 1449. dieses Code.)
Art. **223.** Siehe Rechtsgrundsatz 911. (Art. 215. dieses Code.)
Art. **544.** Siehe Rechtsgrundsatz 926. (Art. 2226. dieses Code.)
Art. **600-603.** Vermuthung hinsichtlich der Gutsinventarienstücke bei Beendigung des Nießbrauches. — Vergl. A. L. R. I. 21. §§ 47. 48.; Art. 1728. 1730. 1731. des Code civ.; Dig. 7. 9. Lex 6.

Rechtsgr. 912. — I. Senat. 19. Dezember 1862. (XLVII. 262.)

Auch nach dem Französischen Rechte tritt gegen den Nießbraucher, welcher die Sache ohne Anfertigung eines Inventars über die Beilaßstücke und ohne Kautionsbestellung übernommen hat, bei der Rückgewähr der Sache die Vermuthung ein, daß er dieselbe mit allen zur vollständigen Benutzung derselben in ihrem Zustande zur Zeit der Beendigung des Nießbrauchs erforderlichen Beilaßstücken erhalten habe.

Art. **690.** Siehe Rechtsgrundsatz 926. (Art. 2226. dieses Code.)
Art. **691.** Siehe Rechtsgrundsatz 173. (A. L. R. I. 9. § 629.)
Art. **697. 701.** Siehe Rechtsgrundsatz 926. (Art. 2226. dieses Code.)
Art. **918.** Berücksichtigung des Pflichttheils bei Schenkungen.

Rechtsgr. 913. — V. Senat. 18. Juni 1861. (XLII. 146.)

Der Art. 918. des Code Napoléon unterscheidet nicht zwischen freigebigen und lästigen Rechtsgeschäften. Verträge, welche sich direkt als Schenkungen kundgeben, sind ihm somit unterworfen. Ist der Art. 918. anwendbar, so muß bei vorgekommener Verletzung der disponiblen Quote der dann erfolgende Rapport zur Masse nicht in Natur, sondern in dem die disponibele Quote übersteigenden Werth geschehen, so daß die allgemeinen Regeln über die Kollationspflicht einer Modifikation unterliegen.

Der Art. 918. ist nicht ausgeschlossen, wenn die Freigebigkeit nicht einem einzelnen, sondern mehreren Erben gleichzeitig zugewendet ist.

Art. **941.** Transkription der Schenkung.

Rechtsgr. 914. — V. Senat. 18. Juni 1861. (XLII. 146.)

Auch der enterbte oder übergangene Erbe kann den Mangel der Transkription der Schenkung nicht rügen.

Art. **943.** Siehe Rechtsgrundsatz 916. (Art. 948. dieses Code.)

Art. **945.** Zweck des Vermögensverzeichnisses.

Rechtsgr. 915. — V. Senat. 18. Juni 1861. (XLII. 145.)

Der Zweck des Verzeichnisses des Art. 945. des Code Napoléon liegt nicht in der Konstatirung der Existenz, sondern in der Feststellung der Höhe der Schulden.

Art. **948.** Abschätzung bei der Schenkung von Mobilien und Immobilien. — Vergl. Art. 943. dieses Code.

Rechtsgr. 916. — V. Senat. 18. Juni 1861. (XLII. 146.)

Ein Schenkungsvertrag, welcher Immobilien und Mobilien zugleich umfaßt, ist beim Mangel einer Abschätzung der Mobilien nur in Betreff dieser, nicht aber in Betreff der Immobilien ungültig.

Art. **1075.** Elterliche Vermögens-Vertheilung unter die Kinder.

Rechtsgr. 917. — V. Senat. 18. Juni 1861. (XLII. 145.)

Der Art. 1075. des Code Napoléon setzt eine Vertheilung des elterlichen Vermögens unter die Kinder voraus.

Art. 1290. Kompensation des Schuldners mit einer ihm zedirten unverzinslichen Gegenforderung auf die verzinsliche Forderung des Gläubigers. — Vergl. Art. 1690. dieses Code.

Rechtsgr 918. — V. Senat. 5. Mai 1863. (L. 49.)

Der für die Kompensation geltende Grundsatz, daß Forderung und Gegenforderung in dem Augenblicke, wo Beide existent werden, bis zur Konkurrenz ihrer resp. Beträge sich gegen einander aufheben, gilt auch für Forderungen, welche erst durch Cession auf den Kompensirenden übertragen worden sind.

Daher vermindert sich nicht blos das verzinsliche Kapital um den Betrag der zur Kompensation gestellten Gegenforderung, sondern es können auch von dem kompensirten Theile jenes Kapitals seit der Existenz der Gegenforderung keine Zinsen gefordert werden.

Art. 1351. Verlust der Einrede im Prozesse durch deren Nichtgeltendmachung, nach Rheinischem Recht.

Rechtsgr. 919. — V. Senat. 5. Mai 1863. (L. 48.)

Nach Rheinischem Rechte ist aus dem Umstande, daß der Verklagte in einem Vorprozesse die Geltendmachung von Forderungen unterlassen hat, welche in keinem unmittelbaren Zusammenhang mit der Klageforderung stehen, weder der Verlust dieser Forderungen, noch eine Ausschließung des Rechts zu begründen, diesen an sich liquiden Anspruch auf die zur Exekution gestellten Judikate des Vorprozesses in Aufrechnung zu bringen.

Art. 1357. 1363-1365. Begriff der Eidesweigerung, nach Rheinischem Rechte.

Rechtsgr. 920. — V. Senat. 18. Juni 1861. (XLII. 170.)

Wird die Ausschwörung eines de- oder referirten, wenn auch noch nicht durch das Richteramt normirten Eides verweigert, so ist die Ausschwörung dieses Eides abgeschnitten.

Art. 1370. 1372. 1375. Begründung der actio negotiorum gestorum contraria. — Vergl. Inst. 3. 28. § 1.; Dig. 3. 5. Lex 6. § 4., Lex 10. § 1.

Rechtsgr. 921. — V. Senat. 25. März 1862. (XLIV. 270.)

a) Die actio negotiorum gestorum contraria setzt die wirkliche und absichtliche Führung fremder Geschäfte voraus.

b) Der Satz: daß sich Niemand mit dem Schaden eines Anderen bereichern dürfe, ist als Prinzip dieser Klage nicht anzusehen.

c) Der Umstand, daß Jemand durch die Ausführung eines ihn selbst angehenden Geschäfts auch einem Anderen einen Vortheil verschafft, reicht für sich noch nicht zur Begründung der Klage hin.

Art. 1401. Siehe Rechtsgrundsatz 928. (Code de procédure Art. 557.)
Art. 1409. Siehe Rechtsgrundsatz 911. (Art. 315. dieses Code.)
— No. 2. Siehe Rechtsgrundsatz 922. (Art. 1426. dieses Code.)
Art. 1410. Siehe Rechtsgrundsatz 911. (Art. 215. dieses Code.)
Art. 1421. Siehe Rechtsgrundsatz 928. (Code de procédure Art. 557.)
Art. 1426. Belastung der ehelichen Gütergemeinschaft mit Schulden seitens der Ehefrau. — Vergl. Art. 217. 1409. No. 2., Art. 1484. dieses Code.

Rechtsgr. 922. — V. Senat. 28. April 1863. (L. 37.)

Eine Ehefrau kann zwar während bestehender Gütergemeinschaft keine die Letztere belastende Schuld ohne Autorisation des Ehemannes kontrahiren. Es steht aber Nichts entgegen, daß der Ehemann später und selbst nach Auflösung der Gütergemeinschaft seine der Frau ertheilte Autorisation schriftlich anerkennt und durch eine solche nachträgliche Konstatirung seiner Einwilligung wenigstens dem Gläubiger gegenüber die volle Haftbarkeit als gütergemeiner Gatte für die frühere kontrahirte Schuld übernimmt.

Siehe auch Rechtsgrundsatz 911. (Art. 215. dieses Code.)

Art. **1449.** Dispositionsbefugniß der in getrennten Güterverhältnissen lebenden Ehefrau, nach Rheinischem Rechte. — Vergl. Art. 217. 219-221. 1538. dieses Code.

Rechtsgr. **923.** — V. Senat. 16. April 1861. (XLI. 171.)

Die Befugniß der in getrennten Güterverhältnissen lebenden Ehefrau, ohne Autorisation ihres Ehemannes über ihre Mobilien zu disponiren, steht derselben nur mit Rücksicht auf die in ihre Hände übergegangene Verwaltung ihres Vermögens zu. Sie ist daher durch die Natur der Verwaltung und deren Bedürfniß begrenzt und auf solche Handlungen beschränkt, welche in der Verwaltung ihren Grund haben und daraus hervorgehen.

Art. **1456-1458. 1465.** Siehe Rechtsgrundsatz 924. (Art. 1483. dieses Code.)

Art. **1483.** Fristen zur Errichtung des Inventars seitens des überlebenden Ehegatten, nach Rheinischem Rechte. — Vergl. Art. 174. 1456-1458. 1465. dieses Code.

Rechtsgr. **924.** — V. Senat. 18. November und 9. Dezember 1862. (XLVII. 211.)

Bei der Vorschrift des Art. 1483. des Code Napoléon ist die Frist der Art. 1456. zu subintelligiren. Diese Frist ist jedoch auch im Fall des Art. 1483. keine präklusivische und unter Umständen auch nach Ablauf der Frist Verlängerung derselben von dem Richter zu bewilligen.

Art. **1484.** Siehe Rechtsgrundsatz 922. (Art. 1426. dieses Code.)
Art. **1538.** Siehe Rechtsgrundsatz 923. (Art. 1449. dieses Code.)
Art. **1690.** Siehe Rechtsgrundsatz 918. (Art. 1290. dieses Code.)
Art. **1728. 1730. 1731.** Siehe Rechtsgrundsatz 912. (Art. 600. dieses Code.)
Art. **1742.** Siehe Rechtsgrundsatz 424. (A. L. R. I. 21. § 189.)
Art. **2092. 2093.** Siehe Rechtsgrundsatz 928. (Code de procédure Art. 557.)

Art. **2123**. Siehe Rechtsgrundsatz 861. (Konkurs-Ordnung v. 8. Mai 1855 § 101.)

Art. **2154**. Erneuerung der Hypotheken-Inskription bei der Subhastation nach Rheinischem Recht. — Vergl. Code de procédure Art. 752. 772-774.; Gesetze vom 11. Brumaire des Jahres VII. Art. 23. und vom 3. Messidor des Jahres III. Art. 163.

Rechtsgr. **925**. — V. Senat. 21. Oktober 1862. (XLVI. 269.)

a) Durch den Zwangsverkauf wird der Zweck der Hypothek erreicht. Es ist damit nothwendig der Rang der nunmehr auf den Steigpreis angewiesenen Hypothekargläubiger fixirt, und es kann daher zur Konservirung dieses Ranges der Inskriptions-Erneuerung nicht mehr bedürfen.

b) Es wird hieran dadurch nichts geändert, daß eine neue Subhastation nothwendig geworden ist, da diese nur eine Konsequenz der früheren ist und an deren Stelle tritt.

Art. **2226**. Erwerbung von Servituten an einer öffentlichen Straße durch Verjährung seitens einer Privatperson, insbesondere Erwerbung einer Wasserleitung an derselben durch Verjährung, nach Französischem Rechte. — Vergl. Art. 544. 690. 677. 701. dieses Code.

Rechtsgr. **926**. — V. Senat. 17. November 1863. (LI. 227.)

Eine Privatperson kann die Servitut einer Wasserleitung an einer öffentlichen Straße durch Verjährung nach Französischem Rechte nicht erwerben.

Art. **2281**. Siehe Rechtsgrundsatz 173. (A. L. R. I. 9. 629.)

Code de procédure civile.

Art. **116**. Siehe Rechtsgrundsatz 930. (Code de commerce Art. 457.)

Art. **471**. Sukkumbenzstrafe des Inzident-Appellanten.

Rechtsgr. **927**. — V. Senat. 28. April 1863. (L. 37.)

Der Inzident-Appellant, dessen Inzident-Appell verworfen wird, darf in Sukkumbenzstrafen nicht verurtheilt werden.

Art. **545.** ff. Siehe Rechtsgrundsatz **811.** (A. G. O. I. **24.** § 3.)

Art. **557.** 558. Beschlagnahme der Mobiliarforderung der Ehefrau, nach Rheinischem Rechte. — Vergl. Code Napoléon Art. **1401. 1421. 2092. 2093.**

Rechtsgr. **928.** — V. Senat. 3. Dezember 1861. (XLIII. 228.)

Die Beschlagnahme einer Mobiliarforderung der Ehefrau ist als die Beschlagnahme einer Forderung der Gütergemeinschaft nicht anzusehen.

Art. **752. 772-774.** Siehe Rechtsgrundsatz **925.** (Code Napoléon Art. **2154.**)

Code de commerce.

Art. **1.** Siehe Rechtsgrundsatz 556. (A. L. R. II. 8. § 475.)
Art. **99.** Siehe Rechtsgrundsatz **264.** (A. L. R. I. **13.** § 46.)
Art. **140-142.** Siehe Rechtsgrundsatz **694.** (Allgem. Deutsche Wechsel-Ordnung Art. **81.**)
Art. **174.** Siehe Rechtsgrundsatz **705.** (Allgem. Deutsche Wechsel-Ordnung Art. 88.)
Art. **337. 441.** Eigenschaft des Falliten als Handelsmann.

Rechtsgr. **929.** — V. Senat. 14. Mai 1861. (XLI. 244.)

Es ist gleichgültig, ob der Fallit zur Zeit der Falliments-Eröffnung die Eigenschaft als Handelsmann noch gehabt hat.

Art **443. 446.** Siehe Rechtsgrundsatz **861.** (Konkurs-Ordnung vom 8. Mai 1855 § **101.**)

Art. **457.** Verkündung des Falliments-Urtheils. — Vergl. Code de procédure civile Art. **116.**; Gesetz vom **20.** April **1810** Art. 7.

Rechtsgr. **930.** — V. Senat. 14. Mai 1861. (XLI. 244.)

Urtheile, durch welche die Falliments-Eröffnung erklärt wird, bedürfen nicht der Verkündung in öffentlicher Sitzung.

Art. **631. 632.** Siehe Rechtsgrundsätze 556. **909.** (A. L. R. II. 8. § 475.; Code Napoléon Art. 2.)

Oesterreichisches Allgem. Bürgerliches Gesetzbuch.

§ 75. Siehe Rechtsgrundsatz 465. (A. L. R. II. 1. § 136.)

Corpus juris civilis.

1. Institutiones.

Lib. 2. Tit. 3. de servitutibus:

— § 4. Errichtung einer Servitut durch bloßen Vertrag ohne hinzukommende Quasi-Tradition, nach Römischem Recht. — Vergl. Inst. 2. 4. § 1.; Dig. 7. 1. Lex 3. pr., Lex 25. § 7, 8. 4. Lex 8.

Rechtsgr. 931. — V. Senat. 10. Dezember 1861. (XLIII. 256.)

Nach Römischem Rechte können Servituten durch bloßen Vertrag, ohne hinzukommende Quasi-Tradition, errichtet werden.

Lib. 2. Tit. 4. de usufructu:
— § 1. Siehe Rechtsgrundsatz 931. (Inst. 2. 3. § 4.)
Lib. 2. Tit. 6. de usucapionibus et longi temporis praescriptionibus:
— §§ 2. ff. Siehe Rechtsgrundsatz 169. (A. L. R. I. 9. § 584.)
Lib. 2. Tit. 17. quibus modis testamenta infirmantur:
— § 7. Siehe Rechtsgrundsatz 946. (Cod. 6. 23. Lex 27.)
Lib. 3. Tit. 19. de inutilibus stipulationibus:
— §§ 9. 10. Siehe Rechtsgrundsatz 515. (A. L. R. II. 2. § 125.)
Lib. 3. Tit. 27. (28.) de obligationibus, quae quasi ex contractu nascuntur:
— § 5. Siehe Rechtsgrundsatz 256. (A. L. R. I. 12. § 557.)
Lib. 3. Tit. 28. (29.) per quas personas nobis obligatio adquiritur:
— § 28. Siehe Rechtsgrundsatz 921. (Code Napoléon Art. 1370.)
Lib. 4. Tit. 5. de obligationibus, quae quasi ex delicto nascuntur:
— § 3. Siehe Rechtsgrundsatz 22. (A. L. R. I. 3. § 33.)

2. Digesta.

Lib. 3. Tit. 4. quod cujuscunque universitatis nomine vel contra eam agatur:

— Lex 1. Siehe Rechtsgrundsatz 548. (A. L. R. II. 6. § 25.)

Lib. 3. Tit. 5. de negotiis gestis:

— Lex 6. § 4., Lex 10. § 1. Siehe Rechtsgrundsatz 929. (Code Napoléon Art. 1370.)

Lib. 4. Tit. 6. ex quibus causis majores XXV. annis in integrum restituuntur:

— Lex 1. § 1., Lex 26. pr. Zuordnung eines Offizial-Anwalts.

Rechtsgr. 932. — IV. Senat. 15. September 1863. (L. 235.)

Die wenngleich zu spät erfolgte Zuordnung eines Offizial-Anwaltes stellt keine Verweigerung der Justiz dar.

Lib. 4. Tit. 8. de receptis, qui arbitrium receperunt, ut sententiam dicant:

— Lex 11. § 2. Siehe Rechtsgrundsatz 947. (Cod. 7. 47. Lex un.)

— Lex 17. pr., Lex 27. §§ 1-4. Siehe Rechtsgrundsatz 153. (A. L. R. I. 9. § 360.)

— Lex 32. pr. Siehe Rechtsgrundsatz 947. (Cod. 7. 47. Lex un.)

— Lex 32. § 3., Lex 49. § 2. Siehe Rechtsgrundsatz 153. (A. L. R. I. 9. § 360.)

Lib. 7. Tit. 1. de usufructu et quemadmodum quis utatur fruatur:

— Lex 3. pr. Siehe Rechtsgrundsatz 931. (Inst. 2. 3. § 4.)

— Lex 9. § 7. Siehe Rechtsgrundsatz 606. (A. L. R. II. 11. § 804.)

— Lex 13. § 2. Siehe Rechtsgrundsatz 22. (A. L. R. I. 3. § 33.)

— Lex 25. § 7. Siehe Rechtsgrundsatz 931. (Inst. 2. 3. § 4.)

Lib. 7. Tit. 9. usufructuarius quemadmodum caveat:

— Lex 6. Siehe Rechtsgrundsatz 912. (Code Napoléon Art. 600.)

Lib. 8. Tit. 1. de servitutibus:

— Lex 20. Siehe Rechtsgrundsatz 450. (A. L. R. I. 22. § 29.)

Lib. 8. Tit. 2. de servitutibus praediorum urbanorum:

— Lex 13. § 1., Lex. 27. § 1. Siehe Rechtsgrundsatz 936. (Dig. 10. 3. Lex 28.)

Lib. 8. Tit. 3. de servitutibus praediorum rusticorum:

— Lex 18. Siehe Rechtsgrundsatz 450. (A. L. R. I. 22. § 29.)

Lib. 8. Tit. 4. Communia praediorum tam urbanorum, quam rusticorum:

— Lex **8**. Siehe Rechtsgrundsatz **931**. (Inst. **2**. 3. § 4.)

Lib. **8**. Tit. **5**. si servitus vindicetur, vel ad alium pertinere negetur:

— Lex **10**. pr. Ersitzung einer Servitut nach Gemeinem Rechte. — Vergl. Cod. **3**. 34. Lex **1**. **2**.

A. Bei mangelndem Titel in 30 Jahren. — Vergl. A. L. R. Publikations-Patent vom 5. Februar **1794** § 9., I. **9**. §§ 579. 620 ff. 625., **22**. §§ 15. 16.; Publikations-Patent vom **21**. Juni 1825 § 15.; Dig. **43**. **19**. Lex 5. § 3.; Cod. **7**. 39. Lex **2**.; cap. **1**. in VI^to. de praescript.

Rechtsgr. **933**. — II. Senat. 19. März 1861. (XLI. 67.)

Nach dem Gemeinen Recht ist zur Ersitzung einer Servitut, deren Ausübung sich nicht auf einen Titel stützt, insbesondere auch einer Fahrgerechtigkeit, ein Zeitraum von dreißig Jahren erforderlich.

B. Ersitzung einer Servitut und Praescriptio longissimi temporis der Minderjährigen in den ehemals Sächsischen Landestheilen. — Vergl. Publikations-Patent v. 15. Novbr. **1816** § 5.; Dig. **39**. 3. Lex **1**. § **23**., Lex 2. pr.

Rechtsgr. **934**. — II. Senat. 14. Januar 1864. (LI. 349.)

Die gemeinrechtliche Kontroverse:

a) ob zur Usukapion einer Servitut die Scientia domini nothwendig ist,

b) ob bei der Praescriptio longissimi temporis Minderjährige auszuschließen sind,

ist für die ehemals Sächsischen Landestheile zu verneinen.

C. Erwerbende Verjährung einer Servitut gegen Grundstücke des Landesherrn, nach Gemeinem Rechte. — Vergl. Dig. **39**. 3. Lex 1. § ult., **43**. 19. Lex 5. § 3.; Cod. **7**. 33. Lex 8. 12.

Rechtsgr. **935**. — V. Senat. 28. Mai 1861. (XLI. 268.)

Nach Gemeinem Recht ist zur Ersitzung einer Servitut an einem im Eigenthum des Landesherrn befindlichen Grundstücke ein vierzigjähriger Zeitraum erforderlich.

Lib. **9**. Tit. **2**. ad legem Aquiliam:

— Lex **8**. pr., Lex **27**. § 9., Lex **30**. § 3. Siehe Rechtsgrundsatz **22**. (A. L. R. I. **3**. § 33.)

Lib. 10. Tit. 1. Finium regundorum:
— Lex 1. 2. § 1. Siehe Rechtsgrundsatz 372. (A. L. R. I. 17. § 362.)
— Lex 4. Siehe Rechtsgrundsatz 943. (Cod. 3. 39. Lex 3.)
Lib. 10. Tit. 3. Communi dividundo:
— Lex 28. Spolienklage des Miteigenthümers. — Vergl. Dig. 8. 2. Lex 13. § 1., Lex 27. § 1., 17. 1. Lex 8. § 6.; Decret. Grat. can. 3. causa. 3. qu. 1.; libri extra D. G. Lib. 2. Tit. 13. cap. 2. 3. 7. 8. 10. 17.; Lib. VI. Decr. Lib. 2. Tit. 5. cap. 1.

Rechtsgr. 936. — V. Senat. 12. November 1861. (XLIII. 178.)

Die Regel: „in re communi prohibentis melior est conditio" leidet eine Ausnahme, wenn die von dem einen Miteigenthümer unter Widerspruch des Anderen an der gemeinschaftlichen Sache vorgenommenen Aenderung dem Widersprechenden unschädlich ist. Die Anstellung der Spolienklage ändert hieran Nichts, da dieselbe ebenfalls ein Interesse des Spolienklägers voraussetzt.

Lib. 11. Tit. 8. de mortuo inferendo et sepulcro aedificando:
— Lex 1. §§ 5-7. Siehe Rechtsgrundsatz 589. (A. L. R. II. 11. § 189.)
Lib. 12. Tit. 6. de condictione indebiti:
— Lex 26. § 4. Siehe Rechtsgrundsatz 951. (Cod. 8. 27. Lex un.)
Lib. 17. Tit. 1. Mandati vel contra:
— Lex 8. § 6. Siehe Rechtsgrundsatz 936. (Dig. 10. 3. Lex 28.)
Lib. 18. Tit. 1. de contrahenda emptione, et de pactis inter emptorem et venditorem compositis, et quae res venire non possunt:
— Lex 1. pr. und § 1., Lex 2. Siehe Rechtsgrundsatz 184. (A. L. R. I. 11. § 46.)
— Lex 79. Siehe Rechtsgrundsatz 184. (A. L. R. I. 11. § 46.)
Lib. 18. Tit. 4. de hereditate vel actione vendita:
— Lex 2. § 8., Lex 4-6. Siehe Rechtsgrundsatz 213. (A. L. R. I. 11. § 393.)
— Lex 17. § 23. Siehe Rechtsgrundsatz 213. (A. L. R. I. 11. § 393.)
Lib. 19. Tit. 1. de actionibus empti et venditi:
— Lex 1. § 1. Siehe Rechtsgrundsatz 194. (A. L. R. I. 11. § 183.)
— Lex 6. §§ 1. 2. (Siehe Rechtsgrundsatz 184. (A. L. R. I. 11. § 46.)
— Lex 21. § 1., Lex 39. 41. Siehe Rechtsgrundsatz 194. (A. L. R. I. 11. § 183.)
— Lex 49. § 1. Siehe Rechtsgrundsatz 233. (A. L. R. I. 11. § 843.)

— Lex **13.** § **29.** Siehe Rechtsgrundsatz 515. (A. L. R. II. 2. § 125.)

Lib. **21.** Tit. **1.** de aedilicio edicto et redhibitione, et quanti minoris:

— Lex **1.** §§ **2. 6.** Siehe Rechtsgrundsatz 938. (Dig. **21. 1.** Lex **14.** § 10.)

— Lex **1.** § **8.** **Vergütung des Interesse wegen Fehler der verkauften Sache, insbesondere wegen Schwammes eines verkauften Gebäudes, nach Gemeinem Rechte.** — Vergl. Lex **4.** § **6.**, Lex **12.** § **1.** dieses Titels.

Rechtsgr. **937.** — III. Senat. 30. März 1863. (XLIX. 138.)

a) Ein Anspruch des Käufers einer fehlerhaften Sache auf Vergütung des Interesse findet gemeinrechtlich nicht statt, wenn der Minderwerth wegen der Fehler im Verhältniß zum Kaufpreise nur ein sehr geringer ist.

b) Daher ist daraus, daß in dem verkauften Gebäude der Schwamm sich nur in einer sehr geringen Ausdehnung von 1 ½ Quadratruthen zeigt, welcher mit einem sehr geringen Kostenaufwand — von etwa 24 Rthlrn. — beseitigt werden kann, ein Anspruch auf Vergütung des Interesse nicht herzuleiten.

— Lex **4.** § **6.**, Lex **12.** § **1.** Siehe Rechtsgrundsatz 937. (Dig. **21. 1.** Lex 1. § 8.)

— Lex **48.** § **3.** Siehe Rechtsgrundsatz 938. (Dig. **21.** 1. Lex 14. § 10.)

— Lex **14.** § **10.** Verborgene und in die Augen fallende Fehler bei der ädilitischen Klage. — Vergl. Lex 1. §§ 2. 6., Lex 48. § 3. dieses Titels.

Rechtsgr. **938.** — IV. Senat. 15. April 1862. (XLIV. 297.)

Die Klage aus dem ädilitischen Edikt ist auch alsdann nicht ausgeschlossen, wenn der Fehler nur in der Art verborgen ist, daß er nur dem Auge des Kenners sichtbar ist.

Lib. **21.** Tit. **2.** de evictionibus et duplae stipulatione:

— Lex **26.** pr. Siehe Rechtsgrundsatz 947. (Cod. 7. 47. Lex un.)

Lib. **22.** Tit. **1.** de usuris et fructibus, et causis, et omnibus accessionibus, et mora:

— Lex **13**. § **1**. Siehe Rechtsgrundsatz **266**. (A. L. R. **I. 13.** § 55.)

Lib. **23**. Tit. **1**. de sponsalibus:

— Lex **14**. Siehe Rechtsgrundsatz **463**. (A. L. R. II. **1**. § 75.)

Lib. **28**. Tit. **5**. de heredibus instituendis:

— Lex **32**. **62**. **68**. **69**. Letztwillige Dispositionsbefugniß des überlebenden, die Gütergemeinschaft fortsetzenden Ehegatten nach Gemeinem Römischen Rechte. — Vergl. Dig. **35**. **1**. Lex **52**.; Extra Decr. Grat. **3**. **26**. cap. **13**.

Rechtsgr. **939**. — V. Senat. 25. Juni 1861. (XLII. 197.)

Dem überlebenden und die Gütergemeinschaft fortsetzenden Ehemann steht gemeinrechtlich das Recht nicht zu, über die gesammte gemeinschaftliche Vermögensmasse mit Einschluß des Nachlasses der Ehefrau zu testiren.

Lib. **30**. de legatis et fideicommissis. (I.):

— Lex **24**. §§ **1**. **2**. Siehe Rechtsgrundsatz 940. (Lex **30**. dieses Titels.)

— Lex **30**. Pertinenzqualität des Mühlenkanals und Mühlengrabens, nicht auch des Mühlenteiches. — Vergl. Dig. 30. (I.) Lex **24**. §§ 1. 2, **32**. (III.) Lex **91**. § 3., **33**. 7. Lex **20**. § 7.; A. L. R. I. **2**. §§ **42**. **44**.

Rechtsgr. **940**. — III. Senat. 10. November 1862. (XLVII. 153.)

a) Nicht der Mühlenteich, sondern nur der Mühlenkanal und Mühlengraben sind gemeinrechtlich als Pertinenz der Mühle zu erachten.

b) Mehrfache Vererbung oder Veräußerung kann für sich allein die Pertinenz-Eigenschaft nicht begründen.

Lib. **32**. de legatis et fideicommissis (III.):

— Lex **91**. § **3**. Siehe Rechtsgrundsatz 940. (Dig. **30**. (I.) Lex 30.)

Lib. **33**. Tit. **7**. de instructo vel instrumento legato:

— Lex **20**. § **7**. Siehe Rechtsgrundsatz 940. (Dig. **30**. (I.) Lex 30.)

Lib. **35**. Tit. **1**. de conditionibus et demonstrationibus:

— Lex **52**. Siehe Rechtsgrundsatz 939. (Dig. **28**. 5. § 32.)

Lib. **38**. Tit. **16**. de suis et legitimis heredibus:

— Lex **3**. Siehe Rechtsgrundsatz 510-512. (A. L. R. II. **1**. 1024.)

Lib. **39**. Tit. **3**. de aqua et aquae pluviae arcendae:

— Lex **1**. pr. und § **1**. Siehe Rechtsgrundsatz **143**. (A. L. R. I. **8**. § 185.)

— Lex 1. § 12. Siehe Rechtsgrundsatz 628. (A. L. R. II. 15. § 246.)
— Lex 1. § 15. Siehe Rechtsgrundsatz 143. (A. L. R. I. 8. § 185.)
— Lex 1. § 23. Siehe Rechtsgrundsätze 933. 934. (Dig. 8. 5. Lex 10. pr.)
— Lex 2. pr. Siehe Rechtsgrundsatz 933. (Dig. 8. 5. Lex 10. pr.)
— Lex 21. Siehe Rechtsgrundsatz 628. (A. L. R. II. 15. § 246.)

Lib. 39. Tit. 5. de donationibus:
— Lex 34. § 1. Siehe Rechtsgrundsatz 249. (A. L. R. I. 11. § 1169.)

Lib. 41. Tit. 2. de adquirenda vel amittenda possessione:
— Lex 3. pr. Siehe Rechtsgrundsatz 450. (A. L. R. I. 22. § 29.)
— Lex 3. § 1. Siehe Rechtsgrundsatz 90. (A. L. R. I. 7. § 78.)
— Lex 12. Siehe Rechtsgrundsatz 450. (A. L. R. I. 22. § 29.)

Lib. 41. Tit. 3. de usurpationibus et usucapionibus:
— Lex 4. §§ 22. ff. Siehe Rechtsgrundsatz 169. (A. L. R. I. 9. § 584.)

Lib. 42. Tit. 1. de re judicata, et de effectu sententiarum, et de interlocutionibus:
— Lex 14. Siehe Rechtsgrundsatz 941. 1167. (Lex 55. dieses Titels; Verordnung vom 21. Juli 1849 § 13.)
— Lex 33. Siehe Rechtsgrundsatz 797. (A. G. O. I. 16. § 2. No. 1.)
— Lex 55. 62. Rechtskraft eines Urtheils. — Vergl. A. G. O. I. Einl. § 65.; Dig. 44. 1. Lex 14., 44. 2. Lex 1. 3.; Cod. 7. 62. Lex 6. 21. 36. 42.; Extra Decr. Grat. 2. 28. cap. 59. 61.; Kammergerichtsordnung von 1555 Tit. 50. §§ 5. 6.; Verordnung vom 21. Juli 1849 §§ 13. 14. 47. ff. 57. 65.; Gesetz vom 26. April 1851 Art. 5. No. 1. und No. 2. a. b.

Rechtsgr. 941. — V. Senat. 8. Dezember 1863. (LI. 305.)

Der gesetzliche Begriff der Rechtskraft eines Urtheils beschränkt sich auf das Verhältniß der Parteien unter einander. Daher kann von einer Rechtskraft des Erkenntnisses des Appellations-Richters insoweit, als darin die Sache zur anderweiten Verhandlung und Entscheidung an den ersten Richter zurückgewiesen worden ist, für die Entscheidung der Frage, ob der erste Richter demnach zur anderweiten Verhandlung und Entscheidung verpflichtet gewesen sei, kein Argument hergeleitet werden.

Siehe auch Rechtsgrundsatz 1167. (Verordnung vom 21. Juli 1849 § 13.)

Lib. 42. Tit. 5. de rebus auctoritate judicis possidendis seu vendundis:
— Lex 8. § 1. Siehe Rechtsgrundsatz 433. (A. L. R. I. 21. § 350.)
Lib. 43. Tit. 12. de fluminibus, ne quid in flumine publico ripave ejus fiat, quo pejus navigetur:
— Lex 1. § 5. Siehe Rechtsgrundsatz 148. (A. L. R. I. 9. § 272.)
— Lex 3. Siehe Rechtsgrundsatz 652. (A. L. R. II. 15. § 55.)
Lib. 43. Tit. 17. uti possidetis:
— Lex 1. Siehe Rechtsgrundsatz 943. (Cod. 8. 39. Lex 3.)
Lib. 43. Tit. 19. de itinere actuque privato:
— Lex 2-4. Siehe Rechtsgrundsatz 450. (Allgem. Landrecht I. 22. § 29.)
— Lex 5. § 3. Siehe Rechtsgrundsätze 933. 935. (Dig. 8. 5. Lex 10. pr.)
Lib. 44. Tit. 1. de exceptionibus, praescriptionibus et praejudiciis:
— Lex 2. 22. Siehe Rechtsgrundsatz 1045. (Prozeß-Verordnung vom 1. Juni 1833 § 14.)
Lib. 44. Tit. 2. de exceptione rei judicatae:
— Lex 1. Siehe Rechtsgrundsätze 941. 1167. (Dig. 42. 1. Lex 55.; Verordnung vom 21. Juli 1849 § 13.)
— Lex 3. 5. 6. Rechtskräftige Entscheidung nach Gemeinem Rechte. — Vergl. Allgem. Gerichts-Ordnung Einl. §§ 65. 66., I. 13. § 38., 16. § 1.)

Rechtsgr. 942. — II. Senat. 5. Dezember 1863. (LII. 159.)

a) Nach den Grundsätzen des Gemeinen Rechts über die res judicata kommt es hinsichtlich der Wirkungen eines Erkenntnisses als rechtskräftige Entscheidung nicht lediglich auf die Erkenntnißformel, sondern vielmehr auf den Inhalt des, aus den Gründen sich ergebenden, Erkenntnisses an.

b) Ist daher von dem Kläger auf Grund eines Zeitpachtsvertrages gegen den Verklagten, als Pächter, auf Abtretung des Grundstücks geklagt, der Letztere durch den Urtheilstenor von dieser Anklage freigesprochen worden, nach den Gründen aber diese Freisprechung deshalb geschehen, weil das Gericht die Einrede des Verklagten, daß ihm ein jus perpetuae coloniae an dem Grundstücke zustehe, für begründet erachtet hat; so ist dies jus perpetuae coloniae des Verklagten für rechtskräftig festgestellt zu erachten.

Siehe auch Rechtsgrundsätze 941. 1167. (Dig. 42. 1. Lex 55.; Verordnung vom 21. Juli 1849 § 13.)

Lib. 45. Tit. 1. de verborum obligationibus:
— Lex 38. § 17. Siehe Rechtsgrundsatz 947. (Cod. 7. 47. Lex un.)
Lib. 46. Tit. 1. de fidejussoribus mandatoribus:
— Lex 28. si contendat. Siehe Rechtsgrundsatz 824. (A. G. O. I. 32. § 1.)
Lib. 47. Tit. 22. de collegiis et corporibus:
— Lex 1. 2. 3. Siehe Rechtsgrundsatz 548. (A. L. R. II. 6. § 25.)
Lib. 48. Tit. 5. ad Legem Juliam de adulteriis coercendis:
— Lex 29. § 2. Siehe Rechtsgrundsatz 716. (Strafgesetzbuch § 6.)
Lib. 49. Tit. 1. de appellationibus et relationibus:
— Lex 10. § 11. Siehe Rechtsgrundsatz 794. (A. G. O. I. 14. § 14a.)
Lib. 50. Tit. 17. de diversis regulis juris:
— Lex 153. Siehe Rechtsgrundsatz 450. (A. L. R. I. 22. § 29.)

3. Codex.

Lib. 2. Tit. 3. de pactis:
— Lex 20. Siehe Rechtsgrundsatz 639. (A. L. R. II. 11. § 154.)
Lib. 3. Tit. 7. ut nemo invitus agere vel accusare cogatur:
— Lex un. Siehe Rechtsgrundsatz 824. (A. G. O. I. 32. § 1.)
Lib. 3. Tit. 34. de servitutibus et aqua:
— Lex 1. 2. Siehe Rechtsgrundsätze 933-935. (Dig. 8. 5. Lex 10.)
Lib. 3. Tit. 39. Finium regundorum:
— Lex 3. Possessorium wegen Verrückung der Grenzen, nach Gemeinem Rechte. — Vergl. Dig, 10. 1. Lex 4., 43. 17. Lex 1.

Rechtsgr. 943. — III. Senat. 8. Mai 1863. (XLIX. 191.)

Auch wegen der zugleich die Grenze betreffenden Besitzstörungen findet gemeinrechtlich das Possessorium statt.

Lib. 4. Tit. 21. de fide instrumentorum et amissione eorum, et antapochis faciendis, et de his, quae sine scriptura fieri possunt.
— Lex 17. Wirkung der vorbehaltenen schriftlichen Abfassung eines Vertrages nach dem Gemeinen Rechte.

Rechtsgr. **944**. — V. Senat. 29. April 1862. (XLIV. 301.)

Im Falle der vorbehaltenen schriftlichen Abfassung des Vertrages legt die Lex 17. Cod. 4. 21. allen früheren Verabredungen nur die Kraft unwirksamer Traktate bei.

Lib. **4**. Tit. **39**. de hereditate vel actione vendita:
— Lex. **3**. Siehe Rechtsgrundsätze 213. 945. (A. L. R. I. **11**. § 393.; Cod. **4**. 39. Lex 9.)
— Lex **7**. **8**. Siehe Rechtsgrundsatz 213. (A. L. R. I. **11**. § 393.)
— Lex **9**. Cession der Klage aus zweiseitigen Geschäften nach Gemeinem Recht. — Vergl. A. L. R. I. **11**. § 382.; Cod. **4**. 39. Lex 3.

Rechtsgr. **945**. — V. Senat. 28. Oktober 1862. (XLVII. 123.)

Nach Gemeinem Rechte können der Regel nach alle Klagen cedirt werden, gleichviel, ob sie aus einem einseitigen oder zweiseitigen Geschäft herrühren.

Siehe auch Rechtsgrundsatz 213. (A. L. R. I. **11**. § 393.)

Lib. **5**. Tit. **27**. de naturalibus liberis et matribus eorum, et ex quibus causis justi efficiuntur:
— Lex **11**. Siehe Rechtsgrundsätze 510-512. (A. L. R. II. **1**. § 1024.)
Lib. **6**. Tit. **23**. de testamentis et quemadmodum testamenta ordinentur:
— Lex **27**. Widerruf eines in gerichtlicher Verwahrung befindlichen Testaments nach Gemeinem Recht. — Vergl. Inst. **2**. **17**. § 7.

Rechtsgr. **946**. — I. Senat. 7. Februar 1862. (XLIV. 195.)

Gemeinrechtlich stellt die Zurücknahme eines gerichtlichen Testaments aus der gerichtlichen Verwahrung an sich keinen Widerruf des Testaments dar; dasselbe verliert hierdurch auch nicht den Charakter eines gerichtlichen Testaments.

Lib. **7**. Tit. **14**. de ingenuis manumissis:
— Lex **5**. diffamari. Siehe Rechtsgrundsatz 824. (A. G. O. I. **32**. § 1.)
Lib. **7**. Tit. **33**. de praescriptione longi temporis decem vel viginti annorum:
— Lex **8**. **12**. Siehe Rechtsgrundsatz 935. (Dig. **8**. **5**. Lex **10**.)

Lib. 7. Tit. 39. de praescriptionibus XXX. vel XL. annorum:
— Lex 2. Siehe Rechtsgrundsatz 933. (Dig. 8. 5. Lex 10. pr.)
Lib. 7. Tit. 47. de sententiis, quae pro eo, quod interest, proferuntur:
— Lex un. Höhe der Konventionalstrafe nach Gemeinem Recht. — Vergl. A. L. R I. 5. § 301.; Dig. 4. 8. Lex 11. § 2., Lex 32. pr., 21. 2. Lex 26. pr., 45. 1. Lex 38. § 17.

Rechtsgr. 947. — V. Senat. 26. März 1861. (XLI. 123.)

Nach dem Gemeinen Rechte ist die Höhe der Konventionalstrafe ganz von dem Belieben der Kontrahenten abhängig, und findet daher eine gesetzliche Beschränkung durch ein bestimmtes Verhältniß zur Größe des zunächst zu leistenden Gegenstandes nicht statt.

Lib. 7. Tit. 58. si ex falsis instrumentis vel testimoniis judicatum sit:
— Lex 1-4. Siehe Rechtsgrundsatz 797. (A. G. O. I. 16. § 2. Nr. 1.)
Lib. 7. Tit. 62. de appellationibus et consultationibus:
— Lex 6. 21. 36. 42. Siehe Rechtsgrundsätze 941. 1167. (Dig. 42. 1. Lex 55.; Verordnung vom 21. Juli 1849 § 13.)
Lib. 8. Tit. 18. qui potiores in pignore habeantur:
— Lex 7. Siehe Rechtsgrundsatz 949. (Lex 11. dieses Titels.)
— Lex 11. Vorzugsrecht der vertragsmäßigen Pfandrechte:
A. Gegenseitiges Verhältniß schriftlicher Konventional-Pfandrechte.

Rechtsgr. 948. — V. Senat. 12. März 1861. (XLI. 42.)

Die Lex 11. Cod. 8. 18. ist nur auf das gegenseitige Verhältniß schriftlicher Konventionalpfandrechte zu beziehen; sie findet auf die gesetzlichen Pfandrechte keine Anwendung.

B. Vorzugsrecht des pignus publicum vor dem pignus privatum nach Gemeinem Rechte. — Vergl. Cod. 8. 18. Lex 7. 12. § 1.; Nov. 97. cap. 31.; Fürstlich Waldeck'sche Hypotheken-Ordnung vom 2. November 1807.

Rechtsgr. 949. — V. Senat. 8. September 1863. (LI. 66.)

Der Vorzug, welcher in Lex 11. Cod. 8. 18. qui potiores in pignore dem pignus publicum vor dem pignus privatum zugetheilt wird, tritt nur bei solchen Unterpfandsrechten ein, bei denen der Titel des Pfandrechts in der Konvention zwischen Gläubiger und Schuldner besteht, nicht aber bei solchen, bei denen der Titel durch das Gesetz selbst gegeben ist.

— Lex 12. § 1. Privilegium der Ehefrau wegen ihres Heirathsgutes, nach dem Gemeinen Rechte und der Nassauischen Landes-Ordnung. — Vergl. Nov. 91. praef. und cap. 1.; Nassauische Landes-Ordnung vom 1. Mai 1616 Thl. 1. Kap. 14. §§ 11. 14. No. 3.

Rechtsgr. 950. — V. Senat. 12. März 1861. (XLI. 41.)

Nach dem Gemeinen Recht und der Nassauischen Landes-Ordnung ist der Uebergang des privilegium dotis auf die Kinder nicht auf den Fall zu beschränken, wo die Kinder einer früheren Ehe mit der zweiten Ehefrau in Konkurrenz treten.

Siehe auch Rechtsgrundsatz 949. (Lex 11. dieses Titels.)

Lib. 8. Tit. 27. de distractione pignorum:

— Lex un. Erforderniß der Konnexität bei dem Retentionsrecht nach Gemeinem Recht. — Vergl. Dig. 12. 6. Lex 26. § 4.

Rechtsgr. 951. — V. Senat. 11. März 1862. (XLIII. 357.)

Gemeinrechtlich wird das Retentionsrecht durch die Konnexität beider Forderungen bedingt.

Lib. 9. Tit. 9. ad legem Juliam de adulteriis et stupro:

— Lex 10. Siehe Rechtsgrundsatz 716. (Strafgesetzbuch § 6.)

4. Novellae.

Nov. 89. de naturalibus liberis:

— cap. 8. Siehe Rechtsgrundsätze 510-512. (A. L. R. II. 1. § 1024.)

Nov. 91. quando primae et secundae dotis exactio fit:

— Praef. und Cap. 1. Siehe Rechtsgrundsatz 950. (Cod. 8. 18. Lex 12. § 1.)

Nov. 97. de aequalitate dotis et donationibus propter nuptias:

— Cap. 3. Siehe Rechtsgrundsatz 949. (Cod. 8. 18. Lex 11.)

Corpus juris canonici.

1. Decretum Gratiani.

Pars **II.** causa **3.** quaest. **1.** can. **3.** Siehe Rechtsgrundsatz **936.** (Dig. **10.** 3. Lex 28.)
Pars **II.** causa **10.** quaest. **1.** can. **1.** Siehe Rechtsgrundsatz **998.** (Dekret vom 30. Dezember 1809 Art. 77.)

2. Libri V. extra Decretum Gratiani.

Lib. **1.** Tit. **43.** de arbitris:
— Cap. **10.**, Cap. ult. Siehe Rechtsgrundsatz 153. (A. L. R. I. **9.** § 360.)
Lib. **2.** Tit. **13.** de restitutione spoliatorum:
— Cap. **2. 3.** **7. 8. 10. 17.** Siehe Rechtsgrundsatz 936. (Dig. **10.** 3. Lex 28.)
Lib. **2.** Tit. **19.** de probationibus:
— Cap. **2.** Siehe Rechtsgrundsatz 775. (A. G. O. I. **10.** § 297.)
Lib. **2.** Tit. **28.** de appellationibus, recusationibus et relationibus:
— Cap. **59. 61.** Siehe Rechtsgrundsätze 941. 1167. (Dig. **42.** 1. Lex 55.; Verordnung vom 21. Juli 1849. § 13.)
Lib. **3.** Tit. **26.** de testamentis et ultimis voluntatibus:
— Cap. **13.** Siehe Rechtsgrundsatz 939. (Dig. **28.** 5. Lex 32.)
Lib. **4.** Tit. **7.** de eo, qui duxit in matrimonium quam polluit per adulterium:
— Cap. **5.** Siehe Rechtsgrundsätze 510-512. (A. L. R. II. **1.** § 1024.)

3. Lib. VI. Decretalium.

Lib. **2.** Tit. **5.** de restitutione spoliatorum:
— Cap. **1.** Siehe Rechtsgrundsatz 936. (Dig. **10.** 3. Lex 28.)
Lib. **2.** Tit. **13.** de praescriptionibus:
— Cap. **1.** Siehe Rechtsgrundsatz 933. (Dig. **8.** 5. Lex 10. pr.)

Concilium Tridentinum.

Sessio **21**. de reformatione:
— Cap. **4**. Siehe Rechtsgrundsatz 599. (A. L. R. II. **11**. § 710.)
Sessio **22**. de reformatione:
— Cap. **8**. **9**. Siehe Rechtsgrundsatz 998. (Dekret vom 30. Dezember 1809 Art. 77.)
Sessio **24**. de reformatione matrim:
— Cap. **1**. Siehe Rechtsgrundsatz 465. (A. L. R. II. **1**. § 136.)

Einzelne Gesetze und Verordnungen.

1330. Vergleich zwischen dem Hochmeister Werner von Orseln und dem Bischof von Kujavien. (v. Vegesack, Westpreußisches Provinzialrecht, Bd. 1. S. 139.)
— Siehe Rechtsgrundsatz 897. (Westpreußisches Provinzialrecht vom 19. April 1844 § 51.)

1527, Mittwoch nach Franzisci. Konstitution, Willkür und Ordnung der Erbfälle und andern Sachen, wie damit durch die ganze Mark Brandenburg und zugehörigen Landen hinfüro soll gehalten werden. (Mylius, C. C. March. Thl. **1**. Abth. **4**. No. **2**.)
— „Erbfälle zwischen Eheleuten.“ Siehe Rechtsgrundsätze 978. 979. (Märkisches Erbschafts-Edikt vom 30. April 1765 Abth. 2. §§ 1. 3.)

1539, Januar 1. Landes-Ordnung der fürstlichen Grafschaft Henneberg. (Meiningen, 1720.)
— Buch **II**. Tit. **5**. Kap. **15**. Ersitzung einer diskontinuirlichen Servitut, nach der Henneberg'schen Landes-Ordnung. — Vergl. A. L. R. I. **9**. §§ 625. 665.

Rechtsgr. **952**. — II. Senat. 9. Oktober 1862. (XLVII. 75.)

Nach der als Provinzialrecht zur Anwendung kommenden Henneberg'schen Landes-Ordnung Buch II. Kapitel 15. Titel 5. können diskontinuirliche Servituten ohne Titel nur durch funfzigjährigen Besitz erworben werden.

1555. Des Heil. Römischen Reichs Kammergerichts-Ordnung. (Teutsche Reichs-Abschiede, Thl. III. S. 43.)

— Thl. **3.** Tit. **50.** §§ **5. 6.** Siehe Rechtsgrundsätze **941. 1167.** (Dig. **42. 1.** Lex 55.; Verordnung vom **21.** Juli **1849** § 13.)

1573, Montag nach trium regum. Kurfürst's Johann Georg von Brandenburg Visitations- und Konsistorial-Ordnung. (Mylius, Corp. Const. March. Th. 1. Abth. 1. Kol. 273.)

— Siehe Rechtsgrundsätze **463. 600. 606.** (A. L. R. II. **1.** § 75., **11.** §§ 714. 804.)

1564. Kur-Trierische Bergordnung. (Brassert, Bergordnungen S. 93.)

— Thl. **1.** Art. **3.** No. **1.** Siehe Rechtsgrundsätze **640-642.** (A. L. R. II. **16.** § 154.)

1589, Juni 12. Sächsische Berg-Ordnung. (Brassert, Berg-Ordnungen S. 337.)

— Art. **77.** Siehe Rechtsgrundsatz **646.** (A. L. R. II. **16.** § 405.)

1592, Januar 18. Polizei-Ordnung der Haupt- und Residenzstadt Münster. (Schlüter, Provinzialrecht der Provinz Westphalen Bd. **1.** S. 117. ff.)

— Kap. **7.** Von Schicht und Theilung, so von dem Letztlebenden der Eheleute und gesammten Kindern geschehen soll.

— §§ **1. 5. 19. 21.** Dispositionsbefugnisse des überlebenden Ehegatten und Rechte der Kinder wegen des statutarischen Pflichttheils:

A. Dispositionsbefugniß des überlebenden Ehegatten über den Inbegriff des gemeinschaftlichen Vermögens, nach der Münsterischen ehelichen Gütergemeinschaft. — Vgl. Deklaration vom **26.** März **1861.**

Rechtsgr. **953.** — I. Senat. 3. Oktober 1862. (XLV. 357.)

Auch nach Münsterischem Statutarrecht ist der überlebende Ehegatte, welcher mit seinen Kindern die Gütergemeinschaft fortsetzt, berechtigt, vorbehaltlich des den unabgefundenen Kindern gebührenden statutarischen Schichttheils und dessen Geltendmachung auch gegen den Erwerber des Vermögens, über den Inbegriff des gemeinschaftlichen Vermögens unter Lebenden zu verfügen.

B. Passivlegitimation des überlebenden Ehegatten bei Klagen auf Zahlung einer Nachlaßschuld des verstorbenen Ehegatten bei unbeerbter Ehe, nach dem Münsterischen Statutarrechte. — Vergl. A. L. R. I. 21. §§ 75-78. 82. 83.

Rechtsgr. 954. — I. Senat. 27. Januar 1862. (XLV. 39.)

Nach der Münsterischen ehelichen Gütergemeinschaft ist der überlebende Ehegatte, wenn aus der Ehe keine Kinder hinterblieben sind, bei Klagen auf Zahlung einer Kapitalschuld des Nachlasses des verstorbenen Ehegatten allein passiv legitimirt.

C. Ermittelung der statutarischen Erbportion der Kinder an dem Nachlasse des Zuerstverstorbenen der Eltern, nach der Münster'schen ehelichen Gütergemeinschaft. — Vergl. A. L. R. II. 1. §§ 653. 654.

Rechtsgr. 955. — I. Senat. 19. Mai 1862. (XLV. 255.)

a) Nach dem Statut der Münsterischen ehelichen Gütergemeinschaft tritt nach dem Tode des einen Ehegatten keine Fortsetzung der Gütergemeinschaft, sondern nur ein Miteigenthum der Kinder zu ideellen Theilen an dem zur Zeit des Todes des Erstverstorbenen ihrer Eltern vorhandenen Vermögen der ehelichen Gütergemeinschaft ein — und zwar mit der näheren Bestimmung: daß dieser ihr statutarischer Erbantheil an der gesammten Vermögensmasse durchweg nach dem Bestande desselben zur Zeit des Todes des Erstverstorbenen ihrer Eltern sich bestimmt und begrenzt.

b) Während daher der Ueberlebende der Eltern seinerseits die Verminderung der Theilungsmasse in ihrer Gesammtheit nur nach ihrem Werthe am Todestage des Zuerstverstorbenen zu vertreten hat, können die ihre statutarische Erbportion verlangenden Kinder ihrerseits nicht auf den Mehrwerth einzelner Vermögensgegenstände zur Zeit deren Veräußerung durch den Ueberlebenden der Eltern, oder auf den Mehrwerth Anspruch machen, den dieses ganze von denselben besessene Vermögen zur Zeit jener Veräußerung oder zur Zeit seines Todes gehabt hat.

D. Schichttheil der unabgefundenen Kinder bei Uebertragung des Inbegriffs des gütergemeinschaftlichen Vermögens an einen Dritten seitens des überlebenden Ehegatten, nach dem Münsterischen Statutarrecht; Dispositionsrecht des überlebenden Ehegatten nach Abschichtung der Kinder. — Vergl. Deklaration vom 26. März 1861.

Rechtsgr. 956. — I. Senat. 18. September 1863. (LI. 107.)

a) Der nach dem Münsterischen Statutarrechte nach Auflösung einer gütergemeinschaftlichen Ehe durch den Tod des einen Ehegatten in dem Falle, wenn der überlebende Ehegatte, welcher mit seinen Kindern die Gütergemeinschaft fortsetzt, über den Inbegriff des gemeinschaftlichen Vermögens zum Vortheil eines Dritten verfügt, diesen Kindern gebührende statutarische Schichttheil besteht in der Forderung des Werthersatzes desselben, und zwar nach dem Zustande des gütergemeinschaftlichen Vermögens zur Zeit des Todes des verstorbenen Ehegatten.

2) Nach dem Münsterischen Statutarrechte ist der überlebende Ehegatte befugt, über den ihm bei der Schichtung mit seinen Kindern von dem gemeinschaftlichen Vermögen zugefallenen Schichttheil und über Dasjenige, was er im Wittwenstande erwirbt, beliebig unter Lebenden oder von Todeswegen zu verfügen, ohne den Kindern einen Pflichttheil hinterlassen zu müssen.

1616, Mai 1. Nassau-Katzenellnbogische Landes-Ordnung. (Zweite Auflage. Wetzlar 1711.)

— Thl. **1**. Kap. **3**. §§ **5**. **7**. Siehe Rechtsgrundsatz **194**. (A. L. R. I. **11**. § 183.)

— Thl. **1**. Kap. **14**. §§ **11**. **14**. No. **3**. Siehe Rechtsgrundsatz 950. (Cod. 8. 18. Lex 12. § 1.)

— Thl. **4**. Kap. **12**. §§ **1**. **2**., Kap. **14**. § **1**. Verlust des Nießbrauchsrechts oder der Leibzucht des überlebenden Ehegatten, nach der ehelichen Gütergemeinschaft der Nassau-Katzenellnbogenschen Landes-Ordnung.

Rechtsgr. 957. — I. Senat. 1. März 1861. (XLI. 19.)

a) Nach der Gütergemeinschaft der Nassau-Katzenellnbogenschen Landes-Ordnung vom 1. Mai 1616 wird der überlebende Ehegatte deshalb allein, daß er auf Erfordern des Eigenthumserben das Inventar nicht binnen Monatsfrist legt, des Nießbrauchsrechts oder der Leibzucht noch nicht verlustig; vielmehr ist der im Kap. 12. Thl. 4. § 2. daselbst gedachte Verlust dieser Leibzucht lediglich auf die Manifestation oder Anzeige der Güter zu beziehen.

b) Nach dieser Landes-Ordnung hat die Vernachlässigung der Unterhaltung der Güter in Bau, Dach, Fach und Wesen seitens des überlebenden Ehegatten die Verwirkung der Leibzucht nur dann zur Folge, wenn diese Vernachlässigung als ein Mißbrauch zu betrachten ist.

1616, Mai 16. Pommersche renovirte Bauer- und Schäfer-Ordnung. (Stargard, 1700.) — Vergl. Patent vom 12. November 1804.

Rechtsgr. 958. — V. Senat. 25. Juni 1861. (XLII. 197.)

Nach der Bauer-Ordnung von 1616 ist, wenn der überlebende, die Gütergemeinschaft fortsetzende Ehegatte über das gesammte gemeinschaftliche Vermögen testirt hat, diese Disposition dennoch soweit, als sie sein eigenes Vermögen betrifft, für rechtsbeständig zu erachten.

1624. Bau-Ordnung der Stadt Alten-Stettin. (Geschriebenes Original im Stettiner Magistrats-Archive.)

— Tit. 1. § 2., Tit. 2. §§ 2-4., Tit. 6. § 2., Tit. 9. § 2., Tit. 10. §§ 1-3., Tit. 14. § 1. Verjährung der Servitut, dem Nachbar Flüssigkeiten zuzuführen, nach der Stettiner Bau-Ordnung. — Vergl. A. L. R. I. 9. § 664.

Rechtsgr. 959. — II. Senat. 4. Dezember 1862. (XLVI. 347.)

Das Recht auf Wasserflüsse, Kanäle und Aquadukte, durch welche einem Nachbarhause andere Flüssigkeiten, als Regenwasser, zugeführt werden, kann nach der Stettiner Bau-Ordnung durch Verjährung nicht erworben werden.

1641, November 30. Berliner Bau-Ordnung. (Rabe, Samml. Bd. 1. Abth. 1. S. 29.; Matthis, II. S. 357.; Grein, Rechtsverhältnisse S. 131.)

— Fortdauernde Gültigkeit der Berliner Bau-Ordnung und der Berliner

Spezial-Bau-Observanzen. — Vergl. A. L. R. Publikations-Patent vom 5. Februar 1794 § 7., Einl. §§ 3. 4., I. 8. §§ 142. 143.; Berliner Spezial-Bau-Observanzen.

Rechtsgr. 960. — II. Senat. 26. Februar 1861. (XLII. 12.)

Die Berliner Bau-Ordnung vom 30. November 1641 und die gesammelten Berliner Spezial-Bau-Observanzen haben noch jetzt gesetzliche Gültigkeit.

— §§ 23. 24. Fensterrecht der Gebäude in Berlin. — Vergl. A. L. R. Einl. §§ 89. 92. 95-97., I. 8. §§ 142-144.; Berliner Spezial-Bau-Observanzen Littr. 1. § 8., Littr. 4. §§ 1-6.; Kammergerichts-Ordnung vom 1. März 1709 Littr. 12. § 41.

Rechtsgr. 961. — II. Senat. 26. Februar 1861. (XLII. 12.)

In Berlin kann durch das bloße Vorhandensein von Fenstern in einer dem nachbarlichen Grundstücke zugekehrten Wand das Recht, dem Nachbar das Verbauen der vorhandenen Fenster, den Gegenbau, zu untersagen, niemals erworben werden, die Fenster mögen noch so lange vorhanden sein.

1662, März 20. Kurkölnische Synodal-Statuten.
— Thl. 3. Kap. 2. § 3., Kap. 3. § 2. Eigenthum an dem Ablösekapital für die Kirchenbaulast; Natur der Baupflicht der Dezimatoren und der Beitragspflicht der Eingepfarrten. — Vergl. Kaiserl. Französisches Dekret vom 30. Dezember 1809 Art. 57.; Verordnung vom 20. Juni 1817 § 45.; Gesetz vom 30. Juni 1834 § 10.; Gesetz vom 2. März 1850 § 60.

Rechtsgr. 962. — II. Senat. 5. Juli 1862. (XLIV. 352.)

a) Das Recht auf die Baupflicht, den Dezimatoren gegenüber, und somit auch das die Stelle dieses Rechtes einnehmende Ablösekapital ist als ein Bestandtheil des Vermögens der Pfarrgemeinde nicht anzusehen.

b) Die Verpflichtung der Dezimatoren zum Kirchenbau und die Beitragspflicht der Eingepfarrten sind selbstständige, auf ganz verschiedenen Rechtsfundamenten beruhende Verbindlichkeiten.

Siehe auch Rechtsgrundsatz 1073. (Verordnung vom 30. Juni 1834 § 10.)

1663, März 16. Erz=Stifts Kölnische Rechts=Ordnung des Erzbischofs Maximilian Heinrich. (Schlüter, Provinzialrecht Bd. 3. S. 149.)
— Tit. 8. § 3. Rechtswohlthat des Inventars:

A. Errichtung des Inventars seitens des überlebenden Ehegatten, nach Kurkölnischem Rechte. — Vergl. Tit. 11. § 1. dieser Rechtsordnung; Edikt vom 22. Mai 1789.

Rechtsgr. 963. — V. Senat. 9. Dezember 1862. (XLVII. 204.)

Der überlebende Ehegatte hat nach Kurkölnischem Recht bei Errichtung des Inventars seine großjährigen Kinder zuzuziehen.

B. Abwendung des Verlustes der Leibzucht seitens des überlebenden Ehegatten, nach Kurkölnischem Rechte. — Vergl. Erläuterungen der Kurkölnischen Rechts=Ordnung vom 12. Mai 1767.

Rechtsgr. 964. — V. Senat. 17. Februar 1863. (XLVIII. 191.)

Nach der Kurkölnischen Rechts=Ordnung wendet der überlebende Ehegatte den Verlust der Leibzucht ab, wenn er das Inventar zwar nach Ablauf der Frist, aber vor jeder Interpellation seitens des Eigenthumserben errichtet.

— Tit. 11. § 1. Siehe Rechtsgrundsatz 963. (Kurkölnische Rechts=Ordnung Tit. 8. § 3.)

1668, Januar 3. Kurfürstlich Brandenburgische Polizei=Ordnung des Herzogthums Magdeburg. (Mylius, C. C. Magd. Thl. 3. No. 1.)
— Kap. 9. Abschnitt 1. § 4. Verpflichtung zur Wegebesserung in dem Herzogthum Magdeburg. — Vergl. A. L. R. II. 7. §§ 37. ff., 15. §§ 1. ff.; Wegebau=Mandat vom 17. August 1701.; Wegebesserungsedikt vom 14. Juli 1742.; Patent vom 9. September 1814 § 2.

Rechtsgr. 965. — II. Senat. 2. Dezember 1862. (XLVIII. 113.)

a) Im Herzogthum Magdeburg liegt auch hinsichtlich der Kommunikationswege den Eingesessenen — d. h. den Grundbesitzern — des Orts und der Feldmark, wo der Weg läuft, die Verpflichtung zu dessen Unterhaltung ob, wenn keine Observanz dargethan wird, nach welcher Andere dazu verbunden sind.

b) Zu dieser Unterhaltung sind die Eingesessenen nicht gleichmäßig, sondern nach Verhältniß des Umfanges ihres Grundbesitzes heranzuziehen.

1669, Juli 7. Gemeiner Bescheid des Reichskammergerichts. (v. Linde, Handbuch des Prozesses Bd. 5. S. 705. ff.)

— Restitution wegen neu aufgefundener Urkunden, nach Neuvorpommerschem Gerichtsgebrauch. — Vergl. Gemeiner Bescheid des Reichskammergerichts vom 7. Juli 1771.

Rechtsgr. 966. — I. Senat. 7. Februar 1862. (XLIV. 194.)

Nach Neuvorpommerschem Gerichtsgebrauch ist Voraussetzung der Wiedereinsetzung in den vorigen Stand gegen ein rechtskräftiges Erkenntniß wegen neu aufgefundener Urkunden nicht, daß die neu aufgefundenen Urkunden vom Gegner verheimlicht oder unterschlagen worden sind.

1672. Schwedische Hofgerichts-Ordnung für das Herzogthum Vorpommern und das Fürstenthum Rügen. (Ausgabe von 1774.)

— **III. 1.** § **19**. Kapitalisirung des Ertrages bei Güterabschätzungen in Neu-Vorpommern. — Vergl. A. G. O. II. **6**. § 6.

Rechtsgr. 967. — I. Senat. 16. Januar 1863. (XLVIII. 146.)

In Neu-Vorpommern ist bei Güter-Abschätzungen der Ertrag mit fünf Prozent zu kapitalisiren.

1694, Dezember 15. Märkische renovirte Konstitution von Verlöbnissen und Ehesachen. (Mylius, Corp. Const. March. Abth. II. No. 58. S. 117.; Rabe, Samml. Bd. 13. S. 7.)

— Siehe Rechtsgrundsatz **463**. (A. L. R. II. **1**. § 75.)

1695, Dezember 20. Neu revidirte und konfirmirte Deich-Ordnung in der Alten-Mark zusammt denen Deich-Rollen in beiden Schauen. (Rabe, Sammlung Bd. 1. Abth. 6. S. 191.)

— Tit. **V**. Entschädigungsanspruch bei Deichbauten. — Vergl. Reglement und Deich-Ordnung für die Alt-Mark vom 1. September 1776.; Verordnung vom 1. Juli 1859 § 1.

Rechtsgr. 968. — III. Senat. 27. April 1863. (XLIX. 179.)

Der Tit. V. der Deich-Ordnung vom 20. Dezember 1695 setzt voraus:

1., daß es sich nicht um einen Neubau handelt,

2., daß es sich um die Unterhaltung der einzelnen, jedem Grundbesitzer zugetheilten Deichkavel handelt, also um eine Einrichtung, welche durch die Verordnung vom 1. Juli 1859 gänzlich abgeschafft ist.

1701, August 17. Wegebau-Mandat. (Mylius, C. C. Magd. Nov. Th. 3. S. 516.)

— Siehe Rechtsgrundsatz 965. (Magdeburger Polizei-Ordnung vom 3. Januar 1688 Kap. 9. Abschn. 1. § 4.)

1702, Dezember 16. Flecken-, Dorf- und Acker-Ordnung. (Rabe, Sammlung Bd. 1. Abthl. 1. S. 238.)

— §§ 4. 5. Siehe Rechtsgrundsätze 592. 600. (A. L. R. II. 11. §§ 261. 714.)

1709, März 1. Neu-verfaßte Kammergerichts-Ordnung in der Kur- und Neu-Mark. (Mylius, C. C. M. Tom. II. Abth. 1. No. 119. S. 386.)

— Tit. 12. § 41. Siehe Rechtsgrundsatz 961. (Berliner Bau-Ordnung vom 30. November 1641 § 23.)

1711, Februar 7. Verordnung an die Inspektores wegen Reparation der Kirchen und Pfarr-Gebäude, und wer die dazu nöthigen Kosten tragen soll. (Rabe, Sammlung Bd. 1. Abth. 1. S. 299.)

— Siehe Rechtsgrundsatz 600. (A. L. R. II. 11. § 714.)

1714. Soester zwölf Artikel, oder Declaratio über einige Statuten. (Emminghaus, Memorabilia S. 246.)

— Eingang. — Allgemeine eheliche Gütergemeinschaft und Erbrecht des überlebenden Ehegatten bei unbeerbter Ehe. — Vergl. Revidirter Entwurf des Provinzialrechts der Grafschaft Mark, auch der Stadt Soest, S. 81, und Motive dazu S. 62. 63.

Rechtsgr. 969. — I. Senat. 2. November 1863. (LI. 187.)

In Soest und der Soester Börde gilt während der Ehe, und mit deren Eingehung, die allgemeine eheliche Gütergemeinschaft.

— Art. 1. 2. 7-9. Erbportion der überlebenden Ehefrau, nach Lübischem Rechte. — Vergl. A. L. R. II. **1.** §§ 636. ff.; Revidirter Entwurf des Provinzialrechts der Grafschaft Mark §§ 71-74.

Rechtsgr. 970. — I. Senat. 2. November 1863. (LI. 187.)

Nach der Soester statutarischen ehelichen Gütergemeinschaft ist bei unbeerbter Ehe der überlebende Ehegatte, und zwar die überlebende Ehefrau hinsichtlich der Hälfte des Nachlasses des Mannes, und der überlebende Ehemann hinsichtlich der Hälfte des Frauengutes, als Erbin des verstorbenen Ehegatten anzusehen und daher auch zur Entrichtung des Erbschaftsstempels hiervon verpflichtet.

1717, September 2. Deklaration der Märkischen renovirten Konstitution vom 15. Dezember 1694. (Mylius, C. C. M. Thl. 1. Abth. II. No. 112. S. 218.)
— Siehe Rechtsgrundsatz 463. (A. L. R. II. **1.** § 75.)

1723, Juni 1. Deklarirte Konstitution, wie es wegen der Succession der Agnaten in der Altmark, Priegnitz, Mittel- und Uckermark, auch Bees- und Storkowschen Kreisen zu halten. (Rabe, Sammlung Bd. **1.** Abth. 1. S. 657.)
— §§ **21. 22.** Siehe Rechtsgrundsatz 973. (Hofreskript vom 30. Juni 1746.)

1738, September 18. Reichstagsschluß in Betreff Annahme des s. g. Leipziger Münzfußes als Reichsmünzfußes. (Häberlin, Deutsches Staatsrecht Bd. **3.** S. 43.)
— Siehe Rechtsgrundsatz 230. (A. L. R. I. **11.** 778.)

1739, Mai 8. Edikt wider die allzu ungleichen und zum Theil schändlichen Heirathen derer von Adel in den Königlichen Landen. (Mylius, C. C. M. cont. I. No. 18. S. 251.; Rabe, Samml. Bd. **1.** Abth. 2. S. 129.)
— Siehe Rechtsgrundsatz 460. (A. L. R. II. **1.** § 30.)

1739, Mai 9. Revidirte Kirchen-Ordnung im Herzogthum Magdeburg, wie auch in der Grafschaft Mansfeld, Magdeburgischer Hoheit. (Magdeburg, 1739.)
— Kap. **22.** §§ **12. 19. 20.** Gnadengehalt der Hinterbliebenen des emeritirten Pfarrers, nach dem Magdeburger Provinzialrechte. — Vergl. A. L. R. II. **11.** §§ 842. 843.

Rechtsgr. 971. — I. Senat. 12. Juni 1863. (XLIX. 255.)

Nach der Magdeburger Kirchen-Ordnung vom 9. Mai 1739 gebührt den Hinterbliebenen des Pfarrers auch dann das Gnadenjahr, wenn er sein Amt gänzlich niedergelegt, aus der Pfarre geschieden und nur ein Gnadengehalt davon genossen hat.

1740, Mai 4./27. Rezeß zwischen der Krone Sachsen und dem gräflichen von Schönburgschen Hause. (Codex Saxonicus, Bd. 2. S. 873.)
— Siehe Rechtsgrundsatz 1017. (Deutsche Bundes-Akte vom 8. Juni 1815 Art. 14.)

1741, November 26. Königlich Preußische Eigenthums-Ordnung des Fürstenthums Minden und der Grafschaft Ravensberg. (Rabe, Sammlung Bd. 1. Abth. 2. S. 154.)
— Kap. 12. §§ 8. ff. Siehe Rechtsgrundsatz 1165. (Verordnung No. 3078. vom 18. Dezember 1848 §§ 1-5.)

1742, März 8. Edikt, betreffend die Begräbnisse der Evangelischen auf den katholischen Kirchhöfen in Schlesien. (Korn, Sammlung Schlesischer Edikte Bd. 1. S. 43. 191.)
— Siehe Rechtsgrundsatz 589. (A. L. R. II. 11. § 189.)

1742, Juli 14. Edikt, wie es künftig wegen Verrichtung der Fuhren und Handdienste bei Reparirung der Wege in denen Land- und Poststraßen zu halten. (Magdeburg, 1799.)
— Siehe Rechtsgrundsatz 965. (Magdeburger Polizei-Ordnung vom 3. Januar 1668 Kap. 9. Abschn. 1. § 4.)

1742, September 20. Edikt, betreffend die Begräbnisse der Evangelischen auf den katholischen Kirchhöfen in Schlesien. (Korn, Sammlung Schlesischer Edikte Bd. 1. S. 191.)
— Siehe Rechtsgrundsatz 589. (A. L. R. II. 11. § 189.)

1743, Februar 6. Onolzbach'sche Verordnung.
— Anschichtung der Wohngebäude, nach Onolzbach'schem Rechte.

Rechtsgr. 972. — V. Senat. 1. Juli 1862. (XLV. 301.)

Das durch die noch gültige Onolzbach'sche Verordnung vom 6. Februar 1743 dem ältesten Kinde ertheilte Recht auf Anschichtung der Wohngebäude ist durch die Beerbung beider Eltern bedingt.

1746, Juni 30. Verordnung wegen Abfindung der adelichen Töchter aus den Märkischen Lehnen, wenn sich selbige an Unteroffiziere und Soldaten verheirathet haben. (Rabe, Samml. Bd. **1.** Abth. **2**. S. **206.**)

— Standesmäßige Ehe eines Adelichen mit der Tochter eines bürgerlichen Unteroffiziers. — Vergl. A. L. R. II. **1.** § 940.; Kurmärkische Lehns-Konstitution vom **1.** Juni 1723 §§ **21. 22.**

Rechtsgr. **973.** — **I.** Senat. **21.** Februar **1862.** (**XLIII. 349.**)

Das Hofreskript vom 30. Juni 1746 enthält nur eine Deklaration der §§ 21. und 22. der Lehnskonstitution für die Mark Brandenburg vom 1. Juni 1723, bestimmt keineswegs, daß Unteroffiziere bürgerlichen Standes in jeder Beziehung als zu den höheren Ständen gehörig gerechnet werden sollen, und daß daher auch die Ehe eines Adlichen mit der Tochter eines bürgerlichen Unteroffiziers als eine ungleiche nicht angesehen werden könne.

1746, Dezember 20. Edikt, wie es mit Räumung der Flüsse und der Vorfluth in Schlesien und der Grafschaft Glatz gehalten werden soll. (Korn, Schlesische Edikten-Sammlung Bd. **2.** S. 392.)

— Fortdauernde Gültigkeit dieses Edikts. — Vergl. A. L. R. Einl. § 32.; Vorfluth-Edikt vom 6. Juli 1773.

Rechtsgr. **974.** — **III.** Senat. 27. September 1861. (**XLIII. 124.**)

Das Schlesische Vorfluth-Edikt vom 20. Dezember 1746 hat noch jetzt in Schlesien gesetzliche Gültigkeit.

Siehe auch Rechtsgrundsätze 125. 1012. (A. L. R. I. **8.** § 100.; Gesetz vom 15. November 1811 § 10.)

1750, August 8. Reglement, nach welchem künftig die Gravamina in geistlichen Sachen der in Schlesien subsistirenden Religionen abgemacht und entschieden werden sollen. (Suarez, Sammlung Schlesischer Provinzialgesetze Bd. 2. S. 442.)

— Siehe Rechtsgrundsatz 589. (A. L. R. II. **11.** § 189.)

1751. Entwurf einer Pommerschen Lehnskonstitution. (v. Hymmen, Beiträge, erste Ausgabe, S. 51.)

— Tit. **26.** § **31.** Siehe Rechtsgrundsatz 374. (A. L. R. I. **18.** § 360.)

1752, Juni 25. Wegereglement im Herzogthum Pommern und den Herrschaften Lauenburg und Bütow. (Rabe, Samml. Bd. 1. Abth. 2. S. 310.)

— Rechtsverhältnisse in Betreff der gemeinen öffentlichen Wege im Herzogthum Pommern. — Vergl. A. L. R. II. **15.** §§ 2. 11., 17. §§ 10. ff.

Rechtsgr. **975.** — II. Senat. 31. Dezember 1863. (LI. 332.)

Nur in Betreff der **Unterhaltungspflicht** kann im Sinne des Pommerschen Wegereglements vom 25. Juni 1752 eine Gleichstellung der Land- und Heerstraßen mit den übrigen gemeinen öffentlichen Wegen angenommen werden.

Siehe auch Rechtsgrundsatz 617. (A. L. R. II. **15.** § 2.)

1756, April 19. Schlesische neue revidirte Holz-, Mast- und Jagd-Ordnung. (Korn, Edikten-Samml. Bd. 6. S. 387.)

— Ueberschrift und Eingang. Siehe Rechtsgrundsatz 991. (Schlesisches Forstregulativ vom 26. März 1788 § 14.)

1764, Juni 24. Wegereglement in dem Königreiche Preußen. (Rabe, Samml., Bd. 1. Abth. 3. S. 33.)

— § **9.** Umfang der Verpflichtung der Wegebaupflichtigen zur Unterhaltung der Brücken über Privatflüsse, nach dem Ostpreußischen Provinzialrechte. — Vergl. A. L. R. II. **15.** §§ 11-15. 54.; Ostpreußisches Provinzialrecht, Zusatz 226.

Rechtsgr. **976.** — III. Senat. 13. Juli 1863. (L. 190.)

Auch in der Provinz Ostpreußen haben die Wegebaupflichtigen Materialien zur Unterhaltung der Wege und **Brücken** nicht herzugeben; ihre Verpflichtung ist vielmehr lediglich auf Hand- und Spanndienste beschränkt.

1764, Dezember 30. Pommersche Bauer-Ordnung (gedruckt Köslin, 1854.)

— Tit. **4.** § **2.** Einschränkung der überlebenden Ehefrau in der Vermögensverwaltung seitens der Kinder, nach der Pommerschen Bauer-Ordnung. — Vergl. A. L. R. II. **2.** § 179.; Revidirter Entwurf des Provinzialrechts der Herzogthümer Alt-, Vor- und Hinterpommern S. 56.; Motive S. 96. 97. Tit. **4.** § 2.

Rechtsgr. 977. — I. Senat. 17. November 1862. (XLVII. 179.)

Nach der Pommerschen Bauer-Ordnung sind die Kinder nicht berechtigt, ihrer Mutter, welche nach dem Tode ihres Ehemannes in Gemeinschaft der Güter auf gemeinschaftlichen Gewinn und Verderb sitzen bleibt, im Falle einer schlechten Vermögensverwaltung in der Verfügung über die gemeinschaftliche Masse einzuschränken, es sei denn, daß sie ihre Prodigalitäts-Erklärung begründen könnten.

Siehe auch Rechtsgrundsatz 355. (A. L. R. I. 17. § 127.)

1765, April 30. Allgemeine Verordnung, wie es bei den Erbschaftsanfällen zu halten; desgleichen die Erbfolge zwischen Eheleuten in der Mark Brandenburg, nach der Constitutio Joachimica von 1527 betreffend. (N. C. C. Tom. 3. Kol. 713. ff. No. 42.; Rabe, Samml. Bd. 1. Abth. 3. S. 102.)

— Abth. 2. § 1. Anwendbarkeit des Märkischen Erbschafts-Edikts vom 30. April 1765; Wirkung der Verfügung des Benefizialerben über einzelne Gegenstände des Nachlasses. — Vergl. A. L. R. I. 9. §§ 420. 427.; Joachimische Konstitution vom Mittwoch nach Franzisci unter „Erbfälle zwischen Eheleuten"; Märkisches Erbschafts-Edikt vom 30. April 1765, Abth. 2. §§ 3. 7. 11. 12.

Rechtsgr. 978. — IV. Senat. 3. März 1863. (XLIX. 105.)

a) Für die Anwendbarkeit des Märkischen Erbschafts-Edikts vom 30. April 1765 ist es unerheblich, daß der Sterbeort des Erblassers zur Zeit der Publikation der Joachimschen Konstitution, im Jahre 1527, noch nicht zu der Kur- oder Neumark Brandenburg gehört hat, vielmehr genügt es, daß dieses zur Zeit des Erbschafts-Edikts vom 30. April 1765 und zur Zeit des Todes des Erblassers der Fall gewesen ist.

b) Nach dem Provinzialrecht der Kur- und Neumark Brandenburg gehen die Erben der Benefizialerben-Eigenschaft dadurch allein, daß sie über einzelne Gegenstände des Nachlasses verfügen, nicht ohne Weiteres verlustig; solche Verfügungen haben nur den Gläubigern gegenüber keine Wirkung, vielmehr müssen die Erben jene Gegenstände herausgeben, beziehungsweise herbeischaffen und mit denselben als Benefizialerben haften.

— Abth. 2. § 3. Ausübung des Wahlrechts des überlebenden Kur- und Neumärkischen Ehegatten in Betreff der Erbfolge aus dem Testamente des verstorbenen Ehegatten oder nach dem statutarischen Erbrecht. — Vergl. A. L. R. I. 9. §§ 401. 427., II. 1. §§ 490. 491. 495. ff.; Joachimische Konstitution vom Mittwoch nach Franzisci 1527, von „Erbfällen zwischen Eheleuten"; Märkisches Erbschafts-Edikt vom 30. April 1765, Abth. 2. § 9.

Rechtsgr. 979. — I. Senat. 1. November 1861. (XLIV. 45.)

a) Nach dem Kur- und Neumärkischen Provinzialrecht ist seitens des überlebenden Ehegatten eine ausdrückliche Entsagung der Erbschaft aus dem Testamente des verstorbenen Ehegatten zur Ausübung des dem Ersteren zustehenden statutarischen Erbrechtes nicht erforderlich, es genügt vielmehr seine Erklärung: daß er das statutarische Erbrecht wählen wolle.

b) Dadurch, daß der überlebende Ehegatte eine solche Erklärung nicht innerhalb der Ueberlegungsfrist abgegeben hat, ist derselbe seines Wahlrechts nicht verlustig geworden.

Siehe auch Rechtsgrundsätze 978. 980. (Märkisches Erbschafts-Edikt vom 30. April 1765, Abth. 2. §§ 1. 7.)

— Abth. 2. § 6. Siehe Rechtsgrundsatz 980. (Märkisches Erbschafts-Edikt vom 30. April 1765, Abth. 2. § 7.)

— Abth. 2. § 7. Verlust der Rechtswohlthat des Inventars seitens des Miterben des überlebenden Ehegatten, nach Märkischem Provinzialrechte. — Vergl. A. L. R. I. 9. §§ 418-427.; Märkisches Erbschafts-Edikt vom 30. April 1765, Abth. 2. §§ 3. 6. 9. 11. 12.

Rechtsgr. 980. — IV. Senat. 19. Mai 1863. (XLVIII. 345.)

Nach dem Märkischen Provinzialrechte ist der neben dem überlebenden Ehegatten berufene Erbe, sobald der Ehegatte nicht etwa sofort oder doch während der Ueberlegungsfrist sich der Theilnahme an der Erbschaft begiebt, der Rechtswohlthat des Inventars nicht sofort durch unterlassene

Einreichung des Inventars, sondern erst dann verlustig, wenn der Erbe entweder sich unbedingt für Erbe erklärt, oder dafür rechtskräftig erachtet ist.

Siehe auch Rechtsgrundsatz 978. (Märkisches Erbschafts-Edikt vom 30. April 1765, Abth. 2. § 1.)

— Abth. **2.** §§ **9. 11. 12.** Siehe Rechtsgrundsätze 978-980. (Märkisches Erbschafts-Edikt vom 30. April 1765, Abth. 2. §§ 1. 3. 7.)

1765, November 3. General-Land-Schul-Reglement für die Römisch-Katholischen in Städten und Dörfern des souveränen Herzogthums Schlesien und der Grafschaft Glatz. (Korn, Edikten-Samml., Bd. 8. S. 780.)

— § **13**. Siehe Rechtsgrundsatz 610. (A. L. R. II. **12**. § 34.)

1766, April 29. Revidirte Berg-Ordnung für das Herzogthum Kleve, Fürstenthum Mörs und die Grafschaft Mark. (Rabe, Samml., Bd. 1. Abth. 3. S. 168.)

— Kap. **1**. § **2**. Siehe Rechtsgrundsatz 636. (A. L. R. II. **16**. § 141.)

— Kap. **1**. § **9**. Siehe Rechtsgrundsatz 632. (A. L. R. II. **16**. § 113.)

— Kap. **27**. § **4**. Siehe Rechtsgrundsatz 645. (A. L. R. II. **16**. § 349.)

— Kap. **72**. Siehe Rechtsgrundsatz 632. (A. L. R. II. **16**. § 113.)

1767, Mai 22. Erläuterungen einiger zweifelhafter Stellen der Kurkölnischen Rechtsordnung. (Schlüter, Westphälisches Provinzialrecht, Bd. 3. S. 208.)

— Siehe Rechtsgrundsatz 964. (Kurkölnische Rechts-Ordnung vom 16. März 1663 Tit. 8. § 3.)

1768, Februar (13.) 24. Warschauer Traktat wegen der Dissidenten in Polen. (Martens, Recueil des traités I. 555.)

— Erste Separat-Artikel. Art. **II**. § 7. Siehe Rechtsgrundsatz 897. (Westpreußisches Provinzialrecht vom 19. April 1844 § 51.)

1768, März 23. Minden-Ravensbergische und Tecklenburg-Lingen'sche Untergerichts-Instruktion. (Wiegand, Minden-Ravensbergisches Provinzialrecht, Bd. 2. S. 66.)

— § 7. Schichtungs- und Nachschichtungs-Verträge, nach dem Paderborner Provinzialrecht.

Rechtsgr. 981. — I. Senat. 18. März 1861. (XLI. 53.)

a) Nach den Grundsätzen des Paderborner und Minden-Ravensbergischen Provinzialrechts ist der überlebende Ehegatte bei der Auseinandersetzung (Schichtung) berechtigt, das gesammte Vermögen gegen den Abschätzungswerth zu behalten und die Kinder mit der Hälfte dieses Werthes wegen ihres Antheils abzufinden. Den Kindern steht dabei ein Anspruch, auf Subhastation behufs der Theilung anzutragen, nicht zu.

b) Wenn bei bestandener Minden-Ravensbergischer oder Paderborner Gütergemeinschaft der überlebende Ehegatte, ohne vorher mit seinen Kindern erster Ehe die Schichtung vorzunehmen, zur zweiten Ehe geschritten und hiernächst gestorben ist, so können die Kinder erster Ehe die nachträgliche Abschichtung aus dem Vermögen ihrer leiblichen Eltern verlangen — und zwar, nach ihrer Wahl, entweder nach der Beschaffenheit desselben zur Zeit der Eingehung der zweiten Ehe, oder nach der Beschaffenheit jenes Vermögens am Todestage des Letztlebenden ihrer leiblichen Eltern.

In diesem letzteren Falle wird angenommen, daß der Letztlebende ihrer leiblichen Eltern die Gütergemeinschaft bis zu seinem Tode fortgesetzt habe, und es ist alsdann das von demselben in die zweite Ehe gebrachte und darin erworbene Vermögen, mit Ausschluß des eingebrachten Vermögens seines zweiten Ehegatten, zur Theilung zu bringen, und davon den Kindern erster Ehe die Hälfte als ihre Schichtungsquote zuzutheilen.

c) Auch bei dieser bürgerlichen Nachschichtung wird der Betrag der Abfindungen der Kinder erster Ehe nach der Werthstaxe des ganzen Aktiv- und Passiv-Vermögens ermittelt, ohne daß dieselben die Subhastation der Grundstücke zu verlangen berechtigt sind.

1769, Juni 5. Revidirte Bergordnung vor das souveräne Herzogthum Schlesien und vor die Grafschaft Glatz. (Nov. Corp. Const. Tom. 4., alte Auflage Kol. 5827. No. 43., neue Auflage Kol. 5449.; Brassert, Berg-Ordnungen, S. 935.; Korn'sche Edikten-Samml., Bd. II. S. 89.)

— Kap. **1.** § **3.** Siehe Rechtsgrundsatz 635. (A. L. R. II. **16.** § 125.)

— Kap. **2.** § **2.** Siehe Rechtsgrundsatz 636. (A. L. R. II. **16.** § 141.)

— Kap. **2.** § **9.** Entschädigung des Besitzers eines Kalksteinlagers wegen Entziehung eines Terrains desselben zum Zwecke des Bergbaues.

Rechtsgr. 982. — III. Senat. 16. Juni 1862. (XLVI. 160.)

Nach der Schlesischen Bergordnung ist der Besitzer eines Kalksteinlagers in Betreff des durch den Bergbau seiner Nutzung entzogenen Terrains nicht ohne Weiteres berechtigt, als Entschädigung landübliche Zinsen des Kapitalwerthes der Kalksteine dieses Terrains zu beanspruchen; es kommt vielmehr darauf an: ob die Kalksteine, welche er seit der Verdeckung des Terrains hätte fördern können, eine regelmäßig verkäufliche resp. zu verwerthende Waare gewesen sind, und ob ihm also durch die verhinderte Ausbeutung des Terrains die landüblichen Zinsen des Kapitalwerthes derjenigen Kalksteine, welche er seit dem gedachten Zeitpunkte hätte fördern können, entgangen sind.

— Kap. **14.** § **2.**, Kap. **87.** § **3.** Siehe Rechtsgrundsatz 646. (A. L. R. II. **16.** § 405.)

1770, Februar 8. Edikt, daß alle Kontrakte, Verträge und Versprechungen, deren Gegenstand die Summe von 50 Rthlrn. übersteigt, vom 1. Oktober 1770 an schriftlich errichtet werden, widrigenfalls aber unverbindlich sein sollen. (March. N. C. C. Thl. IV. S. 669. No. 19.)

— Siehe Rechtsgrundsatz 463. (A. L. R. II. **1.** § 75.)

1770, Mai 10. Fürstlich Münsterische Eigenthums-Ordnung. (Schlüter, Westphälisches Provinzialrecht, Bd. 1. S. 257.)

— Th. I. Tit. **2.** § **2.** Siehe Rechtsgrundsatz 986. (Th. IV. Tit. 3. § 1. dieser Eigenthums-Ordnung.)

— Th. II. Tit. **1.** § **2.**, Tit. **2.** § **1.** Siehe Rechtsgrundsatz 983. (Th. II. Tit. 5. § 1. dieser Eigenthums-Ordnung.)

— Th. II. Tit. 4. § 7. Siehe Rechtsgrundsatz 986. (Th. IV. Tit. 3. § 1. dieser Eigenthums-Ordnung.)

— Th. II. Tit. 5. § 1. Erbnießbrauchsrecht der Eigenbehörigen oder Leibeigenen an dem ihnen zu Eigenthumsrechten eingegebenen Gute; Successionsrecht der Kinder in dieses Recht. — Vergl. Th. II. Tit. 1. § 2., Tit. 2. § 1., Tit. 9. § 1. dieser Eigenthums-Ordnung.

Rechtsgr. 983. — II. Senat. 1. Dezember 1863. (LII. 137.)

Eigenbehörige oder Leibeigene hatten an dem ihnen zu Eigenthumsrechten eingegebenen Gute ein Erbnießbrauchsrecht, und ihre Kinder erlangten an demselben durch die Geburt ein Successionsrecht.

Siehe auch Rechtsgrundsatz 984. (Th. II. Tit. 8. §§ 1. ff. dieser Eigenthums-Ordnung.)

— Th. II. Tit. 8. §§ 1. ff. Beweis der Eigenbehörigkeit:

A. Beweis der Eigenbehörigkeit eines Bauergutes aus dem Inhalte eines Gewinnbriefes. — Vergl. Th. II. Tit. 5. §§ 1. ff. dieser Eigenthums-Ordnung.)

Rechtsgr. 984. — II. Senat. 17. September 1863. (LI. 98.)

a) Die in einem Gewinnbriefe geschehene Zulassung des neuen Besitzers eines Bauerguts „zum Gewinn nach Eigenthumsrechten" weist auf ein eigenbehöriges Gut hin.

b) Die erfolgte Zulassung eines Sohnes des vorherigen Besitzers zum Gewinn nach Eigenthumsrechten berechtigt — wenn eine Verleihung ex nova gratia nicht erhellet — zu der Annahme einer Succession, und zwar zu gleichen Besitzrechtsverhältnissen für Vorgänger und Nachfolger.

c) Die Zulassung zum Gewinn nach Eigenthumsrechten neben der Verpflichtung des Gewinnträgers zur Entrichtung des Sterbfalls für den abgehenden Wehrfester läßt mit Sicherheit auf die Eigenbehörigkeit des Gutes schließen.

B. Beweis der Eigenbehörigkeit durch Entrichtung des Sterbfalls aus der Nachlassenschaft des verstorbenen Besitzers.

Rechtsgr. 985. — II. Senat. 1. Dezember 1863. (LII. 137.)

Hat nach Absterben des Besitzers eines Bauerguts der

aufheirathende zweite Ehegatte dem Gutsherrn von der Nachlassenschaft des verstorbenen Besitzers den Sterbfall entrichtet, so folgt hieraus, daß der Letztere als Eigenbehöriger gestorben ist.

— Th. II. Tit. 9. § 1. Siehe Rechtsgrundsatz 983. (Th. II. Tit. 5. § 1. dieser Eigenthums-Ordnung.)

— Th. IV. Tit. 3. § 1. Fortbestehen der Eigenbehörigkeit in den ferneren Generationen. — Vergl. Th. I. Tit. 2. § 2., Th. II. Tit. 4. § 7. dieser Eigenthums-Ordnung; Bergisches Dekret vom 12. Dezember 1808.

Rechtsgr. 986. — II. Senat. 1. Dezember 1863. (LII. 137.)

Die durch die Geburt von eigenbehörigen Eltern entstehende Eigenschaft der Kinder als Eigenbehörige hat bei der ferneren Deszendenz der erstern auch durch Generationen bleiben müssen, wenn nicht eine Aufhebung derselben durch Freilassung ꝛc. stattgefunden hat.

1771, Juli 7. Gemeiner Bescheid des Reichs-Kammergerichts. (v. Linde, Handbuch des Prozesses, Bd. 5. S. 708. ff.)

— Siehe Rechtsgrundsatz 966. (Gemeiner Bescheid des Reichs-Kammer-Gerichts vom 7. Juli 1669.)

1772, April 29. Publikandum, das Abdeckereiwesen betreffend. (N. C. C. Tom. 5b. Col. 147.)

— Siehe Rechtsgrundsatz 1232. (Gesetz vom 31. Mai 1858 § 1.)

1773, Juli 6. Edikt wegen der zu verschaffenden Vorfluth und Räumung der Gräben und Bäche. (Rabe, Sammlung, Bd. 1. Abth. 5. S. 24.)

— Siehe Rechtsgrundsatz 974. (Schlesisches Vorfluth-Edikt v. 20. Dezember 1746.)

1773, September 21. Instruktion für die Westpreußische Regierung. (Rabe, Sammlung, Bd. 1. Abth. 5. S. 606.)

— § 13. No. VII. Successions-Ordnung für den Westpreußischen Adel nach dem Jus terrestre nobilitatis Prussiae.

Rechtsgr. 987. — I. Senat. 21. März 1862. (XLIV. 249.)

Die Successions-Ordnung für den Westpreußischen Adel

findet nur in den Fällen Anwendung, wo es sich um die Erbfolge unter Personen adlichen Standes handelt, nicht aber da, wo die Konkurrenz von Verwandten eintritt, von denen der eine adlich, der andere nicht adlich ist.

1776, September 1. Reglement und Deich-Ordnung für die Altmark. (Rabe, Sammlung, Bd. 1. Abth. 6. S. 171.)

— Siehe Rechtsgrundsatz 968. (Deich-Ordnung für die Altmark vom 20. Dezember 1695 Tit. V.)

1777, August 28. Mühlen-Ordnung vor das souveräne Herzogthum Schlesien und die Grafschaft Glatz. (Korn, Schlesische Edikten-Sammlung Bd. 15. S. 278.)

— § 5. Verpflichtung des Mühlenbesitzers hinsichtlich der Ableitung des Wassers bei Reparaturen der Mühle, und hinsichtlich des Ziehens der Vorfluthschleuse:

A. Ableitung des Wassers bei dem Grundbau oder der Reparatur einer Mühle in Schlesien. — Vergl. A. L. R. Einl. §§ 88-90. 94., I. 22. § 3., II. 15. § 246.

Rechtsgr. 988. — II. Senat. 15. Mai 1862. (XLVI. 97.)

Nach der Schlesischen Mühlen-Ordnung vom 28. August 1777 ist der Mühlenbesitzer, welcher behufs eines Grundbaues oder einer Reparatur seiner Mühle das Wasser von der Mühle durch Eröffnung der in dem Fluthgraben befindlichen Schleuse abgeleitet hat, nicht verpflichtet, besondere Vorkehrungen zum Wiederhinleiten des Wassers nach der unterhalb belegenen Mühle zu treffen, oder die Kosten solcher, von dem Besitzer der unterhalb belegenen Mühle getroffenen Vorkehrungen zu erstatten.

B. Verpflichtung des Müllers zum Ziehen des Schützen der Vorfluthschleuse, nach dem Schlesischen Provinzialrechte.

Rechtsgr. 989. — II. Senat. 12. März 1863. (XLVIII. 245.)

Nach der Schlesischen Mühlen-Ordnung vom 28. August 1777 ist nicht der Eigenthümer der Vorfluthschleuse, sondern der Müller verpflichtet, zur Regulirung des Wasserstandes den Schützen dieser Schleuse, dem Merkpfahl gemäß, zu ziehen.

1777, September 8. Schlesische Forst-Ordnung. (Korn, Schlesische Edikten-Sammlung, Bd. 15. S. 313.)
— Siehe Rechtsgrundsatz 991. (Schlesisches Forstregulativ v. 26. März 1788 § 14.)

1779, November 12. Hofreskript, betreffend die wegen des Steinkohlenbergbaues in Schlesien und der Grafschaft Glatz angeordnete Bergbau-Hülfskasse. (Vater, Repertorium Bd. 2. S. 469.)
— Rechtlicher Charakter der Schlesischen Steinkohlenbergbau-Hülfskasse als eine öffentliche Anstalt.

Rechtsgr. **990**. — III. Senat. 12. April 1861. (XLII. 38.)

Die Schlesische Steinkohlenbergbau-Hülfskasse hat keinen blos privatrechtlichen Charakter; sie ist vielmehr eine durch landesherrliche Genehmigung eingerichtete öffentliche Anstalt zur Hebung des Steinkohlen-Bergbaues in der Provinz Schlesien im Großen und Ganzen.

Siehe auch Rechtsgrundsatz 1105. (Gesetz v. 18. Juni 1840 § 14.)

1782, September 13. Entscheidung der Gesetzkommission, betreffend die Beiträge der Grundbesitzer zum Bau und zur Reparatur der Kirchen und Pfarrgebäude. (Rabe, Sammlung, Bd. 1. Abth. 7. S. 169.)
— Siehe Rechtsgrundsatz 600. (A. L. R. II. **11**. § 714.)

1783, September, 21. Fürstlich Münsterische Erbpachts-Ordnung. (Schlüter, Westphälisches Provinzialrecht, Bd. 1. S. 338.)
— Th. III. Tit. **1**. §§ **40**. **41**. **142**. Siehe Rechtsgrundsätze 423. 424. (A. L. R. I. **21**. §§ 187. 189.)
— Tit. **9**. § **139**. Siehe Rechtsgrundsatz 424. (A. L. R. I. **21**. § 189.)

1788, März 26. Schlesisches Forstregulativ. (Korn, Neue Edikten-Sammlung, Bd. 2. S. 30.)
— § **1**. Siehe Rechtsgrundsatz 991. (§ **14**. dieses Forstregulativs.)
— § **14**. Ausübung der Raff- und Leseholz-Berechtigung in fiskalischen und Privatforsten in Schlesien. — Vergl. A. L. R. I. **9**. §§ 600. 664.; Schlesische Holz-, Mast- und Jagd-Ordnung vom 19. April 1756, Ueberschrift und Eingang; Schlesische Forst-Ordnung vom 8. September 1777, Eingang und § **1**.; Gemeinheitstheilungs-Ordnung vom 7. Juni 1821 § **164**.; Deklaration vom 31. März 1841.

Rechtsgr. 991. — II. Senat. 16. Juli 1861. (XLII. 261.)

a) Der § 14. des Schlesischen Forstregulativs vom 26. März 1788 gilt für alle Distrikte als Deklaration und Ergänzung und ist daher auch auf diejenigen Gebirgs-Distrikte anzuwenden, für welche die Forstordnung vom 8. September 1777 erlassen ist.

b) Der § 14. des Forstregulativs vom 26. März 1788, — nach welchem die zum Raff- und Leseholz Berechtigten nur solches Holz sich zueignen dürfen, welches entweder in trockenen Stämmen vor Alter umgefallen und als Lagerholz liegen geblieben, oder in trockenen Aesten abgefallen, oder in den verlassenen Schlägen als Abraum zurückgeblieben und, ohne eine Axt zu gebrauchen, genommen werden kann, — enthält eine gesetzliche Beschränkung der Brennholz-Berechtigung auf Raff- und Leseholz und ein Verbotsgesetz in Betreff des Gebrauchs der Axt und des Einsammelns des nach dem Gesetze nicht zum Raff- und Leseholz gehörigen Holzes.

c) Die Raff- und Leseholzberechtigten können daher seit Publikation des Forstregulativs durch **Verjährung** ein Recht auf den Gebrauch der Axt und auf das nicht zum Raff- und Leseholz gehörige Holz nicht erwerben, und wenn (vormalige) Schlesische Amts-Unterthanen in den Forsten des Fiskus eine Brennholz-Berechtigung von größerem Umfange verlangen, als der § 14. a. a. O. gestattet, so müssen sie nachweisen, daß sie solche vor Publikation des Forstregulativs erworben oder nachher durch ausdrückliches Abkommen mit dem Fiskus erlangt haben.

d) Die Schlesischen Forstregulative vom 8. September 1777 und 26. März 1788 sind auch für Privatforsten maaßgebend.

1789, Mai 22. Kurkölnische Verordnung wegen Einreichung des Inventars seitens des überlebenden Ehegatten. (Scotti, Samml. Abth. 1. Thl. 2. S. 1163.)

— Siehe Rechtsgrundsatz 963. (Kurkölnische Rechts-Ordnung vom 16. März 1663 Tit. 8. § 3.)

1789, August 4. Dekret der Französischen National-Versammlung wegen gänzlicher Abschaffung der Feudalrechte und Ablösung der Grundrenten. (Gräff, Chronologische Sammlung, S. 80.)
— Siehe Rechtsgrundsatz 424. (A. L. R. I. 21. § 189.)

1790, Februar 1. Deklaration wegen des Bergbaus in Schlesien. (Gräff, Handbuch, S. 29.)
— Siehe Rechtsgrundsatz 635. (A. L. R. II. 16. § 125.)

1790, Dezember 18. Dekret der Französischen National-Versammlung wegen gänzlicher Abschaffung der Feudalrechte und Ablösung der Grundrenten. (Gräff, Chronologische Sammlung, S. 139.)
— Siehe Rechtsgrundsatz 424. (A. L. R. II. 16. § 125.)

1792, April 18. Edikt über die Verbindlichkeit der Unterthanen in der Kurmark Brandenburg in Ansehung des Chausseebaues, wie sie deshalb zu entschädigen sind, und was sonst dabei beobachtet werden soll. (N. C. C. Tom. IX. p. 933.; Rabe, Samml. Bd. 2. S. 299.)
— Straßenbaupflicht der Stadtgemeinden in der Kurmark Brandenburg; Entschädigung des Grundeigenthümers wegen des zur Straßen-Anlage hergegebenen Theiles eines Grundstücks. — Vergl. v. Scholz, Entwurf des Kurmärkischen Provinzialrechts, Berlin 1834, §§ 639. 642.

Rechtsgr. 992. — III. Senat. 12. Oktober 1863. (LII. 20.)

a) In der Kurmark Brandenburg sind die Stadtgemeinden, namentlich auch die Stadtgemeinde Berlin, verpflichtet, die öffentlichen Straßen der Stadt in guten Stand zu setzen und zu unterhalten.

b) Der Umstand, daß das Straßenterrain in einer Stadt nicht der Stadtgemeinde, sondern einem Dritten gehört, ändert an der Baupflicht der Stadtgemeinde Nichts.

Siehe auch Rechtsgrundsatz 620. (A. L. R. II. 15. § 17.)

1793, Juni 2. Patent wegen künftiger Einrichtung des Justizwesens in der Stadt Danzig. (Lehmann, historische geographische Einleitung, S. 201.; N. C. C. Tom. 9. S. 1471.)
— Siehe Rechtsgrundsatz 570. (A. L. R. II. 8. § 1635.)

1794, März 1. Publikandum der Kriegs- und Domainen-Kammer in

Posen wegen Tödtung der ledig umherschweifenden Hunde. — Vergl. Kabinetsorder vom 40. Mai 1841.

— § 32. Erschießen der auf fremdem Jagdreviere in der Provinz Posen ledig herumlaufenden Jagd- und Windhunde.

Rechtsgr. 993. — I. Senat. 18. November 1861. (XLIII. 201.)

Die Kabinets-Order vom 30. Mai 1841 hat dem Publikandum der Kriegs- und Domänenkammer zu Posen vom 1. März 1794 auch rücksichtlich der zur Verhütung der zur Beeinträchtigung des Jagdrechts dienenden Vorschriften Gesetzeskraft ertheilt.

Siehe auch Rechtsgrundsatz 627. (A. L. R. II. 16. § 64.)

1794, Oktober 13. Reskript an das Kurmärkische Pupillen-Kollegium, wiefern ein im Pflichttheil eingesetzter Erbe im Falle der Theilung auf Subhastation des im Nachlasse befindlichen Immobiles anzutragen befugt ist. (Rabe, Sammlung, Bd. 2. S. 705.)

— Siehe Rechtsgrundsatz 1228. (Gesetz vom 4. Juni 1856 § 1.)

1795, Oktober 24. (2. Brumaire IV.) Gesetz über die Organisation des Kassationshofes. (v. Daniels, Handbuch ꝛc., Bd. 3. S. 224.; Graeff, Samml., S. 297.)

— § 25. Kassationsgrund wegen Verletzung des Allgem. Landrechts.

Rechtsgr. 994. — V. Senat. 25. März 1862. (XLV. 147.)

Die Verletzung des Allgem. Landrechts bildet auch in dem Bezirke des Rheinischen Rechts einen Kassationsgrund.

1796, Januar 11. Reskript des Großkanzlers, betreffend die Wirkung eines Vitalitien- und Alimentations-Vertrages, wodurch Jemand sein ganzes Vermögen abtritt. (Rabe, Samml., Bd. 3. S. 228.)

— Siehe Rechtsgrundsatz 222. (A. L. R. I. 11. § 646.)

1796, Januar 18. Reskript des Großkanzlers an das Kleve'sche Pupillen-Kollegium über verschiedene Gegenstände des Vormundschaftsrechts. (N. C. C. Bd. 10. S. 1881.; Rabe, Samml. Bd. 3. S. 237.)

— Siehe Rechtsgrundsatz 413. (A. L. R. I. 21. § 56.)

1796, Januar 25. Reskript des Justizministers an das Stadtgericht in Berlin wegen der Exekution in die Illata einer Ehefrau für Schulden derselben. (Rabe, Samml., Bd. 3. S. 250.)

— Siehe Rechtsgrundsatz 487. (A. L. R. II. **1.** § 389.)

1796, Mai 31. Chaussee-Reglement für die Grafschaft Mark. (Rabe, Samml., Bd. 3. S. 407.)
— § 7. Siehe Rechtsgrundsatz 634. (A. L. R. II. **16.** § 116b.)

1798, November 1. (11. Brumaire des Jahres VII.) Gesetz über das Hypothekenwesen. (Graeff, Samml. S. 381.)
— Art. **23.** Siehe Rechtsgrundsatz 925. (Code Napoléon Art. 2154.)

1798, Dezember 18. Verordnung wegen der für Westpreußen bestimmten, gegen fiskalische Ansprüche schützenden Besitzzeit im Jahr 1797. (Rabe, Samml., Bd. 5. S. 257.)
— Siehe Rechtsgrundsatz 174. (A. L. R. I. **9.** § 641.)

1799, März 11. Hofreskript, betreffend das Verfahren bei Ehen zwischen Ehebrechern und deren Gültigkeit. (Rabe, Samml., Bd. 5. S. 359.)
— Siehe Rechtsgrundsatz 507. (A. L. R. II. **1.** § 951.)

1799, Dezember 19. Cirkular-Verordnung wegen genauerer Bestimmung verschiedener, in dem Allgem. Landrechte und der Allgem. Gerichtsordnung enthaltenen Vorschriften. (Rabe, Samml., Bd. 5. S. 673.)
— No. **VIII.** § **4.** Siehe Rechtsgrundsatz 212. (A. L. R. I. **11.** § 382.)

1800, Oktober 22. Gutachten der Gesetz-Kommission, betreffend die Anwendbarkeit des Lübischen Rechts. (Rabe, Samml., Bd. 6. S. 327.)
— Siehe Rechtsgrundsatz 898. (Lübisches Recht Buch I. Tit. 5. Art. 1.)

1800, Oktober 23. und November 3. Gutachten der Gesetz-Kommission und Reskript des Justizministers, die Kraft der nicht gerichtlichen Kodizille betreffend. (Rabe, Samml., Bd. 6. S. 338. 341.)
— Siehe Rechtsgrundsatz 254. (A. L. R. I. **12.** § 163.)

1801, August 4. Patent wegen Publikation des Provinzialrechts für Ostpreußen, Litthauen, Ermeland und den Marienwerderschen landräthlichen Kreis, insoweit solches die Zusätze zu dem ersten Theil und den vier ersten Titeln des zweiten Theils des Allgem. Landrechts enthält. (Rabe, Samml., Bd. 6. S. 568.)
— Siehe Rechtsgrundsatz 553. (A. L. R. II. **7.** § 37.)

1802, März 6. Patent wegen Publikation des Provinzialrechts für Ostpreußen, insoweit dasselbe die Zusätze zum zweiten Theile des Allgem. Landrechts von dessen fünften Titel an bis zu Ende enthält. (Rabe, Samml., Bd. 7. S. 163.)
— Siehe Rechtsgrundsatz 553. (A. L. R. II. **7**. § 37.)

1802, Juli 10. Gutachten der Gesetz-Kommission über die Konsolidation der Hypothekenrechte. (Rabe, Samml., Bd. 7. S. 203.)
— Siehe Rechtsgrundsatz 345. (A. L. R. I. **16**. Anh. § 52. zu § 484.)

1802, November 18. Publikandum wegen des Mißbrauchs bei Cessionen und Verpfändungen der Besoldungen und Pensionen Königlicher Diener und Offizianten. (Rabe, Samml., Bd. 7. S. 272.)
— Abschn. 2. § **9**. Siehe Rechtsgrundsatz 212. (A. L. R. I. **11**. § 382.)

1803, April 5. Publikations-Patent wegen Einführung des Allgem. Landrechts in die Erbfürstenthümer Paderborn und Münster, ingleichen die Abteien Essen, Werden und Elten. (Rabe, Sammlung, Bd. 7. S. 422.)
— § **9**. Siehe Rechtsgrundsatz 173. (A. L. R. I. **9**. § 629.)

1804, Mai 3. Verordnung wegen näherer Bestimmung verschiedener Vorschriften der Allgem. Gerichts-Ordnung. (Rabe, Samml., Bd. 8. S. 45.)
— Siehe Rechtsgrundsatz 212. (A. L. R. I. **11**. § 382.)

1804, Oktober 27. Deklaration wegen Ueberlassung des Grund und Bodens an die bergbauenden Gewerken zur Anlage der Abfuhrwege und Niederlagen. (Rabe, Samml., Bd. 8. S. 202.)
— Siehe Rechtsgrundsätze 112. 113. 634. (A. L. R. I. **7**. § 150., II. **16**. § 116b.)

1804, November 12. Patent wegen näherer Bestimmung der Pommerschen Bauer-Ordnung von 1616.
— Siehe Rechtsgrundsatz 958. (Pommersche renovirte Bauer-Ordnung von 1616.)

1805, Oktober 8. Forst- und Jagd-Ordnung für Westpreußen und den Netzdistrikt. (Rabe, Samml., Bd. 8. S. 354.)
— §§ **9**. **10**. **12**. Siehe Rechtsgrundsatz 626. (A. L. R. II. **16**. § 64.)

1806, Februar 28. Verordnung, betreffend die Verkümmerung der Besoldungen und Pensionen Königl. Civilbedienten und Pensionisten, desgleichen deren Befreiung vom Personal-Arrest, und das Verfahren gegen diejenigen derselben, welche ihre Gläubiger durch unerlaubte Mittel zum Kreditgeben verleiten. (Rabe, Samml., Bd. 8. S. 482.)
— § 7. Siehe Rechtsgrundsatz 212. (A. L. R. I. **11**. § 382.)

1807, August 21. Publikandum des Bürgermeisters und Raths der Stadt Danzig. (Lehmann, Westpreußisches Provinzialrecht, Bd. 3. S. 503.)
— Siehe Rechtsgrundsatz 570. (A. L. R. II. 8. § 1635.)

1807, Oktober 9. Edikt, den erleichterten Besitz und den freien Gebrauch des Grundeigenthums, sowie die persönlichen Verhältnisse der Landbewohner betreffend. (Rabe, Samml., Bd. 9. S. 85.)
— §§ **1**. ff. Siehe Rechtsgrundsatz 426. (A. L. R. I. **21**. § 258.)

1807, November 2. Fürstlich Waldeck'sche Hypotheken-Ordnung. (Arolsen, 1807.)
— § 7. Vorzugsrecht des pignus publicum vor dem pignus privatum, nach dem Rechte des Fürstenthums Pyrmont.

Rechtsgr. **995**. — V. Senat. 8. September 1863. (LI. 66.)

In dem Fürstenthum Pyrmont betrifft die Publizität, welche durch die Vorschriften des Gesetzes vom 2. November 1807 über die Führung der Hypothekenbücher bezweckt wird, auch die gesetzlichen Pfandrechte, und findet daher die im § 7. dieses Gesetzes festgesetzte Rangordnung auch auf die gesetzlichen Pfandrechte Anwendung.

Siehe auch Rechtsgrundsatz 949. (Cod. 8. 18. Lex 11.)

1808, Juli 9. Großherzoglich Hessische Gemeinheitstheilungs-Ordnung.
— Siehe Rechtsgrundsatz 1023. (Gemeinheitstheilungs-Ordnung vom 7. Juni 1321 § 1.)

1808, November 19. Ordnung für sämmtliche Städte der Preußischen Monarchie. (Ges.-Samml., S. 324.)
— §§ **166**. **167**. Siehe Rechtsgrundsatz 1177. (Gesetz No. 3256. über die Polizei-Verwaltung vom 11. März 1850 § 1.)

1808, Dezember 12. Großherzoglich Bergisches Dekret, die Aufhebung der Leibeigenschaft betreffend. (Gesetz-Bülletin Bd. 1. S. 128.; Temme, Samml., S. 57.)

-- Volles Eigenthum der ehemals eigenbehörigen Besitzer eines Bauerguts. — Vergl. Gesetz No. 939. vom 21. April 1825 § 15.

Rechtsgr. 996. — II. Senat. 1. Dezember 1863. (LII. 138.)

Hat sich die Deszendenz eigenbehöriger Eheleute noch zur Zeit der Verkündigung des Bergischen Dekrets vom 12. Dezember 1808 auf dem eingegebenen Gute vorgefunden, so ist anzunehmen, daß dieselbe dies Gut als Eigenbehörige besessen und demgemäß nach den Bestimmungen dieses Dekrets und § 15. des Gesetzes vom 21. April 1825 zum vollen Eigenthum erworben haben.

Siehe auch Rechtsgrundsätze 424. 986. (A. L. R. I. 21. § 189.; Münsterische Eigenthums-Ordnung vom 10. Mai 1770 Th. IV. Tit. 3. § 1.)

1808, Dezember 26. Verordnung zu No. 60. wegen verbesserter Einrichtung der Provinzial- und Finanzbehörden. (Ges.-Samml., Nachtrag, S. 464.)

-- §§ 41. 48. Siehe Rechtsgrundsatz 614. (A. L. R. II. 14. § 78.)

1809, Februar 15. Gesetz über die bei Darlehnen und anderen rechtlichen Geschäften bis zum letzten Dezember 1810 anzunehmenden beliebigen Zinsen. (Ges.-Samml. S. 535.)

— Siehe Rechtsgrundsatz 231. (A. L. R. I. 11. § 793.)

1809, März 19. Hofreskript, betreffend die Zulässigkeit der Klagen bei Preußischen Gerichten gegen Ausländer, welche im Inlande Vermögen besitzen. (Rabe, Samml., Bd. 10. S. 67.)

— Siehe Rechtsgrundsatz 743. (A. G. O. I. 2. § 117.)

1809, März 28. Kabinets-Order, betreffend das Inkolat rücksichtlich der Ausländer, welche im Preußischen Staate Güter erwerben wollen, und die zur Erwerbung adeliger Güter oder Domainen-Vorwerke seitens eines Ausländers erforderliche Spezial-Konzession. (Mathis, Bd. 8. S. 26.; Rabe, Bd. 10. S. 77.)

— Ausländische, insbesondere Russisch-Polnische Bieter im Lizitations-Termine bei der nothwendigen Subhastation eines adeligen Gutes. — Vergl. A. L. R. I. 8. §§ 8. 11. 19., 20. § 42.; A. G. O. I. 52.

§§ 42. 44. und Anh. §§ 405. 406.; Subhastations-Verordnung vom 4. März 1834 § 11.

Rechtsgr. 997. — III. Senat. 7. Juni 1861. (XLI. 311.)

Fremde, nicht den Deutschen Bundesstaaten angehörige, insbesondere Russisch-Polnische Unterthanen können, auch wenn sie Realgläubiger sind, bei der nothwendigen Subhastation eines adeligen Gutes zum Mitbieten im Lizitationstermin ohne Spezial-Konzession des Ministerii des Innern nicht zugelassen werden.

1809, Dezember 9. Verordnung wegen Mortifikation der an einen gewissen Inhaber, und wegen des öffentlichen Aufgebots der an jeden Inhaber ausgestellten Privat-Schuldverschreibungen und Urkunden. (Rabe, Samml., Bd. 10. S. 217.)

— Siehe Rechtsgrundsätze 406. 820. 847. (A. L. R. I. 20. § 515.; A. G. O. I. 29. § 83.; Konkurs-Ordnung vom 8. Mai 1855 § 32.)

1809, Dezember 30. Kaiserlich französisches Dekret, die Kirchenfabriken betreffend. (Gräff, Chronologische Sammlung, S. 705.)

— Art. 57. Siehe Rechtsgrundsatz 962. 1073. (Kurkölnische Synodal-Statuten vom 20. März 1662 Thl. III. Kap. 2. § 3.; Verordnung vom 30. Juni 1834 § 10.)

— Art. 77. Prozeßlegitimation der Kirchenfabriken in der Rheinprovinz. — Vergl. Decrt. Grat. Pars II. causa X. Quaestio 1. can. 1.; Conc. Trid. sess. 22. de reform. cap. 8. 9.; Verfassungs-Urkunde vom 31. Januar 1850 Art. 15. 109.

Rechtsgr. 998. — V. Senat. 19. Mai 1863. (XLIX. 214.)

In der Preußischen Rheinprovinz ist der Art. 77. des Fabriken-Dekrets vom 30. Dezember 1809 durch die Art. 15. und 109. der Verfassungs-Urkunde vom 31. Januar 1850 nicht aufgehoben.

Die Kirchenfabriken daselbst bedürfen daher bei Prozessen nach wie vor der Autorisation der Regierung und nicht der des Bischofs.

1810, März 17. Regulativ über das Servis- und Einquartierungswesen. (Rabe, Sammlung, Bd. 13. S. 858.)

— No. 3. 17. 19. 35. Anspruch der Hausbesitzer an die Kommune auf Gewährung eines Zuschusses zu dem reglementsmäßigen Servise. — Verordnung vom 26. Januar 1815 §§ 2. 5.

Rechtsgr. 999. — II. Senat. 14. Januar 1864. (LI. 342.)

So lange nicht von Seiten des Staates die Erforderlichkeit eines Zuschusses zu dem reglementsmäßigen Servis, welcher den Hausbesitzern zugewiesen ist, und die Höhe des Zuschusses festgestellt sind, kann ein Hausbesitzer aus der Vorschrift der No. 35. des Reglements über das Servis- und Einquartierungswesen vom 17. März 1810 keinen Anspruch auf Gewährung eines Zuschusses gegen die betreffende Kommune herleiten.

1810, April 20. Französisches Gesetz über die Organisation der Justiz-Verwaltung. (Graeff, Samml. S. 724.)
— Art. 7. Siehe Rechtsgrundsatz 930. (Code de commerce Art. 457.)

1810, Juni 14. Verordnung wegen Verlängerung des allgemeinen Indults bis zum 24. Juni 1811. (Ges.-Samml. S. 715.)
— Siehe Rechtsgrundsatz 231. (A. L. R. I. 11. § 793.)

1810, Oktober 11. Schwedische Allodifikations- und Assekurations-Urkunde für die Ritterschaft im Herzogthum Pommern und dem Fürstenthum Rügen. (Sonnenschmidt, Sammlung, Bd. 2. S. 104.)
— Agnaten und Descendenten. — Vergl. A. L. R. I. 18. § 15.; Schwedische Verordnung wegen Abfindung der Agnaten, Gesammthänder und Anwärter bei allodifizirten Lehngütern vom 11. Oktober 1810 § 1.; Publikations-Patent vom 18. Februar 1811.

Rechtsgr. 1000. — I. Senat. 30. November 1863. (LI. 257.)

Die in der Allodifikations- und Assekurations-Urkunde für die Ritterschaft im Herzogthum Pommern und in der Verordnung wegen der Abfindung der Agnaten, Gesammthänder und Anwärter bei allodifizirten Lehngütern vom 11. Oktober 1810 enthaltenen, die Agnaten betreffenden Bestimmungen sind auf die Deszendenten des besitzenden Vasallen nicht anwendbar.

Siehe auch Rechtsgrundsatz 373. (A. L. R. I. 18. § 15.)

1810, Oktober **11**. Schwedische Verordnung wegen Abfindung der Agnaten, Gesammthänder und Anwärter bei allodifizirten Lehngütern. (Sonnenschmidt, Sammlung, Bd. **2**. S. **112**.)
— § **1**. Siehe Rechtsgrundsätze **373**. **1000**. (A. L. R. I. **18**. § **15**.; Schwedische Allodifikations- und Assekurations-Urkunde für die Ritterschaft im Herzogthum Pommern und dem Fürstenthum Rügen vom **11**. Oktober **1810**.)

1810, Oktober **28**. Edikt wegen Aufhebung des Vorspanns. (Ges.-Samml. S. **77**.)
— Siehe Rechtsgrundsatz **552**. (A. L. R. II. **7**. § **37**.)

1810, Oktober **28**. Edikt No. **10**. wegen der Mühlengerechtigkeit und Aufhebung des Mühlenzwanges, des Bier- und Branntweinzwanges in der ganzen Monarchie. (Ges.-Samml. S. **95**.)
— Siehe Rechtsgrundsatz **1001**. (Edikt über die Einführung einer allgemeinen Gewerbesteuer vom **2**. November **1810**.

1810, November **2**. Edikt über die Einführung einer allgemeinen Gewerbesteuer. (Ges.-Samml. S. **79**.)
— Gültigkeit dieses Edikts in den wiedereroberten Provinzen. — Vergl. Mühlen-Edikt vom **28**. Oktober **1810**.

Rechtsgr. **1001**. — IV. Senat. 23. Oktober 1863. (XLVII. 103.)

Die Edikte vom 28. Oktober und 2. November 1810 haben in den wiedereroberten Provinzen niemals Gesetzeskraft gehabt.

— §§ **1**. **2**. **16**. Verträge gegen die Gewerbefreiheit. — Vergl. A. L. R. I. **4**. §§ 5. 6., **5**. § 68.; Kabinets-Order vom **19**. April **1813**.

Rechtsgr. **1002**. — III. Senat. 5. Februar 1864. (LII. 229.)

a) Ein Vertrag, in welchem der Vermiether eines städtischen Geschäftslokals, z. B. zum Betriebe einer Destillation, sich verpflichtet, in dieser Stadt dasselbe Geschäft nicht zu betreiben, auch mit Waaren dieses Geschäfts nicht zu handeln, verstößt gegen die gesetzliche Gewerbefreiheit und ist daher nichtig.

b) Ist der Miethszins nicht blos als Gegenleistung für

die vermiethete Sache, sondern auch als Entschädigung für die Beschränkung der Gewerbefreiheit des Vermiethers vereinbart worden, so steht dem Vermiether ein klagbares Recht auf Zahlung des Miethszinses nicht zu.

— §§ **16. 17.** Siehe Rechtsgrundsatz **1140.** (Gewerbe-Ordnung vom 17. Januar **1845** § 1.)

1810, November 8. Gesinde-Ordnung für sämmtliche Provinzen der Preußischen Monarchie. (Ges.-Samml. S. **101.**)

— Eingang Nr. **1.** — An- und Abzugstermin des Gesindes in Ostpreußen.

Rechtsgr. **1003.** — I. Senat. 29. November 1861. (XLIII. 221.)

Für die Provinz Ostpreußen ist der Martinitag nicht der Umzugstermin des Gesindes.

— § **1.** Siehe Rechtsgrundsätze **545. 579.** (A. L. R. II. **5.** § 177., **10.** § 3.)

— §§ **2.** ff. Siehe Rechtsgrundsatz **545.** (A. L. R. II. **5.** § 177.)

— § **73.** Siehe Rechtsgrundsatz 1007. (Gesinde-Ordnung § 118.)

— § **76.** Siehe Rechtsgrundsatz **1006.** (Gesinde-Ordnung § 117.)

— § **86.** Dauer der Verpflichtung der Herrschaft zur Sorge für die Kur und Verpflegung des erkrankten Gesindes. — Vergl. A. L. R. I. **13.** §§ 80. 81.; Gesinde-Ordnung §§ 92. 94.

Rechtsgr. **1004.** — I. Senat. 14. Juni 1861. (XLII. 127.)

Die Verpflichtung der Herrschaft, für die Kur und Verpflegung eines Dienstboten zu sorgen, der sich durch ihren Dienst oder bei Gelegenheit desselben eine Krankheit zugezogen hat, endet in der Regel, wenn ein Ausnahmefall nach § 94. der Gesinde-Ordnung nicht vorliegt, mit Ablauf der Dienstzeit.

— §§ **86-89.** Anspruch des erkrankten Gesindes auf unverkürztes Lohn bis zum Ablaufe der Dienstzeit. — Vergl. A. L. R. I. **13.** §§ 80. 81.

Rechtsgr. **1005.** — IV. Senat. 3. Februar 1862. (XLIV. 180.)

Die Dienstherrschaft ist verpflichtet, dem Gesinde auch während der dasselbe durch den Dienst oder bei Gelegenheit desselben betroffenen Krankheit und bis zum Ende der Dienstzeit den Lohn unverkürzt zu zahlen.

— § **92.** Siehe Rechtsgrundsatz 1004. (Gesinde-Ordnung § 86.)
— § **94.** Siehe Rechtsgrundsätze 268. 1004. (A. L. R. I. **13.** § 80.; Gesinde-Ordnung § 86.)
— § **117.** Entlassung des Gesindes wegen Verletzung der schuldigen Achtung gegen die Herrschaft. — Vergl. Gesinde-Ordnung § 76.

Rechtsgr. **1006.** — I. Senat. 16. Juni 1862. (XLV. 287.)

Der § 117. der Gesinde-Ordnung ist nicht auf direkt beleidigende Aeußerungen zu beschränken, sondern es müssen alle solche Worte und Handlungen, durch welche die der Herrschaft schuldige Achtung in einer auffälligen, sie beleidigenden Weise verletzt wird, unter dieses Gesetz gestellt werden.

— § **118.** Entlassung eines Wirthschafts-Inspektors wegen Tabacksrauchens. — Vergl. A. L. R. Einl. § **87.**, I. **3.** § 26., **6.** § 63., II. **5.** §§ 177. ff. 186.; Strafgesetzbuch § **347.** No. 6.; Gesinde-Ordnung §§ 73. 160. 163.

Rechtsgr. **1007.** — I. Senat. 29. November 1861. (XLIII. 221.)

Ein Wirthschafts-Inspektor, welcher des Verbots der Herrschaft ungeachtet auf dem Gehöft, in den Ställen und dem Spirituskeller Taback raucht, kann seines Dienstes sofort rechtmäßig entlassen werden.

Siehe auch Rechtsgrundsatz 546. (A. L. R. II. **5.** § 177.)

— § **125.** Entlassung des Gesindes wegen Fortbleibens „über Nacht."

Rechtsgr. **1008.** — I. Senat. 19. Mai 1862. (XLIV. 324.)

Das „über Nacht" in dem § 125. der Gesinde-Ordnung vom 8. November 1810 ist mit „die ganze Nacht" nicht identisch.

— § **160.** Anstellung des Versuchs der Wiederaufnahme des entlassenen Gesindes seitens der Polizeibehörde. — Vergl. A. G. O. I. Einl. § **1.**, **1.** § 1.; § **164** dieser Gesinde-Ordnung.)

Rechtsgr. 1009. — I. Senat. 25. September 1863. (LI. 134.)

Die Polizeibehörde hat, wenn sie von der Dienstentlassung und von dem Willen des Dienstboten, den Dienst fortzusetzen, Kenntniß erhalten hat, den gesetzlich angeordneten Versuch der Wiederaufnahme des Dienstboten nicht von Amtswegen, sondern nur auf Anrufen desselben anzustellen.

Siehe auch Rechtsgrundsätze 545. 1007. (A. L. R. II. 5. § 177.; Gesinde-Ordnung § 118.)

§ 163. Siehe Rechtsgrundsätze 545. 1007. (A. L. R. II. 5. § 177.; Gesinde-Ordnung § 118.)

§ 164. Siehe Rechtsgrundsatz 1009. (Gesinde-Ordnung § 160.)

1811, Februar 8. Verordnung, betreffend die Kündigung und Abzweigung oder Partial-Cession von Schuldverschreibungen. (Ges.-Samml. S. 150.)

— Siehe Rechtsgrundsatz 209. (A. L. R. I. 11. § 382.)

1811, Februar 18. Patent wegen Publikation des Allodifikations- und Assekurations-Urkunde vom 11. Oktober 1810. (Sonnenschmidt, Samml., Bd. 2. S. 104.)

— Siehe Rechtsgrundsätze 373. 1000. (A. L. R. I. 18. § 15.; Allodifikations- und Assekurations-Urkunde für die Ritterschaft im Herzogthum Pommern vom 11. Oktober 1810.)

1811, April 4. Deklaration der Verordnung vom 14. Juni 1810, betreffend die Darlehne in öffentlichen Papieren. (Gesetz-Sammlung S. 169.)

— Quittungsbogen einer Aktiengesellschaft als Darlehn. — Vergl. A. L. R. I. 11. § 715.

Rechtsgr. 1010. — IV. Senat. 14. Oktober 1862. (XLVI. 266.)

Quittungsbogen einer landesherrlich genehmigten Aktiengesellschaft sind nicht im Sinne des § 715. I. 11. des Allgem. Landrechts als Waaren zu erachten. Sie sind den öffentlichen geldwerthen Papieren gleich und unterliegen auch dann der Deklaration vom 4. April 1811, wenn sie nicht auf jeden Inhaber lauten und einen Börsenkurswerth nicht haben.

Siehe auch Rechtsgrundsatz 231. (A. L. R. I. 11. § 793.)

1811, Mai 2. Verordnung wegen allgemeiner Separation der Küstereien an Filialkirchen von den Küstereien an der Mutterkirche. (Ges.-Samml. S. 193.)

— §§ **1. 2. 4-7.** Siehe Rechtsgrundsatz **611.** (A. L. R. II. **12.** § 36.)

1811, September 13. Großherzoglich Bergisches Dekret, die abgeschafften Rechte und Abgaben betreffend. (Temme, Samml., S. 66.)

— Erbliches Besitzrecht an den Gewinngütern in dem Stifte Essen. — Gesetz No. 939. vom 21. April 1825 § 15.

Rechtsgr. **1011.** — II. Senat. 27. Februar 1862. (XLV. 106.)

Auch bei den in dem Stifte Essen vorkommenden Gewinngütern verblieb nach dem Absterben Eines der Behändigten dem überlebenden Aufsitzer das alleinige Nutzungsrecht ohne Beschränkung für die Dauer seiner Lebenszeit, so daß der Gutsherr die abgestorbene Hand ohne Zustimmung des Ueberlebenden nicht vergeben konnte, der Nachfolger vielmehr warten mußte, bis der Ueberlebende abging, ehe er zur Benutzung des Guts gelangen konnte.

Daher hat sich der Erwerb des Eigenthums des Gewinnguts lediglich in der Hand des überlebenden Aufsitzers zur Zeit der Gesetzeskraft des Großherzoglich Bergischen Dekrets vom 13. September 1811 vollzogen, ohne daß die Erben des vorher verstorbenen Mitaufsitzers ein Miteigenthumsrecht daran geltend machen können.

1811, November 15. Gesetz wegen des Wasserstaues bei Mühlen und Verschaffung der Vorfluth. (Ges.-Samml. S. 352.)

— §§ **5. 6.** Siehe Rechtsgrundsatz **111.** (A. L. R. I. 7. § 150.)

— § **10.** Rechtsweg in Betreff des Streites über das Recht zur Aufwerfung von Gräben und einer Wasserleitung auf fremden Grund und Boden. — Vergl. A. G. O. I. Einl. § **1.**; Edikt vom **20.** Dezember **1746.**

Rechtsgr. **1012.** — II. Senat. 5. Juli 1862. (XLVI. 186.)

Der Streit über das Recht zur Aufwerfung von Gräben und einer Wasserleitung auf fremden Grund und Boden kann dem Rechtswege nicht aus dem Grunde entzogen werden, weil der mit der Negatorienklage belangte Prätendent dieser Grundgerechtigkeit einwendet, daß er dieselbe behufs der Räumung und Schlammung eines ihm gehörigen Grabens nöthig, während rechtsverjährter Zeit ausgeübt und daher durch Verjährung erworben habe.

Siehe auch Rechtsgrundsätze **111. 125.** (A. L. R. I. **7.** § **150.**, **8.** § **100.**)

— § **15.** Verschaffung der Vorfluth durch vermehrte Ablassung des stehenden Wassers mittelst eines neu angelegten Abzugsgrabens.

Rechtsgr. **1013.** — III. Senat. 11. Februar 1859. (XLIX. 1.)

a) Der § 15. des Vorfluth-Ediktes vom 15. November **1811** setzt den Fall voraus, daß ein Grundbesitzer sich des auf seinen Ländereien stehenden Wassers durch Ablassen desselben entledigen will und zu diesem Ende die Herstellung einer besonderen Entwässerungs-Anlage beabsichtigt, durch welche ein neuer Wasserlauf über benachbarte Grundstücke, da, wo bisher kein solcher stattfand, bewirkt, oder doch der bereits vorhandene wesentlich verändert wird.

b) Daher findet der § **14.** a. a. O. keine Anwendung, wenn das stehende Wasser von einem Grundstücke nur in größerer Menge mittelst eines neu angelegten Grabens durch den bereits vorhandenen älteren Graben abgeleitet werden soll, ohne daß der bisherige Wasserlauf dadurch wesentlich verändert wird.

— §§ **15-19.** Verschaffung der Vorfluth.

Rechtsgr. **1014.** — II. Senat. 12. Februar 1863. (XLVII. 347.)

Einrichtungen, welche von dem Vorfluth-Bedürftigen behufs Verschaffung der Vorfluth mit Umgehung des in den §§ 15–19. des Edikts vom 15. November **1811** vorgeschriebenen Verfahrens auf einem fremden Grundstücke getroffen sind, braucht der Eigenthümer desselben nicht zu dulden.

1811, Dezember 9. Französisch-Hanseatisches Dekret wegen Aufhebung der Lehen. (Temme, Samml., S. 95.)

— Art. **99**. Siehe Rechtsgrundsatz **424**. (A. L. R. I. **21**. § 189.)

1812, Februar 29. Großherzoglich Hessische Kommunal-Rechnungs-Instruktion.
— Siehe Rechtsgrundsatz 208. (A. L. R. I. **14**. § 109.)

1812, März 11. Edikt, betreffend die bürgerlichen Verhältnisse der Juden in dem Preußischen Staate. (Ges.-Samml. S. 17.)
— §§ **1**. ff. Siehe Rechtsgrundsatz 593. (A. L. R. II. **11**. § 261.)
— § **15**. Siehe Rechtsgrundsatz 1160. (Gesetz vom 23. Juli 1847 § 3.)

1812, April 19. und Oktober 20. Westphälische Dekrete über die Waldnutzungsbefugnisse. (Gesetzbülletin von 1812 Bd. 1. S. 357., Bd. 2. S. 287.)
— Unterlassene Anmeldung der Waldberechtigung im ehemaligen Königreich Westphalen. — Vergl. Westphälisches Dekret vom 22. Juli 1813.

Rechtsgr. **1015**. — II. Senat. 24. September 1861. (XLIII. 103.)

Das Königl. Westphälische Dekret vom 19. April 1812 untersagt Denjenigen, welche die Anmeldung ihrer Waldberechtigungen innerhalb der darin festgesetzten und bis Ende 1813 verlängerten Frist nicht bewirkt haben, nur die fernere Ausübung unter Androhung der Strafe der Waldfrevler; es verordnet aber nicht die Präklusion der Ausführung des Anspruchs im Wege Rechtens.

1813, April 19. Kabinets-Order, betreffend die zwischen verschiedenen Kontrahenten bestehenden Verträge, welche die gesetzlich gegebene Gewerbefreiheit beschränken. (Ges.-Samml. S. 69.)
— Gültigkeit dieser Kabinets-Order.

Rechtsgr. **1016**. — IV. Senat. 23. Oktober 1862. (XLVII. 103.)

Die Kabinets-Order vom 19. April 1813 hat in den wiedereroberten Provinzen niemals Gesetzeskraft gehabt.

Siehe auch Rechtsgrundsätze 24. 1002. (A. L. R. I. **4**. §§ 5. 6.; Gewerbesteuer-Edikt vom 2. November 1810.)

1813, Juli 22. Westphälisches Dekret über die Waldnutzungsbefugnisse. (Gesetz-Bülletin von 1813 Bd. 2. S. 12.)

— Siehe Rechtsgrundsatz 1015. (Westphälische Dekrete vom 19. April und 20. Oktober 1812.)

1814, September 9. Patent wegen Wiedereinführung des Allg. Landrechts und der Allgem. Gerichts-Ordnung in die von den Preußischen Staaten getrennt gewesenen, mit denselben wieder vereinigten Provinzen. (Ges.-Samml. S. 89.)

— § 2. Siehe Rechtsgrundsätze 570. 965. (A. L. R. II. 8. § 1635.; Magdeburger Polizei-Ordnung vom 3. Januar 1668, Kap. 9. Abschn. 1. § 4.)

1815, Januar 26. Verordnung über die Servis-Einrichtung der Haupt- und Residenzstadt Berlin. (Ges.-Samml. S. 3.)

— §§ 2. 5. Siehe Rechtsgrundsatz 999. (Servis-Regulativ vom 17. März 1810 § 3.)

1815, Mai 18. Königlich Sächsische Erklärung, betreffend die Anerkennung des Rezesses zwischen der Krone Sachsen und dem gräflich von Schönburgschen Hause vom 4. und 27. Mai 1740.

— Siehe Rechtsgrundsatz 1017. (Deutsche Bundes-Akte vom 8. Juni 1815 Art. 14.)

1815, Juni 8. Deutsche Bundes-Akte (Ges.-Samml. für 1818 Anh. S. 143.)

— Art. 14. 15. Bedingungen der diesseitigen Gesetzeskraft eines Beschlusses der Deutschen Bundesversammlung. Nicht privilegirter Gerichtsstand der Mitglieder des fürstlich und gräflich von Schönburgschen Hauses. — Vergl. Rezeß zwischen der Krone Sachsen und dem gräflich von Schönburgschen Hause vom 4. und 27. Mai 1740; Königlich Sächsische Erklärung vom 18. Mai 1815; Beschlüsse der Deutschen Bundesversammlung vom 18. August 1825, 27. August 1828 und 13. Februar 1829; Kabinetsorder vom 21. Februar 1832; Bekanntmachung des Staatsministerii vom 28. April 1832; Verordnung vom 21. Juli 1815; Wiener Schlußakte vom 15. Mai 1820 Art. 43. und Verordnung vom 30. Mai 1820; Verordnung vom 2. Januar 1849; Deklaration vom 10. Juni 1854; Verordnung vom 12. November 1855 § 2.

Rechtsgr. 1017. — IV. Senat. 27. November 1862. (XLVIII. 89.)

a) Beschlüsse der Deutschen Bundesversammlung bilden für den Preußischen Richter nicht ohne Weiteres eine bindende

Norm und Entscheidungsquelle; die Kraft eines Gesetzes erlangen sie vielmehr für denselben erst dann, wenn sie diesseits im geordneten Wege von der gesetzgebenden Gewalt zur Nachachtung bekannt gemacht sind.

b) Daher hat der Beschluß der Deutschen Bundesversammlung vom 27. August 1828, betreffend die persönlichen und Familienrechte des gräflichen von Schönburgschen Hauses, in Preußen keine Gesetzeskraft, und ein diesseitiger privilegirter Gerichtsstand der Mitglieder dieses fürstlichen und gräflichen Hauses ist deshalb ohne Weiteres nicht anzuerkennen.

1816, Mai 29. Deklaration des Edikts vom 14. September 1811 wegen Regulirung der gutsherrlich-bäuerlichen Verhältnisse. (Ges.-Samml. S. 154.)
— Art. **96**. Siehe Rechtsgrundsätze 383. 458. 459. (A. L. R. I. **19**. § 22., **22**. § 208.)

1816, Juni 21. Verordnung No. 291., betreffend die Verhältnisse der vormals unmittelbaren Deutschen Reichsstände in den Preußischen Staaten. (Ges.-Samml. S. 105.)
— Siehe Rechtsgrundsatz 1017. (Deutsche Bundesakte Art. 14.)

1816, Mai 29. Regulativ wegen Verpflichtung zur Vorspannleistung. (Ges.-Samml. S. 201.)
— §§ **1-3**. Siehe Rechtsgrundsatz 552. (A. L. R. II. **7**. § 37.)

1816, August 30. Verordnung wegen Verwaltung des Patronatsrechts über christliche Kirchen auf solchen Gütern, die sich in dem Besitzthum jüdischer Glaubensgenossen befinden. (Ges.-Samml. S. 207.)
— Siehe Rechtsgrundsätze 593. 1160. (A. L. R. II. **11**. § 261.; Gesetz vom 23. Juli 1847 § 3.)

1816, November 9. Patent No. 380. wegen Wiedereinführung der Preußischen Gesetze in das Großherzogthum Posen. (Ges.-Samml. S. 225.)
— Siehe Rechtsgrundsätze 8. 411. (A. L. R. Einl. § 14., I. **21**. § 22.)

1816, November 15. Patent No. 381. wegen Einführung des Allgem.

Landrechts in die ehemals Sächsischen Provinzen und Distrikte. (Ges.-Samml. S. 233.)

— Siehe Rechtsgrundsatz 934. (Dig. 8. 5. Lex 10. pr.)

1817, Juni 20. Verordnung No. **430.** wegen Organisation der Generalkommissionen und der Revisionskollegien zur Regulirung der gutsherrlichen und bäuerlichen Verhältnisse, ingleichen wegen des Geschäftsbetriebes bei diesen Behörden. (Ges.-Samml. S. **161.**)

— § **6.** Kompetenz der Auseinandersetzungsbehörden:

A. Hinsichtlich der Erledigung des Streites über das Miteigenthum bei dem Ablöseverfahren wegen einer Reallast. — Vergl. Ausführungsgesetz vom 7. Juni **1821**; Verordnung vom **30.** Juni **1834** § 7.

Rechtsgr. **1018.** — II. Senat. 25. März 1862. (XLV. 168.)

Die Auseinandersetzungs-Behörden sind berechtigt, über die Miteigenthums-Ansprüche der Prätendenten zu dem mit einer abzulösenden Reallast belasteten Gute zu entscheiden.

B. Gegenüber den bei der Auseinandersetzung nicht betheiligten Personen. — Vergl. §§ **20. 22.** dieser Verordnung; Verordnung vom 30. Juni **1834** §§ 7. 8.

Rechtsgr. **1019.** — II. Senat. 3. Dezember 1861. (XLIV. 103.)

Der § 7. der Verordnung vom 30. Juni 1834 hat nur die objektiven Grenzen des Geschäftsbereichs der General-Kommissionen, soweit es sich um die Interessenten der Auseinandersetzung selbst handelt, regeln, — der Kompetenz der Auseinandersetzungs-Behörden gegenüber der bei der Auseinandersetzung nicht betheiligten Personen aber enge Grenzen setzen, und sie an die Bedingung einer durch lokale Verhältnisse begründeten Nothwendigkeit oder doch evidenten Zweckmäßigkeit knüpfen wollen.

— §§ **20-22.** Kompetenz der Auseinandersetzungsbehörden nach erfolgter Bestätigung und Ausführung der Separation. — Vergl. §§ **171. 205.** dieser Verordnung; Verordnungen vom **14.** Dezember **1833** § 5 No. 8. und vom 30. Juni **1834** § **12.**

Rechtsgr. **1020.** — II. Senat. 14. April 1863. (L. 25.)

Nach der Bestätigung und Ausführung des Separationsrezesses ist ein Antrag bei der General-Kommission, auch wenn derselbe nur einen Ausführungs-Akt der Separation betrifft, nur innerhalb Jahresfrist zulässig; nach Ablauf dieser Frist sind nur die ordentlichen Gerichte kompetent.

Siehe auch Rechtsgrundsatz 1019. (§ 6. dieser Verordnung.)

— § **42**. Belehrung der Parteien aus der niederen Volksklasse in Auseinandersetzungssachen. — Vergl. A. G. O. I. **10**. Anh. § 74. zu § 19., **25**. § 64.

Rechtsgr. **1021**. — II. Senat. 30. April 1861. (XLI. 219.)

In Auseinandersetzungssachen ist für die Belehrung der zu der niederen Volksklasse des Bauern- oder geringen Bürgerstandes gehörenden Parteien nicht der § 65. I. 25. der Allgem. Gerichts-Ordnung, sondern der § 42. der Verordnung vom 20. Juni 1817 maaßgebend.

— § **45**. Siehe Rechtsgrundsatz 962. 1073. (Kurkölnische Synodal-Statuten vom 20. März 1662 Thl. 3. Kap. 2. § 3.; Verordnung vom 30. Juni 1834 § 10.)

— §§ **170**. **171**. Erlöschung einer Wasser- und Wegegerechtigkeit bei der Gemeinheitstheilung. — Vergl. Gemeinheitstheilungs-Ordnung vom 7. Juni 1821 §§ **2**. **141**. **142**. **146**.; Gesetz No. **651**. vom 7. Juni 1821 §§ 5. 10.

Rechtsgr. **1022**. — II. Senat. 1. Juli 1862. (XLV. 298.)

Die Gerechtigkeit, Trink- und Kochwasser aus der auf dem Grundstücke eines Anderen befindlichen Quelle zu schöpfen und zu diesem Zwecke den auf dem Grundstücke dahin führenden Weg zu benutzen, ist, wenn sie bei der stattgehabten Gemeinheitstheilung von dem Berechtigten nicht geltend gemacht und demselben in dem Rezesse nicht ausdrücklich vorbehalten ist, für erloschen zu erachten.

Siehe auch Rechtsgrundsatz 1020. (§ 20. dieser Verordnung.)

— § **205**. Siehe Rechtsgrundsatz 1020. (§ 20. dieser Verordnung.)

1817, Oktober 23. Instruktion No. **440**. zur Geschäftsführung der Regierungen. (Ges.-Samml. S. 249.)

— § **2**. No. **5**. Siehe Rechtsgrundsatz **1040**. (Kabinets-Order vom 31. Dezember 1825 Art. 11.)

1819, Juli 7. Verordnung wegen Aufhebung des § **34**. des Anhangs zur Allgem. Gerichts-Ordnung in Beziehung auf die Staaten des Deutschen Bundes. (Ges.-Samml. S. 212.)
— Siehe Rechtsgrundsatz **743**. (A. G. O. I. **2**. § 117.)

1820, Januar 5. Kabinets-Order, betreffend die Bestimmung, nach welcher Offizierpferde zur Vorspannleistung nicht verpflichtet sein sollen. (Ges.-Samml. S. 32.)
— Siehe Rechtsgrundsatz **552**. (A. L. R. II. 7. § 37.)

1820, Mai 15. Schlußakte der über die Ausbildung und Befestigung des Deutschen Bundes zu Wien gehaltenen Ministerial-Konferenzen. (Ges.-Samml. S. 113.)
— Art. **43**. Siehe Rechtsgrundsatz **1017**. (Deutsche Bundes-Akte Art. 14.)

1820, Mai 30. Gesetz 619. über die Einrichtung des Abgabewesens. (Ges.-Samml. S. 134.)
— § **1**. Siehe Rechtsgrundsatz **1180**. (Gesetz vom 1. Mai 1851 § 1.)
— § **10**. No. **1**. Siehe Rechtsgrundsatz **1177**. (Gesetz No. 3256. über die Polizei-Verwaltung vom 11. März 1850 § 1.)

1821, Juni 7. Gemeinheitstheilungs-Ordnung. (Ges.-Samml. S. 53.)
— §§ **1**. ff. Gültigkeit der Gemeinheitstheilungs-Ordnung vom 7. Juni 1821 als Ganzes, und insbesondere des § 164., in dem Herzogthum Westphalen. — Vergl. Großherzoglich Hessische Gemeinheitstheilungs-Ordnung vom 9. Juli 1808; Gemeinheitstheilungs-Ordnung vom 7. Juni 1821 § 164.; Publikations-Patent vom 21. Juni 1825 §§ 1. 3.; Ablöse-Ordnung vom 18. Juni 1840 § 102.; Deklaration vom 31. März 1841.

Rechtsgr. **1023**. — II. Senat. 18. März 1862. (XLV. 136.)

Die Gemeinheitstheilungs-Ordnung vom 7. Juni 1821 ist als Ganzes in dem Herzogthum Westphalen eingeführt worden; nur diejenigen in der Großherzoglich Hessischen Gemeinheitstheilungs-Ordnung vom 9. Juli 1808 enthaltenen Bestimmungen, welche auf Provinzialrechtsverhältnisse sich beziehen, sind in Gültigkeit geblieben.

Insbesondere hat der § 164. der Gemeinheitstheilungs-

Ordnung vom 7. Juni 1821 in dem Herzogthum Westphalen gesetzliche Kraft.

Siehe auch Rechtsgrundsatz 1022. (§ 2. dieser Gemeinheitstheilungs-Ordnung.)

— § **38**. Siehe Rechtsgrundsatz 398. (A. L. R. I. **20**. § 458.)

— §§ **56**. **60**. Siehe Rechtsgrundsatz 372. (A. L. R. I. **17**. § 362.)

— §§ **101**. **102**. Siehe Rechtsgrundsatz 1157. (Ges. No. 2742. vom 21. Juli 1846.)

— §§ **141**. **142**. **146**. Siehe Rechtsgrundsatz 1022. (Verordnung vom 20. Juni 1817 § 170.)

— § **147**. Siehe Rechtsgrundsatz 398. (A. L. R I. **20**. § 458.)

— § **159**. Siehe Rechtsgrundsatz 1024. (§ 170. dieser Gemeinheitstheilungs-Ordnung.)

— § **164**. Siehe Rechtsgrundsätze 173. 991. 1023. (A. L. R. I. **9**. § 629.; Schlesisches Forstregulativ vom 26. März 1788 § 14.; Gemeinheitstheilungs-Ordnung vom 7. Juni 1821 § 1.)

— §§ **170**. **171**. Erlöschung einer Wegegerechtigkeit durch den Separations-Rezeß. — Vergl. § 159. dieser Gemeinheitstheilungs-Ordnung.

Rechtsgr. 1024. — II. Senat. 2. Januar 1862. (XLIV. 142.)

Der § 170. der Gemeinheitstheilungs-Ordnung vom 7. Juni 1821 ist auch auf solche Beschränkungen des Eigenthums zu beziehen, welche im Laufe des Separationsverfahrens nur zwischen einzelnen Interessenten verabredet, im Rezesse aber übergangen sind.

1821, Juni 7. Gesetz No. 651. wegen Ablösung der Dienste, Natural- und Geldleistung von Grundstücken, welche eigenthümlich, zu Erbpachts- oder Erbzinsrecht besessen werden. (Ges.-Samml. S. 83.)

— §§ **5**. **10**. Siehe Rechtsgrundsatz 1022. (Verordnung vom 20. Juni 1817 § 170.)

1821, Juni 7. Gesetz über die Ausführung der Gemeinheitstheilungs- und Ablöse-Ordnung. (Ges.-Samml. S. 77.)

— Siehe Rechtsgrundsatz 1018. (Verordnung vom 20. Juni 1817 § 6.)

1821, Juli 1. Gesetz, die Verleihung des Bergwerks-Eigenthums auf Flötzen betreffend. (Ges.-Samml. S. 106.)

— § **2**. Siehe Rechtsgrundsatz 732. (A. G. O. Einl. § 65.)

1822, März 7. Gesetz No. 709. wegen der Stempelsteuer. (Ges.-Samml. S. 57.)

— §§ **2. 3.** Litt. **i.** Siehe Rechtsgrundsatz 556. (A. L. R. II. **8.** § 475.)

— §§ **4. 5.** Litt. **a. c. z.** und Tarif unter dem Worte „Kaufverträge." Siehe Rechtsgrundsatz 378. (A. L. R. I. **19.** § **1.**)

— § **5.** Litt. **f.** Siehe Rechtsgrundsatz 1138. (Kabinets-Order vom 21. Juni 1844.)

— § **10.** Stempel bei Verträgen über die Auseinandersetzung der Theilnehmer einer Sozietät. — Vergl. A. L. R. I. **17.** §§ 97. 103. 198-200. 306.; Kabinets-Order vom 24. Dezember 1834; Finanz-Ministerial-Reskript vom 6. Juli 1842; Kabinetsorder vom 21. Juni 1844.

Rechtsgr. **1025.** — I. Senat. 18. Mai 1863. (XLVIII. 338.)

Die nach beendigter Sozietät in dem Auseinandersetzungs-Vertrage der Gesellschafter enthaltene Vereinbarung, nach welcher Einem derselben behufs seiner Abfindung ein zur Sozietät gehöriges Grundstück — wenngleich zu einem bestimmten Preise — zum alleinigen Eigenthum übertragen wird, ist dem Kaufstempel nicht unterworfen.

1822, März 7. Stempel-Tarif. (Ges.-Samml. S. 73.)

— Allgemeine Vorschriften No. **1.** und unter den Worten „Verträge" und „Lieferungsverträge." Stempel zu einem Bauverdingungsvertrage. — Vergl. A. L. R. I. **11.** §§ 925-980.

Rechtsgr. **1026.** — I. Senat. 20. Februar 1863. (XLVII. 360.)

Zu einem nach den Vorschriften der §§ 925—980. I. 11. des Allgem. Landrechts abgeschlossenen Bauverdingungsvertrage, in welchem der Werkmeister zugleich die Lieferung der zu dem verdungenen Bau erforderlichen Materialien übernommen hat, ist neben dem allgemeinen Vertragsstempel noch ein besonderer Stempel für „Lieferungsverträge" zu verwenden.

1822, Juli 4. Gesetz No. 735., betreffend den Verkauf ausstehender Forderungen und Kours habender Schuldpapiere im Wege der Exekution. (Ges.-Samml. S. 178.)

§§ **1.** ff. Ueberweisung in Kraft der Anweisung im Wege der Exekution. — Vergl. A. G. O. I. **24.** §§ 101-105.

A. Uebereignung des Rechts auf Anfechtung eines Testaments. — Vergl. A. L. R. I. **11.** § 382., **17.** §§ 60. 74. 75., II. **2.** §§ 391. 392. 432-434. 436. 441. 442.; Gesetz vom 4. Juli 1822 §§ 6. 12. ff. 18. ff.; Gesetz vom 20. März 1854 § 17.

Rechtsgr. **1027.** — I. Senat. 1. Dezember 1862. (XLVI. 335.)

Der Gläubiger kann im Exekutioswege nicht verlangen, das ihm das Recht des Exequendus auf Anfechtung eines Testaments und Verabfolgung des Pflichttheils übereignet werde.

B. Legitimation des Exekutionssuchers.

Rechtsgr. **1028.** — IV. Senat. 4. Juni 1861. (XLI. 289.)

Der Richter ist nicht verpflichtet, vor Erlaß der im Wege der Exekution behufs der Assignation extrahirten Ueberweisungsverfügung die über das Aktivum sprechende Urkunde einzufordern und sich von dem Exekutionssucher den Nachweis führen zu lassen, daß der Exequende behaupte, es stehe ihm das Aktivum noch zu.

— §§ **2. 3.** Einreden des dem Kläger überwiesenen Schuldners des Exequenden. — Vergl. A. L. R. I. **11.** §§ 228. 407. 408. 413., **16.** §§ 251. 256. 266. 287. 288.

Rechtsgr. **1029.** — III. Senat. 7. November 1862. (XLVII. 142.)

Dem Exekutionssucher, welchem eine Forderung des Exequendus in Kraft der Assignation überwiesen worden ist, muß sich von dem angewiesenen Schuldner alle Einwendungen, welche die materielle Seite des Rechtsstreites betreffen, entgegensetzen lassen, welche derselbe nach allgemeinen Rechtsgrundsätzen dem Exequendus entgegenzusetzen berechtigt sein würde.

Dieser Grundsatz findet aber keine Anwendung eines Theils auf s. g. Prozeß-Einreden, indem der Exekutionssucher als wirkliche Prozeßpartei, nicht als bloßer Bevollmächtigter des

Exequendus anzusehen ist; andern Theils können auch solche Einreden, deren thatsächliche Grundlage erst nach der im § 2. des Gesetzes vom 4. Juli 1822 vorgeschriebenen Bekanntmachung zur Entstehung kommen, dem Exekutionssucher nicht entgegengestellt werden.

Siehe auch Rechtsgrundsätze **346. 1042.** (A. L. R. I. **16.** Anhang § **52.** zu § **484.**; Prozeß-Verordnung vom 1. Juni 1833 § **1.** No. **2.**)

— § **4.** Siehe Rechtsgrundsatz **346.** (A. L. R. I. **16.** Anh. § **52.** zu § **484.**)

— § **5.** Charakter der Bekanntmachung der erfolgten gerichtlichen Ueberweisung der Forderung an den Schuldner. — Vergl. A. L. R. I. **11.** § **413.**

Rechtsgr. **1030.** — III. Senat. 7. November 1862. (XLVII. 142.)

Die vorgeschriebene Bekanntmachung der erfolgten gerichtlichen Ueberweisung der Forderung an den Schuldner ist, ihrem Wesen nach, ein Arrestschlag. Daher liefert eine dem Schuldner erst nach dieser Bekanntmachung von dem Exequendus ertheilte Quittung dem Exekutionssucher gegenüber keinen Beweis.

— § **6.** Siehe Rechtsgrundsätze 887. **1027.** (Konkurs-Ordnung vom 8. Mai **1855** § **388.** Abs. **2.**; Ges. vom **4.** Juli **1822** § **1.**)

— § **7.** Siehe Rechtsgrundsatz **308.** (A. L. R. I. **16.** § **86.**)

— § **9.** Siehe Rechtsgrundsätze **820. 667.** (A. G. O. I. **29.** § 83.; Allgem. Deutsche Wechsel-Ordnung Art. 9. ff.)

— §§ **12.** ff. **18.** ff. Siehe Rechtsgrundsatz **1027.** (Ges. vom **4.** Juli **1822** § **1.**)

1824, April 3. Deklaration des § 52. des Anhangs zum Allgemeinen Landrechte in Betreff der von dem Eigenthümer eines Grundstücks bezahlten, annoch ungelöschten Hypothekenforderungen. (Ges.-Sammlung S. 77.)

— Hypothekarische Eintragung einer Darlehnsforderung nach bereits erfolgter Rückzahlung des Darlehns. — Vergl. A. L. R. I. **16.** §§ 10. 28. und Anh. § 52. zu § **484.**, **20.** §§ **12. 411. 412.** 415.

Rechtsgr. **1031.** — III. Senat. 7. November 1862. (XLVII. 150.)

Ist die Darlehnsforderung, während sie noch eine persönliche war, durch Zahlung untergegangen, so kann durch die spätere hypothekarische Eintragung ein Hypothekenrecht nicht mehr entstehen. Der frühere Schuldner hat daher durch die ihm ertheilte Quittung das Eigenthum der bezahlten Forderung nicht erworben.

Siehe auch Rechtsgrundsätze **20. 81. 308. 345.** (A. L. R. I. **2.** § 107.; **7.** § 15., **16.** § 86., Anh. § 52. zu § 484.)

1824, Dezember 12. Allerh. Erlaß an das Staatsministerium wegen Vorlage eines, die allgemeine Verpflichtung zur unfreiwilligen Ueberlassung von Feldsteinen, Sand und Kies zum Chausseebau aussprechenden Gesetzes.

— Siehe Rechtsgrundsatz **620.** (A. L. R. II. **15.** § 17.)

1825, April 21. Gesetz No. 939. über die den Grundbesitz betreffenden Rechtsverhältnisse und über die Realberechtigungen in den Landestheilen, welche zu dem ehemaligen Großherzogthum Berg eine Zeit lang gehört haben. (Ges.-Samml. S. 94.)

— §§ **15. 21.** Siehe Rechtsgrundsätze **424. 976. 1011.** (A. L. R. I. **21.** § 189.; Großherzoglich Bergische Dekrete vom 12. Dezember 1808 und vom 13. September 1811.)

— § **22.** Gesetzlicher Kriterienbeweis in Betreff eines erblichen Besitzrechts bei Leib- und Zeitgewinngütern.

— No. **1.** Kriterium des erblichen Besitzrechts aus dem Eigenthum des bäuerlichen Wirthes an den Gebäuden:

A. Art des Beweises dieses Eigenthums.

Rechtsgr. **1032.** — II. Senat. 9. Juni 1863. (L. 99.)

Der § 22. No. 1. des Gesetzes No. 939. vom 21. April 1825 läßt den Besitzern von Leib- und Zeitgewinngütern freie Hand, in welcher Weise sie dem Richter die Ueberzeugung davon, daß ihnen die Gebäude gehören, verschaffen wollen; er erleichtert nur noch diesen Beweis durch eine aus dem Erbauen derselben hergeleitete Vermuthung.

B. Vertragsmäßige Baupflicht des Kolonen.

Rechtsgr. **1033.** — II. Senat. 29. Oktober 1861. (XLIV. 41.)

Die nach § 22. No. 1. des Gesetzes No. 939. vom 21. April 1825 aus der durch die Besitzer des Kolonats bewirkten Erbauung der Kolonatsgebäude abgeleiteten Vermuthung für das Eigenthum des Kolonen an denselben, beziehungsweise das hierdurch begründete erste Kriterium für das erbliche Besitzrecht des Kolonen an dem Kolonate wird dadurch ausgeschlossen, daß die Erbauung auf Grund einer dem Kolonen in dem Gewinnbriefe auferlegten Verpflichtung erfolgt ist.

— No. 2. Kriterium aus drei Uebertragungsfällen an die Vorbesitzer: A. Begriff der Uebertragung.

Rechtsgr. 1034. — II. Senat. 9. Juni 1863. (L. 99.)

Der Begriff der Uebertragung eines Bauerguts auf einen neuen Besitzer im Sinne des § 22. No. 2. des Gesetzes No. 939. vom 21. April 1825 setzt voraus, daß dem auffahrenden Besitzer das Benutzungsrecht der bäuerlichen Besitzung von dem Gutsherrn als ein ihm selbstständig eingeräumtes übertragen wird.

B. Zulassung des, der Familie fremden zweiten Ehegatten der Anerbin zum Gewinn als Uebertragungsfall.

Rechtsgr. 1035. — II. Senat. 26. März 1863. (XLIX. 131.)

Als ein Uebertragungsfall im Sinne des § 22. des Gesetzes No. 939. vom 21. April 1825, — nach welchem als zweites Kriterium des erblichen Besitzrechts des Kolonen erfordert wird, daß das Gut in den drei letzten Uebertragungsfällen an einen Verwandten oder Ehegatten des vorhergehenden Besitzers gekommen ist, — ist auch der Fall anzusehen, wenn, nach Absterben des aufgeheiratheten Ehemannes der auf bestimmte Jahre zum Gewinne zugelassenen Anerbin, ihr nachheriger zweiter Ehemann, wenngleich er der Familie fremd war, zum Gewinn zugelassen worden ist.

C. Zulassung des Stiefvaters des abstehenden Anerben zum Gewinn als Uebertragungsfall.

Rechtsgr. 1036. — II. Senat. 22. Mai 1862. (XLV. 267.)

Hat die, bei ihrer Aufheirathung zum Gewinn und Mitbesitz zugelassen gewesene Wittwe des Hofesbesitzers sich wieder verheirathet, und ist deren Besitz, unter Abfindung und Verzichtleistung des Anerben erster Ehe zu Gunsten des Stiefvaters und durch Gewinn-Ertheilung von Seiten der Gutsherrschaft, auf den Stiefvater übergegangen, so ist hierin ein Uebertragungsfall im Sinne des § 22. No. 2. des Gesetzes No. 939. vom 21. April 1825 enthalten.

D. Vorkommen eines mahljährigen Besitzers.

Rechtsgr. **1037.** — II. Senat. 9. Juni 1863. (L. 99.)

Das Vorkommen eines mahljährigen Besitzers auf einem Bauergut beweist ein Erbrecht der bäuerlichen Besitzer desselben.

— No. **3.** Kriterium der Gleichförmigkeit der Abgaben.

Rechtsgr. **1038.** — II. Senat. 9. Juni 1863. (L. 99.)

Das Kriterium der Gleichförmigkeit des Pachtgeldes in dem § 22. No. 3. a. a. O. erfordert nur Gleichförmigkeit der „Korn- und Geldpacht;" auf die Gleichförmigkeit der von dem Besitzer zu leisten gewesenen Dienste hat dies Gesetz keine Rücksicht genommen.

— Gegenbeweis des Gutsherrn.

Rechtsgr. **1039.** — II. Senat. 22. Mai 1862. (XLV. 268.)

Der Abschluß von Leibgewinn-Verträgen kann ein irgend erhebliches Reprobatorial-Moment gegen die, durch den Beweis der im § 22. des Gesetzes No. 939. vom 21. April 1825 aufgeführten Kriterien begründete, rechtliche Vermuthung für ein vererbliches Besitzrecht der Leibgewinnträger nicht gewähren.

1825, April 21. Gesetz No. **940.** über die den Grundbesitz betreffenden Rechtsverhältnisse in den Landestheilen, welche vormals zu den Französischen Departements eine Zeit lang gehört haben. (Ges.-Samml. S. **112.**)

— §§ **15. 21.** Siehe Rechtsgrundsätze **423. 424.** (A. L. R. I. **21.** §§ 187. 189.)

1825, Juni **11**. Kabinetsorder, betreffend die Vergütigung für die von Grundbesitzern aus ihren Feldmarken zum Chausseebau hergegebenen Feldsteine, Sand und Kies. (Ges.-Samml. S. 152.)
— Siehe Rechtsgrundsatz 620. (A. L. R. II. 15. § 17.)

1825, Juni **21**. Patent No. 949., wegen Einführung des Allg. Landrechts in das Herzogthum Westphalen. (Ges.-Samml. S. 153.)
— §§ **1-3**. Siehe Rechtsgrundsatz 1023. (Gemeinheitstheilungs-Ordnung vom 7. Juni 1821 § 1.)
— § **15**. Siehe Rechtsgrundsatz 933. (Dig. 8. 5. Lex 10. pr.)

1825, August **18**. Beschluß der Deutschen Bundes-Versammlung. (von Meyer, Staatsakten für Geschichte und öffentliches Recht des Deutschen Bundes, Bd. 2. S. 326.)
— Siehe Rechtsgrundsatz 1017. (Deutsche Bundesakte Art. 14.)

1825, Dezember **31**. Kabinets-Order, betreffend eine Abänderung in der bisherigen Organisation der Provinzial-Verwaltungs-Behörden. (Ges.-Samml. für 1826 S. 5.)
— Art. **11**. Uebergang der einem Grundstücke des Mitgliedes einer Gemeinde im Ablöseverfahren zugeschlagenen Domänenforstparzelle in den Armenverband der Gemeinde. — Vergl. Geschäfts-Instruktion für die Regierungen vom 23. Oktober 1817 § 2. No. 5.; Armenpflege-Gesetz vom 31. Dezember 1842 § 8.)

Rechtsgr. **1040**. — **I.** Senat. 19. Dezember 1862. (**XLVII. 284.**)

Durch die im Ablöseverfahren, unter Genehmigung der Regierungs-Abtheilung für Steuern und Domänen, geschehene Abtretung der Parzelle eines Domänenforstes an ein Mitglied der benachbarten Gemeinde, beziehungsweise durch den Zuschlag dieser Parzelle zu dem, dem Armenverbande der Gemeinde angehörigen Grundstück dieses Gemeinde-Mitgliedes ist diese Parzelle für in den Armenverband der gedachten Gemeinde übergegangen nicht zu erachten; vielmehr bedarf es dazu der vorherigen, unter Zuziehung dieser Gemeinde und unter Einwirkung der ersten Regierungs-Abtheilung zu bewirkenden Regulirung eines Sozietätsverhältnisses.

1828, August **27**. Beschluß der Deutschen Bundesversammlung, betreffend die persönlichen und Familienrechte der Grafen von Schönburg. (Zachariae, Deutsches Staats- u. Bundesrecht Bd. 1. § 95.)

— Siehe Rechtsgrundsatz 1017. (Deutsche Bundes-Akte Art. 14.)

1828, November 18. Kabinetsorder, betreffend die Unzulässigkeit des Rechtsweges über die Verbindlichkeit zur Entrichtung von Stempelsteuern. (Ges.-Samml. S. 16.)
— Siehe Rechtsgrundsatz 1233. (Gesetz über Erweiterung des Rechtsweges vom 24. Mai 1861.)

1829, Februar 13. Beschluß der Deutschen Bundes-Versammlung. (von Meyer, Staatsakten, Bd. 2. S. 847.)
— Siehe Rechtsgrundsatz 1017. (Deutsche Bundesakte Art. 14.)

1831, Juli 14. Kabinetsorder zur Deklaration des § 3. des Regulativs vom 19. Mai 1816 in Betreff der Verpflichtung zur Vorspannleistung. (Ges.-Samml. S. 170.)
— Siehe Rechtsgrundsatz 552. (A. L. R. II. 7. § 37.)

1831, November 16. Bericht des Staatsministeriums wegen Entschädigung bei Eingriffen in das Privatvermögen im Wege der Verwaltung, und Kabinetsorder wegen Befolgung dieses Berichts. (Ges.-Samml. S. 255.)
— Siehe Rechtsgrundsätze 14. 122. 1178. 1179. (A. L. R. Einl. § 73.; I. 8. § 66.; Gesetz über die Polizeiverwaltung vom 11. März 1850 §§ 15. 17.)

1831, November 23. Kabinetsorder, betreffend die Anwendung der Vorschriften der Gesinde-Ordnung für Schiffer und Schiffsvolk auf den, in den Ostseehäfen ausgerüsteten Seeschiffen. (Ges.-Samml. S. 255.)
— Siehe Rechtsgrundsatz 575. (A. L. R. II. 8. § 1766.)

1831, Dezember 4. Kabinetsorder, betreffend die Kompetenz der Gerichte in Rechtsstreitigkeiten gegen fiskalische Behörden. (Ges.-Samml. S. 255.)
— Siehe Rechtsgrundsätze 14. 588. 612. 1178. 1179. (A. L. R. Einl. § 73., II. 11. § 184., 14. § 1.; Gesetz No. 3256. vom 11. März 1850 §§ 15-17.)

1832, Februar 21. Kabinetsorder, betreffend den Titel des fürstlich und gräflich von Schönburgschen Hauses. (Ges.-Samml. S. 129.)
— Siehe Rechtsgrundsatz 1017. (Deutsche Bundesakte Art. 14.)

1832, April 14. Kabinetsorder wegen Abänderung der Bestimmungen

im § 5. Littr. a. b. des Stempelgesetzes vom 7. März 1822. (Ges.-Samml. S. 137.)
— § 1. Siehe Rechtsgrundsatz 378. (A. L. R. I. 19. § 1.)

1832, April 28. Bekanntmachung des Staatsministerii. (Ges.-Samml. S. 129.)
— Siehe Rechtsgrundsatz 1017. (Deutsche Bundesakte Art. 14.)

1832, Juli 4. Kabinetsorder No. 1365. wegen des Gerichtsstandes minderjähriger oder großjähriger, noch unter väterlicher Gewalt stehender Personen, welche sich im Dienste Anderer befinden, sowie dergleichen Lehrlinge, Gesellen, Handlungsdiener, Kunstgehülfen, Hand- und Fabrikarbeiter, No. 2. 3. (Ges.-Samml. S. 175.)
— No. 2. 3. Siehe Rechtsgrundsatz 12. (A. L. R. Einl. §§ 23. ff.)

1832, Juli 4. Kabinetsorder No. 1370., betreffend die ergänzenden und erläuternden Bestimmungen zur Städte-Ordnung vom 19. November 1808. (Ges.-Samml. S. 181.)
— §§ 167. 184. Siehe Rechtsgrundsatz 1177. (Gesetz über die Polizeiverwaltung vom 11. März 1850 §§ 1-3.)

1832, August 8. Verordnung, betreffend die Bestimmungen des Edikts vom 18. April 1792 § 18. No. 15. Littr. a-i., in Bezug auf die Geld-Entschädigung für zum Chausseebau abgetretenen Grund und Boden. (Ges.-Samml. S. 202.)
— Siehe Rechtsgrundsatz 398. (A. L. R. I. 20. § 458.)

1832, August 11. Kabinetsorder, die Diensteide der Beamten betreffend. (Ges.-Samml. S. 204.)
— Siehe Rechtsgrundsatz 579. (A. L. R. II. 10. § 3.)

1832, August 25. Kabinetsorder, betreffend die interimistische Regulirung der Vorfluth seitens der Polizeibehörden. (Justiz-Ministerial-Blatt 1840 S. 129.)
— Siehe Rechtsgrundsatz 111. (A. L. R. I. 7. § 150.)

1832, September 26. Verordnung für Schlesien und Brandenburg wegen der Schiedsmänner. (Amtsblatt von 1833 für Breslau S. 110. und für Potsdam S. 69.)
— § 14. Siehe Rechtsgrundsatz 1106. (Instruktion vom 1. Mai 1841 § 7.)

1833, Juni 1. Vorläufige Verordnung **No. 1436.** wegen des Judenwesens im Großherzogthum Posen. (Ges.=Samml. S. 66.)

— § **20.** Siehe Rechtsgrundsatz **1160.** (Gesetz vom **23.** Juli **1847** § 3.)

1833, Juni 1. Verordnung **No. 1426.** über den Mandats=, den summarischen und den Bagatell=Prozeß. (Ges.=Samml. S. 37.)

— § **1.** Begründung der Mandatsklage:

A. Wegen einer cedirten Hypotheken=Forderung. — Vergl. A. L. R. I. **11.** § 395., **20.** §§ **422. 423.**; A. G. O. I. **5.** § **4.** No. **6.**, **10.** § **113.**; Allg. Hypotheken=Ordnung II. §§ **12. 13. 241. 242.**; Justiz=Ministerial=Instruktion vom **24.** Juli **1833** § **6.**; Hypotheken=Gesetz vom **24.** Mai **1853** §§ **9. 14. 15. 22.** ff.; Justiz=Ministerial=Instruktion vom **3.** August **1853** Art. 8.

Rechtsgr. **1041.** — **III.** Senat. **14.** November **1862.** (**XLVII. 174.**)

Der Bestimmung des § 6. der Justizministerial=Instruktion vom 24. Juli 1833:

Jeder Mandatsklage muß die Urkunde, worauf sie sich gründet, in der Original=Ausfertigung beigelegt werden,

genügt der im Hypothekenbuche eingetragene Cessionar einer Hypothekenforderung, wenn er der Mandatsklage das ihm nach den bestehenden Vorschriften ausgefertigte Hypotheken=Dokument anschließt, ohne daß es der Beibringung der, den Uebergang der Forderung auf ihn vermittelnden, Cessions=Urkunden bedarf.

B. Wegen einer dem Kläger im Wege der Exekution überwiesenen Hypothekenforderung. — Vergl. Gesetz vom **4.** Juli **1822** §§ **2. 3.**

Rechtsgr. **1042.** — **III.** Senat. **7.** November **1862.** (**XLVII. 141.**)

a) Zur Begründung der Klage im Mandatsprozesse wegen einer, aus einem zweiseitigen Geschäfte herrührenden und aus dem Hypothekenbuche hervorgehenden Forderung von Kapitalien oder Zinsen genügt es, daß nur die Forderung selbst eingetragen ist; für alle übrigen zur Begründung der Klage erforderlichen Umstände, namentlich für die Aktivlegitimation, gilt die allgemeine Regel, nach welcher der Beweis auf jede andere, für den Mandatsprozeß als zulässig erklärte Weise geführt werden kann.

b) Daher ist, im Falle des stattgefundenen Uebergangs der eingetragenen Forderung auf den Kläger, die erfolgte Eintragung des Rechts des Klägers zu derselben im Hypothekenbuche nicht erforderlich, dasselbe kann auch durch die dem Kläger im Wege der Exekution ertheilte gerichtliche Ueberweisung nachgewiesen werden.

— §§ 3. 4. Einreden im Mandatsprozesse:

A. Neue, im Mandats-Prozesse nicht vorgebrachte Einreden, im Separatprozesse. — Vergl. A. G. O. I. 27. §§ 52. ff., 28. § 13.; Instruktion vom 24. Juli 1833 § 14.

Rechtsgr. 1043. — IV. Senat. 11. Juni 1863. (XLVIII. 355.)

Die unterlassene Aufstellung eines Einwandes gegen das Mandat zieht nicht den Verlust des Rechtes, den Einwand im Wege des Separatprozesses geltend zu machen, nach sich.

B. Anbringung neuer Thatsachen und Beweismittel in zweiter Instanz im Mandatsprozeß. — Vergl. §§ 18. 42. dieser Prozeßverordnung; Instruktion vom 24. Juli 1833 § 45.

Rechtsgr. 1044. — III. Senat. 10. Januar 1862. (XLV. 22.)

Auch im Mandatsprozesse ist in zweiter Instanz die Anbringung neuer Thatsachen und Beweismittel zur Begründung der in erster Instanz innerhalb der festgesetzten Frist erhobenen Einwendungen gestattet.

Siehe auch Rechtsgrundsatz 1053. (Verordnung vom 14. Dezember 1833 § 4.)

— § 6. Siehe Rechtsgrundsatz 1041. (§ 1. dieser Prozeßverordnung.)
— § 12. Siehe Rechtsgrundsatz 73. (A. L. R. I. 5. § 435.)
— § 14. Beschaffenheit der Einreden im Civilprozeß. — Vergl. A. G. O. Einl. § 27., 10. §§ 1. 6. 9. 11.; Dig. 44. 1. Lex 2. 22.

Rechtsgr. 1045. — I. Senat. 6. November 1862. (XLVI. 306.)

Die Einreden im Civilprozesse müssen, mit Ausnahme der blos verzögerlichen Einreden, so beschaffen sein, daß sie die

Klage ganz oder zum Theil ausschließen, ihre Erhebung mithin auf ein Rechtsverhältniß gegründet ist, welches zur Zeit des Einwandes schon vorhanden war.

Siehe auch Rechtsgrundsatz 762. (A. G. O. I. 9. § 1.)

— § 18. Siehe Rechtsgrundsatz 1049. (§§ 3. 4. dieser Prozeßverordnung.)
— § 21. Siehe Rechtsgrundsatz 759. (A. G. O. I. 8. § 8.)
— § 25. Siehe Rechtsgrundsatz 750. (A. G. O. I. 3. § 30.)
— § 29. Siehe Rechtsgrundsatz 798. (A. G. O. I. 13. § 44.)
— § 30. Siehe Rechtsgrundsätze 779. 780. (A. G. O. I. 10. §§ 304. ff.)
— § 33. Siehe Rechtsgrundsatz 1062. (Verordnung vom 14. Dezember 1833 § 5. No. 10b.)
— §§ 34. 35. Präklusivtermin. — Vergl. Verordnung vom 14. Dezember 1833 § 5. No. 3.

Rechtsgr. 1046. — II. Senat. 10. September 1861. (XLIII. 26.)

Die in den §§ 34. u. 35. der Verordnung vom 1. Juni 1833 vorgeschriebene Beschränkung der Vorbringung neuer Beweismittel ist als ein Präklusivtermin im Sinne des § 5. No. 3. der Verordnung vom 14. Dezember 1833 nicht anzusehen.

Siehe auch Rechtsgrundsatz 1192. (Ges. vom 3. Mai 1852 Art. 103.)

— § 36. Nichtwesentliche Prozeßvorschrift der Vorlesung des Audienz-Protokolls. — Vergl. A. G. O. I. 10. §§ 126. 127.; Verordnung vom 14. Dezember 1833 § 5. No. 1.; Deklaration vom 6. April 1839. Art. 3. No. 1.

Rechtsgr. 1047. — III. Senat. 10. Januar 1862. (XLIV. 145.)

Ist in den in dem § 13. der Verordnung vom 21. Juli 1846 erwähnten Rechtsstreitigkeiten, insbesondere in Possessoriensachen, vor dem versammelten Kollegium mündlich verhandelt worden, so ist zwar die Vorschrift des § 36. der Verordnung vom 1. Juni 1833 für die Aufnahme des Audienzprotokolls maaßgebend; die unterbliebene Vorlesung dieses Protokolls hat jedoch die Nichtigkeit des auf Grund seines Inhaltes ergangenen Erkenntnisses nicht zur Folge.

— § 37. Siehe Rechtsgrundsatz 274. (A. L. R. I. 13. § 192.)
— § 42. Siehe Rechtsgrundsätze 1049. 1057. 1058. (§ 3. dieser Prozeß-Verordnung; Verordnung vom 14. Dezember 1833 § 5. No. 2.)
— § 43. Siehe Rechtsgrundsatz 750. (A. G. O. I. 3. § 30.)
— §§ 44. 45. 49. Nähere Begründung der schon in erster Instanz aufgestellten Einrede des Verklagten in der Appellations-Beantwortung, bei gegenseitiger Appellation. — Vergl. Verordnung vom 14. Dezember 1833 § 5. No. 2.

Rechtsgr. 1048. — IV. Senat. 10. Juli 1862. (XLV. 314.)

Der Verklagte ist, auch wenn er ebenfalls appellirt hat, befugt, noch in der Appellations-Beantwortung zum Zwecke der Abwendung einer von dem Kläger mit seiner Appellation angestrebten günstigeren Entscheidung einen schon in erster Instanz vorgebrachten Einwand näher aufzustellen und zu begründen. Der Richter, welcher dies für verspätet erachtet, verstößt gegen § 5. No. 2. der Verordnung vom 14. Dezember 1833.

— §§ 60. ff. Siehe Rechtsgrundsatz 1151. (Verordnung vom 21. Juli 1846 § 13.)
— § 70. Anfertigung und Einreichung von Prozeßschriften durch Auskultatoren und Referendarien als Offizial-Mandatarien und Litiskuratoren; Unterzeichnung eines Appellations-Berichts durch einen Polizei-Anwalt in Vertretung eines Rechtsanwalts. — Vergl. Deklaration vom 6. April 1839 Art. 3. No. 2., Art. 7.; Verordnung vom 21. Juli 1846 §§ 17. 21. 23d.; Gesetz vom 26. April 1851 Art. 15. No. 1.

Rechtsgr. 1049. — III. Senat. 30. September 1861. (XLIII. 130.)

a) Die Auskultatoren und Referendarien, welche der Partei als Offizial-Mandatarien oder Litiskuratoren von dem Prozeß- oder Vormundschaftsrichter zugeordnet worden, sind berechtigt, selbstständig Prozeßschriften anzufertigen und einzureichen.

b) Der Polizei-Anwalt, welcher nicht die Befähigung zum Richter-Amte besitzt, ist als Vertreter eines Rechtsanwalts zur Einreichung von Appellationsberichten ꝛc. selbst dann nicht befugt, wenn die Vertretung von dem Direktor des Kreisgerichts genehmigt ist.

1833, Juli **24**. Justiz-Ministerial-Instruktion für die Gerichte zur Ausführung der Verordnung No. **1426**. über den Mandats-, den summarischen und den Bagatellprozeß. (v. Kamptz, Jahrbücher, Bd. **41**. S. 437.)

— § **6**. Siehe Rechtsgrundsatz **1041**. (Verordnung v. **1**. Juni **1833** § **1**.)

— § **14**. Siehe Rechtsgrundsatz **1049**. (Verordnung v. **1**. Juni **1833** § 3.)

— § **38**. Siehe Rechtsgrundsatz 789. (A. G. O. I. **13**. § **44**.)

— § **40**. Siehe Rechtsgrundsatz 779. (A. G. O. I. **10**. §§ 304. ff.)

— § **45**. Siehe Rechtsgrundsätze **1044**. **1057**. **1058**. (Verordnungen vom **1**. Juni **1833** §§ **3**. **4**. und vom **14**. Dezember **1833** § **5**. No. **2**.)

1833, Dezember **14**. Verordnung über das Rechtsmittel der Revision und Nichtigkeitsbeschwerde. (Ges.-Samml. S. **302**.)

— § **1**. Revision in Prozessen wegen Nichtigkeit oder Ungültigkeitserklärung der Ehe. — Vergl. A. L. R. II. **1**. § **827**.; Instruktion vom 7. April **1839** No. 3.

Rechtsgr. **1050**. — I. Senat. 27. Oktober 1862. (**XLVII**. **108**.)

Auch in Ehesachen wegen Nichtigkeits- oder Ungültigkeitserklärung der Ehe ist die Revision auch dann zulässig, wenn es sich nur noch darum handelt: ob die Verklagte in dem Fall der Ableistung des dem Kläger rechtskräftig auferlegten Eides für den schuldigen Theil zu erklären ist.

— § **2**. Zulässigkeit der Revision wegen des unschätzbaren Interesse bei einem Rechtsstreite über Löschung von Hypotheken.

Rechtsgr. **1051**. — III. Senat. 6. November 1863. (**LII**. **81**.)

Verlangt Kläger die Löschung der, auf dem, von dem Verklagten gekauften Grundstücke haftenden Hypotheken von mehr als 500 Rthlrn., so liegt bei Verschiedenheit des Inhalts der Erkenntnisse erster und zweiter Instanz ein die Zulässigkeit des Rechtsmittels der Revision begründendes unschätzbares Interesse des Verklagten und Revidenten auch dann vor, wenn der Kaufpreis des Grundstücks weniger als 500 Rthlr. betragen hat.

Es ändert hieran Nichts, wenngleich in erster Instanz in Uebereinstimmung mit dem Verklagten der Streitgegenstand behufs Ansatzes der Gerichtskosten nach Maaßgabe des Kaufpreises festgesetzt worden ist.

Siehe auch Rechtsgrundsatz **395.** (A. L. R. I. **20.** § **441.**).

— § **3.** Ausschließung des Rechtsmittels der Revision bei Streitigkeiten über eine nothwendige Servitut. — Vergl. A. L. R. I. **22.** §§ 3. 55-79.

Rechtsgr. **1052.** — II. Senat. 24. März 1862. (XLVI. 53.)

Die in den §§ 55—79. I. 22. des Allgem. Landrechts genannten Grundgerechtigkeiten, hinsichtlich deren das Rechtsmittel der Revision nach § 3. der Verordnung vom 14. Dezember 1833 ausgeschlossen ist, sind auch alsdann zur Revision nicht geeignet, wenn sie auf Grund des § 3. I. 22. des Allgem. Landrechts als nothwendige Einschränkungen des Eigenthums — als nothwendige Servituten — in Anspruch genommen werden.

— § **4.** Einlegung der Nichtigkeitsbeschwerde:

A. Nichtigkeitsbeschwerde wegen Verkennung der Natur des Mandatsprozesses, sowie wegen Annahme der Liquidität eines Einwandes und Verstattung einer Partei zum Ergänzungseide im Mandatsprozesse. — Vergl. Verordnung vom 1. Juni 1833 § 3.; Deklaration vom 6. April 1839 Art. 3.; Instruktion vom 7. April 1839.

Rechtsgr. **1053.** — III. Senat. 11. September 1863. (L. 228.)

a) Der Vorwurf, daß der Apellations-Richter die Natur des M a n d a t s p r o z e s s e s verkannt habe, entspricht nicht der nach § 4. der Verordnung vom 14. Dezember 1833 erforderlichen Begründung der Nichtigkeitsbeschwerde.

b) Die Frage, unter welchen Voraussetzungen die im Mandatsprozesse nothwendige Liquidität eines Einwandes als vorhanden anzunehmen, und ob auf Grund stattgefundener Beweisaufnahme ein Ergänzungseid für statthaft zu erachten ist, gehört dem prozessualischen Gebiete an, und sind die desfallsigen Vorschriften für wesentliche nicht zu erachten.

B. Begriff einer Prozeßvorschrift und eines Rechtsgrundsatzes; Begründung der Nullitätsklage auf Grund falscher Dokumente; Nichtigkeitsbeschwerde wegen eines zurückgewiesenen Rechtsmittels. — Vergl. Deklaration vom 6. April 1839 Art. 1. ff.

Rechtsgr. 1054. — II. Senat. 20. Mai 1862. (XLV. 261.)

a) Unter Prozeßvorschriften im Sinne der Verordnung vom 14. Dezember 1833 und der Deklaration vom 6. April 1839 sind zu verstehen:

1. diejenigen allgemeinen Normen, durch welche, ohne alle alle Rücksicht auf den zur Beurtheilung vorliegenden Fall, das Verfahren in Prozessen überhaupt geregelt wird, und
2. diejenigen Vorschriften, nach denen der Richter in dem speziellen Falle das Verfahren zu leiten hat, also solche Vorschriften, welche das aus den Erklärungen der Parteien hervorgehende Sachverhältniß, die beigebrachten Beweismittel und die aus beiden Momenten sich ergebende thatsächliche Feststellung betreffen.

b) Auf materielle Rechtsgrundsätze beziehen sich dagegen solche Vorschriften, welche, im Gegensatz zu den Vorschriften unter a., weder das Prozeßverfahren im Allgemeinen, noch auch das spezielle Verfahren in Betreff der in einem gegebenen Falle vorgetragenen Thatsachen, angebotenen Beweise und des Ergebnisses aus beiden Momenten, und daher nicht das auch von den Prozeßvorschriften abhängige, materielle Recht der Parteien betreffen.

Die Verletzung solcher Rechtsgrundsätze begründet die Vernichtung der Entscheidung.

— § 4. No. 1. Nichtigkeit eines Urtheils wegen fehlerhafter Interpretation eines Vertrages. — Vergl. A. L. R. I. 4. §§ 65. 70. 71., 5. §§ 252-270. 318.

Rechtsgr. 1055. — II. Senat. 15. Juli 1862. (XLVI. 199.)

Wenn der zweite Richter der Thatsachen, welche der Implorant behufs Auslegung des Vertrages geltend macht, zwar gedacht, dieselben aber unter dem Gesichtspunkt der Interpretation überhaupt nicht beleuchtet hat, so ist sein Urtheil nichtig.

Siehe auch Rechtsgrundsätze 523. 788. 1170. (A. L. R. II. 2. § 210.; A. G. O. I. 13. § 28.; Ges. vom 21. Juli 1849 § 59.)

— § 4. No. 2. Siehe Rechtsgrundsätze 311. 523. 813. 1057. (A. L. R. I. 16. § 104., II. 2. § 210.; A. G. O. I. 24. § 54.; § 5. No. 2. dieser Verordnung.)

— § 5. Siehe Rechtsgrundsatz 767. (A. G. O. I. 10. § 27a.)

— § 5. No. 1. Siehe Rechtsgrundsätze 785. 801. 1047. (A. G. O. I. 10. § 377., 16. § 2. No. 6.; Verordnung vom 1. Juni 1833 § 36.)

— § 5. No. 2. Verletzung einer wesentlichen Prozeßvorschrift durch Androhung eines unrichtigen Präjudizes:

A. Anwendung eines unrichtigen Präjudizes bei der Kontumazialfolge.

Rechtsgr. 1056. — I. Senat. 21. September 1863. (L. 243.)

Es liegt die Anwendung eines **unrichtigen** Präjudizes darin, wenn Kontumazialfolgen gegen eine Partei, welcher die, die Kontumaz androhende, Verfügung gar nicht, oder nicht gehörig insinuirt worden ist, zur Anwendung gebracht sind.

B. Anbringung neuer Beweismittel und Thatsachen in zweiter Instanz. — Vergl. Prozeß-Verordnung vom 1. Juni 1833 § 42.; Instruktion vom 24. Juli 1833 § 45.; Verordnung vom 14. Dezember 1833 § 4. No. 2.

Rechtsgr. 1057. — III. Senat. 10. Januar 1862. (XLV. 23.)

Die Vorschriften und Grundsätze darüber, ob und inwiefern in zweiter Instanz die Anbringung neuer Thatsachen gestattet sei, gehören dem Prozeßverfahren an und nicht zu denjenigen, deren Verletzung in den Gesetzen als Nichtigkeitsgrund bezeichnet ist.

C. Nichtigkeit eines Urtheils wegen Verletzung einer wesentlichen Prozeßvorschrift durch Nichtberücksichtigung neuer Thatsachen des Appellations-Berichtes. — Vergl. Prozeß-Verordnung vom 1. Juni 1833 § 42. am Schluß; Instruktion vom 24. Juli 1833 § 45.

Rechtsgr. 1058. — I. Senat. 26. Januar 1863. (XLVII. 315.)

Die Nichtberücksichtigung der im Appellationsberichte angeführten neuen Thatsachen enthält einen Verstoß gegen § 5. No. 2. der Verordnung vom 14. Dezember 1833.

Siehe auch Rechtsgrundsätze 776. 780. 1048. (A. G. O. I. 10. §§ 297. 306.; Verordnung vom 1. Juni 1833 § 44.)

— § 5. No. 3. Siehe Rechtsgrundsätze 1046. 1152. (Prozeßverordnungen vom 1. Juni 1833 § 34. und 21. Juli 1846 § 17.)

— § 5. No. 4. Unvollständige Vollziehung der Unterschrift des Erkenntnisses.

Rechtsgr. 1059. — Senat für Strafsachen, Abth. II. 17. Dezember 1863. (LII. 177.)

Die Unterschrift der Urschrift des Erkenntnisses durch die sämmtlichen Richter, welche an der Entscheidung Theil genommen haben, ist für eine wesentliche Vorschrift für das Verfahren nicht zu erachten. Es genügt, wenn das Verhandlungs-Protokoll ergiebt, daß die Sache bei vollständig besetztem Gerichte verhandelt und entschieden worden ist.

— § 5. No. 8. Freie Beurtheilung des Nichtigkeitsrichters hinsichtlich der behaupteten Inkompetenz des Richters.

Rechtsgr. 1060. — IV. Senat. 27. November 1862. (XLVIII. 88.)

Wenn die Nichtigkeitsbeschwerde auf § 5. No. 8. der Verordnung vom 14. Dezember 1833 gestützt wird, so gebührt dem Nichtigkeitsrichter hinsichtlich der behaupteten Inkompetenz des Richters eine freie, von den faktischen Voraussetzungen des erkennenden Richters nicht abhängige Beurtheilung.

Siehe auch Rechtsgrundsätze 1020. 1101. (Verordnung No. 430. vom 20. Juni 1820 § 20.; Verordnung vom 28. März 1840 § 6.)

— § 5. No. 10 a. Nachtragserkenntniß wegen übergangener Zinsen. — Vergl. A. L. R. I. 11. § 848.

Rechtsgr. 1061. — I. Senat. 30. November 1863. (LI. 250.)

Der § 5. No. 10a. der Verordnung vom 14. Dezember

1833 schließt von der Zulässigkeit der Ergänzung eines Erkenntnisses den Fall aus, wenn der Richter geforderte vorbedungene oder geforderte Verzugszinsen übergangen hat. Er setzt nicht voraus, daß streitige Verzugszinsen bei primitiver Zuerkennung des Kapitals übergangen sind.

Siehe auch Rechtsgrundsätze **234. 235. 777.** (A. L. R. I. **11.** § 848.; A. G. O. I. **10.** § 298.)

— § 5. No. **10 b.** Nichtigkeit eines Urtheils in Injuriensachen wegen Erkennens gegen den klaren Inhalt der Akten. — Vergl. Prozeßverordnung vom 1. Juni 1833 § 33.; Verordnung vom 3. Januar 1849 §§ **22. 126.**; Gesetz No. **3245.** vom **11.** März 1850 § 6.

Rechtsgr. **1062.** — Senat für Strafsachen, Abth. II. 19. März 1863. (XLVIII. 271.)

In Injuriensachen findet der § 5. No. 10b. der Verordnung vom 14. Dezember 1833 auf die durch einen Kommissar aufgenommenen Zeugenvernehmungs-Protokolle Anwendung.

Siehe auch Rechtsgrundsatz **1063.** (§ 6. dieser Verordnung.)

— § 5. No. **10 d.** Siehe Rechtsgrundsätze **234. 235. 728.** (A. L. R. I. **11.** § 848.; Strafgesetzbuch § **160.**)

— § **6.** Heilung der Nichtigkeit durch Nichtrüge:

A. Fortdauernde Gültigkeit dieser Gesetzesstelle; stillschweigende Entsagung der Rüge eines prozessualischen Verstoßes.

Rechtsgr. **1063.** — I. Senat. 19. Dezember 1860. (XLI. 4.)

a) Der § 6. der Verordnung vom 14. Dezember 1833 ist nicht für gesetzlich aufgehoben zu erachten.

b) Ist daher der in dem Urtheile erster Instanz enthaltene prozessualische Verstoß im Sinne des § 5. No. 10. Litt. b. der Verordnung vom 14. Dezember 1833 nicht in der nächsten Prozeßverhandlung gerügt worden, so liegt hierin eine Entsagung dieser Rüge.

B. Nichtigkeitsbeschwerde wegen geschehener Zulassung der Appellation.

Rechtsgr. 1064. — Senat für Strafsachen, Abth. II. 20. Juni 1861. (XLII. 183.)

Der Appellat verliert dadurch, daß er in zweiter Instanz die nicht geschehene Anmeldung des durch den erkennenden Richter zweiter Instanz zugelassenen Rechtsmittels der Appellation nicht gerügt hat, noch nicht das Recht, diesen Mangel durch die Nichtigkeitsbeschwerde geltend zu machen.

— § 7. Rechtsmittel gegen eine Agnitoria. — Vergl. Instruktion vom 7. April 1839 No. 23.

Rechtsgr. 1065. — IV. Senat. 16. Dezember 1862. (XLVII. 252.)

Hat der Richter, obschon der Anspruch des Klägers von dem Verklagten nicht eingeräumt worden, dennoch nur eine Resolution abgefaßt und solche als Agnitoria bezeichnet, so kann dieselbe nicht im Wege der Appellation, sondern lediglich mittelst der Nichtigkeitsbeschwerde beseitigt werden.

Siehe auch Rechtsgrundsätze 791. 825. (A. G. O. I. 14. § 1., 32. § 10.)

— § 9. Anziehung der Nichtigkeitsbeschwerde von der Revision hinsichtlich der Konvention und Rekonvention in Prozessen über gegenseitige Rechnungs-Saldos aus einem fortlaufend bestandenen Geschäftsverkehr. — Vergl. Deklaration vom 6. April 1839 Art. 4.

Rechtsgr. 1066. — IV. Senat. 9. Dezember 1862. (XLVII. 224.)

Handelt es sich in einem Prozesse nach der Konvention und Rekonvention lediglich um die Ausgleichung gegenseitiger Rechnungen der Parteien über einen unter ihnen fortlaufend bestandenen Geschäftsverkehr und den sich hieraus für den einen oder andern Theil ergebenden Saldo, so tritt auf Einlegung der Rechtsmittel der Revision und der Nichtigkeitsbeschwerde die Adhärenz der Nichtigkeitsbeschwerde zur freien Beurtheilung ein.

— § 10. Schadensersatz wegen Vollstreckung eines mit der Nichtigkeitsbeschwerde noch angreifbaren Erkenntnisses. — Vergl. A. L. R. Einl. §§ 88. 94., I. 6. §§ 36. 37.; A. G. O. I. 14. §§ 6. 8. Anh. § 113. zu § 6., 44. §§ 14. 63. Anh. § 304. zu § 63.

Rechtsgr. 1067. — III. Senat. 6. Januar 1862. (XLV. 7.)

Derjenige, welcher ein mit der Richtigkeitsbeschwerde noch angreifbares Erkenntniß durch Exekution vollstrecken läßt, thut dies auf seine Gefahr.

Er ist daher, wenn der Exequendus mittelst der Richtigkeitsbeschwerde eine entgegengesetzte Entscheidung erlangt, verpflichtet, demselben den ihm durch die Vollstreckung der Exekution verursachten Schaden zu ersetzen.

— § 27. Siehe Rechtsgrundsatz 801. (A. G. O. I. 16. § 2. No. 6.)
— § 28. Siehe Rechtsgrundsatz 797. (A. G. O. I. 16. § 2. No. 1.)

1834, Februar 15. Kabinetsorder, betreffend das Verfahren vor den Schiedsmännern. (v. Kamptz, Annalen, Jahrgang 1834 Heft 1. S. 21.)

— Siehe Rechtsgrundsatz 1106. (Instruktion vom 1. Mai 1841 § 7.)

1834, Februar 24. Verordnung über das Verfahren bei eintretender Mobilmachung der Armee zur Herbeischaffung der Pferde durch Landlieferung. (Ges.-Samml. S. 56.)

— §§ 1. 2. 6. 7. Siehe Rechtsgrundsatz 1184. (Gesetz vom 11. Mai 1851 § 14.)

1834, März 4. Verordnung von 1511 über die Exekution in Civilsachen. (Ges.-Samml. S. 31.)

— § 6. Einrede des Akkordes in der Exekutions-Instanz seitens des früheren Gemeinschuldners. — Vergl. Konkurs-Ordnung vom 8. Mai 1855 §§ 196-200.

Rechtsgr. 1068. — IV. Senat. 17. Oktober 1861. (XLII. 356.)

Wird ein Prozeß, weil Verklagter in Konkurs gerathen, sistirt, so kann der zum Akkord verstattete Verklagte, wenn er auch den Einwand des Akkordes bei Fortsetzung des Prozesses nicht ausdrücklich geltend gemacht und demnächst zur Zahlung der vollen eingeklagten Summe verurtheilt ist, noch in der Exekutions-Instanz die Einrede des Akkordes mit Erfolg vorschützen.

Siehe auch Rechtsgrundsatz 882. (Konkurs-Ordnung vom 8. Mai 1855 § 280.)

— § 9. Vollstreckung der Exekution wegen Liberirung von Schuldverbindlichkeiten gegen Dritte; Liquidirung des Interesse und Kautionsleistung behufs Sicherstellung gegen Ansprüche dritter Personen. — Vergl. A. L. R. I. 5. §§ 325-328. 334.

Rechtsgr. 1069. — IV. Senat. 3. März 1864. (LII. 309.)

a) Ist der Verklagte seiner judikatmäßigen Verbindlichkeit, dem Kläger von gewissen Schuldverbindlichkeiten zu befreien, der vollstreckten Exekution ungeachtet nicht nachgekommen, so kann der Kläger sein Interesse liquidiren und demgemäß zur Beseitigung der Gefahr Sicherstellung durch Zahlung einer entsprechenden Kaution zum gerichtlichen Depositum beanspruchen, ohne daß es des Beweises der Unsicherheit des Verklagten oder einer gegründeten Besorgniß künftiger Beeinträchtigung bedarf.

b) Zur Rechtfertigung der in dem vorstehenden Falle beanspruchten Höhe der zu leistenden Kaution genügt der Nachweis, daß der Dritte diesen Betrag oder einen noch höheren Betrag thatsächlich fordert; des Nachweises, daß derselbe diesen Betrag auch rechtlich fordern könne, bedarf es nicht.

— § 11. Siehe Rechtsgrundsatz 733. (A. G. O. I. Einl. § 65.)
— § 15. Siehe Rechtsgrundsatz 356. (A. L. R. I. 16. Anh. § 52. zu § 484.)
— § 22. Siehe Rechtsgrundsätze 26. 27. 676. (A. L. R. I. 4. § 19.; Allg. Deutsche Wechsel-Ordnung Art. 29.)
— § 24. Siehe Rechtsgrundsatz 1217. (Gesetz vom 9. Mai 1855 § 4. No. 3.)

1834, März 4. Verordnung No. 1512. Ueber den Subhastations- und Kaufgelderliquidationsprozeß. (Ges.-Samml. S. 39.)
— § 3. Siehe Rechtsgrundsätze 396. 758. (A. L. R. I. 20. § 445.; A. G. O. I. 7. § 48c.)
— §§ 9. ff. Versäumte Ladung eines Subhastations-Interessenten, insbesondere des Vorkaufsberechtigten, zum Bietungstermine.

Rechtsgr. 1070. — III. Senat. 12. Oktober 1863. (L. 335.)

Die unterlassene Bekanntmachung des Bietungstermins an einen der besonders zu benachrichtigenden Subhastations-

Interessenten kann durch eine nachträgliche Aufforderung desselben zur Erklärung über die Lizitationsverhandlung, wenn diese Erklärung keine ausdrückliche Genehmigung enthält, nicht wieder geheilt werden. Die Warnung, daß er bei Versäumung des Termins für einwilligend werde erachtet werden, ist unwirksam.

Siehe auch Rechtsgrundsätze 205. 410. (A. L. R. I. **11**. § 348. No. **2**., **20**. § 615.)

— § **11**. Bietungskaution mit einer cedirten Hypothekenforderung im Subhastationstermine. — Vergl. Allgem. Hypotheken-Ordnung II. § 213.; Hypothekengesetz vom 24. Mai 1853 § 16.

Rechtsgr. 1071. — III. Senat. 20. September 1861. (XLIII. 94.)

Der Bieter kann mit einer Hypothekenforderung, welche ihm zwar cedirt, aber noch nicht auf seinen Namen eingetragen ist, die Bietungskaution auch dann nicht bestellen, wenn er das auf den Cedenten lautende Hypotheken-Instrument und eine öffentliche Urkunde über die ihm ertheilte Cession vorlegt.

Siehe auch Rechtsgrundsatz 997. (Kabinetsorder v. 28. März 1809.)

— §§ **12. 13.** Siehe Rechtsgrundsätze 410. 829. (A. L. R. I. **20**. § 613.; A. G. O. I. **52**. § 28.)

— §§ **16.** ff. Siehe Rechtsgrundsatz 887. (Konkurs-Ordnung vom 8. Mai 1855 § 388. Abs. 2.)

1834, April 8. Kabinetsorder, betreffend die Vollstreckung der Exekution gegen den dritten Besitzer des verpfändeten Grundstücks. (v. Kamptz, Jahrbücher Bd. 47. S. 546.)

— Siehe Rechtsgrundsatz 405. (A. L. R. I. **20**. § 490.)

1834, Juni 30. Verordnung No. **1542**. wegen des Geschäftsbetriebes in den Angelegenheiten der Gemeinheitstheilungen, Ablösungen und Regulirung der gutsherrlich-bäuerlichen Verhältnisse, als Anhang zu der Verordnung vom 20. Juni 1817 und dem Gesetze vom 7. Juni 1821. (Ges.-Samml. S. 96.)

— §§ **7. 8.** Kompetenz der Auseinandersetzungsbehörden.

Rechtsgr. 1072. — II. Senat. 26. November 1863. (LII. 117.)

Ist die Provokation eines Bauergutsbesitzers auf Ablösung der Reallasten rechtskräftig zurückgewiesen, weil demselben kein Eigenthum zustehe, so ist zwar auch sein aus dem Eigenthume entnommener Einwand gegen die ebenfalls von der General-Kommission vor sich gezogene gleichzeitige Räumungsklage des Provokaten beseitigt; nicht aber sind dem Provokanten hierdurch seine sonstigen Einreden gegen die Räumungsklage abgeschnitten, und gebührt die desfallsige Entscheidung nicht der Auseinandersetzungsbehörde, sondern dem ordentlichen Richter.

Siehe auch Rechtsgrundsätze 1018. 1019. (Verordnung v. 20. Juni 1817 § 6.)

— § 10. Legitimation des Kirchenvorstandes zur Vertretung des Kirchenvermögens in dem Verfahren wegen Ablöse der Kirchenbaulast des Zehntberechtigten. — Vergl. Kurkölnische Synodal-Statuten vom 20. März 1662 Thl. III. Kap. 2. § 3., Kap. 3. § 2.; Kaiserlich französisches Dekret vom 30. Dezember 1809 Art. 57.; Verordnung vom 20. Juni 1817 § 45.; Gesetz vom 2. März 1850 § 60.

Rechtsgr. 1073. — II. Senat. 5. Juli 1862. (XLIV. 351.)

Der Kirchenvorstand hat als Vertreter des Kirchenvermögens die Verhandlungen wegen Ablöse der Kirchenbaulast der Zehntberechtigten zu führen, als Berechtigter allein abzuschließen und den Ablöserezeß zu vollziehen.

Siehe auch Rechtsgrundsatz 962. (Kurkölnische Synodal-Statuten vom 20. März 1662 Thl. III. Kap. 2. § 3.)

— § 12. Siehe Rechtsgrundsatz 1012. (Verordnung vom 20. Juni 1817 § 20.)

1834, Dezember 24. Kabinetsorder, betreffend die Aufhebung des § 10. des Stempelsteuergesetzes vom 7. März 1822. (Ges.-Samml. 1835 S. 3.)

— Siehe Rechtsgrundsatz 1025. (Stempelsteuergesetz v. 7. März 1822 § 10.)

1835, März 21. Deklaration des § 54. I. 20. des Allg. Landrechts,

betreffend die Uebernahme von Pfand- und Hypothekenschulden. (Ges.-Samml. S. 42.)
— Siehe Rechtsgrundsatz 385. (A. L. R. I. 20. § 54.)

1835, April 26. Gesetz über Verträge zahlungsunfähiger Schuldner zum Nachtheil der Gläubiger. (Ges.-Samml. S. 53.)
— § 2. Siehe Rechtsgrundsatz 864. (Konkurs-Ordnung vom 8. Mai 1855 § 102. No. 3.)

1835, September 23. Kabinets-Order wegen der Rechtsverhältnisse der Eigenthümer von Stromfahrzeugen zu den Führern derselben, und der Schiffsführer zu den Schiffsknechten. (Ges.-Samml. S. 222.)
— Siehe Rechtsgrundsätze 567. 575. (A. L. R. II. 8. §§ 1445. 1766.)

1835, Dezember 5. Kabinets-Order, betreffend den Gerichtsstand minderjähriger oder großjähriger, noch unter väterlicher Gewalt befindlicher Personen. (Ges.-Samml. S. 294.)
— Siehe Rechtsgrundsatz 12. (A. L. R. Einl. § 23.)

1836, Januar 5. Reglement der Provinzial-Feuer-Sozietät der Provinz Westphalen. (Ges.-Samml. S. 49.)
— §§ 16-18. 24. 40-42. Ermittelung des partiellen Brandschadens, nach dem Reglement der Westphälischen Provinzial-Feuer-Sozietät.

Rechtsgr. 1074. — IV. Senat. 16. Juli 1863. (XLIX. 354.)

Behufs Ermittelung des partiellen Brandschadens nach dem Reglement der Westphälischen Provinzial-Feuer-Sozietät ist durch die Sozietäts-Taxatoren das Verhältniß des brauchbar gebliebenen Materials zu dem durch das Feuer vernichteten Bauwerthe zu ermitteln und demgemäß in einer Quote des Werths, nicht aber in einer bestimmten Geldsumme, anzugeben.

1836, April 25. Verordnung, betreffend die Chausseen- rc. und Festungsbauten. (Ges.-Samml. S. 179.)
— Siehe Rechtsgrundsatz 398. (A. L. R. I. 20. § 458.)

1838, März 31. Gesetz No. 1885. wegen Einführung kürzerer Verjährungsfristen. (Ges.-Samml. S. 249.)
— Im Allgemeinen:
A. Anwendung der inländischen Gesetze über die erlöschende Verjäh-

rung auf einen im Inlande geltend gemachten, im Auslande entstandenen Anspruch. — Vergl. A. L. R. Publikations-Patent vom 5. Februar 1794 § 17., Einl. § 23., I. 9. § 568.

Rechtsgr. 1075. — IV. Senat. 11. September 1863. (L. 258.)

In Bezug auf einen im Auslande entstandenen Anspruch, welcher bei einem diesseitigen Gerichte durch Klage verfolgt wird, ist die Frage über den Eintritt der erlöschenden Verjährung lediglich nach den hiesigen Gesetzen zu entscheiden.

Dieser Grundsatz gilt insbesondere auch hinsichtlich der kürzeren Verjährungsfristen nach dem Gesetze vom 31. März 1838.

B. Verjährung der ihrem Betrage nach durch Vereinbarung in sich nur relativ festgesetzten Ansprüche bei der kurzen Verjährung.

Rechtsgr. 1076. — III. Senat. 11. September 1863. (L. 230.)

Die Anwendbarkeit der kurzen Verjährung aus dem Gesetze vom 31. März 1838 ist nicht nothwendig auf Ansprüche zu beschränken, welche ihrem Betrage nach durch Vereinbarung in sich abstrakt fixirt sind; sie tritt vielmehr auch bei ihrem Betrage nach relativ bestimmten Ansprüchen ein.

— §§ 1. ff. Siehe Rechtsgrundsätze 166. 1085. (A. L. R. I. 9. § 568.; Verjährungs-Gesetz vom 31. März 1838 § 10.)

— § 1. No. 1. Zweijährige Verjährung der Forderungen der Kaufleute, Krämer, Künstler und Handwerker, und Ausnahme der kurzen Verjährung bei Lieferung zum Gewerbebetriebe:

A. Kurze Verjährung der Forderungen der Buchdruckereibesitzer.

Rechtsgr. 1077. — IV. Senat. 22. Juni 1861. (XLI. 358.)

Auch die Forderungen eines Buchdruckereibesitzers unterliegen der kurzen Verjährung nach § 1. No. 1. des Gesetzes vom 31. März 1838.

B. Zweijährige Verjährung der Forderungen der Maurermeister bei stattgehabter Anschaffung von Baumaterialien.

Rechtsgr. 1078. — IV. Senat. 21. April 1863. (LI. 28.)

Die zweijährige Verjährung der Forderungen der Maurermeister nach § 1. No. 1. des Gesetzes vom 31. März 1838 ist auf die Forderungen der Maurer-Arbeiten selbst beschränkt, dagegen auf Forderungen für angeschaffte Bau-Materialien, als Kalk, Sand und Lehm, sowie für geleistete Fuhren nicht anwendbar.

C. Verjährung der Forderungen für Waaren und Arbeiten zum Betriebe der Landwirthschaft; Gewerbebetrieb. — Vergl. A. L. R. II. 8. §§ 179. 180., 11. §§ 93-95.

Rechtsgr. 1079. — IV. Senat. 23. Mai 1861. (XLI. 262.)

Der Betrieb der Landwirthschaft ist weder überhaupt, noch im Sinne des § 1. des Gesetzes vom 31. März 1838 für den Betrieb eines Gewerbes zu erachten.

D. Verjährung der zur landwirthschaftlichen Brennerei gelieferten Arbeiten.

Rechtsgr. 1080. — IV. Senat. 24. September 1863. (L. 283.)

Die mit der Landwirthschaft betriebene Brennerei ist ein Gewerbe im Sinne des § 1. No. 1. des Gesetzes vom 31. März 1838. Die zu denselben gelieferten Arbeiten unterliegen daher nicht der kurzen Verjährung dieses Gesetzes.

E. Nichtbestehende Eigenschaft der Schriftsteller als Gewerbtreibende.

Rechtsgr. 1081. — IV. Senat. 22. Juni 1861. (XLI. 358.)

Ein Schriftsteller ist als Gewerbtreibender nicht anzusehen, und zwar auch dann nicht, wenn er ein von ihm verfaßtes Buch im Selbstverlage nimmt.

Siehe auch Rechtsgrundsatz 159. (A. L. R. I. 9. § 545.)

— § 1. No. 3. Verjährung der Forderungen der Krankenhäuser, als Heilanstalten.

Rechtsgr. 1082. — I. Senat. 11. Juni 1862. (XLIV. 362.)

Die Forderungen der Krankenhäuser, als Heilanstalten, unterliegen nicht der kurzen Verjährung des § 1. No. 3. des Gesetzes vom 31. März 1838.

— § 1. No. 5. Verjährung des Entschädigungs-Anspruchs für geleistete Handlungen. — Vergl. § 2. No. 3. dieses Verjährungsgesetzes.

Rechtsgr. 1083. — I. Senat. 8. Dezember 1862. (XLVII. 202.)

Wenn eine Vergütigung für die geleisteten Handlungen in dem Vertrage nicht hinlänglich bestimmt worden, der dieselbe Leistende auch nicht zu den Tagelöhnern oder gemeinen Handwerkern gehört, so findet die kurze Verjährung dieses Entschädigungs-Anspruches nach dem Gesetze vom 31. März 1838 nicht statt.

— § 2. Siehe Rechtsgrundsatz 1085. (§ 10. dieses Verjährungsgesetzes.)
— § 2. No. 3. Siehe Rechtsgrundsatz 1083. (§ 1. No. 5. dieses Verjährungsgesetzes.)
— § 2. No. 5. Verjährung der Zinsen. — Vergl. A. L. R. I. 11. §§ 827. 831. 832. 849., 16. §§ 64. 65.

Rechtsgr. 1084. — I. Senat. 7. November 1862. (XLVIII. 56.)

Der Plenarbeschluß vom 9. April 1846, dahin lautend:

Wenn von einem Schuldkapital Zinsen vorbedungen waren, so unterliegen auch bei hinzugetretenem Verzuge des Schuldners die über zehn, resp. über vier Jahre hinaus gehenden Rückstände der Verjährung, nicht aber die durch den Verzug begründeten Mehrzinsen,

setzt ein Zinsversprechen voraus, welches nicht durch einen Endtermin beschränkt ist, welches also, ungeachtet des hinzugekommenen Verzuges, als in Kraft verblieben betrachtet werden kann.

— § 5. Siehe Rechtsgrundsatz 1085. (§ 10. dieses Verjährungsgesetzes.)
— § 10. Anfangspunkt und Zeitfrist der neuen Verjährung nach erfolgter Unterbrechung der Verjährung:

A. Anfangspunkt der nach erfolgter Unterbrechung beginnenden neuen Verjährung bei den, der kurzen Verjährung des Gesetzes vom 31. März 1838 unterliegenden, in den §§ 1. 2. daselbst genannten Forderungen. — Vergl. A. L. R. I. 9. §§ 554. ff.; §§ 1. 2. 5. dieses Verjährungsgesetzes.

Rechtsgr. 1085. — Plenarbeschluß vom 3. März 1862. (L. 8.)

Die Vorschrift in dem § 5. No. 3. des Gesetzes vom 31. März 1838 über den Anfang der Verjährung der in den §§ 1. und 2. dieses Gesetzes gedachten Forderungen ist für die, nach § 10. daselbst nach erfolgter Unterbrechung neu beginnenden Verjährung nicht maaßgebend; der Anfang dieser neuen Verjährung ist vielmehr nach den Vorschriften der §§ 554. ff. I. 9. des Allgem. Landrechts zu bestimmen.

B. Verjährung rechtskräftig zuerkannter Konventionalzinsen. — Vergl. A. L. R. I. **9.** §§ 546. 558. 568. 569., **11.** §§ 849. 850.

Rechtsgr. 1086. — I. Senat. 8. September 1862. (XLV. 326.)

Rechtskräftig zuerkannte Konventionalzinsen verjähren nicht in zehn, sondern in dreißig Jahren.

1838, Mai 5. Verordnung wegen Einführung eines gleichmäßigen Verfahrens bei Insinuation richterlicher Erkenntnisse und bei Einlegung der Rechtsmittel. (Ges.-Samml. S. 273.)

— § 3. Siehe Rechtsgrundsatz 753. (A. G. O. I. **7.** § 19.)

— § 46. Siehe Rechtsgrundsatz 274. (A. L. R. I. **13.** § 192.)

1838, Mai 28. Französisches Fallimentsgesetz. (Gesetzbülletin, S. 717. No. 575.)

— Siehe Rechtsgrundsatz 861. (Konkurs-Ordnung vom 8. Mai 1855 § 101.)

1838, Juni 12. Justiz-Ministerial-Reskript, betreffend die Abfassung der Purifikations-Resolutionen. (v. Kamptz, Jahrbücher, Bd. 51. S. 381.)

— Siehe Rechtsgrundsatz 1101. (Verordnung No. 2082. vom 28. März 1840 § 6.)

1838, November 3. Gesetz über die Eisenbahnunternehmungen. (Ges.-Samml. S. 505.)

— § 7. Siehe Rechtsgrundsatz 634. (A. L. R. II. **16.** § 116b.)

— §§ 8. 9. Siehe Rechtsgrundsätze 181. 620. 628. 631. 634. (A. L. R. I. **11.** § 4., II. **15.** § 17., **16.** §§ 109. 116b.)

— § 10. Siehe Rechtsgrundsätze 631. 634. (A. L. R. II. **16.** § 116b.)

— §§ 11. ff. Siehe Rechtsgrundsätze 181. 634. (A. L. R. I. **11.** § 4., II. **16.** § 116b.)

— §§ 12-14. 20. Siehe Rechtsgrundsätze 181. 634. (A. L. R. I. 11. § 4., II. 16. § 116b.)

— § 25. Entschädigungspflicht der Eisenbahngesellschaften wegen Beschädigung der Eisenbahnarbeiter bei Fortschaffung von Wagen auf Nebengeleisen; unabwendbar äußerer Zufall.

Rechtsgr. 1087. — I. Senat. 16. Oktober 1863. (LII. 33.)

a) Als eine Beförderung auf der Eisenbahn im Sinne des § 25. des Eisenbahngesetzes vom 3. November 1838 ist auch das Fortschaffen von Wagen auf einem Verbindungsgeleise behufs Einrichtung eines Zuges, nicht blos das Befahren der Eisenbahn mit Zügen zu betrachten.

b) Unter dem „unabwendbaren äußeren Zufall" des § 25. a. a. O. ist ein Ereigniß höherer Gewalt zu verstehen.

1838, Dezember 12. Reglement über die Einrichtung des Sparkassenwesens. (Ges.-Samml. von 1839 S. 5.)

— §§ 1. 4-7. 12. 13. 17-19. Siehe Rechtsgrundsatz 1138. (Ges. vom 4. Mai 1843 § 1.)

1839, April 6. Deklaration No. 1999. der Verordnung vom 14. Dezember 1833 über das Rechtsmittel der Revision und der Nichtigkeitsbeschwerde. (Ges.-Samml. S. 126.)

— Art. 1. Siehe Rechtsgrundsatz 1054. (Verordnung vom 14. Dezember 1833 § 4.)

— Art. 3. Verletzung wesentlicher Prozeßvorschriften.

— Siehe Rechtsgrundsätze 767. 1053. (A. G. O. I. 10. § 27a.; Verordnung vom 14. Dezember 1833 § 4.)

— Art. 3. No. 1. Verletzung einer wesentlichen Prozeßvorschrift durch Nichthören der Partei.

A. Durch Unterstellung von Thatsachen.

Rechtsgr. 1088. — IV. Senat. 16. Dezember 1862. (XLVII. 252.)

Hat der in einem blos rechtlichen Urtheile ausgedrückte Entscheidungsgrund eines Erkenntnisses Thatsachen zur Grundlage, worüber die Parteien nicht gehört sind, so unterliegt das Erkenntniß der Vernichtung.

B. Durch Suppeditirung der Thatsache der negativen Litiskontestation.

Rechtsgr. 1089. — III. Senat. 30. Januar 1863. (XLVII. 320.)

Wenn der Richter von dem Kläger für die, seinen jüngsten Besitz kennzeichnenden und von dem Verklagten nicht bestrittenen, Thatsachen noch einen besonderen Nachweis verlangt, so suppeditirt er die Thatsache der negativen Litiskontestation.

Siehe auch Rechtsgrundsätze 703. 728. 785. 1047. (A. G. O. I. 1. § 3., 10. § 377.; Strafgesetzbuch § 160.; Prozeßverordnung vom 1. Juni 1833 § 36.)

Art. 3. No. 2. Nichtigkeit eines Urtheils wegen Zurückweisung eines gesetzlich zulässigen oder Zulassung eines gesetzlich unstatthaften Rechtsmittels:

A. Ueberhaupt, und insbesondere in Betreff einer zurückgewiesenen Nullitätsklage.

Rechtsgr. 1090. — II. Senat. 20. Mai 1862. (XLV. 262.)

Der Art. 3. No. 2. der Deklaration vom 6. April 1839 — betreffend die Nichtigkeit eines Urtheils wegen Zurückweisung eines rechtzeitig angebrachten gesetzlich zulässigen Rechtsmittels, — bezieht sich auf solche Rechtsmittel gegen nicht rechtskräftig gewordene Entscheidungen erster und zweiter Instanz.

Die Nullitätsklage ist daher zu den Rechtsmitteln des Art. 3. No. 2. nicht zu rechnen.

B. Freie Beurtheilung des Ober-Tribunals in Betreff der Nichtigkeitsbeschwerde wegen des nicht zugelassenen Rechtsmittels der Appellation bei eventueller Entscheidung in der Sache selbst.

Rechtsgr. 1091. — IV. Senat. 13. Februar 1862. (XLVI. 7.)

Hinsichtlich der Nichtigkeitsbeschwerde gegen ein Appellations-Erkenntniß, durch welches das Rechtsmittel der Appellation für nicht devolvirt erklärt und zugleich eventuell in der Sache selbst erkannt ist, tritt seitens des Ober-Tribunals wegen des zu Unrecht nicht zugelassenen Rechtsmittels freie Beurtheilung nur in Betreff der Frage: ob das Rechtsmittel der Appellation mit Recht oder Unrecht für nicht angebracht erachtet worden, nicht aber in Betreff der eventuellen Entscheidung des Appellations-Richters in der Sache selbst ein.

Siehe Rechtsgrundsätze 790. 794. 1047. 1049. 1142. (A. L. R. I. 14. § 1.; A. G. O. I. 14. § 14a.; Prozeßverordnung vom 1. Juni 1833 §§ 36. 70.; Gesetz vom 21. Juli 1843 § 8.)

Art. 3. No. 4. Freie Beurtheilung bei behaupteter Verletzung einer wesentlichen Prozeßvorschrift durch Nichterwähnung vorgeschlagener Beweismittel:

A. Ueberhaupt.

Rechtsgr. 1092. — I. Senat. 21. Dezember 1863. (LI. 319.)

Bei Begründung der Nichtigkeitsbeschwerde auf Art. 3. No. 4. der Deklaration vom 6. April 1839 tritt freie Beurtheilung ein.

B. In Betreff eines vom Vorderrichter für unerheblich erklärten Einwandes.

Rechtsgr. 1093. — IV. Senat. 21. April 1863. (XLIX. 169.)

Wenn der erkennende Richter über einen Einwand materiell befunden und ihn für rechtlich unerheblich erklärt hat, so kann die von demselben geschehene Omission der Beweismittel nicht zu einem bis zur Vernichtung führenden Vorwurfe gemacht werden, ohne daß es einer freien Beurtheilung der von dem Richter zwar erwogenen, jedoch für unerheblich erachteten Thatsachen durch den Nichtigkeits-Richter bedarf.

C. Nichtigkeit eines Urtheils wegen Nichterwähnung einer eventuellen Eidesdelation.

Rechtsgr. 1094. — IV. Senat. 31. März 1863. (XLVIII. 285.)

a) Die Vorschrift des Art. 3. No. 5. der Deklaration vom 6. April 1839 setzt die ungenügende Würdigung eines bereits zur Anwendung gekommenen Beweismittels voraus.

Daher ist diese Vorschrift auch auf den Fall eines deferirten Eides zu beziehen, welcher bereits geschworen, oder erlassen, oder für geschworen angenommen, oder dessen Ableistung verweigert worden ist.

b) Ist dagegen der in Bezug auf eine erhebliche Thatsache vorgeschlagene Beweis durch eventuelle Eidesdelation, obwohl er eine entgegengesetzte Entscheidung begründen konnte, in den Urtheilsgründen gar nicht erwähnt, so liegt ein Verstoß im Sinne des Art. 3. No. 4. vor.

Siehe auch Rechtsgrundsätze 776. 777. (A. G. O. I. **10.** § 298.)

Art. 3. No. 5. Wesentliche Prozeßvorschrift hinsichtlich der Beweiskraft der Beweismittel:

A. Hinsichtlich aufgenommener Beweise. — Vergl. A. G. O. I. **13.** § 10. No. 1-9.

Rechtsgr. **1095.** — I. Senat. 3. Februar 1862. (XLIV. 185.)

Die Bestimmung des Art. 3. No. 5. der Deklaration vom 6. April 1839 bezieht sich nur auf aufgenommene Beweise.

B. Nichtberücksichtigung eines deferirten und acceptirten Eides.

Rechtsgr. **1096.** — I. Senat. 29. November 1861. (XLIII. 214.)

Handelt es sich nicht um einen geschworenen oder erlassenen, sondern nur um einen acceptirten, aber nicht abgenommenen Eid, so kann von der Verletzung einer wesentlichen Prozeßvorschrift im Sinne des Art. 3. No. 5. der Deklaration vom 6. April 1839 nicht die Rede sein.

C. Verletzung einer wesentlichen Prozeßvorschrift durch nicht gehörige Würdigung eines angetragenen Eides.

Rechtsgr. **1097.** — IV. Senat. 1. März 1864. (LII. 300.)

Hat der Richter anzugeben unterlassen, weshalb durch den angetragenen Eid die unter Eid gestellte Behauptung nicht erwiesen werden könne, so hat er gegen Art. 3. No. 5. der Deklaration vom 6. April 1839 verstoßen.

Art. 4. Siehe Rechtsgrundsatz 1066. (Verordnung vom 14. Dezember 1833 § 9.)

Art. 7. Siehe Rechtsgrundsatz 1049. (Prozeßverordnung vom 1. Juni 1833 § 70.)

Art. 8. Begründung der Nichtigkeitsbeschwerde durch die Rüge unpassender Anwendung eines Rechtsgrundsatzes.

Rechtsgr. 1098. — IV. Senat. 28. Juli 1861. (XLII. 293.)

Die Rüge unpassender Anwendung des in der Nichtigkeitsbeschwerde hervorgehobenen Rechtsgrundsatzes kann ohne Angabe des Gesetzes oder Rechtsgrundsatzes, welche hätten angewendet werden sollen, die Beschwerde nicht stützen.

1839. April 7. Instruktion zur Ausführung der Verordnung über das Rechtsmittel der Revision und der Nichtigkeitsbeschwerde vom 14. Dezember 1833. (Ges.-Samml. S. 133.)

— No. 3. Siehe Rechtsgrundsatz 1050. (Verordnung vom 14. Dezember 1833 § 1.)

— No. 9. Nichtigkeit eines Urtheils wegen Verwechselung eines Rechtsgeschäfts:

A. Verkennung eines Rechtsbegriffes, insbesondere des Begriffs der Gewerbefreiheit.

Rechtsgr. 1099. — IV. Senat. 23. Oktober 1862. (XLVII. 104.)

a) Eine Verkennung von Rechtsbegriffen läßt sich nur vermöge Behauptung der Verletzung der gesetzlichen Bestimmungen, aus welcher der Rechtsbegriff erst zu entnehmen ist, als Nichtigkeitsangriff aufstellen.

b) Der Angriff der Verkennung des rechtlichen Begriffs der Gewerbefreiheit fällt nicht unter No. 9. der Instruktion vom 7. April 1839.

B. Verkennung des wesentlichen Charakters eines Rechtsverhältnisses, insbesondere des Besitzes an Sachen und Rechten.

Rechtsgr. 1100. — III. Senat. 19. Juni 1863. (L. 131.)

a) Der § 9. der Instruktion vom 7. April 1839, — betreffend die Verletzung von Grundsätzen durch Verwechselung des zur Beurtheilung vorliegenden Rechtsgeschäfts und Verkennung des wesentlichen Charakters desselben, — ist auch auf die Verkennung von Rechtsverhältnissen im weiteren Sinne anwendbar.

b) Zu solchen Rechtsverhältnissen gehört auch das Recht des Besitzes an Sachen und Rechten.

Siehe auch Rechtsgrundsätze 265. 1053. (A. L. R. I. 13. § 49.; Verordnung vom 14. Dezember 1833 § 4.)

— No. 12. Siehe Rechtsgrundsatz 537. (A. L. R. II. 2. § 626.)
— No. 28. Siehe Rechtsgrundsätze 791. 825. 1065. (A. G. O. I. 14. § 1., 32. § 10.; Verordnung vom 14. Dezember 1833 § 7.)

1840, März 28. Verordnung No. 2082. über das Rechtsmittel der Restitution gegen Purifikations-Resolutionen. (Ges.-Samml. S. 102.)
— § 6. Kompetenz des substituirten Gerichts zur Abfassung der Purifikatoria. — Vergl. Verordnung v. 14. Dezember 1833 § 5. No. 8.; Justiz-Ministerial-Reskript vom 12. Juni 1838.

Rechtsgr. 1101. — IV. Senat. 15. Juli 1862. (XLV. 317.)

Der § 6. der Verordnung vom 20. März 1840, — betreffend die Abfassung der Purifikations-Resolutionen rc. durch den erkennenden Richter erster Instanz, — ist auch dann anwendbar, wenn das erkennende Gericht nur ein substituirtes ist.

1840, April 14. Kabinetsorder, die Begräbnißstellen betreffend. (Justiz-Ministerial-Blatt S. 183.)
— Beschränkung des Rechtes des Besitzers einer Begräbnißstelle durch Verjährung. — Vergl. A. L. R. I. 7. §§ 81. 107., 9. § 581., 19. §§ 15. 18. 19.

Rechtsgr. 1102. — I. Senat. 17. April 1863. (XLIX. 165.)

Durch Ersitzung kann das Recht nicht erworben werden, das Recht des Besitzers einer Begräbnißstelle auf eine solche Weise zu beschränken, daß dadurch dessen nützlicher, seiner Natur und dem ausdrücklich erklärten Zwecke seiner Bestellung gemäßer, Gebrauch vereitelt wird.

1840, Mai 13. Verordnung, den Verkehr mit ausländischen Papieren betreffend. (Ges.-Samml. S. 123.):

A. Beurtheilung der rechtlichen Wirksamkeit eines Vertrages, welcher gegen ein die Privatwillkür ausschließendes Gesetz verstößt, insbesondere eines, gegen die Verordnung v. 13. Mai 1840 verstoßenden Vertrages über ausländische Staatspapiere und Aktien. — Vergl. A. L. R. I. 4. §§ 6. ff., 5. §§ 39. 113. 114. 256. 257.; A. G. O. I. 2. § 7. No. 2., §§ 148. ff.

Rechtsgr. 1103. — IV. Senat. 24. Januar 1863. (XLIX. 41.)

Ein Preußischer Staatsbürger hat während der Gesetzeskraft der Verordnung vom 13. Mai 1840, — betreffend die Ungültigkeit der nicht sofort erfüllten Verträge über ausländische, auf jeden Inhaber lautende Staats- oder Kommunal-Schuldpapiere ꝛc., — sich zur künftigen Abnahme solcher Geldpapiere auch im Auslande nicht rechtsgültig verpflichten können.

B. Rücktritt von einem theilweise erfüllten Kaufvertrage über ausländische Werthpapiere. — Vergl. A. L. R. I. 5. § 221., 16. § 199.

Rechtsgr. 1104. — IV. Senat. 21. Januar 1862. (XLIV. 159.)

Sind die über ausländische, auf jeden Inhaber lautenden Staats- und Kommunal-Schuldpapiere, oder über Aktien, Obligationen oder sonstige Schuldpapiere auswärtiger Gesellschaften oder Institute geschlossenen Kaufverträge noch nicht von beiden Theilen vollständig erfüllt, so ist jeder Theil berechtigt, von dem Vertrage zurückzutreten und das bereits gezahlte Angeld zurückzufordern.

Daher ist in diesem Falle der Käufer auch die Erstattung dessen zu fordern berechtigt, was er in Veranlassung eines zur Sicherheit dem Verkäufer gegebenen, und von diesem durch Begebung realisirten Depotwechsels hat zahlen müssen.

1840, Juni 15. Gesetz, betreffend die Vereinfachung des Verfahrens bei Abschätzung der Grundstücke von geringem Werth. (Ges.-Samml. 1840 S. 131.)

— § 1. Siehe Rechtsgrundsatz 1231. (Gesetz vom 4. Mai 1857 § 1.)

1840, Juni 18. Gesetz, betreffend die Verjährung der öffentlichen Abgaben. (Ges.-Samml. S. 140.)

— §§ 5-8. 14. Kurze Verjährung der rückständig gebliebenen Beiträge und Abgaben an die Schlesische Steinkohlenbergbau-Hülfskasse. — Vergl. Hofreskript vom 12. November 1779.

Rechtsgr. 1105. — III. Senat. 12. April 1861. (XLII. 38.)

Die Schlesische Steinkohlenbergbau-Hülfskasse hat keinen blos privatrechtlichen Charakter; sie ist vielmehr eine durch landesherrliche Genehmigung eingerichtete öffentliche Anstalt zur Hebung des Steinkohlen-Bergbaues in der Provinz Schlesien im Großen und Ganzen und daher unterliegen in Rückstand gebliebene Beiträge und Abgaben zur Unterhaltung dieser Kasse der kurzen Verjährung nach dem Gesetze vom 18. Juni 1840.

1840, Juni 18. Ordnung wegen Ablösung der Reallasten im Herzogthum Westphalen. (Ges.-Samml. S. 156.)

— § **102**. Siehe Rechtsgrundsatz 1023. (Gemeinheitstheilungs-Ordnung vom 7. Juni 1821 § 1.)

1840, Juli 4. Gesetz wegen Ablösung der Reallasten in den vormals Nassauischen Landestheilen. (Ges.-Samml. S. 195.)

— §§ **18**. **62**. Siehe Rechtsgrundsatz 377. (A. L. R. I. **19**. § 1.)

1840, Dezember 28. Verordnung, betreffend die Befreiung der Pfand- und Hypothekengläubiger von der Einlassung in den Konkurs- und erbschaftlichen Liquidationsprozeß. (Ges.-Samml. für 1841 S. 4.)

— Siehe Rechtsgrundsätze 399. 850. (A. L. R. I. **20**. § 468.; Konkurs-Ordnung vom 8. Mai 1855 § 56.)

1841, März 31. Gesetz wegen Deklaration und näherer Bestimmung des § 164. der Gemeinheitstheilungs-Ordnung vom 7. Juni 1821. (Ges.-Samml. S. 75.)

— Siehe Rechtsgrundsätze 173. 991. 1023. (A. L. R. I. **9**. § 629.; Schlesisches Forstregulativ vom 26. März 1788 § 14.; Gemeinheitstheilungs-Ordnung vom 7. Juni 1821 § 1.)

1841, Mai 1. Justiz-Ministerial-Instruktion, betreffend das Verfahren vor Schiedsrichtern. (Justiz-Ministerial-Blatt S. 230.)

— § 7. Schiedsmännischer Vergleich. — Vergl. A. L. R. I. **4**. § 100., **5**. § 165., **11**. §§ 868. ff. 877.; Verordnung vom 26. September 1832 § 14.; Kabinets-Order vom 15. Februar 1834.

Rechtsgr. 1106. — Senat für Strafsachen, Abth. II. 11. Sept. 1862. (XLVII. 24.)

In Injuriensachen sind die Schiedsmänner nicht befugt, einen Vergleich aufzunehmen, nach welchem die Parteien sich versöhnen, der Beleidiger jedoch die Verpflichtung übernimmt, in Gegenwart von Zeugen zu erklären, daß er sich dem Beleidigten gegenüber vergangen habe und widerrufe.

Daher findet eine Klage auf Erfüllung dieser als Bedingung zu betrachtenden Verpflichtung nicht statt.

1841, Mai 30. Kabinets-Order, betreffend die Gültigkeit des Publikandums vom 1. März 1794 in Posen über Jagd- und Forstkontraventionen. (Posener Amtsblatt für 1842 S. 145. ff.)

— Siehe Rechtsgrundsätze 627. 993. (A. L. R. II. 16. § 64.; Publikandum vom 1. März 1794 § 32.)

1841, Juli 14. Kabinetsorder No. 2189. über das Verhältniß des Stromschiffers zu den Befrachtern, sowie zu den Empfängern der Ladung. (Ges.-Samml. S. 232.)

— Siehe Rechtsgrundsätze 569. 576. (A. L. R. II. 8. §§ 1620. 1766.)

1841, August 3. Geschäfts-Reglement für die Subaltern-Bureaux der Königlichen Gerichte. (Justiz-Ministerial-Blatt S. 292.)

— § 6. Wahrung der Frist des Rechtsmittels durch Uebergabe der Schrift, z. B. des Restitutions-Gesuchs, an den Botenmeister. — Vergl. Allgem. Registratur- und Kanzlei-Reglement § 84.

Rechtsgr. 1107. — IV. Senat. 12. September 1861. (XLII. 312.)

Die Frist zur Einlegung eines Rechtsmittels ist gewahrt, wenn die mit einem späteren Datum präsentirte Schrift, z. B. das Restitutions-Gesuch, nur innerhalb des Fatale dem Botenmeister im Gerichtslokale übergeben worden ist.

1842, März 31. Kabinetsorder, betreffend die Ausdehnung der postamtlichen Insinuation. (Justiz-Ministerial-Blatt S. 199.)

— Siehe Rechtsgrundsatz 693. (Allgem. Deutsche Wechsel-Ordnung Art. 80.)

1842, April 27. Kabinetsorder wegen Insinuation der Vorladungen. (Justiz-Ministerral-Blatt S. 196.)

— Siehe Rechtsgrundsatz 754. (A. G. O. I. 7. § 20.)

1842, Mai 11. Gesetz No. 2273. über die Zulässigkeit des Rechtsmittels in Beziehung auf polizeiliche Verfügungen. (Ges.-Samml. S. 192.)

— § 4. Siehe Rechtsgrundsatz 1178. (Ges. No. 3256. vom 11. März 1850 über die Polizeiverwaltung § 15.)

1842, Mai 13. Instruktion des General-Postmeisters für die Post-Anstalten. (Justiz-Ministerial-Blatt S. 200.)

— Siehe Rechtsgrundsatz 693. (Allgem. Deutsche Wechsel-Ordnung Art. 88.)

1842, Juli 6. Finanz-Ministerial-Reskript, betreffend den zu einem Sozietätsvertrage zu verwendenden Stempel. (Schmidt, Kommentar, zweite Ausgabe, Nachtrag S. 306.)

— Siehe Rechtsgrundsatz 1025. (Stempelsteuer-Ges. vom 7. März 1822 § 10.)

1842, Dezember 31. Ges. No. 2317. (Heimathsgesetz) über die Aufnahme neuanziehender Personen. (Ges.-Samml. von 1843 S. 5.)

— §§ 1. ff. Siehe Rechtsgrundsatz 1117. (Armenpflege-Gesetz vom 31. Dezember 1842 § 1. No. 3.)

— § 4. Zahlung des Einzugsgeldes als Bedingung der Erwerbung des Wohnsitzes, insbesondere in der Provinz Westphalen. — Vergl. Armenpflege-Gesetz vom 31. Dezember 1842 §§ 1. 2.; Städte-Ordnung für die sechs östlichen Provinzen vom 30. Mai 1853 § 52.; Ergänzungsgesetz vom 21. Mai 1855 Art. 1.; Westphälische Städte-Ordnung vom 19. März 1856 § 51.; Westphälische Landgemeinden-Ordnung vom 19. März 1856 § 56.; Ges. vom 24. Juni 1861 § 2.

Rechtsgr. 1108. — I. Senat. 8. Mai 1863. (L. 63.)

a) Das Einzugsgeld kann bei jeder Niederlassung zur Bedingung gestellt werden, und nicht blos in dem Falle, wenn der Neuanziehende auch Mitglied der Gemeinde werden will.

b) Hat zwar die Polizei-Obrigkeit die Zahlung des Einzugsgeldes zur Bedingung der Gestattung der Niederlassung gemacht, jedoch den begonnenen Wohnsitz geduldet, ohne binnen Jahresfrist das Einzugsgeld einziehen zu lassen und die angedrohte Ausweisung zur Anwendung zu bringen, so ist der

Wohnsitz und mit demselben das Hülfsdomizil für erworben zu erachten.

Siehe auch Rechtsgrundsatz 525. (A. L. R. II. 2. § 216.)

— § 5. Siehe Rechtsgrundsätze 1116. 1117. (Armenpflegegesetz vom 31. Dezember 1842 § 1. No. 2. 3.)

— §§ 8. 9. Erwerbung des Wohnsitzes durch Anmeldung bei der Ortspolizeibehörde. — Vergl. Armenpflegegesetz vom 31. Dezember 1842 § 1. No. 2.; Ergänzungsgesetz vom 21. Mai 1855 Art. 1.

A. Person des Meldenden insbesondere durch den Hauswirth oder den Wohnungsvermiether. — Vergl. § 11. dieses Gesetzes.

Rechtsgr. 1109. — I. Senat. 21. Dezember 1863. (LII. 185.)

a) Die Anmeldung eines Neuanziehenden zur Niederlassung kann auch von jedem Anderen geschehen, welcher bei der Niederlassung interessirt, oder auf die Meldung nach § 9. des Heimathsgesetzes vom 31. Dezember 1842 zu halten verpflichtet ist.

b) Daher kann diese Meldung auch durch den Hauswirth oder den Wohnungsvermiether, sowie durch Denjenigen geschehen, welcher als Verwandter den Neuanziehenden in Unterhalt und Pflege bei sich aufnimmt.

B. Erwerbung des Unterstützungs-Wohnsitzes binnen Jahresfrist nach der Meldung der Niederlassung. — Vergl. Ergänzungsgesetz vom 21. Mai 1855 Art. 16.; Reskript vom 24. April 1856.

Rechtsgr. 1110. — I. Senat. 22. Januar 1864. (LII. 212.)

a) Ist an Orten, wo die Polizei-Obrigkeit nicht ihren Sitz hat, die Meldung des Neuanziehenden zur Niederlassung bei dem Ortsschulzen erfolgt, und hierauf der begonnene Wohnsitz ein Jahr lang von ihm fortgesetzt worden, so ist hierdurch sein Hülfsdomizil auch dann für erworben zu erachten, wenn seitens des Ortsschulzen der Bericht über die Meldung an die Polizei-Obrigkeit unterblieben ist.

b) Behufs Meldung des Neuanziehenden zur Niederlassung bedarf es der ausdrücklichen Erklärung des Niederlassungswillens nicht; es genügt vielmehr, wenn aus den gebrauchten Worten dieser Wille hervorgeht.

Siehe auch Rechtsgrundsätze 1116. 1117. 1123. (Armenpflegegesetz vom 31. Dezember 1842 § 1. No. 2. 3.; Ergänzungsgesetz vom 21. Mai 1855 Art. 1.)

— § 10. Erwerbung des Wohnsitzes des Neuanziehenden durch Meldung zur Niederlassung. — Vergl. Ergänzungsgesetz vom 21. Mai 1855 Art. 1.

Rechtsgr. 1111. — I. Senat. 10. November 1862. (XLVIII. 70.)

Die Erwerbung des Wohnsitzes des Neuanziehenden durch Meldung bei der Polizei-Obrigkeit und Niederlassung wird dadurch nicht gehemmt, daß der von der Polizei-Obrigkeit von der Meldung benachrichtigte Gemeindevorstand es unterläßt, sich über die Gestattung oder Versagung des Wohnsitzes auszusprechen.

Siehe auch Rechtsgrundsatz 1130. (Indigenatsgesetz vom 31. Dezember 1842 § 8.)

— § 11. Siehe Rechtsgrundsätze 1109. 1123. (§ 8. dieses Gesetzes; Ergänzungsgesetz vom 21. Mai 1855 Art. 1.)

1842, Dezember 31. Ges. No. 2318. über die Verpflichtung zur Armenpflege. (Ges.-Samml. von 1843 S. 8.)

— § 1. Begründung des Hülfsdomizils:

A. Durch dreijährigen Aufenthalt und dreijährige Abwesenheit. — Vergl. § 4. dieses Gesetzes.

Rechtsgr. 1112. — I. Senat. 24. Oktober 1862. (XLVIII. 42.)

Die einzige Bedingung der §§ 1. und 4. des Armenpflege-Gesetzes vom 31. Dezember 1842 ist die „Großjährigkeit“ neben der dreijährigen Dauer des Aufenthalts oder der Abwesenheit, ohne daß es weiter darauf ankommt, ob der Anwesende oder Abwesende unter väterlicher Gewalt oder unter Kuratel gestanden hat, oder ob er sonst in der Dispositionsfähigkeit beschränkt gewesen ist.

B. Durch Meldung zur Niederlassung während der Minderjährigkeit und durch Fortsetzung des einjährigen Aufenthalts nach erlangter Großjährigkeit. — Vergl. § 2. dieses Gesetzes.

Rechtsgr. 1113. — I. Senat. 7. Februar 1862. (XLV. 67.)

Hat Jemand während seiner Minderjährigkeit sich zur Niederlassung an einem Orte polizeilich gemeldet und, ohne eine Zurückweisung zu erfahren, nach erlangter Großjährigkeit seinen dortigen Aufenthalt, unter Fortbetrieb seines Gewerbes und Entrichtung der Kommunalsteuer, ein Jahr lang fortgesetzt, so hat derselbe den Unterstützungs-Wohnsitz daselbst erworben.

C. Fortdauer der Fürsorge bis zur Beendigung der Hülfsbedürftigkeit. — Vergl. § 3. dieses Gesetzes.

Rechtsgr. 1114. — I. Senat. 28. Juni 1861. (XLII. 219.)

Derselbe Armenverband, welcher bei der eingetretenen Hülfsbedürftigkeit des Verarmten die Fürsorge für denselben zu übernehmen hatte, ist auch mit dieser Fürsorge bis zur Beendigung der Hülfsbedürftigkeit fortzufahren verpflichtet.

Siehe auch Rechtsgrundsätze 1108. 1122. 1126. (§§ 4. 33. dieses Gesetzes; Heimathsgesetz vom 31. Dezember 1842 § 4.)

— § 1. No. 1. Erwerbung der Mitgliedschaft einer Stadtgemeinde durch Erlegung des Einzugsgeldes; Armenpflege. — Vergl. Städte-Ordnung vom 30. Mai 1853 §§ 3-5. 52.; Ergänzungsgesetz vom 21. Mai 1855 Art. 1.

Rechtsgr. 1115. — I. Senat. 13. September 1861. (XLIII. 43.)

Der Neuanziehende ist durch Erlegung des Einzugsgeldes allein im Sinne des § 1. No. 1. des Armenpflege-Gesetzes für ein ausdrücklich aufgenommenes Mitglied der Stadtgemeinde noch nicht anzusehen.

Siehe auch Rechtsgrundsatz 1130. (Indigenatsgesetz vom 31. Dezember 1842 § 8.)

— § 1. No. 2. Hülfsdomizil eines Beamten. — Vergl. A. L. R. II. 10. § 92.; Heimathsgesetz vom 31. Dezember 1842 §§ 5. 8.; Ergänzungsgesetz vom 21. Mai 1855 Art. 1.

Rechtsgr. 1116. — I. Senat. 29. November 1861. (XLIV. 96.)

a) Die Bestimmungen des § 1. No. 2. des Armenpflege- und der §§ 5. 8. des Heimathsgesetzes vom 31. Dezember 1842 können nur auf Personen angewendet werden, welche aus freier Wahl und Selbstbestimmung sich an einem Orte niederlassen oder ihren Wohnsitz erwählen. Daher bedarf es bei Civilbeamten zur Begründung eines Wohnsitzes, als Grund der Gemeinde-Armenpflege, der polizeilichen Meldung und Qualifikation nicht.

b) Der mit der Antretung des Amtes sofort in Wirkung tretende Wohnsitz des Beamten begründet sofort das Hülfsdomizil.

Siehe auch Rechtsgrundsätze 525. 1109. 1110. 1130. 1223. (A. L. R. II. 2. § 216.; Heimathsgesetz vom 31. Dezember 1842 § 8.; Indigenatsgesetz vom 31. Dezember 1842 § 8.; Ergänzungsgesetz vom 21. Mai 1855 Art. 1.)

— § 1. No. 3. Begründung des Hülfsdomizils des großjährigen Gesindes durch dreijährigen Aufenthalt. — Vergl. § 4. dieses Gesetzes; Heimathsgesetz vom 31. Dezember 1842 §§ 1-6. 8.

Rechtsgr. 1117. — I. Senat. 14. Februar 1862. (XLIII. 346.)

Plenarbeschluß vom 6. Januar 1862: Die Vorschrift des § 1. No. 3. des Gesetzes über die Verpflichtung zur Armenpflege vom 31. Dezember 1842 findet auch auf Dienstboten Anwendung.

— Nichtbegründung des Hülfs-Domizils durch Universitätsbesuch. — Vergl. § 4. dieses Gesetzes.

Rechtsgr. 1118. — I. Senat. 24. November 1862. (XLVII. 189.)

Der Universitätsbesuch begründet, als ein nur vorübergehendes Verhältniß, das Hülfsdomizil nicht.

Siehe auch Rechtsgrundsatz 1126. (§ 33. dieses Gesetzes.)

— § 2. Siehe Rechtsgrundsätze 1108. 1113. (§ 1. dieses Gesetzes; Heimathsgesetz vom 31. Dezember 1842 § 4.)

— § 3. Siehe Rechtsgrundsätze 1114. 1130. (§ 1. dieses Gesetzes; Indigenatsgesetz vom 31. Dezember 1842 § 8.)

— § 4. Erlöschung des Hülfsdomizils durch dreijährige Abwesenheit:
A. Begriff dieser dreijährigen Abwesenheit.

Rechtsgr. 1119. — I. Senat. 8. September 1862. (XLVIII. 1.)

Der § 4. des Armenpflege-Gesetzes vom 31. Dezember 1842, — nach welchem das Hülfsdomizil des Verarmten durch dessen dreijährige Abwesenheit nach erlangter Großjährigkeit erlischt, — bedingt keine völlig ununterbrochene Abwesenheit, vielmehr kommt es vorzugsweise auf den Anfangs- und Endpunkt der Zeit der Abwesenheit und auf die Absicht der Person an.

B. Bei einem anderweitig nicht gewählten Wohnsitz.

Rechtsgr. 1120. — I. Senat. 19. Dezember 1862. (XLVII. 285.)

Zur Erlöschung des Hülfsdomizils genügt eine dreijährige Abwesenheit auch dann, wenn der Abwesende einen anderweitigen Wohnsitz inzwischen nicht erworben hat.

C. Fortdauer der Hülfsbedürftigkeit bei Ablauf der drei Jahre; Unterstützung des Hülfsbedürftigen innerhalb der drei Abwesenheitsjahre nur mit Unterbrechungen am Aufenthaltsorte.

Rechtsgr. 1121. — I. Senat. 14. September 1863. (LI. 87.)

a) In Betreff der Nichterlöschung des Heimathsdomizils durch dreijährige Abwesenheit nach erlangter Großjährigkeit ist es nur von Erheblichkeit:

ob die innerhalb der drei Abwesenheitsjahre hervorgetretene Hülfsbedürftigkeit noch bei dem Ablauf der gedachten drei Jahre fortbestanden hat?

b) Der Umstand dagegen:

daß der Hülfsbedürftige innerhalb der drei Abwesenheitsjahre nur mit Unterbrechungen an dem Aufenthaltsorte unterhalten worden ist,

reicht für sich allein zur Erlöschung des Heimathsdomizils durch dreijährige Abwesenheit nicht aus.

D. Erlöschung des Hülfsdomizils durch dreijährige Abwesenheit des

Vaters mit Rücksicht auf eingetretene Hülfsbedürftigkeit der Kinder. — Vergl. §§ 1. 20. dieses Gesetzes.

Rechtsgr. 1122. — I. Senat. 7. Dezember 1863. (LII. 162.)

Das Hülfsdomizil des Vaters erlischt durch dessen dreijährige Abwesenheit nicht, wenn innerhalb dieses Zeitraums eine öffentliche Fürsorge für seine hinterlassenen Kinder nothwendig geworden ist; der Umstand, daß der Vater für seine Person keine Unterstützung bedurft hat, ändert hierin Nichts.

E. Verlust des Heimaths- und Hülfsdomizils durch Freiheitsstrafe auf Lebenszeit.

Rechtsgr. 1123. — I. Senat. 6. Dezember 1861. (XLIII. 250.)

a) Bei Bestimmung der Armenpflege kann eine auferlegte lebenslängliche Freiheitsstrafe nicht als eine zeitige nach § 4. dieses Gesetzes betrachtet werden, wenn die Verbüßung unterbrochen wird.

b) Daher geht durch die Verurtheilung zur Freiheitsstrafe auf Lebenszeit das Heimaths- und Hülfsdomizil auch dann verloren, wenn die unfreiwillige Abwesenheit drei Jahre nach erreichter Großjährigkeit gewährt hat, und hiernächst die Verbüßung unterbrochen wird.

Siehe auch Rechtsgrundsätze 1112. 1117. 1118. (§ 1. No. 3. dieses Gesetzes.)

— § 8. Siehe Rechtsgrundsatz 1040. (Kabinetsorder vom 31. Dezember 1825 Art. 11.)

— § 17. Einfluß der Verheirathung und in Folge dessen des Wohnsitzwechsels der Mutter eines unehelichen Kindes auf die Verbindlichkeit des Armenpflegeverbandes zur Fürsorge für das Kind. — Vergl. § 22. dieses Gesetzes.

Rechtsgr. 1124. — I. Senat. 28. Juni 1861. (XLII. 220.)

Durch die Eingehung der Ehe und in Folge dessen durch den Wechsel des Wohnsitzes seitens der Mutter eines unehelichen Kindes wird der bisher zur Fürsorge für Beide verpflichtet gewesene Armenverband von seiner ferneren Verpflichtung zur Fürsorge für das Kind nicht befreit.

— § 20. Siehe Rechtsgrundsatz 1122. (§ 4. dieses Gesetzes.)
— § 22. Siehe Rechtsgrundsatz 1124. (§ 17. dieses Gesetzes.)
— § 29. Verpflichtung des Landarmenverbandes zur Erstattung der Kosten der Verpflegung eines verarmten Reisenden.

Rechtsgr. 1125. — I. Senat. 7. Oktober 1863. (LII. 10.)

Die Verpflichtung des Landarmenverbandes, bei Erkrankung eines verarmten Reisenden dem Erkrankungsort die Verwendungen zu erstatten, ist auf eine Erkrankung des Reisenden während der Reise beschränkt und daher auf die Erkrankung desselben am Orte des Reisezieles nicht auszudehnen. — Es ändert hieran Nichts, wenngleich der Erkrankte behufs Nachsuchung von Arbeit als Handarbeiter einen Reisepaß auf bestimmte Zeit erlangt hatte und vor Ablauf dieser Zeit erkrankt ist.

— § 33. Begriff der öffentlichen Fürsorge für den Verarmten. — Vergl. § 1. No. 3. dieses Gesetzes.

Rechtsgr. 1126. — I. Senat. 6. Dezember 1861. (XLIII. 250.)

Nicht dasjenige, was Verwandte, milde Stiftungen oder der Kriminalfonds gewähren, ist öffentliche Fürsorge, sondern nur dasjenige, was auf Antrag des Bedürftigen von der Verwaltungsbehörde für nothwendig erachtet und einem gewissen Armenverbande zur Gewährung auferlegt ist.

— § 34. Verfahren bei Streitigkeiten über die Armenpflege:
A. Rechtsweg hinsichtlich des Streites unter zwei Armenverbänden über die Verpflichtung zur Armenpflege.

Rechtsgr. 1127. — I. Senat. 11. März 1861. (XLI. 33.)

Hinsichtlich des Streites zweier Armenpflegeverbände, welcher von beiden zur öffentlichen Fürsorge für einen Verarmten der mehrverpflichtete Armenverband sei? ist der Rechtsweg erst dann zulässig, wenn vorher die desfallsige Entscheidung der Landespolizei-Behörde ergangen ist.

B. Negatorienklage eines Armenverbandes gegen einen anderen Armenverband in Betreff der Verpflichtung zur Armenpflege.

Rechtsgr. 1128. — I. Senat. 29. September 1862. (XLVII. 62.)

Der § 34. des Armenpflege-Gesetzes vom 31. Dezember 1842 schließt in Betreff der bis zum Erlaß des Regierungs-Resoluts verfallenen Pflegekosten die Negatorienklage nicht aus.

1842, Dezember 31. Gesetz No. 2319. (Indigenatsgesetz) über die Erwerbung und den Verlust der Eigenschaft als Preußischer Unterthan, sowie über den Eintritt in fremden Staatsdienst. (Ges.-Samml. S. 15.)

— § 1. No. 3. Hülfsdomizil eines nach einer nicht preußischen Bundesfestung kommandirten Preußischen Soldaten und dessen dort angeheiratheten Ehefrau. — Vergl. Ergänzungsgesetz vom 21. Mai 1855 Art. 2.

Rechtsgr. 1129. — I. Senat. 18. Januar 1861. (XLI. 11.)

Ein Preußischer Soldat, welcher nach einer nicht preußischen Bundesfestung kommandirt wird, erlangt kein Domizil im Auslande. Verheirathet er sich dort mit einer Ausländerin, so wird auch sie Inländerin.

— §§ 7. 8. 12. Gemeindemitgliedschaft und Hülfsdomizil eines naturalisirten Ausländers. — Vergl. Armenpflegegesetz vom 31. Dezember 1842 § 1. No. 1. 2., § 3.; Heimathsgesetz vom 31. Dezember 1842 § 10.; Kabinets-Order vom 10. Januar 1848; Ergänzungsgesetz vom 21. Mai 1855 Art. 1.

Rechtsgr. 1130. — I. Senat. 13. Dezember 1861. (XLIV. 127.)

Wenn auf das Naturalisationsgesuch eines Ausländers eine Gemeinde auf Befragen: ob sie denselben bei sich aufnehmen wolle, schriftlich erklärt hat, daß sie gegen die Niederlassung Nichts einzuwenden habe, so ist diese Erklärung einer ausdrücklichen Aufnahme gleich zu erachten. — Daher ist die Gemeinde auch dann zur Fürsorge für dies hiernächst verarmte neue Gemeindemitglied verpflichtet, wenn die Hülfsbedürftigkeit desselben sich vor Ablauf eines Jahres seines Aufenthalts herausgestellt hat.

— § 15. Siehe Rechtsgrundsatz 742. (A. G. O. I. 2. Anh. § 34. zu § 114.)

1843, Februar 7. Fürstlich Hohenzollersches Gesetz wegen Aufhebung der Emolumente der Privatgerichtsbarkeit. (Samml. der Gesetze, Bd. 6. S. 322.)

— § **43**. Gesetzliche Aufhebung der in Hohenzollern-Sigmaringen durch Konvertirung fixirten Privatgerichtsbarkeits-Renten. — Vergl. Verordnung vom **2**. Januar **1849** §§ **1**. **2**.

Rechtsgr. **1131**. — **V**. Senat. 28. Januar 1862. (**XLV**. 43.)

In dem Fürstenthume Hohenzollern-Sigmaringen sind die durch Konvertirung in Folge des Gesetzes vom 7. Februar 1843 fixirten Privatgerichtsbarkeits-Renten durch das Gesetz vom 2. Januar 1849 für aufgehoben zu erachten.

1843, Februar 28. Gesetz über die Benutzung der Privatflüsse. (Ges.-Samml. S. 41.)

— § **1**. Siehe Rechtsgrundsatz **123**. (A. L. R. **I**. **8**. § **99**.)

— § **13**. No. **1**. Siehe Rechtsgrundsatz **114**. (A. L. R. **I**. **7**. § **154**.)

— § **13**. No. **2**., § **14**. Zurückleitung des abgeleiteten Wassers:

A. Rechte der Besitzer gegenüber liegender Ufer eines Privatflusses an der Wassermasse.

Rechtsgr. **1132**. — **II**. Senat. 18. Februar 1862. (**XLV**. 83.)

a) Die Frage: ob, um dem gegenüber liegenden Uferbesitzer sein gesetzliches Recht auf die Hälfte der vorhandenen Wassermasse zu gewähren, die Zurückleitung des Wassers auf den Punkt, wo das fremde Grundstück beginnt, erforderlich ist oder nicht? ist thatsächlicher und technischer Natur und in jedem einzelnen Falle zu erörtern und darzuthun.

b) Bei Entscheidung dieser Frage kommt es darauf, daß die Qualität des Wassers durch die Ableitung und Zurückleitung verschlechtert, und daß die Ableitungsfähigkeit des Wassers dadurch erschwert werde, nicht an.

B. Umfang der Zurückleitung des abgeleiteten Wassers in den Fluß.

Rechtsgr. **1133**. — **II**. Senat. 5. November 1861. (**XLIV**. 49.)

Die Beschränkung des Uferbesitzers nach § 13. No. 2. des vorgedachten Gesetzes ist nicht dahin zu verstehen, daß jeder Tropfen des aus dem Flusse abgeleiteten Wassers auch dahin zurückgebracht werden müsse.

— 16. Ersitzung eines den Mühlenbesitzer in Bezug des Betriebwassers beschränkenden Rechts. — Vergl. A. L. R. I. 9. § 660.; II. 15. 246.

Rechtsgr. 1134. — II. Senat. 16. Dezember 1862. (XLVIII. 132.)

a) Die Ersitzung eines den Mühlenbesitzer in Bezug des Betriebwassers beschränkenden Rechts durch Stau-Anlagen seitens des unterhalb belegenen Uferbesitzers hat unter der Herrschaft des Gesetzes vom 18. Februar 1843 beginnen und, wenn schon früher angefangen, fortlaufen und vollendet werden können.

b) Zur Verjährung eines das Recht des Mühlenbesitzers auf das nöthige Betriebswasser beschränkenden Rechts genügt ein Zeitraum von 30 Jahren.

— 16b. Betrieb der Mühle in dem bisherigen Umfange.

Rechtsgr. 1135. — II. Senat. 5. November 1861. (XLIV. 50.)

Unter dem in dem § 16. Littr. b. des Gesetzes vom 28. Februar 1843 gedachten „Betriebe in dem bisherigen Umfange“ ist nicht lediglich die thatsächliche Ausübung des Betriebes der Mühle, sondern die nach der inneren Struktur der Mühle und der Größe des Mühlenwerkes, sowie nach dem durch die Oertlichkeit bedingten größeren oder geringeren Zufluß des Wassers sich ergebende Betriebsfähigkeit der Mühle zur Zeit der Publikation des gedachten Gesetzes zu verstehen.

— §§ 19–23. Rechtsweg wegen Entziehung des Mühlenwassers durch eine Bewässerungs-Anlage.

Rechtsgr. 1136. — II. Senat. 5. November 1861. (XLIV. 49.)

Hinsichtlich der Erörterung und Entscheidung der Frage: ob einer schon zur Zeit der Publikation des Gesetzes vom 28. Februar 1843 bestandenen Mühle durch die neue Bewässerungs-Anstalt eines anderen Uferbesitzers das zum Betriebe der Mühle in dem bisherigen Umfange nothwendige Wasser entzogen werde, — ist der Rechtsweg nur dann ausgeschlossen, wenn das in den §§ 19—22. dieses Gesetzes zugelassene Präklusionsverfahren vorausgegangen ist.

1843, März 5. Vorläufige Verordnung über die Ausübung der Waldstreuberechtigung. (Ges.-Samml. S. 105.)
— §§ 2. 4. 7. Ausübung der Waldstreuberechtigung.

Rechtsgr. 1137. — II. Senat. 16. Juli 1861. (XLII. 262.)

Bei der Waldstreuberechtigung bleibt, der rechtsverjährten Ausübung ungeachtet, die Bestimmung der Jahreszeiten, der Reviere und der Gestalt der Harken den forstpolizeilichen Anordnungen unterworfen.

1843, Mai 4. Gesetz über das Wiederinkourssetzen der unter öffentlicher Autorität auf jeden Inhaber ausgefertigten Papiere. (Ges.-Samml. S. 179.)

— §§ 1. 4. Wiederinkourssetzung eines Inhaberpapiers seitens einer Sparkassenverwaltung. — Vergl. A. L. R. II. 10. §§ 1. ff. 114. ff.; Reglement für die Errichtung des Sparkassenwesens vom 12. Dezember 1838 §§ 1. 4-7. 12. 13. 17-19.; Justiz-Ministerial-Reskript vom 19. Juni 1843.

Rechtsgr. 1138. — IV. Senat. 26. März 1863. (XLVIII. 274.)

Eine städtische Sparkassenverwaltung ist nicht berechtigt, als eine öffentliche Behörde ein außer Kours gesetztes Inhaberpapier wieder in Kours zu setzen.

1843, Juni 19. Justiz-Ministerial-Reskript wegen der Nichtbefugniß der gerichtlichen Depositorien zur Wiederinkourssetzung der auf jeden Inhaber lautenden Papiere. (Justiz-Ministerial-Blatt S. 170.)
— Siehe Rechtsgrundsatz 1138. (Gesetz vom 4. Mai 1843 § 1.)

1843, Juli 21. Verordnung No. 2370. über die Grundsätze, wonach der Werth des Streitgegenstandes in Civilprozessen zu berechnen ist. (Ges.-Samml. S. 297.)
— Werth des Streitgegenstandes hinsichtlich der Einrede der Inkompetenz des Gerichts.

Rechtsgr. 1139. — II. Senat. 25. März 1862. (XLV. 168.)

Bei dem Streit über die Einrede der Inkompetenz des

Gerichts ist hinsichtlich der Rechtsmittel der Werth des streitigen Anspruchs selbst maaßgebend.

— § 6. Erklärungen beider Parteien über den Werth des Streitgegenstandes:

A. Appellable Summe.

Rechtsgr. 1140. — IV. Senat. 7. Mai 1863. (L. 60.)

Die höhere Werthsangabe des Verklagten und Appellaten ist auch für die Frage nach der Existenz der appellabelen Summe so lange entscheidend, als vom Kläger und Appellanten nicht der von ihm behauptete Minderwerth nachgewiesen ist.

B. Rechtsmittel des Rekurses gegen das Possessorien-Erkenntniß einer Bagatellkommission über die Störung im Besitze einer Grundgerechtigkeit. — Vergl. § 8. dieser Verordnung.

Rechtsgr. 1141. — III. Senat. 6. November 1863. (L. 357.)

Hat in dem Prozesse über die Störung in dem Besitze einer Grundgerechtigkeit der Verklagte der Angabe des Klägers, daß der Streitgegenstand einen Werth unter 50 Rthlrn. habe, nicht widersprochen, so findet gegen das hierauf von der Gerichtskommission für Bagatellsachen erlassene Possessorien-Erkenntniß nicht die Nichtigkeitsbeschwerde, sondern nur der Rekurs statt.

— § 8. Zuläffigkeit der Appellation wegen einer Grundgerechtigkeit. — Vergl. Deklaration vom 6. April 1839 Art. 3. No. 2.

Rechtsgr. 1142. — II. Senat. 5. Dezember 1863. (LI. 302.)

Für die Zulässigkeit der Appellation wegen einer streitigen Gerechtsame genügt nicht, daß der Kläger und Appellant dieselbe als eine Grundgerechtigkeit beansprucht hat; es kommt vielmehr darauf an, ob ihr bei materieller Prüfung die rechtliche Natur einer Grundgerechtigkeit wirklich beiwohnt.

Siehe auch Rechtsgrundsatz 1141. (§ 6. dieser Verordnung.)

1843, November 9. Gesetz über die Aktiengesellschaften. (Ges.-Samml. S. 341.)

— § 1. Siehe Rechtsgrundsätze 360. 563. (A. L. R. I. 17. § 169., II. 8. § 655.)

— § 2. Siehe Rechtsgrundsatz 360. (A. L. R. I. 17. § 169.)

— §§ 13. 15. 16. Verhaftung des Aktionärs:

A. Befreiung des Aktionärs von der Verbindlichkeit zur Zahlung des Rückstandes des Aktienbetrages durch die unter Einwilligung der Gesellschaft erfolgte Uebertragung seines Anrechts auf einen Andern; Form dieser Einwilligung der Gesellschaft. — Vergl. A. L. R. I. 14. §§ 399. ff.

Rechtsgr. 1143. — IV. Senat. 2. Juni 1863. (XLIX. 234.)

a) Schon durch den Akt der Uebertragung des Anrechts der Aktien auf einen Andern wird der Uebertragende von weiterer Verbindlichkeit zur Zahlung des Rückstandes des Aktienbetrages befreit, wenn nur in diese Uebertragung von der Aktiengesellschaft eingewilligt ist; einer Expromission neben dieser Einwilligung in die Uebertragung bedarf es nicht.

b) Die Einwilligung der Aktiengesellschaft in die Uebertragung der Aktien eines Aktionärs auf einen Andern ist an keine bestimmte Form gebunden, es genügt daher auch, wenn sie aus der Handlungsweise der Gesellschaft zu erkennen ist.

B. Rechtsverhältniß der Aktionäre im Konkurse über das Vermögen der Aktiengesellschaft. — Vergl. Konkurs-Ordnung vom 8. Mai 1855 §§ 82. 84. 281. ff.

Rechtsgr. 1144. — IV. Senat. 25. September 1862. (XLVIII. 6.)

a) Der Aktionär, sei es der ursprüngliche Zeichner oder der jeweilige Inhaber und Träger der Aktie, ist nicht Gläubiger der Aktiengesellschaft, vielmehr haftet sein auf der Aktie geleisteter Einschuß als Theil des Gesellschaftsvermögens den wirklichen Gläubigern der Aktiengesellschaft, als deren Schuldnerin.

b) Daher kann im Falle eines über das Vermögen der Aktiengesellschaft eröffneten Konkurses der einzelne Aktionär nicht gleich einem wirklichen Gläubiger seinen eingezahlten

Aktienbetrag liquidiren und in Höhe desselben Befriedigung aus der Vermögensmasse verlangen; vielmehr kommt erst das nach Befriedigung der wirklichen Gläubiger der juristischen Person übrig bleibende Gesellschaftsvermögen zur Vertheilung auf die Aktionäre.

1844, Mai 10. Verordnung, betreffend die Verpflichtung der Militärvorspannpflichtigen zur Gestellung von Reitpferden. (Ges.-Samml. S. 147.)

— Siehe Rechtsgrundsatz 552. (A. L. R. II. 7. § 37.)

1844, Juni 21. Kabinetsorder No. 2474., betreffend die Aufhebung des Werthstempels für die Uebernahme von Nachlaßgrundstücken bei Auseinandersetzungen zwischen mehreren Erben. (Gesetz-Sammlung S. 253.)

— Stempelpflichtigkeit der behufs Aufhebung der Gemeinschaft geschlossenen Veräußerungen hinsichtlich einzelner Gemeinschaftsgegenstände und zwischen nur einzelnen Theilnehmern der Genossenschaft. — Vergl. Stempelgesetz vom 7. März 1822 § 5. Littr. F.; Kabinetsorder vom 26. September 1845.

Rechtsgr. 1145. — V. Senat. 23. Februar 1864. (LII. 284.)

Die Anwendbarkeit der Kabinetsorders vom 21. Juni 1844 und 26. September 1845 ist nicht auf solche Verkäufe beschränkt, welche bei Gelegenheit und zur Erleichterung einer die ganze vorhandene Gemeinschaft erschöpfenden und zwischen allen Theilnehmern zu Stande gekommenen Theilung geschlossen werden.

Siehe auch Rechtsgrundsatz 1025. (Stempelsteuergesetz vom 7. März 1822 § 10.)

1844, Juni 28. Verordnung über das Verfahren in Ehesachen. (Ges.-Samml. S. 184.)

— § 54. Siehe Rechtsgrundsatz 507. (A. L. R. II. 1. § 951.)

— § 62. Fristen zum geistlichen Sühneversuch bei Klagen auf Ehescheidung wegen böslicher Verlassung.

Rechtsgr. 1146. — I. Senat. 7. Januar 1863. (XLVII. 290.)

Die in dem § 62. der Verordnung vom 28. Juni 1844

angeordnete Bestimmung einer Frist, innerhalb welcher der Geistliche die Herstellung des ehelichen Lebens zu versuchen hat, ist nicht für eine so wesentliche anzusehen, daß in Ermangelung derselben das ganze weitere Verfahren für nichtig zu erachten sei.

1845, Januar 3. Gesetz No 2535., betreffend die Zertheilung von Grundstücken und die Gründung neuer Ansiedelungen. (Ges.-Samml. S. 25.)

— Siehe Rechtsgrundsatz **1195**. (Gesetz vom **24**. Mai **1853** § **2**.)

1845, Januar 17. Allgemeine Gewerbe-Ordnung (Ges.-Samml. S. 41.)

— § **1**. Privilegium des Vertriebs der Kalender, insbesondere in Neuvorpommern und Rügen; Gewerbefreiheit. — Vergl. Edikt vom **2**. November **1810** §§ **16**. **17**.

Rechtsgr. **1147**. — I. Senat. 15. Dezember 1862. (XLVII. 243.)

Die auf einem Privilegium beruhende ausschließliche Berechtigung des Kalendervertriebes ist auch für Neuvorpommern und Rügen aufgehoben.

Siehe auch Rechtsgrundsätze **24**. **1148**. **1232**. (A. L. R. I. **4**. § **5**.; Allg. Gewerbe-Ordnung vom **17**. Januar **1845** § **11**.; Gesetz vom **31**. Mai **1858** § **1**.)

— § **11**. Verträge gegen die Gewerbefreiheit. — Vergl. §§ **1**. **59**. dieser Gewerbe-Ordnung; Gesetz vom **22**. Juli **1861**.

Rechtsgr. **1148**. — IV. Senat. 23. Oktober 1862. (XLVII. 104.)

Die vertragsmäßige Verabredung, daß zwei Fabriken ihre Fabrikate je in einem bestimmten geographischen Bezirke drei Jahre lang ausschließlich abzusetzen berechtigt sein sollen, enthält keine ungesetzliche Beschränkung der Gewerbefreiheit.

Siehe auch Rechtsgrundsatz **24**. (A. L. R. I. **4**. § **5**.)

— § **59**. Siehe Rechtsgrundsatz **1148**. (§ **11**. dieser Gewerbe-Ordnung.)

— §§ **134**. **135**. Siehe Rechtsgrundsatz **1149**. (§ **139**. dieser Gewerbe-Ordnung.)

— §§ **139-141**. Rücktritt von Verträgen über Handlungen und von Verträgen der selbstständigen Gewerbetreibenden mit ihren Gesellen, Gehülfen und Lehrlingen. — Vergl. A. L. R. I. **5**. §§ **270**. **408**.;

Allgem. Gewerbe-Ordnung vom 17. Januar 1845 §§ 134. 135. 145. 190.

Rechtsgr. 1149. — IV. Senat. 3. Dezember 1861. (XLIV. 109.)

Hinsichtlich der Verträge der selbstständigen Gewerbetreibenden mit ihren Gesellen, Gehülfen und Lehrlingen findet der einseitige Rücktritt vom Vertrage vor Ablauf der vertragsmäßig festgestellten Arbeitszeit, mit Ausnahme der in den §§ 140. und 141. der Gewerbe-Ordnung vom 17. Januar 1845 gedachten Fälle, nicht statt.

— § 145. Siehe Rechtsgrundsatz 1149. (§ 139. dieser Gewerbe-Ordnung.)
— §§ 151. 158. Siehe Rechtsgrundsatz 555. (A. L. R. II. 8. § 300.)
— § 190. Siehe Rechtsgrundsätze 555. 1149. (A. L. R. II. 8. § 300.; Allgem. Gewerbe-Ordnung vom 17. Januar 1845 § 139.)

1845, Mai 23. Kabinetsorder, betreffend die Eigenschaft einer Familienstiftung als einer juristischen Person. (Justiz-Ministerial-Blatt von 1845 S. 178.)
— Siehe Rechtsgrundsatz 544. (A. L. R. II. 4. § 29.)

1845, Juli 11. Gesetz über das Verfahren bei Aufnahme von Notariats-Instrumenten. (Ges.-Samml. S. 487.)
— § 13. Siehe Rechtsgrundsatz 43. (A. L. R. I. 5. § 116.)
— § 40. Siehe Rechtsgrundsätze 45. 183. (A. L. R. I. 5. § 127., 11. § 12.)

1845, Juli 23. General-Konzession für die von der evangelischen Landeskirche sich getrennt haltenden Lutheraner. (Ges.-Samml. S. 516.)
— § 10. Siehe Rechtsgrundsätze 591. 592. 601. (A. L. R. II. 11. §§ 261. 722.)

1845, September 26. Deklaration der Kabinetsorder vom 21. Juni 1844 wegen Befreiung der Erbtheilungsverhandlungen von der Stempelsteuer. (Schmidt, Kommentar II. Ausgabe S. 65.)
— Siehe Rechtsgrundsatz 1145. (Kabinetsorder vom 21. Juli 1844.)

1846, Juli 21. Verordnung No. 2729. über das Verfahren in Civil-Prozessen. (Ges.-Samml. S. 291.)
— § 2. Siehe Rechtsgrundsatz 750. (A. G. O. I. 3. § 30.)

— § 3. Siehe Rechtsgrundsatz 1155. (§ 21. dieser Verordnung.)
— § 4. Siehe Rechtsgrundsatz 73. (A. L. R. I. 5. § 435.)
— § 7. Siehe Rechtsgrundsatz 1155. (§ 21. dieser Verordnung.)
— § 8. Siehe Rechtsgrundsatz 762. (A. G. O. I. 9. § 1.)
— § 9. Siehe Rechtsgrundsatz 763. (A. G. O. I. 9. § 44.)
— § 12. Siehe Rechtsgrundsatz 789. (A. G. O. I. 13. § 44.)
— § 13. Schleuniger Prozeß:

A. Begriff eines schleunigen Prozesses. — Vergl. Konkurs-Ordnung vom 8. Mai 1855 §§ 424. 436.

Rechtsgr. 1150. — III. Senat. 2. und 27. Februar 1863. (XLVIII. 225.)

Als schleunige Prozeßsachen sind die des § 13. und des § 27. der Verordnung vom 21. Juli 1846 zu unterscheiden. Wo also später im Gesetze der Ausdruck schleunige Sachen oder schleuniges Verfahren gebraucht wird, kann aus diesem Ausdruck allein noch nicht gefolgert werden, daß damit das schleunige Verfahren mit den verkürzten Fatalien des § 27. a. a. O. gemeint sei.

B. Form des Verfahrens in Possessoriensachen und den anderen im § 13. der Verordnung vom 21. Juli 1846 erwähnten Rechtsstreitigkeiten. — Vergl. Prozeßverordnung vom 1. Juni 1833 §§ 60. ff.

Rechtsgr. 1151. — III. Senat. 10. Januar 1862. (XLIV. 145.)

Die in dem § 13. der Verordnung vom 21. Juli 1846 erwähnten Rechtsstreitigkeiten, insbesondere auch in Possessoriensachen, haben mit den in den §§ 60. ff. der Verordnung vom 1. Juni 1833 behandelten Prozeßarten nur die Verbindung des Termins zur Klagebeantwortung und mündlichen Verhandlung gemein.

Siehe auch Rechtsgrundsatz 892. (Konkurs-Ordnung § 424.)

— § 15. Siehe Rechtsgrundsätze 648. 739. (A. L. R. II. 18. § 1.; A. G. O. I. 1. § 4.)
— § 16. Siehe Rechtsgrundsätze 648. 739. (A. L. R. II. 18. § 1.; A. G. O. I. 1. § 4.)
— § 17. Verlängerung der Appellationsfrist. — Vergl. Verordnung vom 14. Dezember 1833 § 5. No. 3.

A. Stillschweigende Verlängerung der Appellations-Einführungsfrist.

Rechtsgr. 1152. — I. Senat. 22. Juni 1863. (L. 145.)

Die Frist zur Einführung der Appellation kann auch stillschweigend verlängert werden.

B. Berechnung der Prozeßfristen während der Erndteferien. — Vergl. § 20. dieser Verordnung; Ferien-Ordnung vom 16. April 1850 § 2.

Rechtsgr. 1153. — IV. Senat. 13. Februar 1862. (XLVI. 7.)

(Plenarbeschluß vom 7. Juli 1856.) Die Fristen zur Einführung und Rechtfertigung der eingelegten Rechtsmittel, sowie zu deren Beantwortung, deren Endpunkt in die, durch die Ferien-Ordnung vom 16. April 1850 eingeführten Erndteferien fallen würde, laufen in nicht schleunigen Prozeßsachen erst mit dem Ende der Ferien ab, wenn auch auf ihre Verlängerung nicht ausdrücklich angetragen ist.

Siehe auch Rechtsgrundsätze 1049. 1155. (Prozeßverordnung vom 1. Juni 1833 § 70.; Prozeßverordnung vom 21. Juli 1846 § 21.)

— § 18. Bestimmte Beschwerdepunkte der Appellations-Rechtfertigungsschrift.

Rechtsgr. 1154. — IV. Senat. 10. September 1861. (XLIII. 36.)

Der § 18. der Prozeßverordnung vom 21. Juli 1846 erfordert bestimmte, nicht aber spezielle Beschwerdepunkte. Hat sich also die Partei über den ganzen Inhalt des ersten Urtheils beschwert und das letztere deshalb angegriffen, weil nicht nach ihren, sondern nach des Gegners Anträgen erkannt ist, so geht dadurch der ganze Rechtsstreit in allen seinen Theilen auf das Streitgebiet der zweiten Instanz über, und das erste Erkenntniß wird in Betreff keiner Streitfrage rechtskräftig.

— § 20. Siehe Rechtsgrundsätze 750. 1153. (A. G. O. I. 8. § 30.; Prozeßverordnung vom 21. Juli 1846 § 17.)

— § 21. Form der Appellations-Rechtfertigungsschrift der Vormünder. — Vergl. A. L. R. II. 18. § 501.; Verordnung vom 21. Juli 1846 §§ 3. 7. 17.

Rechtsgr. 1155. — I. Senat. 20. April 1863. (XLVIII. 312.)

Auch Vormünder bedürfen zur Einreichung des Appellations-Berichts bei Verlust des Rechtsmittels der Mitwirkung eines Rechtsanwalts. Es genügt daher nicht, wenn die Appellations-Rechtfertigung von ihnen bei dem Vormundschaftsgericht zu Protokoll erklärt und in Ausfertigung dem Appellationsgerichte eingereicht wird.

Siehe auch Rechtsgrundsatz 1049. (Prozeßverordnung vom 1. Juni 1833 § 70.)

— § 23. Siehe Rechtsgrundsätze 750. 1049. (A. G. O. I. 3. § 30.; Prozeß-Verordnung vom 1. Juni 1833 § 70.)

— § 27. Siehe Rechtsgrundsätze 395. 750. 892. (A. L. R. I. 20. § 441.; A. G. O. I. 30. § 30.; Konkurs-Ordnung § 424.)

— § 30. Frist zur Anmeldung der Appellation; Nichtigkeitsbeschwerde wegen geschehener Zulassung der Appellation. — Vergl. Ferien-Ordnung vom 16. April 1850 § 2. Alinea 4.

Rechtsgr. 1156. — Senat für Strafsachen, Abth. II. 20. Juni 1861. (XLII. 183.)

Die gesetzliche Frist zur Anmeldung des Rechtsmittels der Appellation kann auch wegen der Gerichtsferien nicht verlängert werden.

1846, Juli 21. Gesetz No. 2742., betreffend den Bau und die Unterhaltung der Schul- und Küsterhäuser. (Ges.-Samml. S. 393.)

— §§ 1. ff. Baupflicht in Betreff der Erweiterungsbauten bei Schul- und Küsterhäusern. — Vergl. A. L. R. II. 12. § 37.; Gemeinheitstheilungs-Ordnung vom 7. Juni 1821 §§ 101. 102.

Rechtsgr. 1157. — I. Senat. 4. Dezember 1863. (LII. 142.)

a) Das Gesetz vom 21. Juli 1846, — betreffend den Bau und die Unterhaltung der Schul- und Küsterhäuser, — unterscheidet bei der Baulast das Bedürfniß der Küsterei und das Bedürfniß der Schulstelle, und zwar nur in Beziehung auf die nach seiner Publikation eintretenden Baufälle, dergestalt, daß der in diesem Zeitpunkte thatsächlich bestehende Zustand für die Bedürfnißfrage entscheidet, und spätere Erweiterungs-Bauten für Schulzwecke nicht mehr, wie Pfarrbauten, den Kirchengemeinden und Patronen, sondern lediglich der betreffenden Orts-Schulgemeinde obliegen sollen.

b) Der § 4. dieses Gesetzes setzt in Betreff der bei der Gemeinheitstheilung durch Landdotation etwa nöthig werdenden Wirthschaftsgebäuden voraus, daß Wirthschaftsgebäude entweder noch gar nicht, oder doch nicht ausreichend vorhanden sind, oder aber, daß die Herstellung derselben deshalb nothwendig wird, weil die bei dem Schul- und Küsterhause vorhandenen Wirthschaftsräume zu Erweiterungsbauten für Schulzwecke im Sinne des § 3. gebraucht werden.

c) Lag nach gesetzlicher Vorschrift dem Kirchenpatron die Baulast hinsichtlich des Schul- und Küsterhauses ob, so ist derselbe, wenn Stallungen mit diesem Hause sich unter Einem Dache befinden, bis zum Beweise des Gegentheils für verpflichtet zu erachten, auch zum Bau und zur Reparatur des die Stallungen bildenden Theiles des Hauses beizutragen.

d) Wenn in Folge der Landdotation bei Verlegung der Stallräume aus dem alten Schul- und Küsterhause in das neue Wirthschaftsgebäude der Flächenraum der neuen Stallungen kleiner ist, als der der früheren Stallräume, so liegt der Fall eines durch die Landdotation eingetretenen erweiterten, den Kirchenpatron von der Mitbaulast befreienden Stallungsbedürfnisses nicht vor.

Siehe auch Rechtsgrundsatz 611. (A. L. R. II. 12. § 36.)

— §§ 3. 6. Baupflicht und Rechtsweg hinsichtlich der Streitigkeit über dieselbe:

A. Lokal-Observanz in Betreff der Verpflichtung zum Bau und zur Unterhaltung der zugleich zur Küsterwohnung dienenden Schullokale, insbesondere nach Neumärkischem Provinzialrechte. — Vergl. A. L. R. II. 11. § 710., 12. §§ 29. 34. 37.; Gesetz No. 2742. vom 21. Juli 1846 § 37.

Rechtsgr. 1158. — I. Senat. 15. September 1862. (XLVII. 32.)

a) Das Gesetz No. 2724. vom 21. Juli 1846 über den Bau und die Unterhaltung der Schul- und Küsterhäuser findet auch da Anwendung, wo bis zu dessen Erlaß eine von den landrechtlichen Vorschriften abweichende, beziehungsweise mit dem § 37. jenes Gesetzes nicht übereinstimmende Lokal-Observanz bestanden hat.

b) Handelt es sich daher lediglich um die Pflicht zur Unterhaltung des Schulgebäudes als solchen, sowie um die Beitragspflicht zu den Kosten von, ihren Grund in den Bedürfnissen der Schulanstalt habenden Erweiterungs-Bauten und Reparaturen, so greift der § 3. des vorgedachten Gesetzes Platz.

c) Der § 3. a. a. O. ist auch an die Stelle des Neumärkischen Provinzialrechts getreten.

B. Rechtsweg über die Verpflichtung zum Bau und zur Unterhaltung der Schul- und Küsterhäuser. — Vergl. A. G. O. I. Einl. § 1.

Rechtsgr. 1159. — I. Senat. 15. September 1862. (XLVII. 33.)

Bestreiten die schulbaupflichtigen Personen ihre Baupflicht überhaupt, so ist hinsichtlich der Festsetzung dieser Verpflichtung auch für künftige Fälle der Rechtsweg zulässig.

— § 37. - Siehe Rechtsgrundsatz 1158. (§ 3. dieses Gesetzes.)

1847, April 30. Kabinetsorder, betreffend den Stempel zu Kauf- und Lieferungsverträgen im kaufmännischen Verkehr. (Ges.-Samml. von 1847 S. 201.)

— Siehe Rechtsgrundsatz 556. (A. L. R. II. 8. § 475.)

1847, Juli 23. Gesetz über die Verhältnisse der Juden. (Ges.-Samml. S. 263.)

— Verpflichtung jüdischer Grundbesitzer zu den Parochiallasten. — Vergl. A. L. R. II. 11. § 261.; Edikt vom 11. März 1812 § 15.; Verordnungen vom 30. August 1816 No. 5. und vom 1. Juni 1833 § 20.; Verfassungs-Urkunde vom 31. Januar 1850 Art. 4. 12.

Rechtsgr. 1160. — I. Senat. 14. Dezember 1863. (LII. 173.)

a) Nach den Bestimmungen des Gesetzes vom 23. Juli 1847 beschränken sich die Verpflichtungen jüdischer Grundbesitzer einer Stadt- und Dorfgemeinde nicht auf Leistung der auf dem Grundstücke haftenden kirchlichen Abgaben, sie erstrecken sich vielmehr überhaupt auf alle nach Maaßgabe des Grundbesitzes zur Erhaltung des Kirchensystems zu entrichtenden Abgaben.

b) Der § 3 des Gesetzes vom 23. Juli 1847 ist durch die Art. 4. und 12. der Verfassungs-Urkunde vom 31. Januar 1850 nicht abgeändert worden.

Siehe auch Rechtsgrundsatz 593. (A. L. R. II. 11. (§ 261.)

1847, November 1. Feldpolizei-Ordnung für alle Landestheile, in denen das Allgem. Landrecht Gesetzeskraft hat, mit Ausschluß der Kreise Rees und Duisburg. (Ges.-Samml. S. 376.)

— §§ 2. 3. Siehe Rechtsgrundsätze 456. 1162. (A. L. R. I. 22. § 72.; Feldpolizei-Ordnung vom 1. November 1847 § 12.)

— § 4. Siehe Rechtsgrundsätze 1161. 1162. (§§ 8. 12. dieser Feldpolizei-Ordnung.)

— § 8. No 1. 2. Pfandgeld wegen des auf fremden Grundstücken betroffenen Viehes. — Vergl. §§ 4. 11. 14. 15. dieser Feldpolizei-Ordnung.

Rechtsgr. 1161. — III. Senat. 15. Dezember 1862. (XLVII. 228.)

Zur Anwendbarkeit der §§ 4. und 8. der Feldpolizei-Ordnung vom 1. November 1847 ist weder der Nachweis, daß das auf dem fremden Grundstücke betroffene Vieh dort auch wirklich geweidet habe, erforderlich, noch auch steht dieser Anwendbarkeit ein Mißverhältniß des Pfandgeldes zu dem Werthe des Grundstückes oder dessen jährlichen Ertrage entgegen.

— § 9. Siehe Rechtsgrundsatz 1162. (§ 12. dieses Gesetzes.)

— § 11. Siehe Rechtsgrundsätze 1161. 1162. (§§ 8. 12. dieser Feldpolizei-Ordnung.)

— § 12. Pfandgeld bei fortgesetzter Kontravention. — Vergl. §§ 2-4. 9. 11. 14. 16. 18. dieser Feldpolizei-Ordnung.

Rechtsgr. 1162. — III. Senat. 10. November 1862. (XLVI. 317.)

Sind die mehrfach vorgekommenen Kontraventionen nicht als eine Mehrzahl, sondern nur als eine einzige, aus demselben Entschluß hervorgegangene fortgesetzte Uebertretung aufzufassen, so ist das Pfandgeld nur ein Mal zu erlegen.

— § 14. Siehe Rechtsgrundsätze 1161. 1162. (§§ 8. 12. dieser Feldpolizei-Ordnung.)

— § 15. Siehe Rechtsgrundsatz 1161. (§ 8. dieser Feldpolizei-Ordnung.)

— §§ 16. 18. Siehe Rechtsgrundsatz 1162. (§ 12. dieser Feldpolizei-Ordnung.)

— § 58. Kompetenz der Polizeibehörde zur Entscheidung über die Rechtmäßigkeit der vorgenommenen Abpfändung.

Rechtsgr. 1163. — III. Senat. 10. Juli 1861. (XLIII. 1.)

Der § 58. der Feldpolizei-Ordnung vom 1. November 1847 handelt nicht von der thatsächlichen Veranlassung der Pfändung, also nicht von dem thatsächlichen Streite darüber, wo das gepfändete Vieh betroffen ist, sondern von dem rechtlichen Streite darüber, ob es an der Stelle, wo es festgestelltermaaßen betroffen worden, vermöge eines Rechts des Gepfändeten sein durfte.

1848, Januar 10. Kabinets-Order, betreffend das Verfahren bei der Aufnahme von Ausländern in den diesseitigen Unterthanenverband. (Ges.-Samml. S. 25.)

— Siehe Rechtsgrundsatz 1130. (Indigenatsgesetz vom 31. Dezember 1842 § 8.)

1848, Januar 28. Gesetz No. 2933. über das Deichwesen. (Ges.-Samml. S. 54.)

— §§ 16-18. Siehe Rechtsgrundsatz 595. (A. L. R. II. 11. § 584.)

1848, Oktober 31. Gesetz, betreffend die Aufhebung des Jagdrechts auf fremden Grund und Boden und die Ausübung der Jagd. (Ges.-Samml. S. 343.)

— §§ 1-3. Begriff eines isolirten Hofes in Beziehung auf die Ausübung des Jagdrechts. — Vergl. Jagdpolizeigesetz vom 7. März 1850 §§ 1-6.

Rechtsgr. 1164. — II. Senat. 18. November 1858. (XLI. 1.)

Als ein isolirter Hof ist nach den Jagdgesetzen ein jeder Hof anzusehen, welcher, umgeben von den dazu gehörigen Grundstücken, außerhalb der Dorflage sich vorfindet.

1848, Dezember 5. Verfassungs-Urkunde für den Preußischen Staat. (Ges.-Samml. S. 375.)

— Art. **4**. Siehe Rechtsgrundsatz **460**. (A. L. R. II. **1**. § 30.)

1848, Dezember 18. Verordnung, betreffend die bäuerliche Erbfolge in der Provinz Westphalen. (Ges.-Samml. S. 425.)

— §§ **1-5**. Brautschatz der Kinder des mahljährigen Kolonatsbesitzers, nach der Minden-Ravensbergischen Eigenthums-Ordnung. — Vergl. Minden-Ravensbergische Eigenthums-Ordnung vom **26**. November **1741** Kap. **12**. §§ 8. ff.

Rechtsgr. 1165. — I. Senat. 4. Juni 1862. (XLVI. 157.)

Die Kinder des mahljährigen Besitzers eines heimfallspflichtigen, nach den Grundsätzen der Minden-Ravensbergischen Eigenthums-Ordnung vererbten Kolonats, welcher das letztere vor der Verkündigung der Verordnung vom 18. Dezember 1848 angetreten hat, sind auch dann einen Brautschatz nach den Grundsätzen jener Eigenthums-Ordnung und des Gewohnheitsrechts von dem Kolonate zu fordern berechtigt, wenn sie erst nach Verkündigung des Gesetzes vom 18. Dezember 1848 geboren worden sind.

1849, Januar 2. Verordnung über die Aufhebung der Privatgerichtsbarkeit und des eximirten Gerichtsstandes, sowie über die anderweite Organisation der Gerichte. (Ges.-Samml. S. 1.)

— §§ **1**. **2**. Siehe Rechtsgrundsätze **1126**. **1131**. (Fürstlich Hohenzollernsches Gesetz vom 7. Januar **1843** § **43**.; Gesetz vom **14**. April **1856** § 2.)

— § **20**. Abs. **2**. Siehe Rechtsgrundsatz **1166**. (§ **22**. No. **1**. dieser Verordnung.)

— § **21**. Siehe Rechtsgrundsatz **252**. (A. L. R. I. **12**. § 73.)

— § **22**. No. **1**. Kompetenz der Gerichte in erster und zweiter Instanz in Injuriensachen; schiedsmännischer Vergleich. — Vergl. § **20**. Abs. **2**. dieser Verordnung; Gesetz No. **3245**. vom **11**. März **1850**

§ 5.; Geschäftsregulativ für die Gerichte erster Instanz vom 18. Juli 1850 § 13. No. 1., §§ 16. 20. No. 1.; Geschäftsregulativ für die Appellationsgerichte vom 17. September 1850 §§ 25. 26. No. 1. Littr. c.; Gesetz vom 22. Mai 1852 Art. 2.

Rechtsgr. 1166. — Senat für Strafsachen, Abth. II. 11. September 1862. (XLVII. 23.)

Hat die erste Abtheilung des betreffenden Kreisgerichts eine an sich zur Kompetenz des Einzelrichters gehörende Injuriensache an sich gezogen und darin erkannt, so ist in zweiter Instanz zur Verhandlung und Entscheidung der Sache nicht der Civil-Senat, sondern der Kriminal-Senat des Appellations-Gerichts kompetent.

— § 36. Siehe Rechtsgrundsatz 524. (A. L. R. II. 2. § 212a.)
— § 60. No. 2. Siehe Rechtsgrundsatz 1168. (§ 24. dieses Titels.)

1849, Januar 3. Verordnung über die Einführung des mündlichen und öffentlichen Verfahrens mit Geschwornen in Untersuchungssachen. (Ges.-Samml. S. 14.)
— § 22. Siehe Rechtsgrundsätze 803. 1062. (A. G. O. I. 16. § 24.; Verordnung vom 14. Dezember 1833 § 5. No. 10b.)
— § 37. Siehe Rechtsgrundsatz 253. (A. L. R. I. 12. § 93.)
— § 126. Siehe Rechtsgrundsatz 1062. (Verordnung vom 14. Dezember 1833 § 5. No. 10b.)

1849, Juli 21. Verordnung No. 3153. über das Verfahren in Civilprozessen in den Bezirken des Appellationsgerichts zu Greifswald und des Justizsenats zu Ehrenbreitstein. (Ges.-Samml. S. 307.)
— §§ 13. 14. Anweisung des ersten Richters zu einer wiederholten Entscheidung seitens des Appellationsrichters. — Vergl. A. G. O. I. Einl. § 65.; Dig. 42. 1. Lex 14. 55. 62., 44. 2. Lex 1. 3.; Cod. VII. 62. Lex 6. 21. 36. 42.; Extra Decret. Grat. 2. 28. Cap. 59. 61.; Kammergerichtsordnung v. 1555. Tit. 50. §§ 5. 6.; Prozeßverordnung vom 21. Juli 1849 §§ 47. ff. 57. 65.; Gesetz vom 26. April 1851 Art. 5. No. 1. u. No. 2 a. und b.

Rechtsgr. 1167. — V. Senat. 8. Dezember 1863. (LI. 305.)

Außer dem Falle des § 13. der Verordnung vom 21. Juli 1849 darf der erste Richter, nach definitiver Abweisung der Klage, durch den Appellations-Richter nicht in die Lage versetzt werden, sein Richter-Amt in der Sache nochmals eintreten zu lassen.

Siehe auch Rechtsgrundsatz 941. (Dig. 42. 1. Lex 55. 62.)

— § 24. Unterschrift des Audienzprotokolls. — Vergl. § 60. No. 2. dieser Verordnung.

Rechtsgr. 1168. — III. Senat. 11. März 1864. (LII. 332.)

Nach Gemeinem Recht genügt, wenn die Audienzprotokolle von dem Vorsitzenden und dem Gerichtsschreiber vollzogen werden.

— §§ 41. 43. Appellationsfrist in Konkursprozessen; Nichthemmung der Fristen wegen verweigerter Bestellung eines Offizialmandatars. — Vergl. § 79. dieser Prozeßverordnung.

Rechtsgr. 1169. — IV. Senat. 15. September 1863. (L. 235.)

In den Theilen der Monarchie, in denen die Verordnung vom 21. Juli 1849 gilt, laufen auch in Konkursprozessen die Fristen zur Anmeldung der Rechtsmittel erst von der Insinuation des Urtheils.

Die wenngleich zu spät erfolgte Zuordnung eines Offizial-Anwalts stellt keine Verweigerung der Justiz dar.

— §§ 47. ff. Siehe Rechtsgrundsätze 941. 1167. (Dig. 42. 1. Lex 55. 62.; § 13. dieser Prozeßverordnung.)

— § 57. Siehe Rechtsgrundsätze 941. 1167. (Dig. 42. 1. Lex 55. 62.; § 13. dieser Prozeßverordnung.)

— § 59. Rechtsmittel gegen eine Purifikatoria, nach Gemeinem Rechte. — Vergl. Verordnung vom 14. Dezember 1833 § 4. No. 1.

Rechtsgr. 1170. — V. Senat. 26. März 1861. (XLI. 120.)

Ist die Purifikatoria kein bloßer s. g. Protokollarbescheid, sondern ein förmliches, über entstandene Kontestationen entscheidendes Urtheil, so ist gegen sie nach Gemeinem Recht und dem § 59. der Verordnung vom 21. Juli 1849 nicht die Nichtigkeitsbeschwerde, sondern nur die Appellation zulässig.

— § **60**. No. **2**. Siehe Rechtsgrundsatz **1168**. (§ **24**. dieser Prozeßverordnung.)

— § **65**. Siehe Rechtsgrundsätze **941**. **1165**. (Dig. **42**. **1**. Lex 55. 62.; § 13. dieser Prozeßverordnung.)

— § **79**. Siehe Rechtsgrundsatz **1169**. (§ **41**. dieser Prozeßverordnung.)

— § **85**. Liquidität der Einreden, insbesondere der Einrede der mangelnden Aktivlegitimation, in der Exekutions-Instanz.

Rechtsgr. 1171. — IV. Senat. 5. November 1863. (LI. 197.)

Für die Zulässigkeit eines jeden zur Hemmung der Exekution in der Exekutions-Instanz geltend gemachten Einwandes, z. B. des Einwandes der mangelnden Aktivlegitimation, ist nach § 85. der Verordnung vom 21. Juli 1849 nothwendige Bedingung und Voraussetzung, daß der Einwand liquide sei oder sofort liquide gemacht werden kann.

1850, Januar 31. Verfassungs-Urkunde des Preußischen Staates. (Ges.-Samml. S. 17.)

— Art. **4**. Siehe Rechtsgrundsätze **460**. **1160**. (A. L. R. II. **1**. § 30.; Gesetz vom 23. Juli 1847.)

— Art. **9**. Siehe Rechtsgrundsätze **14**. **122**. **588**. **1178**. **1179**. (A. L. R. Einl. § 73., I. **8**. § 66., II. **11**. § 184.; Gesetz No. 3256. vom 11. März 1850 §§ 15. 17.)

— Art. **12**. Siehe Rechtsgrundsatz **1160**. (Gesetz v. 23. Juli 1847.)

— Art. **15**. Siehe Rechtsgrundsätze **998**. **1178**. (Dekret vom 30. Dezember 1809 Art. 77.; Gesetz über die Polizeiverwaltung vom 11. März 1850 §§ 15. 17.)

— Art. **42**. Siehe Rechtsgrundsatz **1226**. (Gesetz vom 14. April 1856 § 2.)

— Art. **106**. Siehe Rechtsgrundsätze **1178**. **1179**. (Gesetz über die Polizei-Verordnung vom 11. März 1850 §§ 15. 17.)

— Art. **109**. Siehe Rechtsgrundsätze **460**. **998**. (A. L. R. II. **1**. § 30.; Dekret vom 30. Dezember 1809 Art. 77.)

— Art. **114**. Siehe Rechtsgrundsatz **1226**. (Gesetz vom 14. April 1856 § 2.)

1850, Februar 24. Gesetz No. 3228. wegen Abänderung einiger Bestimmungen des Gesetzes vom 3. Januar 1845, betreffend die Zertheilung von Grundstücken. (Ges.-Samml. S. 68.)

— § 2. Siehe Rechtsgrundsatz 1199. (Städte-Ordnung vom 30. Mai 1853 § 4. Abs. 7.)

1850, März 2. Gesetz No. 3233., betreffend die Ablösung der Reallasten und die Regulirung der gutsherrlichen und bäuerlichen Verhältnisse. (Ges.-Samml. S. 77.)

— § 2. Erbpacht unter einer Resolutivbedingung. — Vergl. A. L. R. I. 4. § 115.; Ablösegesetz vom 2. März 1850 § 5.

Rechtsgr. 1172. — II. Senat. 28. Juni 1862. (XLVI. 171.)

Die durch den Erbpachtvertrag begründete Verpflichtung des Erbpächters, das in Erbpacht gegebene Grundstück wieder abzutreten, wenn es mit Wohnhäusern bebaut werden solle, ist durch das Ablösegesetz vom 2. März 1850 §§ 2. u. 5. nicht für beseitigt zu erachten.

Siehe auch Rechtsgrundsatz 1227. (Gesetz vom 14. April 1856 § 2.)

— § 2. No. 2. Siehe Rechtsgrundsätze 423. 424. 605. 1226. 1227. (A. L. R. I. 21. §§ 187. 189., II. 11. § 774.; Gesetz v. 14. April 1856 § 2.)

— § 3. No. 10. Fortdauer der Schoßabgabe.

Rechtsgr. 1173. — II. Senat. 23. April 1863. (XLVIII. 322.)

Die an die Stadt von den Ortseingesessenen als Kommunalsteuer zu entrichtende Schoßabgabe ist durch § 3. No. 10. des Ablösegesetzes vom 2. März 1850 für aufgehoben nicht zu erachten.

— § 3. No. 14. Siehe Rechtsgrundsatz 904. (Provinzialrecht für die Kurmark Brandenburg Thl. I. § 640.)

— § 5. Siehe Rechtsgrundsätze 605. 1172. 1226. 1227. (A. L. R. II. 11. § 774.; Ablösungsgesetz vom 2. März 1850 § 2.; Gesetz v. 14. April 1856 § 2.)

— § 6. Siehe Rechtsgrundsätze 377-379. 433. (A. L. R. I. 19. § 1., 21. § 350.)

— §§ 7. 8. Siehe Rechtsgrundsätze 377. 379. (A. L. R. I. 19. § 1.)

— §§ 10. 11. Siehe Rechtsgrundsatz 454. (A. L. R. II. 7. § 314.)

— §§ 32. 33. Person des Berechtigten bei der Provokation auf Ablösung des Natural-Fruchtzehnten einer Pfarre.

Rechtsgr. 1174. — II. Senat. 4. Juli 1863. (L. 167.)

Plenarbeschluß vom 4. Mai 1863: Wenn es sich um die Ablösung von Naturalfruchtzehnten einer Pfarre handelt, ist unter dem „Berechtigten", dessen der § 32. des Ablösungsgesetzes vom 2. März 1850 gedenkt, nur die Pfarre selbst, als Eigenthümerin der Berechtigung, vertreten durch ihre gesetzlichen Vertreter, zu verstehen.

— § 50. Siehe Rechtsgrundsatz 377. (A. L. R. I. 19. § 1.)
— § 60. Siehe Rechtsgrundsätze 962. 1073. (Kurkölnische Synodal-Statuten vom 20. März 1662 Thl. III. Kap. 2. § 3.; Verordnung vom 30. Juni 1834 § 10.)
— § 64. Siehe Rechtsgrundsatz 377. (A. L. R. I. 19. § 1.)
— § 91. Siehe Rechtsgrundsatz 426. (A. L. R. I. 21. § 258.)

1850, März 2. Gesetz No. 3234. über die Errichtung der Rentenbanken. (Ges.-Samml. S. 112.)
— § 2. Siehe Rechtsgrundsatz 377. (A. L. R. I. 19. § 1.)
— § 18. Siehe Rechtsgrundsätze 377. 378. (A. L. R. I. 19. § 1.)

1850, März 3. Gesetz, betreffend den erleichterten Abverkauf kleiner Grundstücke. (Ges.-Samml. S. 145.)
— §§ 1. ff. Siehe Rechtsgrundsatz 394. (A. L. R. I. 20. § 423.)

1850, März 7. Jagdpolizeigesetz (Ges.-Samml. S. 165.)
— §§ 1-6. Siehe Rechtsgrundsatz 1164. (Gesetz vom 31. Oktober 1848 § 1.)
— § 5. Ausschließung eines Isolirhofes von dem gemeinschaftlichen Jagdbezirk.

Rechtsgr. 1175. — II. Senat. 11. Juli 1861. (XLII. 257.)

Die Ansicht, daß der Besitzer eines Isolirhofes zur Herbeiführung des Ausschlusses von der Jagdpacht der Zustimmung der Gemeinde bedürfe, widerspricht dem § 5. des Jagdpolizeigesetzes.

— § 9. Anfechtung des Pachtvertrages des Jagdpächters seitens eines einzelnen Mitgliedes der Gemeinde.

Rechtsgr. 1176. — II. Senat. 11. Juli 1861. (XLII. 257.)

Das Mitglied der Gemeinde, welches dem Jagdpächter gegenüber die Ungültigkeit des zwischen diesem und der Gemeinde geschlossenen Vertrages behauptet, macht das eigene Recht, nicht eine exceptio de jure tertii, geltend.

1850, März 11. Gesetz No. 3245., betreffend die Aufhebung der Cirkularverordnung vom 26. Februar 1799 wegen Bestrafung der Diebstähle und ähnlicher Verbrechen und die Abänderung der Injurienstrafen. (Ges.-Samml. S. 174.)

— § 5. Siehe Rechtsgrundsatz 1166. (Verordnung vom 2. Januar 1849 § 22. No. 1.)

— § 6. Siehe Rechtsgrundsätze 1062. 1192. (Verordnung vom 14. Dezember 1833 § 5. No. 10b.; Gesetz No. 3544. vom 3. Mai 1852 Art. 103.)

— § 8. Siehe Rechtsgrundsätze 1191. 1192. (Gesetz vom 3. Mai 1852 Art. 101. Abs. 2., Art. 103.)

1850, März 11. Gemeinde-Ordnung (Gesetz No. 3254.) für den Preußischen Staat. (Ges.-Samml. S. 213.)

— § 6. Siehe Rechtsgrundsatz 772. 1062. (A. G. O. I. 10. § 149b.; Verordnung vom 14. Dezember 1833 § 5. No. 10b.)

1850, März 11. Gesetz, No. 3256., über die Polizeiverwaltung. (Ges.-Samml. S. 265.)

— §§ 1-3. Besoldung der Polizeibeamten in den Städten, in welchen die Polizeiverwaltung von Königlichen Behörden geführt wird. — Vergl. A. L. R. II. 8. § 126.; Städte-Ordnung vom 19. November 1808 §§ 166. 167.; Abgabegesetz vom 30. Mai 1820 § 10. No. 1.; Kabinetsorder vom 4. Juli 1832 zur Städte-Ordnung von 1808 zu §§ 167. 184.

Rechtsgr. 1177. — Plenarbeschluß vom 8. April 1861. (XLII. 33.)

Wenn die Staatsregierung nach § 2. des Gesetzes vom 11. März 1850 die örtliche Polizeiverwaltung in einer Gemeinde übernommen hat, so sind unter den „besonderen Beamten“, deren Gehälter sie dann nach § 3. jenes Gesetzes zu zahlen verbunden ist, alle diejenigen Beamten zu verstehen, welche zur Besorgung der Geschäfte der Polizeiverwaltung erforderlich sind.

Siehe auch Rechtsgrundsatz 1226. (Ges. vom 14. April 1856 § 2.)

— §§ 2. 3. Siehe Rechtsgrundsatz 1226. (Gesetz vom 14. April 1856 § 2.)

— § 5. Siehe Rechtsgrundsätze 134. 1229. (A. L. R. I. 8. § 139.; Baupolizei-Ordnung für Königsberg vom 1. Februar 1857.)

— § 8. Siehe Rechtsgrundsatz 1191. (Gesetz No. 3544. vom 3. Mai 1852 Art. 101. Abs. 2.)

— § 15. Verfügung der Strafe auf Grund einer polizeilichen Anordnung, welche einen Eingriff in das gesetzlich geschützte Privatrecht enthält; civilrechtliche Folgen und Wirkungen einer allgemeinen polizeilichen Verordnung; Rechtsweg hinsichtlich des Anspruches auf Entschädigung wegen des Eingriffes durch eine solche Verordnung in Privatrechte. — Vergl. A. L. R. Einl. §§ 71. 74. 75., I. 8. §§ 29. 32.; Gutachten des Staatsministeriums vom 16. November 1831 und Kabinetsorder vom 4. Dezember 1831; Ges. No. 2273. vom 11. Mai 1842 § 4.; Verfassungsurkunde vom 31. Januar 1850 Art. 9. 106.

Rechtsgr. 1178. — V. Senat. 27. Januar 1863. (XLIX. 50.)

a) Hinsichtlich der Verhängung der Strafe kann eine unter Strafe gestellte allgemeine polizeiliche Anordnung, welche einen Eingriff in das gesetzlich geschützte Privatrecht des einzelnen, von der Strafe Betroffenen enthält, ihre gesetzliche Kraft nicht ausüben.

b) Hinsichtlich der civilrechtlichen Folgen und Wirkungen hat eine allgemeine polizeiliche Verordnung nicht mehr Kraft, als eine Spezialverfügung.

Wird daher behauptet, daß durch dieselbe ein solcher Eingriff in die Privatrechte begründet werde, für welche nach den gesetzlichen Vorschriften über Aufopferungen der Rechte und Vortheile des Einzelnen im Interesse des Allgemeinen Entschädigung geleistet werden muß, so findet der Rechtsweg darüber statt, ob ein Eingriff dieser Art vorhanden sei, und zu welchem Betrage dafür Entschädigung geleistet werden müsse. Nur der Anspruch auf Wiederherstellung des früheren Zustandes ist ausgeschlossen.

— § 17. Richterliche Prüfung der gesetzlichen Gültigkeit allgemeiner polizeilicher Verordnungen. — Vergl. A. L. R. Einl. §§ 71. 74. 75., I. 8. §§ 29. 32.; Gutachten des Staatsministeriums vom 16. November 1831 und Kabinetsorder vom 4. Dezember 1831; Verfassungsurkunde vom 31. Januar 1850 Art. 9. 106.

Rechtsgr. 1179. — V. Senat. 27. Januar 1863. (XLIX. 49.)

Der Richter ist befugt, die gesetzliche Gültigkeit, jedoch nicht die Nothwendigkeit und Zweckmäßigkeit, einer auf Grund des Gesetzes vom 11. März 1850 erlassenen polizeilichen Vorschrift zu prüfen.

1850, April 16. Ferien-Ordnung. (Justiz-Ministerial-Blatt S. 129.)
— § 2. Alinea 4. Siehe Rechtsgrundsätze 1153. 1156. (Prozeßverordnung vom 21. Juli 1846 §§ 17. 30.)

1850, Juli 18. Geschäfts-Regulativ für die Gerichte erster Instanz. (Justiz-Ministerial-Blatt S. 232.)
— § 10. Siehe Rechtsgrundsatz 582. (A. L. R. II. 10. § 127.)
— § 13. No. 1., §§ 16. 20. No. 1. Siehe Rechtsgrundsatz 1166. (Verordnung vom 2. Januar 1849 § 22. No. 1.)

1850, September 17. Geschäfts-Regulativ für die Appellations-Gerichte. (Justiz-Ministerial-Blatt S. 323.)
— §§ 25. 26. No. 1. Littr. c. Siehe Rechtsgrundsatz 1166. (Verordnung vom 2. Januar 1849 §§ 22. No. 1.)

1851, April 26. Gesetz, betreffend die Zusätze zu der Verordnung vom 2. Januar 1849 über die Aufhebung der Privatgerichtsbarkeit und des eximirten Gerichtsstandes, sowie über die anderweite Organisation der Gerichte. (Ges.-Samml. S. 181.)
— Art. 1. Siehe Rechtsgrundsatz 1226. (Ges. vom 14. April 1856 § 2.)
— Art. 5. No. 1. 2. Siehe Rechtsgrundsätze 941. 1167. (Dig. 42. 1. Lex 55.; Verordnung vom 21. Juli 1849 § 13.)
— Art. 7. Siehe Rechtsgrundsatz 252. (A. L. R. I. 12. § 73.)
— Art. 15. No. 1. Siehe Rechtsgrundsatz 1049. (Prozeßverordnung vom 1. Juni 1833 § 70.)

1851, Mai 1. Gesetz, betreffend die Einführung einer Klassen- und klassifizirten Einkommensteuer. (Ges.-Samml. S. 193.)
— §§ 1. 2. 16. 18. ff. 27-30. Rechtliche Natur der klassifizirten Ein-

kommensteuer und der von Ausländern als Besitzer inländischer Grundstücke zu entrichtenden Einkommensteuer. — Vergl. Gesetz vom 30. Mai 1820 § 1. Littr. g.

Rechtsgr. 1180. — I. Senat. 6. Februar 1863. (XLIX. 63.)

a) Die hinsichtlich der Inländer durch das Gesetz vom 1. Mai 1851 eingeführte klassifizirte Einkommensteuer ist eine persönliche Steuer.

b) Die hinsichtlich der Ausländer, welche im Inlande Grundeigenthum haben, durch das vorgedachte Gesetz eingeführte Einkommensteuer ist keine der Grundsteuer analoge dingliche Steuer; sie hat vielmehr dieselbe Natur, wie die von Inländern zu entrichtende klassifizirte Einkommensteuer.

1851, Mai 10. Gesetz, betreffend den Ansatz und die Erhebung der Gerichtskosten. (Ges.-Samml. S. 622.)

— § 11. No. 1-4. Unschätzbare Gegenstände:

A. Keiner Schätzung nach Gelde fähige Gegenstände. — Vergl. § 12. No. 2. 6., § 13. dieses Gesetzes; Ges. No. 3452. vom 12. Mai 1851 §§ 2. 5.

Rechtsgr. 1181. — IV. Senat. 11. Juni 1863. (XLVIII. 355.)

Zu den keiner Schätzung nach Gelde fähigen Gegenständen sind alle diejenigen zu rechnen, bei denen der Werth des Gegenstandes des Rechtsstreites nicht auf die im § 11. No. 1. bis 3. des Gesetzes vom 10. Mai 1851 gesprochene Weise auf eine bestimmte Summe sich berechnen läßt.

B. Revision wegen Unschätzbarkeit des Streitobjekts. — Vergl. Gesetz vom 9. Mai 1854 Art. 3.

Rechtsgr. 1182. — III. Senat. 7. Oktober 1861. (XLIV. 4.)

Der § 11. No. 4. des Gesetzes vom 10. Mai 1851 und der Art. 3. des Gesetzes vom 9. Mai 1854 sind für die Frage nach der Zulässigkeit der Revision nicht maaßgebend; sie treffen über den Werth eines an sich unschätzbaren Gegenstandes nur zum Zweck des Kostenansatzes Bestimmung.

— § 12. No. 1. Siehe Rechtsgrundsatz 1189. (Ges. No. 3452 vom 12. Mai 1851 § 2.)

— § 12. No. 2. Verspäteter Widerspruch gegen die Werthsangabe des Streitgegenstandes.

Rechtsgr. 1183. — IV. Senat. 11. Juni 1863. (XLVIII. 355.)

Die Bestimmung in No. 2. § 12. des Gesetzes vom 10. Mai 1851, — betreffend die Unzulässigkeit des späteren Widerspruchs gegen den nicht bestrittenen, von der anderen Prozeßpartei angegebenen Werth des Streitgegenstandes, — bezieht sich nicht auf den Fall, wo der Streitgegenstand nicht nach Gelde zu schätzen ist.

Siehe auch Rechtsgrundsatz 1189. (Ges. No. 3452. vom 12. Mai 1851 § 2.)

— § 13. Siehe Rechtsgrundsatz 1181. (§ 11. dieses Gesetzes.)

1851, Mai 11. Gesetz wegen der Kriegsleistungen und deren Vergütung. (Ges.-Samml. S. 362.)

— § 14. Gewährleistung für die gewöhnlich vorausgesetzten Eigenschaften eines Mobilmachungspferdes. — Vergl. A. L. R. I. 4. §§ 77. 81., 5. §§ 319. ff., 11. §§ 4. 8-11. 198.; Verordnung vom 24. Februar 1834 §§ 1. 2. 6. 7.

Rechtsgr. 1184. — IV. Senat. 28. Januar 1862. (XLIII. 339.)

Bei ausgehobenen Mobilmachungspferden findet im Allgemeinen Gewährleistung wegen Mangels gewöhnlich vorausgesetzter Eigenschaften nicht statt.

1851, Mai 12. Gesetz No. 3391. über die Verhältnisse der Miteigenthümer eines Bergwerks für den ganzen Umfang der Monarchie mit Ausnahme der auf dem linken Rheinufer belegenen Landestheile. (Ges.-Samml. S. 265.)

— § 6. Dienstverträge der technischen Grubenbeamten, insbesondere des Betriebsführers und Steigers. — Vergl. A. L. R. II. 16. § 307.; Ges. No. 3391. vom 12. Mai 1851 §§ 13. ff. 18. No. 2-4.; Ministerial-Instruktion vom 6. März 1852; Ges. vom 21. Mai 1860 §§ 2. 9.

Rechtsgr. 1185. — IV. Senat. 5. Februar 1863. (XLVII. 323.)

Die Gültigkeit der von dem Gewerkschafts-Repräsentanten oder Grubenvorstand mit den technischen Grubenbeamten,

namentlich dem Betriebsführer und Steiger, geschlossenen Dienstverträge ist den Kontrahenten gegenüber von der seitens der Bergbehörde erfolgten Bestätigung desselben nicht abhängig.

— § 7. Siehe Rechtsgrundsatz 643. (A. L. R. II. 16. § 154.)
— §§ 8. 9. Anfechtung eines Schiedsspruchs in gewerkschaftlichen Angelegenheiten. — Vergl. A. G. O. I. 2. §§ 172. 174.

Rechtsgr. 1186. — III. Senat. 9. März 1863. (XLIX. 110.)

a) Ein in Gemäßheit des § 8. des Gesetzes No. 3391. vom 12. Mai 1851 auf Anrufen der Minorität der Betheiligten darüber: Ob ein von der Gewerkschaft gefaßter Beschluß zum gemeinsamen Besten der Gewerkschaft gereiche? ergangener schiedsrichterlicher Spruch kann, wie jede andere schiedsrichterliche Entscheidung, bei den ordentlichen Gerichten als nichtig angefochten werden.

b) Der ordentliche Richter ist aber, wie in allen Fällen, wo das Gesetz nur ein schiedsrichterliches Verfahren mit Ausschluß des Rechtsweges gestattet, nicht befugt, nach Vernichtung eines solchen Schiedsspruchs in der Sache selbst zu entscheiden; vielmehr muß der betreffenden Partei die Herbeiführung eines anderweiten Schiedsspruchs überlassen bleiben.

— 13. ff. Siehe Rechtsgrundsatz 1185. (§ 6. dieses Gesetzes.)
— § 18. Aufnahme von Darlehnen und deren Erstattung durch Anweisungen auf die Grubenkasse seitens der Gewerkschafts-Repräsentanten oder des Grubenvorstandes.

Rechtsgr. 1187. — IV. Senat. 4. Juni 1863. (XLIX. 243.)

Der Gewerkschafts-Repräsentant oder Grubenvorstand ist nicht befugt, ohne besondere Vollmacht der Gewerkschaft Darlehne für dieselbe zu kontrahiren, oder von Dritten durch Wechseloperationen kontrahiren zu lassen, die Grubenkasse damit zu belasten und aus ihr durch Ertheilung von Anweisungen mit Wirkung für die Bergwerksbesitzer an den Darlehnsgeber zu erstatten.

— § 18. No. 2-4. Siehe Rechtsgrundsatz 1185. (§ 6. dieses Gesetzes.)

— § 18. No. 7. Befugniß des Gewerkschafts-Repräsentanten zur Anschaffung der Transportmittel mit Einschluß der Wagen und Pferde zum Abfahren des Grubenprodukts. — Vergl. A. L. R. I. 2. §§ 52. 68. 70. 90. ff.

Rechtsgr. 1188. — IV. Senat. 9. Dezember 1862. (XLVIII. 126.)

Zu den Betriebs-Materialien und Geräthschaften, welche der Repräsentant einer Gewerkschaft auf deren Kosten anzuschaffen gesetzlich berechtigt ist, sind auch die zum Abfahren des geförderten Grubenprodukts und zur Erreichung des Betriebszweckes überhaupt erforderlichen Transportmittel, einschließlich der erforderlichen Wagen und Pferde, zu rechnen.

Siehe auch Rechtsgrundsatz 283. (A. L. R. I. 13. § 129.)

— § 18. No. 14. Siehe Rechtsgrundsatz 643. (A. L. R. II. 16. § 154.)

1851, Mai 12. Gesetz No. 3452. über den Ansatz und die Erhebung der Gebühren der Rechtsanwälte. (Ges.-Samml. S. 656.)

— § 2. Berechnung der Gebühren der Rechtsanwälte mit Rücksicht auf die Festsetzung des Werthes des Streitgegenstandes durch die Gerichte. — Vergl. Gesetz vom 10. Mai 1851 § 12. No. 1. 2.

Rechtsgr. 1189. — IV. Senat. 6. Februar 1862. (XLV. 39.)

Der in zweiter und dritter Instanz erfolgte Ansatz der Gerichtskosten nach einem geringeren Werthe des Streitgegenstandes, sowie die von dem Justizminister aus Billigkeitsrücksichten erfolgte Herabsetzung der Gerichtskosten erster Instanz, hat auf das dem Rechtsanwalt erster Instanz nach gesetzlicher Vorschrift berechnete Gebühren-Pauschquantum keinen Einfluß.

Siehe auch Rechtsgrundsatz 1181. (Gesetz vom 10. Mai 1851 § 11. No. 1-4.)

— § 5. Siehe Rechtsgrundsatz 1181. (Gesetz vom 10. Mai 1851 § 11. No. 1-4.)

— §§ 9-11. Honorar der Rechtsanwälte. — Vergl. A. G. O. III. 7. § 116.; Tarif zu diesem Gesetz § 29.

Rechtsgr. 1190. — IV. Senat. 16. April 1861. (XLII. 43.)

a) Im Fall des § 29. des Tarifs vom 12. Mai 1851 unterliegt die Verabredung des Honorars nicht den §§ 9. und 10. des Gesetzes No. 3452. von demselben Tage.

b) Der § 116. III. 7. der Allgem. Gerichts-Ordnung ist aufgehoben.

1851, Mai 12. Tarif und Instruktion zum Gesetz über den Ansatz und die Erhebung der Gebühren der Rechtsanwälte. (Ges.-Samml. S. 659.)

— § 29. Siehe Rechtsgrundsatz 1190. (§§ 9-11. des Gesetzes No. 3452. vom 12. Mai 1851.)

1852, März 6. Instruktion des Ministeriums für Handel, Gewerbe und öffentliche Arbeiten zu dem Gesetze vom 12. Mai 1851 über die Verhältnisse der Miteigenthümer eines Bergwerks. (Ministerial-Blatt für die innere Verwaltung S. 55.)

— Siehe Rechtsgrundsatz 1185. (Gesetz No. 3391. vom 12. Mai 1851 § 6.)

1852, Mai 3. Gesetz No. 3544., betreffend die Zusätze zu der Verordnung vom 3. Januar 1849 über die Einführung des mündlichen und öffentlichen Verfahrens mit Geschwornen in Untersuchungssachen. (Ges.-Samml. S. 209.)

— Art. 101. Abs. 3. Begriff der auch den Appellationsrichter ohne neue oder wiederholte Beweisaufnahme bindenden thatsächlichen Feststellung des ersten Richters im Strafverfahren, insbesondere auch im Civilprozesse wegen Ehrverletzung. — Vergl. Strafgesetzbuch §§ 18. 152. 343.; Gesetz No. 3245. vom 11. März 1850 § 8.; Gesetz No. 3544 vom 3. Mai 1852 Art. 103.

Rechtsgr. 1191. — Senat für Strafsachen, Abth. II. 5. Sept. 1861. (XLIII. 5.)

Die thatsächliche Feststellung, von welcher der Appellations-Richter nicht, ohne durch neue oder wiederholte Beweisaufnahme dazu in Stand gesetzt zu sein, abweichen darf, hat die Thatsachen zum Gegenstande, welche die wesentlichen Merkmale — den Thatbestand — der dem Beschuldigten von der Anklage zur Last gelegten strafbaren Handlung ausmachen. Dazu gehören aber solche thatsächliche Momente nicht, welche nur für die Abmessung der Strafe innerhalb des gesetzlichen Strafmaaßes bestimmend sein können, und deshalb auch solche thatsächliche Momente nicht, welche für die Wahl zwischen den im Gesetze alternativ bestimmten Strafarten, namentlich zwischen alternativ, je für schwerere oder leichtere Fälle, bestimmten Freiheitsstrafe oder Geldbuße, dem richterlichen Ermessen leitenden Anhalt geben können.

— Art. 103. Beweisaufnahme. — Vergl. Art. 106. dieses Gesetzes:

A. Beweiserhebung von Amtswegen in Injurienprozessen. — Vergl. Prozeßverordnung vom 1. Juni 1833 § 35.; Gesetz vom 11. März 1850 § 6.

Rechtsgr. 1192. — Senat für Straffachen, Abth. I. 11. Dezember 1861. (XLIV. 123.)

Der Grundsatz des Civilprozesses, daß der Richter von Amtswegen keinen Beweis erheben darf, findet auf Injurienprozesse keine Anwendung, der Richter ist in diesen Prozessen an die Beweisanträge der Parteien nicht gebunden.

B. Wiederholung der Beweisaufnahme durch Vorlesung der Zeugen-Aussagen erster Instanz und anderweite thatsächliche Feststellung in Injuriensachen durch den Appellationsrichter.

Rechtsgr. 1193. — Senat für Straffachen, Abth. II. 5. Febr. 1863. (XLIX. 59.)

In den, im Wege des Civilprozesses verhandelten Injuriensachen ist die, bei der mündlichen Verhandlung in zweiter Instanz nochmals erfolgte Vorlesung der Aussagen der in erster Instanz vernommenen Zeugen nur dann als eine Wiederholung der Beweisaufnahme anzusehen, wenn sie zu diesem Zwecke geschehen ist, und wenn diese Aussagen zur Debatte gestellt worden sind. Liegen diese Voraussetzungen nicht vor, so ist der Appellations-Richter zu einer anderweiten thatsächlichen Feststellung nicht befugt.

Siehe auch Rechtsgrundsatz 1191. (Art. 101. Abs. 2. dieses Gesetzes.)

1852, Mai 22. Gesetz, betreffend einige Ergänzungen des Einführungs-Gesetzes zum Strafgesetzbuche. (Ges.-Samml. S. 250.)

— Art. III. Siehe Rechtsgrundsatz 1166. (Verordnung vom 2. Januar 1849 § 22. No. 1.)

1852, Juni 5. Gesetz No. 3577. über das Postwesen. (Ges.-Samml. S. 345.)

— §§ 10. 18. Begriff der „Reklamation" bei der Ober-Postdirektion auf Entschädigung wegen verloren gegangener Postsendungen oder erlittener Beschädigungen; Verjährung der Klage gegen den abschläglichen Bescheid der Ober-Postdirektion. — Vergl. A. L. R. I. 9. § 554.

Rechtsgr. 1194. — I. Senat. 25. Oktober 1861. (XLIV. 32.)

a) Unter der Reklamation bei der kompetenten Ober-Post-Direktion ist jede Erklärung bei der Postbehörde, im Gegensatze zu einer gerichtlichen Klage, zu verstehen, in welcher der Absender einer Postsendung oder der beschädigte Reisende irgendwie zu erkennen giebt, daß er Entschädigung wegen eines verloren gegangenen Poststücks oder wegen einer selbst erlittenen Beschädigung von der Postverwaltung verlange.

b) Die Klage gegen den auf die Reklamation des Absenders von der Ober-Post-Direktion ergangenen abschläglichen Bescheid verjährt ebenfalls in sechs Monaten.

— § 25. Siehe Rechtsgrundsatz 552. (A. L. R. II. 7. § 37.)
— § 48. Siehe Rechtsgrundsatz 76. (A. L. R. I. 6. § 53.)

1853, Januar 8. Instruktion des Handelsministers (Staats-Anzeiger von 1853 S. 77.)

— § 3. Siehe Rechtsgrundsatz 579. (A. L. R. II. 10. § 3.)

1853, Mai 24. Gesetz No. 3757. zur Ergänzung des Gesetzes vom 3. Januar 1845, betreffend die Zerstückelung von Grundstücken. (Ges.-Samml. S. 241.)

— §§ 2. 3. Form der Verträge über Parzellirung eines Grundstücks: A. Gerichtliche Verlautbarung des Parzellirungsvertrags. — Vergl. A. G. O. II. 3. §§ 21. ff.; Gesetz vom 3. Januar 1845; Gesetz vom 24. Mai 1853 § 5. No. 1.

Rechtsgr. 1195. — III. Senat. 17. Oktober 1862. (XLVII. 101.)

a) Dem gesetzlichen Erforderniß des Abschlusses des Vertrages über die Parzellirung von Grundstücken vor dem Hypothekenrichter steht die gerichtliche Verlautbarung des außergerichtlich geschlossenen Parzellirungsvertrages und das Bekenntniß zu dessen Inhalte vor dem Hypothekenrichter gleich.

b) Sind Parzellen eines fiskalischen Grundstücks gegen Parzellen des Grundstücks eines Privaten vertauscht worden, so ist wegen der Parzellirung des letzteren Grundstücks auch rücksichtlich des Fiskus zur Gültigkeit des Vertrages dessen Abschluß vor dem Hypothekenrichter erforderlich.

B. Unwirksamkeit außergerichtlicher Parzellirungsverträge.

Rechtsgr. 1196. — III. Senat. 10. April 1863. (LI. 22.)

In Ermangelung eines gültigen Parzellirungsvertrages bleibt der abgetretene Theil oder das Zubehör nach wie vor im rechtlichen Verbande des Hauptstückes und bildet einen integrirenden Theil desselben, wenngleich der abgetretene Theil oder das Zubehör sich faktisch in anderer Hand befindet.

Siehe auch Rechtsgrundsatz 50. (A. L. R. I. 5. § 163.)

— § 5. No. 1. Siehe Rechtsgrundsatz 1195. (§§ 2. 3. dieses Gesetzes.)
— § 15. Siehe Rechtsgrundsatz 394. (A. L. R. I. 20. § 423.)

1853, Mai 24. Gesetz No. 3804., betreffend einige Abänderungen der Hypotheken-Ordnung vom 20. Dezember 1783. (Ges.-Samml. S. 521.)
— § 2. Siehe Rechtsgrundsatz 26. (A. L. R. I. 4. § 19.)
— §§ 9. 14. 15. Siehe Rechtsgrundsatz 1041. (Prozeßverordnung vom 1. Juni 1833 § 1. No. 2.)
— § 16. Siehe Rechtsgrundsatz 1071. (Subhastationsgesetz v. 4. März 1834 § 11.)
— §§ 22. ff. Siehe Rechtsgrundsatz 1041. (Prozeßverordnung vom 1. Juni 1833 § 1. No. 2.)
— § 49. Siehe Rechtsgrundsatz 228. (A. L. R. I. 11. § 738.)

1853, Mai 30. Städte-Ordnung für die sechs östlichen Provinzen der Preußischen Monarchie. (Ges.-Samml. S. 261.)
— § 3. Siehe Rechtsgrundsatz 1115. (Armenpflegegesetz vom 31. Dezember 1842 § 1. No. 1.)

— § 4. Befreiung von Kommunallasten; Präklusion des Befreiten wegen unterlassener Anmeldung.

Rechtsgr. 1197. — II. Senat. 10. Februar 1863. (XLVIII. 183.)

Bei der Präklusion des § 4. der Städte-Ordnung vom 30. Mai 1853 kömmt es auf eine Unterscheidung in Ansehung der Wirkung der Präklusion nach Maaßgabe des Grundes der Befreiung nicht an. Auch hat das Gesetz einen Unterschied bei der Anmeldung zwischen bekannten und unbekannten Ansprüchen nicht gemacht.

— § 4. Abs. 3. Natur der Kommunalsteuer als Personal-Abgabe.

Rechtsgr. 1198. — II. Senat. 23. April 1863. (XLVIII. 322.)

Die Kommunalsteuer ist keine Real-, sondern eine Personal-Abgabe.

— § 4. Abs. 7. Abgabefreie Grundstücke. — Vergl. Gesetz vom 24. Februar 1850 § 2.

Rechtsgr. 1199. — II. Senat. 23. April 1863. (XLVIII. 322.)

Unter den nach § 4. Absatz 7. der Städte-Ordnung vom 30. Mai 1853 abgabenfreien Grundstücken sind nur solche zu verstehen, welche dem Staate, den Provinzen, Kreisen oder Gemeinden gehören. — Daher ist eine im Privat-Eigenthum stehende, mit der Reallast der Verpflichtung zur Verwaltung des Schulzen-Amts behaftete Schulzenhufe zu diesen abgabefreien Grundstücken nicht zu rechnen.

— § 4. Abs. 10. Erlöschung der innerhalb Jahresfrist nach Einführung der Städte-Ordnung vom 30. Mai 1853 nicht angemeldeten Befreiung von den Gemeindelasten und Entschädigungs-Ansprüchen durch Präklusion. — Vergl. A. L. R. I. 4. § 100., 9. §§ 500. 512. 566.

Rechtsgr. 1200. — II. Senat. 23. April 1863. (XLVIII. 321.)

Die im § 4. Absatz 10. der Städte-Ordnung vom 30. Mai 1853 festgesetzte einjährige Frist zur Anmeldung der Befreiungen von den Gemeindelasten und der Entschädigungs-Ansprüche ist als eine Verjährungsfrist nicht anzusehen.

Siehe auch Rechtsgrundsatz 1115. (Armenpflegegesetz vom 31. Dezember 1842 § 1. No. 1.)

— §§ **36**. **39**. **50**. Siehe Rechtsgrundsatz 150. (A. L. R. I. **9**. § 332.)
— § **52**. Siehe Rechtsgrundsätze 1108. 1115. (Armenpflegegesetz vom 31. Dezember 1842 § 1. No. 1.; Heimathsgesetz vom 31. Dezember 1842 § 4.)
— § **56**. No. 5. Siehe Rechtsgrundsatz 150. (A. L. R. I. **9**. § 332.)
— §§ **65**. **82-84**. Pensionirung der vor Erlaß der Städte-Ordnung vom 30. Mai 1853 auf Lebenszeit angestellten städtischen Beamten.

Rechtsgr. 1201. — I. Senat. 10. Juni 1861. (XLI. 318.)

Der § 65. der Städte-Ordnung vom 30. Mai 1853 betrifft nur die Pensionsverhältnisse eines auf Grund dieser Städte-Ordnung, nicht der vor Publikation derselben angestellten Beamten.

1853, Juli 6. Statut für den Deichverband der Kulmer Stadt-Niederung. (Ges.-Samml. S. 537.)
— § **12**. Siehe Rechtsgrundsatz 595. (A. L. R. II. **11**. § 584.)

1853, Juli 30. Verordnung wegen exekutivischer Beitreibung der direkten und indirekten Steuern und anderer öffentlicher Abgaben und Gefälle, Kosten rc. in den östlichen Provinzen mit Ausschließung Neuvorpommerns. (Ges.-Samml. S. 909.)
— Siehe Rechtsgrundsatz 614. (A. L. R. II. **14**. § 78.)

1853, August 3. Instruktion zum Gesetz vom 24. Mai 1853, betreffend einige Abänderungen der Hypotheken-Ordnung vom 20. Dezember 1783. (Justiz-Ministerial-Blatt S. 275.)
— Art. **8**. Siehe Rechtsgrundsatz 1041. (Prozeßverordnung vom 1. Juni 1833 § 1. No. 2.)
— Art. **14**. zu § **24**. Littr. c. Siehe Rechtsgrundsatz 895. (Allgem. Hypotheken-Ordnung II. § 231.)

1854, Januar 16. Allerh. Erlaß, betreffend die Verleihung der fiskalischen Vorrechte für den Bau einer Chaussee von Bromberg nach Polnisch-Krone rc. (Ges.-Samml. S. 81.)
— Siehe Rechtsgrundsatz 620. (A. L. R. II. **15**. § 17.)

1854, Februar 28. Dienst-Instruktion für die Postillone.
— § 1. Siehe Rechtsgrundsatz 579. (A. L. R. II. 10. § 3.)

1854, März 6. Allerhöchster Erlaß, betreffend die Verleihung der fiskalischen Vorrechte für den Bau und die Unterhaltung der Chaussee von Schneidemühl über Uscz bis an die Kreisgrenze. (Ges.-Samml. S. 113.)
— Siehe Rechtsgrundsatz 620. (A. L. R. II. 15. § 17.)

1854, März 20. Gesetz No. 3966., betreffend einige Abänderungen der Vorschriften über das Civilprozeßverfahren und die Exekution in Civilsachen. (Ges.-Samml. S. 115.)
— § 17. Siehe Rechtsgrundsatz 1027. (Ges. vom 4. Juli 1822 § 1.)

1854, April 24. Gesetz No. 3993., betreffend die Abänderungen des Abschnitts 11. II. 1. und des Abschnitts 9. II. 2. des Allgemeinen Landrechts. (Ges.-Samml. S. 193.)
— § 5. Anspruch eines geschwängerten Mädchens und ihres Kindes an den außerehelichen Schwängerer und Vater bei ihrer späteren Verheirathung. — Vergl. § 9. dieses Gesetzes.

Rechtsgr. 1202. — I. Senat. 7. Juni 1861. (XLII. 104.)

Die spätere Verheirathung eines geschwängerten Mädchens hat ein Erlöschen ihrer und ihres Kindes sonst begründeten Ansprüche gegen den außerehelichen Schwängerer und Vater nicht zur Folge.

— § 9. Erfüllungseid im Schwängerungsprozesse in Betreff der Einrede der mehreren Zuhalter während der Konzeptionszeit.

Rechtsgr. 1203. — I. Senat. 16. September 1861. (XLIII. 72.)

Die Norm des dem angeblichen Schwängerer in Betreff seiner Einrede der mehreren Zuhalter der Geschwächten dahin auferlegten Ignoranz-Erfüllungseides:

daß die Geschwächte innerhalb der (zu bezeichnenden) Konzeptionszeit mit mehreren Mannspersonen den Beischlaf vollzogen habe,

entspricht der thatsächlichen Voraussetzung des § 9. No. 1. des Gesetzes No. 3993. vom 24. April 1854 und enthält daher keinen rechtsgrundsätzlichen Verstoß gegen dies Gesetz.

— § 9. No. 2. Bescholtenheit:

A. Geschlechtliche Bescholtenheit in Folge Duldung unsittlicher Handlungen.

Rechtsgr. 1204. — I. Senat. 14. April 1862. (XLIV. 294.)

Unter Umständen sind auch Duldung unsittlicher Handlungen dritter Personen und schamlose Aeußerungen und Handlungen der Frauensperson selbst genügend, um die Letztere als geschlechtlich bescholten darzustellen.

B. Geschlechtliche Bescholtenheit wegen Annahme einer Bezahlung für den Beischlaf.

Rechtsgr. 1205. — I. Senat. 8. September 1862. (XLV. 324.)

Eine geschlechtliche Bescholtenheit im Sinne des § 9. No. 2a. des Gesetzes vom 24. April 1854 ist nicht schon deshalb anzunehmen, weil die Geschwängerte von dem Schwängerer irgend einmal für die Gestattung des Beischlafs Bezahlung angenommen hat; vielmehr erfordert der Rechtsbegriff der Bescholtenheit und die Anwendung des § 9. No. 2a., daß die Bezahlung bei derjenigen Beischlafsvollziehung stattgefunden habe, durch welche vermuthlich die Schwängerung erfolgt ist.

C. Einrede der Bescholtenheit der verlobten Braut wegen Annahme einer Bezahlung für, ihrem Bräutigam gestatteten Beischlaf.

Rechtsgr. 1206. — I. Senat. 7. April 1862. (XLIV. 289.)

Nicht jedes Geschenk, welches die Braut von ihrem Verlobten erhält, selbst wenn sie sich ihm demnächst hingegeben hat, darf nothwendig als eine Bezahlung für die Gestattung des Beischlafs im Sinne des § 9. No. 2a. des Gesetzes vom 24. April 1854 betrachtet werden.

D. Berüchtigung der Geschwängerten wegen unzüchtigen Lebenswandels; moralische Besserung der geschlechtlich Bescholtenen.

Rechtsgr. 1207. — I. Senat. 23. November 1863. (LI. 246.)

a) Das Gesetz giebt der Berüchtigung wegen unzüchtigen Lebenswandels an sich schon die Eigenschaft einer Thatsache.

b) Die Einrede der geschlechtlichen Bescholtenheit der Geschwängerten wird, bei festgestellter früherer Bescholtenheit derselben, durch deren angebliche Besserung nicht beseitigt.

Siehe auch Rechtsgrundsätze 12. 1202. 1214. (A. L. R. Einl. § 23.; Ges. No. 3993. vom 24. April 1854 §§ 5. 15.)

E. Bescholtenheit wegen außerehelicher Schwängerung bei nachheriger Eingehung der Ehe mit dem Schwängerer und der Geburt des Kindes in der Ehe. — Vergl. A. L. R. II. 2. §§ 1. 596.

Rechtsgr. 1208. — I. Senat. 20. September 1861. (XLIII. 90.)

a) Ein Frauenszimmer, welches vor Eingehung der Ehe geschwängert worden, ist auch dann für bescholten im Sinne des § 9. No. 2. des Gesetzes vom 24. April 1854 zu erachten, wenn das Kind von dem Ehemanne erzeugt worden und hiernächst in der Ehe geboren ist.

b) Ist daher eine außerehelich geschwängerte Wittwe schon früher, vor Eingehung ihrer Ehe, wenngleich von ihrem nachherigen Manne, außerehelich geschwängert gewesen, so stehen ihr und ihrem Kinde Ansprüche gegen den späteren außerehelichen Schwängerer und Erzeuger des Kindes nicht zu.

F. Ansprüche aus der außerehelichen Schwängerung nach früher stattgehabter Schwängerung im Brautstande.

Rechtsgr. 1209. — I. Senat. 8. Mai 1863. (XLIX. 193.)

Bei einer zweiten außerehelichen Schwängerung nimmt hinsichtlich der Ansprüche gegen den Schwängerer das Gesetz keine Rücksicht darauf, ob die erste Schwängerung im Brautstande geschehen ist. Es steht der Klage vielmehr der § 9. No. 2. des Gesetzes vom 24. April 1854 entgegen.

§ 13. Ansprüche aus der Schwängerung:

A. Voraussetzung bei allen Ansprüchen aus der Schwängerung. — Vergl. §§ 15. 18-20. dieses Gesetzes.

Rechtsgr. 1210. — I. Senat. 8. Oktober 1862. (XLVII. 70.)

Alle Ansprüche aus der Schwängerung hängen von dem Beweise der Thatsache der Beiwohnung des angeblichen Schwängerers mit der Geschwängerten und Mutter des Kindes ab.

B. Folgen der Vernichtung eines Appellations-Urtheils in Schwängerungssachen.

Rechtsgr. 1211. — I. Senat. 21. September 1863. (L. 244.)

Die auf die Nichtigkeitsbeschwerde des Vormundes des unehelichen Kindes erfolgte Vernichtung des der Mutter und dem Kinde nachtheiligen Appellations-Erkenntnisses kommt auch der Mutter zu statten.

— § 13. No. 2. Anerkenntniß der außerehelichen Vaterschaft:

A. Belehrung des Anerkennenden seitens des Vormundschaftsgerichts. — Vergl. A. G. O. II. 2. § 31. und Register zur A. G. O. unter dem Worte „Belehrung."

Rechtsgr. 1212. — I. Senat. 17. Juni 1863. (XLIX. 280.)

Der Vormundschaftsrichter ist zu der im § 31. II. 2. der Allgem. Gerichts-Ordnung vorgeschriebenen Belehrung gegenüber dem die Vaterschaft zu einem unehelichen Kinde Anerkennenden nicht verpflichtet.

B. Entkräftung des gerichtlichen Anerkenntnisses der Vaterschaft zu einem unehelichen Kinde wegen Irrthums. — Vergl. A. L. R. I. 4. §§ 75. ff. 83.

Rechtsgr. 1213. — I. Senat. 31. Oktober 1862. (XLVII. 130.)

Das gerichtliche Anerkenntniß, den Beischlaf mit der Geschwängerten vollzogen zu haben und deshalb der Vater ihres außerehelich geborenen Kindes zu sein, kann nicht aus dem Grunde als wegen Irrthums unkräftig angefochten werden, daß es dem Anerkennenden unbekannt gewesen, daß die Geschwängerte schon früher von einem anderen Manne außerehelich geschwängert worden und während der Konzeptionszeit des letzten Kindes mit andern Männern den Beischlaf vollzogen habe.

Siehe auch Rechtsgrundsätze 12. 755. (A. L. R. Einl. § 23.; A. G. O. I. 7. § 31.)

— § 15. Außereheliche Vaterschaft bei kürzerer Zwischenzeit, als die gesetzliche Konzeptionszeit, nach der Beschaffenheit der Frucht. — Vergl. § 9. No. 1. dieses Gesetzes.

Rechtsgr. 1214. — I. Senat. 21. September 1863. (L. 252.)

Die Bestimmung der Alinea 2. des § 15. des Gesetzes vom 24. April 1854, — nach welcher auch bei einer kürzeren Zwischenzeit zwischen dem Beischlafe und der Geburt des Kindes die Annahme der Vaterschaft begründet sein soll, wenn die Beschaffenheit der Frucht nach dem Urtheile der Sachverständigen mit der Zeit des Beischlafs übereinstimmt, setzt voraus, daß die Geschwängerte nur mit Einem Manne den Beischlaf vollzogen hat.

Siehe auch Rechtsgrundsätze 512. 730. 1210. (A. L. R. II. 1. § 1077.; A. G. O. I. Einl. § 3.; § 13. dieses Gesetzes.)

— § 18. Siehe Rechtsgrundsätze 796. 1210. (A. G. O. I. 16. § 1.; § 13. dieses Gesetzes.)

— §§ 19. 20. Siehe Rechtsgrundsätze 1210. (§ 13. dieses Gesetzes.)

1854, Mai 9. Gesetz No. 4023., betreffend einige Abänderungen des Gesetzes über den Ansatz und die Erhebung der Gerichtskosten vom 10. Mai 1851 und des Gesetzes über die den Justizbeamten für die Besorgung gerichtlicher Geschäfte außerhalb der ordentlichen Gerichtsstelle zu bewilligenden Diäten und Reisekosten und Kommissionsgebühren. (Ges.-Samml. S. 273.)

— Art. 2. Alinea 3. Liquidirung der außergerichtlichen Kosten einer Prozeßpartei.

Rechtsgr. 1215. — IV. Senat. 6. Februar 1862. (XLV. 59.)

Die Zusatzbestimmung des Art. 2. Alinea 3. des Gesetzes No. 4023. vom 9. Mai 1854 ist lediglich auf Gerichtskosten, nicht auf außergerichtliche Kosten einer Partei zu beziehen, deren Erstattung dem Gegner obliegt und von diesem beantragt werden darf.

— Art. 3. Siehe Rechtsgrundsatz 1182. (Gesetz vom 10. Mai 1851 § 11. No. 4.)

1854, Mai 11. Instruktion für die Dorfgerichte. (Justiz-Ministerial-Blatt S. 306.)

— §§ 8. 9. 71. Siehe Rechtsgrundsatz 580. (A. L. R. II. 10. § 82.)

1854, Juni 10. Gesetz, betreffend die Deklaration der Verfassungs-Urkunde vom 31. Januar 1850 in Bezug auf die Rechte der mittelbar gewordenen Deutschen Reichsfürsten und Grafen. (Ges.-Samml. S. 363.)

— Siehe Rechtsgrundsatz 1017. (Deutsche Bundes-Akte Art. 14.)

1854, Juni 23. Allerhöchster Erlaß, betreffend die Verleihung der fiskalischen Vorrechte für den Bau und die Unterhaltung der Chaussee von der Bromberg-Inowraclawer Chaussee bei Walownica bis zur Kreisgrenze in der Richtung auf Labischin, von Bromberg nach Fondon, von Polnisch-Krone nach der Kreisgrenze in der Richtung auf Zempelburg, und von Bromberg bis an die Kreisgrenze in der Richtung auf Schubin. (Ges.-Samml. S. 414.)

— Siehe Rechtsgrundsatz 620. (A. L. R. II. 15. § 17.)

1855, Mai 5. Cirkular-Reskript, betreffend den Kaufstempel bei Veräußerung einer Erbpachtsgerechtigkeit. (Schmidt, Kommentar, Bd. 2. S. 9.)

— Siehe Rechtsgrundsatz 378. (A. L. R. I. 19. § 1.)

1855, Mai 9. Gesetz No. 4228., betreffend die Befugniß der Gläubiger zur Anfechtung der Rechtshandlungen zahlungsunfähiger Schuldner außerhalb des Konkurses für die Landestheile, in welchen das Allgem. Landrecht und die Allgem. Gerichts-Ordnung Gesetzeskraft haben. (Ges.-Samml. S. 429.)

— §§ 1. ff. Auslegung der Bestimmungen dieses Anfechtungsgesetzes.

Rechtsgr. 1216. — IV. Senat. 18. September 1862. (XLVI. 204.)

Die Bestimmungen des Anfechtungsgesetzes vom 9. Mai 1855 können nicht ausdehnend ausgelegt werden.

— § 4. No. 3. Nachweis der Vermögensunzulänglichkeit des ein

Grundstück besitzenden Schuldners behufs der Anfechtungsklage. — Vergl. Exekutionsverordnung vom 4. März 1834 § 24.

Rechtsgr. 1217. — IV. Senat. 14. November 1861. (XLIII. 198.)

Behufs Nachweises der, zur Begründung der Anfechtungsklage erforderlichen, Vermögensunzulänglichkeit des Schuldners genügt der Umstand nicht, daß voraussichtlich die Beschlagnahme der Revenüen die Befriedigung des Gläubigers innerhalb Jahresfrist nicht gewähren wird; vielmehr muß der Gläubiger, wenn nicht klar erhellet, daß die Forderung auch aus den Kaufgeldern des Grundstücks nicht werde berichtigt werden können, vor Anstellung der Anfechtungsklage auch den Verkauf des Grundstücks in Antrag bringen und die Vertheilung der Kaufgelder abwarten.

— § 5. Anfechtungsklage gegen den Ehegatten eines nahen Verwandten des Veräußerers selbst oder seines Ehegatten.

Rechtsgr. 1218. — IV. Senat. 18. September 1862. (XLVI. 204.)

Der Fall des § 5. No. 3. Littr. d. dieses Gesetzes ist nur dann für vorliegend zu erachten, wenn zur Zeit des angefochtenen Vertrages die Ehe des Käufers mit Einer der unter b. und c. daselbst genannten Personen bereits wirklich geschlossen ist; die Veräußerungen an den Verlobten Einer dieser Personen unterliegen dem Anfechtungsgrunde dieser Gesetzesstelle nicht.

Siehe auch Rechtsgrundsatz 863. (Konkurs-Ordnung vom 8. Mai 1855 § 101. No. 2.)

— § 6. Anstellung der Anfechtungsklage gegen den Erwerber der veräußerten Sache allein.

Rechtsgr. 1219. — IV. Senat. 18. September 1862. (XLVI. 204.)

Die gegen den Erwerber allein gerichtete Anfechtungsklage ist nach dem Stande und Sinne dieses Gesetzes zulässig und kann nicht von vornherein deshalb zurückgewiesen werden, weil sie nicht zugleich mit gegen den Veräußerer gerichtet worden ist.

— § 7. No. 1. Siehe Rechtsgrundsatz 1222. (§ 12. dieses Gesetzes.)
— § 7. No. 4. Siehe Rechtsgrundsätze 863. (Konkurs-Ordnung vom 8. Mai 1855 § 101. No. 2.)
— § 9. Anfechtung von Rechtsgeschäften außerhalb des Konkurses, insbesondere seitens eines Wechselgläubigers.

Rechtsgr. 1220. — IV. Senat. 1. März 1864. (LII. 303.)

a) Hinsichtlich der Anfechtbarkeit eines Rechtsgeschäfts entscheidet in Betreff des Erfordernisses: daß dasselbe nicht schon vor Entstehung der Forderung des Gläubigers vorgenommen sei, — lediglich der Zeitpunkt der Entstehung, nicht der Fälligkeit dieser Forderung. Daher ist in Betreff einer Wechselforderung des Gläubigers der Tag der Ausstellung des Wechsels maaßgebend.

b) Der Klageantrag bei der Klage auf Anfechtung des Kaufvertrages über ein Grundstück kann auch auf Rückgewährung desselben, und zwar in dem Hypothekenzustande am Tage der Veräußerung, gerichtet werden.

— § 10. Verlängerung der einjährigen Frist der Befugniß des Gläubigers zur Anfechtung von Rechtshandlungen des zahlungsunfähigen Schuldners wegen inzwischen gegen denselben fruchtlos nachgesuchter und vollstreckter Exekution. — Vergl. A. G. O. I. 24. § 3. und Anh. § 148. zu § 3.

Rechtsgr. 1221. — IV. Senat. 24. September 1863. (L. 279.)

Die Befugniß des Gläubigers zur Anfechtung der Rechtshandlungen seines zahlungsunfähigen Schuldners nach dem Gesetze vom 9. Mai 1855 kann im Fall der inzwischen gegen den Schuldner nachgesuchten und fruchtlos vollstreckten Exekution auch nach Ablauf eines Jahres ausgeübt werden.

— § 12. Anfechtung von Rechtshandlungen durch den Gläubiger; Gewährung der Sachen durch Denjenigen, welcher dieselben nur zum Schein erworben hat. — Vergl. § 7. No. 1. dieses Gesetzes.

Rechtsgr. 1222. — IV. Senat. 22. Juni 1861. (XLII. 189.)

Derjenige, welcher Sachen durch Rechtshandlungen erworben, die der Schuldner in der ihm bekannten Absicht vorgenommen hat, sie nur zum Schein vorzunehmen, muß diese Sachen dem anfechtenden Gläubiger gewähren, mag er sich zur Zeit der Anfechtung in ihrem Besitz befinden, oder nicht.

Siehe auch Rechtsgrundsatz 863. (Konkurs-Ordnung vom 8. Mai 1855 § 101. No. 2.)

1855, Mai 21. Gesetz No. 4224. zur Ergänzung der Gesetze vom 31. Dezember 1842 über die Verpflichtung zur Armenpflege und die Aufnahme neuanziehender Personen. (Ges.-Samml. S. 311.)

— Art. 1. Erwerbung des Unterstützungswohnsitzes in Jahresfrist. — Vergl. Armenpflegegesetz vom 31. Dezember 1842 § 1. No. 2.; Heimathsgesetz vom 31. Dezember 1842 §§ 8. 11.

Rechtsgr. 1223. — I. Senat. 31. Januar 1862. (XLV. 46.)

Die Jahresfrist zur Erwerbung des Unterstützungs-Wohnsitzes ist erst vom Tage der vorschriftsmäßigen Meldung bei der Ortspolizei-Obrigkeit zur Niederlassung anfänglich zu rechnen, und kann daher bei einem früheren Aufenthalte des Meldenden an diesem Orte die spätere Meldung nicht auf den Tag des Anzuges zurückbezogen werden.

Siehe auch Rechtsgrundsätze 1108—1111. 1115. 1116. 1130. (Armenpflegegesetz vom 31. Dezember 1842 § 1. No. 1. 2.; Heimathsgesetz vom 31. Dezember 1842 §§ 4. 8. 10.; Indigenatsgesetz vom 31. Dezember 1842 § 8.)

— Art. 2. Siehe Rechtsgrundsatz 1129. (Indigenatsgesetz v. 31. Dezember 1842 § 1. No. 3.)

— Art. 16. Siehe Rechtsgrundsatz 1110. (Heimathsgesetz v. 31. Dezember 1842 § 8.)

1855, August 1. Gesetz, betreffend die Entbürdung der Städte von der Verpflichtung zur Tragung der Kriminalkosten und zur Unterhaltung und Verwaltung der Gefängnisse, sowie zur Fortgewährung der Gerichtslokalien gegen Erlegung einer festen Rente. (Ges.-Samml. S. 579.)

— §§ 1. 2. Berechnung der von den Städten zu entrichtenden Kriminalkosten=Renten. — Vergl. Justiz=Ministerial=Verfügung v. 28. August 1855 No. III. A. zu 4.

Rechtsgr. 1224. — I. Senat. 15. November 1861. (XLIV. 70.)

Bei der Ermittelung der von einer Stadt nach dem Gesetze vom 1. August 1855, wegen Entbürdung von der Verpflichtung zur Tragung der Kriminalkosten, zu entrichtenden Kriminalkosten=Rente ist der aus der Gefängnißverwaltung in Beziehung auf inhaftirte fremde Gerichtseingesessene der Stadt zugeflossene Gewinn auf den Gesammtbetrag der, durch die Unterhaltung und Verwaltung der Gefängnisse in den Jahren 1847–1852 entstandenen Kosten in Abzug zu bringen.

— §§ 4-6. Verträge, welche durch das Gesetz vom 1. August 1855 aufgehoben sind, insbesondere Verträge über eine zu beschaffende Gerichtsdienerwohnung.

Rechtsgr. 1225. — I. Senat. 15. November 1861. (XLIV. 77.)

Verträge, welche eine Stadtgemeinde vor dem Erscheinen des Gesetzes vom 1. August 1855 mit dem Fiskus über die Regulirung der vertragsmäßig der ersteren obgelegenen Verpflichtung zur Beschaffung einer Gerichtsdiener=Wohnung geschlossen hat, sind durch das gedachte Gesetz für aufgehoben nicht zu erachten.

1855, August 28. Justiz=Ministerial=Verfügung, betreffend die Ausführung des Entbürdungsgesetzes vom 1. August 1855. (Justiz=Ministerial=Blatt S. 250.)

— No. **III. A.** zu 4. Siehe Rechtsgrundsatz 1224. (Gesetz vom 1. August 1855 § 1.)

1855, November 12. Verordnung No. 4306., die Wiederherstellung des privilegirten Gerichtsstandes für die mittelbar gewordenen Deutschen Reichsfürsten und Grafen betreffend. (Ges.=Samml. S. 686.)

— § 2. Siehe Rechtsgrundsatz 1017. (Deutsche Bundesakte Art. 14.)

1856, März 19. Städte=Ordnung für die Provinz Westphalen. (Gesetz No. 4400.) (Ges.=Samml. S. 237.)

— § 51. Siehe Rechtsgrundsatz 1108. (Heimathsgesetz vom 31. Dezember 1842 § 4.)

1856, März 19. Landgemeinde-Ordnung (No. 4401.) für die Provinz Westphalen. (Ges.-Samml. S. 265.)

— § 56. Siehe Rechtsgrundsatz 1108. (Heimathsgesetz vom 31. Dezember 1842 § 4.)

1856, April 14. Gesetz No. 4412., betreffend die Abänderung des Art. 42. und die Aufhebung des Art. 114. der Verfassungs-Urkunde vom 31. Januar 1850. (Ges.-Samml. S. 353.)

— § 16. Siehe Rechtsgrundsatz 904. (v. Scholz u. Hermensdorff, Provinzialrecht der Kurmark Brandenburg, Thl. I. § 640.)

1856, April 14. Gesetz No. 4413., betreffend die ländliche Ortsobrigkeit der sechs östlichen Provinzen der Preußischen Monarchie. (Ges.-Samml. S. 354.)

— § 1. Siehe Rechtsgrundsatz 1226. (§ 2. dieses Gesetzes.)

— § 2. Fortdauernde Pflicht der Polizeiverwaltung des Besitzers des berechtigten Gutes:

A. nach dessen Untergang. — Vergl. Verordnug v. 2. Januar 1849 § 1.; Verfassungs-Urkunde vom 31. Januar 1850 Art. 42. 114.; Ablösegesetz vom 2. März 1850 § 2. Nq. 2., § 5.; Gesetz vom 11. März 1850 §§ 2. 3.; Gesetz vom 26. April 1851 §§ 1. ff.; Gesetz vom 14. April 1856 §§ 1. 6.

Rechtsgr. 1226. — II. Senat. 27. Mai 1862. (XLVI. 109.)

Daraus, daß der Besitzer eines mit der Patrimonialgerichtsbarkeit versehenen Erbzins- oder Erbpachtsguts zufolge der gesetzlich erfolgten Aufhebung des Ober-Eigenthums des Erbzinsherrn und des Eigenthumsrechts des Erbverpächters alles Eigenthum am Grund und Boden verloren hat, die demselben zugestandenen Gefälle durch Rentenbriefe und baares Kapital abgelöst sind, das berechtigte Gut mithin zu existiren aufgehört hat, und auch die Patrimonialgerichtsbarkeit gesetzlich aufgehoben ist, folgt nicht, daß nunmehr Fiskus die Polizeiverwaltung zu übernehmen und deren Kosten zu tragen hat.

In den sechs östlichen Provinzen der Monarchie ist in dem vorgedachten Falle die Pflicht zur Tragung der Kosten der Polizeiverwaltung dem Besitzer des berechtigten Gutes verblieben.

B. Tragung der Kosten der gutsherrlichen Polizei. — Vergl. A. L. R. II. 7. § **61.**; Ablösegesetz vom **2.** März **1850** §§ **2. 5.**; Gesetz vom **14.** April **1856** § **6.**

Rechtsgr. **1227.** — I. Senat. 13. September 1861. (**XLIII.** 46.)

Wenngleich das mit hoher und niederer Gerichtsbarkeit verliehene adlige Gut nur aus dem jetzt aufgehobenen Eigenthum des Erbverpächters und den nunmehr durch Rentenbriefe abgelösten Realberechtigungen des Empfängers der Rentenbriefe besteht; so hat dieser dennoch auch für die Zukunft die Kosten der Polizeiverwaltung zu tragen.

— § **6.** Siehe Rechtsgrundsätze **1226. 1227.** (§ 2. dieses Gesetzes.)
— § **16.** Siehe Rechtsgrundsatz **904.** (Kurmärkisches Provinzialrecht Thl. I. § **640.**)

1856, April **24.** Reskript des Ministers des Innern in Betreff der Meldung zur Niederlassung.
— Siehe Rechtsgrundsatz **1110.** (Heimathsgesetz v. **31.** Dezember **1842** § 8.)

1856, Juni 4. Gesetz No. **4464.**, betreffend die Abschätzuug von Landgütern zum Behufe der Pflichttheilsberechtigung in der Provinz Westphalen. (Ges.-Samml. S. **550.**)
— § **1.** Anfechtung einer Verfügung wegen Uebertragung eines in der Provinz Westphalen belegenen Landguts an einen Descendenten oder Ehegatten des Besitzers seitens eines anderen dazu Berechtigten wegen Verletzung im Pflichttheil. — Vergl. A. L. R. II. **2.** §§ **432.** bis **436.**, **18.** §§ **569.** ff. und Anh. § **164.** zu § **574.**; Reskript vom **13.** Oktober **1794.**

Rechtsgr. **1228.** — I. Senat. 15. Juli 1863. (**XLIX.** 348.)

Wenn eine Verfügung, durch welche ein in der Provinz Westphalen belegenes Landgut einem der Deszendenten oder dem Ehegatten des Besitzers eigenthümlich zugewendet worden, von einem andern dazu Berechtigten wegen Verletzung im Pflichttheil angefochten wird, so kann behufs Ermittelung dieses Pflichttheils nur die Abschätzung, nicht aber die Subhastation verlangt werden.

1857, Februar 1. Baupolizei-Ordnung für die Stadt Königsberg. (Königsberger Amtsblatt.)
— Gültigkeit derselben. — Vergl. A. L. R. II. 8. §§ 139. 140.; Gesetz über die Polizeiverwaltung vom 11. März 1850 § 5.

Rechts. 1229. — II. Senat. 14. Oktober 1862. (XLVII. 93.)

Die Baupolizei-Ordnung für die Stadt Königsberg vom 1. Februar 1857 ist gesetzlich gültig.

1857, April 15. Gesetz, betreffend die Ergänzung und Abänderung des Ablösungsgesetzes vom 2. März 1850 bezüglich der Ablösung der den geistlichen und Schul-Instituten, sowie den frommen und milden Stiftungen rc. zustehenden Reallasten. (Ges.-Samml. S. 363.)
— Nicht-Anwendbarkeit der Grundsätze dieses Gesetzes bei Auslegung des Gesetzes vom 28. Mai 1860. — Vergl. Gesetz vom 28. Mai 1860.)

Rechtsgr. 1230. — V. Senat. 5. April 1864. (LII. 348.)

Die Grundsätze des Gesetzes vom 15. April 1857 sind bei Auslegung des Gesetzes vom 28. Mai 1860 nicht anwendbar.

1857, Mai 4. Gesetz, betreffend die Vereinfachung des Taxverfahrens für Grundstücke von geringem Werthe in den Landestheilen, in denen die A. G. O. Gültigkeit hat. (Ges.-Samml. von 1857 S. 445.)
— Abschätzung von Grundstücken im Werthe bis zu 5000 Rthlrn. — Vergl. A. G. O. II. 6. Anh. § 437. zu § 12.; Gesetz v. 15. Juni 1840 § 1.

Rechtsgr. 1231. — III. Senat. 6. November 1863. (LII. 79.)

Der Fall der Entbehrlichkeit der Mitwirkung einer Gerichtsperson bei Abschätzung von Grundstücken, deren Werth nach Inhalt des Hypothekenbuchs, der Erwerbs-Dokumente oder andern unverdächtigen Angaben den Betrag von 5000 Rthlrn. nicht übersteigt, — liegt nicht vor, wenn aus keiner dieser Erkenntnißquellen Etwas über den Werth hervorgeht.

1858, März 10. Telegraphen-Reglement. (Staatsanzeiger S. 554.)
— §§ **35. 36.** Siehe Rechtsgrundsatz **41.** (A. L. R. I. **5.** § 86.)

1858, März 10. Reglement für die telegraphische Korrespondenz im Deutsch-Oesterreichischen Telegraphen-Verein. (Ministerialblatt für die gesammte innere Verwaltung S. 49.)
— §§ **6.** (17.) **27.** Siehe Rechtsgrundsatz **41.** (A. L. R. I. **5.** § 86.)

1858, Mai 31. Gesetz, betreffend die Regulirung des Abdeckereiwesens. (Ges.-Samml. S. 333.)
— § **1.** Rechtsweg hinsichtlich des Eingriffs in den Gewerbebetrieb der Abdeckerei. — Vergl. A. G. O. I. Einl. § **1.**; Publikandum vom 29. April **1772**; Gewerbe-Ordnung vom **17.** Januar **1845** § **1.**

Rechtsgr. **1232.** — **II.** Senat. 7. Oktober 1862. (**XLVII. 66.**)

Gegen Eingriffe in den gewerbsmäßigen Betrieb der Abdeckerei ist der Rechtsweg zulässig.

1858, Dezember 10. Dienst-Instruktion für die Königliche Telegraphen-Verwaltung. (Berlin, 1860.)
— Abschn. **8.** Abth. **5.** §§ **2-4.** Siehe Rechtsgrundsatz **41.** (A. L. R. I. **5.** § 86.)

1859, Juli 1. Verordnung No. 5098., betreffend die Revision des Deichwesens in der Altmark. (Ges.-Samml. S. 367.)
— Siehe Rechtsgrundsatz **968.** (Deich-Ordnung für die Altmark vom 20. Dezember **1695** Tit. V.)

1860, April 16. Gesetz No. **5211.**, betreffend das eheliche Güterrecht in der Provinz Westphalen und den Kreisen Rees, Essen und Duisburg. (Ges.-Samml. von **1860.** S. **165.**)
— §§ **3. 4.** Siehe Rechtsgrundsatz **908.** (Provinzialrecht des Fürstenthums Paderborn § 89.)

1860, Mai 21. Gesetz, die Aufsicht der Bergbehörden über den Bergbau und das Verhältniß der Berg- und Hüttenarbeiter betreffend. (Ges.-Samml. S. 201.)

— § 1. Siehe Rechtsgrundsatz 634. (A. L. R. II. 16. § 116b.)

— §§ 2. 9. Siehe Rechtsgrundsatz 1185. (Gesetz No. 3391. vom 12. Mai 1851 § 6.)

1860, Mai 28. Gesetz No. 5232., betreffend die Ablösung der Reallasten in den Hohenzollerschen Landen. (Ges.-Samml. S. 221.)

— Siehe Rechtsgrundsatz 1230. (Ges. vom 15. April 1857.)

1861, März 26. Deklaration, betreffend die Befugniß des überlebenden Ehegatten nach der in den Fürstenthümern Paderborn und Minden, den Grafschaften Ravensberg und Rietberg, den Herrschaften Rheda und Gütersloh in dem vormaligen Amte Reckeberg geltenden Gütergemeinschaft, während der communio prorogata über das gütergemeinschaftliche Vermögen zu disponiren. (Ges.-Samml. S. 169.)

— Siehe Rechtsgrundsätze 953. 956. (Münsterische Polizei-Ordnung vom 18. Januar 1592 Kap. 7. § 1.)

1861, Mai 24. Gesetz über die Erweiterung des Rechtsweges. (Ges.-Samml. S. 241.)

— Rechtsweg in Betreff der Verpflichtung zur Entrichtung von Stempeln. — Vergl. A. L. R. II. 14. §§ 78. 79.; Kabinets-Order vom 18. November 1828.

Rechtsgr. **1233**. — I. Senat. 20. Februar 1863. (XLVIII. 201.)

Auf einen Fall der Verpflichtung zur Entrichtung von Stempeln, der bereits zur Zeit der Emanation des Gesetzes vom 24. Mai 1861 gänzlich abgemacht war, ist dieses Gesetz nicht anwendbar.

Siehe auch Rechtsgrundsatz 556. (A. L. R. II. 8. § 475.)

1861, Juni 24. Gesetz No. 5406., betreffend das Einzugs- und Einkaufsgeld in den Landgemeinden und den nach der Landgemeinde-Ordnung verwalteten Städten der Provinz Westphalen. (Ges.-Samml. S. 446.)

— Siehe Rechtsgrundsatz 953. (Armenpflegegesetz vom 31. Dezember 1842 § 1.)

— § 2. Siehe Rechtsgrundsatz 1108. (Heimathsgesetz vom 31. Dezember 1842 § 2.)

1861, Juli 22. Gesetz, betreffend die Abänderungen einiger Bestimmungen der Gewerbeordnung vom 17. Januar 1845. (Ges.-Samml. S. 441.)

— Siehe Rechtsgrundsatz 1148. (Gewerbeordnung vom 17. Januar 1845 § 11.)

Register.

A.

B.

C.

D.

F.

G.

H.

J.

K.

L.

M.

N.

O.

P.

Q.

R.

S.

T.

U.

V.

W.

Berichtigungen.

Seite 83. Zeile 11. von unten statt Kaufvertrage lies: Tauschvertrage.
" 106. " 7. von oben statt Mandatars lies: Mandanten.
" 110. " 6. von unten statt geworbenen lies: Geworbenen.
" 127. " 5. von unten statt Assignaten lies: Assignatar.
" 144. " 7. von unten statt Zwecks lies: Geschäfts.
" 150. " 11. von oben statt 1822 lies: 1832.
" 153. " 9. 10. von oben zu löschen die Worte: guter Glaube des Hypothekenbuches bei Einräumung der Priorität.
" 156. " 6. von unten zu löschen die Worte: Unschädlichkeits-Attest bei Parzellirungen.
" 209. 15. von unten hinter „Vergl." ist einzuschalten: Allgem. Gerichts-Ordnung III. **3.** § 62.
" 232. " 10. von unten statt Schiffer lies: Spediteur.
" 292. " 15. von oben statt Verjährung lies: Ausschließung.
" 296. " 5. von oben statt 349. lies: 345.
" 375. " 1. von oben statt Neue lies: Neu.
" 395. " 14. von unten hinter 1555 ist einzuschalten: Theil 3.
" 412. statt der Seitenzahl 312 lies: 412.
" 485. " 9. von oben ist vor „durch" einzuschalten: Meldung.
" 543. Kol. 2. Zeile 7. von unten statt (7.). lies: (6.).
" 544. " 1. " 16. von unten statt (6.). lies: (5.).
" 549. " 1. " 16. von unten hinter 255 ist hinzuzufügen: **632**. 256.
" 551. " 1. vor 26. ist einzuschalten:
25a. Besitzstörung durch Anlegung eines Stauwerks. **114**. 47.
" 576. " 2. vor „Konnossement" ist einzuschalten:
— VIII. Kaufmännischer Konkurs:
42. Antrag eines Gläubigers auf Eröffnung des kaufmännischen Konkurses nach bereits eröffnetem gemeinem Konkurse. **869**. 358.
43. Anfechtung des Beschlusses auf Eröffnung des kaufmännischen Konkurses seitens des Kridars. **870**. 358., **871**. 359.

FSC
www.fsc.org
MIX
Papier | Fördert gute Waldnutzung
FSC® C083411

Kolibri 360 GmbH
Ferdinand-Jühlke-Straße 7
99095 Erfurt, Deutschland
produktsicherheit@kolibri360.de